Interkulturelle Weiterbildung für Multiplikator/innen in Europa

Europäische Hochschulschriften

Publications Universitaires Européennes

European University Studies

Reihe XI

Pädagogik

Série XI Series XI

Pédagogie

Education

Bd./Vol. 935

PETER LANG

Frankfurt am Main · Berlin · Bern · Bruxelles · New York · Oxford · Wien

Monika Rummler

Interkulturelle Weiterbildung für Multiplikator/innen in Europa

PETER LANG
Europäischer Verlag der Wissenschaften

Bibliografische Information Der Deutschen Bibliothek
Die Deutsche Bibliothek verzeichnet diese Publikation in der Deutschen Nationalbibliografie; detaillierte bibliografische Daten sind im Internet über <http://dnb.ddb.de> abrufbar.

Zugl.: Berlin, Techn. Univ., Diss., 2005

Gedruckt auf alterungsbeständigem,
säurefreiem Papier.

D 83
ISSN 0531-7398
ISBN 3-631-55014-6

Printed in Germany 1 2 3 4 6 7

www.peterlang.de

Meinen Eltern.

Vorwort

Die vorliegende Dissertation hebt die Debatte um Dozentenprofessionalisierung auf europäisches Niveau. An der Schnittstelle zwischen theoretischer Fundierung und praktischer Umsetzung wird ein praktikables Modell der Qualifizierung interkulturell tätiger Multiplikator/innen entwickelt. Darüber hinaus werden Instrumente zur Evaluation von Kompetenzen entwickelt und überprüft, die in der Qualitätssteuerung von Weiterbildungsmaßnahmen eingesetzt werden können.
Diese innovative Arbeit ist eine theoretische und empirische Studie zur Kompetenzentwicklung von Multiplikator/innen an der Schnittstelle zwischen interkultureller Weiterbildungsarbeit und europäischem Projektmanagement. Mit einer Vielzahl von relevanten theoretischen Ansätzen zur Professionalisierung von Weiterbildner/innen wie für Projektmanagement sowie empirischen Untersuchungsergebnissen wird ein Quasi-Handbuch interkultureller Kompetenzentwicklung für Multiplikator/innen vorgelegt. Die Arbeit identifiziert aus der relevanten wissenschaftlichen Literatur die Anforderungen an Weiterbildner/innen aus Sicht der aktuellen Professionalisierungs-anforderungen, erforderlicher Kompetenzen für Projektmanagement und Innovation, europäischer Bildungsförderprogramme und interkultureller (Kommunikations)Kompetenzen für Projekt- und Seminarleitung.
Dabei wird den folgenden hermeneutischen und empirischen Forschungsfragen nachgegangen: Welche Kompetenzen benötigen Multiplikator/innen, um interkulturelle Weiterbildungsprojekte von der Ideenfindung bis zur Antragstellung bei EU-Förderprogrammen konzipieren, nach Bewilligung der Fördermittel durchführen, die Ergebnisse vermarkten und das Projekt bzw. die Weiterbildung evaluieren zu können? Wie können diese Kompetenzen in der Weiterbildung entwickelt, operationalisiert und evaluiert werden?
Im Rahmen eines Pretest-Posttest-Forschungsdesigns mit einer quantitativen Befragung zur Selbsteinschätzung von Weiterbildner/innen wird ein Kompetenzmodell für Multiplikator/innen entwickelt und anhand einer Weiterbildungsmaßnahme vorläufig bestätigt. Die Arbeit zeigt, dass sich Kompetenzen sinnvoll darstellen lassen und angemessen begründet werden können. Sie entsprechen modernen Erfordernissen, speziell im Hinblick auf die EU und den interkulturellen Arbeitsraum. Dies wird auch für die Weiterbildungsmaßnahme didaktisch dargestellt und umgesetzt.
Insgesamt leistet die vorliegende Arbeit einen Beitrag zur kompetenzorientierten Professionalisierung im Bereich Weiterbildungsmanagement. Anhand des aktuellen Diskussionsstandes wird schlüssig dargelegt, welchen erweiterten Anforderungen Weiterbildungsmanager/innen entsprechen müssen, um die europäische Dimension von Weiterbildung in die Berufsrolle zu integrieren. Ein derart abgestimmtes Modell weiterbildungsadäquater Managementkompetenz integriert – neben eher „traditionellen" Kompetenzbereichen – die zunehmend bedeutsamer werdende Kompetenz interkulturellen Lernens und Arbeitens.

So kann am Beispiel der Multiplikator/innen-Weiterbildung gezeigt werden, auf welche Art elaborierte Fach-, Methoden- und Sozialkompetenz mit interkulturellem

Anspruch im Quartären Sektor vermittelt werden können. Die empirischen Ergebnisse dieser Arbeit bestätigen nicht nur die Relevanz des eingangs entwickelten Kompetenzmodells. Sie deuten auch vorsichtig an, dass sich interkulturelle Kompetenz durch entsprechende Weiterbildung methodisch und didaktisch entwickeln lässt. Für die Zukunft des Quartären Bildungssektors lässt sich daraus eine zentrale Forderung ableiten: interkulturelle Kompetenzentwicklung sollte nachhaltig in das Portfolio beruflicher Bildung aufgenommen werden. Nur so werden Unternehmen und Mitarbeiter/innen sowie Personal- und Bildungsverantwortliche fit für Europa und die damit verbundenen transdisziplinären und interkulturellen Aufgabenstellungen.

Eine empirische und theoretische Qualifikationsstudie anzufertigen ist ein umfassender und langwieriger Prozess. Entsprechend sind von den ersten Ideen bis zum Abschluss des vorliegenden Buches einige Jahre ins Land gegangen, in denen ich vielfältige Unterstützung von verschiedenen Menschen erhielt, die zum Gelingen des Dissertations-Projektes beigetragen haben. Ihnen gilt an dieser Stelle mein Dank.

Komplementär zur vorliegenden Dissertation habe ich bereits 2001 den Sammelband „Fit für Europa – Weiterbildung zu EU-Dozent/innen. Management europäischer Projekte für die Weiterbildung" im Verlag Peter Lang herausgegeben. Hier sind das Weiterbildungskonzept, die Module des Curriculums und das Evaluationsdesign ausführlich beschrieben.

An dieser Stelle gilt mein Dank den Teilnehmer/innen der ESF-geförderten Weiterbildung zu EU-Dozent/innen von1998 bis 2000 für das bereitwillige Ausfüllen der Fragebögen.

Mein besonderer Dank gilt Herrn Professor Dr. Frederic Fredersdorf, Leiter des Diplomstudiengangs Sozialarbeit und Leiter der Forschungsgruppe Sozial- und Wirtschaftswissenschaften an der Fachhochschule Vorarlberg in Österreich. Er hielt die Thematik für tragfähig und förderungswürdig und gab wertvolle Hinweise zu ihrer Abrundung.

Weiterhin gilt mein Dank Herrn Professor Dr. Klaus W. Döring, Fachgebiet „Organisation und Didaktik der Weiterbildung" an der Fakultät I – Geisteswissenschaften der Technischen Universität Berlin. Er hat die Promotion im universitären Kontext unterstützt und ermöglichte besonders in der Anfangsphase standortbestimmende und eingrenzende Diskussionen zu Managementthemen.

Für lesende und fragende Unterstützung danke ich Amalia Dos Santos Mauricio Dohmen. Entspannende Nachdenklichkeit rund um den Schreibprozess fand ich mit Dr. Barb Offermann. Das wissenschaftliche Lektorat wurde von Dr. Stefan Dos Santos Mauricio Dohmen schnell und zuverlässig durchgeführt. Dirk Ilius danke ich für sein offenes Ohr und seine tatkräftige Hilfe rund um die Uhr in allen PC-Fragen. Besonders herzlich danke ich Petra Jordan M.A. für Ihre hilfreiche Unterstützung in allen Phasen des Promotionsprozesses. Nicht zuletzt gilt mein Dank Dr. Bernd Möbus. Er hat stets motivierende Worte gefunden und interessiert Anteil am Fortschritt der Arbeit genommen. Er teilte mit mir Orte, an denen ich die Dissertation aus anderen Blickwinkeln betrachten konnte.

Tabellen

Abbildungen

Einleitung

Kernproblem und Aufbau der Arbeit

Am Beginn des 3. Jahrtausends ist der Titel dieser Arbeit Programm: Weiterbildung wird durch neue Dimensionen gekennzeichnet. Europa und die Anforderungen interkultureller Kommunikation erfordern neue Kompetenzen für die Protagonisten der Weiterbildung, die als Multiplikator/innen neben klassischen Weiterbildungsaufgaben in Europa auch mit Partnern aus anderen europäischen Ländern zunehmend Projektmanagementtätigkeiten wahrnehmen und ausüben.

Für die Zielgruppe der Leser/innen dieser Arbeit und die Zielgruppe der Teilnehmer/innen der in dieser Arbeit entwickelten und wissenschaftlich fundierten Weiterbildung zu Multiplikator/innen werden in einer erstmaligen Übersicht Grundlagen geliefert, die das vielgestaltige Feld der Weiterbildung beleuchten, und Prämissen benannt, die zum Verständnis der heterogenen Voraussetzungen und (Ausgangs)Positionen von Weiterbildner/innen beitragen. Die Professionalisierungsfragen zur Kompetenzentwicklung als Ausdruck des Zeitgeists um die Jahrtausendwende manifestieren sich in vielen Definitionen für zentrale Begriffe und in einer breiten Diskussion. Es gibt keine einheitlich anerkannte Lehrmeinung, vielmehr zeigt jede Position akzeptable, nachvollziehbare und anwendbare Elemente. In den verschiedenen theoretischen Bezugsrahmen, die hier beschrieben werden, ist die Zielgruppe der künftigen Multiplikator/innen mit ihrer individuellen Philosophie von Weiterbildung verortbar, die sie theoretisch oder im Selbststudium durch Learning-by-Doing erworben haben. Diese Philosophie zeigt sich in den Lernprozessen und in ihren Haltungen zu den thematischen Schwerpunkten während der Multiplikator/innen-Weiterbildung.

Im Folgenden werden das Kernproblem der Arbeit sowie die praktische Relevanz des Themas und seine Aktualität beschrieben. Das in dieser Arbeit theoretisch entwickelte und praktisch evaluierte Modell einer Multiplikator/innen-Weiterbildung ist in der Kombination und Definition des benötigten Kompetenzprofils von Weiterbildner/innen, nämlich als interkulturelles Projektmanagement für europäische Weiterbildungsprojekte, neu und bisher einmalig. Weder wird die Position Projektleiter/innen für die Weiterbildung explizit in Weiterbildungs- oder Personalentwicklungseinrichtungen benannt,[1] noch gibt es entsprechende Studiengänge bzw. Weiterbildungsangebote.[2] Erst in jüngster Zeit wird gefordert, dass auch für Lernprojekte die erprobten Regeln des Projektmanagements anzuwenden sind.[3] Für eine Weiterbildungstätigkeit in multikulturell zusammengesetzten Kursen gibt es zur Jahrtausendwende lediglich einige Annäherungen.[4] Auch Weiterbildungen im Projektmanagement nehmen die Anforderungen der Globalisierungsprozesse nur all-

[1] Vgl. Kapitel 1.3.2.1 Betriebswirtschaftliche Aspekte.
[2] Vgl. Kapitel 1.4.1 Situation.
[3] Vgl. Olaf Bärenfänger 2004, S. 22-28; vgl. Kapitel 3.2.1 Projekte als Lernfeld.
[4] Vgl. Kapitel 4.1.1 Erwachsenenbildung in Europa.

mählich auf und integrieren erst jetzt interkulturelle Fragen.[5] Hingegen fördert die EU mit den beiden Förderprogrammen Leonardo und Sokrates u.a. bereits seit 1995 die Entwicklung und Durchführung transnationaler Bildungsprojekte für die berufliche sowie allgemeine Weiterbildung und Forschung.[6] Allerdings weisen viele Anträge formale Fehler sowie konzeptionelle Schwächen auf und werden deshalb in den Bewilligungsverfahren v.a. in der Anfangsphase der Förderperiode abgelehnt.[7]

An dieser Nahtstelle setzt die in dieser Arbeit beschriebene und theoretisch fundierte interkulturelle Weiterbildung für Multiplikator/innen in Europa an. Weiterbildner/innen werden trainiert für

- die Weiterbildungstätigkeit in multikulturell zusammengesetzten Kursen,
- das Projektbeantragungsverfahren und das Teammanagement in multikulturell zusammengesetzten Projekten.

Die vorliegende Arbeit basiert auf den Vorarbeiten und Erfahrungen, die im Rahmen von insgesamt vier ESF-geförderten Projekten „Fit für Europa - Weiterbildung zu EU-Dozent/innen. Management europäischer Projekte für die Weiterbildung" von 1998 bis 2002 gemacht wurden.[8] Bei der Ankündigung v.a. des Pilotprojekts 1998 zeigte sich an der hohen Resonanz sowohl in der Presse als auch in den Bewerbungen von interessierten Weiterbildner/innen die Aktualität und der Bedarf dieses Weiterbildungsangebots.

Aus dem Kernproblem ergibt sich der Aufbau der Arbeit in fünf Kapiteln. Das folgende Modell verdeutlicht den Zusammenhang:

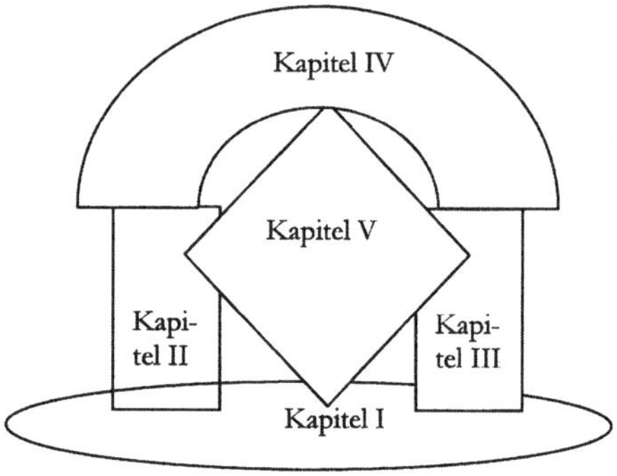

Abb. 1: Architektur dieser Arbeit (eigene Darstellung)

Die Architektur dieser Arbeit zeigt in der zugrundeliegenden Ellipse den Quartären Bildungssektor (Kapitel I) als Handlungsfeld und Ausgangsposition der Weiterbildner/innen. Darauf bauen die beiden Säulen Kompetenzentwicklung in der Weiterbildung (Kapitel II) sowie Professionalisierung und Projektmanagement (Kapitel

[5] Vgl. z.B. Training aktuell 10/2000, 2. Oktober 2000, S. 16.
[6] Vgl. Kapitel 4.2.2 EU-Förderprogramme für die Erwachsenenbildung/Weiterbildung.
[7] Vgl. Kapitel 4.2.2 EU-Förderprogramme für die Erwachsenenbildung/Weiterbildung.
[8] Vgl. hierzu auch Monika Rummler (Hrsg.) 2001.

III) auf. Hier werden die relevanten Positionen und Begrifflichkeiten in einem Überblick einheitlich und zusammenfassend dargestellt. Das beide Säulen übergreifende halbkreisförmige Dach, dessen Auflageflächen bis zum elliptischen Feld reichen, bildet die Europäische Weiterbildung und interkulturelle Kompetenz (in Kapitel IV) ab, da sie die Professionalisierung für Weiterbildung und Projektmanagement um europäische Strategien und interkulturelle Kompetenz erweitern und perspektivisch auch die zugrundeliegende Basis des Quartären Bildungssektors beeinflussen und verändern. Das alle vier Felder berührende und verbindende Trapez der exemplarischen Evaluation von Kompetenzen, entwickelt in einer interkulturellen Weiterbildung für Multiplikator/innen in Europa, integriert in Kapitel V die wesentlichen Aspekte und zeigt die Ansatzpunkte zur Entwicklung und Evaluation von fachlichen, methodischen, sozialen und personalen Kompetenzdimensionen. Sie werden für Multiplikator/innen allgemein definiert als

- fachliche Kompetenz: EU-spezifisches Wissen, Fremdsprachen und Marketing;
- methodische Kompetenz: didaktische Kompetenzen, Projektmanagement;
- soziale Kompetenz: interkulturelle Kommunikation, Verhandlungsgeschick;
- personale Kompetenz: Einstellung zu Mobilität und Flexibilität des Arbeitshandelns als Multiplikator/in.

Diese Kompetenzdimensionen werden im zunächst hypothetischen Modell aus der Sicht von Weiterbildung (1), Projektmanagement (2) sowie Europäischer Weiterbildung und interkultureller Kompetenz (3) so in einen Zusammenhang gestellt, dass die angenommenen Überschneidungsbereiche (4) und (5) zwischen Weiterbildung, Projektmanagement und interkultureller Kompetenz und im weiteren der zentrale Kompetenzbereich (6) als Überschneidung aller drei Teildimensionen auch inhaltlich benannt werden können. Dieser zentrale Kompetenzbereich wird als klassische Aufgaben 1. und 2., als methodische und zukunftsorientierte Aufgabe 3. und als die die Aufgaben 1. bis 3. um übergreifende interkulturelle und innovative Komponenten erweiternde Aufgabe 4. näher beschrieben:

1. Personalentwicklung als Führungs- und Weiterbildungsaufgabe
2. Führen - Leiten - Moderieren in Projekten und Weiterbildungsmaßnahmen
3. Projektmanagement als Lern- und Arbeitsform
4. Managing Diversity und Innovationsmanagement.

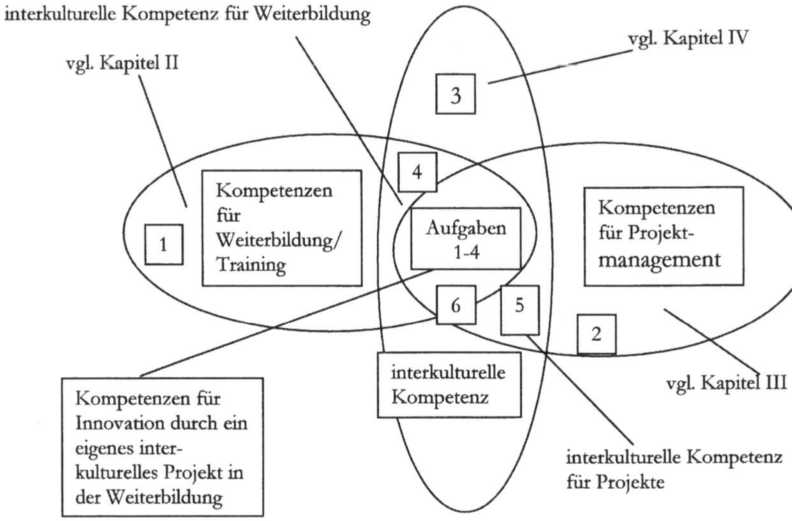

Abb. 34: Erweitertes Kompetenzmodell „Multiplikator/in" (eigene Darstellung)

Dabei korrespondieren die Punkte (1) und (4) mit den Kapiteln I und II, (2) und (5) mit Kapitel II und (3) mit Kapitel IV (4, 5). Der zentrale Überschneidungsbereich (6) gemeinsamer interkultureller Kompetenzen für Weiterbildung und (Projekt)Management wird in Kapitel III mit der Herleitung der Aufgaben 1. bis 4. vorbereitet. In allen Kapiteln werden aus den Kompetenzanforderungen Schlussfolgerungen dahingehend abgeleitet, wie die interkulturelle Weiterbildung für Multiplikator/innen in Europa didaktisch und organisatorisch gestaltet werden kann. Aus diesem Kernbereich an Aufgaben und Kompetenzdimensionen werden in Kapitel V sog. Schlüsselkompetenzen für Multiplikator/innen operationalisierbar formuliert und Strategien zu ihrer Evaluation aufgezeigt.

Stand der Forschung zu diesem Kernproblem und theoretische Bedeutung

In der Weiterbildungsforschung[9] zeichnet sich als Trend ein „tief greifender Umbruch" ab: neue Aspekte beziehen sich auf Modernisierungsprozesse des umgebauten Weiterbildungsbereichs, der sich (bildungs)institutionell entgrenzt und das Lernen pluralisiert. „Wichtige Forschungsthemen sind nun etwa die Evaluation, Qualitätsentwicklung und die Organisationsentwicklung von Bildungseinrichtungen, das Desiderat einer interinstitutionellen und regionalen Vernetzung von Bildungsträgern und darüber hinaus, das informelle Lernen und die Bilanzierung informell erworbener Kompetenzen, die Selbststeuerung und das Selbstmanagement von Lernprozessen, das mediengestützte Lernen sowie die Lernberatung. Letztere

[9] Vgl. Rainer Brödel 2003, S. 137-139.

ist für eine auf Vorgängen der Selbststeuerung basierenden Lernkultur zentral."[10] In der Weiterbildungsforschung bildet sich ein neuer reflexiv-kooperativer Typus heraus, in dem sich Wissenschaft und pädagogische Praxis verstärkt kollegial und wechselseitig aufeinander beziehen. Motivierend, entwicklungsbezogen und innovativ werden Probleme gelöst. Orientiert am Nutzen und der Handlungsforschung gewinnen diese als Strategien der von professionellen Weiterbildner/innen zu entwickelnden Kompetenzen an Bedeutung. Dabei werden eher qualitative Methoden als quantitative eingesetzt, insgesamt gesehen aber eher pragmatische Methodenkombinationen verwendet. Daneben wird die bestehende statistische Berichterstattung erweitert auch hinsichtlich regionaler und geschlechtsspezifischer Erfassungs- und Aussagegenauigkeit sowie qualitativer „Kompetenzberichterstattung, die über die unterschiedlichen Formen kontinuierlichen Lernens in ihrer jeweiligen Entwicklung berichtet, um so einen Entwicklungsüberblick über die Lernkultur zu geben".[11] Ein weiterer Schwerpunkt der Bildungsforschung ist die Bildungsökonomie. Hier geht es um Fragen der Bildungsfinanzierung wie zum einen der individuellen Zurechenbarkeit hinsichtlich des Selbstinteresses und der Eigenleistungen des Lernenden, zum anderen der staatlichen Förderungs- und Finanzierungsmodi von Weiterbildung hinsichtlich Effektivität und Zielgenauigkeit.

Der Ansatz dieser Arbeit knüpft an diese Diskussion an und greift folgende Aspekte auf, die dem aktuellen Stand entsprechen und Ergebnisse als Beitrag zur Weiterbildungsforschung erwarten lassen:

- um Kompetenzen zu entwickeln, orientiert an den Strategien des Nutzens und an der Handlungsforschung,
- um Wissenschaft und pädagogische Praxis verstärkt aufeinander zu beziehen,
- um motivierende, entwicklungsbezogene und innovative Problemlösungen miteinander zu verschränken,
- um Evaluation und Qualitätsmanagement, d.h. Methodenkombinationen, pragmatisch miteinander zu kombinieren.

Der Schwerpunkt der vorliegenden Untersuchung zur interkulturellen Weiterbildung liegt bei den Multiplikator/innen und den für sie erforderlichen Kompetenzen im europäischen Wirkungsfeld. Dazu gehören v.a. auch überfachliche, allgemeine (Selbst)Management-Kompetenzen, also bestimmte Aspekte von Schlüsselqualifikationen, die auch in der interkulturellen Tätigkeit als Seminar- und Projektleiter/in relevant sind.

Was ist das Ziel der Professionalisierung durch Kompetenzentwicklung für die Protagonisten der Weiterbildung? Der Berufshabitus[12] von Weiterbildner/innen entwickelt sich vermutlich aus sog. Schlüsselthemen:

---

[10] Rainer Brödel 2003, S. 137.
[11] Rainer Brödel 2003, S. 139.
[12] Der Habitus-Begriff von Pierre Bourdieu beschreibt als Wahrnehmungs-, Denk-, Beurteilungs- und Aktionsmuster Handeln in einem beruflichen Regelsystem, eine Grammatik, die sowohl gruppen- und bereichsspezifi-

- „Dualität zwischen Pädagogik und Organisation;
- Dualität zwischen freier Zeit- und Inhaltsgestaltung und persönlichen Grenzen;
- Dualität zwischen der Hochbewertung fachlich-organisatorischer und der Abwertung pädagogisch-didaktischer Qualifikationen;
- Programmplanung zwischen lebensweltorientierter Bildung und konvensatorischem Defizitansatz.“[13]

Der berufliche Habitus als Grammatik professionellen Handelns ist daher nicht widerspruchsfrei, wie die benannte Dualität treffend nahe legt. So weist die „Dualität zwischen Pädagogik und Organisation“ auf die ungleiche Bewertung fachlicher und pädagogisch-didaktischer Kompetenz ebenso hin wie auf die Ambivalenz von Pädagogik und Ökonomie.[14] Die in Weiterbildungsveranstaltungen für Weiterbildner/innen beobachtete Suche nach Standards für gemeinsames berufliches Praxishandeln orientiert sich an normativ gestützten Leitprämissen statt an wissenschaftsbasiertem Wissen und spiegelt diese Leitprämissen zugleich, wenn auch nicht widerspruchsfrei, wieder: Die Nachhaltigkeit der fachlich geprägten Hochschulsozialisation findet in der höheren Bewertung von Fachkompetenz in den Unternehmen ihre Fortsetzung. Beides hat Auswirkungen auf das Selbstbild und die Berufsidentität von Weiterbildner/innen.

Professionalität des Personals für Bildungseinrichtungen und deren Weiterentwicklung hat eine Schlüsselbedeutung. Ein schwer einschätzbares Professionalitätsdefizit resultierend aus einem Selbstkonzept der Mitarbeiter/innen in der Bildungspraxis, das durch vorrangig fachliche oder fachwissenschaftliche Kompetenz und nicht eine spezifische pädagogische Kompetenz bestimmt ist, behindert entscheidend den weiteren Institutionalisierungsprozess. Zu den ‚harten‘ Bedingungen pädagogischen Handelns zählen neben der vernachlässigten Institutionenforschung auch Arbeit, Qualifikation, Profession, Expertenwissen und Politik, die je nach Forschungsansatz und -methoden mehr oder weniger Berücksichtigung finden.[15]

Die Vorstellung einer „verwissenschaftlichen Beruflichkeit“ (nach Tietgens/Gieseke) beinhaltet
1. eine größere Homogenität im Professionsbewusstsein, ein berufsspezifisches Wir-Gefühl;
2. die Optimierung des Umgangs mit verschiedenen didaktischen Handlungsebenen durch wissenschaftliche Grundlagen, die Schaffung von Kontextbewusstsein;
3. die wissenschaftliche Erforschung der Wirkungsweise und Mechanismen des organisierten Lehrens und Lernens als Reflektionsanreiz für die Praxis der Erwachsenenbildung.[16]

---

sche, aber auch individuelle Ausformulierungen erfährt, in ihren Strukturen jedoch gleich ist. Vgl. Pierre Bourdieu (1984) nach Monika Rummler 1986, S. 20.

[13] Wiltrud Gieseke 1994, S. 379; gemeint ist wohl „kompensatorisch“.

[14] Vgl. Frederic Fredersdorf 2000, S. 27.

[15] Vgl. Gerhard Strunk 1994, S. 399ff.

[16] Vgl. Dieter Nittel 2000, S. 162.

Hinzu kann als kritische Ergänzung zu dieser auf die pädagogischen Kernaktivitäten konzentrierten Vorstellung von Professionalität eine Erweiterung um organisatorische Tätigkeiten, insbesondere auch für das Projektmanagement, genannt werden: „pädagogisch-professionelle Arbeit (ist damit) als projekt- und personenbezogene Dienstleistung zu definieren und die Kluft zwischen unmittelbarer klientenorientierter Interaktionsarbeit einerseits und der administrativen Arbeit am Schreibtisch andererseits zu unterscheiden" - eine Kluft, die aus der Nähe zur Organisation, der Bildungseinrichtung als Arbeitgeber, entsteht.[17]

Die zumindest in der Theoriebildung stattfindende Annäherung von Bildung und beruflicher Qualifikation versucht Arnold für Synergieeffekte zur Herausbildung von Identität und die Manifestation von Professionalität im Berufsalltag zu nutzen. Professionalität umfasst hierbei Professionswissen und deutlich nachrangig berufliches Können. Als Berufsrollen werden hierbei Bildungsmanager/in und Trainer/in sowie als Bindeglied beider Profile Seminarleiter/innen in der betrieblichen Weiterbildung identifiziert, deren interner bzw. externer Status zu weiterer Differenzierung beiträgt, wobei „die Kerngruppe des Weiterbildungspersonals sich immer auch aus der eigentlichen pädagogischen Praxis herauslöst und Managementaufgaben übernimmt."[18] Erweiternd zu seinem Ansatz befasst sich Arnold mit Fragen der Qualität und mit dem Aufbau einer neuen Lernkultur als Professionalitätsaspekte. Dabei sei „die Trias Fachkompetenz, Sozialkompetenz und Selbstkompetenz ... grundlegend, wobei es je nach Einsatzort des Pädagogen mit Sicherheit auf die optimale Gemengelage ankommt."[19]

Aus den Anforderungen von pädagogischen und (Projekt)Management-Tätigkeiten lässt sich die Relevanz der zu entwickelnden Multiplikator/innen-Weiterbildung für das aktuelle Berufsfeld der Weiterbildung ableiten. Für zukünftige Anforderungen, die den Internationalisierungsprozessen Rechnung tragen, ist allerdings eine Profilerweiterung um interkulturelles und EU-spezifisches Wissen sinnvoll und wichtig. Die meisten Ansätze tragen dem aber kaum Rechnung.

In dieser Arbeit werden v.a.[20] professionstheoretische Positionen zur Erwachsenenbildung (Döring, Epping und QUEM, Flechsig, Ziep) herangezogen. Diese diskutieren das planende und disponierende Berufshandeln sowie den betriebs- und berufspädagogischen Kontext (Arnold). Sie sind für diese Arbeit besonders bedeutsam, da sie den Rahmen, die Zielgruppe und die Zielsetzung des zu entwickelnden Multiplikator/innen-Modells abstecken. Der wissenssoziologische Ansatz unterscheidet zwischen Wissenschafts- sowie Alltagsweltwissen und den verschiedenen Verwendungsformen bzw. Umgangsstrategien. Dieser hochabstrakte Ansatz ist in manchen Unterscheidungen zu grob und wird „der Komplexität der Erwachsenen-

[17] Vgl. Dieter Nittel 2000, S. 248 (Anm. MoR).
[18] Vgl. Dieter Nittel 2000, S. 181.
[19] Vgl. Dieter Nittel 2000, S. 183.
[20] Es können drei zentrale professionstheoretische Positionen unterschieden werden: zur Erwachsenenbildung (Tietgens/Gieseke), aus wissenssoziologischem Blickwinkel (Dewe), im betriebs- und berufspädagogischen Kontext (Arnold); vgl. Dieter Nittel 2000, S. 21 bzw. dort Kapitel IV.

bildung als Umschlagplatz und Ort der Konstruktion von Wissen kaum"[21] gerecht.[22]

Zwar gibt es verschiedene Ansätze zu Kompetenzanforderungen an das (Projekt)Management oder an die Protagonisten in der Weiterbildung und daraus abgeleitete Konzepte für Qualifizierungsstrategien, jedoch sind bislang beide Anforderungsprofile noch nicht für eine interkulturelle Multiplikator/innenfunktion kombiniert. Eben diesen innovativen Impuls setzt die vorliegende Arbeit.

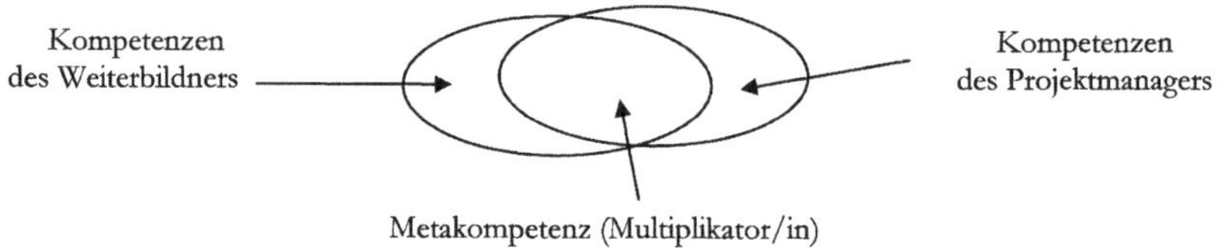

Abb. 6: Kompetenzanforderungen für Multiplikator/innen (eigene Darstellung)

Die gemeinsame Schnittmenge zwischen den Kompetenzen von Weiterbildner/innen und den Kompetenzen von (Projekt)Manager/innen bildet die Metakompetenz der Multiplikator/innen. Dabei ist anzunehmen, dass außerhalb der Schnittmenge das jeweils fachspezifische Wissen und das berufsspezifische Handlungsrepertoire liegen; es wird im Weiteren davon ausgegangen, dass es Überschneidungen der unterschiedlichen Anforderungsprofile gibt.
Die Modellentwicklung eines zukünftigen Multiplikator/innenprofils wurde erstmalig 1997 in einem Aufsatz[23] veröffentlicht. Diese erste Skizze wurde in den Folgejahren während der Projektentwicklung und -durchführung um Erkenntnisse aus den zwischenzeitlich erschienenen Veröffentlichungen erweitert und vertieft. Es wurde insbesondere der Frage nachgegangen, wo sich Schlüsselkompetenzen gleichen und wo sie speziell auf ein jeweiliges Sachgebiet, das Relevanz für das hier zu erzielende Profil hat, ausgerichtet sind.

Erkenntnisleitendes Interesse und methodisches Vorgehen

Die angestrebte Multiplikator/innen-Weiterbildung geht weit über das Training pädagogischer bzw. didaktischer Kompetenzen für die Weiterbildung hinaus. Sie verfolgt komplexere Aufgabenstellungen und bezieht Projektmanagement- sowie interkulturelle und innovative Kompetenzen ein. Das hier zugrundegelegte Kompetenzmodell für Multiplikator/innen besteht aus vier Kompetenzbereichen, die eine gemeinsame Schnittmenge aufweisen, eng miteinander verzahnt, zu beruflicher Handlungskompetenz integriert und um die Kategorien des wirtschaftlichen und umweltbewussten Denkens ergänzt sind. Sie sind aufgrund der Zielsetzung für in-

[21] Dieter Nittel 2000, S. 175.
[22] Zur Wissensproduktion als Innovationselement vgl. Kapitel 3.1.3 Kompetenzentwicklung für Innovation.
[23] Vgl. Monika Rummler/Michael Lutz 1997, S. 9f., dort Argumentation im Kapitel 3.1.

terkulturelle Projektmanagementtätigkeiten für die Weiterbildung weitreichender als die allein für eine Tätigkeit als Lehrende/r in der Weiterbildung benötigten fünf Elemente einer Grundqualifikation und fassen didaktische und organisatorische Kompetenzen in der längerfristig geltenden Methodenkompetenz zusammen.

Dazu werden für Tätigkeiten in Weiterbildung, Projektmanagement und interkultureller Kommunikation und Kooperation in der EU Kompetenzanforderungen aus der wissenschaftlichen Literatur herausgearbeitet. Erkenntnisleitendes Interesse ist die Integration relevanter Ansätze in das Multiplikator/innen-Profil. Fragestellungen dabei sind:

- Welche fachlichen, methodischen, sozialen und personalen Kompetenzen werden für eine Multiplikator/innen-Tätigkeit theoretisch benötigt?
- Welches Weiterbildungs-Modul ist zu welchem Teil des elliptischen Kompetenzmodells zuzuordnen?
- Wie lässt sich durch das exemplarische Modell eines Multiplikator/innen-Trainings eine Veränderung ausgewählter Kompetenzen feststellen?

Ein weiteres Ziel ist es, daraus die Inhalte der Module herzuleiten und Methoden für das Training zu identifizieren, mit denen eine entsprechende Kompetenzentwicklung didaktisch umsetzbar ist.

Hintergründe zur Problemstellung und dem erkenntnisleitenden Interesse sind folgende Aspekte:
Interkulturelle Kompetenz gewinnt im Zuge des europäischen Einigungsprozesses immer mehr an Gewicht. In einem zusammenwachsenden Europa muss eines der Hauptziele darin bestehen, sowohl die Protagonisten der Weiterbildung als auch die Teilnehmenden „europafähig" zu qualifizieren. Gleichzeitig verändert sich die Rolle von Weiterbildner/innen von eher nur Lehrenden auch hin zu Bildungs- bzw. Projektmanager/innen. Sie sind daher gefordert, ihr Profil um entsprechende didaktische, interkulturelle und (Projekt)Managementkompetenzen zu erweitern. Dies entspricht der zunehmenden Internationalisierung und der daraus resultierenden Forderung nach international erfahrenen Fach- und Führungskräften, die für fremde Kulturen sensibilisiert sein und fachliche, soziale, methodische und persönliche Kompetenzen sowie eine ausgeprägte (Um)Lernbereitschaft aufweisen sollen.

Die immer schnellere Verbreitung neuer Wissensbestände und gleichzeitige Veränderung von Arbeitstechniken führen zu neuen Lernkulturen und einem hohen Anspruch an die Selbstlernfähigkeit und Selbstorganisation des Individuums und stellen die Protagonisten der Weiterbildung bei der Konzeption und Durchführung von Weiterbildungsveranstaltungen und Weiterbildungsprojekten vor neue Anforderungen. So ist Lernen mehr denn je nicht mehr reagierend, sondern antizipierend, um eine Orientierung und Vorbereitung auf das mögliche Eintreffen von Ereignissen zu bieten. Antizipierendes Lernen ist zugleich reflexiv und verweist auf den Lerner zurück, dessen Anpassungsfähigkeit entwickelt und gefördert werden soll. In diesem Sinne können Schlüsselqualifikationen bzw. Handlungskompetenzen nicht „erzeugt", sondern nur „ermöglicht" werden.[24]

Diese Arbeit stützt sich als ein Beitrag zu dieser Diskussion bzw. Entwicklung auf die relevante Literatur und identifiziert die Anforderungen an Weiterbildner/innen aus Sicht

- der aktuellen Professionalisierungsanforderungen,
- erforderlicher Kompetenzen für Projektmanagement und Innovation,
- europäischer Bildungsförderprogramme und
- interkultureller (Kommunikations)Kompetenzen für Projekt- und Seminarleitung.

Aus den bisherigen Forderungen z.B. nach „Lehrer"- oder „Trainer"- und „Moderatoren"-Funktionen von Führungskräften für ihre Mitarbeiter/innen und den „Leitungs"-, „Moderatoren"- und „(Projekt)Manager"-Funktionen von Weiterbildner/innen wird das Profil von Multiplikator/innen entwickelt und es werden die daraus resultierenden Kompetenzanforderungen identifiziert. Aus diesen Kompetenzanforderungen werden Lernziele und Methoden exemplarisch und stoffreduziert abgeleitet und in ein teilnehmer/innenzentriertes Konzept einer Weiterbildung für Multiplikator/innen überführt. Am Beispiel der konkreten Lehr- und Lernsituation sollen die gefragten fachlichen, methodischen, sozialen und personalen Kompetenzen diskutiert werden.

Im Folgenden werden das hermeneutische Vorgehen und die theoretische Strukturierung der Arbeit erläutert. Die Arbeit umfasst eine hermeneutische und empirische Analyseebene: Dies ist eine literaturgestützte Arbeit, in der der „state of the art" der Kompetenzentwicklung als aktueller Ausdruck der Professionalisierung für Weiterbildung, Projektmanagement sowie interkulturelle Kommunikation und Kooperation beschrieben und analysiert werden. Mit hermeneutischem Vorgehen werden Forschungsansätze und wissenschaftliche Textquellen für die Fragestellung interpretiert und integriert. Die hermeneutischen und empirischen Fragestellungen dabei lauten:

- Welche Kompetenzen benötigen Multiplikator/innen, um interkulturelle Weiterbildungsprojekte von der Ideenfindung bis zur Antragstellung bei EU-Förderprogrammen konzipieren, nach Bewilligung der Fördermittel durchführen, die Ergebnisse vermarkten und das Projekt bzw. die Weiterbildung evaluieren zu können?
- Wie können diese Kompetenzen in der Weiterbildung entwickelt, operationalisiert und evaluiert werden?

Das Multiplikator/innen-Modell wird schrittweise entwickelt und die Tätigkeitsfelder in Weiterbildung, Projektmanagement und interkultureller Kommunikation und Kooperation werden zu einem neuen Kompetenzprofil zusammengefasst. Dazu

[24] Vgl. Rolf Arnold/Ingeborg Schüßler 1998, S. 153; Vgl. Kapitel 2.4.5 Lehren vom anderen her.

werden bestehende Ansätze der Professionalisierung für Weiterbildung und Projektmanagement unter Berücksichtigung von Innovation und interkultureller Kompetenz hinsichtlich zuvor hypothetisch benannter Metakompetenzen untersucht. Bei den erforderlichen Kompetenzen für Weiterbildung und Projektmanagement werden Übereinstimmungen und Unterschiede identifiziert und daraus vier Kernaufgaben für Multiplikator/innen abgeleitet. Das entwickelte Modell ist tragfähig, praxisorientiert und entspricht aktuellen gesellschaftlichen Anforderungen.

Zum einen werden also aus der wissenschaftlichen Literatur der sektorale Rahmen und die Kompetenzanforderungen für die verschiedenen Tätigkeitsfelder in Weiterbildung, Projektmanagement und interkultureller Kommunikation und Kooperation methodisch herausgearbeitet. Für Lernkulturen und Innovation werden zu jedem dieser Tätigkeitsfelder Trainingsbeispiele analysiert. Es wird ein theoretisches Modell für die Kompetenzentwicklung des speziellen Profils Multiplikator/in erarbeitet und daraus werden Schlussfolgerungen für die inhaltliche und didaktische Gestaltung einer Multiplikator/innen-Weiterbildung gezogen. Zum anderen wird empirisch untersucht, inwiefern ausgewählte, operationalisierte Schlüsselkompetenzen in der Selbsteinschätzung der Teilnehmer/innen mit diesem exemplarischen Modell entwickelt werden konnten.

Evaluation und empirisches Vorgehen

Evaluation ist heute bereits selbstverständlicher Bestandteil jeder qualitätsbewussten Weiterbildung. In der Diskussion um Bildungscontrolling und Evaluation in der Weiterbildung ist die Frage nach der Entwicklung, Identifizierung und Vergleichbarkeit von Schlüsselkompetenzen aktuell. Hierzu soll die exemplarische Beschreibung des empirischen Forschungsdesigns beitragen. Das Erkenntnisinteresse dieser Arbeit liegt in den Ergebnissen dieser Begleitevaluation und den daraus resultierenden Schlussfolgerungen für die durch die Weiterbildung erzielten Resultate hinsichtlich der angestrebten Kompetenzerweiterung aus Sicht der Teilnehmer/innen selbst. Eine weiterführende Fragestellung, der nachgegangen werden soll, ist die Reflexion, inwiefern der eigens entwickelte Fragebogen zur Selbstevaluation der Schlüsselkompetenzen brauchbar ist. Die Erkenntnisgewinnung soll durch eine Evaluation und Interpretation dieses Befragungsdesigns, durchgeführt zu Beginn und beim Abschluss der Weiterbildung, erfolgen. Da die Teilnehmer/innen selbst Protagonisten in der Weiterbildung sind, lässt deren Expertenwissen eine hochwertige Selbstevaluation.

Als Hypothese kann formuliert werden: die Weiterbildung führt zu einer Kompetenzerweiterung der für das Multiplikator/innen-Profil definierten und operationalisierten Schlüsselkompetenzen - und ihre Zunahme aus der Selbsteinschätzung lässt sich nachweisen. Zu prüfen sind des Weiteren die Reliabilität und Validität des Fragebogens.

Abschließend sollen ggf. die Schlussfolgerungen für das Modell dargestellt werden.

Der theoretische Ansatz wird ohne Anspruch auf Vollständigkeit quantitativ empirisch fundiert und die methodische Umsetzbarkeit einer Evaluation von Kompetenzentwicklung exemplarisch geprüft. Ziel ist es, eine Verbesserung der Kompetenzentwicklung potenziell empirisch zu verifizieren. Dazu wurden erstens die allgemeinen fachlichen, methodischen, sozialen und personalen Kompetenzdefinitionen herangezogen, um diese Konstrukte zu bestätigen. Zweitens wurde ein eigens entwickelter Fragebogen mit daraus abgeleiteten, operationalisierten Schlüsselkompetenzen zu zwei Erhebungszeitpunkten eingesetzt, um zu prüfen, inwieweit operationalisierte Schlüsselkompetenzen in der Selbsteinschätzung der beteiligten Weiterbildungsteilnehmer/innen verbessert wurden.

Als operationalisierte Hypothese wird zugrundegelegt, dass sich in der Selbsteinschätzung der allgemein definierten und der operationalisierten Schlüsselkompetenzen vom Zeitpunkt T1 (zu Beginn der Multiplikator/innen-Weiterbildung) und zum Zeitpunkt T2 (bei Abschluss der Weiterbildung) eine Verbesserung zeigt. Damit soll belegt werden, dass Schlüsselkompetenzen durch eine entsprechende Weiterbildung entwickelt und gefördert werden können. Bezogen auf die zugrundegelegte Hypothese im Modell heißt dies, dass sich die Schlüsselkompetenzen in der Selbsteinschätzung innerhalb des Bewertungskontinuums (zwischen 1=sehr gut und 6=sehr schlecht) vom Messzeitpunkt T1 zu T2 in die Richtung des Kernbereichs (1=sehr gut) der Kompetenzen verschoben haben.
Diskutiert werden die Vor- und Nachteile und die Grenzen der Studie sowie, inwiefern eine Übertragbarkeit auf andere Kurse möglich ist. Um festzustellen, inwiefern Kurse die erwarteten Effekte zeigen, kann die Forderung aufgestellt werden, EU-weit die Kompetenzdimensionen zu überprüfen.

Diese Arbeit besteht aus fünf Kapiteln: zunächst geht es darum, den „state of the art" zu den Themenkomplexen Weiterbildung, Projektmanagement und interkulturelle Kompetenz zu Beginn des neuen Jahrtausends darzustellen. Der Quartäre Bildungssektor wird anhand der Schwerpunktthemen Weiterbildung, Personalentwicklung und wissenschaftliche Weiterbildung in Kapitel I reformuliert. Kapitel II beschreibt relevante Professionalisierungsansätze zur Kompetenzentwicklung für Weiterbildner/innen. Kapitel III stellt die Termini „Professionalisierung" und „Projektmanagement" mit dem Fokus auf Innovation im Überblick dar. Kapitel IV zeigt die bisher in der Weiterbildung unterbelichtete europäische Dimension aus den Blickwinkeln europäischer Bildungsstrategien und der Anforderungen an die interkulturelle Kompetenz als einen innovativen Beitrag zur Kompetenzentwicklung. Kapitel V beschreibt Evaluationsstrategien und -ergebnisse für die identifizierten und operationalisierten Kompetenzanforderungen am Beispiel einer Weiterbildung von Multiplikator/innen für die interkulturelle Weiterbildung in Europa.

Wie bereits eingangs erwähnt, verfolgt die Arbeit damit insgesamt zwei innovative Richtziele:

1. sie erstellt ein Modell zur Kompetenzentwicklung für EU-Multiplikator/innen im Quartären Bildungssektor;
2. sie begründet eine Strategie sowie ein Instrument für die Evaluation dieser Weiterbildung von EU-Multiplikator/innen.

1 Der Quartäre Bildungssektor

Das folgende Modell verdeutlicht den Aufbau dieser Arbeit und den Zusammenhang der fünf Kapitel. Der grau schraffierte Bereich dient der Verortung dieses Kapitels im Kompetenzmodell „Multiplikator/in".

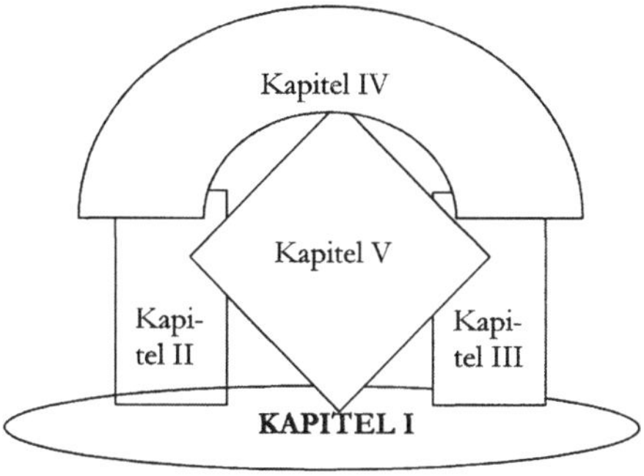

Abb. 1: Architektur dieser Arbeit (eigene Darstellung)

Nach Döring/Ritter-Mamczek ist abzusehen, dass sich derzeit eine gesellschaftlich äußerst bedeutsame Entwicklung abzeichnet: ein neuer Bildungsbereich entsteht, die „Geburt" eines „neuen" Bildungswesens.[1] Der Quartäre Sektor erweist sich als ein gleichwertig notwendiger neben dem primären, sekundären und tertiären Sektor, indem er auf den übrigen drei aufbaut und der wichtigste von allen wird: er wirkt auf das gesamte Erwerbsleben und damit den längsten Zeitraum der individuellen menschlichen Biografie ein, „stellt u.a. die berufliche - und damit die existenzsichernde – Leistungs- und Aufstiegsfähigkeit des Einzelnen immer erneut her, ist staatspolitisch von großer Bedeutung und ist die Gewähr für die vielbesprochene horizontale und vertikale gesellschaftliche Mobilität (=Umstieg und Aufstieg)".[2] Darin liegt die Chance, aber auch die Notwendigkeit, den bisher heterogenen Weiterbildungsbereich professionell, systematisch und qualitätsbewusst auszuarbeiten.[3]

Im Folgenden wird Weiterbildung nach bestehenden Ansätzen skizziert, um die Entwicklungslinien und Rahmenbedingungen des Quartären Sektors nachzuvollziehen. Damit sollen diejenigen begrifflichen und historischen Grundlagen, ohne die die aktuelle Situation kaum verständlich ist, für die weiteren Kapitel identifiziert werden - Grundlagen, die

- den Rahmen abstecken, in den das zu beschreibende Modell einer Weiterbildung eingebettet ist;
- das Berufsfeld in Weiterbildung - Erwachsenenbildung - Personalentwicklung beschreiben;

---

[1] Vgl. Klaus W. Döring/Bettina Ritter-Mamczek 1999, S. 52.
[2] Klaus W. Döring/Bettina Ritter-Mamczek 1999, S. 94.
[3] Vgl. Klaus W. Döring/Bettina Ritter-Mamczek 1999, S. 26.

- Anforderungen aus Paradigmen und der Professionalisierungsdebatte für Weiterbildner/innen benennen;
- Einflüsse und Auswirkungen des europäischen Einigungsprozesses und der europäischen Bildungspolitik auf Qualifizierungsanforderungen für Weiterbildner/innen zeigen.

Diese Dimensionen beschreiben das Spannungsfeld, in dem die Zielgruppe einer europäischen Weiterbildung im interkulturellen Projektmanagement für Weiterbildner/innen agiert bzw. agieren wird.

1.1 Begriffsklärung

Den Weiterbildungsbegriff einheitlich zu definieren, erweist sich vor dem Hintergrund der Geschichte der Erwachsenenbildung und der gewachsenen Strukturen als schwierig. Wie die folgenden Ausführungen zeigen, werden je nach Kontext und zu untersuchender Fragestellung unterschiedliche Schwerpunkte gesetzt.

Der deutsche Bildungsrat formulierte 1970 eine relativ weit gefasste Beschreibung, die auch heute vielfach Grundlage, z.B. für das Berichtssystem Weiterbildung, ist: Weiterbildung ist hier die „Fortsetzung oder Wiederaufnahme organisierten Lernens nach Abschluss einer unterschiedlich ausgedehnten ersten Ausbildungsphase. ... Das Ende der ersten Bildungsphase und damit der Beginn möglicher Weiterbildung ist in der Regel durch den Eintritt in die volle Erwerbstätigkeit gekennzeichnet. ... Das kurzfristige Anlernen oder Einarbeiten am Arbeitsplatz gehört nicht in den Rahmen der Weiterbildung“.[4] Damit wurde auch der Begriff Erwachsenenbildung durch den Begriff der Weiterbildung ersetzt. Diesem neuen Oberbegriff wurde die auf soziokulturelle Bildung verengte Erwachsenenbildung untergeordnet; er wurde so zum Pendant der beruflichen Fortbildung und Umschulung.[5]

Während der Begriff Weiterbildung als Sammelbegriff seit der Diskussion zu Beginn der 1970er Jahre berufliche, kulturelle und persönliche Formen des Lernens Erwachsener umfasst, wird im Gegensatz dazu von Weinberg zu Beginn der 1990er Jahre für wissenschaftliche Fragestellungen Erwachsenenbildung als der weitreichendere definiert, da er alle Organisationsformen beinhaltet: „Der Begriff Weiterbildung und der Begriff Erwachsenenbildung sind nicht identisch. Der Begriff Weiterbildung als Bildungssystembegriff hat sich z.Zt. in der Öffentlichkeit als Oberbegriff durchgesetzt. Berufliche Weiterbildung und allgemeine Erwachsenenbildung sind ihm zugeordnete Unterbegriffe. Gegenüber diesem Verständnis von Weiterbildung ist Erwachsenenbildung der weiterreichende Begriff, weil er nicht an ein bestimmtes Bildungssystemdenken gebunden ist. Der Erwachsenenbildungsbegriff umfasst, unabhängig von Rechtsstatus und bildungspolitischem Stellenwert, alle Organisationsformen, die der Bildung Erwachsener in Gegenwart, Vergangenheit

---

[4] BMBF 2000, S. 10.

[5] Vgl. Ernst Prokop/Irmgard Schroll-Decker 1996, S. 7.

und Zukunft dienen. Zur Bezeichnung des Gegenstandes und zur Präzisierung der Fragestellungen, die in Forschung, Lehre und Studium an einer wissenschaftlichen Hochschule zu bearbeiten sind, ist daher der Begriff Erwachsenenbildung als Oberbegriff vorzuziehen“:[6]

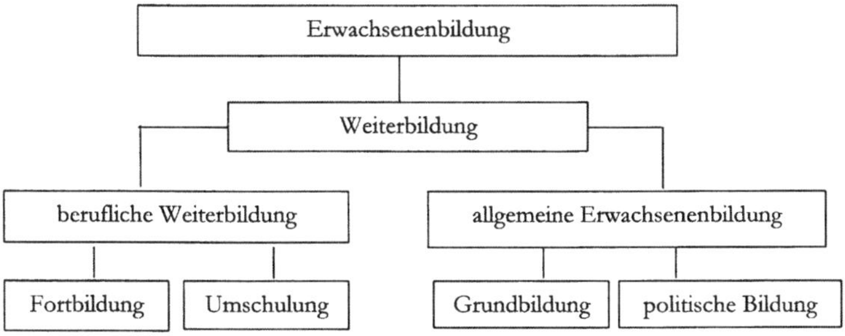

Abb. 2: Erwachsenenbildung als Oberbegriff (nach Weinberg 1990)

Differenzierungen in den Definitionen von Fortbildung, die berufliche Höherqualifizierung zum Ziel hat, und Weiterbildung, die der Anpassung an die technische, ökonomische und soziale Entwicklung sowie die sich verändernden Arbeitsplätze dient, führen oft zur begrifflichen Verknüpfung als Fort- und Weiterbildung, „weil die Grenzen zwischen Höherqualifizierung und Kompetenzanpassung fließend sind“.[7] 1985 wurden mit den Thesen des BMBF zur Weiterbildung die Schwerpunkte der bis dahin geltenden Unterteilung in allgemeine, berufliche und politische Weiterbildung von der allgemeinen und politischen hin zur beruflichen Weiterbildung verlagert. Dieser von wirtschafts- und beschäftigungspolitischen Einflüssen begünstigte Trend scheint sich fortzusetzen. Innerhalb der allgemeinen und politischen Weiterbildung gibt es Schwierigkeiten in der Beschreibung und Systematisierung. Die resultierende Forderung nach Integration von allgemeiner, politischer, beruflicher und kultureller Bildung führte zu einer Polarisierung zwischen beruflicher und nicht-beruflicher (allgemeiner) Weiterbildung. Bedingt durch den technischen Fortschritt verlagert sich der Schwerpunkt der personorientierten Erwachsenenbildung auf eine funktionsorientierte Weiterbildung, die für berufliche Anforderungen qualifizieren soll. Beide Perspektiven umfassen jedoch das in wissenschaftlicher Literatur beschriebene Bild des Menschen, der neben dem zeittypischen Funktionalisierungsdruck auch Individualisierungstendenzen entspricht, also seine soziale Identitätsbildung verfolgt.[8]

Der Sammelbegriff Weiterbildung für allgemeinbildende und beruflich-qualifikatorische Maßnahmen wurde in den Thesen zur Weiterbildung (BMBF

[6] Johannes Weinberg 1990, S. 2.
[7] Vgl. Klaus W. Döring 1988, S. 22.
[8] Vgl. Hans Tietgens 1994, S. 1ff.

1985) in einem vereinfachten Überblick[9] über das Gesamtsystem wie folgt differenziert:

Weiterbildung	
allgemein	**beruflich**
Vermittlung von	Folgen der Einführung moderner Technologien
Schlüsselqualifikationen	Qualifizierungsmaßnahmen zur Reintegration Arbeitssuchender
Umgang mit informations-	Zusatzqualifizierungen
technischen Hilfsmitteln	berufliche Fortbildungsangebote
gesellschaftlich-politische	Lernortverbund und überbetriebliche berufliche Bildungsstätten
Weiterbildung	für Mittelbetriebe
musisch-kulturelle Weiter-	Ausbildung und Umschulung von Frauen in gewerblich-
bildung	technische Berufe
Fremdsprachen	präventive Maßnahmen zur Verhinderung von Arbeitslosigkeit

Tab. 1: Überblick über das Gesamtsystem Weiterbildung (nach Prokop/Schroll-Decker 1996)

Für den beruflichen Bildungsbereich gibt es eine relativ einheitliche Verwendung der Begrifflichkeiten „Berufliches Bildungswesen" und „Fort-/Weiterbildung", wie die beiden folgenden Abbildungen[10] zeigen:

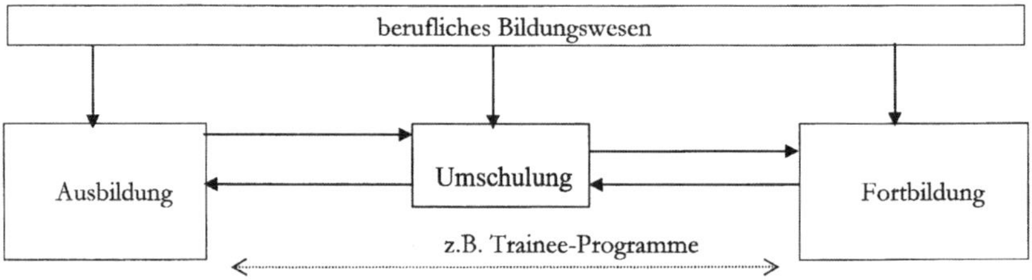

Abb. 3: Berufliches Bildungswesen (nach Döring/Ritter-Mamczek 1999)

Die vielfältigen Ansätze zur Strukturierung der unübersichtlichen Menge an Erwachsenenbildungseinrichtungen in der Bundesrepublik können nach folgenden Ordnungskriterien unterschieden werden:

1. die Adressat/innen bzw. der Zugang führen zur Unterscheidung in geschlossene bzw. offene Erwachsenenbildung;
2. die gesellschaftliche Stellung der Trägerorganisation lässt eine Differenzierung zwischen öffentlicher und freier Erwachsenenbildung zu;
3. das Interesse der veranstaltenden Einrichtung lässt sich nach erwerbswirtschaftlichen, partikularen gesellschaftlichen, öffentlichen und organisatorischen Interessen unterscheiden;
4. die Zugehörigkeit der Einrichtung zu einer anderen Organisation ermöglicht eine Gliederung nach freien und gebundenen Erwachsenenbildungseinrichtungen;

[9] Ernst Prokop/Irmgard Schroll-Decker 1996, S. 15.
[10] Vgl. Klaus W. Döring/Bettina Ritter-Mamczek 1999, S. 53.

5. die Rechtsnatur der Träger lässt eine Unterscheidung zwischen öffentlichen Einrichtungen mit verschiedenen Zuständigkeitsebenen, öffentlich-rechtlichen, nicht öffentlichen privaten und kommerziellen Einrichtungen zu;
6. der Inhaltsbereich des Erwachsenenbildungsangebots verweist auf Einrichtungen beruflicher und nicht-beruflicher Erwachsenenbildung.[11]

Ihrem Charakter und Bildungsanspruch entsprechend bewegt sich die gewerkschaftliche Bildungsarbeit als gesellschaftlich relevanter Faktor zwischen beruflicher und nicht-beruflicher Erwachsenenbildung:[12]

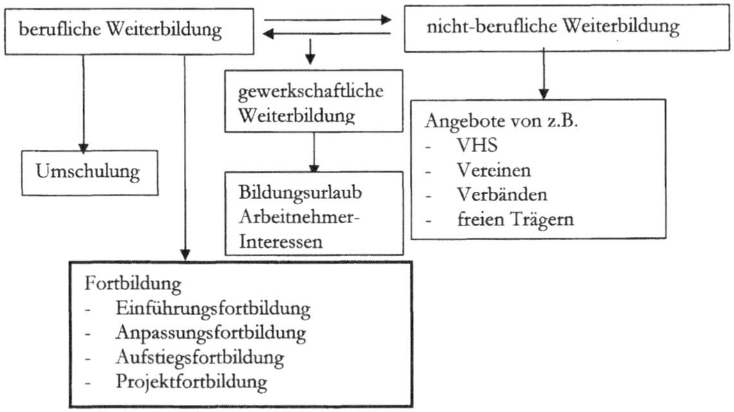

Abb. 4: Fort-/Weiterbildung (nach Döring/Ritter-Mamczek 1999 mit eigener Ergänzung)

So werden z.B. auch im „Handbuch Erwachsenenbildung/Weiterbildung"[13] die Begriffe der beruflichen und nicht-beruflichen Weiterbildung synonym, in einzelnen Beiträgen additiv verwendet. Besonderes Augenmerk ist hier auf den Begriff der Projektfortbildung zu legen. Diese Neukonzeption der Projektmethode ist in den 1980er Jahren auf Grundlage der Theorie des Projektunterrichts erfolgt. Sie bietet eine offene Lernform und bezieht die Interessen der Teilnehmer/innen und die lokale Situation ein.[14] Sie ist für die Zielsetzung des Multiplikator/innenmodells von besonderem Interesse, da im Rahmen eines Weiterbildungsprojektes die Teilnehmer/innen eigene Projekte entwickeln und antizipatorisch alle Stadien der späteren Durchführung ihrer Projekte exemplarisch und stoffreduziert kennen lernen sollen.[15]

---

[11] Vgl. Ekkehard Nuissl 1994, S. 352.

[12] Vgl. Klaus W. Döring/Bettina Ritter-Mamczek 1999, S. 53; die gewerkschaftliche Weiterbildung in der folgenden Grafik wurde (von MoR) ergänzend hinzugefügt. Vgl. hierzu auch Kapitel 1.2.1 Erwachsenenbildung.

[13] Vgl. Rudolf Tippelt 1994, S. 9.

[14] Vgl. Karl Frey 1998, S. 9, 17.

[15] Vgl. Kapitel 3.2.1 Projekte als Lernfeld.

Die jüngste Empfehlung der Kultusministerkonferenz (KMK) berücksichtigt informelles Lernen und selbstgesteuerte Lernprozesse entgegen der vorherigen Beschränkung auf institutionell organisiertes Lernen. Dies spiegelt sich in der dann ausgedrückten Definition von Weiterbildung wieder: „Weiterbildung...
...ist die Fortsetzung oder Wiederaufnahme organisierten Lernens nach Abschluss einer unterschiedlich ausgedehnten ersten Bildungsphase und in der Regel nach Aufnahme einer Erwerbs- oder Familientätigkeit,
...in diesem Sinne liegt auch vor, wenn die Einzelnen ihr Lernen selbst steuern,
...umfasst die allgemeine, berufliche, politische, kulturelle und wissenschaftliche Weiterbildung,
...kann in Präsenzform, in der Form der Fernlehre, des computergestützten Lernens, des selbstgesteuerten Lernens oder in kombinierten Formen stattfinden.“[16]

Diese Definition kann für die vorliegende Arbeit zugrunde gelegt werden. Sie beinhaltet alle Möglichkeiten des Lernens und bestimmt das Feld der Weiterbildung so umfassend, dass sowohl für die direkte Zielgruppe der Teilnehmer/innen an der Multiplikator/innen-Weiterbildung als auch deren Projektideenentwicklung ausreichend Spielraum vorhanden ist. Als Schlussfolgerung wird der Fokus in dieser Arbeit auf die folgenden Begrifflichkeiten bzw. Merkmale von Weiterbildung gerichtet:

- beruflich in Kombination mit wissenschaftlicher Weiterbildung;
- berufsbegleitend, als Präventionsmaßnahme zur Verhinderung von Arbeitslosigkeit oder als Orientierungsphase zur Beendigung einer Erwerbslosigkeit oder Familientätigkeit mit dem Ziel der Einmündung in einen (Projekt-)Arbeitsplatz;
- berufliche Zusatzqualifizierung zur Erweiterung der fachlichen, methodischen, sozialen und personalen Kompetenzen (vormals: Vermittlung von Schlüsselqualifikationen);
- Präsenzform und selbstgesteuertes Lernen, d.h. institutionell organisierte Lernangebote, die mit selbstgesteuertem Lernen von den Teilnehmer/innen weiterbearbeitet bzw. vertieft werden sollen.

Diese Merkmale erlauben eine erste Bestimmung des organisatorischen und didaktischen Rahmens.

1.2 Zur Geschichte

Zielsetzung des folgenden Kapitels ist es, die Entwicklung der allgemeinen Erwachsenenbildung und beruflichen Weiterbildung sowie der betrieblichen Personalentwicklung zu beleuchten, um die Rahmenbedingungen für das Herkunftsbzw. aktuelle oder zukünftige Arbeitsfeld der Zielgruppe der Multiplikator/innenweiterbildung zu klären. Da die jeweiligen Inhalte von Erwachsenenbil-

---

[16] Sekretariat der Ständigen Konferenz der Kultusminister ... (Hrsg.): 01.02.2001, S. 3.

dung, Weiterbildung und Personalentwicklung historisch bedingt sind, sind sie auch für die aktuelle Situation und die Perspektiven dieses Berufsfelds von Bedeutung.

1.2.1 Erwachsenenbildung

Die Bemühungen, einen kurzen Überblick über die Geschichte der Erwachsenenbildung zu geben, sind durch die Vielfältigkeit der verwendeten Definitionen für die Begrifflichkeiten „Bildung" und „Pädagogik" erschwert, die häufig zu einer Perspektivenverengung auf die institutionalisierten Formen der Erwachsenenbildung führten. Damit wurden Formen „sozialisatorischen Lernens" bzw. „naturwüchsige" Aneignungsprozesse innerhalb der Lebenswelt durch das „Reflexivwerden von Aneignung"[17] der so vermittelten „Welt" ausgegrenzt.[18]

Erwachsenenbildung kann beschrieben werden als Lern- und Bildungsarbeit zur Aneignung von Wissen, Fertigkeiten und Fähigkeiten. Im Bildungsprozess eignen sich Erwachsene aktiv (materiales) Wissen und (formale) Fertigkeiten und Fähigkeiten an, wobei diese wechselseitig aufeinander bezogen werden müssen; erst durch das Handeln in konkreten Situationen wird der Erfolg dieser Aneignung sichtbar. Pädagogik wird verstanden als Handlungsform, mit der das Wissen „über die Welt" von Pädagoge zu Adressat vermittelt und (Bildungs-)Inhalte und Interaktion strukturiert sind. Mit dieser erweiterten Perspektive der „Organisation von Vermittlungs- und Aneignungsprozessen" können als historische Phasen der Erwachsenenbildung

- die standesbezogene Aufklärung,
- die allgemeine Volksbildung und
- die individuumorientierte Erwachsenenbildung

unterschieden werden.[19]

Das 18. Jahrhundert gilt als Zeitalter des Beginns der Erwachsenenbildung als ein eigenständiges soziales System: es vollzieht sich die Differenzierung von Kindern und Erwachsenen, im Wandel des Menschenbildes werden Menschen nun als von Natur aus gleich und frei angesehen, soziale und wirtschaftliche Entwicklungen haben verschärfte Wettbewerbsbedingungen und die Notwendigkeit des Erwerbs von Wissen zur besseren Anpassung an die veränderten Bedingungen zur Folge. Die Adressaten sind noch ständespezifisch unterschieden, der Mensch wird als Vertreter einer sozialen Lebensform gesehen: Wissensvermittlung dient der bürgerlichen und der Volksaufklärung, in der jeweils verschiedene Fragen im Mittelpunkt stehen.[20]

---

[17] Jochen Kade (1993) nach Christiane Hof 1995, S. 2.

[18] Unter dem Stichwort „informelles Lernen" wird aktuell versucht, die so erworbenen Kompetenzen zu erfassen.

[19] Vgl. Christiane Hof 1995, S. 2.

[20] Vgl. Christiane Hof 1995, S. 3f.

Mit dem humanistischen Bildungsanspruch zielt die Bildungsarbeit im ausgehenden 19. Jahrhundert auf alle Bevölkerungsgruppen. Dem Staat allein wird das Recht zugesprochen, das Bildungswesen von oben zur nie vollendeten Bildung aller in ihm vereinten Menschen zu institutionalisieren. Das Programm einer wissenschaftsorientierten Erwachsenenbildung soll für alle Menschen, gleich welchen Bildungsstandes, sozialen Erfahrungshintergrundes und Lebensraums Zugang zu sachlichen, theoretischen Erkenntnissen ermöglichen, die nicht weltanschaulich gebunden sind und so erfolgreiches, „richtiges" Handeln - orientiert am Staat - erwarten lassen.[21]

Seit den 1840er Jahren des 19. Jahrhunderts entstanden Handwerker- und Arbeiterbildungsvereine mit dem allgemeinen Ziel der Bildungsverbesserung und der kollektiven Interessenvertretung der arbeitenden Klasse.[22] Diese Bildungsbemühungen wurden mit den steigenden Mitglieder- und Funktionärszahlen um neue Aufgaben, wie die der Schulung der Interessensvertretungen in den Betrieben, erweitert. Nach der Zerschlagung der Gewerkschaften während des Nationalsozialismus begannen die neu gegründeten Gewerkschaftsbünde nach Kriegsende mit systematischen Lehrangeboten unter Einbeziehung des Umgangs mit den neuen demokratischen Strukturen für nun erweiterte Zielgruppen. Das auch heute noch in erster Linie geltende Bildungsziel der Interessenvertretung in Betrieben versteht sich als emanzipatorisch, d.h. mit dem Ziel der individuellen (eigene Interessen) wie kollektiven (Interessen ihrer Klasse) Emanzipation. Daneben gilt für die Gewerkschaften als Zielsetzung, „Kompetenzen zur sozialen und ökologischen Beherrschung und perspektivischen Gestaltung des technisch-industriellen Wandels zu erwerben."[23]

In den Jahren nach 1918 verstärkt sich die Kritik an der bislang wissenschaftsorientierten, extensiven Volksbildungsarbeit. Die „Neue Richtung" besteht in einem Perspektivenwechsel, mit dem der Bildungs- und auch Kulturbegriff neuformuliert werden und sich die Konzeption der Bildungsarbeit als „vom Menschen aus" bzw. als individualisierende Bildungsarbeit verändert. Der Schwerpunkt verschiebt sich von der Vermittlung von Wissensgegenständen zu einer individuellen, geistigen Aneignung von Wissen. Zusammengefasst lässt sich die Erwachsenenbildung zu Beginn des 20. Jahrhunderts als „Laienbildung" beschreiben, die das Alltagswissen der Teilnehmer/innen und die Hilfe zur individuellen Lebensbewältigung in den Mittelpunkt stellt. Nach der zeitweisen staatlichen Vereinnahmung der Volkshochschulen in das Reichsministerium für Wissenschaft, Erziehung und Volksbildung[24] wird in der Bundesrepublik wieder an die vorherige Aufgabenbestimmung angeknüpft.[25] Allerdings ist das Ziel jetzt die Menschenbildung unabhängig von einem vorgegebenen Menschenbild und die Vermittlung von wissenschaftlichen Wissens-

---

[21] Vgl. Christiane Hof 1995, S. 4ff.
[22] Vgl. Karin Derichs-Kunstmann 1994, S. 421-426.
[23] Peter Faulstich 1994, S. 242.
[24] Vgl. z.B. Hildegard Feidel-Merz 1994, S. 40-51.
[25] Vgl. z.B. Horst Siebert 1994, S. 52-79.

inhalten soll in Auswahl und Bezug von den Erfahrungen der Menschen gelenkt sein.

Im ausgehenden 20. Jahrhundert steht die Erwachsenenbildung zwischen dem Konzept einer modernen, nachindustriellen Wissensgesellschaft, in der der Vermittlung von wissenschaftlichen Ergebnissen eine zentrale Bedeutung beigemessen wird, und dem Kontext der Delegitimation von Wissenschaft in der Postmoderne vor der Aufgabe, die Organisation von Vermittlungs- und Aneignungsprozessen neu zu gestalten.[26]
In den 1970er Jahren wurde mit der Gleichsetzung der Begriffe Erwachsenenbildung und Weiterbildung sowie der gesetzlichen Umsetzung in den meisten Bundesländern die Aufwertung der Weiterbildung zum gleichwertigen vierten Sektor im Bildungswesen hinsichtlich ihrer Professionalisierung und Institutionalisierung gefördert.[27]

Zusammenfassend dargestellt, sind für die moderne Erwachsenenbildung/Weiterbildung drei historisch gewachsene Aufgaben von zentraler Bedeutung:
- die qualifizierende Aufgabe („Anspruch auf ein selbstgestaltetes Leben");
- die sozial integrierende Aufgabe („Trend der Individualisierung") und
- die kulturell bildende Aufgabe („Internationalisierung des Lebens").

Dabei ist es wünschenswert, fachliche, allgemeine, kulturelle und politische Bildung nicht getrennt, sondern im Gesamtzusammenhang zu entwickeln.[28]

1.2.2 Personalentwicklung

Die ersten betrieblichen Frühformen beruflich-qualifikatorischer Maßnahmen der Personalarbeit als selbständige Funktion in großen deutschen Unternehmen sind erst am Ende des 19. Jahrhunderts z.B. in sozialer Tradition entstanden. In den 1930er Jahren des 20. Jahrhunderts wurden in großen amerikanischen Unternehmen erste Entwicklungsprogramme für das „Humankapital" installiert.[29]

Der Begriff Personalentwicklung wird bereits in den 1970er Jahren, obgleich noch relativ neu, von einzelnen Autoren unterschiedlich interpretiert. Er kann als die Aus-, Weiter- und Fortbildung verstanden werden, die auch die Förderung der Mitarbeiter/innen, insbesondere des Nachwuchses umfasst. Als Funktionen der Mitarbeiterentwicklung können gelten:

---

[26] Christiane Hof 1995, S. 6ff.
[27] Vgl. Horst Siebert 1994, S. 63.
[28] Vgl. Rudolf Tippelt 1994, S. 10f.; zur aktuellen und detaillierteren Situationsdarstellung vgl. Kapitel 2 Kompetenzentwicklung in der Weiterbildung.
[29] Vgl. Klaus W. Döring/Bettina Ritter-Mamczek 1999, S. 54.

- Leistungssteigerung (betriebswirtschaftliche Sichtweise),
- Erhöhung der Problemlösungsfähigkeit (Perspektive des arbeitenden Individuums),
- Emanzipation (bildungspolitische Komponente).[30]

Als historische Phasen der Personalentwicklung können anhand der sich verändernden Schwerpunkte unterschieden werden:

- Verwaltungscharakter
- Planungscharakter
- Entwicklungscharakter.

„Taylorismus" und das zentralistisch, hierarchie- und disziplinorientierte Bürokratiemodell der Organisation prägten das Personalwesen in Deutschland bis Ende der 1960er Jahre, das überwiegend Verwaltungscharakter hatte (Lohnabrechnung und -auszahlung, Personalkartei, Fehlzeitenkontrolle, Urlaubsliste etc.). Zusätzliche Sozialleistungen in den ersten Nachkriegsjahren umfassten Wohnungen, Werksfürsorge, Kantine, Sportanlagen, Gesundheitswesen, Deputate usw., die jedoch vor dem sich entwickelnden Wirtschaftswunder zunehmend an Bedeutung zu verlieren schienen. Durch Kriegsverluste und Wirtschaftswachstum wurde menschliche Arbeit zum Knappheitsfaktor. Technologische Entwicklungen verlangten neue Arbeitsabläufe und zeigten Qualifikationsdefizite auf.

Dies erforderte eine Neuorientierung der personalpolitischen Aufgaben. Es wurden Methoden systematischer Personalbedarfsplanung und Personalbeschaffung, -auswahl, -erhaltung und Leistungsstimulation eingeführt und entwickelt. In den 1970er und 1980er Jahren kam als wesentlicher Bestandteil der bis dahin aufgrund des ökonomisch-technischen Planungscharakters überwiegend reagierenden Personalarbeit die Förderung der Leistungsbereitschaft und -fähigkeit der Mitarbeiter/innen hinzu. Zu den Ursachen des Aufschwungs der Personalentwicklung zählen auch „Aufstiegs- und Bildungsbedürfnisse des Personals, sinkende zwischenbetriebliche Mobilität und zunehmende Nutzung des unternehmensinternen Arbeitsmarkts für Personalbeschaffungen sowie der Ausbau des Kündigungsschutzgesetzes".[31] Arbeitsgestalterische Maßnahmen, Personalführung, Aus- und Weiterbildung sowie Personalentwicklung erweiterten die bis dahin überwiegend verwaltenden Funktionen.

In den 1990er Jahren führen die nochmals dramatisch veränderten wirtschaftlichen Rahmenbedingungen und eine ergänzende bedürfnis- und verhaltensorientierte, sozioökonomische Auffassung der Personalarbeit zu einer langfristig, konzeptionell und strategisch ausgerichteten Personalentwicklung. Diese dispositive und langfristige Gestaltungsarbeit umfasst als wesentliche Teilaufgaben Fragen der Effektivität der Personalarbeit, Gestaltung der innerbetrieblichen Zusammenarbeit, Leistungsmotivation und Personalführung, Personalinformationssysteme, Aus- und Weiter-

[30] Vgl. Hans Hörschgen 1987, S. 361.
[31] Hans-Jürgen Drumm 1989, S. 218.

bildung sowie Personalentwicklung, Maßnahmen zur verbesserten Kommunikation und eine menschengerechte Arbeitsplatzgestaltung. Dem Entwicklungscharakter der Personalarbeit als Gegenstand strategischer Unternehmensentwicklung entsprechend, ist die Personalentwicklung systematisch mit der Organisationsentwicklung zu einem integrierten Gesamtzusammenhang der Zukunftssicherung verbunden.[32]

Auch der Begriff der Personalentwicklung ist, ebenso wie ihre Ziele, Gegenstände und Methoden, nicht einheitlich definiert. Aufgrund der zuvor grob skizzierten Geschichte der Personalentwicklung kann nach Drumm als eine allgemeine Definition von Personalentwicklung herangezogen werden: „Personalentwicklung ist unter Beachtung individueller Ziele die Erweiterung und Verbesserung aller derjenigen Kenntnisse und Fähigkeiten des Personals, die in der Unternehmung zur Verfolgung der Unternehmungsziele gegenwärtig oder zukünftig genutzt werden können."[33] Damit sind drei Ziele der Personalentwicklung benannt. Sie müssen jedoch nicht miteinander in Übereinstimmung stehen, so dass Zielkompromisse nötig werden können:

1. Ziel: Ausbau der unternehmensspezifischen Kenntnisse und Fähigkeiten;
2. Ziel: Erfüllung von individuellen Zielen des Personals zur Weiterbildung und zum Erfahrungserwerb;
3. Ziel: institutionelle Verstetigung des Lernens, um das Lernen selbst nicht zu verlernen.

Instrumente der Personalentwicklung (PE) lassen sich wie folgt klassifizieren:

- PE into the job: Vorbereitung auf die Übernahme einer neuen Position;
- PE on the job: Maßnahmen direkt am Arbeitsplatz während der Arbeit;
- PE near the job: Maßnahmen in enger Nähe zur Position;
- PE off the job: Maßnahmen in Distanz zur Position, also die traditionelle Weiterbildung; dazu können nach Conradi[34] alle Qualifizierungsmaßnahmen gezählt werden, „die im Anschluss an eine Berufsausbildung und/oder Berufstätigkeit stattfinden und sich in systematischer Form und getrennt von der Arbeitstätigkeit vollziehen".
- laufbahnbezogene PE: Steuerung des systematischen Wechsels von Mitarbeiter/innen auf verschiedene Positionen im Unternehmen;
- PE out of the job: Maßnahmen für den Übergang vom Erwerbsleben in den Ruhestand.[35]

Inzwischen wird wegen der wachsenden Bedeutung auch eine Professionalisierung der Personalentwicklung gefordert. Bisher gibt es noch keine einheitlichen Ausbildungswege. Neben Lehrgängen für Hochschulabsolvent/innen der Geistes- und

---

[32] Vgl. Ulrich Spie 1988, S. 13ff.
[33] Hans-Jürgen Drumm 1989, S. 219.
[34] Walter Conradi 1983, S. 74; vgl. Frank Lammers 2000, S. 206.
[35] Vgl. Frank Lammers 2000, S. 206.

Sozialwissenschaften zum Personal- und Personalentwicklungsreferenten haben 40% der Personalentwickler eine betriebswirtschaftliche Ausbildung mit berufsbegleitenden Spezialisierungen absolviert oder sind häufig Psychologen mit Zusatzqualifizierungen im Bereich der BWL.
Zu ihrer Aufgabe gehört es, Mitarbeiter/innen aller Hierarchieebenen und Unternehmensbereiche in Veranstaltungen und Workshops weiter zu entwickeln.[36]
Dabei sollen die folgenden Dimensionen berücksichtigt werden:

- Erfordernisse der speziellen Branche,
- Strategie des Unternehmens und Arbeitgebers,
- Ziele der Abteilung und des Kollegenteams und
- aufgabenspezifische Ausrichtung der Seminare sowie
- persönlichkeitsgerechte Angebote.

Trotz der von vielen Unternehmen anerkannten Rolle als Schlüsselfaktor für Erfolg fehlt aus verschiedenen Gründen oft innerhalb des Unternehmens die Akzeptanz und Vernetzung der Personalentwicklung. Am Beispiel der klassischen Schnittstelle zur Aus- und Fortbildung zeigt sich die Notwendigkeit klarer Aufgabenbereiche und Zuständigkeiten sowie Abgrenzungen.

Zielsetzung von Lehrgängen für Personalentwickler sind die Aus- bzw. Weiterbildung von fachlichen, methodischen, sozialen und personalen Kompetenzen und entsprechend den vielfältigen Themen- und Tätigkeitsfeldern. Dazu zählen Arbeitsrecht, Coaching, EDV, Personalauswahl, Unternehmensführung, Organisationsentwicklung, strategische PE, Teamentwicklung, Train-the-Trainer-Elemente, Zeitmanagement usw. (fachlich-methodisch) und allgemeine Kommunikationsstärke in ihrer ganzen Bandbreite (sozial). Daneben sind Instrumente des Controlling (z.B. Balanced Scorecard, Cost-Benefit-Rechnung o.ä.) und Marketing (interne und externe Öffentlichkeitsarbeit) als unverzichtbare Bestandteile der Professionalität gefordert.

Der vertiefende Blick auf ein spezifisches Instrument, wie z.B. die Balanced Scorecard, zeigt, dass die Entwicklung der Mitarbeiter/innen und die Effizienz von Bildungsmaßnahmen immer mehr auch unter Kosten-Nutzen-Aspekten betrachtet werden: Die aus betriebswirtschaftlichen Erwägungen und den Notwendigkeiten der aktuellen Konjunktur[37] geschuldete Legitimation von Personalentwicklungsmaßnahmen kann mit der Verhaltens-, Wissens-, Entwicklungs- und Einstellungsaspekte der Prozessbeteiligten berücksichtigenden Balanced Scorecard als strategischem Entwicklungsinstrument dargelegt werden. Die Bedeutung der Balanced Scorecard im Personalwesen und für das Unternehmen ist allerdings noch nicht ausreichend wissenschaftlich erforscht und darf auch nicht durch unzulässige Einschränkungen, etwa nur auf Finanzkennzahlen oder Fehler, wie selektive Wahr-

---

[36] Vgl. Christian Badura/Dirk Lengemann 2001, S. 16-18.
[37] Vgl. Bärbel Schwertfeger 2001, S. 14-15; vgl. Walter Jochmann 2001, S. 20-21.

nehmung, überschätzt werden. Dennoch kann sie aussagekräftige Kennzahlen für das Personalwesen unter bestimmten Bedingungen liefern.[38]

1.3 Rahmenbedingungen

Für die Zielsetzung der Multiplikator/innen-Weiterbildung ist einerseits das Handlungsfeld der direkten Zielgruppe von Interesse, da es den für die eigene berufliche Entwicklung allgemein relevanten Arbeitsmarkt darstellt. Andererseits sind für die zu entwickelnden Weiterbildungsprojekte aber auch die indirekten Zielgruppen („Lernende") und Arbeitgeber („Projektträger") hier zu beschreiben.
Das „gemischtwirtschaftliche" System der Weiterbildung ist teils in staatlicher Trägerschaft, teils öffentlich subventioniert. Ein schmaler Sektor ist marktgerecht organisiert und es gibt einen großen Bereich innerhalb von Unternehmen und Verwaltungen. Trotz der Wachstumsraten ist der Ausbau der Weiterbildung zum eigenständigen vierten Bildungssektor nicht vollzogen, vielmehr wird sie immer mehr als Bestandteil in die Arbeitsmarktpolitik und Personalentwicklung integriert.[39]

1.3.1 Struktur und Organisation

Heutige Strukturen und Organisationen im Weiterbildungsbereich haben sich im liberalen Bildungsklima der 1970er Jahre entwickelt. Allerdings wurde keine allgemeine Grundfinanzierung für alle Träger gemäß den Vorschlägen des Deutschen Bildungsrates (1970) verwirklicht, sondern eine öffentliche Förderung unter Wahrung der Subsidiaritäts- und Pluralitätsprinzipien installiert.
Bezogen auf die Förderungsfähigkeit können alle Träger allgemeine und berufliche Weiterbildung anbieten. Berufliche Weiterbildung wird jedoch zumeist in Form „geschlossener" Maßnahmen zum Großteil von nicht-geförderten, „betriebsinternen" Weiterbildungsabteilungen durchgeführt. Es wird damit in offene (d.h. die Förderungskriterien erfüllende) und geschlossene (nicht bezuschusste) Träger unterschieden.

---

[38] Vgl. Frederic Fredersdorf 2001b, S. 189-206.
[39] Peter Faulstich (1992) nach Horst Siebert 1994, S. 6.

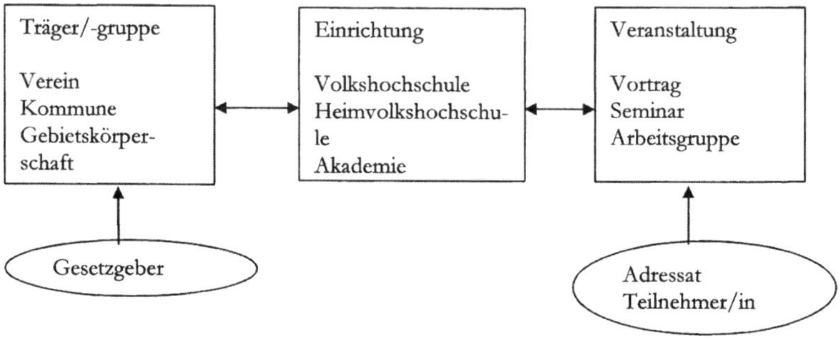

Abb. 5: Das Organisationsgefüge der Weiterbildung (nach Prokop/Schroll-Decker 1996)[40]

Der Weiterbildungsträger kann als Adressat des Gesetzgebers[41] innerhalb des formalrechtlichen und finanziellen Rahmens seine Bildungsarbeit frei entfalten (interne Selbstkontrolle). Dazu gehören zunächst Beschaffung und Unterhalt der Gebäude und Sachmittel. Auch das inhaltliche Programm, die Mitarbeiterauswahl, Didaktik und Methodik sowie Marketing kann er uneingeschränkt autonom gestalten, sofern die Veranstaltungen allgemein zugänglich sind.

Das so organisierte Lernen ist in ein System öffentlicher Förderung der Weiterbildung eingegliedert. Es folgt formalen Voraussetzungen (Entscheidungsstrukturen, Instanzen), so z.B. einer zeitlichen Gliederung des Lernens Erwachsener. Es dient u.U. aber nur spezifischen Interessen und ist nicht allen zugänglich. Diese institutionalisierte Struktur (Träger - Einrichtung - Veranstaltung) führt gelegentlich zu Intransparenz und Reibungsverlusten hinsichtlich der Bedarfsgerechtigkeit und Teilnehmerorientierung. Je nach regionaler oder überregionaler Ausrichtung weisen die Weiterbildungsträger eine größere oder geringere Situationsnähe (Zielgruppenorientierung) und Verschiedenheit ihrer organisatorischen Repräsentation auf. Diese zuletzt genannten Merkmale gelten auch als Ursache für mangelhafte Koordination und Kooperation.
Nicht-organisiertes (informelles oder selbstorganisiertes) Lernen unter Erwachsenen außerhalb von Institutionen ist hingegen von öffentlicher Förderung ausgeschlossen.

Eine Unterscheidung von Weiterbildung in eine innerbetriebliche, auf dem dualen System aufbauende Weiterbildung mit den Komponenten: Ausbildung, Umschulung, Fortbildung, nichtberufliche Weiterbildung[42] und individuelle Weiterbildung/Erwachsenenbildung kann als aufgehoben betrachtet werden: „Individueller und betrieblicher Qualifikationsbedarf sind zwei Seiten einer Medaille; beide Inte-

[40] Ernst Prokop/Irmgard Schroll-Decker 1996, S. 9.
[41] Zu weiteren gesetzlichen Regelungen vgl. Rudi Rohlmann 1994, S. 356-371 und Ekkehard Nuissl 1994, S. 346-350; auf eine detaillierte Darstellung wird in dieser Arbeit verzichtet, da dies hier nicht relevant ist.
[42] Vgl. Klaus W. Döring/Bettina Ritter-Mamczek 1999, S. 52.

ressenlagen haben ihr Eigengewicht und müssen miteinander ausgehandelt werden."[43]
Ähnlich wie Döring/Ritter-Mamczek fordern auch Vertreter des Bundesinstituts für Berufsbildung (BIBB) aufgrund der als notwendig erachteten Gleichwertigkeit von beruflicher und allgemeiner Bildung „ein eigenständiges Berufsbildungssystem, in dem die berufliche Weiterbildung das wesentliche Element ist. ... Hierzu sind neue Organisationsformen des Lernens zwischen Betrieben einerseits und Berufsschulen, Weiterbildungseinrichtungen, Fachhochschulen und Universitäten andererseits zu entwickeln."[44] Der zukünftige Stellenwert der Weiterbildung als vierte Säule des Bildungssystems kommt im Aufbau eines eigenständigen Systems von Weiterbildungsberufen zum Ausdruck.
Begründungen für die Notwendigkeit der Weiterbildung als ein eigenständiges System liegen in der

- derzeit mangelnden Attraktivität beruflicher Bildung im Vergleich zur Hochschulausbildung;
- fehlenden Gleichwertigkeit von Abschlüssen und Zertifikaten der beruflichen Bildung;
- in beruflicher Weiterbildung und durch Berufserfahrung erworbenen Qualifikation und ungerechtfertigt verengten formalen Zugangsmöglichkeit zu gehobenen Positionen allein durch einen Universitätsabschluss.[45]

Die Bemühungen, ein eigenständiges Weiterbildungssystem aufzubauen, zielen hauptsächlich darauf ab, Absolvent/innen der dualen beruflichen Ausbildung mit einem aufbauenden, integrierten System (dualer) beruflicher Weiterbildung den Zugang zu weiterbildenden Studien an Fachhochschulen und Universitäten zu ermöglichen, also mittels beruflicher Weiterbildung die bisher nicht gegebene „Nahtstellenfunktion zwischen Berufsausbildung und akademischer Ausbildung"[46] zu füllen.

Zu den verschiedenen genuin erziehungswissenschaftlich-bildungstheoretischen Dimensionen des Quartären Bildungssektors zählen die technokratische, gesellschaftskritische, bildungstheoretische (einschließlich Adressatenforschung, Lehr- und Lernforschung, Institutionsforschung) und ökologische Sichtweise. Döring/Ritter-Mamczek[47] fordern darüber hinaus für die Entwicklung einer professionellen Weiterbildung auch, die betriebswirtschaftliche Dimension einzubeziehen, gerade vor dem Hintergrund der uneinheitlichen organisatorisch-institutionellen und zielorientiert-inhaltlichen Voraussetzungen: „Man muss keinen Widerspruch darin sehen, Weiterbildung einerseits betriebswirtschaftlich als System zu betrachten und als solches entwickeln zu helfen und andererseits gleichzeitig damit sowohl

---

[43] Heinrich Tillmann 1996, S. 5.
[44] Gisela Dybowski/Helmut Pütz/Edgar Sauter/Hermann Schmidt 1996, S. 14.
[45] Vgl. Gisela Dybowski/Helmut Pütz/Edgar Sauter/Hermann Schmidt 1996, S. 13f.
[46] Gisela Dybowski/Helmut Pütz/Edgar Sauter/Hermann Schmidt 1996, S. 22.
[47] Vgl. Klaus W. Döring/Bettina Ritter-Mamczek 1999, S. 29.

berufsspezifische wie allgemeine Bildungsinteressen der Teilnehmer befördern zu wollen."[48]

Zusammenfassend lässt sich feststellen, dass die beschriebenen Entwicklungsstränge zu keinem klar abgrenzbaren und eindeutig differenzierten Bereich mit institutioneller Identitätsbildung und Festigung geführt haben,[49] sondern eher zum Gegenteil: Es lässt sich ein vielfältiges, pluralistisches und buntes Feld der Erwachsenenbildung ausmachen, das sich „entstrukturiert"[50], zur Sozialarbeit, Lebensberatung und Therapie entgrenzt und mit vielfältigen gesellschaftlichen Systemen verknüpft: dem Arbeitsmarkt, dem Gesundheitswesen, dem Tourismus und den neuen sozialen Bewegungen der 1990er Jahre.

1.3.2 Situation

Der Primat des Lebenslangen Lernens hat nicht nur humanistische, sondern auch sozial- und arbeitsmarktpolitische Gründe. Motivation, Akzeptanz, Barrieren, Beteiligung der Zielgruppen rückten damit bereits in den 1960er Jahren in den Fokus der Betrachtung[51] und wirken sich bis in die Gegenwart auf die Gestaltung von Weiterbildung aus.

„In den letzten zwanzig Jahren hat sich die Teilnahme an Weiterbildungsmaßnahmen fast verdoppelt: Laut Berichtssystem Weiterbildung nahm 1979 weniger als ein Viertel der Wohnbevölkerung an Weiterbildung teil, während 1997 fast die Hälfte der Befragten über eine Teilnahme an Weiterbildung berichtete. Besonders rührig waren dabei die Hochschulabsolventen. Fast 70% von ihnen nahmen an einer Weiterbildung teil. In den letzten zwanzig Jahren hat sich der Anteil berufsbezogener Weiterbildung in diesem Bereich verdoppelt (von 24% auf 48%). ... Offenbar reicht ein Hochschulstudium schon lange nicht mehr aus, um sich auf Dauer für anspruchsvolle berufliche Tätigkeiten zu qualifizieren. Auch Hochschulabsolventen müssen ihre Kenntnisse durch regelmäßige Fortbildung angemessen weiterentwickeln. Auch deshalb ist Weiterbildung mittlerweile ein Wachstumsmarkt geworden."[52]

Trotz des deutlichen Anstiegs der Weiterbildungsbeteiligung sind die Ansprüche an das lebenslange Lernen bislang kaum ausreichend realisiert. Die allgemeine Wertschätzung der Weiterbildung führt nur bei einem Drittel der Bevölkerung tatsächlich zu Bildungsaktivitäten, das Angebot erreicht nicht alle potentiellen Zielgruppen gleichermaßen. Hier besteht aus pädagogischer Sicht teilnehmerorientierter Hand-

---

[48] Klaus W. Döring/Bettina Ritter-Mamczek 1999, S. 27.

[49] Vgl. Rudolf Tippelt 1994, S. 12.

[50] Vgl. Horst Siebert 1994, S. 76.

[51] Vgl. Horst Siebert 1994, S. 61.

[52] Gabriele Behler 2000, S. 17; vgl. hierzu auch die Darstellung der Ergebnisse aus dem „Berichtssystem Weiterbildung" in Kapitel 1.3.2.1 Betriebswirtschaftliche Aspekte.

lungsbedarf. Auch der ökonomische Blickwinkel zeigt brachliegende Potentiale in der Versorgung mit Weiterbildung.[53]
Erwachsenenbildung ist ein Arbeitsfeld, das sich in einem permanenten flexiblen Prozess zwischen Verfestigen und Entschwinden, einer „mittleren Systematisierung" befindet. Ihre Professionalisierung ist bisher höchstens ansatzweise realisiert. Der Grad der Professionalisierung des weiterbildenden Personals bleibt eine Kernfrage, wenn eine verbesserte Qualität und weitere Expansion der Erwachsenenbildung angestrebt wird. Professionalität im Sinne spezialisierten und akademisierten Berufswissens mit spezifischen Kompetenzen und der Fähigkeit, im Arbeitsalltag theoriegeleitet zu handeln, wird ergänzt durch

- Qualifizierung, d.h. festgelegte Aus- und Fortbildungswege
- Rekrutierung, d.h. Erfüllung der Zugangsvoraussetzungen
- Selbstverständnis, d.h. professionalisierungstypisches Ethos
- Organisationen, d.h. Berufsverbände zur Interessenvertretung und -durchsetzung.[54]

Döring/Ritter-Mamczek schätzen, dass abgesehen von Weiterbildungen für Führungskräfte und Manager sowie betrieblichen und behördlichen Bildungszentren „90% aller Weiterbildungsangebote ... von Ausbildern/Dozenten getragen werden, die sich im Lernprozess primär fachlich (=logotrop) und nicht pädagogisch-didaktisch (=paidotrop) orientieren"[55] und vermuten, dass dies an der fehlenden Einsicht in die Notwendigkeit einer spezifischen didaktischen Qualifikation liegt. Entsprechend identifizieren sie als Merkmale unzureichend initiierter Lernprozesse in der Weiterbildung z.B. einfallslose und unstrukturierte Lernverläufe, Ausbilder-/Dozentenzentrierung, unzureichende soziale Gruppierungsformen, unüberlegten Medieneinsatz, zumeist „Folienschleuderei", unprofessionelle didaktische Verhaltensformen, Stoffüberlastung mangels Techniken zur Stoffreduktion. In den Professions-Kanon führt unter dem Motto: „Trainieren ist lernbar!" exemplarisch ein Praxishandbuch für Trainer, Führungskräfte und Experten in die erfolgreiche Gestaltung von Fachtrainings ein.[56]

Die Qualität von Weiterbildungsangeboten wird aber auch mitbestimmt von den Auftraggebern, die die Seminarziele und Rahmenbedingungen vorgeben. So bestimmt ein Trend zu immer kürzeren, inhaltlich überladenen und von eigenen Mitarbeiter/innen durchgeführten Inhouse-Seminaren das Verständnis mancher Weiterbildungsangebote. Zwar vertrauen viele Bildungsverantwortliche auf die Beratung, fachliche und didaktische Kompetenz eines engagierten Trainers und akzeptieren den Preis für ein qualitätsbewusstes, professionelles Seminarangebot. Dennoch wird Weiterbildung auch missbraucht: als Disziplinarmaßnahme, als getarnte Überstunden oder als Alibi-Veranstaltung. Zeitliche Festlegungen in die Abendstunden, eine 90-Sekunden-Zeitplanung für praktische Übungen, ein Seminartag

---

[53] Vgl. Rudolf Tippelt 1994, S. 10.
[54] Vgl. Peter Faulstich/Christiane Zeuner 1999, S. 14f.
[55] Klaus W. Döring/Bettina Ritter-Mamczek 1999, S. 99.
[56] Vgl. Martin Lehner/Frederic Fredersdorf 2003.

für das Erlernen von Fähigkeiten statt mehrerer Monate sind häufige Defizite. Organisatorische Mängel, wie fehlende oder unpassende Räumlichkeiten, zu große Teilnehmergruppen etc. gehören zu den negativen Erfahrungen von Trainer/innen und Teilnehmer/innen der Weiterbildung.[57] „Und es gibt genug Beispiele von Trainern, die ihren Erfolg einzig einem hervorragenden Selbstmarketing verdanken und Publicity als Beweis ihrer fraglichen Kompetenz verkaufen. ... Zu heterogen ist diese Dienstleistungsbranche, der bis heute kein anerkanntes Berufsbild zugrunde liegt. So findet man dort von Autodidakten über den berufserfahrenen ‚Erfolgsverkäufer' bis zum Diplom-Psychologen mit gestalttherapeutischer Zusatzausbildung alles, was sich zur Qualifizierung von erwachsenen und zumeist berufstätigen Menschen berufen fühlt."[58]
Forderungen nach Qualität und Professionalität des Weiterbildungsmarktes werden von Unternehmen häufig abgewogen gegen Kosten-Nutzen-Überlegungen und Zeitargumente. Dennoch sollen Trainings nachhaltige Effekte zeigen und Mitarbeiter/innen trotz knapper Wissensvermittlung und allein durch Erkenntnis automatisch ihr Handeln verbessern und ihr Verhalten ändern. Dies führt zu einer Definition von hohen Anforderungen an eine zeitgemäße Trainerkompetenz:

- flexible Formen der Wissensvermittlung
- methodisch-didaktisches Geschick
- Verständnis für die Komplexität
- Know-how in Fragen der Organisationsentwicklung
- menschliche Reife im Handling von Veränderungsprozessen.

„Gefragt sind zunehmend Trainer mit interdisziplinärer Ausbildung, großer Berufserfahrung und integrativer Identität, die auch in Krisensituationen sicher auftreten können."[59]
Die Erwartungen und Anforderungen an die Arbeit von Weiterbildner/innen steigen ständig.[60]

Speziell der betriebswirtschaftliche Aspekt der Weiterbildung, resultierend aus wachsendem Kostendruck, spielt eine immer größere Rolle: „Personalentwickler und Trainer müssen in der Sprache des Managements reden. Sie müssen in Zahlen reden, müssen Bescheid wissen, was eine Bilanz ist, und dürfen nicht nur an die Selbstverwirklichung der Mitarbeiter denken."[61] Damit einher geht die Forderung nach effektiverer und ökonomischerer Arbeitsweise, die sich an den folgenden Spannungsfeldern bricht:

- „bürokratisch agierend": Schwerpunkt auf operativem Tagesgeschäft statt strategischer Ausrichtung;
- „unter Druck stehend": höhere Anforderungen bei engeren Spiel- und Zeiträumen;

[57] Vgl. Frank Hartmann 2000, S. 99-104.
[58] Jürgen Graf 2000a, S. 17.
[59] Jürgen Graf 2000a, S. 36.
[60] Vgl. Kapitel 1.5 Zusammenfassung und Ausblick.
[61] Jürgen Graf 2000b, S. 65.

- „im Elfenbeinturm sitzend": Praxisferne durch zentrale Institutionalisierung.[62]

Die „Eigenart des Arbeitsfeldes ..., das durch Offenheit und zugleich Unübersichtlichkeit gekennzeichnet ist",[63] drückt sich also auch darin aus, dass es keine festgelegten Zugangswege gibt und zwar weder für die Erwachsenen, die lernen wollen, noch für die darin überwiegend freiberuflich oder quantitativ seltener hauptamtlich in der Kursdurchführung oder Planung Tätigen. Gleichzeitig hat „die Reflexion einschlägiger Begriffe wie Bildung, Lernen, Beratung, Therapie, Seelsorge, Training, kreatives Tun etc. zu keinen eindeutigen Zuordnungen geführt, die aus Professionalitätsgesichtspunkten wichtig wären. Das Berufsselbstbewusstsein ist aufgrund dieser Arbeitssituation entsprechend wenig ausgeprägt, wegen

- der „Diskrepanz zwischen der offiziellen Rhetorik über die Bedeutung der Erwachsenenbildung und der dürftigen Personalausstattung";
- dem „schiefen Fremdbild", das Außenstehende hauptsächlich die lehrenden und weniger die quantitativ überwiegenden disponierenden Aufgaben wahrnehmen lässt;
- der „mangelnden Herkunftsgemeinsamkeit" aus meist unterschiedlichen Studiengängen;
- der fehlenden „notwendigen fachlichen Fundierung", die sich aus dem umfangreichen Aufgabenfeld der hauptberuflich Tätigen ergibt und daraus resultierenden Kommunikationsschwierigkeiten mit den freiberuflich Lehrenden;
- der „Zerreißproben", die aus vielfältigen und z.T. sich widersprechenden Anforderungen wie auch dem Spannungsfeld unterschiedlicher Perspektiven und Erwartungen von Teilnehmer/innen, Kursleiter/innen, Trägervertreter/innen resultieren.

Aus dieser Anforderungsskizze lässt sich eine erforderliche allgemeine Kompetenz von Professionalität erkennen, „nämlich die Fähigkeit, bei konkreten Beobachtungen die Relevanz passender allgemeiner Regeln präsent zu haben und verallgemeinerndes Wissen in konkreten Situationen adäquat einbringen zu können".[64]

Im Folgenden wird die Situation der Weiterbildung anhand von sechs Rahmenbedingungen dargestellt:

1. Betriebswirtschaftliche Aspekte
2. Entwicklung der Weiterbildungsbeteiligung
3. Trägerstrukturen
4. internationaler Vergleich
5. Situation der Weiterbildner/innen
6. Berufsbild und Stellenanforderungen

Diese Aspekte des Bedingungsfeldes und der Berufsfeldentwicklung wirken sich auf eine Professionalisierung der Weiterbildung strukturierend aus.

---

[62] Vgl. Jürgen Graf 2000b, S. 65ff.
[63] Vgl. Hans Tietgens 1995, S. 3.
[64] Hans Tietgens 1995, S. 4.

1.3.2.1 Betriebswirtschaftliche Aspekte

Die von Döring/Ritter-Mamzcek[65] geforderten betriebswirtschaftlichen Aspekte lassen sich aus der bisherigen Datenlage nur unzureichend darstellen. Dennoch geben verschiedene Quellen punktuelle Einblicke in Einkommensverhältnisse der Weiterbildner/innen und Kosten für Durchführung und Teilnahme an Weiterbildungsangeboten.

Die gestiegenen Anforderungen an Leistungen und die Qualität der Weiterbildung sowie die Kompetenzen des in verschiedenen Positionen und Funktionen tätigen (nicht nur pädagogischen) Personals und das Wachstum der Weiterbildungsbranche bei gleichzeitig starker Kosten-Nutzen-Erwägung lassen die Frage nach den Einkommensverhältnissen bzw. einem angemessenen Gehalt aufkommen. Zu unterscheiden ist hierbei zwischen hauptberuflich und freiberuflich im Bildungssektor Tätigen. Als Grundlage einer 1999 erstellten Studie[66] wurden 26 Positionen aus Weiterbildungsinstitutionen, Personalentwicklungs- und Ausbildungsabteilungen in Unternehmen analysiert. Diese Untersuchung zeigt, dass auch im Bildungsbereich die Vergütungshöhe und -struktur abhängt von

- Unternehmensmerkmalen wie Umsatz, Beschäftigtenzahl, Standort und Ertragslage;
- Positionskriterien wie Personalverantwortung und hierarchische Einordnung;
- betriebsinterner Wertigkeit wie Beitrag des Mitarbeiters zur Zielerreichung der Bildungsorganisation/-abteilung;
- persönlichen Eigenschaften wie Alter, Berufserfahrung, Ausbildung/Qualifikation, Firmen- und Positionszugehörigkeit, Geschlecht und individueller Leistung (Einsatzbereitschaft);
- Bewerberlage wie Angebots- und Nachfragekonstellation.

Entsprechend variieren die Gehälter beträchtlich und umso stärker, je höher die Stelleninhaber in der Organisationshierarchie angesiedelt sind.

Die Untersuchungsergebnisse führen zu folgenden idealtypischen Rollen:

- Instituts- bzw. Akademieleiter:
  Topverdiener mit durchschnittlichem Jahresgehalt von EUR[67] 89.000,-, 75% Männer, Personalverantwortung über 32 Mitarbeiter/innen, durchschnittlich 46 Jahre alt, Firmenzugehörigkeit seit 13 Jahren, Positionsinhaber seit 8 Jahren.
- Leiter Personalentwicklung:
  durchschnittliches Jahresgehalt von EUR 77.500,-, 53% sind Männer, 20 direkt oder indirekt unterstellte Mitarbeiter/innen, 43 Jahre alt, Organisationszugehörigkeit seit 11 Jahren, Positionsinhaber seit 6 Jahren.

---

[65] Vgl. Klaus W. Döring/Bettina Ritter-Mamczek 1999, S. 29.

[66] Kienbaum „Vergütungsstudie - Führungs- und Fachkräfte im Bereich Bildung, Training, Personalentwicklung“ nach Arne Michael Eickhoff 2000, S. 57-63.

[67] Die im Originaltext angegebenen DM-Beträge wurden hier halbiert.

- Trainingsleiter (Koordination von Trainereinsätzen, selbständige Durchführung von Schulungen, Einarbeitung von Referenten):
  durchschnittliches Jahresgesamteinkommen EUR 42.000,-, 70% haben Universitätsabschluss, relativ große Personalverantwortung über 59 unterstellte Mitarbeiter/innen.
- pädagogischer Mitarbeiter/Personalreferent im Bereich Personalentwicklung (Bildungsbedarfsanalysen, Bildungsplanung, Evaluation):
  durchschnittliche Jahresgesamtvergütung EUR 48.000,-, zwei Drittel haben Universitätsabschluss, 10% sogar Promotion, keine Personalverantwortung.
- festangestellte Trainer:
  Gesamtjahreseinkommen EUR 35.000,-, 74% Männer; Universitätsabschluss 39%.
- Coach:
  Jahresverdienst EUR 54.000,-, in zwei von drei Fällen weiblich, ebenso viele Universitätsabschluss, Personalverantwortung für durchschnittlich 7 Mitarbeiter/innen.

Jahresgesamtbezüge nach Alter (in TEUR)	bis 25	25 bis 30	30 bis 35	35 bis 40	40 bis 46	45 bis 50	50 bis 55	55 bis 60	über 60	insgesamt
Instituts-/ Akademieleiter	27	39	47	63	69	89,5	91	93	125	89
Leiter Personalentwicklung	-	-	51,5	73,5	82,5	77,5	54,5	110,5	72	77,5
Trainingsleiter	-	-	38	-	41,5	43	44,5	-	-	42
Personalreferent/ Päd. Mitarbeiter	26	40,5	44,5	55,5	58,5	60	62,5	-	-	42
Dozent/Trainer	30	38	39	44,5	-	48	50,5	-	-	35
Coach	-	-	31,5	-	-	55	-	-	-	54

Tab. 2: Durchschnittsgehälter für Festangestellte in der Weiterbildungsbranche (nach Eickhoff 2000)[68]

Dabei beträgt die stärkste Streuung bei Akademieleitern zwischen höchstem und niedrigstem Verdienst EUR 59.500,-; die geringste Streuung bei Trainern EUR 18.000,-.

Bei den Instituts- bzw. Akademieleitern bzw. Leitern Personalentwicklung gibt es erhebliche Einkommensunterschiede zwischen kleinen und größeren Unternehmen, nicht jedoch signifikant bei Personalreferenten oder Trainern. Auch eine qualifizierte Ausbildung wirkt sich in Anspruch und Bezahlung des Arbeitsplatzes im Bildungsbereich aus. Lebensalter und Berufserfahrung sowie Beförderungen zeigen sich in Gehaltssteigerungen bis zu einer altersabhängigen Stagnation bei Fachpositionen, einer hingegen weiterhin deutlichen Erhöhung bei über 60jährigen in Führungspositionen.

[68] Arne Michael Eickhoff 2000, S. 60.

Da Frauen mit 44% einen hohen Anteil der Beschäftigten im Bildungsbereich darstellen, soll hier kurz ihre Einkommenssituation betrachtet werden. Durchschnittlich beträgt die Differenz ihrer Vergütung gegenüber den männlichen Kollegen minus 20%. Zum Vergleich: in der Datenverarbeitung beträgt der Frauenanteil 16%, die Vergütungsdifferenz liegt bei minus 12%.

Position	**Vergütungsdifferenz gegenüber männlichen Kollegen (in %)**
Instituts-/Akademieleiterin	- 27
Leiterin Personalentwicklung	- 17
Trainingsleiterin	- 14
Personalreferentin PE/ päd. MA	- 22
Dozentin/Trainerin	+ 3
Coach	+ 18
Leiterin/MA Personalwesen	- 13

Tab. 3: Differenz der Jahresgesamtbezüge von Frauen gegenüber Männern (nach Eickhoff 2000)[69]

Variable Vergütungen, die auch motivierend wirken können, erhalten bisher 20% der Mitarbeiter/innen der untersuchten Organisationen. Der Anteil an den Gesamtbezügen ist unterschiedlich und positionsabhängig, die Beträge liegen zwischen durchschnittlich 2 und 15% der Jahresgesamtbezüge (EUR 900,- und EUR 15.050,-). Bei 56% der befragten Unternehmen gibt es Erfolgsbeteiligungen, bei weiteren 35% sogenannte Ermessenstantiemen. Jährliche Zielvereinbarungen führen 48% der Bildungsorganisationen mit den Führungskräften durch, ein Drittel davon verknüpft sie mit einem leistungsorientierten Vergütungssystem.

Die Verdienstseite für freie Trainer/innen ist wesentlich mitbestimmt vom Angebot-Nachfrage-Verhältnis. Für nachfragende Bildungsträger bedeutet das weitgehende Überangebot an externem Know-How durch freie Trainer/Mitarbeiter die Möglichkeit, viele Kapazitäten „just in time" einsetzen zu können, ohne sie dauernd beschäftigen zu müssen. Gute Qualität von freiberuflich Tätigen, die über Empfehlung oder Bewährung in Unternehmen testiert wurde, zeigt sich in den am Markt erzielbaren Preisen.

Zwischen 75% der in der Studie untersuchten Unternehmen und 87% der Abteilungen arbeiten mit Externen, dabei liegt der Durchschnitt in Bildungsunternehmen bei 30 Personen pro Jahr, in Personalentwicklungsabteilungen bei 14. Dies entspricht einem Jahresdurchschnitt von 591 bzw. 165 Arbeitstagen („Manntagen"). Dabei investieren Bildungsunternehmen pro Tag und Person als durchschnittliches Honorar EUR 700,-, Personalentwicklungsabteilungen EUR 1.150,-. Hochgerechnet auf die o.a. Einsatzdauer und Anzahl wendet ein Bildungsunter-

[69] Arne Michael Eickhoff 2000, S. 61.

nehmen im Jahresdurchschnitt EUR 413.500,-, eine Abteilung für Bildung, Training, Personalentwicklung EUR 190.000,- auf.[70]

Bezogen auf die Zielsetzung des in dieser Arbeit zu entwickelnden und zu beschreibenden Multiplikator/innentrainings ist auch ein Einblick in Selbstdarstellungen freier Anbieter von Weiterbildungsprojekten in Unternehmen interessant. Sie bieten Modelle einerseits für Bedarf, methodische und didaktische Herangehensweisen sowie Lernziele, andererseits auch für die Personal-, Kosten- und Zeitkalkulation zu entwickelnder Weiterbildungskonzepte.

Dafür werden die Gewinnerkonzepte des Deutschen Trainings-Preises[71] zunächst im Hinblick auf Trainingsinvestition, Beteiligte und Zeitraum der Weiterbildungsmaßnahme ausgewertet. Da es hier lediglich um eine richtungsweisende Darstellung geht, wird auf eine qualitative Auswertung, die z.B. Wertigkeit des Ansatzes/Trainingskonzept oder Umfang der Medien und Arbeitsmittel einbezieht, verzichtet.
Das quantitative Ergebnis zeigt mit der gebotenen Vorsicht, die sich aus den uneinheitlichen Darstellungen der Kalkulation und des Umfangs der Trainings ergibt, in der Tendenz auf, dass die

- angegebenen Kosten zwischen EUR 56.250,- und 1 Million EUR betragen;
- Teilnehmerzahlen sich zwischen 12 und 900 je nach Trainingskonzept bewegen;
- Schulungsmaßnahmen zwischen 26 und 201 Tagen dauern.

Entsprechend variieren die Kosten pro Tag zwischen ca. EUR 2.150,- und EUR 10.500,- sowie je Teilnehmer/in zwischen EUR 550,- und EUR 14.500,-.[72]

Für alle vorgestellten Trainings werden Evaluationsmaßnahmen zur Zielerreichung durchgeführt. Neben erzielten Qualifikationsverbesserungen werden auch „geldwerte", d.h. beispielsweise direkt in Umsatz-, Verkaufs- oder Renditezahlen oder indirekt in Fehlzeitenverringerung bzw. Qualitätssteigerung sichtbare Erfolge der betrieblichen Weiterbildungen benannt.
Dies weist auf die immer stärker kosten- und nutzenorientierte Funktion von beruflicher Weiterbildung hin. Im Terminus „Bildungscontrolling" kommt das Anliegen zum Ausdruck, Ergebnisse von Weiterbildung/beruflicher Bildung in Form von Kennzahlen festzuhalten.[73]

---

[70] Vgl. Arne Michael Eickhoff 2000, S. 62.
[71] Vgl. Training mit Gewinn 2001. Der Preis wird jährlich für hervorragende innovative Konzepte vom Berufsverband Deutscher Verkaufsförderer und Trainer e.V. vergeben.
[72] Diese Kalkulation beruht auf den angegebenen Kosten und kann aufgrund der zugrundeliegenden verschiedenen Darstellungen nur ein grober Trendwert sein.
[73] Vgl. Frederic Fredersdorf 2001b, S. 190.

Nach der Darstellung der Einkommen bzw. Einnahmen der Anbieterseite sollen im Folgenden die Kosten und die Finanzierung von Weiterbildung aus der Teilnehmer- bzw. Abnehmersicht erläutert werden.

Über die Erhebung und Darstellung der Kosten für die Weiterbildung fand in den 1990er Jahren eine kontroverse Diskussion statt, die sich insbesondere um den zugrundezulegenden Weiterbildungsbegriff sowie die einzubeziehenden Kostenarten drehte. Inzwischen wurde insofern ein methodischer Konsens erzielt, als Kosten für das Lernen am Arbeitsplatz aufgrund der engen Verbindung mit Arbeits- und Produktionsprozessen kaum statistisch getrennt erhoben und somit nicht ausreichend erfasst werden können. Eine Empfehlung zielt auf Einzelfallstudien sowie die Entwicklung von Modellen mit dem Ziel, Nutzen-Kosten-Analysen durchführen zu können.
Entsprechend liegen wenige Daten zur aktuellen Kostensituation vor. Nach den Statistiken des Berichtssystems Weiterbildung des BMBF sind selbst diese mit einschränkenden Anmerkungen versehen. So zeigt sich etwa bei der Frage nach den Kosten der Teilnehmer/innen für die Weiterbildung, die nicht vom Arbeitgeber, Arbeitsamt o.ä. Stellen übernommen wurden, dass die Anteilswerte von 28% der Teilnehmerfälle 1994 und 1997 in etwa gleich geblieben sind. Einschränkend ist jedoch zu bemerken, dass diese Zahlen wahrscheinlich unter der tatsächlichen Kostenbeteiligung der Teilnehmer/innen liegen, da die Frage ohne Vorgabe konkreter Kategorien gestellt wurde. Entsprechend ist es möglich, dass bestimmte Kosten (z.B. Fahrtkosten, Verpflegungsmehraufwand etc.) sowie geringere Aufwendungen und länger zurückliegende Kosten, weil vergessen, nicht erwähnt wurden. Aus Teilnehmerperspektive entstehen neben den direkten Kosten für die Teilnahme an der Weiterbildung auch indirekte Kosten für ggf. entgangene Freizeit. Diese Opportunitätskosten können u.U. den „Löwenanteil" der Weiterbildungskosten ausmachen – laut unbelegter Aussage eines PE-Praktikers.[74]

Die Kostenaufwendungen der Betriebe vervierfachten sich von 1980 bis 1992 von 4 auf 18,5 Mrd. EUR, gingen aber danach bis 1995 um 1,3 Mrd. EUR zurück. Die Gründe dafür liegen neben den geringeren Beschäftigtenzahlen vor allem in einem stärkeren Kostenbewusstsein und in der intensiveren Weiterbildungsarbeit der Betriebe. Gleichzeitig wurden die Kostenaufwendungen für die Weiterbildung pro Mitarbeiter/in um rund EUR 125,- von durchschnittlich EUR 962,- auf EUR 835,- reduziert. Dieser Rückgang wird auf die folgenden Neustrukturierungen bzw. Kostenverlagerungen zurückgeführt:

1. „zeitliche Straffung der Maßnahmen und Verlagerung außerhalb der Arbeitszeiten, Folge: Verminderung der Kosten der Lohnfortzahlung;
2. Verlagerung der Weiterbildung an den Arbeitsplatz, Folgen: Wegfall von Reise- und Übernachtungskosten sowie der Kosten für externe Träger;

[74] Opportunitätskosten sind Nutzenentgang durch Verzicht auf Alternativanlage, hier: Weiterbildung statt Freizeit.

3. Realisierung von Einsparpotentialen bei der Weiterbildungsarbeit, Folge: Rückgang der Kosten bei den haupt- und nebenberuflichen Weiterbildungskräften".[75]

Eine Aufschlüsselung der Kosten für einzelne Maßnahme- bzw. Kostenarten zeigt allerdings hinsichtlich der Verlagerungen bzw. Umstrukturierungen ein etwas anderes Bild. Danach nehmen die Kosten pro Mitarbeiter/in für interne Lehrveranstaltungen sowie haupt- und nebenamtliches Personal deutlich ab, bleiben für externe Lehrveranstaltungen in etwa gleich und steigen erheblich für Lernen in der Arbeitssituation, für Informationsveranstaltungen und selbstgesteuertes Lernen.[76]

Die Frage nach den Kosten verweist unmittelbar auf die Finanzierung von beruflicher Weiterbildung. Finanzielle Unterstützung von Teilnehmer/innen kann sich darstellen als Leistung der Bundesanstalt für Arbeit (für 11% aller Teilnahmefälle in etwa gleich für 1994 und 1997, für 46% des Weiterbildungsvolumens, von 1994 bis 1997 etwas gestiegen), sowie der Leistung der Arbeitgeber/Betriebe in Form von Lohnfortzahlung (60% unverändert für 1994 und 1997) oder seltener als direkter Zuschuss zu den Kosten der Weiterbildung (7%, von 1994 zu 1997 etwas rückläufig). Dabei wurde von der Bundesanstalt für Arbeit die Weiterbildung von und für Arbeitslose erwartungsgemäß mit 59% der Teilnahmefälle und 90% des Weiterbildungsvolumens im Jahr 1997 stark gefördert. Die Ausgaben der Bundesanstalt für Arbeit für berufliche Weiterbildung haben sich von 1988 bis 1992 verdreifacht (von 3,0 Mrd. EUR auf 9,25 Mrd. EUR). Dieser durch die berufliche Weiterbildung in den neuen Ländern erreichte hohe Wert ging bis 1997 wieder um ein Drittel (auf 6,3 Mrd. EUR) zurück.[77]

Vier mögliche Finanzierungsträger und die geschätzten ungefähren Größenordnungen ihrer Aufwendungen für berufliche Weiterbildung im Jahr 1995 zeigen, welche Ressourcen für Weiterbildung beansprucht werden:[78]

Finanzier	**Summe in Mrd. EUR**	**Herkunft der Daten**
Bundesanstalt für Arbeit	7,4	Verwaltungsstatistik
sonstige öffentliche Hand	2,6	Haushaltspläne
Betriebe	16,95	Institut der Deutschen Wirtschaft (Hochrechnung)
Privatpersonen	5,3	BIBB (Hochrechnung)
Summe	32,25	

Tab. 4: Finanzierungsträger und Aufwendungen für berufliche Weiterbildung (nach Krekel/Kath 1999)

[75] Bundesministerium für Bildung und Forschung 2000, S. 272.
[76] Vgl. Bundesministerium für Bildung und Forschung 2000, S. 269-273.
[77] Vgl. Bundesministerium für Bildung und Forschung 2000, S. 273-276.
[78] Elisabeth M. Krekel/Folkmar Kath (1999) nach Bundesministerium für Bildung und Forschung 2000, S. 276.

Das Wachstum des Weiterbildungsmarkts zeigt sich auch in finanziell anderer Hinsicht: in den Umsätzen privater Anbieter. Allerdings unterscheiden sich die Umsatzhöhen entsprechend der heterogenen Leistungsstruktur der Weiterbildungsträger beträchtlich: In einer Untersuchung von 60 Unternehmen der Weiterbildungsbranche reichen die Umsatzveränderungen zwischen 1998 und 1999 von minus 39 bis plus 150%.[79] Dabei ist das Umsatzwachstum von 18% der befragten Unternehmen größer als 40%, die negativen und positiven Spitzenwerte weisen Kleinstunternehmen auf. Der Durchschnitt liegt bei 26%, bei einer gesonderten Auswertung von Anbietern mit mehr als der Hälfte des Umsatzes aus IT[80]-Themen ergibt sich der deutlich höher liegende Wert von 33%. 72% der Unternehmen bieten neben Weiterbildung auch andere Dienstleistungen an, meist für Informations- und Kommunikationstechnik. Durchschnittlich wurden ca. 320 Seminarthemen als Produkte angeboten, wobei der Median mit knapp 100 weit niedriger liegt. Große Weiterbildungsunternehmen mit ihren thematisch großen Produktpaletten erhöhen den Durchschnittswert. Durchschnittlich 77% aller Themen sind dabei als öffentliche Veranstaltungen deklariert. Die Zuwachsrate an neuen Themen betrug durchschnittlich 18% mit Höchstwerten von 40% bei 7% der Unternehmen und Niedrigstwerten von unter 10% bei 14% der Unternehmen.[81]

Stark abhängig von der Größe und strategischen Ausrichtung ist die Erfolgsbilanz der Anbieter: 30% führten mehr als 1.000, 20% zwischen 500 und 999, fast 10% maximal 49 Seminare und Lehrgänge durch. Entsprechend ist auch hier der Durchschnitt von über tausend Veranstaltungen durch große Unternehmen höher als der Median von 430 Veranstaltungen. Mit „Trainer-based-Trainings" wurden 92% des Umsatzes im Jahr 1999 erreicht, wobei der Durchschnitt der medienzentrierten Seminare von 8% (1998) auf 9% (1999) stieg. Bei einer getrennten Betrachtung von IT-Trainings-Unternehmen liegt der Anteil der Trainer-based-Trainings bei 93% geringfügig höher.

Aussagen über die Personalsituation lassen sich aus mehreren Gründen nur schwer treffen: Die Unternehmen unterhalten auch andere Geschäftsbereiche neben der Weiterbildung, Beratungs- und Trainingstätigkeit gehen ineinander über, häufig werden freie Mitarbeiter als Trainer eingesetzt. Gegenüber 1998 lässt sich bei den untersuchten Unternehmen ein Trend zum stärkeren Einsatz freier Trainer ausmachen. Zwar gibt es für den Weiterbildungssektor keine amtlichen Struktur- und Entwicklungsdaten, doch bei der Einschätzung der befragten Weiterbildungsunternehmen wurde ein durchschnittliches Marktwachstum von 13,5% für das Jahr 2000 erwartet (57% der befragten Unternehmen entfallen dabei auf die Spanne von 6 bis 15%). Dies waren optimistischere Prognosen als für 1999, als 40% der Unternehmen unter 5% und 20% mit weniger als 16% Marktwachstum kalkulierten.

[79] Vgl. Heinz Streicher 2000, S. 49ff.
[80] Informationstechnologien.
[81] Die neuen Themen werden in der Studie rein quantitativ ohne Nennung der Inhalte erfasst.

1.3.2.2 Entwicklung der Weiterbildungsbeteiligung

An formalisierten Weiterbildungsangeboten haben im Jahr 1997 48% der 19- bis 64jährigen (dies entspricht rd. 24,1 Mio. Personen) teilgenommen. Die Teilnahmequote von 23% im Jahr 1979 hat sich damit mehr als verdoppelt. Dieser Trend verdeutlicht das starke Anwachsen des Weiterbildungssektors. Dabei fällt die Zunahme in den neuen Ländern von 1994 bis 1997 mit 12% deutlich höher aus als in den alten Ländern mit 5%.[82]

Wie sieht die Teilnahme nach den Bereichen der allgemeinen und beruflichen Weiterbildung aus? Gemessen an den Teilnahmefällen ist bis 1994 die allgemeine Weiterbildung der größte Bereich. Im Jahr 1997 nehmen annähernd gleich viele Teilnehmer an beruflicher wie allgemeiner Weiterbildung teil.

	allgemeine Weiterbildung	**berufliche Weiterbildung**
1994	18,4[83]	15,7
1997	19,4	19,6

Tab. 5: Verteilung der Teilnahmefälle auf allgemeine und berufliche Weiterbildung (nach BMBF 2000)

Dabei zeigt sich in den neuen Ländern ein Anteilswert von 58% an der beruflichen und 48% an der allgemeinen Weiterbildung. In den alten Ländern hat sich der Anteilswert von 42% an der beruflichen Weiterbildung dem Anteilswert von 52% an der allgemeinen Weiterbildung angenähert.[84]

Welche Themengebiete allgemeiner Weiterbildung werden verstärkt nachgefragt? Zu den Themengebieten allgemeiner Weiterbildung zählen Fragen zu Gesundheit, Lebens- und Haushaltsführung, Versicherung, Recht, Familie, Naturwissenschaften und Technik, Freizeitgestaltung, Kunst, Literatur, Religion, Geschichte, Länderkunde, Ökologie, Sport, Astrologie/Esoterik. Verstärkt nachgefragt werden davon in den letzten beiden Erhebungszeiträumen v.a. Gesundheitsthemen. Für die in dieser Arbeit relevante Fragestellung ist die Entwicklung der Teilnahmequote (in %) in folgenden Themengebieten allgemeiner Weiterbildung interessant:

[82] Vgl. Bundesministerium für Bildung und Forschung 2000, S. 21f.

[83] Hochgerechnete ca.-Angaben in Mio. Teilnehmerfällen, d.h. jede/r Teilnehmer/in wird ungeachtet des Umfangs seiner/ihrer Teilnahme nur einmal erfasst.

[84] Vgl. Bundesministerium für Bildung und Forschung 2000, S.24f.

	1979	1982	1985	1988	1991	1994	1997
Sprachkenntnisse	3	4	4	7	5	5	8
Rechte und Pflichten des Staatsbürgers, Wissen über Politik, auch Europabezogen	2	2	2	1	1	1	1
multikulturelle Fragen, toleranter Umgang mit Ausländern[85]	-	-	-	-	-	1	0

Tab. 6: Entwicklung der Teilnahmequote (in %) bei ausgewählten Themengebieten allgemeiner Weiterbildung (nach BMBF 2000)

Das Themengebiet „Sprachkenntnisse" ist aus allen zuvor genannten Themengebieten allgemeiner Weiterbildung das einzige, das sich mit einem deutlichen Anstieg der Prozentpunkte verändert hat. Es steht 1997 auch im Vergleich der neuen mit den alten Ländern an erster Stelle der Beteiligung. Das Themengebiet „Politik" lässt sich mit den verwendeten Untersuchungsinstrumenten nicht gesichert darstellen, da inhaltliche Elemente aus diesem Bereich auch oft in den anderen der oben genannten Themengebieten (z.B. Versicherung/Recht, Ökologie) vermittelt werden.[86]

Welchen Zeitaufwand erbringen Teilnehmer/innen für ihre berufliche Weiterbildung? Der durchschnittliche Zeitaufwand für berufliche Weiterbildung aller 19- bis 64jährigen liegt im Jahr 1977 bei 39 Stunden pro Jahr (1994: 33 Stunden). Bei den 30%, die teilnehmen, liegt der Durchschnittswert bei 128 Stunden. Eine differenziertere Betrachtungsweise zeigt jedoch, dass sich zwar die Reichweite der Weiterbildung (Teilnahmequote) erhöht, aber der durchschnittliche Zeitaufwand um 13 Stunden pro Teilnehmer/in verringert hat.

Teilnehmende Männer und Frauen investieren in berufliche Weiterbildung durchschnittlich etwa gleich viel Zeit. In den neuen Ländern liegt der Zeitaufwand wesentlich höher (78 Stunden) als in den alten Ländern (29 Stunden). Der Zeitaufwand für berufliche Weiterbildung von Frauen in den neuen Ländern ist etwa viermal höher als der von Frauen in den alten Ländern; bei nicht erwerbstätigen Teilnehmer/innen sogar fünfmal so hoch.
Im Jahr 1997 haben 48% der Hochschulabsolvent/innen 97 Stunden je Teilnehmer/in für berufliche Weiterbildung aufgewendet, bezogen auf alle Hochschulabsolvent/innen liegt der Zeitaufwand bei 46 Stunden. Sowohl die Teilnahmequote (+ 18%) als auch der Zeitaufwand bezogen auf alle Personen (+ 7 Stunden) liegen damit etwas über dem Durchschnitt. Bezogen auf den Durchschnittswert der befragten Teilnehmer/innen liegt der Zeitaufwand von Hochschulabsolvent/innen jedoch deutlich darunter (- 37 Stunden).[87]

---

[85] Vor 1994 unter „sonstige Themenbereiche" erhoben.
[86] Vgl. Bundesministerium für Bildung und Forschung 2000, S. 29-32.
[87] Vgl. Bundesministerium für Bildung und Forschung 2000, S. 59-72.

1.3.2.3 Trägerstrukturen

In den bundesweiten Trägerstrukturen der Weiterbildung ist die Gesamtheit der Veranstaltungen in der allgemeinen und beruflichen Weiterbildung erfasst, gestützt auf die Teilnahmefälle und für die berufliche Weiterbildung bezogen auf das Volumen. Besonderes Augenmerk soll hier auf die Hochschulen gelegt werden, weil das Modell der Multiplikator/innen-Weiterbildung in der wissenschaftlichen Weiterbildung angesiedelt ist.

Anteilswerte von Trägern an der Weiterbildung insgesamt sind an:
1. Stelle „Arbeitgeber/Betriebe" mit 27% der Teilnahmefälle;
2. Stelle Volkshochschulen mit 17%;
3. Stelle private Institute mit 11%;
4. Stelle Kammern mit 6%;
5. Stelle Verbände (nicht Berufsverbände) mit 5%;
6. Stelle Berufsverbände, (Fach-)Hochschulen, kirchliche Stellen, nicht-kirchliche Wohlfahrtsverbände mit jeweils 4%.

Mit Werten von 3% oder niedriger folgen: Akademien, Gewerkschaften, Arbeitgeberverbände, Berufsgenossenschaften, Fachschulen, Parteien, Fernlehrinstitute und sonstige (z.B. Urania, Kulturband, Krankenkassen etc.). Die bundesweiten Trägerstrukturen der gesamten Weiterbildung zeigen durch weitgehend unveränderte Anteilswerte an den Teilnahmefällen von 1994 zu 1997 eine bemerkenswerte Stabilität.[88]

In der allgemeinen Weiterbildung zeigt sich eine etwas veränderte Rangfolge. Hier verzeichnen die Volkshochschulen bundesweit die meisten Teilnahmefälle, allerdings mit einem niedrigeren Anteil in den neuen Ländern. Der Bereich „Arbeitgeber/Betriebe" spielt bundesweit hier eine geringere Rolle, ist allerdings in den neuen Ländern stärker vertreten. Hier stehen an
1. Stelle Volkshochschulen mit 29% der Teilnahmefälle;
2. Stelle private Institute mit 11%;
3. Stelle Verbände (nicht Berufsverbände) mit 10%;
4. Stelle Arbeitgeber/Betriebe mit 7%;
5. Kirchliche Stellen, nicht-kirchliche Wohlfahrtsverbände mit je 6%;
6. (Fach-)Hochschulen mit 5%.

Mit Werten von 3% und niedriger folgen Akademien, Berufsverbände, Parteien/parteinahe Stiftungen, Gewerkschaften und sonstige vorgegebene Träger (z.B. Arbeitgeberverbände, Fernlehrinstitute, Kammern, Berufsgenossenschaften, Urania). Im Großen und Ganzen hat sich die Rangreihe seit 1994 nur geringfügig verändert.[89]

Die Teilnahmefälle und das Volumen der beruflichen Weiterbildung zeigen seit 1994 eine weitgehend stabile Rangfolge. Bei den Arbeitgebern/Betrieben hingegen sinkt der Anteil am Volumen stärker, der Anteil an den Teilnahmefällen etwas

---

[88] Vgl. Bundesministerium für Bildung und Forschung 2000, S. 203-207.
[89] Vgl. Bundesministerium für Bildung und Forschung 2000, S. 208f.

schwächer. Dies deutet auf eine Fortsetzung des bereits 1994 erkennbaren Trends zu kürzeren Maßnahmen in der betrieblichen Weiterbildung hin.

Träger	**Anteilswerte in %**	
1997	**Teilnahmefälle**	**Weiterbildungsvolumen**
Arbeitgeber/Betriebe	48	29
private Institute	11	17
Kammern	10	15
Berufsverbände	6	6
Volkshochschulen	4	3
Akademien, wiss. Gesellschaften[90]	4	5
(Fach-)Hochschulen	3	5

Tab. 7: Anteilswerte (in %) von Teilnahmefällen und Weiterbildungsvolumen der Träger (nach BMBF 2000)

Berufsgenossenschaften, Gewerkschaften, Arbeitgeberverbände, Fachschulen und sonstige vorgegebene Träger (kirchliche Stellen, nicht-kirchliche Wohlfahrtsverbände, Parteien, Fernlehrinstitute) liegen unter 3% der Teilnahmefälle.

Aufgrund der repräsentativen Mikrozensus-Erhebung lassen sich die Trägerstrukturen der beruflichen Weiterbildung hinsichtlich des Durchführungsorts der Maßnahme analysieren. In den Betrachtungszeiträumen 1993 bis 1995 zu 1996/97 stieg der Anteil der am Arbeitsplatz bzw. im Betrieb durchgeführten Weiterbildungsmaßnahmen um 7 Prozentpunkte auf 45% der Teilnahmefälle und damit bestätigt sich ihre im Berichtssystem Weiterbildung (BSW) VII festgestellte Bedeutung. Hingegen lässt der Mikrozensus einen deutlich erhöhten Anteil beruflicher Schulen bzw. Hochschulen zuungunsten der Kammern erkennen. Insgesamt zeigt sich im Mikrozensus eine Angleichung der Trägerstrukturen in den alten und neuen Ländern und im Zeitverlauf ihre weitgehende Stabilität.[91]

1.3.2.4 Internationaler Vergleich

Trotz der wachsenden Bedeutung international vergleichender Statistik ist die häufig geforderte Einschätzung der Weiterbildungssituation in Deutschland nur von begrenztem Aussagewert und es besteht die Gefahr von Fehlinterpretationen, weil die Bildungssysteme, Definitionen, Erhebungszeitpunkte und -verfahren unterschiedlich sind.

Mit diesen Einschränkungen lassen sich die Ergebnisse des OECD-Vergleichs von Beteiligungsquoten an beruflicher Weiterbildung[92] zum Erwerb neuer Kenntnisse und Fähigkeiten für den gegenwärtigen oder zukünftigen Arbeitsplatz sowie die

---

[90] Basis: 40-99 Fälle.

[91] Vgl. BMBF - Bundesministerium für Bildung und Forschung (Hrsg.) 2000, S. 219-229.

[92] Erwerbstätige zwischen 25 und 64 Jahren in verschiedenen Industriestaaten zu Weiterbildungsaktivitäten in den letzten 12 Monate vor der Befragung.

Verbesserung beruflicher Aufstiegsmöglichkeiten bzw. des Einkommens wie folgt darstellen:

Deutschland liegt bei den Teilnahmequoten im unteren Mittelfeld mit 33%, während Finnland an erster Stelle 45% und Kanada an letzter Stelle 28% aufweisen. Die Beteiligung von deutschen Hochschulabsolvent/innen liegt mit 50% im oberen Mittelfeld, auf dem ersten Platz liegt wieder Finnland mit 65%, auf dem letzten wieder Kanada mit 43%. Der Trend zeigt, dass bei allen an der Studie beteiligten Ländern mit der Höhe des Bildungsabschlusses die Beteiligung an Weiterbildung steigt. Bei der geschlechtsspezifischen Beteiligungsquote ist der durchschnittliche Wert in den untersuchten Ländern von jeweils 36% für Männer und Frauen gleich, allerdings nehmen in Deutschland mehr Männer (35%) als Frauen (31%) teil. In Finnland hingegen beteiligen sich jeweils 45% der Männer und Frauen, in Schweden weisen die Frauen höhere Teilnahmequoten auf. Während sich die Weiterbildungsbeteiligung seit Anfang der 1990er Jahre in Deutschland und Schweden erhöht hat, sank sie z.B. in Finnland und der Schweiz. Es gibt also hier keinen international einheitlichen Entwicklungstrend hinsichtlich der Beteiligung. In allen Vergleichsstaaten sind die Arbeitgeber überwiegend die Finanziers beruflicher Weiterbildung.[93]

Für die vom Europäischen Rat 2002 in Barcelona festgelegte Zielsetzung der EU, eine stärkere Einbeziehung des Bildungsbereichs in den Prozess der europäischen Integration zu erreichen, sollen die Grundprinzipien der Verbesserung der Qualität, der Erleichterung des Zugangs für alle und der Öffnung gegenüber der Welt bis 2010 durch eine Schwerpunktsetzung im Bereich Weiterbildung und lebenslangen Lernens realisiert werden.[94]
Dafür wird derzeit ein umfangreiches und umfassendes Berichtssystem aufgebaut, das neben bildungspolitischen und statistischen Bezügen auch den Vergleich europäischer Bildungssysteme beinhalten soll.[95] Für 2005 ist eine erste Erhebung des „European Adult Education Survey" (AES) durch EUROSTAT geplant, die neben Daten zu Zugang und Beteiligung hinsichtlich verschiedener Bildungs- und Lernaktivitäten zum lebenslangen Lernen auch das für das Lernen aufgewendete zeitliche Volumen und mögliche Ursachen von Bildungs- bzw. Lernabstinenz erfassen soll.
Mit den unterschiedlichen Bildungssystemen innerhalb Europas sowie der angestrebten Öffnung bzw. Ausweitung deutscher Bildungsträger für europäische bzw. internationale Weiterbildungsmärkte sowie internationalen Bildungsorganisationen befassen sich eine Reihe von Veröffentlichungen und Studien.[96] Insgesamt gesehen

---

[93] Vgl. Bundesministerium für Bildung und Forschung 2000, S. 309-318.
[94] Vgl. hierzu ausführlich auch Kapitel 4.2 Bildungspolitische Rahmenbedingungen der EU.
[95] Für eine ausführliche Darstellung der vorliegenden und geplanten Aktivitäten vgl. Bund-Länder-Kommission für Bildungsplanung und Forschungsförderung 2002, S. 25-33.
[96] Vgl. z.B. Eckart Severing/Gabriele Fietz 2002; BIBB 2002; BMBF 2001.

sind aber die Aktivitäten sehr heterogen und ist die Beteiligung noch eher gering zu nennen.[97]

Eine Studie zu internationalen Aktivitäten von Trainingsinstituten[98] zeigt, dass von 1.200 befragten Weiterbildungsanbietern 45% im internationalen Bereich aktiv sind. Davon sind 16% im Inland mit Angeboten internationalen Zuschnitts (z.B. vorbereitende Trainings für Auslandseinsätze) und 11% international, meist aber innerhalb Europas, aktiv.
Die folgende Tabelle zeigt die Schwerpunkte international aktiver Weiterbildner/innen,[99] die weitgehend am Bedarf des inländischen Marktes ausgerichtet sind:

Schwerpunkte	**prozentualer Anteil**
Deutsch für Ausländer	39
interkulturelles Training	21
berufsbezogene Trainings für Deutsche im Ausland	16
Trainings für ausländische Führungskräfte	15
Fremdsprachen für Deutsche im Ausland	14
andere Angebote für deutsche Unternehmen im Ausland	9
Produktschulungen	6

Tab. 8: Schwerpunkte international aktiver Weiterbildner (nach Severing/Fietz 2002)

Gründe für die zögernde internationale Expansion liegen meist im finanziellen Bereich von Aufwand und Nutzen sowie Kapazitäten bzw. Risiko, fehlenden Marketingstrategien und Kooperationspartnern. Die Umsätze aus internationalen Aktivitäten und damit das wirtschaftliche Gewicht sind entsprechend gering: zusammengefasst beträgt der Anteil der „internationalen" Angebote am Gesamtumsatz von 76% der aktiven Anbieter weniger als 10%.[100]

1.3.2.5 Situation der Weiterbildner/innen

Gerade über die Situation der Zielgruppe, für die das in dieser Arbeit beschriebene Modell einer Weiterbildung gedacht ist, liegen wenig Informationen vor: „Geht man davon aus, dass die rd. 31 Mio. Weiterbildungsteilnehmer/innen in Kursen von durchschnittlich 30 Personen unterrichtet werden, so werden pro Jahr rund eine Million Kurse von unterschiedlicher Dauer durchgeführt. ... Grob geschätzt,

[97] Vgl. Joachim H. Knoll 1996, S. 19: "Der Kreis der international für die Erwachsenenbildung arbeitenden Wissenschaftler (lässt) sich auf etwa 50 bis 100 Personen eingrenzen."
[98] Rücklaufquote 30,1% bei einer Zufallstichprobe von über 4.500 deutschen Anbietern. Durchgeführt von den Beruflichen Fortbildungszentren der Bayerischen Wirtschaft, Nürnberg (bfz); vgl. ManagerSeminare Heft 58, Juli/August 2002, S. 16 sowie Eckart Severing/Gabriele Fietz 2002.
[99] Der prozentuale Anteil bezieht sich auf den Gesamtumsatz von 461 international aktiven Weiterbildungsanbietern.
[100] Vgl. Eckart Severing/Gabriele Fietz 2002, S. 9

dürften für die Durchführung von einer Million Kursen zwischen 80.000 und 100.000 haupt- und nebenberufliche Weiterbildner/innen erforderlich sein."[101]
Über die Ausbildungs- und Arbeitssituation der Protagonisten der Weiterbildung gibt es nur punktuelle Informationen zu Einkommensverhältnissen,[102] zu Studiengängen,[103] Weiterbildungsangeboten,[104] zur Erwerbslosigkeit.[105] Auch die amtliche Statistik gibt wenig Hinweise auf die Berufs- und Beschäftigungssituation, da Berufe hier ausbildungs- und nicht tätigkeitsbezogen dargestellt sind.[106]

Als Informationen für eine repräsentative Befragung von Weiterbildner/innen sollten zukünftig systematisch erhoben werden:
- „Zahl der in der Weiterbildung Beschäftigten
- soziodemographische Merkmale
- Ausbildungsabschlüsse
- berufliche und sonstige Qualifikationen
- Art und Umfang der Beschäftigung
- Einkommen
- Art und Inhalt der durchgeführten Veranstaltungen und
- pädagogische Elemente, d.h. Organisation, Didaktik, Methodik und Medieneinsatz".[107]

Den zuvor beschriebenen Rahmenbedingungen des Arbeitsfeldes folgt als nächstes anhand des Berufsbilds die Innensicht von Weiterbildner/innen. Diese wird anhand von Stellenanzeigen um die Außensicht von Arbeitsgebern auf Merkmale von zu erzeugender oder erwarteter Professionalität ergänzt.

1.3.2.6 Berufsbild und Stellenanforderungen

Über Berufsalltag, Qualifikation und Studium im Beruf: Dipl.-Päd. – Arbeitsfeld: Erwachsenenbildung liegt eine empirische Studie[108] vor. Sie basiert auf 16 leitfadengestützten Interviews zum Arbeitsalltag in der Erwachsenenbildung und zeigt als zentrales Ergebnis ein erstaunlich einheitliches Tätigkeitsbild der Befragten im Bereich des disponierenden Handelns (Makrodidaktik): Erwachsenenbildner/innen „konzipieren und planen Kurse und Seminare, Projekte und Programme und organisieren all das, was für die Durchführung der Bildungsarbeit nötig ist: sie akquirieren und beraten nebenamtliche Dozenten, sorgen für Öffentlichkeitsarbeit, küm-

[101] Luitgart Trommer 2001, S. 266.
[102] Vgl. Kapitel 1.3.2.1 Betriebswirtschaftliche Aspekte.
[103] Vgl. die Studie von Klaus Ahlheim/Bardo Heger in Kapitel 1.3.2.6 Berufsbild und Stellenanforderungen.
[104] Vgl. Monika Rummler 2001a, S. 35-38.
[105] Vgl. z.B. die ESF-Anträge „Fit für Europa" 1998-2000 (unveröff. MS).
[106] Über die Anforderungsprofile gibt die Professionalisierungsdebatte weitreichende Hinweise; vgl. Kapitel 2 Kompetenzentwicklung in der Weiterbildung.
[107] Luitgart Trommer 2001, S. 268.
[108] Vgl. Klaus Ahlheim/Bardo Heger 1997.

mern sich um die finanzielle Förderung von Teilnehmern und Projekten und vermitteln zwischen pädagogischen Zielvorstellungen, gesetzlichen Rahmenbedingungen und politischen Interessen. Der Arbeitsalltag wird so geprägt durch eine Vielzahl von Kontakten und Gesprächen."[109]

Damit sind die Anfang der 1970er Jahre geforderten Funktionen für das Tätigkeitsbild im Arbeitsfeld umgesetzt und weitgehend zum Standard in Weiterbildungseinrichtungen geworden. Das professionelle Selbstbild ist bestimmt von

- einer (allzu) selbstkritischen Wahrnehmung der eigenen Tätigkeit,
- einem hohen Maß an Arbeits- und Berufszufriedenheit,
- der Diskrepanz zwischen dem „eigentlich Pädagogischen" und bloßem Organisationshandeln, bis hin zur Benennung der Berufsrolle als „Manager".[110]

Hinsichtlich der im Berufsalltag benötigten „erwachsenenpädagogischen Schlüsselqualifikationen" bestätigen sich in der Umfrage die „Merkmale der Professionalität in der Erwachsenenbildung"[111] mit unterschiedlicher Gewichtung.
Die Merkmale des aufgabenspezifischen Wissens und die Kompetenzen aufgabenspezifischer Handlungsmuster sind im Folgenden tabellarisch dargestellt:

aufgabenspezifisches Wissen	**aufgabenspezifische Handlungsmuster**
Wissen über - gesellschaftliche Funktionsbedingungen, historische und internationale Zusammenhänge, - Adressaten und Teilnehmer, - ein für die Erwachsenenbildung relevantes Fach oder Themengebiet, - erwachsenen- und sachgemäße Didaktik und - die Funktionsweise von Institutionen.	1. Kompetenz: Kommunikation Kontaktbereitschaft, Zuhören können, Sensibilität für Gesprächspartner und Kommunikationsprozesse, Fähigkeit, Kommunikationsprozesse zu gestalten, persönliches Auftreten und Argumentationsfähigkeit, Fähigkeit zur Empathie 2. Kompetenz: Lernen können Bereitschaft und geistige Flexibilität für neue Themen und Anforderungen, Habitus der beständigen intellektuellen Neugierde, Fähigkeit zur schnellen Erarbeitung in verschiedenste Inhalte/Literatur und methodische Aufarbeitung 3. Kompetenz: Institution genaue Kenntnisse der eigenen Institution und ihres Umfelds, souveräner Umgang mit formellen und informellen Strukturen

Tab. 9: Aufgabenspezifisches Wissen und Handlungsmuster (nach Ahlheim/Heger 2001)

Die befragten Weiterbildner/innen als Absolvent/innen des Diplomstudiengangs Pädagogik benennen aus ihrer Berufserfahrung die wesentlichen im Studium erworbenen und am Arbeitsplatz benötigten Kompetenzen:

---

109 Klaus Ahlheim/Bardo Heger 1997, S. 2.
110 Vgl. Klaus Ahlheim/Bardo Heger 1997, S. 3f.
111 Roswitha Peters (1991) nach Klaus Ahlheim/Bardo Heger 1997, S. 4.

- Fähigkeit, sich schnell in neue Themen einzuarbeiten;
- betriebswirtschaftliche Kenntnisse als hilfreiche Zusatzqualifikationen;
- Kompetenz zur Gestaltung sozialer Prozesse;
- begleitete Praktika;
- Wissen um und Erfahrungen mit Institutionen und Trägern der Erwachsenenbildung;
- professionelles Grundwissen für disponierende Tätigkeiten.

Während die Studie zum Berufsbild die erforderlichen Kompetenzen aus der Sicht des Arbeitsalltags der Befragten benennt, zeigen Analysen von Stellenanzeigen die Funktionen von Weiterbildner/innen in Betrieben auf. Diese (Maximal-) Anforderungen sind oft auch mitbestimmt von der Außendarstellung des suchenden Unternehmens,[112] d.h. in die Beschreibung der zu besetzenden Stellen fließt eine Qualitätsvorstellung von Weiterbildungsaufgaben ein, die eine Idealbesetzung implizieren. Im Zeitvergleich zeichnen sich darüber hinaus auch Tendenzen der Veränderung des Berufsbilds ab.

Eine für den Zeitraum zwischen Juli 1999 und Juni 2000 durchgeführte Auswertung von 512 Anzeigen des Stellenmarktes zweier überregionaler Zeitungen nennt für Weiterbildungsberufe explizit die Aufgabengebiete: Personalentwicklung, Training und Weiterbildung.[113] Mit rückläufiger Tendenz wird ein Personalreferent mit noch 19% im Jahr 1999 und knapp 11% der Stellenangebote 2000 gesucht. Personalentwickler mit 23% und Trainer mit 20% bilden in diesem Zeitraum die Spitze der Stellenangebote. Als weitere Bezeichnungen finden sich „Bildungskoordinator, Seminarmanager, Human Resources Spezialist, Manager Human Resources etc.". Das Spektrum der Tätigkeiten kann für eine Position dabei sowohl administrative Abwicklung, inhaltliche und konzeptionelle Betreuung, aber auch Führungskräfte-Coaching umfassen. Es zeigt sich ein Trend, die Weiterbildungsbemühungen stärker in die Unternehmensstrukturen bzw. -hierarchie einzugliedern, wobei es dafür ebenso vielfältige Konzepte gibt wie für die unterschiedlichen Vorstellungen hinsichtlich der Aufgaben für die austauschbaren Berufsbezeichnungen. In der Analyse wurden die im Aufwärtstrend liegenden Tätigkeiten im Bereich des Personalmarketing und -recruitment („Headhunter") nicht berücksichtigt.

In über 21% der ausgewerteten Stellenanzeigen werden Führungspositionen in der Weiterbildung angeboten („Leiter Personalentwicklung, Human Resources Direktoren, Teamleiter"). Dafür sollen Bewerber/innen möglichst zwischen 30 und 40 Jahre alt sein und als Voraussetzungen ein abgeschlossenes Studium (92% aller Anzeigen, davon 49% mit wirtschafts- bzw. sozialwissenschaftlicher Ausrichtung, nur 14% Psychologie/Pädagogik, bei immerhin 21% der inserierenden Unternehmen ohne spezifische Fachrichtung), Sprach- und EDV-Kenntnisse sowie mehrjährige Berufserfahrung mitbringen.

---

[112] Vgl. z.B. Reiner Vinzens 1990, S. 87-97.
[113] Vgl. Jürgen Graf 2000b, S. 65ff.

Einer mehrjährigen Berufserfahrung wird ein größerer Stellenwert zugeschrieben als einer praktischen Erfahrung in Training bzw. Weiterbildung (nur für jedes 4. Unternehmen ist dies eine Einstellungsvoraussetzung). Dieser Wandel im Anforderungsprofil zeigt die Verschiebung des Tätigkeitsfeldes von der Durchführung von Trainings zur Personalauswahl, zu Potentialanalysen und zu Bildungsbedarfsermittlung. 38% der Unternehmen (1999: 35%) fordern EDV-Kenntnisse nicht nur für die administrativen, planenden und organisatorischen Aufgaben, sondern auch die methodisch-didaktische Aufbereitung und Präsentation von Inhalten über das Medium PC bzw. Intra-/Internet.

Als herausragende Arbeitsfelder erweisen sich mit 64% der Nennungen Prozessbegleitung und Koordinierung bei der Verzahnung von Strategie-, Personal- und Organisationsentwicklung. Auch die veränderte Rolle des Weiterbildners zum Lernberater bzw. -begleiter spielt aufgrund des Zeit- und Kostendrucks eine immer größere Rolle: Bei der Suche nach effizienteren und effektiveren messbaren Leistungsverbesserungen spielen arbeitsplatznahe Lernformen häufig eine größere Rolle als die Teilnahme an Seminaren.

Zusammengefasst lässt sich folgender Trend in den Aufgabenfeldern von Weiterbildner/innen feststellen:

- Ermitteln des Bildungsbedarfs, Konzeption von Weiterbildungsmaßnahmen mit annähernd der gleichen Bedeutung wie die Durchführung von Trainings, Workshops, Moderationen (vor 3 Jahren noch Hauptaufgabe mit 67% der Nennungen);
- Personalauswahl, Erstellung von Potenzialanalysen, Durchführung von Assessment-, Development und Potential-Centers (langsame, aber kontinuierliche Zunahme);
- Coaching bzw. persönliche Führungskräftebetreuung (mit 19% unverändert);
- Erstellen von Lernmedien (11%);
- sowie Evaluation und Bildungscontrolling (10%).

„Fazit: Unternehmen suchen für ihre Weiterbildungsaufgaben immer seltener den Trainer und Personalentwickler klassischen Zuschnitts.[114] Gefragt ist vielmehr der Bildungsmanager mit generalistischem Weitblick und ökonomischer Kompetenz."[115]

Betriebliche Bildungsmanager[116] benennen als Kriterien für die Rekrutierung des Weiterbildungspersonals gestiegene Qualifikationsanforderungen an Weiterbildner/innen im Betrieb vor dem Hintergrund eines am Kunden orientierten Wandels der Unternehmenskultur

- hohe Anforderungen im Bereich der übergreifenden Qualifikationen neben fachlicher Akzeptanz: „extreme" Führungsfähigkeit, Kommunikationsfähig-

[114] Vgl. hierzu auch Professionalisierungsanforderungen in Kap. 1.2.2 Personalentwicklung.
[115] Vgl. Jürgen Graf 2000b, S. 71.
[116] Vgl. Rolf Arnold 1995, S. 127ff. in problemzentrierten Interviews.

keit, Konfliktbeherrschung und -vermeidung, also strategische Kompetenz (rationaltechnokratische Sachorientierung);
- (zunehmend) pädagogische Anforderungen mit handlungs-hermeneutischer Ausrichtung, Selbstreflexivität und die Entwicklung „weiblicher“ Verstehenskompetenzen (soziale bzw. sozialwissenschaftliche Dimensionen).

Doch inwiefern wird den Idealanforderungen (in Stellenanzeigen etc.) von Menschen auch real entsprochen? Die eingangs erwähnte Funktion zur Selbstdarstellung des suchenden Unternehmens in den Stellenausschreibungen führt nicht selten zu hochgegriffenen Formulierungen und Anforderungen. Es kann vermutet werden, dass die Wirklichkeit der Stellenbesetzungsverfahren und des späteren Arbeitsalltags pragmatischer ausfällt und die neuen Stelleninhaber gerade beim sich derzeitig erweiternden Anforderungsprofil im Sinne eines „Learning by Doing“ erst in die Stellen hineinwachsen (müssen).

1.3.2.7 Perspektiven und Zukunftstrends

Als Ursachen für die Konjunktur der Weiterbildung zählen nach Meyer-Dohm[117] bereits seit Mitte der 1980er Jahre
- neue Technologien
- struktureller Wandel
- Erhaltung der internationalen Wettbewerbsfähigkeit und
- lebenslanges Lernen (damals schon nicht mehr ganz neu).

Um diesen Phänomenen annähernd gerecht zu werden, sollen im Folgenden die geistigen Grundlagen der Weiterbildung in ihren Widersprüchlichkeiten und Kohärenzen skizzenhaft quantitativ und qualitativ beschrieben und Schlussfolgerungen für die Gestaltung des Multiplikator/innen-Weiterbildungskonzeptes gezogen werden.

Die Wissensexplosion führt einerseits dazu, dass in verstärktem Maße neues Wissen zu vermitteln ist, wobei Überblickswissen und die technischen Möglichkeiten der Informationsverarbeitung und -nutzung an Bedeutung zunehmen. Dieses Wissen andererseits organisieren und präsentieren zu können, rückt als neue Kompetenz in den Mittelpunkt. Die Wissensexplosion fordert aber auch veränderte menschliche Verhaltensweisen, wie interdisziplinäres Führen, Arbeiten und Kommunizieren sowie die Zusammenarbeit im Team. Dazu gehören auch integrierendes Lernen, autonomes Lernen und Lernen im Dialog als wünschenswerte Lernkompetenzen.
Mit dem gleichzeitig beschleunigten Wandel geht die Notwendigkeit lebenslangen Lernens einher, um der Gefahr der Dequalifizierung entgegenzuwirken. Diese ständigen Investitionen in den Wissenserwerb und Wissensverwertungsprozess fördern und fordern auch den Einsatz effizienter Lerntechnologien. Die Vermittlung allgemeiner Qualifikationen, zu denen als wichtigste die Fähigkeit und Motiva-

[117] Vgl. Peter Meyer-Dohm 1987, S. 41ff.

tion zum ständigen Weiterlernen zählt, rückt vor dem Hintergrund einer auf die gesamte Arbeits- und Lebensbiografie bezogenen Sichtweise die einst starke Gewichtung der Erstausbildung inhaltlich und strukturell zurecht. Sie eröffnet langfristige Perspektiven, die zu einer ganzheitlichen Betrachtung der Berufsausbildung führen und auch die Vermittlung von Schlüsselqualifikationen (sozialen und personalen Kompetenzen) neben der klassischen Fachkompetenz beinhalten.
Auf einer Meta-Ebene sollen Bildungsinvestitionen schließlich dazu beitragen, den in der Konsumgesellschaft für die meisten erreichten hohen Lebensstandard abzusichern. Dies bezieht sich nicht nur auf materielle Versorgung, sondern auch auf Forderungen der Mitarbeiter nach Partizipation und Möglichkeiten der Selbstverwirklichung, also auch auf Aspekte der Lebensqualität.

Zusammengenommen ergibt sich ein hoher Weiterbildungsbedarf mit der zentralen Frage nach dem Nutzen und der Verwertbarkeit des Wissens sowie den veränderten Verhaltensweisen der Menschen untereinander und in Bezug auf moderne Technik. Es geht also auch darum, „ein neues Lernen einzuüben, das innovatorisch und partizipativ ist, das die Zukunft antizipiert und nach Möglichkeit vermeidet, erst aus Katastrophen und dem Scheitern traditioneller Antworten auf Herausforderungen Lehren zu ziehen“.[118]
Die skizzierte technologische und gesellschaftliche Entwicklung fordert die Weiterbildungsverantwortlichen heraus, die zuvor genannten Einflüsse auf Arbeits- und Alltagswelt in der Gestaltung der Angebote zu berücksichtigen.
Arbeitsteilig kraftverstärkende Werkzeuge für die Entlastung der Muskeln (z.B. Kräne) und die Entlastung und Verstärkung der Sinne (z.B. Fernrohre) werden nun weiterentwickelt bzw. erweitert zu einer integrierten und integrierenden Intelligenzverstärkung für die Entlastung der Gehirne und die Verstärkung der Gehirn- und Verknüpfungsfunktionen (z.B. Computer).[119]

Es lassen sich mit der gebotenen Vorsicht eine Reihe von Trends benennen:[120]
Die hervorstechendste Konsequenz für Personalentwicklung und Weiterbildung ist die Abkehr von der bisherigen Sichtweise einer einmaligen Ausbildung mit späterem Erfahrungslernen bei der Arbeit hin zu einer gezielten Personalentwicklung mit ständigem lebenslangem Lernen als wichtigstem Bestandteil der Arbeit. Die sich abzeichnende demographische Entwicklung erfordert darüber hinaus, „Wissensarbeiter“ für die stärker wissensbasierte Wertschöpfung zu finden, fit zu halten und bei sich ändernden Anforderungsprofilen für neue Qualifikationen zu sorgen. Das heißt auch, beim „Entlernen“ mitzuwirken, neue Themen zu lokalisieren und erkannten Lernbedarf an die Teilnehmer/innen heranzutragen. Als eine anspruchsvolle Aufgabe für die Weiterbildung ist die Weiterqualifizierung der älteren Führungskräfte zu nennen. Zwischen ihnen und den jüngeren Erwerbstätigen („Generation Golf“, „Generation@“ oder „Net-Generation“) sollen Bildungsverantwortli-

---

[118] Gedanke des Club of Rome nach Peter Meyer-Dohm 1987, S. 65.
[119] Vgl. Rolf Berger 1987, S. 87f.
[120] Vgl. Axel Gloger/Constantin Gillies 2000, S. 75-86.

che eine Moderationsfunktion einnehmen, die zwischen den verschiedenen Wissensständen ausgleichend wirkt.
Das zur Verfügung stehende vervielfachte Wissen und die Schnelligkeit der neuen Informations- und Kommunikationstechnologien fordern die Weiterbildung dazu heraus, den großen Strom neuer Inhalte für die Teilnehmer/innen lernbar zu gestalten. Die Art, wie Weiterbildungsleistungen erbracht werden, unterliegt einer Veränderung: der Anteil digitaler oder online verfügbarer Medien wird sich erhöhen und die auch weiterhin wichtigen Printmedien und mehrtägigen Präsenzphasen mit persönlicher Trainerbetreuung ergänzen. Wichtig dabei sind zeitgerechte und schnell bereitgestellte Bildungsangebote während der Arbeit und am Arbeitsplatz.
Wissen wird zu einer immer bedeutenderen Ressource. Das Management von Wissen und Informationen ist personengebunden und erfordert mehr weiche als harte Faktoren. Eine der zukünftigen Aufgaben von Weiterbildung ist es, (in den Unternehmen) einen Beitrag zu leisten, um klimatische Bedingungen für blühenden Wissensaustausch und Wissensvernetzung zu schaffen.

Für die Organisation zur Erbringung von Weiterbildungsleistungen zeichnet sich unter dem Schlagwort „Konzentration auf Kernkompetenzen" das Outsourcen vormals interner Weiterbildungsabteilungen ab. Wenn Weiterbildung zum Markenartikel wird, der als Leistung externer Bildungsanbieter im Paket eingekauft wird, liegt für viele Trainer/innen die berufliche Zukunft in der Selbständigkeit oder Mitarbeit bei einem den Markt dominierenden großen Weiterbildungsanbieter. Unter der Maxime kurzfristiger Verfügbarkeit von Bildungsangeboten gewinnt die Weiterbildung vor dem Computer aus Kosten- und Effizienzgründen an Bedeutung, allerdings weniger für höher in der Hierarchie stehende Mitarbeiter/innen. Die Weiterbildungsverantwortlichen sind dann zuständig für langfristige Bedarfsermittlung, Maßnahmeplanung, Anbietersuche und -vermittlung sowie Bildungscontrolling.

Für den Bildungsmarkt werden hohe Zuwachsraten prognostiziert, die hauptsächlich auf private Anbieter (Unternehmen und Hochschulen) entfallen. Die öffentlichen Bildungseinrichtungen bleiben aufgrund ihrer schwerfälligen Verwaltungsstrukturen von diesem Wachstum eher unberührt; auch die neugegründeten Corporate Universities haben die deutschen öffentlichen Hochschulen eher nicht integriert.
Die im Bericht „Bildung 2000" aufgeworfenen Forderungen können die Konkurrenzsituation zwischen öffentlichen und privaten Einrichtungen der Weiterbildung verschärfen, wenn

- große Unternehmen ihr betriebliches Bildungsangebot erweitern und allgemeinbildende Seminare in ihr Programm aufnehmen;
- Schulen Kurse für Erwachsene anbieten;
- sich verstärkt weitere private Anbieter auf dem Weiterbildungssektor engagieren;
- der Einsatz neuer Informations- und Kommunikationsmedien zu einer Erweiterung und Verbesserung massenmedialer Bildungsangebote führt;

- außerinstitutionelle, informelle Gruppen zunehmend an Bedeutung für die Bildung der jüngeren Generation gewinnen;
- die Universitäten als Einrichtungen allgemeiner und wissenschaftlicher Weiterbildung immer attraktiver werden.[121]

Damit werden mehr Institutionen um ein vermutlich gleich bleibendes Finanzbudget sowie die knapper werdende Bildungsfreizeit ihrer Zielgruppen werben müssen. Neben einer daraus resultierenden möglichen Konzentration auf direkt verwertbare Bildungsangebote sind aber auch neue Kooperationsformen zwischen Institutionen denkbar.

1.4 Die universitäre Erwachsenenbildung bzw. wissenschaftliche Weiterbildung

Den Universitäten kommt in diesem innovativen Zusammenhang eine besondere Rolle zu. Sie können die Fort- und Weiterbildung gerade für hochqualifiziertes Personal übernehmen. Dies spiegelt sich auch in den Empfehlungen des Wissenschaftsrates und dessen Aufforderung wieder, dass die Universitäten stärker die berufsbezogene wissenschaftliche Weiterbildung außerhalb ihrer Studienangebote forcieren sollen: "In den vorliegenden Empfehlungen wird berufsbezogene wissenschaftliche Weiterbildung ... enger definiert und von Zusatz-, Ergänzungs- und Aufbaustudien unterschieden. Sie ist dadurch charakterisiert, dass sie auf beruflichen Erfahrungen aufbaut und eine Phase beruflicher Tätigkeit voraussetzt. Sie wendet sich vor allem an Hochschulabsolventen, aber auch an beruflich Qualifizierte, die über eine entsprechende Eignung für eine Wahrnehmung des Weiterbildungsangebots verfügen".[122]

Dazu sollen die erforderliche Infrastruktur aufgebaut und die Angebote
- prospektiv auf zukünftige Entwicklungen nachfrageorientiert sowie
- marktorientiert unter Berücksichtigung privatwirtschaftlicher Grundsätze und
- zu marktgerechten Preisen für die Teilnehmer/innen

konzipiert und durchgeführt werden. Die Angebote sind umfassend zu evaluieren, um die Qualität zu gewährleisten und veränderten Bedarf berücksichtigen zu können. Bescheinigungen und ggf. Zertifizierungen auf der Grundlage erbrachter Leistungsnachweise sollen unter klar definierten Bedingungen anrechenbar auf ein späteres Studium sein.[123] Es wird empfohlen, diese im Hinblick auf eine Öffnung der Hochschulen für Berufstätige auch dann beim Zulassungsverfahren anzurechnen, wenn der Hochschulzugang nicht durch formale Nachweise vorliegt. Hintergrund hierfür ist das Postulat der Gleichwertigkeit von beruflicher und akademischer Bildung.

---

[121] Vgl. Horst Siebert 1994, S. 73f.

[122] Wissenschaftsrat 1997, S. 9f.

[123] Dies soll auch für berufsbezogene, wissenschaftliche Weiterbildungsangebote von Unternehmen gelten.

„In diesem Sinne hat die Welthochschulkonferenz der UNESCO recht daran getan, wenn sie im letzten Jahr die Hochschulen aufforderte, sich für die Perspektive des lebenslangen Lernens zu öffnen, sich verstärkt als offenes System zu verstehen, das mit anderen Elementen des Bildungswesens, zum Beispiel der Weiterbildung, sich eng und intensiv vernetzt.“[124]

Der von der KMK eingesetzte zentrale Akkreditierungsrat bearbeitet seit 1999 Fragen der Zertifizierung und Akkreditierung von grundständigen und Aufbau-Studiengängen.
“Zur Zeit mogelt sich die Weiterbildung durch die Abschlussfrage hindurch. Es gibt eine Vielzahl von Formen wie Gesamtzertifikate, Hochschulbriefe, qualifizierte Abschlusszertifikate, Hochschulabschlusszertifikate oder auch Universitätszertifikate, die aber alle für sich allein wenig Aussagekraft haben. In Ermangelung einheitlicher Regelungen sind der Phantasie der einzelnen Hochschulen keine Grenzen gesetzt. ... Es reicht nicht mehr aus, zusätzlich zur Zertifikatsurkunde eine genaue Beschreibung der Studieninhalte und der Studienleistungen zu dokumentieren, gefordert ist die Entwicklung von Regelungen, in denen Standards formuliert sind, die zu allseits anerkannten Abschlussbezeichnungen führen. ... Wenn die Weiterbildung, wie überall propagiert, einen hohen Stellenwert für die Hochschulen haben soll, dann muss sie auch durch entsprechende Abschlussmöglichkeiten für Teilnehmer/innen attraktiv gemacht werden. Selbstverständlich müssen an diese Abschlüsse Standards gelegt werden, jedoch sollte man sich durchaus an Abschlussbezeichnungen orientieren, wie sie für das bundesdeutsche Hochschulsystem gängig und auch gesetzlich vorgesehen sind.“[125]

Eine Abschlussbezeichnung in Bachelor oder Master zu definieren und damit eine Vergleichbarkeit innerhalb Europas zu erreichen, ist nicht unumschränkt anstrebbar oder unmittelbar dringlich. Vielmehr sollen flexible und vielfältige Weiterbildungsangebote möglich sein, um aktuelle Entwicklungen aufgreifen zu können. Es sind also einerseits für den Bereich der Weiterbildung vergleichbare Standards zu entwickeln und andererseits die Systematik zwischen Erstausbildung und Weiterbildung zu definieren. Den europäischen Gedanken einzubeziehen, darf nicht durch die damit entstehende Komplexität die Attraktivität des Handelns beeinträchtigen.

Vor dem Hintergrund der aktuellen Debatte um

- gestufte Studiengänge nach angloamerikanischem Muster (Bachelor, Master) und damit verbundenen Aspekten der Modularisierung und Einbindung in ein Credit-Point-System und
- die sich entwickelnde Wissensgesellschaft und propagierte Notwendigkeit lebenslangen Lernens

[124] Gabriele Behler 2000, S. 16f.
[125] Peter Wismann 2000, S. 58.

zur Entwicklung eines tragfähigen Weiterbildungsansatzes zeichnen sich Szenarien für eine zukunftsorientierte wissenschaftliche Weiterbildung ab.

Für die Einrichtung von Qualitätsmanagementsystemen in der wissenschaftlichen Weiterbildung und die Überprüfung hinsichtlich ihrer Brauchbarkeit für die Bildungsarbeit gibt es für DIN EN ISO 9000ff. erste Erfahrungen, die auch in Form von Anleitung an andere Hochschulinstitutionen weitergegeben werden.
Eine Besonderheit in der Hochschule, aber auch im gesamten Bildungsbereich:

- „ist die *Dienstleistung selbst* (die Veranstaltung, das Programm, der Studiengang) ein „Produkt" als Ergebnis von Tätigkeiten ...
- ... (gleichzeitig) erfüllt dieses Produkt nur dann seinen Sinn, führt nur dann zu einem *Ergebnis* für die Nutzer (zu einem Lerngewinn, einer Bildungserfahrung), wenn diejenigen, die das Produkt nutzen, selber mitwirken (eigene Zeit einsetzen, innerlich dabei sind, etwas aufnehmen, lesen usw.)."[126]

Weiterbildung wird nach dem aktuellen HRG und je nach Ländergesetzgebung als gesonderter Bereich neben Forschung und Lehre betrachtet und geregelt. Die aktuelle Diskussion um neue Studienstrukturen bezieht auch den entsprechenden Ausbau der wissenschaftlichen Weiterbildung ein.[127] „Je nach Inhalt, Angebotsform und Klientel wird diese Weiterbildung dann entweder einer auszudifferenzierenden post-gradualen Stufe des Hochschulsystems (tertiärer Bildungsbereich) oder einem sich zunehmend herausbildenden ‚Quartären Sektor' zugerechnet."[128]

An eben dieser Nahtstelle setzt das hier beschriebene Modell einer Weiterbildung für Multiplikator/innen an.[129] Wie nachstehend ausgeführt wird, zielt sie darauf ab, interkulturell tätige Weiterbildner/innen und Projektmanager/innen fachlich zu qualifizieren.

1.4.1 Situation

Die Erwachsenenbildung folgte resultierend aus der Universitätsausdehnungsbewegung[130] dem Postulat, die Universitäten für den Zugang möglichst vieler Erwachsener zu öffnen und war bis zur Ausgliederung und der Institutionalisierung der Volkshochschulen in der Weimarer Republik in den Hochschulen angesiedelt. Dies kann als Beginn des Quartären Sektors des Bildungssystems gelten. Die Hochschulreformideen der Nachkriegszeit belebten die Kooperation bzw. Mitwirkung der Universitäten an der Erwachsenenbildung neu. Das Mitte der 1950er Jahre entstehende „Urmodell" wissenschaftlicher Weiterbildung griff daneben die wissen-

---

[126] Jörg Knoll 1999, S. 116 (Hervorhebung im Original).
[127] Vgl. Günter Heitmann 2001, S. 272.
[128] Günter Heitmann 2001, S. 271.
[129] Vgl. ausführliche Darstellung in Monika Rummler (Hrsg.) 2001.
[130] Jahrhundertwende 19. zum 20. Jahrhundert.

schaftliche Fortbildung u.a. von Akademiker/innen auf. Bereits Mitte der 1970er Jahre rückten immer mehr die berufsorientierte wissenschaftliche Weiterbildung und die Kontaktstudien in den Vordergrund.[131] Institutionell ist die Erwachsenenbildung an Universitäten mit der 1970 erfolgten Gründung des Arbeitskreises universitärer Erwachsenenbildung (AUE[132]) organisiert, zu dem neben den meisten Fachgebieten/Lehrstühlen für Erwachsenenbildung auch die Kontaktstellen für wissenschaftliche Weiterbildung gehören.[133]

„Die wissenschaftliche Weiterbildung der Hochschulen dient ... vorrangig dem Zweck, die in der Berufspraxis vermittelte Berufsfertigkeit wissenschaftlich zu vertiefen, zu erweitern und zu erneuern und auf neue Aufgabenfelder vorzubereiten".[134] Diese berufsbezogene wissenschaftliche Weiterbildung wird in kleinerem Umfang ergänzt durch das weiterbildende Studium und allgemeine Angebote. Dafür wird neues wissenschaftliches Wissen als universitäre Studienmöglichkeiten für diejenigen angeboten, die vorhandenes wissenschaftliches Wissen erweitern bzw. aktualisieren wollen und die die Zugangsvoraussetzungen, meist eine universitäre Erstausbildung oder vergleichbares professionelles Wissen vorweisen können. Thematisch orientierte Veranstaltungen richten sich an Praktiker ohne selektierende Zugangsregelungen mit dem Ziel, Diskurse für mögliche Kooperationen zu initiieren. Dabei wird ein Bedarf der Praxis antizipiert, über den die Teilnehmenden vor ihrem beruflichen Hintergrund individuell entscheiden.[135] „Es entspricht dem Selbstverständnis der Hochschulen, mit ihrer grundlagen- oder anwendungsorientierten Forschung ihre Angebote nicht nur im Hinblick auf deren Verwertbarkeit in der beruflichen Praxis zu gestalten. Schließlich sind Hochschulen auch Träger von Kultur und Ort geistiger Auseinandersetzung."[136]
„Die Weiterbildung an Hochschulen zeichnet sich durch eine Vielfältigkeit an Angebotsformen und Angebotsthemen aus. Sie ist häufig Motor der Entwicklung für neue grundständige Studienangebote. ... Daran wird deutlich, wie flexibel die Weiterbildung auf sich stellende inhaltliche Anforderungen reagiert. Sie definiert neue Berufsfelder - oder zumindest neue Anforderungen für bestehende Berufsfelder, sorgt dafür, dass künftige Ausbildungsbildungsprofile sich diesen Anforderungen anpassen und qualifiziert aktuell Personen für diese Aufgabenfelder nach."[137] Gleichzeitig gibt es Überschneidungen mit den Angeboten sowohl staatlicher, kommunaler, gemeinnütziger als auch kommerzieller Institutionen.[138]

---

[131] Vgl. Wissenschaftsrat 1997, S. 4-6.
[132] Inzwischen umbenannt: DGWF – Deutsche Gesellschaft für wissenschaftliche Weiterbildung und Fernstudium.
[133] Vgl. Horst Siebert 1994, S. 64.
[134] Hochschulrektorenkonferenz 1993, S. 8 nach Ernst Prokop/Irmgard Schroll/Decker 1996, S. 13.
[135] Vgl. Bernd Thunemeyer 2000, S. 110f.
[136] B.M.L. Steiger (1994) nach Ernst Prokop/Irmgard Schroll/Decker 1996, S. 13.
[137] Peter Wismann 2000, S. 58.
[138] Vgl. Wissenschaftsrat 1997, S. 10.

Neben grundständigen Studiengängen der Pädagogik oder Erwachsenenbildung an deutschen Universitäten gibt es einige Aufbaustudiengänge für Weiterbildner/innen, in Berlin z.B. an der Humboldt-Universität „Erwachsenenpädagogik" oder an der Technischen Universität den Aufbau- und Kontaktstudiengang „Weiterbildungsmanagement". Der zuerst genannte Studiengang zielt schwerpunktmäßig eher auf den Erwerb pädagogischer und didaktischer Kenntnisse ab, der Aufbaustudiengang „Weiterbildungsmanagement" beinhaltet darüber hinaus die Fächer Betriebswirtschaftslehre und Personalentwicklung in Unternehmen. Ebenfalls an der TU gibt es einen Studiengang „Ausbildung und Erziehung in Europa", der zunächst als Erasmus-Projekt gefördert wurde und heute als Netzwerk besteht, sowie den zweisemestrigen Postgraduierten-Studiengang „Europawissenschaften", dessen Schwerpunkt auf dem Thema europäische Integration liegt.
Als öffentliche Institution bietet in Berlin die Landeszentrale für politische Bildung ein modulares Train-the-Trainer-Programm an. Aufbauend auf der Studie von Herbert zum Thema „Weiterbildner 2000 plus" wird von der Arbeitsgemeinschaft Betriebliche Weiterbildungsforschung die Entwicklung eines „Didaktisch-methodischen Pools" als Netzwerk zur Unterstützung von Weiterbildner/innen gefördert.[139]
Private Weiterbildungsinstitutionen in ganz Deutschland bieten Trainings für Trainer an, entsprechende Übersichten werden in Fachzeitschriften in regelmäßigen Abständen veröffentlicht[140] und lassen in ihren Programmen die sich verändernden Anforderungen und Schwerpunkte erkennen.

Die Recherche nach europäischen bzw. europaweiten Angeboten für Weiterbildner/innen bei der ursprünglichen Konzeptentwicklung für die Weiterbildung zu Multiplikator/innen im Socrates-Programm zeigte bei der Sichtung einiger entsprechender Projektberichte stark projektbezogene und damit kaum übertragbare Ansätze. Schlussfolgerungen aus den Petra-Pilotprojekten zu weitergehendem Schulungsbedarf sind in der Curriculumentwicklung[141] berücksichtigt und um zusätzlich relevante Themen erweitert worden. Eine Sichtung der 1999 bewilligten Leonardo-Projekte zeigte von insgesamt 754 Projekten nur 22 Projekte im Bereich der Weiterbildung für Weiterbildner/innen (20 Projekte) und dem Projektmanagement (2 Projekte) auf.
Auf europäischer Ebene bietet die CEDEFOP seit 1998 ein Trainer-Netzwerk „Training of trainers network" im Internet an.[142] Daneben gibt es außer den bereits für diese Publikation benutzten Quellen natürlich auch einschlägige Literatur für

---

[139] Vgl. Gudrun Aulerich/Ingeborg Bootz 1999, S. 1-4.
[140] Vgl. z.B. ManagerSeminare. Das Weiterbildungsmagazin. Heft 20, 1995, S. 60-70 oder management & training. Magazin für Human Resources Development. Heft 1, 2000, S. 46-55, um nur einige zu nennen.
[141] Vgl. Monika Rummler (Hrsg.) 2001.
[142] Cedefop's electronic training village: www.trainingvillage.gr.

die Trainerausbildung.[143] Die einzige mir bekannte Veröffentlichung, die Projekte in Weiterbildungseinrichtungen behandelt, ist ein Handbuch zur Organisationsentwicklung mit der Zielvorstellung Bedingungen zu schaffen, unter denen Erwachsene lernen können.[144].
Die Carl-Duisberg-Gesellschaft bietet ein internationales Austauschprogramm für Fach- und Führungskräfte der beruflichen Bildung an. Im Rahmen des Grundtvig-Programms wird ein Katalog von europäischen Weiterbildungsangeboten zusammengestellt und mit Stipendien die Teilnahme von Weiterbildner/innen aus ganz Europa innerhalb Europas gefördert.

Dies kann nur ein grober Überblick ohne den Anspruch auf Vollständigkeit sein. So wurden einige Angebote exemplarisch vorgestellt. **Wesentliches Merkmal der genannten Weiterbildungsangebote für Weiterbildner/innen ist es, dass keines das gleiche Profil bzw. die gleiche Kombination von Lerninhalten wie die Multiplikator/innen-Weiterbildung aufweist!**

1.4.2 Perspektiven

Die Zukunftsaufgaben der wissenschaftlichen Weiterbildung liegen darin,
- die Chancen zu nutzen, die gestufte Studiensysteme für den Quartären Sektor bieten;
- flexible Lernangebote durch multimediale Umgestaltung und online-Perspektiven unter Wahrung des didaktischen Primats (weiter)zuentwickeln;
- Beiträge zur Lösung regionaler Probleme in Netzwerken zu liefern.

Um die problemlösende Leistungsfähigkeit wissenschaftlicher Weiterbildung zum Tragen zu bringen, sollen Weiterbildung und Beratungstätigkeit kombiniert werden.[145]

Aus der aktuellen Hochschulgesetzgebung ergeben sich neue Rahmenbedingungen für Universitäten:
- Erschließen neuer Zielgruppen und Finanzierungswege;
- Möglichkeiten für das Erheben von Gebühren und Anrechnung von Weiterbildung auf das Lehrdeputat;
- kontinuierlicher Einsatz angemessener Formen der Qualitätssicherung und Evaluation;
- Spagat zwischen Wirtschaftlichkeitsdenken und gesellschaftlichem Auftrag;
- neue Kooperationsformen zwischen Hochschulen und Wirtschaftsunternehmen.

---

[143] Z.B. Christiane Brokmann-Noren/Ina Grieb/Hans-Dietrich Raapke (Hrsg.) 1994; Karl Köhl 1987; Michael Birkenbihl 1995; Klaus W. Döring/Bettina Ritter-Mamczek 1999 oder die aus einem Sokrates-Projekt entstandene Zeitschrift „LLinE – Lifelong Learning in Europe".
[144] Landesinstitut für Schule und Weiterbildung 1992, S. 92-102.
[145] Vgl. Helmut Vogt/Bernhard Christmann 2000, S. 5f.

Wissenschaftliche Weiterbildung entwickelt sich neben Forschung und Lehre immer mehr zur Kernaufgabe von Hochschulen. „Die Hochschulen erfüllen diese gesetzliche Verpflichtung im Rahmen ihres Auftrags durch eigene hochschultypische, qualitativ hochstehende Angebote der wissenschaftlichen Weiterbildung. Sie können sich ebenso an Maßnahmen anderer Träger, wie etwa privaten Hochschulen oder sonstigen Bildungseinrichtungen, beteiligen. Wissenschaftliche Weiterbildung knüpft in der Regel an beruflichen Erfahrungen an, setzt aber nicht notwendigerweise einen Hochschulabschluss voraus."[146]

Es zeigt sich, dass wissenschaftliche Weiterbildung eine Sonderstellung im Verhältnis zur Weiterbildung bzw. Erwachsenenbildung und innerhalb der Universität einnimmt: Weder gehört sie anerkannt zum originären Quartären Sektor noch ist sie bisher, sofern sie nicht in Form von Studiengängen institutionalisiert ist, anerkannter Teil der universitären Lehre. „Weiterbildung wird zu einer zentralen gesellschaftlichen, besonders hochschulspezifischen Herausforderung."[147] Die Zukunftsfähigkeit der universitären Weiterbildung liegt darin, sich zu einem dritten Standbein neben Lehre und Forschung zu entwickeln.
Innerhalb der Universitäten bedeutetet dies, „... dass die Weiterbildung und andere Formen des Wissenstransfers nicht zu den Randbereichen, sondern eigentlich zu den Kernaufgaben der Hochschulen gehören, dass sie vor allen Dingen mit der universitären Erstausbildung zu einem sinnvollen und nachhaltig wirkenden Ganzen verbunden werden, ... dass die Einführung gestufter Studiengänge gleich auch auf die wissenschaftliche Weiterbildung zielt und deshalb mit einer Modularisierung der Studienstrukturen und einer Einführung von Kreditpunktesystemen[148] verbunden wird, ... dass im Bereich der wissenschaftlichen Weiterbildung sich Trägerschaft durch eine Hochschule, privatwirtschaftliche Organisationsformen und marktgängige Angebote keinesfalls ausschließen."[149]

Vor dem Hintergrund des Niedergangs des öffentlich verantworteten Erwachsenenbildungssystems und der Umorientierung hin zu einer gemeinschaftlich staatlich und ökonomisch verantworteten Weiterbildung in den 1990er Jahren müssen statt der bisherigen Prinzipien der Bedarfsantizipierung und Angebotsorientierung neue Formen der wissenschaftlichen Weiterbildung entwickelt werden. Eine Perspektive kann darin bestehen, dass sich Hochschulen am Problemlösungsprozess regional handlungsrelevanter Fragestellungen beteiligen und zeitgemäße Vermittlungsformen wissenschaftlichen Wissens entwickeln, die die Tendenz zur Verwissenschaftlichung und Überkomplexität der Lebenswelt aufnehmen. Damit kann eine aus wissenschaftlichem Wissen begründete Handlungs- und Problemlösungskompetenz entwickelt werden.[150]

---

[146] Sekretariat der Ständigen Konferenz der Kultusminister ... 28.06.2001, S. 3.
[147] Bernhard Butzin 2000, S. 11.
[148] ECTS - European Credit Transfer System.
[149] Gabriele Behler 2000, S. 18-21.
[150] Vgl. Bernd Thunemeyer 2000, S. 110.

Zu den Kernaufgaben der Hochschulen gehört nicht nur die Forschung, also neues Wissen zu schaffen, sondern auch, bekanntes Wissen zu neuen Problemlösungen zu verknüpfen und Wissen zu reflektieren und zu bewerten. Da berufstätige Akademiker/innen auf der Grundlage ihrer wissenschaftlichen Ausbildung Probleme definieren, Lösungen erarbeiten und Tatsachen feststellen, schaffen sie neues Wissen und benötigen sie den Austausch mit Hochschulen. „Die wissenschaftliche Weiterbildung bildet dabei einen entscheidenden Kommunikationsweg zwischen Hochschulen einerseits und der Praxis in Wirtschaft und Gesellschaft andererseits."[151] Diese Kommunikation sollte gezielt dazu beitragen, Brücken zu schlagen und innovative Potenziale freizusetzen. Wissenschaftliches Wissen verändert sich in der Informations- bzw. Wissensgesellschaft. Wissenschaftliche Bildung ist nicht mehr allein material (Vermittlung von Fakten, Theorien, Daten) zu verstehen, sondern vielmehr reflexiv (Strategien zum Umgang mit Wissen).

Ein kriterienorientierter Vergleich der Lernkulturen von Universität und Weiterbildung zeigt einige grundlegend unterschiedliche Kulturmerkmale:[152]

	Erwachsenenbildung/ Weiterbildung	**universitäres Lernen/Bildung**
Umgang mit Wissen	teilnehmer- und anwendungsbezogen	wesentlich stärkere Abstrahierung von den tatsächlichen oder zukünftigen Anwendungsfeldern; Initiation und Tradition im Umgang mit vorgegebenen Wissensbeständen (durch Nachvollzug, Wissensspeicherung, Forschungsteilhabe)
Angebotsentwicklung	Planung bedarfsorientierter und zielgruppenbezogener Angebote und Abstimmung mit dem zukünftigen gesellschaftlichen Bedarf	Angebotsentwicklung und Kodifizierung in Studien- und Prüfungsordnungen häufig weitgehend in der Autonomie von Professoren, Fachgebieten und Fachbereichen; von den Strukturen der Disziplin und den Schwerpunkten der Personen bestimmt
Didaktik	selbsterschließungsorientiert: Prozesse des Erfahrungslernens, Arbeit mit dem ‚mitgebrachten' Alltagswissen der Lernenden	behaltensorientiert: Nachmachen und Behalten „Vermittlungslernen"
Marktverhalten	stärker zentralwertorientiert: öffentliche Verantwortung für lebenslanges Lernen; deutliche stärkere Marktnähe, Gefahr der „Ökonomisierung der Weiterbildung"; Konstitution der Erwachsenenbildung durch die Aktivität des lernenden Subjekts	zentralwertorientiert: Wahrheit und Autonomie; material-verkürztes Konzept einer „Bildung durch Wissenschaft"

Tab. 10: Unterschiedliche Merkmale der Lernkulturen von Weiterbildung und universitärer Bildung (eigene Darstellung nach Arnold 1998)

[151] Wissenschaftsrat 1997, S. 46.
[152] Vgl. Rolf Arnold/Ingeborg Schüßler 1998, S. 60f.

Der Vergleich der unterschiedlichen Lernkulturen von Weiterbildung und universitärer Lehre zeigt auf, dass

- die akademisch vorgebildeten Weiterbildner/innen i.d.R. ihre eigene lehrende Tätigkeit nach anderen als den universitären Vorbildern ausrichten müssen, wollen sie in ihrem Tätigkeitsbereich erfolgreich sein;
- die oft geforderte wissenschaftliche Fundierung der fachlichen und pädagogischen Seite ihrer Lehrtätigkeit Regeln folgt, die im Widerspruch zu den Anforderungen ihres Tätigkeitsbereichs stehen können;
- eine Übernahme von universitären Bestandteilen und Integration in erwachsenenbildnerische Anforderungen und umgekehrt sinnvoll erscheinen kann.

Mit Bezug auf die in Tabelle 10 dargestellten Merkmale sieht sich die universitäre Lernkultur herausgefordert, die bisherigen Lehr-Lernformen um erwachsenengemäße Prozesse des Erfahrungslernens und eine systematische Aneignung reflexiver Wissensformen zu erweitern und Erfahrungen und Forschungsergebnisse der Erwachsenenbildung einzubeziehen.[153]

1.5 Zusammenfassung und Ausblick auf das Multiplikator/innen-Modell

Die für eine „Neudefinition der Professionsverantwortung"[154] wesentlichen Faktoren

- Halbwertzeit des Wissens und damit hoher Anspruch an Selbstlernfähigkeit und Selbstorganisation des Individuums;
- Globalisierung und damit immer bedeutsamere interkulturelle Komponente;
- zunehmende Bedeutung der Transfersicherung;
- Entwicklung von Multimedia und Computer-based-Training;
- zunehmende Bedeutung von Evaluation und Bildungscontrolling;

stellen Weiterbildner/innen bei der Konzeption und Durchführung von Weiterbildungsveranstaltungen und Weiterbildungsprojekten vor neue Herausforderungen. Daneben unterliegen auch die Weiterbildungskonzepte selbst einer ständigen Veränderung. So diagnostiziert eine Reihe von Autor/innen einen Paradigmenwechsel[155] bzw. wird eine neue Lernkultur angesteuert.[156]

Die zentralen Bausteine für eine neue Lernkultur basierend auf der Subjekt-, Arbeits- und Gesellschaftsorientierung des von Mertens entwickelten Schlüsselqualifikationsansatzes lauten wie folgt:

- nicht reagierendes, sondern antizipierendes Lernen ermöglicht eine „Orientierung, die auf das mögliche Eintreffen von Ereignissen vorbereitet";

---

[153] Vgl. Kapitel 2 Kompetenzentwicklung in der Weiterbildung.

[154] Petra Jordan 2000, S. 1.

[155] Vgl. Gerhard Reutter 1998, S. 30; vgl. auch Dieter Kirchhöfer 1995, S. 9ff.

[156] Vgl. Stephan Dietrich/Elisabeth Fuchs-Brüninghoff u.a 1999; zum Forschungs- und Entwicklungsprogramm vgl. Arbeitsgemeinschaft Betriebliche Weiterbildungsforschung e.V. Berlin (Hrsg.) 2000.

- antizipierendes Lernen ist ein „reflexives", d.h. auf den Lerner zurückverweisendes Lernen. Es geht darum, „die Anpassungsfähigkeit der Subjekte selbst zu entwickeln und zu fördern".
- Schlüsselqualifikationen oder Handlungskompetenzen „können nicht ‚erzeugt', sondern nur ‚ermöglicht' werden".
- Lernkultur basiert auf einem systemischen Bild vom Lernen, „welches das Lernen als selbstreferentiellen Aneignungsprozess individueller und sozialer Systeme definiert."[157]

Die Erwartungen und Anforderungen an die Arbeit von Weiterbildner/innen steigen ständig, so z.B.: „Der Weiterbildner in der heutigen Bildungspraxis ist Lehrender, Tutor, Dozent und Trainer, Projektleiter und Maßnahmeleiter, ehrenamtlicher Stellvertreter des Leiters einer Bildungsstätte, Akteur in kooperativen Netzwerken in der Region, Bearbeiter von Projektanträgen, Dokumenten und Verwendungsnachweisen, Evaluator, sozialpädagogischer Betreuer und Lernbegleiter, Mitglied in Prüfungskommissionen der Kammern und daneben auch als unbezahlte Fachkraft für Arbeitssicherheit, als Datenschutzbeauftragter, Systemadministrator, Qualitätsmanagementbeauftragter oder als Leiter von Arbeitsgruppen tätig... Im System der Rollen und im ständigen Wechsel seiner Aufgaben ist der Weiterbildner selbst Lernender und benötigt neben der öffentlichen Anerkennung auch Unterstützung".[158]

Die instabile und meist nur kurzfristig gesicherte Beschäftigungssituation vieler in der Erwachsenenbildung pädagogisch Tätiger ist obendrein gekoppelt mit widersprüchlichen Anforderungen von unterschiedlichen Seiten, nämlich der seitens der Arbeitgeber an die Loyalität und seitens der Teilnehmer/innen an eine unterschiedliche Rollenperformance, aber auch an dem Eigeninteresse der Weiterbildner/innen nach langfristiger Sicherung der Existenzgrundlage.[159] Die differenzierten Funktionen, die in unterschiedlichen Verknüpfungen oft gleichzeitig erfüllt werden müssen, stellen hohe Anforderungen an die im Weiterbildungsbereich Tätigen und sind durch ständigen Rollenwechsel, Pendeln zwischen Fremderwartungen, Selbstanspruch und eigenem Vermögen gekennzeichnet - oft an der Grenze des eigenen Leistungsvermögens, wie kritisch und realistisch vermerkt wird.[160]

Folgende Aufgabenfelder von Weiterbildner/innen lassen sich als Trends feststellen (in der Reihenfolge der Wichtigkeit):
- Ermittlung des Bildungsbedarfs, Konzeption von Weiterbildungsmaßnahmen (auch in Projektform) und Durchführung von Trainings, Workshops, Moderationen;
- Personalauswahl, Erstellung von Potenzialanalysen, Durchführung von Assessment-, Development- und Potential-Centers;

[157] Rolf Arnold (1997) nach Gerhard Reutter 1998, S. 34.
[158] Klaus Hatwieger nach Gudrun Aulerich/Ingeborg Bootz 1999, S. 1.
[159] Vgl. Gerhard Reutter 1998, S. 31f.
[160] Vgl. Gudrun Aulerich/Ingeborg Bootz 1999, S. 1.

- Coaching bzw. persönliche Führungskräftebetreuung;
- Erstellen von Lernmedien;
- Evaluation und Bildungscontrolling.

Zukünftige Aufgabenfelder sind weniger klassische Trainings- und Personalentwicklungsaufgaben als vielmehr solche des Bildungsmanagements mit generalistischem Weitblick und ökonomischer Kompetenz.[161]

Genau diese zukünftigen Aufgabenfelder sind für die Multiplikator/innen an der Schnittstelle zwischen Projektmanagement und Weiterbildung angesiedelt. Aus diesem Grund sind in die Konzeption der Weiterbildung sog. Train-the-Trainer-Module und ein Modul zur Evaluation aufzunehmen. Das zweite und dritte Aufgabenfeld gehören zu den Aufgaben von Projektleitung bzw. Weiterbildungsmanagement. Um Weiterbildung auch in Projektform anbieten zu können, sind entsprechende Module aufzunehmen.

Wie in den nächsten Kapiteln ausgeführt wird, kommen zu diesen Anforderungen explizit Projektmanagement und Innovation sowie der interkulturelle Aspekt hinzu. Im nachfolgenden Kapitel sollen zunächst die erforderlichen Kompetenzen dieser Multiplikator/innen für Weiterbildungsaufgaben identifiziert werden.

---

[161] Vgl. Kapitel 1.3.2.6 Berufsbild und Stellenanforderungen.

2 Kompetenzentwicklung in der Weiterbildung

Die Abbildung verdeutlicht wiederum den Aufbau dieser Arbeit und den Zusammenhang der fünf Kapitel. Der grau schraffierte Bereich dient der Verortung des folgenden Kapitels im Kompetenzmodell „Multiplikator/in".

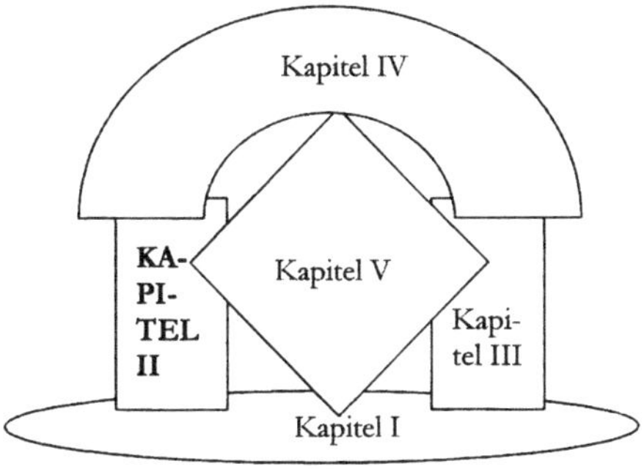

Abb. 1: Architektur dieser Arbeit (eigene Darstellung)

Im Folgenden wird zunächst ein Überblick gegeben über die Inhalte und die Relevanz dieses Kapitels sowie die Gründe für die hier gewählten Teilaspekte der Kompetenzentwicklungsdiskussion.
Kompetenzanforderungen gilt es in diesem 2. Kapitel hinsichtlich einer Tätigkeit in der Weiterbildung (lehrend und disponierend) und in Kapitel 3 für Projektmanagement zu identifizieren. Darauf aufbauend wird der Blickwinkel in Kapitel 4 um europäische Anforderungen und Merkmale interkultureller Kompetenz erweitert.

Um die allgemeinen Eckpunkte der erforderlichen und zu erzielenden Kompetenz in handhabbare Teillernschritte und didaktisch vermittelbare Einheiten umzuformen, werden zunächst Rahmenbedingungen und erforderliche Schlüsselqualifikationen für Weiterbildner/innen aus der Literatur zum deutschen Kontext herangezogen. In Kapitel 5 werden aus der allgemeinen Kompetenzdefinition für Multiplikator/innen operationalisierte Teilkompetenzen dargestellt und evaluiert, also geprüft, inwieweit durch das exemplarische Modell einer Multiplikator/innen-Weiterbildung eine Veränderung, d.h. ein Kompetenzzuwachs in der Selbsteinschätzung, messbar ist.

2.1 Allgemeine Vorbemerkungen

Bereits die Unterscheidung und häufige Gleichzeitigkeit der Tätigkeiten von Weiterbildner/innen in Pädagogik und Organisation, also das Feld der Mikrodidaktik: lehrende Funktion und das Feld der Makrodidaktik: disponierendes Handeln,[1] ver-

[1] Klaus Ahlheim/Bardo Heger 1997, S. 2f.

weisen darauf, dass neben der weiterbildenden Funktion im Sinne einer pädagogisch-lehrenden Tätigkeit bereits das von pädagogischem Wissen bestimmte Planungs- und Organisationshandeln von Weiterbildner/innen Managementaspekte beinhaltet.[2]

Des weiteren gilt es, normative und konstruktivistische Elemente im Tätigkeitsprofil zu identifizieren. Neben klaren Anforderungen aus Vorgaben für die optimale Erfüllung bestimmter Tätigkeiten (normativer Bereich) gibt es eine Reihe von Elementen in Tätigkeitsprofilen, die entsprechend der Dynamik des laufenden gesellschaftlichen Entwicklungsprozesses offen sind (konstruktivistischer Bereich). Dazu gehören die heterogenen Anforderungen sowohl des Arbeitsumfelds Weiterbildung mit seiner permanenten Flexibilisierung und Entstrukturierung als auch des im Werden begriffenen Arbeitsumfelds Europa.[3] Insofern kann kein absolut geschlossenes Zielprofil für Weiterbildner/innen entwickelt werden. Darüber hinaus sind die heterogenen Voraussetzungen, die Weiterbildner/innen als Teilnehmer/innen einer Weiterbildung einbringen, zu berücksichtigen. Deshalb sind Anforderungskataloge ambivalent: Einerseits sind sie sinnvoll, um Aufgabenbereiche abzustecken; sie können jedoch andererseits in der Gesamtschau überfordernd wirken („überschießende“ Qualifikationen als Nebenprodukt).[4] Trotz dieser Ambivalenz muss für das Modell einer interkulturellen Weiterbildung für Multiplikator/innen in Europa klar differenziert werden, für welche Aufgaben bzw. Funktionsfelder qualifiziert wird.[5]

Aus den zuvor beschriebenen Funktionsfeldern werden im folgenden Metakriterien für das Kompetenzprofil und die Kompetenzentwicklung der Multiplikator/innen aus dem Projekt heraus entwickelt. Diese Metakriterien und das Anforderungsprofil sind als Axiome formuliert. Die Begründung für die Reduktion der in der Literatur umfassenderen Idealbeschreibungen liegt in den benötigten Kompetenzanforderungen für das Profil der europäischen Multiplikator/innen.

Die relevanten Parameter aus didaktischer Perspektive sind:
- Lernkulturen/Teilnehmer-Zentrierung
- Innovativität
- Akquise (Bewerbung, Marktforschung, Antragstellung)
- Team- bzw. Projektmanagement
- Internationalisierung
- interkulturelle Kommunikation
- Evaluation/Qualitätsmanagement.

---

[2] Vgl. Kapitel 3 Professionalisierung und Projektmanagement.
[3] Vgl. Kapitel 4 Europäische Weiterbildung und interkulturelle Kompetenz.
[4] Vgl. auch Kapitel 2.3.2.5 Chancen und Risiken des Konzepts „Schlüsselqualifikationen“.
[5] Dazu wurde bereits in Kapitel 1 Der Quartäre Bildungssektor als der Bezugsrahmen des Systemfelds „Weiterbildung“ dargestellt.

Daraus werden die folgenden Axiome als Anforderungskatalog für das Tätigkeitsprofil von Multiplikator/innen aufgestellt:
Multiplikator/innen

- brauchen organisatorische Kompetenzen für die Projektleitung. Organisatorische Kompetenzen umfassen Planungs- und Projektmanagementtechniken, aber auch Fähigkeiten für eine selbständige oder institutionell verankerte eigene Trainertätigkeit;
- brauchen didaktische Kompetenzen für die Seminarleitung. Dabei umfassen didaktische Kompetenzen u.a. Personalanleitung und -entwicklung der Projektmitarbeiter/innen, Lehr- und Sozialformen für eine teilnehmerzentrierte, lernergerechte, wissensverarbeitende, medienunterstützte und transferorientierte Gestaltung von Seminaren und Lernkulturen für die Teilnehmer/innen der von ihnen zu konzipierenden Weiterbildungsprojekte, Qualitätskriterien für die Gestaltung und Evaluierung von Weiterbildung und die Auswahl und Anleitung von Trainer/innen;
- sind als Weiterbildner/innen ständige Lernprozesse für sich selbst und für ihre Teilnehmer/innen gewohnt. Sie benötigen dafür neben (Selbst-) Reflektions- auch (Selbst-)Darstellungs- und (Selbst-) Wahrnehmungskompetenzen für ihre didaktische Tätigkeit, aber auch die Beratung von Teilnehmer/innen und Auftraggebern sowie das Marketing der Projektergebnisse;
- brauchen innovative und kreative Kompetenzen für die Entwicklung von Weiterbildungsprojekten und neuen Seminarkonzepten. Dafür benötigen sie soziale und analytische Fähigkeiten;
- müssen sowohl für eine eher projekt- oder eher seminarorientierte Tätigkeit, aber auch für ihre eigene Persönlichkeits- und Berufsentwicklung unternehmerisch denken und handeln können;
- benötigen interkulturelle Kompetenzen und EU-spezifisches Fachwissen für die Beantragung und Leitung von EU-geförderten Weiterbildungsprojekten und multikulturell zusammengesetzten Projektteams und Seminargruppen. Dazu gehören auch Fremdsprachenkenntnisse;
- brauchen fortlaufend aktualisiertes Wissen, um in den verschiedenen didaktischen und kulturellen Ebenen ihres Arbeitshandelns erfolgreich agieren zu können;
- brauchen Handlungskompetenzen für alle Phasen des Projektmanagements. Handlungskompetenz umfasst dabei die tatsächliche Umsetzung der zuvor genannten Kompetenzen in aktives, zielorientiertes Handeln. Dazu gehören u.a. soziale Kompetenz für die Gestaltung von Teamprozessen, aber auch aktuelle EDV-Kenntnisse für die Recherche, Aneignung und Verarbeitung sich verändernder Wissensbestände, Projektadministration und Evaluation;
- brauchen eine positive Einstellung zur Internationalisierung ihrer Tätigkeit, aber auch zu Flexibilität und Mobilität in ihrem Arbeitshandeln.

Das daraus abgeleitete und zu erzielende europa-kompatible Kompetenzprofil wird hier für die erforderliche Internationalisierung der Weiterbildung zunächst hinsichtlich gängiger Kompetenzmodelle in der deutschsprachigen Literatur und deren (meist in dieser Hinsicht defizitäre) Ansätze diskutiert. Konkret mit Bezug auf das Projekt werden diese Ansätze geprüft: Welche Aussagen werden dort getroffen, welche Übereinstimmungen zwischen den Ansätzen sind auszumachen? Was können sie für das europäische Kompetenzprofil an Erkenntnissen einbringen? Aus der zunächst nationalen Perspektive auf Weiterbildung und Projektmanagement wird durch die Erweiterung um Anforderungen der EU und die Darstellung interkultureller Kompetenz ein Gesamtbild für das interkulturelle Multiplikator/innenprofil entstehen. Mit den dargestellten Theorien sollen die nachstehend genannten Metakriterien durch Übereinstimmung untermauert und aufgrund der fehlenden europäischen Perspektive in der Literatur soll der Mehrwert der Arbeit aufgezeigt werden. Am Schluss des 4. Kapitels wird die interkulturelle Perspektive in die Theorien integriert.

Es können unterschieden werden auf einer
- Makroebene: die institutionellen Rahmenbedingungen bzw. die Verankerung;
- Mesoebene: das zu entwickelnde Kompetenzprofil der Multiplikator/innen (direkt) und deren Teilnehmer/innen (indirekt);
- Mikroebene: das didaktische Setting im Weiterbildungscurriculum.

Die Metakriterien für das interkulturelle Anforderungsprofil können aus der nachfolgend dargestellten bedarfsorientierten expliziten Zielsetzung der Weiterbildung für die Qualifizierung der Multiplikator/innen abgeleitet werden:
- Europäisches Weiterbildungsprojektmanagement von einer Idee bis zu Antrag/Durchführung/Evaluation/Dissemination;
- Dozententätigkeit für europäische/multikulturelle Trainings von der Bedarfsanalyse bis zu Konzeption/Durchführung/Evaluation/Marketing;
- Beratungstätigkeit für die Weiterbildung bzw. für Projekte (eher implizit).

2.2 Metakompetenzen von Multiplikator/innen (Thesen)

In dem zu erzielenden Tätigkeitsprofil „Multiplikator/in" gibt es eine gemeinsame Schnittmenge an notwendigen Schlüsselkompetenzen bzw. Fähigkeiten von Seminar- und Projektleiter/innen. So müssen Multiplikator/innen Managementaufgaben wahrnehmen und Manager/innen ihre Mitarbeiter/innen informieren, schulen und anleiten können. Es wird eine „unmittelbare Verantwortung der Führungskräfte für Weiterbildung"[6] festgestellt. Daraus entstehen neue Schwerpunkte für Managementaufgaben und ein neues Konzept für das Führungshandeln. Führungskräfte werden zu Gestalter/innen pädagogischer Situationen und somit wird nachdrücklich die Frage nach der pädagogischen Kompetenz gestellt.[7] Kompetenzentwicklung bewegt sich damit im Spannungsbogen von Professionalisierung und Depro-

---

[6] Vgl. Martin Baethge/Christiane Schiersmann 1998, S. 56f.
[7] Vgl. Reinhold Weiß/Harald Geißler/Michael Kerres/Elke Gorhan 1998, S. 103ff.

fessionalisierung, da Weiterbildung in der betrieblichen Hierarchie bzw. einer entsprechenden Organisationsform verankert oder die Bildungsaufgaben umstrukturiert werden, so dass z.B. eine Berater/innenfunktion entsteht. Eine weitere Herausforderung an die Weiterentwicklung der Professionalität betrieblicher Weiterbildung entsteht durch Team- und Organisationslernen. Führungskräfte werden hier zu betriebspädagogischen Semiprofessionals und für eine Professionalisierung der Protagonisten betrieblicher Weiterbildung werden Managementqualifikationen notwendig.

Ein exemplarischer Anforderungskatalog[8] an Kompetenzen betrieblicher Weiterbildner/innen allgemein, der Aspekte der zuvor aufgestellten Thesen beinhaltet und pädagogische und organisationsbezogene Kompetenzen vereint, jedoch nicht spezifisch auf Projekte ausgerichtet ist, kann folgende Kompetenzdimensionen umfassen:

- Didaktikkompetenz;
- Diagnose- und Beratungskompetenz;
- Mitwirkungskompetenz an betrieblichen Reorganisationsmaßnahmen;
- Management-Kompetenz v.a. im Marketing;
- Kompetenz für Qualitätsmanagement und Controlling;
- Prozessbegleitungskompetenz einschl. metakommunikativer Selbsteinschätzung und Entwicklung von Teams;
- PR- und Marketingkompetenz;
- wirtschafts- und unternehmensethische Kompetenzen.

Multiplikator/innen können also durch die Weiterbildung erworbene Kompetenzen für beide Arbeitsschwerpunkte nutzen bzw. in das beschriebene Tätigkeitsprofil integrieren.[9] Für die Zielsetzung der Weiterbildung zu Multiplikator/innen muss der Kompetenzbegriff darüber hinaus um Aspekte der interkulturellen Kompetenz und Projektmanagementfähigkeiten erweitert werden.

Die folgende Tabelle zeigt, welche erforderlichen Kompetenzen von Weiterbildner/innen bzw. Projektmanager/innen antizipiert werden können. Die gemeinsame Schnittmenge zeigt das spezifizierte Profil der Multiplikator/innen. Sie können je nach individueller Schwerpunktsetzung die in allen drei Spalten genannten Kompetenzen erwerben. Aus diesen Metakriterien abgeleitet sind Teilaspekte der notwendigen Kompetenzen für das Arbeitshandeln der Multiplikator/innen. Diese Teilaspekte beziehen sich auf antizipatorisch angenommene konkrete Kenntnisse und Fertigkeiten:

---

[8] Vgl. Reinhold Weiß/Harald Geißler/Michael Kerres/Elke Gorhan 1998, S. 138f.

[9] Vgl. Kapitel 4.4 Zusammenfassung und Schlussfolgerungen für das Modell der Multiplikator/innen-Weiterbildung.

Kompetenzdimension	**Training**	**Multiplikator/in**	**Projektmanagement**
fachliche Kompetenz	Seminarinhalte Bildungspolitik länderspezifisches Wissen, z.B. Kultur, Bildungssysteme	Antragstellung Performance (Seminar, Projekt) Phasen/Ablauf	Antragstellung, Finanzen Projektmethode Bedarfsanalyse/Angebot oder Auftrag
didaktische Kompetenz/ Personalentwicklung	„was und wie“, Planung, Zielgruppe, Lernziele	Evaluation, Transfersicherung	Anleitung
organisatorische Kompetenz	Akquise/Bewerbung Selbständigkeit Institution	Kreativität (Idee) Innovation, Recherche, Bedarfsanalyse	Management Planung
methodische Kompetenz	„Lehre“, Leitung Moderation Lernbegleiter	(Team, Teilnehmer/innen) Leitung, Moderation Begleitung	Führung Leitung Coach
soziale Kompetenz	Kennzeichen der Kommunikation	interkulturelle Kompetenz für Teilnehmer/innen und Team	Kennzeichen eines Projekts
personale Kompetenz	Authentizität	Einstellung zum Arbeitshandeln, Mobilität	Vorbild

Tab. 11: Kompetenzdimensionen antizipatorisch angenommenen Arbeitshandelns von Multiplikator/innen (eigene Darstellung)

Aufgrund pragmatischer Gesichtspunkte und Überlegungen für eine spätere Operationalisierbarkeit können didaktische und organisatorische Kompetenzdimensionen unter den methodischen Kompetenzen eingeordnet werden. Die so erzielten vier Hauptkompetenzdimensionen der fachlichen, methodischen, sozialen und personalen Kompetenz entsprechen den in der Literatur gängigen Strukturierungen.[10] Um diese Kompetenzentwicklung zu unterstützen, bedarf es entsprechender Lehr- und Lernformen. Für die Projektfortbildung zu EU-Multiplikator/innen können thesenartig folgende allgemeine Anforderungen an die verschiedenen Lehrformen als Kennzeichen der mikrodidaktischen Gestaltung der Module und des Curriculums benannt werden:

- fremdbestimmte Anteile = Modelllernen/dozentenzentriert;
- selbstbestimmte Anteile = Lernbegleiter/teilnehmerzentriert.

Die kontrastiv gegenübergestellten Perspektiven können in vereinfachter Sichtweise eine Analogie zu normativen (d.h. feststehenden reproduzierbaren) und innovativen (d.h. erneuernden) Wissensbeständen und Aktivitäten herstellen. Diese Lerntheorien werden hier eingeführt, um dem Stellenwert von Wandel bzw. Veränderung und der Genese von Neuem bzw. Innovation als Merkmal eines Projekts gerecht zu werden.

[10] Vgl. Kapitel 2.3.2 Entwicklung von Schlüsselkompetenzen sowie Volker Heyse/John Erpenbeck 1997, S. 51.

Zur Definition aus normativer bzw. innovativer Sichtweise auf das Weiterbildungsmodell sind Schlussfolgerungen für die didaktische Konstruktion der Module zu ziehen. Sie muss beide Elemente beinhalten, die im Wechsel bzw. dem jeweiligen Lernziel entsprechend eingesetzt werden.

Eher der normativen Sichtweise zuzuordnen sind z.B. folgende Elemente:
- Lehren und Lernen bestehender, erprobter Wissensbestände;
- Vermitteln und Einüben von erprobten Arbeits- und Kulturtechniken;
- Vorgabe von Lernzielen aus der Sicht des Lehrenden;
- Lernzielkontrolle und Feedback durch den Lehrenden.

Zu der eher innovativen Sichtweise gehören z.B. folgende Punkte:
- Bereits die Wahl eines bestimmten Seminars aus einem Programmangebot ist im Sinne des selbstorganisierten Lernens zu sehen.
- Die transparenten Erwartungen bzw. selbst gesetzten individuellen Lernziele der Lernenden konstruieren das Seminargeschehen mit.
- Die individuelle Schwerpunktsetzung innerhalb der - bzw. die spätere Vertiefung ausgewählter - Lerninhalte des Seminars (z.B. anhand der Literaturliste oder Teilnehmermaterialien) konstruieren das individuelle Wissensrepertoire der Lernenden mit.
- Die diskursorische Bewertung des Lernangebots durch die Teilnehmenden führt zu (Selbst-)Selektionsprozessen.
- Die Entscheidungen der Teilnehmenden, z.B. welche Rolle sie im Prozess einer Gruppenarbeit einnehmen, führen zu individuellen Lernfortschritten bzw. -ergebnissen.
- Offene Sequenzen, in denen über die Grenzen des angebotenen Stoffs hinaus gedacht und (probeweise in der geschützten Seminarsituation) gehandelt werden kann, fördern neue Erfahrungen, Kreativität und Ergebnisse. Dies ist v.a. im Hinblick auf die Entwicklung eines eigenen Projektes wichtig. Hier lernen alle, auch die Lehrenden, da Neuland betreten wird.

Die Verantwortung für den Lehr-Lernprozess wird dabei wechselseitig und geteilt getragen. Die Gestaltung des Lernangebots wird von den Lehrenden vorbereitet. Teilnehmende entscheiden in jeder Phase - also vor, während und nach dem Seminar - wie sie mit diesem Angebot umgehen. Dabei kann Feedback sowohl von den Lehrenden als auch von anderen Teilnehmenden durchaus zum Lernprozess beisteuern. In diesem Prozess wirken also interne und externe Selektionsmechanismen mit. Sowohl nach dem behavioristischen Ansatz als auch aus konstruktivistischer Sichtweise sind bei diesem Prozess Stimuli in unterschiedlicher Weise enthalten und wirksam: z.B. in der didaktischen Aufbereitung und Motivierung wie auch in der Moderations- und Beratungsfunktion durch die Lehrenden. So werden Anreize (Stimuli im eigentlichen Sinn) geboten und verbal verstärkt, z.B. eine im Sinn der Lernziele erwünschte Wissensreproduktion oder entsprechende Verhaltensweisen. Damit werden die Teilnehmenden im Fortschreiten in einem neuen Wissensgebiet ermutigt und effizient geführt. Die Freiwilligkeit der Teilnahme an der Weiterbildung und die Transparenz der individuellen Erwartungen und Lernziele ermöglichen den Teilnehmenden in jeder Phase des Lernprozesses Entscheidungen darüber, ob und wieweit sie sich darin verwirklichen, sprich: lernen.

Um das aus den zuvor skizzierten Ansätzen ableitbare allgemeine Lernziel, sowohl die Aneignung und gekonnte Anwendung von erprobten Wissensbeständen und Arbeitstechniken als auch die kreative und innovative Problemlösungsbefähigung, zu erreichen, ist es nötig, das Curriculum für die Multiplikator/innen an den zu benennenden Anforderungen des späteren Tätigkeitsfeldes und Tätigkeitsprofils neben dem zuvor skizzierten grundlegenderen Verständnis der Kompetenz auszurichten. Die zu erzielende Berufskompetenz für Multiplikator/innen ist in hohem Maße die beschriebene „freie dispositive Arbeit" und erfordert besonders die Fähigkeit zur Selbstorganisation. Entsprechende Schlussfolgerungen sind für das Lernkonzept der Weiterbildung zu Multiplikator/innen zu ziehen: neben organisierten Lehr-Lern-Formen ist eine entsprechende Motivierung zu weitgehend selbstorganisiertem Lernen und Arbeiten (an der eigenen Projektidee) zu fördern und zu fordern.

2.2.1 Spezifisches Profil und Tätigkeitsfelder

Aus den zuvor beschriebenen Kompetenzanforderungen lassen sich ein spezifisches Profil und Tätigkeitsfelder von Multiplikator/innen ableiten. Diese Kompetenzen zu entwickeln bedeutet, ein neues Qualifikationsprofil durch neuartige Kombinationen von Lerninhalten zu fördern. Die Teilnehmer/innen erwerben wertvolle Zusatzqualifikationen für ein neues Berufsprofil.

Dieses spezifische Profil der Multiplikator/innen eröffnet den Absolvent/innen der Weiterbildung je nach individueller Schwerpunktsetzung folgende Tätigkeitsfelder:
- Entwicklung, Finanzplanung, Beantragung, Management, Evaluierung und Marketing von EU-Projekten,
- Beratung, Koordination und Internet-Recherche in allen Stadien von EU-Projekten (z.B. für Weiterbildungsprojekte von KMU),
- Auswahl, Anleitung und Evaluation von Trainer/innen; Konzeption und Durchführung von Seminaren,
- Vermittlung von Kenntnissen von der EU und den Chancen interkultureller Kommunikation.

Die Tätigkeitsfelder der Multiplikator/innen[11] enthalten bereits eine interkulturelle bzw. europäische Perspektive:

[11] Diese Zusammenstellung wurde mit Teilnehmer/innen des Pilotprojekts entwickelt und ist veröffentlicht in Monika Rummler 2001b, S. 234.

EU-Projekte beantragen | EU-Projekte koordinieren | EU-Projekte evaluieren

Finanzplanung für EU-Projekte übernehmen | EU-Projekte managen

bei Projektentwicklung beraten | bei Projektbeantragung beraten | Projektdissemination/werben

Projektergebnisse vermarkten | interkulturelle Kommunikation trainieren

Trainer/innen auswählen | Trainer/innen anleiten | Trainings evaluieren

Seminare konzipieren | Trainings durchführen

EU-Know-How vermitteln | Projektpartner zusammenbringen | Weiterbildungs-beauftragte/r

in europäischen Weiterbil-ungseinrichtungen arbeiten | Weiterbildungsprojekte für KMU entwickeln

EU-Programme (im Internet) recherchieren

Abb. 7: Tätigkeitsfelder von Multiplikator/innen (Rummler 2001)

In der Konzeption der einzelnen Module des Curriculums sind die für diese Tätigkeitsfelder relevanten Kompetenzen als expliziter oder impliziter Trainingsanteil[12] enthalten.

2.2.2 Internationales Rollenspektrum

Die Tätigkeitsfelder sind unterscheidbar nach Makro-, Meso- und Mikroebene einer Projektmanagement- bzw. Weiterbildungstätigkeit. Die EU-spezifische bzw. interkulturelle Komponente ist jeweils gesondert dargestellt:

Tätigkeitsfelder	**Mikro-didaktik: lehrende Funktion**	**Makro-didaktik: disponie-rendes Handeln**	**Meso-ebene: Projekt Mana-gement**	**System-ebene: EU-spezifisches Handeln**	**Gesell-schaft-liche Ebene: in-terkulturelle Komponen-te**
EU-Projekte beantragen			x	x	x
EU-Projekte koordinieren		x		x	x
EU-Projekte evaluieren		x	x		
Finanzplanung für EU-Projekte übernehmen			x		
EU-Projekte managen		x	x		x
bei Projektentwicklung beraten	x		x	x	

[12] Im Sinne des hidden curriculum/versteckten Lehrplans.

Projekte bekannt machen		x	x		x
Projektergebnisse vermarkten		x	x		x
interkulturelle Kommunikation trainieren	x				x
Trainer auswählen	x				
Trainer anleiten	x				x
Trainings evaluieren		x			
Seminare konzipieren	x				
Trainings durchführen	x				x
EU-Know-How vermitteln	x			x	
Projektpartner zusammenbringen			x		x
Weiterbildungsbeauftragte/r		x		x	
in europäischen Weiterbildungseinrichtungen arbeiten	x	x	x	x	x
Weiterbildungsprojekte für mittelständische Unternehmen entwickeln		x	x	x	
EU-Programme im Internet recherchieren		x		x	

Tab. 12: Makro-, Meso- und Mikroebene einer Projektmanagement- bzw. Dozent/innentätigkeit (eigene Darstellung)

Damit ist am Beispiel der Entwicklung und Durchführung eines eigenen Projekts ein internationales Rollenspektrum skizziert. Im Laufe dieser Arbeit wird es am Beispiel europäischer Anforderungen konkretisiert.[13]

Interkulturelle Kompetenz ist eine übergreifende Kompetenz des trainings- und projektbezogenen Handelns von Multiplikator/innen. Sie stockt die fachlichen, sozialen, methodischen und personalen Komponenten von Weiterbildner/innen und Projektmanager/innen um den kulturellen Aspekt auf. Die gemeinsame Schnittmenge bezeichnet Kompetenzen der Multiplikator/innen für Innovation durch ein eigenes interkulturelles Projekt für Weiterbildung. Das folgende Schaubild visualisiert den Zusammenhang:

[13] Vgl. Kapitel 4 Europäische Weiterbildung und interkulturelle Kompetenz.

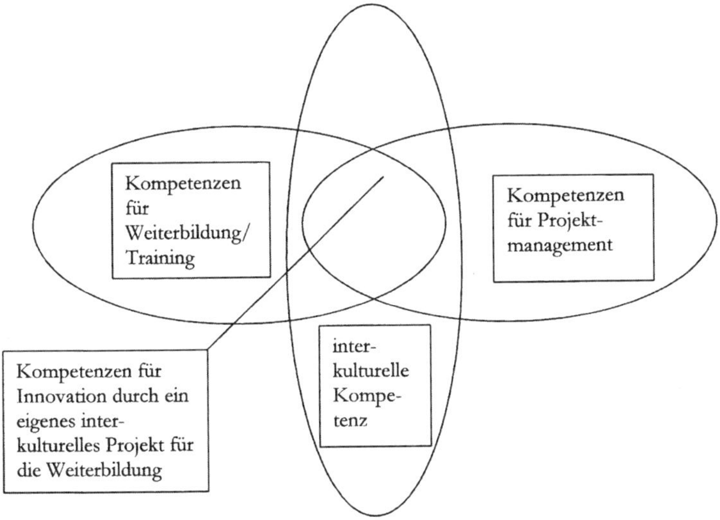

Abb. 8: Kompetenzmodell „Multiplikator/in": Innovation durch interkulturelles Projektmanagement in der Weiterbildung (eigene Darstellung)

Dabei können die Kompetenzen jedes einzelnen Tätigkeitsfeldes in die Teilkompetenzen Fach-, Methoden-, Sozial- und personale Kompetenzen unterteilt werden, sie sind aber in der generellen Handlungskompetenz als Multiplikator/in zu integrieren. Die gemeinsame Schnittmenge identifizierbarer Kernkompetenzen wird durch individuelle (biografisch oder durch Weiterbildung erworbene) Schwerpunktsetzung zu einem unverwechselbaren Profil. Da interkulturelle Kompetenz sowohl kulturallgemein als auch für einzelne Länder kulturspezifisch ausgeprägt sein kann, entsteht eine weitere Differenzierung im Kompetenzprofil von Multiplikator/innen. Neben den individuell aufzubauenden Kompetenzstrukturen sind auch das institutionelle Gefüge des Weiterbildungssektors und kulturspezifische Besonderheiten Bestandteile des professionellen Habitus von Multiplikator/innen.

2.3 Professionalisierung durch Kompetenzentwicklung

Im nächsten Schritt wird die Entwicklung von Professionalität und Kompetenz für das Tätigkeitsfeld Weiterbildung betrachtet. Hierfür ist es zunächst notwendig, den Begriff Kompetenz zu bestimmen.
Qualifikationen lassen sich nach ihrer unterschiedlichen Reichweite betrachten:

- fachspezifisch und monoberuflich (geringe Reichweite)
- berufsfeldweit (mittlere Reichweite)
- berufsfeldübergreifend (hohe Reichweite = Schlüsselqualifikationen).[14]

[14] A. Schelten (1991) nach Andreas Lenzen 1998, S. 35.

Der Kompetenzbegriff wurde als Folge einer Verlagerung des beruflichen Lernens in Arbeitsprozesse von eher fremd- zu selbstorganisiertem Lernen und des verstärkten Einsatzes neuer gegenüber den klassischen Medien in die Diskussion eingebracht. Die vorher überwiegende Orientierung am Erwerb formaler (zertifizierter) Qualifikationen und Schlüsselqualifikationen[15] wird nun erweitert um die Kompetenzentwicklung, die auch die Ablösung der betrieblichen Weiterbildung nach europäischem Maßstab neu formieren soll.[16]

2.3.1 Begriffsbestimmung

Ebenso wie in der vorangegangenen Diskussion um die („ausufernde"[17]) Bestimmung von Schlüsselqualifikationen finden sich auch für den Kompetenzbegriff vielfältige Definitionen, Konzepte und Operationalisierungsansätze. Die Einbeziehung der Handlungsorientierung, teilweise auch der Problemlösekompetenz sowie der außerhalb von formalen Bildungswegen erworbenen, nicht zertifizierten Qualifikationen in den Kompetenzbegriff geht über die Ansprüche an Schlüsselqualifikationen hinaus und ist damit ein weitreichenderes Modell.[18]

Darüber hinaus zeigt der Begriff „Kompetenz" einen doppelten Wortsinn,[19] nämlich einerseits die Zuständigkeit (in der Organisation für die Aufgabe, für die Kompetenz-Entwicklung der Teilnehmer/innen) und andererseits das Können (als qualifizierte Handlungsfähigkeit und -bereitschaft). Es zeigt sich also die Notwendigkeit einer äußeren Legitimation als „dürfendes" und einer inneren Legitimation als „wollendes" Tun,[20] damit auf der Basis von Kompetenz berufliches Handeln erst möglich wird.

Im Folgenden soll entwickelt werden, wo die Unterschiede bzw. Überschneidungen zwischen Qualifikationen und Kompetenz sind.[21] Während der Qualifikation ein technokratisches Verständnis von Personalentwicklung zugrunde liegt und ihre Ziele verwertungs- und anwendungsorientiert sind, ist die Kompetenz subjektbezogen, anforderungs- und potenzialorientiert.[22] Merkmale von Schlüsselqualifikationen[23] wie die Vorbereitung auf unvorhergesehene und zukünftige berufliche Tätigkeiten

---

[15] Den Begriff brachte Oskar Negt in den 1980er Jahren in die Diskussion über berufliche Sozialisation ein. Vgl. Frederic Fredersdorf 2001a, S. 251.

[16] Vgl. Martin Baethge/Christiane Schiersmann 1998, S. 37; vgl. auch Volker Heyse/John Erpenbeck 1997,
S. 95.

[17] Vgl. Volker Heyse/John Erpenbeck 1997, S. 95.

[18] Die Schlüsselqualifikationsdebatte wird deshalb hier nicht weiter dargestellt.

[19] Vgl. Dieter Nittel 2000, S. 29f. und S. 218f.; Nittel differenziert nach „Lizenz" und „Mandat".

[20] Vgl. Erich Staudt et al. 1997, S. 64.

[21] Vgl. hierzu ausführlich Erich Staudt et al. 1997, S. 72 und Rolf Arnold/Ingeborg Schüßler 1998, S. 108.

[22] Vgl. Erich Staudt et al. 1997, S. 64-73.

[23] Synonym u.a. „fachlich-innovative Qualifikationen", vgl. Erich Staudt et al. 1997, S. 69f.

und Anforderungen und die einfache Übertragbarkeit auf neue Arbeitssituationen sind als übergreifende, eher kognitive und affektiv-motivationale Aspekte für gezielte Entwicklungsmaßnahmen nur implizit mit geeigneten Lern- und Lehrmethoden zugänglich. Die beiden folgenden, exemplarisch ausgewählten, Definitionen von Qualifikation und Kompetenz zeigen Trennungsunschärfen und Überlappungsbereiche: „Was einer Person ermöglicht, den unterschiedlichen Anforderungen nachzukommen, macht sie geeignet, ist eine Qualifikation.“[24] Kompetenzen umfassen „alle Fähigkeiten, Wissensbestände und Denkmethoden, die ein Mensch in seinem Leben erwirbt und betätigt.“[25]

In Unterscheidung von anderen Ansätzen wie Können, Fertigkeiten, Qualifikationen usw. meint nach Erpenbeck Kompetenz die Selbstorganisationsfähigkeit des einzelnen Individuums. Handlungsorientierung ist dabei allerdings eng gefasst als unternehmerisches Handeln;[26] Handlungsfähigkeit ist das Ziel der Kompetenzentwicklung.

Qualifikationen können als Kompetenzdimensionen der in die Handlungskompetenz integrierten Fach-, Methoden-, Sozial- und personalen Kompetenzen gesehen werden.[27] Dabei lassen sich qualitative und quantitative Kompetenzdimensionen[28] unterscheiden: während die qualitativen Kompetenzdimensionen eher als Qualifikationen Fähigkeiten, verhaltensrelevante Persönlichkeitsmerkmale und Verhaltensdispositionen beschreiben, erfassen die quantitativen Kompetenzdimensionen

- „Grade der Bewältigung (einfach - schwierig);
- Grade der Integration (ganzheitlich - einzelheitlich);
- Grade der Harmonie (Nähe, Kontakt - Ferne, Distanz) und
- Grade der Flexibilität (konstant - veränderlich)“.[29]

Kompetenzen beinhalten auch „Werte“ des Individuums neben dem Wissen im Unterschied zu Staudt et al., bei denen die „Werte“ in die „Motivation“ integriert sind. Die wichtigsten Einsichten lassen sich nach Heyse/Erpenbeck[30] wie folgt zusammenfassen:

- „Kompetenzen sind subjektzentrierte Dispositionsbestimmungen, nicht direkt prüfbar, aber aus Realisierungen erschließbar und evaluierbar.
- Der Kompetenzbegriff bindet kognitive und wertende, motivational-volitive angeeignete Aspekte des einheitlichen, kognitiv-motivational-volitiv gesteuerten Handlungsprozesses zusammen.

---

[24] D. Blaschke (1986) nach Erich Staudt et al. 1997, S. 64.
[25] J. Weinberg (1996) nach Martin Baethge/Christiane Schiersmann 1998, S. 37.
[26] Vgl. John Erpenbeck (1996) nach Erich Staudt et al. 1997, S. 58.
[27] Vgl. Volker Heyse/John Erpenbeck 1997, S. 57.
[28] Vgl. Volker Heyse/John Erpenbeck 1997, S. 58.
[29] Hellwig/Richter/Tepper nach John Heyse/Volker Erpenbeck 1997, S. 58.
[30] Vgl. John Heyse/Volker Erpenbeck 1997, S. 95; im Original in anderer Reihenfolge, hier neue Zusammenstellung von MoR.

- Prinzipiell lässt sich in bezug auf berufliche Kompetenz zwischen den Grundkompetenzen Fach- und Methodenkompetenz, Sozialkompetenz, personale Kompetenz und, diese integrierend, Handlungskompetenz unterscheiden.
- Kompetenz umfasst die Komponenten Wissensverfügbarkeit, Wissensbewertung, Interpolationsfähigkeit, Handlungsorientierung, Handlungsbefähigung, Persönlichkeitsintegration, Sozialbestätigung. Kompetenz bringt im Unterschied zu anderen Konstrukten wie Können, Fertigkeit, Fähigkeit, Qualifikation usw. die Selbstorganisationsfähigkeit des konkreten Individuums auf den Begriff. Kompetenz sichert die Handlungsfähigkeit über Wissenslücken, Wertunsicherheiten und Risiken hinweg.
- Kompetenzentwicklung setzt eine angemessene Wissensentwicklung voraus, ordnet aber Wissen und Erfahrungen in einen wertend-normativen Bezug ein. Kompetenzentwicklung setzt an die Stelle der Belehrung Beratung, Moderation und Training und erhöht die Eigenverantwortlichkeit des Lernenden als Übergang von Fremdbestimmung zu Selbststeuerung und Selbstorganisation. Der Interiorisation sozial-kommunikativer und personaler Werthaltungen kommt dabei eine wichtige Rolle zu."

Erhalt und Entwicklung von Kompetenz, auch als Prozess der Professionalisierung verstanden, erfolgen nicht nur im Berufsfeld, sondern allgemein auch dann, wenn Tätigkeiten differenziert werden und sich über einen gewissen Zeitraum spezifische Anforderungen herausbilden. „Die Einheit von Fach-, Methoden-, Sozial- und Personalkompetenz ist immer auf konkrete Tätigkeiten und Tätigkeitsfelder bezogen. ... Die unterschiedlichen Tätigkeiten erfordern unterschiedliche Kombinationen von Kompetenzelementen für effektives Handeln."[31] Handlungskompetenz gilt damit als Bedingung effektiver Tätigkeit. Bezogen auf einen Katalog an Maximalanforderungen,[32] denen einzelne Individuen kaum noch entsprechen können, zeigt jede berufsspezifische Profilbildung unterschiedliche Ausprägungen, die erreichbar sind.

Kompetenz als subjektorientierte Personalentwicklungsaufgabe impliziert je nach Zielsetzung unterschiedliche Resultate, je nachdem ob sie eher objektakzentuiert und bestimmt durch sachliche Vorgaben ist oder eher subjektzentriert-selbstorganisiert und initiierende/intendierte interne Entwicklungen des Lerners durch das Setting angelegt sind. Nach Heyse/Erpenbeck sind didaktische Methoden zur Entwicklung von Kompetenzen, d.h. zu objektakzentuiertem Sachlernen, sach- und selbstorganisiertem Lernen und subjektakzentuiertem selbstorganisiertem Lernen geeignet.[33] Die objektakzentuierten Lernformen können als eher schulartig

---

[31] Vgl. Matthias Trier 1998, S. 227.

[32] Vgl. Hans-Eberhard Plath 2000 sowie Kapitel 2.3.2.5 Chancen und Risiken des Konzepts „Schlüsselqualifikationen".

[33] Vgl. dazu die ausführliche Darstellung in Volker Heyse/John Erpenbeck 1997, S. 200; die zugrundeliegende Zusammenfassung von Bunk/Stenzel (1992) unterteilt die gleichen Methoden nach Fach-, Methoden-, Sozial-, Mitwirkungs- und Handlungskompetenz; ebda. S. 199.

und die subjektakzentuierten Lernformen als eher trainingsartig charakterisiert werden. Beide Lernmethoden finden ihre Legitimation und Anwendungsbereiche in den jeweiligen Lernzielen; eine Erhöhung der trainingsartigen, selbstorganisierten Weiterbildungsmethoden ist jedoch erforderlich für langfristige Kompetenzentwicklungsprozesse, insbesondere für die Förderung von sozialer und personaler Kompetenz als Bestandteil von Handlungskompetenzen. Der Erwerb von reflexiven Lernarten, d.h. das „Lernen zu lernen“, wird auch als Kompetenz bezeichnet.[34]

Kompetenzentwicklung als Voraussetzung für Handlungsfähigkeit im Beruf geht über die zuvor beschriebenen Kompetenzbereiche insofern hinaus, als die folgenden - verkürzt dargestellten - Komponenten jeder Kompetenz inne liegen:

a) „die *Verfügbarkeit* von Wissen;
b) die selektive *Bewertung* von Wissen;
c) die Einordnung des Wissens in umfassendere *Wertbezüge*;
d) die *Interpolationsfähigkeit*, um über Wissenslücken und Nichtwissen hinweg zu Handlungsentscheidungen zu gelangen;
e) die *Handlungsorientierung*, der gemäß alles Wissen, Werten und Interpolieren letztlich auf unternehmerisches Handeln oder Handeln im Unternehmen orientiert ist;
f) die *Handlungsfähigkeit* als Zielpunkt aller Kompetenzentwicklung, die eine erfolgreiche Auseinandersetzung des Individuums mit seiner Umwelt, ihren Anforderungen, Aufgaben und Problemen ermöglicht;
g) die *Integration* all dessen zur kompetenten Persönlichkeit;
h) die soziale *Bestätigung* personaler Kompetenz im Rahmen von Kommunikationsprozessen als sozialfunktional sinnvolle, aktualisierbare Handlungsdispositionen“.[35]

Durch entsprechende Bildungsprozesse entsteht die Voraussetzung für Produkt- und Prozessinnovationen. Innovation wird als ein Ergebnis von Kompetenzentwicklung gefördert: „Entsprechende Lehr-, Bildungs- und Trainingsprozesse setzen die notwendige Kreativität, Innovation und Wagemutigkeit frei, die der Übergang von der Weisungs- zur Selbstkultur erfordert.“[36] Als neue Kompetenzen für das Innovationsvermögen gelten für den Einzelnen und die Unternehmenskultur u.a. „Mut, Offenheit, Neugier, ständige Unruhe, Innovations- und Interventionsvermögen, Outfit sowie eine beinahe unbegrenzte Fähigkeit, sich schnell Veränderungen anzupassen und diese mitzugestalten. ... Es kann „kein simples Zurück zu den Werten Fleiß, Gehorsam, Disziplin oder Bescheidenheit geben. ... Gefordert sind Kreativität, Risikofreude, konstruktiver Eigensinn, Voraus- und Querdenken, Sensibilität dem Neuen gegenüber: Fähigkeiten, die ermöglichen, neue Herausforderungen wahrzunehmen und einen Perspektivenwechsel zu vollziehen. Neue Elemente von

---

[34] Vgl. Christof Baitsch 1998, S. 274.
[35] Volker Heyse/John Erpenbeck 1997, S. 52f. (kursiv im Original).
[36] Volker Heyse/John Erpenbeck 1997 5, S. 183; „Innovation ist immer auch soziale Innovation.“ Vgl. hierzu Frederic Fredersdorf 2000, S. 25ff.; vgl. auch Kapitel 3.1.3 Kompetenzentwicklung für Innovation.

Unternehmenskultur, z.B. als Problemlösekultur, Lernkultur, Kreativkultur, konstruktive Fehlerkultur, positive Konfliktkultur, Partizipationskultur und Verantwortungskultur sind notwendig, deren neue ‚Tugenden' sind als individuelle Werte der Mitarbeiter, als Bestandteile neuer Kompetenzen zu interiorisieren."[37]

Vor dem Hintergrund der aktuellen Regionalisierungs-, Internationalisierungs- und Globalisierungsprozesse treten berufliche Mobilitätsprozesse und kulturelle Vielfalt im Lern- und Arbeitsprozess als Gegenstand auch unter dem Stichwort „Managing Diversity"[38] immer mehr in das Blickfeld von Weiterbildung.
In einem Ausblick wird daher die kulturelle Vielfalt in Projekten und Weiterbildungsveranstaltungen als wichtiger Aspekt ergänzend zu den bisherigen Darstellungen des Kompetenzbegriffs eingeführt:

- „strategische/kulturelle Kompetenz (Zusammenhänge erkennen, visionäres Denken, Sinn für Gesellschaftsproblematik etc.)";[39]
- „interkulturelle Kompetenz, d.h. die Fähigkeit des Managers, Sensibilität für unterschiedliche Landeskulturen zu entwickeln, multikulturelle Teams zu führen und in ihnen zu arbeiten";[40]
- die Aufstockung und Weiterentwicklung der Fach-, Sozial-, Methoden- und Personalkompetenz um den interkulturellen Aspekt, der das internationale Handlungsumfeld explizit einbezieht.[41]

Dies wird in Kapitel 4 Europäische Weiterbildung und interkulturelle Kompetenz näher ausgeführt.

2.3.2 Entwicklung von Schlüsselkompetenzen

Die in Kapitel 1 über den Quartären Bildungssektor dargestellten Anforderungen des sich rasch verändernden Berufsfelds und -bilds für Weiterbildner/innen sowie die Begriffsbestimmungen „Qualifikation" und „Kompetenz" finden im Konzept der „Schlüsselqualifikationen" eine Zuspitzung auf „relativ lang verwertbare Kenntnisse, Fähigkeiten, Fertigkeiten, Einstellungen und Werthaltungen zum Lösen gesellschaftlicher Probleme."[42]

---

[37] Vgl. Volker Heyse/John Erpenbeck 1997, S. 184f.; vgl. hierzu auch Kapitel 3.1 Innovation und Kompetenzentwicklung.

[38] Vgl. z.B. Gerald R. Ferris et al. 1996 oder Gertraude Krell 1994 und Astrid Emmerich/Gertraude Krell 1997; vgl. Kapitel 3.4.2.4 Managing Diversity und Innovationsmanagement sowie Kapitel 4.3.4.2 Managing Diversity.

[39] Vgl. J. Kobi (1990) nach Erich Staudt et al. 1997, S. 59 (dort Fußnote).

[40] Vgl. H.-C. Pfohl/I. Bock/M. Dubbert (1991) nach Erich Staudt et al. 1997, S. 60; Staudt subsummiert dies unter einen „Appendix-Katalog" mit ergänzendem Charakter zu einer umfassenden Handlungskompetenz.

[41] Vgl. Jürgen Rothlauf 1999, S. 66f.; vgl. hierzu auch Kapitel 4.3 Interkulturelle Kompetenz und Weiterbildung.

[42] H. Beck (1993) nach Andreas Lenzen 1998, S. 35.

Wie für die Begriffe „Qualifikation" und „Kompetenz" findet sich auch für die Beschreibung der berufsfeldübergreifenden „Schlüsselqualifikationen" eine fast unbegrenzte Vielzahl verschiedener Begriffsinhalte, Synonyme und Interpretationen. Sie stimmen darin überein, dass zusätzlich zu traditionellen fachlichen Kenntnissen berufs- und funktionsübergreifende Qualifikationen mit übergeordneter Bedeutung vermittelt werden sollen. Für die Vermittlung muss eine Schwerpunktsetzung in den einander bedingenden und nicht scharf voneinander abgrenzbaren einzelnen Elementen von Schlüsselqualifikationen erfolgen. Die gebündelten Komponenten, zu denen Gruppen einzelner Qualifikationen mit dem Kompetenzbegriff und den Zusätzen „fachlich, methodisch, sozial, usw." geordnet werden, ergeben aufgrund unterschiedlicher Interpretationen zahlreiche Schlüsselqualifikationskataloge. Sie werden um weitere Qualifikationsanforderungen sowie Umweltkompetenz, Europa-Kompetenz, Sprachkompetenz u.v.a.m. ergänzt, die als Teilelemente gelten können.

Das Konzept der Schlüsselqualifikationen beruht auf der Annahme eines unfertigen, bildungsfähigen Menschen; die Entwicklung kann auf zwei, durchaus als komplementär verstehbare Wege erfolgen:

- als besonders wünschenswert erachtete Bildungselemente werden beschrieben und aufgelistet (normative Bestimmung);
- von konkreten Arbeitsplätzen ausgehend werden Qualifikationsprofile abgeleitet (empirische Deduktion).[43]

Dabei ist nicht allein der Erwerb, sondern vor allem die Bereitschaft zum Einsatz der jeweiligen Kompetenz für die Auswahl und Tiefe geeigneter Vermittlungskonzepte entscheidend. Zusätzlich sind je nach Hierarchiestufe unterschiedliche Teilkompetenzen einsetzbar bzw. erforderlich: So nimmt der notwendige Anteil an Fachkompetenz von Sachbearbeiter/in über Abteilungsleiter/in zum Vorstand hin ab, der Einsatz an sozialer und methodischer Kompetenz hingegen zu.[44]

Im Folgenden sollen verschiedene Konzepte und Studien zum Konstrukt Schlüsselqualifikationen und seinen Dimensionen vorgestellt werden. Dazu werden zunächst die Dimensionen einer Handlungskompetenz (Kapitel 2.3.2.1) und die Sozialkompetenzen als Schlüsselqualifikationen (Kapitel 2.3.2.2) auch hinsichtlich des Zusammenhangs mit Berufserfolg und Teamfähigkeit beschrieben. Es soll damit eine Klärung des Konstrukts erfolgen und es sollen Möglichkeiten der Operationalisierbarkeit der einzelnen Dimensionen eruiert werden. Gleichzeitig werden geeignete Vermittlungsmethoden herausgestellt und Fragen nach der Messbarkeit von Schlüsselqualifikationen (Kapitel 2.3.2.3) behandelt. Am Beispiel zweier Trainings-

---

[43] Vgl. Andreas Lenzen 1998, S. 35.

[44] „Ergänzend ist im Rahmen der Vermittlung von Schlüsselqualifikationen darauf hinzuweisen, dass Schlüsselqualifikationen keinen Lerngegenstand darstellen (können), den man für sich erlernen und anwenden kann; vielmehr können sie nur an konkreten Inhalten vermittelt werden, so dass die Inhalte zum Mittler und zugleich zum beeinflussenden Element bei der Erlangung der Schlüsselqualifikationen werden." Andreas Lenzen 1998, S. 41.

modelle (Kapitel 2.3.2.4) für die Vermittlung überfachlicher Kompetenzen sollen auf das Multiplikator/innen-Modell übertragbare Komponenten herauskristallisiert werden. Für die Bewältigung zukünftiger Aufgaben werden die Chancen und Risiken (Kapitel 2.3.2.5) des Konzepts „Schlüsselqualifikationen" kritisch gewürdigt. Abschließend werden die für die Multiplikator/innen-Weiterbildung zugrunde gelegten Schlüsselkompetenzen (Kapitel 2.3.2.6) beschrieben und eine Übersicht über geeignete Vermittlungsmethoden erstellt.

2.3.2.1 Dimensionen einer Handlungskompetenz

Das übergeordnete Konzept der Handlungskompetenz „bezeichnet in einem ganzheitlichen Sinn die Gesamtheit und das Zusammenwirken von Fach-, Methoden- und Sozialkompetenz."[45] Die Entwicklung von Handlungskompetenz, als lebenslanger Prozess gesehen, hat zum Ziel „die Fähigkeit und Bereitschaft des Menschen, in beruflichen Situationen sach- und fachgerecht, persönlich durchdacht und in gesellschaftlicher Verantwortung zu handeln, d.h. anstehende Probleme zielorientiert auf der Basis angeeigneter Handlungsschemata selbständig zu lösen, die gefundenen Lösungen zu bewerten und das Repertoire seiner Handlungsschemata weiterzuentwickeln."[46]

Dimensionen einer Handlungskompetenz können unterschieden werden nach ökonomischen Kompetenzen, die mit einer „ökologischen Kompetenz" ganzheitlich abgerundet sind, und den Teildimensionen Fachkompetenz, Sozialkompetenz und Methodenkompetenz, die bei Lenzen[47] differenziert dargestellt sind. Dort zeigt sich v.a. bei der methodengeleiteten Fachkompetenz und der Methodenkompetenz, aus welchen allgemein gültigen Tätigkeitsschritten sich professionelles Handeln generiert. Solche Tätigkeitsschritte sind in ihrer berufsfeldspezifischen Ausprägung zu identifizieren, in der Weiterbildung theoretisch zu vermitteln und praktisch zu üben. Darüber hinaus ist auch die Motivation zu fördern, tatsächlich anzuwenden und auf Anwendungsgebiete des Arbeitsalltags zu übertragen.

Für die Multiplikator/innen-Weiterbildung sind europaspezifische Fachkompetenz, projektbezogene Planungskompetenz, innovationsfördernde Kreativität, Eigeninitiative und Selbstlernkompetenz für Projekt- und Weiterbildungstätigkeit sowie allgemein Kooperations- und Kommunikationsfähigkeit relevant. Ein Hinweis auf kulturspezifische oder kulturübergreifende Bestandteile ist hier nicht enthalten, jedoch können diese Kompetenzdimensionen als zunächst kulturunabhängige Tätigkeitsschritte um kulturabhängige Arbeitstechniken erweitert werden.

---

[45] Andreas Lenzen 1998, S. 36.

[46] Andreas Lenzen 1998, S. 38f.

[47] Dies ist von Bedeutung für die Multiplikator/innen-Weiterbildung wegen tiefergehender, operationalisierbarer Bestandteile, die in Kapitel 5 Beispiel zur Evaluation von Kompetenzen evaluiert werden; vgl. auch Andreas Lenzen 1998, S. 39.

Der zugrundeliegende theoretische Ansatz für die Vermittlung von Schlüsselqualifikationen ist die Handlungsorientierung bzw. die handlungsorientierte Vermittlung von Trainingsinhalten. „Grundgedanke der handlungsorientierten Wissensvermittlung ist die Tatsache, dass man durch Handeln und während des Handelns leichter lernen kann."[48] „Lernen im handlungsorientierten Sinn bedeutet dann, über eigenständige Problemlösungsversuche die Wissensbestände und Handlungsvarianten zu erweitern."[49] Lern- und Arbeitsformen im handlungsorientierten Seminaraufbau sind Fallstudien und Expertengespräche (für Fachkompetenz), Brainstorming, Mindmapping und ein Informationsmarkt (für Methodenkompetenz), Gruppenarbeit, Rollenspiele (für Sozialkompetenz) sowie andere offene und interaktive Formen der Zusammenarbeit. Für die Präsentation von Fakten, Ergebnissen und Meinungen können Flipchart, Pinboard, Overhead-Projektor sowie verschiedene Frage- und (Karten)Abfragetechniken zum Einsatz gebracht werden. Das übliche darbietende Seminargeschehen, bei dem eine didaktisch ansprechende Aufbereitung des Lehrstoffs im Mittelpunkt steht, wird auf den Handlungsprozess der Lernenden mit einem handlungsorientierten Übungsaufbau hin ausgerichtet. Dabei sollen die lernpsychologischen Vorzüge des „Learning by Doing" Wissenserwerb, Transfer und Motivation erhöhen.[50]
Den Lernenden soll den lernpsychologischen und lerntheoretischen Sichtweisen entsprechend die Möglichkeit, handelnd zu lernen, gegeben werden. „Das bedeutet, den Zyklus einer ‚vollständigen Handlung' von der Motivierung, der Problem- und Situationserfassung über die Erarbeitung von Handlungsplänen und die Entscheidung für einen Handlungsplan bis zur realen Ausführung, die in einem sichtbaren Handlungsergebnis mündet, welches in seiner Funktionstüchtigkeit kontrolliert und zielgerichtet bewertet wird, in vollem Umfang zu durchlaufen."[51]

Wichtig für die Vermittlung von Schlüsselqualifikationen ist es, die Seminarinhalte festzulegen und die lernzieltheoretische Zieldimension der Seminarplanung zu berücksichtigen. „Gerade im Bereich der Vermittlung von Schlüsselqualifikationen spielt die sogenannte Lernzieltaxonomie oder Lernzielhierarchie aus der Lerntheorie eine besondere Rolle."[52]

2.3.2.2 Soziale Kompetenz

Der Begriff „soziale Kompetenz" soll hier noch etwas genauer beleuchtet werden, da er in der jüngeren Kompetenzentwicklungsdiskussion einen deutlichen Bedeutungszuwachs für unmittelbare Berufsanforderungen erfahren hat. Zudem ist er als der vielschichtigste Terminus und im Vergleich zur fachlichen und methodischen

[48] Andreas Lenzen 1998, S. 59.
[49] Andreas Lenzen 1998, S. 60.
[50] Vgl. ausführliche Darstellung bei Andreas Lenzen 1998, S. 61.
[51] Andreas Lenzen 1998, S. 60f.
[52] Vgl. Andreas Lenzen 1998, S. 148ff.; gemeint ist die Lernzieltaxonomie des Deutschen Bildungsrats, die aus den vier Lernstufen besteht: 1. Reproduktion, 2. Reorganisation, 3. Transfer, 4. Problemlösendes Denken.

Kompetenz näher an der personalen Kompetenz angesiedelt.[53] Gleichzeitig ist er nahe an den gängigen Definitionen interkultureller (Kommunikations) Kompetenz.[54]

Das Konstrukt Sozialkompetenz weist zunächst die vier zentralen Komponenten Interaktionskontext, Situationsspezifität, Zielrealisierung, Zweckrationalität auf, an denen eine Bestimmung des Bedeutungsumfangs als bessere Ausgangsbasis für theoretische und empirische Arbeiten erfolgen kann.[55] Als verhaltensbezogene Facette sozialer Kompetenz kann die (meistgenannte) kommunikative Kompetenz gesehen werden. Damit eng verbunden sind die Kooperations- und Koordinationsfähigkeit und in Verbindung mit der Kooperationsfähigkeit die Teamfähigkeit. Es entstehen Überschneidungen, da die Teamfähigkeit aufgrund der Gruppenbezogenheit mehrere der zuvor genannten Kompetenzen als Facetten umfasst. Dazu gehört auch die Konfliktfähigkeit als interpersonale Kompetenz. Als erklärungsbezogene Kategorien sozialer Kompetenz können die folgenden dem Verhalten zugrundeliegenden Facetten bezeichnet werden: interpersonale und Rollen-Flexibilität, (Wahrnehmungs)Sensibilität, Empathie als Einführungsvermögen und soziale Einsicht sowie Durchsetzungsfähigkeit. Interpersonale Flexibilität einer Person bedeutet somit, dass sie über ein breites Repertoire an Verhaltensweisen verfügt und dieses Repertoire situativen Erfordernissen entsprechend bestmöglich einsetzt und anwendet. Die dazu gehörigen Facetten sind assertives (d.h. bestimmendes, sich behauptendes) Selbstdarstellungsverhalten (impression management) und Selbstüberwachung (self-monitoring). „Die Entstehung sozial kompetenten Verhaltens lässt sich vereinfacht so beschreiben: Gewisse Persönlichkeitscharakteristika begünstigen oder hemmen die Aneignung und das routinierte Zeigen bestimmter Verhaltensfertigkeiten, die durch Übung ausgebildet werden, und erst das komplizierte Ineinandergreifen beider Bereiche lässt sozial kompetentes Verhalten in Erscheinung treten.“[56]

Es sind also enge Verbindungen und Überschneidungen sowie fehlende Abgrenzungen der einzelnen Bestandteile sozialer Kompetenz erkennbar, die es erschweren, sie zu operationalisieren und genauer zu klären.

---

[53] Für praxisorientierte Anleitungen mit unterschiedlichen Schwerpunkten wie Kommunikation, Betriebsklima zum Selbststudium oder als Seminarkonzepte: vgl. z.B. Ben Krischausky 1991; Rudolf Donnert 1999; Renate Hauser 1999; Horst Belz/Marco Siegrist 2000.

[54] Vgl. Kapitel 4 Europäische Weiterbildung und interkulturelle Kompetenz.

[55] Vgl. Heinz Schuler/Dorothea Barthelme 1995, S. 81.

[56] Heinz Schuler/Dorothea Barthelme 1995, S. 87.

Für den Berufserfolg[57] zählen aber auch andere Aspekte wie Gewissenhaftigkeit (charakteristische Merkmale: verlässlich, sorgfältig, verantwortungsbewusst, planvoll, organisiert, leistungsorientiert, ausdauernd) oder die interpersonelle Fähigkeit der Extraversion (charakteristische Verhaltensmerkmale: gesellig, gesprächig, großzügig, bestimmt, dominant, aktiv, impulsiv) als Erfolgsbedingung.[58] „Zur Relativierung der eher geringen Beziehung zwischen allgemeinen Persönlichkeitsmerkmalen und Berufserfolg soll schließlich noch darauf hingewiesen werden, dass die Erfassung beruflichen Erfolgs zumeist nicht oder zumindest nicht zentral an Kriterien des Sozialverhaltens, sondern an anderen Aspekten der Arbeitsleistung orientiert ist."[59]

Unter dem Motto „'Stolperstein' Sozialkompetenz"[60] untersuchen verschiedene Autor/innen die Frage nach der Messbarkeit, Vermittlung und Beurteilung sozialer Kompetenzen unter dem Focus der Vermittlung und Förderung im Gegensatz zum Selektionsaspekt. Die Herausgeberin der Studie, die Teamfähigkeit in den Mittelpunkt der Betrachtung von Sozialkompetenz stellt, kommt zu dem Schluss, „dass es ‚die' Sozialkompetenz, wie sie sich in vielen Köpfen findet, nicht gibt. Sie beruht auf der individuellen Wirklichkeit, auf Wertvorstellungen, Gefühlen, Empfindungen, Einstellungen und vielem anderen mehr, die durch Logik und Ratio allein wohl nicht zu erfassen sind. ... Generell gilt es, sich der Grenzen einer ‚Messung' von Sozialkompetenz bewusst zu sein, bzw. sich diese immer wieder bewusst zu machen."[61]

---

[57] Sigrid Damm-Rüger/Barbara Stiegler untersuchen in einer qualitativen Studie mit Interviews und Gruppendiskussionen unter Krankenhauspersonal, Erzieher/innen, Kommunikationselektroniker/innen, Industriemechaniker/innen sowie Büro- und Einzelhandelskaufleuten diejenigen Anforderungen an soziale Qualifikation, die sie zu einer Schlüsselqualifikation machen. Ergebnis der Untersuchung ist eine thematische Charakterisierung im Bereich sozialer Beziehungen nach beruflichen Alltagssituationen, die in eine „Checkliste typischer Anforderungen" münden: „Kontakt und Kommunikation, Kooperation, Problem, Konflikt"; vgl. Sigrid Damm-Rüger/Barbara Stiegler 1996, S. 13ff. In einer Studie untersucht Kerim Edinsel (1998, S. 223ff.) den Zusammenhang von sozialer Kompetenz und Berufserfolg. Dazu wurden als Teilelemente der sozialen Kompetenz „Kontaktsicherheit" und „soziale Kontakte und Beziehungen" von deutschen und türkischen ungelernten und Facharbeiter/innen der Elektroindustrie im Hinblick auf den Berufserfolg (definiert als Berufswahl, Suche des Ausbildungs- bzw. Arbeitsplatzes und beruflichen/betrieblichen Aufstieg) untersucht. Vorläufige Teilergebnisse zeigen, dass mit höherem Berufsstatus die Kontaktsicherheit im Umgang mit fremden Menschen wächst, der berufliche Aufstieg bei Frauen in bezug auf die Kontaktsicherheit eine größere Rolle spielt als bei Männern. Edinsel kommt zu dem Ergebnis, dass „der Zusammenhang zwischen Kontaktsicherheit und Berufserfolg gegen die Einflüsse der Variablen des Geschlechts, Berufsstatus, Alter und der Herkunft weitgehend besteht und somit als eindeutig angesehen werden kann. Es kann behauptet werden, dass kontaktsichere Menschen im Vergleich zu ängstlichen Menschen im Durchschnitt mehr verdienen, im Betrieb schneller aufsteigen und auch über bessere Arbeitsbedingungen verfügen. ... Soziale Netzwerke spielen zwar eine wichtige Rolle für den Berufserfolg, ihre Wirkung wird wahrscheinlich erheblich durch die eigene Kontaktsicherheit unterstützt."

[58] Vgl. Heinz Schuler/Dorothea Barthelme 1995, S. 90f.

[59] Heinz Schuler/Dorothea Barthelme 1995, S. 92.

[60] Vgl. Brigitte Seyfried (Hrsg.) 1995.

[61] Brigitte Seyfried 1995 (Hrsg.), S. 163.

Um Trainingsmaßnahmen als erfolgreich bezeichnen zu können, sind folgende Aspekte zu berücksichtigen:[62]

- die Lernbedürfnisse und -fähigkeiten, aber auch Grenzen der Teilnehmer/innen durch persönliche Erfahrungen;
- die Veränderbarkeit von Verhalten;
- die soziale Kompetenzen fördernde oder hemmende Situationsabhängigkeit;
- Zeit, um die situativ, durch individuelle Lernvoraussetzungen und durch andere Gruppenmitglieder bedingten Wechselwirkungen zu erkennen, zu reflektieren und zu diskutieren;
- das Lernen als eigenes Ziel;
- Selbstentwicklung nicht als Anpassungsleistung verstanden, sondern als Einbeziehen der Positionen der Teilnehmer/innen;
- die Vorbildfunktion sowie diagnostische und soziale Kompetenzen der Trainer/innen.

Entwickelte „Teamfähigkeit" als Bestandteil der Schlüsselqualifikationen wird mit Synonymen wie Kommunikations-, Kooperations- und Interaktionsfähigkeit bezeichnet. Hier sind neben individuellen Eigenschaften auch Aspekte der Gruppendynamik einzubeziehen, die je nach Dauer, Art und Kontext der Gruppenarbeit unterschiedliche Handlungs- und Verhaltensweisen sowie Interaktionsformen erfordern. Damit ist es schwierig, „Teamfähigkeit als invariantes Verhaltensmuster zu operationalisieren und sie einem situationsunabhängigen ‚objektiven' Bewertungsmaßstab zu unterwerfen."[63] Gleichzeitig „besteht die Gefahr, dass, je allgemeiner und unspezifischer Qualifikationen definiert werden, ein Transfer misslingt. Je enger und situationsspezifischer Qualifikationen gefasst werden, desto weiter entfernen sie sich von der ihnen zugesprochenen Funktion der Bewältigung von Zukunftsherausforderungen."[64]
Die häufig zur Förderung von Sozialkompetenzen eingesetzten prozessorientierten Verfahren wie Rollenspiele, Feedback, soziometrische Verfahren usw. können bei entsprechenden diagnostischen und sozialen Kompetenzen von Trainer/innen dazu beitragen, Vorurteile bewusst zu machen, Gruppenprozesse und Wechselwirkungen mit Umwelteinflüssen transparent werden zu lassen, ‚Gefühlsarbeit' zu fördern, Selbstvertrauen und Selbstsicherheit, Einfühlungsvermögen und emotionale Kontrolle zu erhöhen. Allerdings sind Effektivität und Effizienz dieser Trainingsmaßnahmen wegen fehlender theoretischer Basis umstritten und bisher noch nicht systematisch evaluiert worden.[65]

Statt der Vermittlung von „Teamverhaltenstechniken" scheint es sinnvoller, „Kriterien und Bedingungen zu ermitteln, welche eine effektive und sinnhafte Gruppenarbeit ermöglichen, anstatt Teamfähigkeit als Schlüsselqualifikation zu fordern."[66] Entsprechend der in jeder Interaktionssituation zu behandelnden Pole Konkurrenz

[62] Vgl. Brigitte Seyfried 1995a, S. 8f.
[63] Brigitte Seyfried 1995b, S. 17.
[64] Brigitte Seyfried 1995b, S. 29.
[65] Vgl. Brigitte Seyfried 1995b, S. 28f.
[66] Brigitte Seyfried 1995b, S. 30.

und Kooperation soll das Repertoire der Teilnehmer/innen mit Selbstbewertungen, Peer-Ratings, videogestützten und soziometrischen Verfahren unter Einbeziehung fachlicher Inhalte erweitert werden. Daneben sollen auch Einzelarbeitsphasen die Möglichkeit zur individuellen Arbeitserledigung geben.[67]

Die beiden in der pädagogischen Praxis konträren Haltungen, eine Vielzahl verschiedener Lehrstrategien einzusetzen, ohne die beabsichtigten Lernprozesse detailliert zu fundieren, und Lehrstrategien als wirkungslos zu beurteilen, ohne zu beschreiben, welche Prozesse sich scheinbar den pädagogischen Wirkungsversuchen entziehen, führt Euler an, um die lerntheoretischen Grundlagen zu identifizieren, mit denen Sozialkompetenzen weiterentwickelt werden können.[68] „Grundlegend für den Aufbau sozial-kommunikativer Handlungskompetenzen und damit für den Durchlauf der Lernschritte erscheint die *Leitlinie, dass sich praktische Erfahrungen mit theoretischen Reflexionen verzahnen sollen.*“[69] Dabei werden die einzelnen kommunikativen Sozialkompetenzen[70] zunächst situationsabhängig bestimmt und erworben, sollen aber dann auf möglichst viele Situationen übertragbar und anwendbar sein.[71]

Euler schlägt auf der Grundlage handlungsorientierter und konstruktivistischer Lerntheorien (insbes. das situierte Lernen und das Konzept des „cognitive apprenticeship“) vor, dass folgende Lernschritte absolviert werden:
- Auseinandersetzung mit problemhaltigen sozial-kommunikativen Handlungsanforderungen;
- Aufmerksamkeit für sozial-kommunikative Handlungsmodelle;
- Auswertung externer sozial-kommunikativer Handlungsmodelle;
- Planung eigener sozial-kommunikativer Handlungsmodelle;
- Erprobung von sozial-kommunikativen Handlungsmöglichkeiten;
- Einholen von Rückmeldungen auf eigene sozial-kommunikative Handlungserfahrungen;
- Auswertung eigener sozial-kommunikativer Handlungserfahrungen;
- Vergleich von fremden und eigenen sozial-kommunikativen Handlungsmodellen;
- Üben von sozial-kommunikativen Handlungsmustern;
- Transfer sozial-kommunikativer Handlungsmodelle auf andere Situationskontexte.

Damit wird eine zeitintensive, zirkuläre Entwicklung von „unbewusster Inkompetenz“ über „bewusste Inkompetenz“ hin zu „bewusster Kompetenz“ gefördert, bis Routine als „unbewusste Kompetenz“ erreicht ist.[72]

[67] Vgl. Brigitte Seyfried 1995b, S. 30f.
[68] Vgl. Dieter Euler 2004, S. 1f.
[69] Dieter Euler 2004, S. 27 (Hervorhebung im Original).
[70] Zum Grundmodell des sozial-kommunikativen Handelns vgl. Dieter Euler 2004, S. 5.
[71] Vgl. Dieter Euler 2004, S. 8, 24.
[72] Vgl. Dieter Euler 2004, S. 27-32.

2.3.2.3 Messbarkeit und Vermittlung

Im Bereich der psychologischen Berufseignungsforschung fehlen zum Konstrukt der sozialen Kompetenz fundierte Konzepte, ebenso ist die empirische Darstellung bisher kaum befriedigend. Mit Trainingsmaßnahmen nach handlungstheoretischen Lernkonzepten können Veränderungen erzielt werden, deren Effektivität allerdings noch nicht nachgewiesen ist:

- Erhöhung der sozialen Sensibilität und flexiblere Reaktion mit mehreren Verhaltensalternativen in sozialen Situationen;
- Förderung der Einstellung und Fähigkeit zur Entwicklung von Zielen;
- Entwicklung und Wahl von Strategien sowie Umsetzung in konkrete Handlungen;
- Entwicklung kommunikativer Fertigkeiten.[73]

Um dem Dilemma von enger oder eher globalerer Ausrichtung kompetenzentwickelnder Trainings und Vorbereitung für konkrete, aber vermutlich schnell überholte oder zukünftige, noch nicht genau absehbare Aufgaben zu entgehen, kann die Lösung ein „doppelgleisiges Vorgehen“ sein: „Hier wird eine Orientierung sowohl an den konkreten, derzeit erfassbaren Tätigkeitsanforderungen als auch an den für das breitere Berufsfeld relevanten Anforderungen zugrunde gelegt.“[74] Für die Konzeption und Gestaltung von Trainingsmaßnahmen können als Datenquellen das möglichst verhaltensbezogene, gegenwärtige Qualifikationsniveau und die aufgabenspezifische Lernfähigkeit (Potenzialdiagnose) erfasst werden und darauf aufbauend Inhalt und Richtung der individuellen Qualifizierung mit spezifischen Trainingseinheiten gefördert werden. Damit werden weniger Defizite beseitigt als vielmehr vorhandene Kompetenzen gezielt ausgebaut, da vorhandene Voraussetzungen eine schnellere und effizientere Entwicklung ermöglichen.

Die Studie „Kasseler Kompetenz-Raster“[75] untersucht die Frage, inwieweit die Kompetenzfacetten Fach-, Methoden- und Sozial- sowie Selbstkompetenzen einer direkten Beobachtung zugänglich gemacht werden können. Die Auswertungsergebnisse von Gruppendiskussionen unter Unternehmensteams mit Videoaufzeichnungen können thesenartig wie folgt dargestellt werden:

- „Kompetenzen lassen sich messen.
- Kompetenz und Persönlichkeit sind unabhängig.
- Die Rolle der Sozialkompetenz ist weit überschätzt.
- Organisationales Wissen kann nutzen, aber auch schaden.
- 40mal mehr gejammert als Maßnahmen zur Problemlösung geplant: Deutschland ein Jammertal?[76]
- Flexible Unternehmen fordern und fördern ihre Mitarbeiter.
- Gruppenarbeit macht kompetent.

---

[73] Vgl. Heinz Schuler/Dorothea Barthelme 1995, S. 110f.
[74] Vgl. Heinz Schuler/Dorothea Barthelme 1995, S. 114f.
[75] Vgl. Simone Kauffeld/Sven Grote 2001, S. 12-17.
[76] Eine negative Sozialkompetenz; vgl. hierzu auch die ausführliche Darstellung des Kasseler Kompetenz-Rasters in Simone Kauffeld/Sven Grote 2001.

- Investitionen in fachübergreifende Weiterbildung lohnen sich.
- Brach liegende Kompetenzen können mit dem Kasseler Kompetenz-Raster erkannt werden.
- Flexible Mitarbeiter/innen gibt es überall - aber sie sind nicht räumlich flexibel.“[77]

Selbstkompetenz ist - neben notwendiger Fachkompetenz - für die Entwicklung innovativer, geeigneter Aufgaben und Lösungen im Sinne eines Veränderungsinteresses und des Glaubens an Gestaltungsmöglichkeiten wichtig, wird jedoch nicht durch fachliche Weiterbildung begünstigt. Fachübergreifende Trainings für Teams und Moderator/innen haben einen nachweisbaren Einfluss auf die Methoden-, Sozial- und Selbstkompetenz. Ebenso wird für die Entwicklung der Selbstkompetenz ein eigenes Gruppenbudget als förderlich für das Interesse an Veränderungen gehalten. Organisationales Wissen und Wissensmanagement haben kaum Bedeutung für die Qualität von Lösungen, da Innovationen nicht allein mit Wissen geschaffen werden, sondern ihre Generierung u.U. auch bedeutet, Altes aufzugeben, fallen zu lassen und zu vergessen.

Das Kasseler Kompetenz-Raster zeigt für vier Teilkompetenzen, die sich hauptsächlich aus kognitiv-sprachlichen Merkmalen der Interaktion und Kommunikation zusammensetzen, neben positiven als einzige Kompetenzdefinition auch negative bzw. kontraproduktive Sozialkompetenzen.[78] Diese Unterscheidung ist wichtig, da negative Sozialkompetenzen innovationshemmend sind und einer Korrektur in Trainings und am Arbeitsplatz bedürfen. Das Kasseler Kompetenz-Raster weist ebenso wie der o.a. Ansatz zur handlungsorientierten Kompetenzentwicklung operationalisierte und beobachtbare Teilkompetenzen auf. Beide Ansätze tragen damit dazu bei, dass aus den vielschichtig interpretierbaren und teilweise dehnbaren Begriffen konkrete und in Hinblick auf das jeweilige Berufsfeld trainierbare Elemente herauskristallisiert werden können.

2.3.2.4 Trainingsmodelle als Praxisbeispiele

Im Folgenden soll ergänzend zu den bisherigen Ansätzen zur Kompetenzentwicklung überprüft werden, inwieweit vorhandene Trainings-Modelle geeignete Praxisbeispiele sind. Die beiden folgenden Modelle stehen exemplarisch für Trainings-Ansätze, mit denen überfachliche Kompetenzen auch der Lehrenden gezielt entwickelt werden sollen.

Der erste Ansatz findet sich in einem interdisziplinären Projekt, in dem Schlüsselqualifikationen definiert sind als der „Schlüssel“,[79] mit dem der Kontext der beruflichen Handlungen und Interaktionen für den adäquaten Einsatz fachlichen und

---

[77] Simone Kauffeld/Sven Grote 2001, S. 14.

[78] Simone Kauffeld/Sven Grote 2001, S. 16.

[79] Bernhard Christmann 2001, S. 59; Ingenieurstudent/innen sollen auf die Komplexität der beruflichen Anforderungen ihres zukünftigen Arbeitsfelds „Konstruktionstechnik und Produktionsautomatisierung“ vorbereitet werden.

methodischen Wissens erschlossen werden kann und ein situativer Transfer möglich ist. Dabei ist das „Kontextualisierungswissen“[80] während der Bearbeitung eines konkreten Problems wirksam, aber nicht daran gebunden, weil sich die so ermöglichte berufliche Handlungsfähigkeit stärker auf die Trägerinnen der Qualifikation bezieht als auf die Situation selbst.[81] Schlüsselqualifikationen bzw. Kontextualisierungswissen können nur in unmittelbarem Zusammenhang mit der Bearbeitung und Lösung von problemhaften Situationen entwickelt bzw. gefördert werden. Die Schlüsselqualifikationen Methoden- und Sozialkompetenz können nur gebunden an fachliches Wissen durch problemorientiertes und problemlösendes Lernen erworben bzw. integriert vermittelt werden.
Problem- und Handlungsorientierung, Ausweitung der Selbststeuerung und Exemplarität der Lernsituation sind Zielsetzung der Lehrveranstaltungen. Als Lehr-/Lernformen werden u.a. Projektmethode, Fallstudien, leittextunterstütztes Lernen sowie Kombinationen bzw. Integrationen dieser Formen eingesetzt. Dabei stehen problem- und handlungsorientiertes Lernen, mit dem Interaktion und Reflexivität unterstützt wird, und weitgehend selbständige und selbstorganisierte Lernprozesse im Vordergrund.

In diesem Modell besonders hervorzuheben ist, dass auch die Lehrenden durch Beratungsprozesse und Weiterbildungsveranstaltungen trainiert werden. Sie können sich hier mit den notwendigen Kenntnissen und Kompetenzen für die Konzeptionierung und Durchführung der Lehrveranstaltungen und den veränderten Lehrformen, Methoden und Techniken vertraut machen. Themen dabei sind: Präsentationen und geregeltes Feedback, Rhetorik, Arbeiten mit Leittexten und Leitfragen, moderierte Besprechung, Grundlagen hochschuldidaktischen Handelns. Die Lernprozesse werden unterstützt durch spezielle Arbeitsmaterialien und Handreichungen für Lehrende und Studierende u.a. zu den Themenbereichen: Ideen finden und Probleme lösen, Selbst- und Zeitmanagement, Teamarbeit in Projektübungen, Arbeiten mit Leitfragen, Übung von Fallstudienelementen, Präsentation von Inhalten.
Für die Übertragbarkeit dieses Qualifizierungsansatzes sind zwei Aspekte herauszuheben: Strukturveränderungen im Berufsfeld und Kontextualisierungswissen sind auch für Multiplikator/innen relevant. Zum einen rückt Europa näher zusammen und wird in seinen Entscheidungsstrukturen komplexer, zum anderen bedingen Projektanforderungen wie z.B. die Entwicklung, Beantragung und das Management etc. von Weiterbildungsprojekten das Zusammenspiel verschiedener Stellen und Protagonisten, etwa mit Teilnehmer/innen bzw. Partner/innen aus verschiedenen Ländern, Bildungseinrichtungen oder staatlichen Institutionen. Dabei sind auch die Umbruchssituation der deutschen Weiterbildungslandschaft und der Paradigmenwechsel zu (auch interkulturell zu verstehenden) Lernkulturen zu berücksichtigen.

---

[80] Ekardt nach Bernhard Christmann 2001, S. 59; vgl. zur Relevanz des Kontextualisierungswissens auch das
3-Schalenmodell von Klaus W. Döring/Bettina Ritter-Mamczek 2001 in Kapitel 4.3.2 Interkulturelles Lernen.

[81] H. Orth (1999) nach Bernhard Christmann 2001, S. 59.

Das zweite Beispiel, der Modellversuch TPK,[82] zielt darauf ab, eine methodisch-didaktische Weiterbildung für fachübergreifende Qualifikationen zu entwickeln und zu erproben und diese Qualifikationen im theoretischen Rahmen der Handlungsregulationstheorie zu vermitteln. Untersucht werden erforderliche angemessene Vermittlungskompetenzen für die sich aufgrund der Veränderung von Arbeitsaufgaben ebenfalls verändernden erforderlichen Qualifikationen bzw. Anforderungsprofile.[83] Dabei treffen - gegenüber den eher als traditionell für die klassische Berufsausbildung zu bezeichnenden mentalen bzw. kognitiven Anforderungen, Selbständigkeit und Eigenverantwortlichkeit sowie sozialen Kompetenzen - lediglich die „lernrelevanten Qualifikationen" auf Veränderungsprozesse zu.

Da für die Untersuchung die Frage bedeutsam ist, welche pädagogischen Kompetenzen erforderlich sind, um Fach-, Methoden- und Sozialkompetenzen zu vermitteln, und TPK damit ein brauchbares Modell für die zu entwickelnde Multiplikator/innen-Weiterbildung sein kann, wird sie im folgenden ausführlicher dargestellt. Ausgehend von der Annahme, dass Lernhandlungen darauf abzielen, sich Handlungskompetenz anzueignen bzw. diese zu erweitern, ist als Ausgangspunkt beim Lernen eine bestehende, aktuelle Handlungskompetenz von Bedeutung. Es muss eine Vorstellung der zukünftigen, potenziellen Handlungskompetenz bestehen, die erreicht werden kann, indem zunächst unvollständige und vorläufige Transformationshandlungen ausgeführt werden. Damit weist der Aneignungsprozess die Charakteristika einer besonderen Form von Handlung auf: Zielgerichtetheit, Gegenständlichkeit, Gesellschaftlichkeit und einen hierarchisch-sequentiellen Prozess. Im Lernprozess bildet der Lernende die Lernziele aus einem Vergleich des aktuellen mit der Vorstellung des potenziellen Handlungsfeldes, um das Kompetenzdefizit und die neue Aufgabe zielgerichtet und aktiv zu bewältigen. Dafür sind Lerntechniken bzw. -strategien und geeignete externe Unterstützung nötig, die je nach Komplexitätsgrad und möglicherweise unzureichender Handlungs- und Lernkompetenz bzw. Orientierungsgrundlagen variieren bzw. die Aneignung regulieren.[84] „Insbesondere der Ausbildung geistiger Handlungen und generalisierbarer Regulationsgrundlagen kommt hierbei ein hoher Stellenwert für die Aneignung von Handlungskompetenz zu."[85]

Als zentrale fachübergreifende Qualifikationen sollen Selbständigkeit und Flexibilität erzielt werden, um sich verändernde Arbeitsaufgaben zu bewältigen, die in handlungstheoretischer Begrifflichkeit als vollständige Handlungs- und Lernkompetenz bezeichnet werden können. Lernspezifische Aspekte handlungsleitender generalisierbarer Regulationsgrundlagen für die Bewältigung komplexer Aufgaben

---

[82] Vgl. Jörg Felfe 1992; TPK steht für Training pädagogischer Kompetenzen zur Vermittlung überfachlicher Qualifikationen. Es handelt sich um eine Weiterbildung für Ausbilder in einem Chemiebetrieb mit den Hauptzielrichtungen Ökologie und soziales Lernen bei Auszubildenden.
[83] Vgl. Jörg Felfe 1992, S. 21ff.
[84] Im Detail vgl. Jörg Felfe 1992, S. 73-80.
[85] Jörg Felfe 1992, S. 80.

sind Ähnlichkeiten und Unterschiede („Dualitäten“[86]) im regelgeleitenden Vorgehen bei Lern- und Arbeitsprozessen, die nach Zielen, Planung, Durchführung und Kontrolle/Evaluation gegliedert sind. Diese operationalisierten Teilschritte können für Weiterbildungs- und Projekttätigkeit exemplarisch herangezogen werden. Sind bereits Lern- und Handlungskompetenz ausgehend von einer generalisierten Definition in operationalisierbare Teilschritte unterschieden, so werden Handlungskompetenzen und damit korrespondierende Lernanforderungen noch weiter differenziert: „Handlungskompetenz in Bezug auf eine Arbeitsaufgabe verlangt die Fähigkeit zum ganzheitlich planenden und umsetzenden Einsatz sowohl inhaltlicher als auch zunehmend methodischer und sozialer Fertigkeiten.“[87] Dabei werden die Anforderungen dieser Aufgabenbereiche unterschiedlich gewichtet und nicht isoliert erworben. Sie müssen auf unterschiedlichen Regulationsebenen zur Verfügung stehen und eingesetzt werden können und lassen detailliert bestimmen,[88] welche Darbietungs- und Aneignungsformen für erwachsenengerechtes Lernen mit den Anforderungen an professionelles Handeln korrespondieren, um die erforderlichen fachlichen, methodischen und sozialen Kompetenzen zu entwickeln.
Um vollständige Lern- und Handlungskompetenz zu vermitteln, mit der die konkrete gegenständliche Arbeitsaufgabe im Sinne des theoretischen Modells bewältigt werden kann, müssen die Ausbilder zunächst selbst darin geschult werden, diese Kompetenz den Lernenden pädagogisch-didaktisch angemessen zu vermitteln. „Hierfür muss der Ausbilder neben seinen Fachkenntnissen und entsprechenden Handlungsmodellen über handlungsleitende pädagogische Modelle, Prinzipien und entsprechendes Umsetzungswissen verfügen, um die Lerntätigkeit der Auszubildenden und seine Vermittlungstätigkeit selbständig und flexibel gestalten zu können.“[89] Dabei ist der soziale Kontext einzubeziehen und die Lernaufgaben sollten eine zunehmend selbständige Lerntätigkeit unterstützen.

Das übergreifende Gesamtkonzept der Lernaufgabe mit weitgehend aktiver Lerntätigkeit bezieht inhaltliche, methodische und soziale Aspekte in den komplexen Vermittlungsprozess je nach Vor- und Nachteilen sowie Möglichkeiten bzw. Grenzen einzelner Methoden ein. Um vollständige Handlungskompetenz im Lernprozess effizient zu fördern, wird eine konkrete Aufgabenstellung von der Planung bis zur Ausführung unter Bezug auf die konkrete Tätigkeit mit einer gestuften Vorgehensweise unter Einsatz unterstützender Lern- und Arbeitstechniken sowie Beteiligungs- und Handlungsmöglichkeiten vorgegeben. „Besonderes Gewicht liegt hierbei auf der Ausbildung geistiger Handlungen und vollwertiger Orientierungsgrundlagen durch die sprachliche Hervorhebung der Denk- und Planungsprozesse durch Begriffs- und Regelbildung sowie das Ableiten verallgemeinerter Verfahrensweisen und Strategien. Darüber hinaus wird der Lernprozess durch eine tätigkeitsorientierte Gestaltung der Lernaufgaben auf unmittelbare, praktische Umsetzung ausgerich-

[86] Vgl. Kapitel 2.4.1 Modell der didaktischen Handlungsebenen (Flechsig/Haller).
[87] Jörg Felfe 1992, S. 93.
[88] Vgl. Jörg Felfe 1992, S. 91-104.
[89] Jörg Felfe 1992, S. 99.

tet."[90] Da inhaltliche, methodische und soziale Anforderungen als Gestaltungsrichtlinien in allen Phasen der Lernaufgabe berücksichtigt werden müssen, ist sie ganzheitlich und an der Forderung nach Selbstständigkeit orientiert und beinhaltet eine strukturierende, unterstützende Ausbildertätigkeit. „Bei der Vermittlung komplexer Kompetenzen bietet sich eine Verschachtelung mehrerer Lernaufgaben als Lernaufgabensystem an. ... (Es) besteht auch die Möglichkeit, sogenannte leistungsbestimmende Teiltätigkeiten zu analysieren und diese als Schwerpunkte im Lernprozess auszubauen."[91] Prinzipien für die Kompetenzentwicklung im Rahmen des Lernprozesses sind hierbei Vollständigkeit, handlungsorientierte Organisation, direkte wechselseitige Umsetzbarkeit und Handlungsspielräume.[92] Ergänzend sind regelgeleitete Handlungshierarchien als Unterstützung für die Bearbeitung von Lernaufgaben von Vorteil.[93]

Für die Weiterbildung der Ausbilder, speziell zur angemessenen Vermittlung pädagogischer Kompetenzen, benennt Felfe einige spezifische Anforderungsmerkmale: „Die Anforderungen, die aus der Arbeitsaufgabe der Aus- und Weiterbildung der Ausbilder resultieren, sind prinzipiell mit denen der Ausbildertätigkeit vergleichbar."[94] Er nennt:
- Kenntnisse der zu vermittelnden Arbeitsaufgabe;
- pädagogisch-didaktische Kompetenzen;
- Berücksichtigung der Wechselwirkung des pädagogischen Handlungsfelds (Ebene 2, direkt vermittelnd) und des Handlungsfelds der Zielgruppe (Ebene 1, indirekt vermittelnd);
- Bewusstmachung des pädagogischen Handlungsfelds (Ebene 2) und Aufbau von Kompetenz für pädagogisches Handeln;
- Transparenz für die zu vermittelnde Kompetenz zur Bewältigung einer konkreten, gegenständlichen Aufgabe (Ebene 1);
- Analyse der Voraussetzungen der Ausbilder: Erfahrungen und Kompetenzen im Bereich der zu vermittelnden Handlungskompetenz und im pädagogischen Bereich (implizite Theorien);
- Modellfunktion der Weiterbildungsmaßnahme für die Vermittlungstätigkeit und wechselseitige Transferüberlegungen zur Alltagspraxis (u.a. Einsatz der „Lernaufgabe").

Die empirische Begleitforschung der methodisch-didaktischen Weiterbildung von Ausbildern zeigt folgende Ergebnisse:
Aus der Sicht der Ausbilder[95] kann die Vermittlung von Selbständigkeit mit dem Lernaufgabenkonzept verbessert werden.[96] Darauf haben Rahmenbedingungen wie

[90] Jörg Felfe 1992, S. 105.
[91] Jörg Felfe 1992, S. 106f.
[92] Vgl. Jörg Felfe 1992, S. 106.
[93] Ausführliche Darstellung vgl. Jörg Felfe 1992, S. 107-109.
[94] Jörg Felfe 1992, S. 113.
[95] Wegen der einfachen Erhebungsmethodik haben die Ergebnisse nur Hinweischarakter; vgl. Jörg Felfe 1992, S. 185.

Unterrichtserfahrung oder Fachzugehörigkeit kaum Einfluss, allerdings spielt die Kursgröße eine gewisse Rolle.[97] Die Arbeitstechniken weisen eine unterstützende Funktion auf,[98] in der Einführungsphase ist jedoch für die Vorbereitung der Lernaufgabe ein hoher Zeitaufwand nötig.[99]
Aus der Sicht der Auszubildenden zeigt sich eine weite Streuung der positiven bis mittleren und einiger negativer Bewertungen der Veränderungen des Unterrichts, die nur zum Teil auf die konkreten Gestaltungsmerkmale der Lernaufgabe zurückgeführt werden können.[100] Qualitative Äußerungen weisen darauf hin, dass die Zielsetzungen des Lernaufgabenkonzepts, wie die Fähigkeit, selbständig planen und Selbständigkeit ausbilden zu können, sowie der Nutzen entsprechender Arbeitstechniken, erreicht werden. Die im Vergleich zu anderen Unterrichtsformen größere Möglichkeit zu selbständigem Arbeiten an vollständigen Aufgaben wird als motivationsfördernd eingeschätzt. Aus Auszubildendensicht erhöhen sich die Kooperationserfordernisse ebenso wie das wechselseitige Lernen in der Gruppe. Diese Abnahme „fremdregulierter" Aufgabenteile hin zu selbst- oder gruppenregulierten Anteilen lässt sich als eine veränderte Ausbilderrolle deuten.[101]

Die Frage, inwieweit dieses Konzept auf das zu entwickelnde Multiplikator/innen-Modell übertragbar ist, lässt sich hinsichtlich des TPK-Projekts wie folgt beantworten: Eine Übertragung scheint teilweise sinnvoll, da Projektentwicklung und -durchführung einer ähnlichen Logik folgen wie eine hierarchisch-sequentielle Planung und Handlungshierarchie. Das Lernaufgabensystem als Modellgrundlage kann im übertragenen Sinn durch die Zielsetzung des Multiplikator/innen-Curriculums als realisierbar angesehen werden. Hierbei können sich die Teilnehmer/innen zwischen zwei beruflichen Aufgabenstellungen als Schwerpunktsetzungen während der Weiterbildung entscheiden bzw. beide in ihr berufliches Bild integrieren: erstens „Projektmanager/in" von der Projekt-Ideenentwicklung über -Planung, -Beantragung, -Durchführung, bis zur Evaluation und Vermarktung eines Projekt(produkt)s, zweitens „Weiterbildner/in" im Rahmen der Train-the-Trainer-Module durch die im Micro-Teaching-Setting bearbeiteten Grundlagen von Seminartätigkeit.
Damit wird für die konkrete, „gegenständliche" Aufgabe eines „eigenen Projekts" Kompetenz erzeugt. Die darin liegende Vermittlungsaufgabe dient in zweierlei Hinsicht als Vorbild bzw. Modell, erstens durch die Vermittlungstätigkeit der Dozent/innen in der Multiplikator/innen-Weiterbildung für „Weiterbildner/innen", zweitens durch die vermittelten Techniken zur Bewältigung der Lernaufgabe für „Projektmanager/innen".

[96] Vgl. Jörg Felfe 1992, S. 186.
[97] Vgl. Jörg Felfe 1992, S. 195.
[98] Vgl. Jörg Felfe 1992, S. 189.
[99] Vgl. Jörg Felfe 1992, S. 190.
[100] Vgl. Jörg Felfe 1992, S. 205.
[101] Vgl. Jörg Felfe 1992, S. 217; ein weiteres Projekt hat didaktische Materialien in Zusammenarbeit mit Ausbildern verschiedener Betriebe zur integrierten Vermittlung und Förderung von fachlichen Inhalten und Schlüsselqualifikationen entwickelt; vgl. hierzu Werner à Brassard et al. 1994.

Innerhalb der thematischen Module des Curriculums werden viele einzelne, aber aufeinander bezogene Lernaufgaben gestellt, die sich auf das Projektmanagement oder eine Tätigkeit als Weiterbildner/in im engeren Sinn, im weiteren Sinne auf das umfassendere Tätigkeitsprofil als Multiplikator/in beziehen. Dabei wird sowohl direkt als auch indirekt pädagogisch-didaktische Kompetenz entwickelt: direkte als Teilnehmer/in (Felfe: Handlungsfeld Ebene 2), indirekt über die Tätigkeit als Multiplikator/in für Projektmitarbeiter/innen-Anleitung oder Weiterbildungstätigkeit (Felfe: Handlungsfeld Ebene 1).
Die angestrebte Multiplikator/innen-Weiterbildung geht aber weit über das Training pädagogischer Kompetenzen zur Vermittlung fachübergreifender Qualifikationen in der Berufsausbildung hinaus. Sie verfolgt komplexere Aufgabenstellungen: Für europäische Multiplikator/innen sind Kompetenzen interkultureller Kommunikations- und Kooperationsfähigkeit sowie Projektmanagement-Kompetenzen u.a. zentral bedeutsam.

2.3.2.5 Chancen und Risiken des Konzepts „Schlüsselqualifikationen"

Abschließend soll die Diskussion um neue Anforderungen und Kompetenzen, Chancen und Risiken sowie künftig relevante Kompetenzen in einigen Aspekten kritisch beleuchtet werden. Zahlreiche Veröffentlichungen betonen die Notwendigkeit, Schlüsselqualifikationen bereits in der Schule[102] zu fördern bzw. in nahezu allen Bereichen gesellschaftlichen und beruflichen Lebens[103] weiterzuentwickeln, aber häufig ohne die Begriffe trennscharf zu definieren oder einen Kontextbezug herzustellen. Kennzeichen ist eine allgemeine Anpassungsfähigkeit als Prognoseersatz für die nicht prognostizierbare Arbeitsmarktentwicklung. Bildung soll wirtschaftlich und gesellschaftlich verwertbar sein. Schlüsselqualifikationen entwickeln sich damit zur „beruflichen Allgemeinbildung",[104] die jedoch nicht ohne den spezifischen Arbeitsbereich eines Berufes angeeignet und zur Anwendung gebracht werden können. Sie sind oft allgemein und abstrakt gehalten und kaum konkret inhaltlich bestimmt. „Sie sind als hochformalisierte, austauschbare Muster von Arbeitskraft weder an eine bestimmte Person mit unverwechselbaren Fähigkeiten und Erfahrungen, einmaliger Identität und Biographie noch an bestimmte Kulturen und soziale Zusammenhänge gebunden."[105] Entsprechend sind es überwiegend methodische Vorschläge, mit denen die Lernprozesse im Sinne einer Integration fachlichen und überfachlichen Lernens ganzheitlicher gestaltet werden sollen: Das Spektrum der Vermittlungsformen umfasst Lernstattkonzepte, offene Curricula, themen- und teilnehmerzentrierte Verfahren, Suggestopädie, handlungs- und erfahrungsorientierte sowie erlebnispädagogische Lernformen sowie den Metaplan- und NLP[106]-Ansatz, mit denen Sachinformationen vermittelt und soziale Erfahrung und Selbsterfahrung erzielt werden sollen. Dabei zeigt sich ihre Angemessenheit oft erst im

[102] Vgl. z.B. Reinhard Zuba 1998.
[103] Vgl. z.B. Axel Beyer/Andreas Wass von Czege (Hrsg.) 1998.
[104] Rolf Arnold 1995, S. 75.
[105] R. Drechsel et al. (1987) nach Rolf Arnold 1995, S. 79f.
[106] NLP = Neurolinguistisches Programmieren.

„Bezug zu den Teilnehmern und deren Situation, zu den Lehr-/Lerninhalten und den pädagogischen Absichten, will man solide Kriterien der Beurteilung und der Bewertung anlegen."[107]

Kritisch sieht Plath die Chancen und Risiken, die aus den durch Veränderungstendenzen der Arbeitswelt gestellten Anforderungen, verlangten Qualifikationen und erwarteten Kompetenzen an die Rolle des Menschen erwachsen: „Man fragt sich, was für ein Menschenbild hier zu Grunde liegt ... Was für Menschen hätte man sich vorzustellen, die alle diese z.T. erheblich überzogenen Kompetenzen selbstverantwortlich entwickeln und verfügbar halten? Schließlich ist zu fragen, ob es sich bei dieser Art von ‚Kompetenzen' tatsächlich durchgängig um Qualifikationen oder um Befähigungen handelt bzw. ob diese sog. Kompetenzen überhaupt einer Qualifizierung zugänglich sind und ob es möglich ist, eine derartige Qualifizierung bzw. Aus- und Weiterbildung zudem auch noch selbst zu veranlassen und hinsichtlich ihres spezifischen Effektes selbst zu kontrollieren."[108] Als Beispiele führt Plath Kompetenzanforderungskataloge für drei verschiedene Bereiche an, die für den Management-Aspekt des Multiplikator/innen-Modells relevant[109] und überwiegend im Bereich der personalen Kompetenzen liegende idealtypische Anforderungen sind. Als hervorzuhebende Elemente sind die internationalen bzw. interkulturellen Kompetenzanforderungen und die antizipatorischen Kompetenzen für die Bewältigung zukünftiger Aufgaben zu nennen, da sie den innovativen Aspekt berücksichtigen. Plath führt den Begriff des „Kompetenzmanagements" für Selbstlern- und -entwicklungsprozesse ein, mit dem der auf die personale Ebene übertragene Anspruch benannt wird, professionelle Fähigkeiten wie Planung, Marketing, Innovativität etc. nicht nur auf Produkte, sondern auf die eigene Person anzuwenden.

Chancen der veränderten Arbeit und damit einhergehender Kompetenzentwicklung sieht Plath[110] wie folgt:

- ausweitbare Handlungsspielräume, größere Autonomie in Arbeit und Leistung, mehr Chancen zur Selbstentfaltung des Menschen;
- mehr Möglichkeiten zur Selbstbestimmung, -organisation, -kontrolle, -verantwortung usw.; Chancen für eigenständige Ziel- und Strategiebildung sowie für eigenständiges Entscheiden, Planen und Handeln, wenn diese durch Subsidiarität, Solidarität und soziale Netze unterstützt werden;
- verpflichtende Chance eines lebenslangen bzw. lebensbegleitenden Lernens; Herausbilden langfristig wirksamer Lerngewohnheiten und -erfahrungen; entwickelte und angepasste Leistungsvoraussetzungen entsprechend den veränderten Anforderungen, wachsende Chancen des Verbleibs sowie der kurzfristigen Wiedereingliederung in Arbeit bzw. Chancen für andere Behauptungsformen.

---

[107] Rolf Arnold 1995, S. 78f.

[108] Vgl. Hans-Eberhard Plath 2000, S. 18f.

[109] Kompetenzanforderungskataloge für Führungskräfte, Arbeitskraftunternehmer und die Bewältigung zukünftiger Aufgaben; verschiedene Management-Literatur sowie K.A. Geißler (2000), G. Voß (1998) nach Hans-Eberhard Plath 2000, S. 15-18.

[110] Vgl. Hans-Eberhard Plath 2000, S. 20-22.

Dem zu Grunde liegt die implizite Annahme einer scheinbar unbegrenzten Lern- und Leistungsfähigkeit, vielfältiger Kompetenzen, nicht-begrenzender Bedingungen und Zumutbarkeiten sowie Konsequenzlosigkeit, wenn die Grenzen der Lern- und Leistungsfähigkeit überschritten werden.

Zusammenfassend können nach Plath[111] als Risiken der Veränderungen und Entgrenzungen sowie unterschiedlicher Phasen von Erwerbsarbeit, Arbeitslosigkeit, Weiterbildung und verschiedener beruflicher Tätigkeiten herausgestellt werden: beträchtliche physische und psychische Belastungen, Fehlbeanspruchung, Gesundheitsprobleme, Fehl- und Dequalifizierung, Demotivierung, Lebens- und Arbeitsunzufriedenheit. Daraus werden einige vorbeugende bzw. begleitende Maßnahmen abgeleitet:[112]

- Sozialisatorische Lernprozesse zum Umgang mit Krisen und Konflikten sollen Grundbestandteil der Persönlichkeitsbildung werden.
- Als lebensbegleitendes Angebot soll das Lernmodell „Beratung“ im Hinblick auf die Risikominimierung verfügbar sein.
- „Supportstrukturen“ für Weiterbildung und Lernunterstützung wie z.B. im „sozialen Auftrag“ handelnde Arbeits- und Berufsberatungen der Arbeitsämter sollen ausgebaut werden.
- Verschiedene Formen sozialisatorischen Lernens im und um den Arbeitsprozess (z.B. Projektarbeit, Coaching, Qualitätszirkel) sowie Formen der Vermittlung oder Unterrichtung (z.B. Beratung, Unterweisung, Schulung, Training, Moderation) sollen situations-, anforderungs- und qualifikationsspezifisch ausgewählt und verknüpft werden.

2.3.2.6 Schlüsselkompetenzen von Multiplikator/innen

Die bisher beschriebenen eher allgemeinen Kompetenzansätze lassen sich zu folgenden Kernelementen für die Protagonisten von Weiterbildung und (Projekt)Management zuspitzen:

Kompetenz allgemein bedeutet die Selbstorganisationsfähigkeit des Einzelnen und ist die Voraussetzung für Handlungsfähigkeit. Sie umfasst Komponenten,[113] die jede der Teilkompetenzen beinhalten, wie Wissensverfügbarkeit und -bewertung, Interpolationsfähigkeit, Handlungsorientierung und -befähigung, Persönlichkeitsintegration und Sozialbestätigung. Dazu gehören auch die die Teilkompetenzen übergreifenden Pluralitäts-, Übergangs- und prozessstrukturbezogenen Kompetenzen, um zukünftige Aufgaben zu bewältigen. Kompetenz ist explizit kontext- bzw. situationsbezogen und beinhaltet damit die wechselseitige Beziehung zwischen Individuum und kulturellem sowie gesellschaftlichem Umfeld. Jede Teilkompetenz setzt

[111] Ausführliche Darstellung vgl. Hans-Eberhard Plath 2000, S. 22-30.
[112] Vgl. Hans-Eberhard Plath 2000, S. 31f.
[113] Vgl. Volker Heyse/John Erpenbeck 1997, S. 52f.

sich aus einem berufsprofilspezifischen Bündel von interdependenten Einzelkompetenzen zusammen.

Die im Folgenden genannten Kernelemente zeigen das hier zugrunde gelegte Kompetenzmodell[114] für Multiplikator/innen. Es besteht aus vier Kompetenzbereichen, die eng miteinander verzahnt und zu beruflicher Handlungskompetenz integriert sind. Ergänzt wurde es um die Kategorien des wirtschaftlichen und umweltbewussten Denkens.[115] Unterschieden werden kann zwischen dem eher objektiv beschreibbaren sachverhaltszentrierten Qualifikationsbegriff und dem dispositiven, im Handeln aktualisierbaren subjektzentrierten Kompetenzbegriff. Entsprechende Vermittlungsmethoden können unterschieden werden in eher traditionelle Bildungsprozesse und eher selbstorganisierte Lern- und Selbststeuerungsprozesse, wobei die letzteren alle Methoden der Kompetenzentwicklung charakterisieren. Aus den zuvor dargestellten Handlungs- und Teilkompetenzen sowie Vermittlungsansätzen ergeben sich im Einzelnen folgende Aspekte: Voraussetzungen berücksichtigen, Lernziele festlegen, Präsentationsformen einsetzen. Speziell für die Weiterbildung von Lehrenden geeignete Methoden sind:
- Konkretisierung und Gewichtung zusätzlicher Lernziele;
- Methoden zur Vermittlung fachübergreifender Qualifikationen und fachübergreifenden Denkens;
- Erfahrungsbezug, Modellfunktion, Praxistransfer, Regulationsgrundlagen durch Modellbildung, Feedback und Einsatz von Lernaufgaben und Handlungshierarchien;
- handlungsleitende pädagogische Modelle, Prinzipien und Umsetzungswissen;
- Themen wie Präsentationen, geregeltes Feedback, moderierte Besprechung;
- Arbeitsmaterialien zu Ideenfindung, Problemlösung, Selbst- und Zeitmanagement, Teamarbeit in Projektübungen, Arbeiten mit Leitfragen, Übung von Fallstudienelementen, Präsentation von Inhalten.

Der Kanon von Trainingsmethoden kann der Entwicklung der jeweiligen Kompetenzdimensionen zugeordnet werden. Tabelle 13 stellt nachfolgend in einer Übersicht eine dem spezifischen Profil von Multiplikator/innen entsprechende Auswahl von Lehr- und Sozialformen für die Vermittlung der relevanten Schlüsselqualifikationen zusammen.

[114] Vgl. Volker Heyse/John Erpenbeck 1997, S. 51ff.

[115] Vgl. Ben Krischausky 1991, S. 9. Denkbar wäre z.B. eine Umsetzung nicht nur ökologischer, sondern v.a. sozialer Umweltbildungsprojekte.

	Trainingsmethoden
Handlungs-kompetenz	„Learning by Doing", Zyklus einer vollständigen Handlung durchlaufen, Projektmethode, Fallstudien, leittextunterstütztes Lernen, teilnehmerzentrierte Verfahren, Metaplan-Technik, sozialisatorische Lernprozesse (Projektarbeit); Vermittlungsformen (z.B. Beratung, Unterweisung, Schulung, Training, Moderation); ggf. Supportstrukturen für Weiterbildung
Fach-kompetenz	Fallstudien, Expertengespräche; transparente Anforderungen, Orientierungsgrundlagen, Praxis- und Kontext- sowie Tätigkeitsbezug; Lehrgespräch, Demonstration, Vorführung, Vier-Stufen-Methode, Vortrag, Literaturselbststudium, Belehrung sowie kombinierte Unterweisung
Methoden-kompetenz	Brainstorming, Mindmapping, Informationsmarkt, Vier-Stufen-Methode, Frontalunterricht, Übungsaufgaben und Unterweisung, kognitive Techniken (z.B. Verbalisierung, bewusstes Planen, ausführliches Feedback), lernunterstützende Darbietungsformen sowie geeignete Visualisierung
Sozial-kompetenz	Gruppenarbeit, Rollenspiele sowie weitere offene und interaktive Formen der Zusammenarbeit, Gestaltungsprinzipien der vermehrten Beteiligung, verstärkten Gruppenarbeit, kontinuierlichen Rückkopplung einschließlich eigenständiger Korrekturen/Selbstbewertungen oder Peer-Ratings; aktives Reproduzieren, eigenständiges Übernehmen und steigende Komplexität der Kooperationsformen durch immer offenere Fragen- und Aufgabenstellungen und geeignete Kriterien; prozessorientierte Verfahren wie Kommunikationsübungen, Rollenspiele, Vorbilder, (in)formelle Gruppen, Training-on-the-Job; Ausprobieren eigener Vorstellungen, Versuch-und-Irrtum; videogestützte Verfahren; Einzelarbeitsphasen; Diskussion, Debatte, Disputation, Verhaltenstraining, Planspiel, Kreativitäts-/Ideenfindungsmethode, Metaplanmethode, fragend-entwickelnde Methode, forschend-entwickelnder Unterricht, Projekt-Leittext, Fallmethode

Tab. 13: Trainingsmethoden für Handlungs-, Fach-, Methoden- und Sozialkompetenzen (eigene Darstellung)

Die Übersicht zeigt, dass eine Reihe von Vermittlungsmethoden für die Entwicklung mehrerer Teilkompetenzen genannt wird. Gleichzeitig besteht die Anforderung nach einer integrierten Entwicklung von Teilkompetenzen zur Handlungskompetenz. Dabei ist für die Dramaturgie der Curriculumplanung zu berücksichtigen, dass jeweils klare Lernziele benannt und ggf. hierarchisiert werden. Kernziel der beruflichen Kompetenzentwicklung ist berufliche Handlungskompetenz als bewusste und zielgerichtete „Integration kognitiver, emotional-motivationaler, volitiver und sozialer Aspekte menschlichen Handelns in Arbeitssituationen durch Weiterbildung".[116]

In einem weiteren Schritt werden die im Zusammenhang von Weiterbildung und Projektmanagement benötigten und in der Weiterbildung zu Multiplikator/innen zu fördernden Teilkompetenzen programmatisch benannt. Sie sind aufgrund der Zielsetzung für interkulturelle Projektmanagementtätigkeiten weitreichender als die allein für eine Tätigkeit als Lehrender in der Weiterbildung benötigten fünf Ele-

[116] Vgl. Volker Heyse/John Erpenbeck 1997, S. 51.

mente einer Grundqualifikation[117] und fassen didaktische und organisatorische Kompetenzen in der Methodenkompetenz zusammen:

Kompetenzdimensionen	**Einzelkomponenten**
Handlungskompetenz	- kann nach ökonomischen und ökologischen Kompetenzen differenziert werden, - ist eine je nach Aufgabenbereich unterschiedliche Gewichtung von Teilkompetenzen, setzt sich aus kognitiv-sprachlichen Merkmalen der Interaktion und Kommunikation zusammen, - wird im integrierenden Zusammenspiel aller erforderlichen Teilkompetenzen erworben, - umfasst die Fähigkeit zur ganzheitlichen Planung und Umsetzung der Teilkompetenzen.
Fachkompetenz meint spezifische berufliche Kenntnisse und Fertigkeiten. Dazu gehören auch das wirtschaftliche und das umweltbewusste Denken. *Im Projektzusammenhang auch: EU-spezifisches Wissen, Fremdsprachen, Marketing.*	- meint die für den jeweiligen Aufgabenbereich spezifischen Wissensgebiete und Fakten, Organisationskenntnisse und -zusammenhänge, Verfahrensweisen und Regeln, - zeigt sich in fachspezifischer sprachlicher Kompetenz, ggf. auch in Fremdsprachen, - bedarf adäquater Strategien zur gezielten Verwertung sowohl der eigenen Arbeitskraft als auch der marktgerechten Präsentation von Fachwissen und Arbeitsprodukten, - umfasst auch die Dokumentation und Evaluation/Reflexion der Erfolgskriterien, Arbeitsprozesse und -ergebnisse.
Methodenkompetenz Dazu gehören: selbstständiges Planen, Durchführen und Kontrollieren, Verarbeiten umfangreicher Informationen, Beherrschen von Lerntechniken, logisches Denken, Denken in komplexeren Systemen, Anwenden von Gelerntem in anderen Zusammenhängen (Transferfähigkeit) sowie die Fähigkeiten zur Problemstrukturierung und -lösung und zur Entscheidungsfindung. *Im Projektzusammenhang auch: didaktische Kompetenzen, Projektmanagement.*	- meint fach- und kulturübergreifende Arbeitsmethoden, die für die Bewältigung der beruflichen Aufgaben und Probleme eingesetzt werden, - umfasst Planungskompetenz, Kreativität und Eigeninitiative, selbständiges Erschließen und Aneignen von Informationen, - beinhaltet an der Schnittstelle zu persönlichen Kompetenzen Zielorientierung und Zielgerichtetheit, Selbständigkeit und Eigenverantwortlichkeit sowie Umsetzungsstrategien für Mobilität und Flexibilität, - kann auch negative Komponenten enthalten, die reguliert werden müssen.
Sozialkompetenz zeigt sich in kommunikativen und kooperativen Verhaltensweisen. Notwendige Voraussetzungen dazu sind Fähigkeiten, Fertigkeiten (social skills) und Werte zur Optimierung von Interaktions-/ Gruppenprozessen zur erfolgreichen Realisierung von Plänen und Zielen.	- umfasst die Teilkomponenten Interaktionskontext, Situationsspezifität, Zielrealisierung, Zweckrationalität, - ist eine interpersonale, team-/gruppenbezogene Kompetenz mit den darauf bezogenen Teilkompetenzen auch interkultureller Kommunikations-, Kooperations- und Koordinationsfähigkeit, - weist zur Erfolgssicherung Kontaktsicherheit sowie soziale Kontakte und Beziehungen als Verhaltens-

[117] Nach Klaus W. Döring; vgl. auch Kapitel 2.4.2 Konzept systemisch-didaktischer Professionalisierung.

Im Projektzusammenhang auch: interkulturelle Kommunikation, Verhandlungsgeschick.	merkmale auf, - beinhaltet Strategien für den konstruktiven Umgang mit Kritik und die Lösung von Konflikten, - kann auch negative Komponenten enthalten, die reguliert werden müssen.
Personale oder Selbstkompetenz umfasst solche persönlichkeitsbezogenen Dispositionen wie Einstellungen, Werthaltungen und Motive, die das Arbeitshandeln von einer übergeordneten Ebene aus beeinflussen. Neben dem Ziel der Veränderung personaler Kompetenzen in jeweils gewünschter Richtung unterstützt Weiterbildung hier vor allem die Fähigkeiten zur Selbstwahrnehmung, zur Entfaltung eines realistischen Selbstkonzepts und zum Selbstlernen. *Im Projektzusammenhang auch: Einstellung zu Mobilität und Flexibilität des Arbeitshandelns als Multiplikator/in.*	- umfasst die das Selbst betreffenden Haltungen, Werte, Motive und Einstellungen, - weist die deutende Perspektive des Kontextualisierungswissens aus, d.h. die subjektive Konstruktion und Wahrnehmung des objektiven Kontexts als Ausschnitt der Wirklichkeit, - ist die Bereitschaft zur Selbstreflektion und Identitäts(re)-konstruktion, - beinhaltet die für Veränderung bzw. Lernen notwendigen Haltungen und Entwicklungspotentiale, - kann auch negative Komponenten enthalten, die reguliert werden müssen.

Tab. 14: Kompetenzdimensionen von Multiplikator/innen mit Einzelkomponenten (eigene Darstellung)

Differenzierte Anforderungen an ein qualitätsorientiertes Profil der Dienstleistung[118] sind insbesondere für das Berufsfeld der Weiterbildung wichtig, in dem die Tätigkeitsbezeichnungen weder gesetzlich geschützt sind noch der Zugang durch entsprechende Ausbildungsgänge (mit Ausnahme des Diplompädagogen) geregelt ist. Diese zu standardisieren und zu etablieren und damit Qualität zu erzielen soll durch ein Profil erfolgen, das Professionalitätskriterien erfüllt, um auf dem meist freien Markt wettbewerbsfähig zu sein: „EU-Dozentinnen und EU-Dozenten geben Seminare, beantragen und leiten Bildungsprojekte, beraten Bildungsabteilungen und -institutionen, fördern Prozesse der Organisationsentwicklung, evaluieren Bildungsprozesse und präsentieren der Öffentlichkeit die Projektergebnisse. Damit sind sie Trainer, Projektmanager, Bildungsreferent, Sozialwissenschaftler und Pressesprecher in einer Person.“[119] Dieses breite Kompetenzspektrum beinhaltet eine Vielzahl von Einzeltätigkeiten, die professionell ausgeführt werden sollen. Gleichzeitig sollen verschiedene Ebenen des Seminar- bzw. Projektgeschehens (z.B. Mikrodidaktik) im Blick behalten und gesteuert sowie das eigene Verhalten bzw. Agieren metareflektorisch wahrgenommen werden, um auf der Grundlage wissenschaftlicher Verfahrensweisen und Erkenntnisse professionelle Handlungen zu generieren.

Dies deutet neben den im Habitus von Multiplikator/innen integrierten allgemeinen Kompetenzanforderungen auf ein Bündel von Schlüsselqualifikationen, das

[118] Vgl. Frederic Fredersdorf 2001a, S. 252f.
[119] Frederic Fredersdorf 2001a, S. 257.

sich aus den speziellen Funktionen von Multiplikator/innen ableiten lässt und übergreifende Perspektiven durch die internationalen Projekte erhält. Die dafür erforderliche interkulturelle Kompetenz „kann als spezialisierter Teilbereich der sozialen Kompetenz angesehen werden, der sich auf das konstruktive soziale Geschehen zwischen Mitmenschen unterschiedlicher ethnischer, religiöser, politischer, wirtschaftlicher, kultureller und subkultureller Herkunft bezieht."[120] Darüber hinaus umfasst interkulturelle Kompetenz das zuvor beschriebene Wahrnehmungs- und Handlungsrepertoire und weitere kulturell bedingte unterschiedliche Werte, Arbeitstechniken, Entscheidungsfindungsprozesse, Problemlösungsverfahren, Lernstrategien und Lehrstile, die jede der o.g. fachlichen, methodischen, sozialen und personalen Kompetenzen erweitern.[121]

Diese allgemeine und pragmatische Definition als Arbeitsgrundlage wird im Folgenden für die Tätigkeit in der Weiterbildung und im Projektmanagement genauer formuliert. Dargestellt werden die für die Zielgruppe der - erfahrenen oder zukünftigen - Weiterbildner/innen relevanten Lernprozesse und Berufsstrategien (Kapitel 2.3.3). Entlang relevanter theoretischer Modelle aus der Erwachsenenbildung (Kapitel 2.4) werden zum einen die potenziellen impliziten Professionstheorien der Zielgruppe, zum anderen für das zu entwickelnde Curriculum relevante didaktische Gestaltungs- und Kompetenzanforderungen beschrieben. Dabei spielt der bereits skizzierte Paradigmenwechsel von der Vermittlungs- zur Ermöglichungsdidaktik eine doppelte Rolle als Gestaltungs- und Kompetenzanforderung. Er wird am Beispiel von Lernkulturen (Kapitel 2.4.5 und 2.5) dargestellt.

2.3.3 Lernprozesse bei Weiterbildner/innen

Weiterbildner/innen bringen als Lernende in für sie konzipierten Weiterbildungsangeboten neben den allgemeinen Lernvoraussetzungen und -stilen Erwachsener[122] auch berufstypische Aneignungsmodi mit. Es kann davon ausgegangen werden, dass die im Berufsalltag von Weiterbildner/innen vorherrschende ständige Beschäftigung mit den Lernprozessen der Teilnehmer/innen und der eigenen fortlaufend notwendigen Aktualisierung vorhandener Wissensbestände ein besonders routiniertes Lernverhalten mit sich bringt. Gleichzeitig ist anzunehmen, dass lernende Weiterbildner/innen Weiterbildungsangebote besonders kritisch würdigen.

Im Folgenden wird zunächst der Frage nachgegangen, wie Weiterbildner/innen ihre Professionalität[123] im Berufsprozess entwickeln. Danach werden Ergebnisse einer Studie zu Anforderungen des selbstorganisierten Lernens von Weiterbildner/innen dargestellt.

---

[120] Vgl. Frederic Fredersdorf 2001a, S. 259.
[121] Vgl. Monika Rummler 2003, S. 1.
[122] Vgl. z.B. Klaus W. Döring/Bettina Ritter-Mamczek 2001.
[123] Zum „Berufshabitus" vgl. Kapitel 2.3.1 Begriffsbestimmung.

Ergebnisse einer VHS-Untersuchung[124] zu Berufsstrategien von Weiterbildner/innen zeigen, dass die Inhalte von den Weiterbildungsinstitutionen festgelegt werden. Die Formen, mit denen sich Erwachsenenbildner/innen den Berufsalltag aneignen und sich damit auseinandersetzen, etwa hinsichtlich pädagogischer Standards, werden in Fortbildungsveranstaltungen von Arbeitsgruppen gemeinsam entwickelt. Dies sind eher normativ gestützte Leitprämissen und ist weniger wissenschaftliches Wissen als Grundlage beruflicher Handlungsorientierung. Es kann davon ausgegangen werden, dass die Mehrzahl der Weiterbildner/innen keine professionellen Sozialisationsprozesse durchlaufen hat. Es zeigen sich vier Ausprägungen kontinuierlicher, eher biographiebestimmter Aneignungsmodi einmal gewählter Berufsstrategien je nach Anforderungslage im beruflichen Alltag. Sie lassen sich wie folgt darstellen:

Berufsstrategien und individuelle Aneignungsmodi

1. Differenzierung	2. Spezifizierung	3. Reduktion	4. Reflexion
Beste Möglichkeiten für Aufbau und Entwicklung von Professionalität	Profilierung der Professionalität	Sicherung von institutionell bereits Akzeptiertem	Profilierung professionsinterner Kritik

Abb. 9: Berufsstrategien und Aneignungsmodi von Weiterbildner/innen (eigene Darstellung nach Gieseke 1994)

Jeder Aneignungsmodus eignet sich für eine entsprechende Anforderungssituation im Weiterbildungsberuf:
Differenzierung betont die Unterschiede, zielt darauf ab, zu verfeinern und sich auseinander zu entwickeln („horizontale Qualifizierung" oder Verbreiterung der Wissensbasis): „Der Modus ‚Differenz mit Stabilisierung' beinhaltet, dass im Prozess der beruflichen Etablierung zwar ursprüngliche Ziele der Arbeit und professionelle Basispositionen graduell verändert und situationsspezifisch angepasst werden, aber keine essentielle Umwidmung erfahren."[125]
Spezifizierung stellt das genaue Gliedern, Aufzählen, Bezeichnen im Einzelnen in den Mittelpunkt („vertikale Qualifizierung" oder Vertiefung der Wissensbasis): „Hier findet eine Konzentration - manchmal eine Überfokussierung - auf einen begrenzten inhaltlichen Arbeitsbereich oder auf eine partikulare Organisationsaufgabe statt."[126]
Reduktion meint einen komplizierten Sachverhalt oder Begriff auf einen einfachen einzuschränken oder zu mindern bzw. zurückzuführen („Erprobtes durch Reproduktion bewahren" oder Besitzstandwahrung): die hauptberuflichen Weiterbildner/innen schrauben „ihre Zielvorstellungen und professionellen Ambitionen an-

[124] Vgl. Wiltrud Gieseke 1994, S. 378.
[125] Dieter Nittel 2000, S. 164.
[126] Dieter Nittel 2000, S. 164.

gesichts fortlaufender Praxisfrustrationen auf das Maß des für sie Machbaren zurück."[127]
Reflexion heißt das prüfende, vergleichende Nachdenken, bes. über die eigenen Handlungen, Gedanken, Empfindungen („Metatheoretische Aufarbeitung" oder Überblick):[128] „hohe Selbstbezüglichkeit" und „intensives Nachdenken" resultieren aus „fortlaufenden Diskrepanzerfahrungen ... in einem Bereich, der vorgibt, dazu Möglichkeiten zu bieten und dann doch erfahren zu müssen, dass die eingefahrenen Wege des Planens und Kommunizierens nicht verlassen werden dürfen."[129]

Mit jedem Aneignungsmodus wird in der beruflichen Schwerpunktsetzung arbeitsteilig das individuelle und professionsspezifische Profil auf spezielle Weise weiterentwickelt. Wird der erste Aneignungsmodus als die beste Möglichkeit zum Aufbau von Professionalität gesehen, so fehlt ihm doch der Überblick des vierten Aneignungsmodus. Der zweite Aneignungsmodus mit einer oft hochgradigen Spezialisierung kann zur Entwicklung innovativer Wissens- und Handlungsbestände beitragen, während der dritte Aneignungsmodus diesen Prozess erst nachvollzieht, wenn diese innovativen Bestände sich in der Praxis bewährt haben. Einmal situativ bedingt erworbene Aneignungsmodi erweisen sich gegenüber späteren Korrekturen als weitgehend resistent, sie kommen zur Anwendung und werden zu Handlungsdispositionen.
Durch das Postulat des selbstorganisierten Lernens bewirken die Veränderungen in der Berufsrolle von Weiterbildner/innen eine neue didaktische Wechselwirkung zwischen pädagogischer Steuerung und Selbsttätigkeit. Diese neue Rolle im Lehr-Lernprozess bringt auch neue Anforderungen an das Selbstverständnis und Kompetenzen mit sich. Eine qualitativ angelegte Studie befasst sich mit der „Frage, wie Weiterbildner/innen innerhalb ihrer Lern- und Berufsbiographie den Anforderungen des selbstorganisativen Lernens gerecht werden und welche Erfahrungen und Kompetenzen sie daraus gewonnen haben."[130] Ausgangspunkt ist dabei, dass sich die für das selbstorganisierte Lernen dienlichen Kompetenzen aus Erfahrungswissen von Ausbildungs- und Berufssozialisation sowie persönlichen Dispositionen zusammensetzen. Im Einzelnen wurden mittels Leitfadeninterviews Lern- und Problemlösungsstrategien, ein spezielles Repertoire an Verhaltensweisen und Kompetenzen sowie der Zusammenhang von Kompetenzerwerb und kritischen Lebensereignissen hinsichtlich der Initiierung selbstorganisierter Lernprozesse für die Weiterbildner/innen selbst und ihre Kursteilnehmer/innen erfragt. Zugrundegelegt wurde das Kompetenzmodell von Erpenbeck und Heyse,[131] wonach für selbstorganisierte Handlungsausführung Fach-, Methoden-, Sozial- und Personal-

[127] Dieter Nittel 2000, S. 164.
[128] Definitionen nach Gerhard Wahrig 1976, S. 136, 604, 540, 541.
[129] Wiltrud Gieseke (1996) nach Dieter Nittel 2000, S. 164.
[130] Martin Hertkorn 2002, S. 3.
[131] Vgl. John Erpenbeck/Volker Heyse 1999; dieses Modell wurde mit Ergänzungen bzw. Differenzierungen auch für die Multiplikator/innen-Weiterbildung herangezogen; vgl. hierzu auch Monika Rummler 2001a, S. 46f.; vgl. Kapitel 2.3.2.6 Schlüsselkompetenzen von Multiplikator/innen.

kompetenzen als Grundkompetenzen unterschieden werden können, denen jeweils weitere Teilkompetenzen zugeordnet werden können. Ziel der Studie war es, aus der Herkunft spezifischer Kompetenzen von Weiterbildner/innen ein Instrument für die Bewertung dieser Kompetenzen zu entwickeln.

Anforderungen aus Lernstrategien an Kompetenzen von Weiterbildner/innen zeigen in dieser Studie mit 31 Nennungen eine deutliche Häufung im Bereich der personalen Kompetenzen; die Sozial- und Methodenkompetenz liegen mit jeweils 12 Nennungen weit darunter; die Fachkompetenz wurde nur einmal genannt. Die Teilkompetenzen der personalen Kompetenz: „Lernbereitschaft", „Offenheit" und „Reflektion"[132] sowie „Bereitschaft zur Selbstentwicklung" zeigen Mehrfachnennungen für verschiedene Lernstrategien auf. Die Teilkompetenzen der Methodenkompetenz: „strukturierendes/strukturiertes Denken" sowie „konzeptionelle Fähigkeiten" weisen ebenfalls Mehrfachnennungen auf. Überraschend ist, dass „Gefühl für künftige Entwicklungen" und „Kreativität/Innovationsfähigkeit" nicht empirisch nachweisbar waren.
Anforderungen von Problemlösungsstrategien an Kompetenzen von Weiterbildner/innen zeigen mit 33 Nennungen eine deutliche Häufung im Bereich der personalen Kompetenzen; die Methodenkompetenz erfährt 11 Nennungen und die Sozialkompetenz liegt mit 6 Nennungen weit darunter; die Fachkompetenz wurde gar nicht genannt. Die Teilkompetenzen der personalen Kompetenz: „Selbstbewusstsein", „Offenheit" und „Reflektion" sowie „Bereitschaft zur Selbstentwicklung" werden zeigen Mehrfachnennungen für verschiedene Problemlösungsstrategien auf. Die Teilkompetenzen der Methodenkompetenz: „Strukturierendes/strukturiertes Denken" sowie „konzeptionelle Fähigkeiten" zeigen ebenfalls Mehrfachnennungen auf; das „Gefühl für künftige Entwicklungen" wird einmal genannt. „Kooperationsbereitschaft/-fähigkeit" und „Konfliktbereitschaft/-fähigkeit" als Teilkompetenzen der sozialen Kompetenz zeigen ebenfalls Mehrfachnennungen.

Ergebnisse der Studie zu Strategien für die Initiierung selbstorganisierten Lernens und Kompetenzen ergeben folgendes Bild:[133] mit 19 Nennungen zeigt sich eine deutliche Häufung im Bereich der Sozialkompetenzen; die Methodenkompetenz liegt mit 9 Nennungen nur knapp vor den personalen Kompetenzen mit 7 Nennungen; die Fachkompetenz wurde gar nicht genannt. Die Teilkompetenzen der Sozialkompetenz: „Kommunikationsfähigkeit/-bereitschaft", „Empathie/Einfühlungsvermögen", „partnerzentrierte Interaktion" zeigen Mehrfachnennungen für verschiedene Initiierungsstrategien selbstorganisierten Lernens auf. Die Teilkompetenzen der Methodenkompetenz: „analytisches strukturierendes/strukturiertes und ganzheitliches Denken" zeigen insgesamt gesehen einen Schwerpunkt auf kognitiven Leistungen; „Kreativität/Innovationsfähigkeit" wurde einmal erfasst. Bei den

---

[132] Hier wurden Selbstreflexionsbereitschaft, Selbstreflexionsvermögen, Reflexionsvermögen und Reflexionsfähigkeit zusammengefasst (Anm. MoR).
[133] Martin Hertkorn 2002, S. 52-53. Zur Definition der Initiierungsstrategien vgl. S. 51-52.

Teilkompetenzen der personalen Kompetenzen fällt eine Verschiebung von den diesmal nicht genannten Selbstentwicklungs- und -reflexionsfähigkeiten hin zu „Belastbarkeit", Risikobereitschaft" und „Authentizität/Glaubwürdigkeit" mit jeweils 2 Nennungen auf.
Zusammengefasst zeigt sich folgendes Bild der erfassten Grundkompetenzen für Lernstrategien, Problemlösungsstrategien und Initiierungsstrategien selbstorganisierten Lernens:

Strategien / Kompetenzen	Summe der Nennungen	Lern-strategien	Problem-lösungs-strategien	Initiierungsstrategien selbstorganisierten Lernens
Fachkompetenzen	1	1	0	0
Sozialkompetenzen	37	12	6	19
Methodenkompetenzen	31	12	11	9
personale Kompetenzen	71	31	33	7
Summe der Nennungen	140	56	50	35

Tab. 15: Quantitative Übersicht der Strategien und erfassten Grundkompetenzen (eigene Darstellung)

Obwohl wegen der geringen Fallzahlen[134] der Studie, dem Fokus der Fragestellung auf biografisch erworbenen Erfahrungen und der Quantifizierung der verschiedenen „qualitativen" Teilkompetenzen nur vorsichtig interpretiert werden darf, zeigt sich durch diese Studie doch die leichte Tendenz, dass den befragten Weiterbildner/innen bei Lern- und Problemlösungsstrategien überwiegend personale Kompetenzen und bei Initiierungsstrategien selbstorganisierten Lernens Sozialkompetenzen bewusst waren und beide Kompetenzbereiche situativ eingesetzt worden sind.

Die auch dieser Arbeit zugrundegelegte Kompetenzdefinition nach Heyse/Erpenbeck wird mit Adaptionen an das Aufgabenprofil von Multiplikator/innen in Kapitel 5 Beispiel zur Evaluation von Kompetenzen anhand operationalisierter Schlüsselkompetenzen quantitativ untersucht.

2.4 Weiterbildungs-Modelle und Lernkulturen

Im Folgenden werden fünf Modelle für die Gestaltung von Lehren und Lernen in der Weiterbildung dargestellt. Sie wurden ausgewählt, weil sie für die Professionalisierung von Weiterbildner/innen in System- und Handlungskontexte eingebettete Kompetenzanforderungen benennen. Es wird im Folgenden untersucht, inwieweit diese Modelle auf die Multiplikator/innen-Weiterbildung übertragbar sind und ob bzw. welche Aussagen zum internationalen Rollenspektrum gemacht werden.

[134] Jeweils 6 männliche und weibliche Weiterbildner/innen mit mehrjähriger Berufserfahrung und hoher Arbeitszufriedenheit als Auswahlkriterien.

Als Grundlage dient das übergreifende „Modell zur Klassifikation prototypischer Konzeptionen des Lehrens",[135] in welchem die verschiedenen Pole und Übergänge von dozentenzentrierter Informationsvermittlung zu teilnehmerorientierter Lern-Unterstützung in idealtypischer Weise dargestellt sind. Damit können die folgenden fünf Modelle und die für die Kompetenzentwicklung empfohlenen Methoden leichter eingeordnet werden. Dies wird v.a. dann relevant, wenn für die Curriculum-Gestaltung Lernprozesse nach aktiven und passiven Lernphasen strukturiert werden.[136] Aus diesem Modell wird deutlich, dass je nach Auffassung der Lehrkonzeption - von (1) Wissensvermittlung, (2) Vermittlung strukturierten/geordneten Wissens, (3) Übergang vom Lehrfokus zum Lernfokus, (4) Erleichterung des Verständnisses/aktives Lernen bis (5) Entwicklung und Veränderung von Wissensstrukturen - die Rolle des Dozenten und die des Teilnehmers die Entwicklung unterschiedlicher Kompetenzen verlangt. Die innovativen Selbstlernkompetenzen beider interagierender Partner sind bei (5) am stärksten gefordert. Durch die Möglichkeit individuell verschiedener Wissenskonstruktionen wird die Innovationsfähigkeit am ehesten gefördert.

2.4.1 Modell der didaktischen Handlungsebenen (Flechsig/Haller)

Um das allgemein Gültige an der institutionellen Struktur des Tätigkeitsfeldes für hauptberuflich pädagogisch Tätige in der Erwachsenenbildung differenzierter zu beschreiben, scheint das „Modell der didaktischen Handlungsebenen" von Flechsig/Haller geeignet.[137]

Nach Flechsig/Haller benötigen Weiterbildner/innen Kontext- und Erfahrungswissen sowie für die verschiedenen Handlungs- und Hierarchieebenen unterschiedlich ausgeprägte Kompetenzen. Hier spiegelt sich die Dualität zwischen Organisation und Pädagogik wieder und es gibt eine Wechselwirkung zwischen den verschiedenen Handlungsfeldern. So agieren lehrende und disponierende Weiterbildner/innen mit Teilnehmer/innen vor, im und nach dem Seminar, innerhalb der Bildungseinrichtung zwischen Gleich- und Höhergestellten sowie außerhalb im Umfeld der eigenen Bildungseinrichtung mit Vertreter/innen anderer Bildungseinrichtungen, bildungspolitischen Repräsentanten sowie zwischen verschiedenen wissenschaftlichen Positionen zur Erwachsenenbildung. Dabei ist die Dynamik der aufeinander bezogenen Handlungsebenen und ihrer Protagonisten durch das Handeln des Weiterbildners nur teilweise beeinflussbar. Organisatorische und pädagogische Handlungsweisen beeinflussen aber die Konstitution aller Ebenen, beispielsweise wirken sich die Erwartungshaltungen der Teilnehmer/innen in entweder di-

---

[135] Vgl. Falko Rheinberg et al. 2001, S. 336-338; sie erweiterten ein Modell für die akademische Lehre von Kember (1997); entsprechend wurde hier für die Weiterbildung „Student" durch „Teilnehmer" ersetzt.

[136] Dieses Prinzip wird Lern-Sandwich oder Lern-Whopper genannt. Vgl. z.B. Martin Lehner/Frederic Fredersdorf 2003, S. 17f. oder Diethelm Wahl et al. 1995, S. 197.

[137] Vgl. Hans Tietgens 1995, S. 7ff.

rekter oder indirekter Weise auf die Weiterbildungsinstitution und das gesellschaftliche Umfeld aus und werden umgekehrt auch hiervon gestaltet.
Flechsig verweist neben dem allgemein Gültigen der Handlungszusammenhänge auch darauf, dass bestimmte didaktische Prinzipien zeitlich überdauern und in ihrer Reichweite fast schon als Allgemeingut gelten können, wie z.B. Anschaulichkeit, Selbsttätigkeit, Lebensbezug. Um einzelne didaktische Prinzipien zu beurteilen, benennt er folgende Gütekriterien:[138]

historische Gültigkeit	**Hat das betreffende didaktische Prinzip eine Geschichte, wenn ja, welche?**
empirischer Gehalt	Welcher Tatsachenbereich (Lehrplan, Lehrmethode, Medienauswahl etc.) wird von dem didaktischen Prinzip erfasst?
normativer Gehalt	Welchen sozialen Normen, ethischen Maximen, religiösen Werten entspricht das didaktische Prinzip?
Quantität und Qualität praktischer Belege	Wie groß ist der Umfang dokumentierter Unterrichtspraxis, der sich auf dieses didaktische Prinzip beruft und wie ist die Qualität dieser Praxis einzuschätzen?
allgemein-didaktische Bedeutsamkeit	Handelt es sich um ein didaktisches Prinzip, das nur für einen speziellen Fachbereich formuliert wird oder für Unterricht ganz allgemein?
spezifisch „didaktischer" Gehalt	Handelt es sich um ein primär auf Unterricht bezogenes Prinzip oder hat es übergreifende Bedeutung für verschiedene andere Lebensbereiche?
Trennschärfe	Unterscheidet sich das didaktische Prinzip deutlich von anderen bekannten didaktischen Prinzipien oder ist es eine Variante eines didaktischen Prinzips?
Ausgewiesenheit der Bezugsinstanz	An welche Person, Gruppe oder Institution richtet sich das didaktische Prinzip als Handlungsregel?
Reichweite	Erfasst das didaktische Prinzip eine oder mehrere didaktische Handlungsebenen?

Tab. 16: Gütekriterien zur Beurteilung einzelner didaktischer Prinzipien (eigene Darstellung nach Flechsig 1996)

Zu den makrodidaktischen Aufgaben gehört in erster Linie die Programmgestaltung. Dabei sind nach Möglichkeit die Erwartungskonkordanzen des vielfältigen Beziehungsnetzes herzustellen: „was von potentiellen Teilnehmer/innen an Angeboten erwartet wird, wobei sich dies sowohl auf die Inhalte als auch auf die Angebotsformen und die Verfahrensweisen beziehen kann, was auf dem Hintergrund der öffentlichen Diskussion am Maßstab öffentlicher Verantwortung aufgrund der gesellschaftlichen Situation als besonders wichtig zu lernen erscheint."[139] Daneben gehören auch Marketing, Sponsorengewinnung, Mitarbeiterrekrutierung sowie die jeweils relevanten Planungsgespräche hinzu, welche als Schlüsselsituationen für das Tätigkeitsprofil des hauptamtlichen Weiterbildners gesehen werden können.

Mikrodidaktische Anforderungen resultieren aus der Frage: „Was sind erwachsenengerechte Arbeitsweisen in der Erwachsenenbildung?" Die Antwort liegt darin,

[138] Karl-Heinz Flechsig 1996, S. 4.
[139] Hans Tietgens 1995, S. 9.

adäquat die Gratwanderung zwischen Lehrplan und Lernmotivationen zu bewältigen und gleichzeitig zwischen straffem Vorgehen und offenem Entgegenkommen angemessen zu mischen. Als wichtigste Kriterien können der Wechsel der Methoden sowie transparente Vorgehensweise und Kommunikation angesehen werden. Um die Eigeninitiative der Teilnehmer/innen zu fördern und ihr Raum zu geben, sind die Problemorientierung und Gestaltungsbestimmtheit geeignet. Entsprechende Anforderungen an die Kompetenz der Seminarleitung sind: „Geduld haben und warten können, Aufgreifen von Teilnehmerbeiträgen, Sachverhalte und Verstehensvermögen in Beziehung bringen, Stellenwert einzelner Beiträge klären, Rollenstruktur im Hinblick auf Ziele aufgreifen."[140] Aus der professionellen Aufgabe des „Ermöglichens" lassen sich Kompetenzprofile ableiten, die das Wahrnehmungspotential für die Thematisierung der Metakommunikation erhöhen: Interaktionssensibilität, Abstraktionsphantasie, Relationsbewusstsein, Relativierungskompetenz.[141] Die institutionellen Strukturen wirken sich auf eine annähernd einheitliche Definition von Professionalität kaum gravierend unterschiedlich aus, meist lediglich in spezifischen Akzentsetzungen: „Die Professionalität der in der selbstorganisierten Bildungsarbeit Tätigen weist sich in der guten Durchmischung fachlicher und pädagogisch-didaktischer Kompetenzen aus."[142] Für eine Tätigkeit in der Erwachsenen- bzw. Weiterbildung gilt entsprechend, dass „die Aufmerksamkeit der Professionsvorbereitung auf der Transformation zwischen allgemeinem wissenschaftlichen Wissen und konkreten Handlungssituationen liegen muss."[143]

Der Anspruch Flechsigs, allgemeingültige Aspekte der institutionellen Handlungszusammenhänge in der Erwachsenenbildung und Gütekriterien für zeitlich überdauernde didaktische Prinzipien zu benennen, ist für einen Transfer auf europäische Zusammenhänge und die Bildungskulturen anderer Länder Europas interessant.[144] Für die Zielsetzung der Multiplikator/innen-Weiterbildung, Bildungsprojekte mit europäischen Partnerinstitutionen und Kolleg/innen durchzuführen, bieten die allgemeingültigen Aspekte institutioneller Handlungszusammenhänge und die Gütekriterien Anhaltspunkte für die Analyse und den Vergleich mit den Bildungsstrukturen in den Partnerländern. Die makrodidaktischen Aufgaben umfassen neben einer erwartungsgerechten Programmgestaltung innerhalb eines heterogenen Beziehungsnetzes von Teilnehmenden bis hin zur öffentlichen Diskussion um relevante Lerninhalte auch Fragen der Vermarktung, Finanzierung und Personalrekrutierung. Diese Aspekte sind auch für die Initiierung und Durchführung von Weiterbildungsprojekten durch Multiplikator/innen relevant.

---

140 Hans Tietgens 1995, S. 11.

141 Hans Tietgens 1995, S. 11.

142 Beyersdorf (1993) nach Hans Tietgens 1995, S. 12f.

143 Hans Tietgens 1995, S. 13.

144 Vgl. hierzu auch das Konzept interkulturell-didaktischen Handelns von Karl-Heinz Flechsig in Kapitel 4.3.5.1 Schemata und Handlungsebenen.

2.4.2 Konzept systemisch-didaktischer Professionalisierung (Döring)

Ein professionelles Dozentenhandeln umfasst nach Döring die fünf Elemente einer Grundqualifikation, die es in entsprechenden Aus- und Weiterbildungen zu entwickeln gilt:
1. personale Kompetenz[145]
2. soziale Kompetenz
3. didaktische Kompetenz[146]
4. organisatorische Kompetenz[147]
5. fachliche Kompetenz.

Dabei handelt es sich um Schlüsselqualifikationen, also grundlegende Kompetenzen, die relativ unabhängig von Neuentwicklungen und Veränderungen über die Zeit stabil bleiben und „in ihrer Ausrichtung allgemeinbildend" sind. Allgemeinbildend heißt hier, dass sie die Entwicklung der gesamten Persönlichkeit und nicht allein berufsspezifische Komponenten betreffen. Die Definitionen der grundlegenden, zeitstabilen Kompetenzen sind nach Döring/Ritter-Mamczek für alle Beschäftigten relevant, haben jedoch je nach Position unterschiedliche Ausprägungen, wie das am Beispiel für Führungskräfte im innovativen Lernunternehmen deutlich wird: Neben situativen, auf die Gegenwart bezogenen Kompetenzen sind auch zukunftsorientierte Kompetenzen benannt, d.h. Wissen und Können auf unbekannte, neue Aufgaben und Probleme anzuwenden (als methodische Kompetenz), Kreativität (als personale Kompetenz) und Prozesse des Innovationsmanagements führen und gestalten zu können (als fachliche Kompetenz) als grundlegende Transferkompetenzen aller Beschäftigten mit Betonung des Leitungsaspekts bei den Führungskräften.

Je nach Zielsetzung des Trainings und der Zielgruppe sollen Weiterbildner/innen einzelne oder mehrere dieser Kompetenzen trainieren. Die folgenden Beispiele[148] zeigen einerseits die daraus resultierenden Handlungskompetenzen von Weiterbildner/innen, andererseits geben sie Qualitätskriterien für die Gestaltung von Weiterbildungsveranstaltungen vor. Die Teilkompetenzen weisen dabei eine praxisorientierte Ausprägung als konkrete Handlungsschritte auf:

Didaktische Kompetenz als „Lernpartner":
- geht auf die Lernbedürfnisse und Lernschwierigkeiten der Teilnehmer/innen ein;

---

[145] Als Weiterentwicklung des Gesamtmodells wurde hier die „Personale Kompetenz" hinzugefügt. Vgl. Klaus W. Döring/Bettina Ritter-Mamczek 1999, S. 133; vgl. dazu auch Klaus W. Döring 1988, S. 72.

[146] Als besonders relevant ist dabei das didaktische Handeln mit Medien hervorzuheben, das in einen fünffachen Handlungszusammenhang mündet: 1. struktur-didaktische Planungskompetenz, 2. mediale Auswahlkompetenz, 3. mediale Abstimmungskompetenz, 4. mediale Einsatzkompetenz und 5. die Kompetenz, medienspezifische Verarbeitung und Kommunikation zu initiieren und aufzubauen. Vgl. Klaus-Dieter Ziep 1989, S. 62-68.

[147] Die hier genannten didaktischen und organisatorischen (3.+4.) Kompetenzen können als methodische Kompetenzen zusammengefasst werden.

[148] Vgl. Klaus W. Döring 1988, S. 115.

- verstärkt und stützt die Lernbereitschaft der Teilnehmer/innen (Unterrichtsklima, Verstärkungen, motivierendes Dozent/innenverhalten);
- realisiert ein gutes Konfliktmanagement, wirkt integrierend und stabilisierend im Sinne der Gesamtgruppe;
- lernt von den Kompetenzen der Teilnehmer/innen usw.

Organisatorische Kompetenz als „Organisator":
- organisiert das Lerngeschehen in zeitlicher Hinsicht;
- setzt technische Medien ein;
- gestaltet die sozialen Gruppierungsformen (Lehr- und Sozialformen);
- gestaltet den ausserunterrichtlichen Rahmen usw.

Fachliche Kompetenz als „Fachmann":
- beherrscht den Stoff so, dass er/sie das Wesentliche/Zentrale gut vom Unwesentlichen/Nebensächlichen unterscheidet;
- schafft Sinnbezüge, Zusammenhänge, Einbettungen für die Einzelheiten;
- geht praxisbezogen und fallorientiert vor, usw.

Methodische Kompetenz als „Lehrer":
- realisiert einen strukturierten, abwechslungsreichen Unterricht;
- spricht verständlich;
- bietet den Stoff lerngerecht an und organisiert das Lerngeschehen optimal (Medieneinsatz, Sitzordnung etc.) usw.

Entsprechend der vorgenommenen nachrangigen Gewichtung von fachlicher Kompetenz fordert Döring, die überfachlichen Kompetenzen bevorzugt zu entwickeln, speziell die didaktische Kompetenz, da diese sowohl für die Gestaltung erwachsenengerechter Lernprozesse als auch für die optimale Entwicklung des Betriebssystems Weiterbildung notwendig ist. Dabei geht es um didaktische Wissensbestände, Werte, Einstellungen, Haltungen und Handlungskompetenzen.

Für das Lernen Erwachsener im beruflichen Umfeld gilt es, diese „anzulegen und anzuregen, auszubauen und zu festigen, einzuüben und anzuwenden".[149] Damit sind auch einige handlungsleitend-didaktische Vorstellungen für eine Aus- und Weiterbildung von Weiterbildner/innen benannt.
Bei der „Frage nach dem Transfer pädagogischen Wissens ins praktische Handeln ... spielt die Frage nach dem Anwendungsbezug des Wissens selbst eine Rolle, aber auch die nach den Aneignungsbedingungen (z.B. in professionellen Ausbildungsgängen). Erforderlich ist deshalb eine handlungs-, problem- oder situationssystematische Aufgliederung des zu vermittelnden Stoffes, etwa in der Form, wie es K.W. Döring in seinem Dozentenleitfaden (1988) vorgeführt hat. Im Vergleich hiermit verbleiben die meisten erwachsenenpädagogischen Veröffentlichungen auf der zwar wichtigen, alleine jedoch wirkungslosen Ebene eines Sensibilisierungs- bzw. Interpretationswissens."[150]

---

[149] Klaus W. Döring/Bettina Ritter-Mamczek 1999, S. 133.
[150] Rolf Arnold 1995, S. 145.

Die fachlichen und die folgenden überfachlichen Qualifikationen sollen nicht nur bei den Teilnehmer/innen, sondern auch bei den Weiterbildner/innen und Führungskräften als Zielgruppen entsprechender Weiterbildungsangebote entwickelt werden.[151]

Für die Zielsetzung dieser Arbeit wurden die Anforderungen an lernende Weiterbildner/innen und die Gestaltung der Weiterbildungsangebote aus der subjektiven Ebene herausgestellt:

	Anforderungen
Der lernende Weiterbildner	individuelle Lernbereitschaft überdauernde Lernmotivation betrieblich gestützte Lernfähigkeit Verpflichtung zur eigenen Weiterbildung systematische Weitergabe des Wissens und ihrer Erfahrung
Gestaltung der Weiterbildungsangebote	didaktische Qualifizierung der Dozenten Einhaltung von Standards in den Rahmenbedingungen Einhaltung didaktischer Binnenstandards[152] verständigungsorientiertes, teilnehmerzentriertes Gesamtkonzept „von unten", das den Wandel, die Veränderung, die Innovation ausdrücklich auf seine Fahnen schreibt

Tab. 17: Anforderungen der subjektiven Ebene an Weiterbildner/innen und Weiterbildungsangebote (eigene Darstellung nach Döring/Ritter-Mamczek 1999)

Aus den systemischen Aufgabenfeldern nach Döring[153] sind auf das Weiterbildungsprojektmanagement für das Multiplikator/innen-Modell folgende Aufgaben und Kompetenzanforderungen übertragbar:

- Kommunikation (erweitert auch für multikulturell zusammengesetzte Projektteams oder Seminargruppen);
- Organisation und Management (von Weiterbildung und Projekten);
- Kontrolle und Evaluation (der Lernergebnisse bzw. Seminare, der Projektarbeit).

Für die didaktische Gestaltung des im Multiplikator/innen-Modell zu entwickelnden Trainer/innenprofils und die entsprechenden Kompetenzanforderungen eignen sich v.a. die praxisorientierten Ausprägungen der Handlungskompetenzen des Weiterbildners einschließlich der differenzierten Medienkompetenzen. Der Ansatz von Döring bezieht darüber hinaus explizit die für Multiplikator/innen notwendigen, hier noch nicht projektbezogenen, sondern allgemein gefassten Managementkompetenzen, ein.

---

[151] Vgl. ausführlich Klaus W. Döring 1988, S. 73. Sie können den personalen Kompetenzen zugeordnet werden.

[152] Vgl. Kapitel 5 Beispiel zur Evaluation von Kompetenzen: die Binnenstandards nach Klaus W. Döring/Bettina Ritter-Mamczek 1999, S. 135 werden als Grundlage für das Multiplikator/innenmodell aufgeführt.

[153] Zu den zehn Systemebenen vgl. Klaus W. Döring/Bettina Ritter-Mamczek 1999, S. 63 und 98. Die für die Zielsetzung dieser Arbeit relevante bildungspolitische Ebene wird im Kapitel 4.1.1 Erwachsenenbildung in Europa und Kapitel 4.2 Bildungspolitische Rahmenbedingungen der EU betrachtet.

2.4.3 Handlungstheoretischer Ansatz professionellen Dozentenverhaltens (Ziep)

Das Modell von Ziep wurde wegen seines handlungstheoretischen Ansatzes und der Übertragbarkeit sowohl auf Unterrichtssituationen als auch für Projektmanagementtätigkeiten ausgewählt.
Die fünf Kompetenzebenen[154] für Weiterbildner/innen werden in der handlungstheoretisch und sozial-kognitiv begründeten Theorie professionellen Dozentenverhaltens von Ziep[155] weiter differenziert und in Einzelkompetenzen untergliedert. Teil der Berufsrolle von Dozent/innen ist es, zwischen Erwartungsanforderungen von Seiten der Weiterbildungsinstitution und der Seminarteilnehmer/innen (abhängiges Dozentenhandeln) zu agieren und zu vermitteln („Gelenkfunktion"). Die Institution gibt den Dozent/innen Rahmen und Zielsetzung des Arbeitshandelns vor. Die Teilnehmenden sind in ihrem Berufsweg beeinflussbar durch die von den Dozent/innen initiierten Bildungs- und Lernprozesse als Ausdruck ihrer beruflichen Funktionen und Tätigkeiten (unabhängiges Dozentenhandeln).
In dieser Arbeit steht entsprechend ihrer Zielsetzung das unabhängige Dozentenhandeln stärker im Vordergrund, da es Ähnlichkeiten mit Projektmanagementtätigkeiten aufweist, umso mehr, als die seit der Entwicklung des hier vorgestellten theoretischen Ansatzes von Ziep entstandenen „neuen Lernkulturen" ein verändertes Bild der Lernenden und Lehrenden zeichnen. Diese werden nun „aktiv handelnde Subjekte" ihres Lernprozesses und sind nicht mehr „passive Rezipienten" von Bildungsinhalten;[156] entsprechend verändert sich die Rolle der Lehrenden im (gemeinsamen) Lernprozess. Die Abhängigkeit des Dozentenhandelns ist jedoch unter der Perspektive der objektiven Bedingungen, wie sie etwa durch die Rahmenvorgaben für die Projektentwicklung gesetzt sind, zu betrachten.[157]

Die Bedingungsfaktoren für professionelles Dozentenhandeln umfassen dabei neben teilnehmerorientierten Aspekten auch die Integration neuer Erkenntnisse bzw. die Veränderungsbereitschaft der Dozent/innen selbst. Das auszubildende professionelle Bewusstsein bzw. Selbstkonzept und das an professionellen Kriterien orientierte Handeln sind Voraussetzung für die Qualität der Lehrtätigkeit aus didaktisch-sozialer Perspektive. Die „Auseinandersetzung mit professionssoziologischen Merkmalskatalogen"[158] in der Professionalisierungsdiskussion macht aber deutlich, dass „die Frage nach der Profession ‚Weiterbildung' von der Frage nach der professionellen Qualität ihrer Leistungen - d.h. ihrer explizit eingelösten Professionalität - zu trennen ist."[159]

---

[154] Vgl. Klaus W. Döring 1991, S. 62; vgl. Kapitel 2.4.2 Konzept systemisch-didaktischer Professionalisierung.
[155] Vgl. Klaus-Dieter Ziep 1990, S. 203ff.
[156] Vgl. Kapitel 2.4.5 Lehren vom anderen her (Arnold/Schüßler).
[157] Vgl. in Kapitel 4.2.3 Anforderungskataloge zu EU-Weiterbildungsprojekten.
[158] Klaus-Dieter Ziep 1990, S. 284.
[159] Klaus-Dieter Ziep 1990, S. 286.

Drei Aufgabenbereiche kennzeichnen das spezifische Verständnis unterrichtlicher Tätigkeit in der beruflichen Weiterbildung: Organisation beruflicher Handlungskompetenzen, berufsbezogene Verständigung, Lernhilfe und Lernberatung.
Die professionelle Kompetenz von Dozent/innen wird in der Art und Weise sichtbar, in der sie ihre Aufgaben und Funktionen mittels verschiedener Tätigkeitsformen ausgestalten und konkretisieren. In einer systematischen Übersicht zeigt Ziep die Aufgaben, Funktionen und einige beispielhafte Tätigkeitsformen.[160] Seine Skizze einer Theorie professionellen Dozentenverhaltens für die berufliche Weiterbildung zeigt die Fülle erforderlicher Kompetenzen und benennt die Bedingungen, an denen Verhalten gemessen werden kann. Die systemische Perspektive integriert das biografische Profil in das professionelle Anforderungsprofil. Aus dieser Verbindung und unter Einbezug des großen Spektrums an didaktisch-methodischen Werkzeugen resultieren ein weites Handlungsfeld und ein großer individueller Spielraum für Dozent/innen. Diese sind letztlich nur durch individuelle Verarbeitungskapazitäten begrenzt: „Die subjektive Verinnerlichung professioneller Anforderungen findet ihre Grenze in den individuellen Lern- und Verarbeitungsmöglichkeiten des Handelnden und schützt ihn so vor überzogenen Ansprüchen, wie sie leicht gestellt werden könnten."[161]

Dozenten-Professionalität basiert dabei auf einem Handlungsethos, das sich orientiert an

- „ethischen Handlungsmotiven und sozialem Engagement
- pädagogisch-psychologisch-didaktischen Standards
- fachlichen und fachdidaktischen Standards
- professionellen Handlungskompetenzen und praktischen Standards in sozialer, pädagogischer wie fachlicher Hinsicht."[162]

Für das in dieser Arbeit zu beschreibende Modell einer Multiplikator/innen-Weiterbildung ist die Betrachtung des Professionalisierungsprozesses auf den drei folgenden Analyse-Ebenen von Nutzen, da hier das Wirkungsfeld deutlich gemacht werden kann:

1. Makroebene: Professionalisierung als überinstitutioneller Lösungsprozess berufsstandsorientierter Problemstellungen;
2. Mesoebene: Professionalisierung als Aufbau institutioneller sowie wissenschaftlicher Grundlagen und Voraussetzungen;
3. Mikroebene: Professionalisierung als Befähigung der Mitarbeiter/innen zu kriterienorientiertem Handeln und kompetenter Ausgestaltung der Handlungspraxis.[163]

Das allgemeine, zunächst für bundesrepublikanische Verhältnisse begrenzte, Modell lässt sich mit entsprechenden Ergänzungen im Bereich der Makroebene auch auf EU-Strukturen erweitern. Nicht eingeschlossen ist dabei aber zunächst eine

---

[160] Vgl. ausführlich Klaus-Dieter Ziep 1990, S. 310.
[161] Klaus-Dieter Ziep 1990, S. 316.
[162] Klaus-Dieter Ziep 1990, S. 317.
[163] Vgl. Klaus-Dieter Ziep 1990, S. 294.

Verallgemeinerung der Professionalisierungsansprüche der Mesoebene für andere europäische Länder. Auf der Mikroebene kann davon ausgegangen werden, dass kriterienorientiertes Handeln und die Definitionen von Kompetenz kulturspezifisch auch innerhalb Europas unterschiedlich ausgeprägt sind.
Die vorliegende Arbeit beschäftigt sich im Wesentlichen mit der Professionalisierung der Multiplikator/innen auf der Basis wissenschaftlicher Grundlagen. Durch ihre Zielsetzung (Entwicklung/Beantragung/Durchführung/Vermarktung europäischer Weiterbildungsprojekte und -seminare) trägt die hier analysierte Qualifizierung für Multiplikator/innen dazu bei, institutionelle Grundlagen (durch die Projekte und ihre Finanzierung) aufzubauen und wirkt indirekt auf überinstitutionelle Lösungsprozesse (durch die meist gesellschaftlich relevanten Themen der Projekte) ein. Die beiden zuletzt genannten Aspekte wiederum haben bereits im Vorfeld, aber auch während der Durchführung, Einfluss auf die Möglichkeiten, Projekte und Seminare zu entwickeln.

2.4.4 Kompetenzbereiche unter Einbeziehung von Veränderungsprozessen (Epping, QUEM)

Der in diesem Kapitel dargestellte Ansatz von Epping wurde ausgewählt, weil veränderliche Bestandteile und die Notwendigkeit, vor allem Fachkompetenz, aber auch Wissen um den Arbeitsmarkt und die Bildungsinstitution, ständig zu aktualisieren, explizit benannt sind. Zu den fluiden Kompetenzen zählt nach Epping die didaktische und soziale Kompetenz, während der Methodenkompetenz eher langfristige Geltung zugeschrieben wird. Dies gilt auch für neue Methoden, wenn sie etabliert und Bestandteil des methodischen Kanons der Weiterbildung geworden sind.

Epping[164] definiert drei Kompetenzbereiche für unterrichtlich Tätige, in denen als unterscheidendes Merkmal zu den bisherigen Ansätzen die Möglichkeit und die Notwendigkeit der Veränderung explizit benannt sind:

- Fachkompetenz, d.h. berufsbezogenes fachliches Wissen und Können, das durch Ausbildung, Berufspraxis und eigene Fortbildung erworben wird. Sie enthält langfristig gültige Grundbestandteile und veränderliche, ständig zu aktualisierende Bestandteile. Dieser aktuelle Kompetenzbestandteil zeigt immer schnellere Veränderungen durch Neuerungen, so dass tendenziell immer mehr Zeit in die eigene fachbezogene Fortbildung investiert werden muss.
- Arbeitsfeldwissen, d.h. Wissen um die Struktur, die Entwicklung, zukünftig mögliche Entwicklungstendenzen der beruflichen Weiterbildung und alternative Gestaltungsmöglichkeiten des Weiterbildungssystems; Kenntnisse von Problemen und Entwicklungen des Arbeitsmarktes; Kenntnisse über die Bildungsinstitution sowie Verortung darin mit den eigenen Zielen als Teil der Professionalitätsentwicklung;

[164] Vgl. Rudolf Epping 1998, S. 46-53.

- Pädagogische Kompetenz, nochmals differenziert in methodische, didaktische und Sozialkompetenz: Methodische Kompetenz besteht darin, Fachinhalte vermitteln und dem Inhalt, der Zielgruppe und dem Lehrenden selbst angemessen herstellen zu können sowie fachspezifische multimediale Lernprogramme didaktisch begründet bewerten, auswählen und ggf. einsetzen zu können. Didaktische Kompetenz beinhaltet das Aufgreifen und didaktische Aufbereiten neuer Inhalte, die Bewertung, Kritik, Veränderung und ggf. Entwicklung neuer Lehrgangskonzeptionen, das Aufstellen, Beschreiben, Reflektieren und Überprüfen von Lernzielen einschließlich der Vorbereitung und Abnahme von Prüfungen sowie die Lernberatung. Sozialkompetenz bezieht sich auf die emotionalen und gruppendynamischen Aspekte des Lehr-Lern-Prozesses, für die Authentizität, Empathie und positive Voreinstellung als förderliche Persönlichkeitsmerkmale angesehen werden.

Die folgende grafische Aufbereitung verdeutlicht die Kompetenzbereiche unter Berücksichtigung der veränderlichen Bestandteile:

Fachkompetenz	**Arbeitsfeldwissen**	**pädagogische Kompetenz**
Grundbestandteile *mit langfristiger Geltung*	berufliche Weiterbildung	methodische Kompetenz *Lernarrangements* *Informationstechnologie*
veränderliche Bestandteile *ständig zu aktualisieren*	Arbeitsmarkt	didaktische Kompetenz *Inhalte - Konzeptionen*
	Bildungsinstitution	Sozialkompetenz *Authentizität* *positive Voreinstellung*

Tab. 18: Kompetenzbereiche unter Einbeziehung von Veränderungsprozessen (eigene Darstellung nach Epping 1998)

Für die veränderlichen Bestandteile fachlicher Kompetenz sind die Dozent/innen gefordert, sich entsprechend weiterzubilden und auch Altes zu „verlernen". Der Zeitbedarf dafür ist steigend. Aber auch das Arbeitsfeld unterliegt ständigem Wandel und erfordert Information und Kommunikation, um das Wissen aktuell zu halten. Im Bereich der pädagogischen Kompetenzen kommen neben Neukonzeptionen von Curricula entsprechend steigender Anforderungen an methodische und soziale Kompetenzen auch technische Kompetenzen für den Einsatz von Informationstechnologien hinzu.

Die explizite Bezugnahme auf den Arbeitsmarkt im Hinblick auf die häufige Zielsetzung von Weiterbildung, die Beschäftigungsfähigkeit der Teilnehmenden (wieder)herzustellen, stellt nicht nur eine Herausforderung an Dozent/innen im Hinblick auf die adäquate Kursgestaltung dar. Sie sind aufgrund ihrer oft ungesicherten Beschäftigungsverhältnisse selbst betroffen. Die Bereitstellung von Weiterbildungsangeboten oder -projekten sichert damit direkt (befristet) die eigene Beschäftigungssituation und zielt indirekt auf eine Verbesserung für die Teilnehmenden ab. Damit gewinnen die in diesem Ansatz herausgestellten Veränderungsprozesse eine besondere Bedeutung für das Multiplikator/innen-Modell: sie fordern die Kompetenz, Bekanntes zu verlernen und gleichzeitig Neues hinzulernen. Dies erfordert, Lehr-Lernprozesse, Wissensbestandteile und Fähigkeitenbündel bewusst zu strukturieren. Gleichzeitig ist damit ein implizites Innovationspotenzial angesprochen, das sich auf die Suche nach neuen Tätigkeitsfeldern und Seminar- sowie Projektthemen beziehen kann.

Weitgehender als bei Epping wird im Ansatz von QUEM[165] die „Kompetenz zur Veränderung" als Antwort auf die aktuellen gesellschaftlichen und ökonomischen Herausforderungen in das Zentrum der Professionalisierungsdebatte gerückt. Dabei wird das Wesen dieser Kompetenz durch vier Eigenschaften charakterisiert:[166]

1. Wahrung von Komplexität
2. Dynamik statt Statik
3. Selektion statt Addition und Enzyklopädie
4. Selbstverantwortung und Selbstorganisation.

Zur Infrastruktur des selbstorganisierten Lernens gehören neue Bewertungsmaßstäbe und geeignete Netzwerke sowie ein Umbau der Weiterbildungsinstitutionen. Das „Defizitverständnis und Bild einer gesellschaftlichen Reparaturwerkstatt" von Weiterbildung ist durch eine zukunftsweisende kompetenzzentrierte Lernkultur abzulösen.
Der Ansatz des Programms „Lernkultur Kompetenzentwicklung" integriert die beiden Begrifflichkeiten „Lernkultur" und „Kompetenz" bzw. „Kompetenzentwicklung" und legt damit den Rahmen fest: in Abgrenzung zum traditionellen Lernverständnis zielt die „neue" Kultur des Lernens auf die Entwicklung von Kompetenz. Lernkultur weist als grundlegende Dimensionen Lernprozesse, Lernpositionen, Lernprodukte, Zielgruppe, Lernanlass auf.[167] Der Perspektivwechsel von Qualifikation zu Kompetenz will nach Arnold explizit „nicht die mühselig erworbenen und weiterhin mühselig zu erwerbenden Qualifikationen in Frage"[168] stellen. Vielmehr fordert die Unvorherbestimmbarkeit und Unbestimmtheit jeglicher Prozesse und Handlungen Selbstorganisationsdispositionen, die auf individueller Ebene beschrieben werden als

- Fach- und Methodenkompetenz, d.h. die schöpferische Bewältigung von Problemen vor dem Hintergrund einer guten fachlichen und methodischen Wissensausrüstung;
- sozial-kommunikative Kompetenz, d.h. die kreative Kooperation und Kommunikation mit anderen aus eigenem Antrieb;
- personale Kompetenz, d.h. die, auch selbstkritische, Entwicklung produktiver Einstellungen, Werthaltungen und Ideale;

---

[165] Qualifikations-Entwicklungs-Management.
[166] Vgl. Johannes Sauer 2000, S. 1ff.
[167] Vgl. Das Forschungs- und Entwicklungsprogramm „Lernkultur Kompetenzentwicklung" 2000, S. 11.
[168] Das Forschungs- und Entwicklungsprogramm „Lernkultur Kompetenzentwicklung" 2000, S. 10.

- Aktivitäts- und Handlungskompetenz, d.h. die Integration der zuvor genannten Kompetenzen und ihre willensstarke und aktive Umsetzung.

Ähnlich kann dies auch für Teams, Unternehmen und Organisationen gelten. Kompetenzen als Zuständigkeiten für genau definierte Arbeitsaufgaben sind zielzentriert (epistemische Kompetenzen). Je größer die Ungewissheiten und Unbestimmtheiten, desto mehr rücken subjektzentrierte (heuristische) Kompetenzen zur selbstorganisierten innovativen (im Sinne von schöpferischen) Lösung von Aufgaben in den Vordergrund.

Aus den bisherigen Ausführungen lassen sich als zusammenfassende Schlussfolgerungen benennen: Von den vier im Ansatz QUEM genannten Lernumgebungen Lernen im Prozess der Arbeit, Lernen im sozialen Umfeld, in Weiterbildungseinrichtungen, im Netz und mit Multimedia wird in dieser Arbeit der Schwerpunkt auf das Lernen in einer beruflichen (wissenschaftlichen) Weiterbildungseinrichtung gelegt. Darüber hinaus werden im hier entwickelten Modell einer Multiplikator/innen-Weiterbildung auch Elemente der anderen drei Lernumgebungen berücksichtigt, wie z.B. Praktika, Exkursion, Lernen und Präsentieren mit neuen Medien (u.a. Video) bzw. im Internet.

2.4.5 „Lehren vom anderen her" (Arnold/Schüßler)

Was als „professionell" gilt, ist historisch und kulturell bedingt. Neben individuellen Voraussetzungen rückt hier in den letzten Jahren immer mehr auch die Interaktion zwischen Lehrenden und Lernenden sowie mit dem betrieblichen und sozialen Umfeld in den Fokus der Betrachtung. Lernen erfährt über den individuellen Entwicklungscharakter hinaus eine immer stärkere Orientierung an der (nicht nur betriebs- oder volkswirtschaftlichen) Verwertbarkeit seiner Ergebnisse.[169]

Der folgende Abschnitt hat zum Ziel, die - nicht zuletzt durch Qualitäts- und Transfermängel, aber auch durch den steigenden Einsatz neuer Informationstechnologien entstandene - aktuelle Diskussion um Lernkulturen und neue Formen des Lehrens und Lernens aufzugreifen. In diesem Ansatz liegt der gestalterische Schwerpunkt auf dem zu initiierenden Lernprozess. Dabei wird der Fokus vor allem auf Selbstlernkompetenzen als neue Anforderungen an Lehrende und Lernende gelegt. Die kulturbezogene Sichtweise relativiert die „eine" Wirklichkeit und bezieht explizit verschiedene Deutungsvarianten ein, die sich interkulturellen Kompetenzen annähern und daher für die Multiplikator/innen-Weiterbildung relevant sind.

---

[169] Derzeit werden die bisherigen formalen Qualifikationsnachweise durch kompetenzorientierte Weiterbildungsformen und Qualitätsüberprüfungen - auch in informellen Lernprozessen erworbener Kompetenzen - erweitert.

Erwachsenenbildung verstanden als Deutungs(hilfe)funktion zielt zunächst scheinbar auf eine „verbindliche Argumentation in der Pädagogik“[170] ab. Demgegenüber steht eine Vielfalt an gesellschaftlichen Deutungskulturen, denen die in der Tradition der Aufklärung verwurzelte Erwachsenenbildung zwar „das Vernunftmodell des wissenschaftlichen, d.h. stärker standpunktabhängigen, intersubjektiv nachprüfbaren und universell ‚gültigen' Denkens“[171] entgegensetzen kann, indem aber das lebensweltliche Wissen der Teilnehmer/innen differenziert und „verwissenschaftlicht“ wird, entsteht „eine weitere Vergrößerung des ‚Meeres an (Deutungs-) Möglichkeiten'“. Der Deutungsnotstand der erwachsenen Teilnehmer/innen wird damit gefördert, da die von Erwachsenenbildner/innen vorgelegten Sichtweisen nicht universell gültig und keine lebensweltliche Orientierung beanspruchen können, sie sich also ebenfalls in einem Deutungsnotstand befinden. Eine daraus ableitbare Folgerung der Funktion von Bildung als „Deutungshilfe im Deutungsnotstand“ würde weniger Differenzierung und Verwissenschaftlichung als vielmehr Rekonstruktion lebensweltlichen Wissens beinhalten. Für Arnold „scheint ein solches Verständnis lebensweltbezogener Erwachsenenbildung viel mit der interkulturellen Bildung gemeinsam zu haben; geht es doch auch in ihr um die lernende Auseinandersetzung von und mit Menschen, die teilweise mit völlig anderen - dem Europäer bzw. dem Erwachsenenbildner - ‚fremden' Wirklichkeitskonzepten und Deutungsmustern ihr Handeln orientieren.“[172]

Visionäre Mitarbeiterführung, Bedeutungsmanagement[173] und Unternehmenskulturen deuten auf ein betriebliches Erwachsenenlernen aus konstruktivistisch-systemischer Sicht hin. Weniger die Transformation von Deutungsmustern als vielmehr der „Umgang“ mit vorfindbaren Deutungen (z.B. im Betrieb) werden relevant. Eine konstruktivistische Erwachsenenbildungstheorie könnte als „wichtigste Funktion ... betrieblichen Erwachsenenlernens in einer ‚hervorgebrachten' betrieblichen und gesellschaftlichen Umwelt (gegenüber) der bloßen ‚Anpassung' des Einzelnen an gewandelte Anforderung ... vielmehr auch das Bemühen um deren zustimmungsfähige Deutung ... unterstützen.“[174]
Mit diesem Kulturbegriff wird ein Schwerpunkt darauf gelegt, wie Interaktionsprozesse interpretativ und verhaltensorientiert gestaltet werden (können). Diese relativierende Sichtweise liegt auch der Diskussion um neue Lernkulturen zugrunde. Der Paradigmenwechsel von der „traditionellen Didaktik auf der Basis technokratischer Lerntheorien“[175] hin zu einer neuen Lernkultur[176] erfordert einen veränderten di-

---

[170] D. Mertens (1991) nach Rolf Arnold 1995, S. 97.
[171] Rolf Arnold 1995, S. 99.
[172] Rolf Arnold 1995, S. 99.
[173] Dabei steht die symbolische Ebene betrieblichen Handelns auf einer profilierten „Wert-Basis“ im Mittelpunkt: „Nicht die Anpassung der Organisationen an ihre Umwelt ist die Hauptaufgabe, sie wird vielmehr ergänzt durch die interpretative Anpassung der Umwelt an die Organisation.“ Vgl. Rolf Arnold 1995, S. 100.
[174] Vgl. Rolf Arnold 1995, S. 101.
[175] Vgl. Rolf Arnold/Ingeborg Schüßler 1998, S. 72.
[176] Lernkultur vorrangig bezogen auf die unterrichtliche Perspektive ist durch folgende Aspekte gekennzeichnet: „die Formen der Lernarrangements und der Lernorganisation, die Gesamtheit

daktischen Blick weg von der Vermittlung hin zur Ermöglichung selbstorganisierten Lernens. Dies setzt Selbstlernkompetenz als neue Fähigkeit voraus.
Die Selbstlernkompetenz verweist auf zwei Ebenen: Auf Seiten der Lehrenden und auf Seiten der Lernenden müssen entsprechende Kompetenzen entwickelt werden und in geeignete Rahmenbedingungen bzw. Lernumgebungen eingebettet sein, um die Anforderungen des selbstorganisierten Lernens erfüllen zu können. Je nach dem Grad der Selbstbestimmtheit der Lernprozesse, der zugrundegelegten Lerntheorie und der Zielsetzung des selbstorganisierten Lernens, beeinflussen verschiedene Voraussetzungen, kognitive Fähigkeiten, motivational-emotionale Dimensionen und Förderungswege den Lernerfolg. Der innovative Charakter des (selbstorganisierten) Lernens und die erforderlichen operationalisierten Schritte vor, während und nach dem Lernprozess zeigen sich in den Teildimensionen der Voraussetzungen (als personaler Kompetenz), der kognitiven Fähigkeiten bzw. des Problemlösungswissens (als fachlicher Kompetenz), der motivational-emotionalen Dimensionen (als sozialer Kompetenz) und von Förderungswegen (als methodischer Kompetenz).[177] Dabei wird der Bezug hergestellt zu dem in der Vergangenheit erworbenen Wissen und vertrauten Zuständen, um neue Informationen einordnen und verankern zu können. Diese Phase geht in die antizipatorische Phase der (Status)Veränderung mit (Noch)-Nicht-Wissen über und erfordert, neuartige, möglicherweise verunsichernde Situationen aushalten zu können.
Die direkt geförderten Lerntechniken kommen in einer offenen Gestaltung der Lernumgebung am besten zur Anwendung. Sie setzen allerdings Selbstlernkompetenzen bereits voraus,[178] ohne zunächst das Paradoxon aufzulösen, dass zuvor dieses Lernen oft gerade auch von Erwachsenen erst gelernt sein will: Es sind begünstigende Voraussetzungen zu schaffen, in denen die Rolle des Lernenden als Träger von eigenen Lernzielen und Wissen mit eigener Wirklichkeitskonstruktion gestärkt und damit die Beziehung zwischen Lehrenden und Lernenden als gleichberechtigte Partner definiert ist.

Die Veränderungen und der Wandel des Wissens und damit der gesellschaftlichen und beruflichen Kompetenzanforderungen können als Übergang „vom Know-How zum Know-How-to-Know" charakterisiert werden.[179] Der parallel zum Paradigmenwechsel vom normativen zum interpretativen Paradigma in der sozialwissenschaftlichen Forschung[180] vollzogene Wandel der Vorstellung von „Lernkultur" zeigt auch Auswirkungen bzw. Wechselwirkungen zu Lernkonzepten und Lernanforderungen in der Erwachsenenbildung:[181] So wird ein „Wandel vom toten zum lebendigen Lernen" prognostiziert und idealtypisch beschrieben.[182] Eine solcherart

des Lernangebots und der Lernmöglichkeiten, die Qualität der didaktischen Fundierung und methodischen Differenzierung." Vgl. Rolf Arnold/Ingeborg Schüßler 1998, S. 4.
177 Vgl. Rolf Arnold/Ingeborg Schüßler 1998, S. 90f.
178 Vgl. Rolf Arnold/Ingeborg Schüßler 1998, S. 91f.
179 Vgl. ausführlich Rolf Arnold/Ingeborg Schüßler 1998, S. 60f.
180 Vgl. Horst Siebert 1994, S. 70.
181 Vgl. Rolf Arnold/Ingeborg Schüßler 1998.
182 Vgl. ausführlich Rolf Arnold/Ingeborg Schüßler 1998, S. 125.

gewandelte Lernkultur betrachtet didaktische Aspekte aus einer Lernerperspektive. Die bereits erwähnte pädagogische Gelassenheit zeigt sich in einem Zurücknehmen des Lehrens und verlangt gemäß dem Wesen der so entstehenden pädagogischen Interaktion von den Lehrenden, sich selbst produktiv ändern (zu wollen), selbst glaubwürdig, offen und am Leben interessiert zu sein und die eigene Aktivitätsrolle zu verlagern, und zwar als Anforderung an Didaktik bzw. Professionalität.[183] Die Methodenfrage muss entsprechend der Merkmale „Lehrerlenkung" versus „Lernerselbsttätigkeit" und „kognitives Lernen" versus „Handlungslernen" die Eigenschaften von Methoden betrachten, also auch, „welche Lern-, Erschließungs- und Kooperationschancen bestimmte Methoden bieten oder verschließen".[184] Damit soll dem Prinzip der Ganzheitlichkeit, d.h. der umfassenden Entwicklung der fachlichen, methodischen, sozialen und personalen Kompetenzen des Lernenden entsprochen werden.[185] Die Erzeugungsdidaktik der Behaltensschulung muss um eine Ermöglichungsdidaktik der Kräfteschulung erweitert werden.

2.4.6 Zukunft der Professionalisierung (Nittel)

Abschließend soll mit der aktuellen Position zur Professionalisierungsdebatte[186] ein knapper Ausblick auf Strategien für die Zukunft der Professionalisierungsbemühungen von Weiterbildung hinweisen. „Zukünftige Strategien der Professionalisierung (hängen) entscheidend davon ab, wie die vorhandenen Spielräume der beruflichen Profilbildung genutzt werden."[187]

Zwei idealtypische Entwicklungsoptionen bzw. denkbare Mischformen einer zukünftigen Verberuflichung liegen darin, berufliche Zuständigkeit zu begrenzen oder zu erweitern. Damit ist die Konzentration auf die wesentlichen Kernelemente der professionellen Arbeit gelegt, die räumlich, sozial, zeitlich und institutionell abgestützt und durch andere nicht ersetzbar sind und eine Begrenzung des Mandats bedeuten, z.B. hinsichtlich außerinstitutioneller Formen des Lernens oder des Multimedia-Einsatzes gegenüber personenbezogenen Anteilen. Wird jedoch das Mandat ausgedehnt, so öffnet sich Weiterbildung gegenüber neuen Strömungen, Technologien sowie der Zertifizierung informell erworbener Qualifikationen. So können weitere (neue) Kompetenzen generiert werden. Daneben können Aufgaben und Ziele innerhalb des pädagogischen Interaktionssystems neu bestimmt werden.[188]

Nittel schlägt das Konzept „Intelligente Selbstbegrenzung und Gleichwertigkeit beruflicher Habitusformen" vor, das dazu beitragen soll, mittels empirischer Forschung eine professionelle Selbstaufklärung voranzubringen und die den beiden

[183] Vgl. Rolf Arnold/Ingeborg Schüßler 1998, S. 134; 142f.
[184] Vgl. Rolf Arnold/Ingeborg Schüßler 1998, S. 166.
[185] Vgl. Rolf Arnold/Ingeborg Schüßler 1998, S. 153.
[186] Vgl. Dieter Nittel 2000, S. 234-243.
[187] Dieter Nittel 2000, S. 210.
[188] Vgl. Dieter Nittel 2000, S. 236f.

idealtypischen Entwicklungsoptionen inne liegenden Chancen und Risiken zu prüfen. Wenn Selbstbegrenzung zunächst als Distanzierung verstanden wird, so ist eine Abgrenzung, Autonomiesicherung, Profilschärfung und Positionierung „zur Seite der selbstorganisierten Bildung des Erwachsenen, gegenüber gesellschaftspolitischen Funktionalisierungsversuchen und zur Seite einer überdimensionierten Organisationsrationalität"[189] notwendig. Dabei ist auch das Dilemma der bisherigen Präsentation als „soziale Welt" durch eine „verbindlichere, straffere und machtvollere Organisationsform" für den Übergang in eine Berufskultur zu lösen.[190] Die Uneinheitlichkeit der in der sozialen Welt auftretenden gleichzeitig kooperierenden wie konkurrierenden, aber auch konfligierenden Charaktere, Berufsstile und Habitusformen manifestiert sich in zwei idealtypischen Formen, die auch in einer Person vereint sein können und sich synergetisch ergänzen sollen, „weil nur beide gemeinsam das zur Forcierung einer zukünftigen Verberuflichung notwendige Potential an Macht, aber auch Vertrauen mobilisieren können":[191]

- reflexive Professionalität („Profession") mit doppelter Bindung an die Wissenschaft und die Maximen der noch weiter zu entwickelnden Berufskultur, der der Zentralwertbezug von Bildung als Sinnquelle für die pädagogische Arbeit dient: Klientenbezug, methodisch kontrollierte Analysemöglichkeiten, ggf. eigenständig rekonstruierte Beratungs-, Unterrichts-, Anleitungs- und Planungssituationen;
- polyfunktionale und organisationszentrierte Beruflichkeit („Organisation") mit stärkerer Bindung an die Politik und eher lockerer Bindung an eine wissenschaftliche Disziplin, wobei das Selbstverständnis der Einrichtungen als Sinnquelle und der Zentralwert von Bildung eine große Rolle spielen: Nähe zu der weichenstellenden Funktion von Politik wie Dauerausshandlung materieller und personeller Ressourcenzuteilung, Aufgreifen und Assimilieren neuer Themen für die Bearbeitung verschiedenster Probleme, Optimierung infrastruktureller Bedingungen von Bildung.[192]

Für die Berufskultur der Bildungspraktiker/innen gilt ein gewisser Pragmatismus im Handeln; so kann der selektive Blick und ein gewisser kognitiver Selbstschutz auch hinsichtlich ihrer begrenzten Lernfähigkeit akzeptiert werden. Der Unterschied und damit eine gewisse Andersartigkeit zur Welt der Erziehungswissenschaft liegen in deren kognitiver Unbegrenztheit und deren tabulosem Erkenntnisinteresse. „Selbstbegrenzung bedeutet demnach keineswegs überzogenen Respekt vor der Wissenschaft, sondern die selbstbewusste und deutliche Artikulation einer unverwechselbaren und nicht ersetzbaren erwachsenenbildnerischen Identität und erst recht gegenüber der Sinnwelt der Wissenschaft."[193]

---

[189] Dieter Nittel 2000, S. 238f.
[190] Dieter Nittel 2000, S. 239.
[191] Dieter Nittel 2000, S. 243.
[192] Vgl. Dieter Nittel 2000, S. 240f.
[193] Dieter Nittel 2000, S. 243.

Bisher wurde beleuchtet, inwiefern die Professionalisierungsbemühungen von Weiterbildung dazu beitragen konnten, das klassische Aufgabenspektrum und die Qualität des Lernens zu verstetigen. Gleichzeitig wurde umrissen, inwiefern der nur in Ansätzen realisierte Quartäre Sektor und die wirtschaftlichen und technologischen Veränderungen Teile der Tätigkeiten und Aufgabenfelder von Weiterbildner/innen entwertet bzw. neu bestimmt haben. Der konstruktivistische Paradigmenwechsel in den Lerntheorien und die gewachsenen Erwartungen an das Lernprodukt von Weiterbildung lassen eine erste Bestimmung von Anforderungen an das zu entwickelnde Modell einer Weiterbildung für Multiplikator/innen in Europa zu.

2.5 Preiswürdige Trainingsmaßnahmen als Ausdruck von Lernkultur und Innovation

Lernkulturen zeigen sich auch in Kriterien und Modellen für preiswürdige Trainings. Deshalb sollen im Folgenden zwei verschiedene Preise für Trainings, ihre Auswahlkriterien und ihre Zielsetzungen vorgestellt werden. Die Auswahl begründet sich in der Zielsetzung dieser Arbeit, in der Anforderungen für Projektmanager/innen und Weiterbildner/innen sowie geeignete Trainingsmethoden für den Kompetenzerwerb des beide Tätigkeitsschwerpunkte integrierenden Multiplikator/innenprofils herausgearbeitet werden sollen. Die ausgewählten Preise zeichnen sich ebenso durch ihr öffentlichkeitswirksames Renommee und damit ihren Einfluss auf die Trainingslandschaft aus wie durch ihre Qualität und Innovativität. Daneben sind verschiedene Multiplikator/innen (Führungskräfte, Verkäufer etc.) Zielgruppen der ausgezeichneten Weiterbildungen.

Der Berufsverband Deutscher Verkaufsförderer und Trainer e.V. (BDVT)[194] zeichnet jährlich hervorragende, innovative Konzepte in der beruflichen Weiterbildung mit dem Deutschen Trainings-Preis und dem Deutschen Verkaufsförderungs-Preis aus. Damit sollen Qualitätsentwicklungs- und -sicherungsstandards dokumentiert, Transparenz der Leistung gewährleistet und Motivation zur Leistungssteigerung durch Leitbilder und Erfolgssysteme geschaffen werden. Die Auswahl trifft eine neutrale, anerkannte Fachjury. Die Darstellung der Weiterbildungskonzepte ist immer verknüpft mit den Erfahrungen der praktischen Durchführung und den (auch finanziellen) Auswirkungen im auftraggebenden Unternehmen. Exemplarisch wurden diejenigen Konzepte aus den Beschäftigungssektoren Hersteller, Handel, Dienstleister sowie für allgemein offene Seminare untersucht, die sich mit Führungskräfteschulungen und Train-the-Trainer-Kompetenzentwicklung befassen, und mit Schwerpunkt auf den Rahmenbedingungen, Zielen, Methoden und Konzepten sowie der (internen und externen) Erfolgskontrolle dargestellt. Das mit dem

[194] Vgl. Training mit Gewinn 2001.

ersten Preis ausgezeichnete Training ist ein Beispiel aus der betrieblichen Personalentwicklung.[195]
Die Beispiele sind Ausdruck für innovative Weiterbildungskonzepte, die sich in neuen Trainingsformen, dem durchgängigen, wenn auch unterschiedlichen Einsatz von Evaluation, und im Prozesscharakter der Lehrmethoden zeigen. Sie geben Einblicke in kommerzielle Angebote, mit denen Kompetenzen entwickelt werden.

Zusammenfassend lassen sich als besondere didaktische Merkmale der untersuchten Trainings hervorheben:
- aus Bausteinen zusammengesetzte, manchmal mehrstufige Kurse, teilweise mit Betonung des Prozesscharakters;
- Professionalisierungsanspruch;
- Modellfunktion des Trainers;
- Ganzheitlichkeit, Teilnehmerorientierung, Selbstverantwortung;
- permanente Transfersicherung.

Dabei werden folgende Teilkompetenzen in einzelnen Trainings gefördert:
- Kommunikation, Gruppenlernprozesse, Netzwerkbildung;
- verschiedene Formen des Projektmanagements;
- Ausrichtung auf schwierige Marktsituationen;
- Verkaufsverhalten und Kundenorientierung;
- zielgruppengerechte, ansprechende, überzeugende Präsentationen von Projekten, Produkten, Organisationen oder der eigenen Person;
- Entwicklung und Förderung von Innovationskraft;
- Fähigkeit, aktiv und selbsttätig das eigene berufliche Umfeld zu entwickeln und zu gestalten;
- Förderung von Schlüsselqualifikationen zur Zukunftsbewältigung.

Sowohl die einzelnen didaktischen Merkmale als auch die geförderten Teilkompetenzen entsprechen der aktuellen Diskussion. Sie sind mit Anpassung an das spezifische Tätigkeitsfeld auch für die Multiplikator/innen-Weiterbildung relevant, sollen hier jedoch in einem umfassenden Curriculum integriert sein.

Das 2. Beispiel, der vom Deutschen Institut für Erwachsenenbildung (DIE) vor fünf Jahren initiierte Preis für Innovation in der Erwachsenenbildung, verfolgt das Ziel, eine pädagogische Diskussion neu zu beleben, die „nicht an bestimmte Institutionen gebunden ist und nicht an einseitige Zielvorgaben, zwischen den einzelnen Bereichen des weiten Feldes Erwachsenenbildung stattfindet und Gemeinsamkeiten erkennbar werden lässt, es ermöglicht, sich erneut über Ziele zu verständigen und Erfahrungen auszutauschen, auf welchen Wegen diese Ziele erreicht wurden - oder nicht."[196] Die allgemeine Erwachsenenbildung kann als ein „weites Feld" mit

[195] Der BDVT stellt dem Berufsbild entsprechend auch Anforderungen an die Trainerausbildung und die Basis-Tools der Ausbildung.
[196] Ekkehard Nuissl 1999, S. 6.

ihrer eigenen Dynamik und Flexibilität durch innovative pädagogische Aktivitäten zur bewussten Gestaltbarkeit der eigenen Lebensumwelt und Zukunft befähigen. „Diese Innovation kann auch als reflexive Arbeit innerhalb laufender Veränderungsprozesse verstanden werden. Innovationen können zu Wegweisern werden zwischen der Fülle anscheinend möglicher Optionen und der subjektiven Begrenztheit von Realisierungsmöglichkeiten."[197] Sie ist damit mehr als nur ein Modernisierungs- oder Marketing-Slogan und verweist über ökonomische Erfordernisse und Bildungspolitikersatz hinaus auf entwicklungsfähige Perspektiven innovativer Erwachsenenbildung.

Der allgemeine Begriff Innovation impliziert eine Veränderung, die eine Wende zur Verbesserung der bestehenden Situation zur Folge hat. Neue Bildungsansätze können durch die Überführung in einen neuen Kontext oder eine neue Kombination von bekannten Aspekten und Methoden entstehen oder sind, einfach gesprochen, anders als das Bisherige. Innovationen können dabei aus gesellschaftlichen Strömungen und institutionellen Antworten entstehen und Konsens stiften, aber auch Auseinandersetzungen hervorrufen. Der innovative Aspekt zeigt sich erst in ihrem Lösungswert, der über das einfach Neue hinausgeht. Die Jury für den „Preis für Innovation in der Erwachsenenbildung" legt zwei Vorbedingungen einmütig zugrunde:

- am Nutzen für Nutzer orientierte Innovation;
- wenigstens in Ansätzen erkennbare Realisierung, über die Idee hinaus.[198]

Die induktive Kriterienbildung der Jury für positive Ersturteile und Verständnis von Innovation zeigte als bemerkenswerte Aspekte für Weiterbildungsprojekte auf:

- „je relevanter, auch verbreiteter, das zu lösende Problem erschien („Themenbonus"),
- je weiter die Grenzüberschreitung des Lösungsversuchs ging,
- je aspektreicher die Entwicklungsarbeit und das Veränderungspotential sich darstellten,
- je nachhaltiger, u.U. auch je übertragbarer die Lösung wirkte,"[199]

desto innovativer und erfolgreicher war die mit dem Weiterbildungsvorhaben initiierte Lernkultur. Allen ausgezeichneten Projekten gemeinsam war das Anliegen, „Lernkulturen" zu vertiefen oder zu erneuern. Dabei stellt Lernkultur einen Orientierungsrahmen dar, innerhalb dessen die Beteiligten einen gemeinsamen Stil aufweisen, Auffassungen und damit eine soziale Realität teilen, die mehr als nur eine neue Methode des Lernens oder Lernen zu lassen darstellt. Die Innovation liegt also nicht allein in einer neuen Erfindung oder einem neuen Zusammenstellung be-

---

[197] Erhard Schlutz 1999, S. 12.

[198] Nicht jedes Weiterbildungsprojekt wurde mit einem Preis ausgezeichnet. Das darin enthaltene Innovationspotential bzw. der Innovationsstau zeigt einerseits, dass Innovationen auch scheitern oder stecken bleiben können. Auch lag der Jury nur das eingereichte, nicht aber repräsentatives Material vor, so dass sich andererseits ein bestimmtes Innovationsverständnis, aber auch die Möglichkeit verborgener Innovationen, zeigt.

[199] Erhard Schlutz 1999, S. 15.

kannter Elemente, sondern in einer eigenen, alle Beteiligten überzeugenden integrierten Gesamtkonzeption.

Weitere Gemeinsamkeiten hinsichtlich Lernkultur sind

- Teilnehmerzentrierung, d.h. im Mittelpunkt des Lerngeschehens steht ihre Aktivität, ihr Lernen, ihre Lernfähigkeit durch entsprechende Beratung, bereitgestellte Medien, Teams oder betriebliche Organisation;
- Lernarrangements, mit denen Lernen auch räumlich widergespiegelt und materiell fassbar wird, dazu gehören auch interaktive Medien und kommunikative Stationen sowie veränderte pädagogische Rollen, z.B. als „Manager einer offenen Lernsituation";
- viel Fremdorganisation, um Selbstorganisation und Unterstützung von Selbststeuerung anzubahnen.[200]

Zusammenfassend lassen sich als besondere didaktische Merkmale der vorgestellten Trainings benennen:

- unterschiedliche Lernvoraussetzungen und -möglichkeiten werden berücksichtigt;
- selbständiges Lernen und Verantwortungsübernahme werden gefördert;
- Elemente der Projektmethode bzw. werkstattähnliche Konzepte sind vorgesehen;
- Freiwilligkeit als wichtiger Aspekt ist gewährleistet;
- selbstgesteuerte und fremdgebotene Anteile strukturieren den Lernprozess, die Lehr-/Lerngestaltung kann aktiv mitgesteuert werden.

Dabei werden folgende Teilkompetenzen in einzelnen Trainings gefördert:

- (Re-)Integration in den Arbeitsmarkt, Arbeitsaufnahme;
- ständig neu zu lernen und sich Veränderungen proaktiv anpassen können;
- eigene Lernwege zu verfolgen, eigene Lerninteressen zu formulieren, Lernprozesse zu reflektieren;
- Auseinandersetzung mit den aktuellen Möglichkeiten des Berufsfelds.

Die zuvor genannten didaktischen Merkmale und geförderten Teilkompetenzen entsprechen aktuellen Anforderungen. Sie sind nach Anpassung an das spezifische Tätigkeitsfeld auch für die Multiplikator/innen-Weiterbildung relevant. Sie sind während des Curriculums implizite Bestandteile, aber auch expliziter Bestandteil eines Moduls, wie hier die Arbeitsaufnahme und die Möglichkeiten einer Tätigkeit im Berufsfeld Multiplikator/in.
Viele verschiedene Preise werden inzwischen für Weiterbildung vergeben.[201] Sie sind nicht nur Ausdruck für Lernkulturen, die in den Kriterien für die jeweilige Preisvergabe beschrieben werden und Innovation in der Weiterbildung honorieren. Sie sind auch Ausdruck für Selektionsmechanismen (des Marktes) und die sich verschärfende Konkurrenz unter den Weiterbildungsanbietern.

---

[200] Vgl. Erhard Schlutz 1999, S.19.
[201] Vgl. z.B. Training aktuell 07/2003, 30. Juni 2003, S. 6.

2.6 Zwischenbilanz und Schlussfolgerungen für das Multiplikator/innen-Modell

Das Berufsfeld für Weiterbildner/innen ist fließend und im Umbruch. Die Anforderungen an die Professionalität und Aufgabendurchführung sind hoch und teilweise widersprüchlich:[202]

Professionalisierung zeigt sich in kriterienorientierter didaktischer Planungs- und Handlungskompetenz von Weiterbildner/innen. Auf die Multiplikator/innen-Weiterbildung sind folgende Aufgaben und Kompetenzanforderungen, die explizit bereits Managementkompetenzen einbeziehen, übertragbar:[203] Kommunikation (erweitert auch für multikulturell zusammengesetzte Projektteams oder Seminargruppen), Organisation und Management (von Weiterbildung und Projekten), Kontrolle und Evaluation (der Lernergebnisse bzw. Seminare, der Projektarbeit).
Für die didaktische Gestaltung des zu entwickelnden Profils und der entsprechenden Kompetenzanforderungen eignen sich v.a. die praxisorientierten Ausprägungen der Handlungskompetenzen einschließlich der differenzierten Medienkompetenzen.

Weiterhin lassen sich grundlegende zeitstabile Kompetenzen,[204] aber auch Veränderungen unterliegende Kompetenzen mit ständig zu aktualisierenden Bestandteilen unterscheiden. Zu den fluiden Kompetenzen zählen die didaktische und soziale Kompetenz, während der Methodenkompetenz eher langfristige Geltung zugeschrieben wird.[205] Schlüsselqualifikationen bzw. Kontextualisierungswissen sind methodisch bzw. sozial nur durch Bindung an fachliches Wissen operationalisierbar und entwicklungsfähig.[206] Entwickelte Teamfähigkeit als Bestandteil der Schlüsselqualifikationen wird mit Synonymen wie Kommunikations-, Kooperations- und Interaktionsfähigkeit bezeichnet. Teamfähigkeit kann in den Mittelpunkt der Betrachtung von Sozialkompetenz gestellt werden. Allerdings gibt es ‚die' Sozialkompetenz nicht und ihre Messbarkeit ist begrenzt. Neben individuellen Eigenschaften sind auch Aspekte der Gruppendynamik in Arbeitsgruppen oder Teams einzubeziehen, die unterschiedliche Handlungs- und Verhaltensweisen sowie Interaktionsformen erfordern.[207]

Lernrelevante Qualifikationen für Veränderungsprozesse beinhalten aber auch, sich häufig oder permanent neuen, wechselnden Anforderungen zu stellen: die Fähigkeit, eigene Arbeitsweisen zu reflektieren und Qualifikationsdefizite erkennen zu

[202] Vgl. Kapitel 1 Der Quartäre Bildungssektor.
[203] Vgl. Klaus W. Döring in Kapitel 2.4.2 Konzept systemisch-didaktischer Professionalisierung.
[204] Vgl. Klaus W. Döring in Kapitel 2.4.2.Konzept systemisch-didaktisch Professionalisierung.
[205] Vgl. Rudolf Epping in Kapitel 2.4.4 Kompetenzbereiche unter Einbeziehung von Veränderungsprozessen, Tabelle 24.
[206] Vgl. Kapitel 2.3.2 Entwicklung von Schlüsselkompetenzen; Kontextualisierungswissen ist für die interkulturelle Komponente von Kompetenzen relevant.
[207] Vgl. Brigitte Seyfried in Kapitel 2.3.2.2 Soziale Kompetenz.

können, entsprechende Lernziele zu setzen, Lernstrategien zur Verfügung zu haben und diese zielgerichtet einzusetzen sowie systematisch auszuwerten.[208]
Die verschiedenen Kompetenzansätze lassen sich zu folgenden Kernelementen für die Protagonisten von Weiterbildung und (Projekt)Management zuspitzen: Kompetenz allgemein bedeutet die Selbstorganisationsfähigkeit des Einzelnen und ist die Voraussetzung für Handlungsfähigkeit. Jede Kompetenzdimension setzt sich aus einem berufsprofilspezifischen Bündel von interdependenten Einzelkomponenten zusammen. Mit den Einzelkomponenten sind die allgemein gefassten Kompetenzdimensionen einer Handlungskompetenz von Multiplikator/innen aus Sicht der Professionalisierung für Weiterbildung zu operationalisieren und in Lernhandlungen umzusetzen.

Besonders hervorzuheben sind die folgenden Teilkompetenzen:
- Innovationskraft und Schlüsselqualifikationen zur Zukunftsbewältigung, dazu gehört es, ständig neu zu lernen und sich Veränderungen proaktiv anpassen zu können, eigene Lernwege zu verfolgen, eigene Lerninteressen zu formulieren, Lernprozesse zu reflektieren;
- Kommunikation, Gruppenlernprozesse, Netzwerkbildung;
- zielgruppengerechte, ansprechende, überzeugende Präsentationen von Projekten, Produkten, Organisationen oder der eigenen Person, auch in schwierigen Marktsituationen;
- die Fähigkeit, aktiv und selbsttätig das eigene berufliche Umfeld zu entwickeln und zu gestalten, die Auseinandersetzung mit den aktuellen Möglichkeiten des Berufsfelds, der (Re-)Integration in den Arbeitsmarkt und Arbeitsaufnahme.

Aus den bisherigen Ansätzen ergeben sich als allgemeine Zielsetzung der Multiplikator/innen-Weiterbildung problem- und handlungsorientiertes Lernen, Selbststeuerung und Exemplarität der Lernsituationen. Mögliche Lernformen dafür sind Projektmethode, Fallstudien, leittextunterstütztes Lernen sowie Kombinationen bzw. Integrationen dieser Formen.
Lernhandlungen sollen darauf abzielen, sich Handlungskompetenzen anzueignen bzw. zu erweitern. Ausgangspunkt ist die bestehende, aktuelle und die antizipierbare, d.h. zukünftige, potentielle Handlungskompetenz als Multiplikator/in. Diese komplexen Kompetenzen können durch Verschachtelung mehrerer Lernaufgaben zu einem Lernaufgabensystem oder als leistungsbestimmende Teiltätigkeiten vermittelt werden.[209]

Speziell geeignet für Lehrende zum Erwerb von Kenntnissen und Kompetenzen zur Konzeptionierung und Durchführung der Lehrveranstaltungen und der veränderten Lehrformen, Methoden und Techniken sind neben Beratungsprozessen v.a. Weiterbildungsveranstaltungen mit folgenden Inhalten:[210]

---

[208] Vgl. Jörg Felfe in Kapitel 2.3.2.4 Trainingsmodelle als Praxisbeispiele.
[209] Vgl. Jörg Felfe in Kapitel 2.3.2.4 Trainingsmodelle als Praxisbeispiele.
[210] Vgl. Kapitel 2.3.2.6 Schlüsselkompetenzen von Multiplikator/innen.

- Konkretisierung und Gewichtung zusätzlicher Lernziele;
- Methoden zur Vermittlung fachübergreifender Qualifikationen und fachübergreifenden Denkens;
  Erfahrungsbezug, Modellfunktion, Praxistransfer, Regulationsgrundlagen durch Modellbildung, Feedback und Einsatz von Lernaufgaben und Handlungshierarchien;
- handlungsleitende pädagogische Modelle, Prinzipien und Umsetzungswissen;
- Themen wie Präsentationen, geregeltes Feedback, moderierte Besprechung;
- Arbeitsmaterialien zu Ideenfindung, Problemlösung, Selbst- und Zeitmanagement, Teamarbeit in Projektübungen, Arbeiten mit Leitfragen, Übung von Fallstudienelementen, Präsentation von Inhalten.

Dazu gehören auch Rhetorik, Arbeiten mit Leittexten und -fragen sowie weitere Grundlagen didaktischen Handelns. Die Lernprozesse werden unterstützt durch spezielle Arbeitsmaterialien und -techniken.

In den dargestellten Ansätzen zur Kompetenzentwicklung werden nur wenige Aussagen zum internationalen Rollenspektrum von Multiplikator/innen[211] gemacht. Die (inter)kulturelle Komponente wird eher implizit bei Unternehmenskulturen bzw. Lernkulturen als eine vergleichbare, wenngleich nicht ebenso weitreichende Kompetenz, angedeutet. Es kann allerdings davon ausgegangen werden, dass die vorgestellten Prämissen der Professionalisierungsdebatte hinsichtlich der Kompetenzanforderungen an Personen und Lernsituationen zwar unterschiedliche, heterogene Schwerpunkte für die Weiterbildung setzen, aber normativ gewertet werden können. Sie bilden den berufsspezifischen Habitus und seine Ausprägungen, mit dem die so gerüsteten Weiterbildner/innen als Multiplikator/innen in multikulturellen Lern- und Projektgruppen agieren und dort auf die Standards („Lernkulturen", Lehr- und Lerngewohnheiten) ihrer Kolleg/innen aus Partnerländern treffen. Ebenso kann zugrundegelegt werden, dass sich internationale bzw. europäische Standards der Wissensvermittlung entwickeln, die die Weiterbildner/innen auf internationalen Seminaren beobachten und bei Bedarf reproduzieren können.

Die angestrebte Multiplikator/innen-Weiterbildung geht weit über das Training pädagogischer bzw. didaktischer Kompetenzen für die Weiterbildung hinaus. Sie verfolgt komplexere Aufgabenstellungen und bezieht Projektmanagement- sowie interkulturelle und innovative Kompetenzen ein. Das hier zugrundegelegten Kompetenzmodell[212] für Multiplikator/innen besteht aus vier Kompetenzbereichen, die eine gemeinsame Schnittmenge aufweisen, eng miteinander verzahnt, zu beruflicher Handlungskompetenz integriert und um die Kategorien des wirtschaftlichen und umweltbewussten Denkens ergänzt sind. Sie sind aufgrund der Zielsetzung für in-

---

[211] Vgl. Kapitel 2.2.2 Internationales Rollenspektrum, Tabelle 12 Makro-, Meso- und Mikroebene einer Projektmanagement- bzw. Dozent/innentätigkeit.

[212] Vgl. Tabelle 14 Kompetenzdimensionen von Multiplikator/innen mit Einzelkomponenten in Kapitel 2.3.2.6 Schlüsselkompetenzen von Multiplikator/innen; vgl. auch Kapitel 2.2 Metakompetenzen von Multiplikator/innen (Thesen) sowie dort Abbildung 8 Kompetenzmodell „Multiplikator/in" für Innovation durch interkulturelles Projektmanagement in der Weiterbildung .

terkulturelle Projektmanagementtätigkeiten weitreichender als die allein für eine Tätigkeit als Lehrender in der Weiterbildung benötigten fünf Elemente einer Grundqualifikation[213] und fassen didaktische und organisatorische Kompetenzen in der längerfristig geltenden Methodenkompetenz zusammen.

Für die Multiplikator/innen sind Kompetenzen interkultureller Kommunikations- und Kooperationsfähigkeit sowie Teammanagement-Kompetenzen u.a. zentral bedeutsam. Innerhalb der thematischen Module des Curriculums werden deshalb viele einzelne, aber aufeinander bezogene Lernaufgaben gestellt, die sich auf das Projektmanagement oder eine Tätigkeit als Weiterbildner/in im engeren Sinn, im weiteren Sinne auf das umfassendere Tätigkeitsprofil als Multiplikator/in beziehen. Dabei wird sowohl direkt als auch indirekt pädagogisch-didaktische Kompetenz benötigt und entwickelt: direkt als Teilnehmer/in, indirekt über die Tätigkeit als Multiplikator/in, um Projektmitarbeiter/innen anzuleiten oder Seminare zu leiten.

Aus den zuvor dargestellten Handlungs- und Teilkompetenzen sowie Vermittlungsansätzen ergeben sich im Einzelnen die folgenden Aspekte:
In Tabelle 13 „Trainingsmethoden für Handlungs-, Fach-, Methoden- und Sozialkompetenzen" ist in einer Übersicht[214] eine für das spezifische Profil von Multiplikator/innen geeignete Auswahl von Lehr- und Sozialformen für die Vermittlung der relevanten Schlüsselqualifikationen zusammengestellt.
Voraussetzungen der Teilnehmer/innen wie Qualifikationsniveau, Lernfähigkeit und -bedürfnisse, Einbeziehen ihrer Positionen, die Rolle der Trainer/innen wie deren Vorbildfunktion, diagnostische und soziale Kompetenzen sind zu berücksichtigen.
Um Innovationsfähigkeit zu fördern, sind Trainingsmöglichkeiten für Teams und Moderator/innen fachübergreifend zu gestalten.
Begleitend zur Weiterbildung ist es sinnvoll, Supportstrukturen situations-, anforderungs- und qualifikationsspezifisch auszuwählen und zu verknüpfen, wie z.B. Beratung und verschiedene Formen sozialisatorischen Lernens sowie Formen der Vermittlung oder Unterrichtung.[215]
Die Lernziele sind durch eine Lernzielhierarchie sowie hinsichtlich der Problem- und Handlungsorientierung, der Ausweitung der Selbststeuerung und der exemplarischen Lernsituationen festzulegen.
Als Präsentationsformen sind Flipchart, Pinboard, Overheadprojektor, verschiedene Frage- und (Karten)Abfragetechniken sowie didaktisch gestaltete Materialien mit geeignetem Medienmix einzusetzen.
Für die Gestaltung der Lernumgebung der Multiplikator/innen-Weiterbildung wird der Schwerpunkt auf das Lernen in einer beruflichen (wissenschaftlichen) Weiterbildungseinrichtung gelegt. Darüber hinaus werden auch Elemente der anderen

---

[213] Nach Klaus W. Döring; vgl. auch Kapitel 2.4.2 Konzept systemisch-didaktischer Professionalisierung.
[214] Vgl. Kapitel 2.3.2.6 Schlüsselkompetenzen von Multiplikator/innen.
[215] Vgl. Hans-Eberhard Plath in Kapitel 2.3.2.5 Chancen und Risiken des Konzepts „Schlüsselqualifikationen".

Lernumgebungen berücksichtigt, wie z.B. im Prozess der Arbeit durch Praktika und Exkursionen, durch Lernen und Präsentieren mit neuen Medien (u.a. Video) bzw. im Internet sowie im sozialen Umfeld durch Projekte.
Qualitätsmanagement ist für die Multiplikator/innen-Weiterbildung in zweifacher Hinsicht relevant: Zum einen sollen die Teilnehmer/innen Kenntnisse der Evaluation bzw. Qualitätssicherung für Weiterbildung und Projektmanagement erwerben, zum anderen ist ein Evaluationsdesign für das Curriculum zu entwickeln, das die drei Weiterbildungsphasen, Zufriedenheit und Lernergebnisse berücksichtigt.[216] Dies wird in Kapitel 5 Beispiel zur Evaluation von Kompetenzen näher ausgeführt.

Allgemeingültige Aspekte der institutionellen Handlungszusammenhänge in der Erwachsenenbildung und Gütekriterien für zeitlich überdauernde didaktische Prinzipien sind für einen Transfer auf europäische Zusammenhänge und für die Bildungskulturen anderer Länder Europas interessant.[217] Für die Zielsetzung der Multiplikator/innen-Weiterbildung, Bildungsprojekte mit europäischen Partnerinstitutionen und Kolleg/innen durchzuführen, bieten sie Anhaltspunkte für die Analyse und den Vergleich als Ausgangspunkt der Kooperation. Die makrodidaktischen Aufgaben umfassen neben einer erwartungsgerechten Programmgestaltung innerhalb eines heterogenen Beziehungsnetzes von Teilnehmenden bis hin zur öffentlichen Diskussion um relevante Lerninhalte auch Fragen der Vermarktung, Finanzierung und Personalrekrutierung. Diese Aspekte sind auch relevant, um Weiterbildungsprojekte durch Multiplikator/innen zu initiieren und durchzuführen. Der Nutzen des allgemeinen, zunächst für bundesrepublikanische Verhältnisse begrenzten, Modells liegt darin, es mit entsprechenden Ergänzungen im Bereich der Makroebene auch auf EU-Strukturen zu erweitern. Nicht eingeschlossen ist dabei aber zunächst eine Verallgemeinerung der Professionalisierungsansprüche auf der Mesoebene für andere europäische Länder. Auf der Mikroebene kann davon ausgegangen werden, dass kriterienorientiertes Handeln und die Definitionen von Kompetenz innerhalb Europas kulturspezifische Unterschiede, aber auch Gemeinsamkeiten aufweisen.

Die vorliegende Arbeit beschäftigt sich im Wesentlichen mit der Professionalisierung der Multiplikator/innen auf der Basis wissenschaftlicher Grundlagen. Durch ihre Zielsetzung (Entwicklung/Beantragung/Durchführung/Vermarktung europäischer Weiterbildungsprojekte und -seminare) trägt die hier analysierte Qualifizierung für Multiplikator/innen dazu bei, institutionelle Grundlagen (durch die Projekte und ihre Finanzierung) aufzubauen und wirkt indirekt auf überinstitutionelle Lösungsprozesse (durch die meist gesellschaftlich relevanten Themen der Projekte) ein. Diese beiden Aspekte wiederum haben bereits im Vorfeld, aber auch während der Durchführung, Einfluss auf die Möglichkeiten, Projekte und Seminare zu entwickeln. Die explizite Bezugnahme auf den Arbeitsmarkt, um die Beschäftigungsfähigkeit der Teilnehmenden (wieder)herzustellen, stellt nicht nur an die Do-

[216] Vgl. hierzu auch Monika Rummler 2001a, S. 64ff.
[217] Vgl. Karl-Heinz Flechsig in Kapitel 2.4.1 Modell der didaktischen Handlungsebenen.

zent/innen die Herausforderung dar, adäquate Kurse zu gestalten. Weiterbildungsangebote oder -projekte bereitzustellen sichert direkt (befristet für die Projektlaufzeit) ihre eigene Beschäftigungssituation, die indirekt auch für die Teilnehmenden an den Weiterbildungsangeboten oder -projekten verbessert wird. Damit gewinnen Veränderungsprozesse[218] eine besondere Bedeutung für die Multiplikator/innen: sie fordern die Kompetenz, Bekanntes zu verlernen und gleichzeitig Neues hinzulernen. Dies erfordert, Lehr-Lernprozesse, Wissensbestandteile und Kompetenzprofile adäquat zu strukturieren. Gleichzeitig ist damit ein implizites Innovationspotential angesprochen, das sich auf die Suche nach neuen Tätigkeitsfeldern und Seminarsowie Projektthemen beziehen kann. Der innovative Aspekt, Aufgaben und Kompetenzen für Projektmanagement sowie didaktische Anforderungen an das Management-Lernen werden im Kapitel 3 Professionalisierung und Projektmanagement näher ausgeführt.

---

218 Vgl. Rudolf Epping in Kapitel 2.4.4 Kompetenzbereiche unter Einbeziehung von Veränderungsprozessen.

3 Professionalisierung und Projektmanagement

Im folgenden Modell zeigt der grau schraffierte Bereich wieder die Verortung dieses Kapitels im Kompetenzmodell „Multiplikator/in“ an.

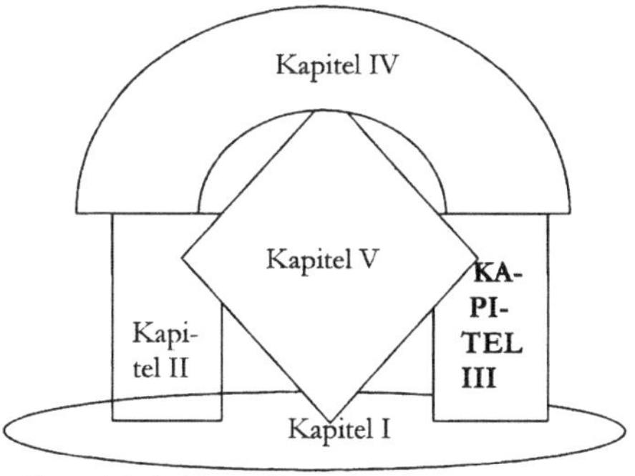

Abb. 1: Architektur dieser Arbeit (eigene Darstellung)

Ziel dieses Kapitels ist es, aus der Diskussion um Kompetenzen der Führung, Leitung und des Managements Aufgaben und Arbeitsbereiche herauszufiltern, die dem hier entwickelten Ansatz einer Multiplikator/innentätigkeit mit einer gemeinsamen Schnittstelle von Managementaufgaben und Weiterbildungstätigkeiten Rechnung tragen. Die dafür erforderlichen Schlüsselkompetenzen sind zu identifizieren. Warum braucht ein/e Weiterbildner/in als Multiplikator/in auch Management-Qualitäten/-Qualifikationen? Welche sind es? Diese Frage wurde bereits im Zuge der Diskussion über die Professionalisierung behandelt. Nun stellt sich die Frage umgekehrt: Warum braucht ein/e Manager/in Kompetenzen für Personalentwicklung und Training? Und welche sind es? Davon abgeleitet soll in den späteren Kapiteln dargestellt werden, wie ein geeignetes Weiterbildungskonzept entwickelt, erprobt, evaluiert und ggf. modifiziert werden kann.

Die Forderungen nach pädagogischen Funktionen von Führungskräften und daraus abgeleitet auch entsprechenden Kompetenzen sind nicht neu:[1] Bereits 1965 stellt sich in einer Befragung[2] von Managern aller Ebenen hinsichtlich der Verteilung ihrer täglichen Arbeitszeit der relative Zeitanteil (in Prozent am gesamten Arbeitstag) für mitarbeiter/innenorientierte Tätigkeiten wie folgt dar:

- Führen, Anleiten, Entwickeln von Mitarbeiter/innen mit 28,4% an 1. Stelle;
- Beurteilung von Vorschlägen, Leistungen, Personen mit 12,7% an 4. Stelle;
- Personalauswahl, Einstellung, Beförderung, Versetzung mit 4,1% an 7. Stelle.

Eher indirekte pädagogische Aufgaben lassen sich benennen als

- Informationen sammeln, aufbereiten, auswerten mit 12,6% an 5. Stelle;
- Repräsentation, Vorträge, Öffentlichkeitsarbeit mit 1,8% an 8. Stelle (von 8 Funktionen).

---

[1] Vgl. hierzu auch Martin Lehner 2001.

[2] Studie von Mahoney/Jerdee/Caroll nach Wolfgang H. Staehle 1991, S. 78.

Weitere Forderungen, die weniger funktionsorientiert als vielmehr mitarbeiter/innenorientiert gesehen werden können, zielen direkt auf die Vermittlung von Wissen und Fertigkeiten ab: „Vorgesetzte werden weniger zu Kontrolleuren, sondern mehr zu Assistenten und Lehrern werden müssen.“[3] „Führungskräfte müssen wieder ihre Funktion als ‚Lehrer' wahrnehmen. Viel zu wenig werden die Chancen wahrgenommen, die in der unmittelbaren Wirkung auf Denken und Verhalten von Mitarbeiter/innen liegen, wenn fähige und interessierte Führungskräfte als ‚Trainer' tätig werden.“[4] Döring fordert für innovatives betriebliches Handeln „Ermöglichungsarbeit“ als Kern der Ethik moderner Führungsarbeit: Führen nach innen heißt, den Arbeitsteams und den einzelnen Mitarbeiter/innen zu dienen. Dazu zählt auch die Personalentwicklung.[5]

3.1 Innovation und Kompetenzentwicklung

Es wird hier zunächst etwas näher auf erforderliche Kompetenzen für Innovationsmanagement eingegangen, um daraus Schlussfolgerungen für das Projektmanagement in der Weiterbildung ziehen zu können. Was ist Innovation? Welche Kompetenzen sind erforderlich, um innovativ zu sein? Wie können innovative Kompetenzen entwickelt werden?

3.1.1 Begriffsbestimmung

Mitte der 1970er Jahre findet sich eine erstmalige Interpretation des Begriffs „Innovation“ durch den Club of Rome.[6] „Innovation“ kommt aus dem lateinischen „innovare“ von „novus“ (neu) und bedeutet im gängigen Verständnis „Erneuerung“, aber auch „sich einer Sache von Neuem hingeben“.[7] Der Begriff „Innovation“ beinhaltet zunächst eine Neuheit oder Erneuerung, dann aber auch einen veränderten, verbesserten Zielzustand gegenüber der Ausgangslage.[8]
Unterschieden werden können evolutionäre und revolutionäre Innovationen. Während mit evolutionären Innovationen, aufbauend auf Bekanntem schrittweise Veränderungen bewirkt werden sollen und hierfür v.a. Planung und effektives Projektmanagement erforderlich sind, werden revolutionäre Innovationen meist von starken und engagierten Persönlichkeiten getragen, die die nur schlecht planbaren Innovationsprozesse mit Intuition, Risikobereitschaft und Durchhaltevermögen vorantreiben und damit grundsätzlich neue Möglichkeiten eröffnen, um offensichtliche oder latente Bedürfnisse zu erfüllen.

---

[3] Alfred Engelhardt 1987, S. 104.
[4] Alfred Engelhardt 1987, S.115.
[5] Vgl. Klaus W. Döring 2000, S. 82-84.
[6] Vgl. Ekkehard Nuissl 1999, S. 28.
[7] Vgl. Claus Weyrich 1999, S. 11/12 und Wolfgang Rihm 1999, S. 19.
[8] Vgl. Frederic Fredersdorf 2000, S. 25, 34.

Als Leitfragen zur Ermittlung von Innovationspotentialen können genannt werden:[9]
- Was stört?
- Was fehlt?

Die Verschärfung des Wettbewerbs auf allen Märkten einschließlich dem Bildungs- und Arbeitsmarkt, hervorgerufen durch die Globalisierungs- bzw. Internationalisierungsprozesse, betrifft auch den Innovationsbereich. Zwei Trends kennzeichnen die Innovationsdynamik: zum einen sollen für neue Produkte neue Märkte erschlossen werden (radikale oder Basis-Innovationen), für die erforderliche Verfahren und Marktlogiken fehlen, zum anderen verkürzen sich die Phasen schrittweiser Verbesserung bisheriger Produkte oder Prozesse (inkrementelle Innovationen).[10]
Nach Hauschildt[11] lassen sich für den in Mode gekommenen Begriff verschiedene definitorische Ansätze unterscheiden:

1. Tatsache und Ausmaß der Neuartigkeit;
2. Wahrnehmung der Neuartigkeit;
3. Erstmaligkeit der Neuartigkeit;
4. neuartige Kombination von Zweck und Mitteln;
5. Verwertungsbezug;
6. Prozessaspekt.

Dabei handelt es sich im Verhältnis zum Ausgangspunkt um jeweils neue Resultate, die mit qualitativ als neu erkennbaren Produkten oder Verfahren erzielt werden, für die Zwecke und Mittel in einer vom bisherigen Vorgehen abweichender Weise kombiniert sind. Der Prozesscharakter von Innovation entsteht durch festgelegte Aktivitäten in einer vorgegebenen Zeit, kann aber auch als Daueraufgabe implementiert werden.
Entsprechend weist Innovation vier Dimensionen auf:

- Inhaltlich wird bestimmt, was neu ist.
- Subjektiv wird bestimmt, für wen es neu ist.
- Prozessual wird bestimmt, wo die Neuerung beginnt und endet.
- Normativ wird bestimmt, ob „neu“ gleich „erfolgreich“ ist.[12]

Ein Innovationsprozess umfasst verschiedene Schritte, nämlich neue Produkte oder Dienstleistungen als Ergebnis von Grundlagenforschung durch Erfindungen (Invention) hervorzubringen, zu verwerten (Rezeption), durch Kommunikation an die Mitglieder des sozialen Systems zu verbreiten (Diffusion) und von diesen übernommen und akzeptiert zu werden (Adoption bzw. Implementation). Die technisch-ökonomische Seite und der Aspekt des sozialen Wandels können auch getrennt betrachtet werden. Entsprechend kann zwischen neuen oder als neu wahrgenommenen Ideen, Handlungen oder Objekten und gänzlich neuen Produkten ohne Vorläufer unterschieden werden. „Die Wirkung einer Innovation besteht in ihrem Einfluss auf bisherige Verhaltens- und Denkgewohnheiten: Je radikaler sie

[9] Vgl. Heinrich von Pierer 1999, S. 30.
[10] Vgl. Martin Baethge/Christiane Schiersmann 1998, S. 18.
[11] Vgl. Jürgen Hauschildt 1993, S. 5f.
[12] Vgl. Jürgen Hauschildt 1993, S. 4ff.

verändert werden, desto höher ist der Innovationsgrad des neuen Produkts."[13] Gleichzeitig sind Innovationen immer dort möglich, wo sich Marktlücken finden. Der Innovationsprozess ist mit technischen, planerischen und ökonomischen Risiken verbunden.

Vier verschiedene Phasen von Innovationsmanagement lassen sich seit der Nachkriegszeit bestimmen: "Hedging, Programming, Streamlining, Paradox Management"[14]. Sie sind Ausdruck der sich verändernden Beziehungen zur unternehmerischen Umwelt und Anforderungen, die sich in Reorganisationen des Unternehmens und dem Stellenwert von Innovation zeigen. Die vierte, aktuelle Phase ist durch Komplexität und Unsicherheit gemäß der Wettbewerbsregeln gekennzeichnet. Zu den paradoxen Merkmalen von Innovation und Organisierung des Innovationsprozesses gehören dabei folgende Merkmale:[15]

Innovation	**Organisierung des Innovationsprozesses**
Kurz- und Langfristigkeit	formales Planen und Selbstregulierung
Markt- und Technologieorientierung	Komplexität und Einfachheit
Prozess und Produkt	funktionelle und produktorientierte Organisationsstruktur
gegenwärtige und zukünftige Produkte	kulturelle Vielfalt und gemeinsame Werte
Gebrauchsartikel und Spezialgebiete	Managementkontrolle und Empowerment/ Leadership
inkrementelle und radikale Innovationen	

Tab. 19: Paradoxe Merkmale von Innovation und Innovationsprozess (eigene Übersetzung nach den Hertog/Philips/Cobbenhagen 1996)

Alle vier Phasen des Innovationsmanagements sind (noch) in Unternehmen präsent, sei es mangels Veränderungsbereitschaft, sei es als Rückschrittsergebnis nach ökonomischen Einbrüchen. Streamlining mit projektorientierten Strukturen ist die derzeit beobachtbare wichtigste Phase: „Even within one single project we observe that the organizational requirements are changing from phase to phase."[16]

Tabellarisch können die Merkmale der einzelnen Phasen und die Organisierung von Innovationsprozessen wie folgt dargestellt werden:[17]

---

[13] Wolfgang H. Koschnick 1995, S. 272.

[14] Vgl. Friso den Hertog/Guido Philips/Jan Cobbenhagen 1996, S. 43; Phase 1: absichernd, Phase 2: programmierend, Phase 3: stromlinienförmig, Phase 4: paradoxes Management (Übersetzung MoR).

[15] Vgl. Friso den Hertog/Guido Philips/Jan Cobbenhagen 1996, S. 64.

[16] Friso den Hertog/Guido Philips/Jan Cobbenhagen 1996, S. 71 (im Original als Zitat eines Forschungs- und Entwicklungsmanagers kursiv).

[17] Vgl. Friso den Hertog/Guido Philips/Jan Cobbenhagen 1996, S. 49-69.

Phase	(1) Hedging	(2) Programming	(3) Streamlining	(4) Paradox Management
Period	**1950s and 1960s**	**1970s**	**1980s and 1990s**	**1990s and beyond**
Characteristics	Quantitative input approach (strategy of hope), Innovation isolated from the business and the customers, Innovation processes cannot be organized or managed, creativity calls for freedom, Research department "owns" innovation.	Traditional pro ject management control tools, Sequential order, Functional organization, efficiency	Innovation managed by the business, strategic management of projects, adaptation to the market; Functional departments work in a parallel rather than a sequential manner, contingency approach towards organizing; Focus on the innovation process, not on the functional departments; Efficiency, quality & flexibility (time to market).	Focus on tension and dialogue; Both paradoxes or choices are made; Consistency and contradiction; Adaptation to and shaping of the environment; Focus on processes rather than structures; Efficiency, quality, flexibility and innovativeness.
Organisation	Remote from the business, focus on research, functional, no formal controls	Isolated from the business, functional and formal controls	Integrated with the business, product and project-oriented	Integrated with **and** remote from the business, product **and** technology-oriented[18]

Tab. 20: Merkmale der Innovationsphasen und Organisierung der Innovationsprozesse (eigene Darstellung nach den Hertog/Philips/Cobbenhagen 1996)

Die Übersicht zeigt, dass Projektmanagement als Innovationsinstrument hauptsächlich in den Phasen 2 und 3 eine besondere Bedeutung, aber auch eine Umformung erfährt. Die traditionellen Kontrollmechanismen des Projektmanagements in Phase 2 werden um strategisches Projektmanagement in Phase 3 ergänzt. In Phase 4 stehen der Prozesscharakter und Innovativität im Vordergrund (scheinbar) widersprüchlicher Anforderungen an Management-Kompetenz.

3.1.2 Projektmanagement als Innovationsinstrument

Projekte sind nach DIN-Definition innovativ bzw. innovationsfördernd.[19] Je nach Grad der Spezialisierung, d.h. ob Innovation als Sonderaufgabe deklariert und von den der Routine oder Produktion verpflichteten Stellen ausgeklammert wird, kann unterschieden werden zwischen Einzel-Projektmanagement bei Befristung der Aufgabe und Multi-Projektmanagement oder der Arbeit in Forschungs- und Ent-

[18] Hervorhebung im Original.

[19] Vgl. Kapitel 3.2.2 Definition und Merkmale von Projekten.

wicklungsabteilungen mit Innovation als Daueraufgabe.[20] Dabei wird im Einzel-Projektmanagement der befristete Innovationsprozess organisatorisch wie folgt bearbeitet:

- Initiativen bilden und fördern;
- Ziele formulieren;
- Lösungen suchen;
- Prozesse steuern.

Es kann je nach Eingliederung ins Unternehmen zwischen verschiedenen Varianten des Projektmanagements unterschieden werden, und zwar ob Fach- und Entscheidungskompetenzen und damit auch Aufgabenstellungen in eher „externen" Beziehungen und Aktivitäten oder in eher „internen" Problemen variieren.
Wird Innovation als Daueraufgabe verfolgt, so werden meist Spezialisten für das Management bzw. die Steuerung mehrerer gleichzeitiger oder nacheinander durchzuführender Projekte eingesetzt. Werden Innovationsaufgaben so gebündelt, stehen dem Kapazitäts-, Kompetenz-, Kooperations- und Durchsetzungsargumente entgegen. Dies erfordert es, ebenso Lenkungsteams einzusetzen wie auch Innovationsprojekte durch das herkömmliche Managementpersonal zu übernehmen, weiterzuführen und zu evaluieren.

Da eine der zuvor genannten Dimensionen auch den Erfolgsaspekt von Innovation betrifft, der aus nachhaltigen, mit großer Geduld und langer zeitlicher Perspektive durchgehaltenen Tätigkeiten resultiert, soll hier kurz auf Anforderungen aus den organisatorischen Einbettungen von Forschungs- und Entwicklungsabteilungen eingegangen werden. Nach Hauschildt sind dabei folgende strategische Überlegungen bestimmend:

1. Professionalisierung im Sinne einer Spezialisierung (Spezialkenntnisse und -fähigkeiten werden zusammengefasst, fachfremde Arbeiten ausgeklammert, Qualifikation erhöht usw.);
2. Kommunikation und Interaktion im Sinne von Informationsaustausch (über Ressortgrenzen durch Schnittstellen-Management mit u.a. dem Abbau von Kultur- und Sprachunterschieden zwischen den Hierarchien);
3. Koordinierung im Sinne von Konfliktregulierung (mit unterschiedlichen Zielsetzungen);
4. Verteilungsargumente im Sinne von Ressourcenverteilung (hinsichtlich ausreichender Mittel für Kontinuität);
5. Serviceaufgabe im Sinne von Dienstangeboten (auch um darüber innerhalb des Unternehmens kommunizieren und bestehen zu können).

Innerhalb von Forschung und Entwicklung werden mittels Einzel- und Multi-Projektmanagement Innovationsaktivitäten gesteuert. Kontinuität und Erfahrung führen dazu, einzelne Projektabschnitte routinemäßig abzuwickeln. Einzelne Projekte werden in sachlicher und zeitlicher Perspektive mit dem Ziel des konstruktiven Erfahrungsaustauschs und der effizienten Ressourcennutzung verknüpft. Hauschildt verfolgt die These, dass es für den Erfolg von Innovationsprojekten wichti-

[20] Vgl. Jürgen Hauschildt 1993, S. 61ff.

ger ist, speziell betriebswirtschaftlich-organisatorische gegenüber technischen oder naturwissenschaftlichen Prozess-Managementtechniken zu beherrschen als sie organisatorisch einzugliedern.

3.1.3 Kompetenzentwicklung für Innovation

Etwa 50 verschiedene Kreativitätstechniken oder Ideenfindungsmethoden werden aus marktpsychologischer Sicht für den Entwicklungs- und Diffusionsprozess von Neuerungen eingesetzt.[21] Dabei können je nach Merkmalen des zu lösenden Problems oder den situativen Umständen der Problemlösung unterschiedliche Techniken und Methoden angewandt werden. Eine Voraussetzung für die Entwicklung innovativer Ideen, Produkte und Verfahren ist demnach Kenntnis und gekonnte Anwendung der jeweils geeigneten Methoden und Techniken oder die Durchführung einer Ideenfindungs-Konferenz.[22] „Es gilt als einigermaßen gesicherter Befund der psychologischen Kreativitätsforschung, dass das vorhandene kreative Potential eines Menschen nicht konstant ist und durch Übung verbessert werden kann."[23]

Innovative Entwicklungen und Prozesse erfordern weitere Kompetenzen, sowohl um sie in Gang zu setzen als auch, um in ihnen bestehen zu können. Damit ist es erforderlich, einerseits Potentiale aufzubauen, andererseits Defizite zu erkennen und zu beheben. Diese Entwicklungsfunktion wird von der Weiterbildung erwartet. Ihre klassische, eher auf die Bewältigung von Handlungsroutinen gerichtete, Wissensvermittlung deckt nur unzureichend die Entwicklung der erforderlichen Kompetenzen ab. Gleichzeitig fehlen Ansätze und Erfahrungen, wie die für eine Gestaltung von Nicht-Routineprozessen als notwendig erachtete Kompetenz - als Teil der selbstregulierten Prozesse von Innovation - antizipierend mit neuen Konzepten vermittelt werden kann. Daraus resultieren auch „neue Anforderungen an Planung, Steuerung und Bewertung von Maßnahmen zur Kompetenzentwicklung. ... Die Zusammenhänge zwischen Kompetenz, Kompetenzentwicklung und Innovation (sind) weitgehend intransparent."[24]

Handlungsfähigkeit beinhaltet explizites wie implizites Wissen und kognitiv-basierte Fertigkeiten, die zusätzlich Handlungsbereitschaft erfordern. Die Konzentration klassischer Weiterbildung auf das explizite Wissen und individuelle Kompetenzen (dazu gehören auch Gruppen- oder Teamfähigkeit) vernachlässigt den institutionellen Kontext bzw. die organisatorisch-technologische Einbindung in die Organisation. Unter organisatorischer Kompetenz ist dabei eher das Zusammenspiel des erworbenen Wissens und der Fertigkeiten von Individuen zu verstehen. Mit Kompetenzentwicklung im Zusammenhang mit innovativen Prozessen wird damit nicht

[21] Vgl. Wolfgang H. Koschnick 1995, S. 271f.
[22] Vgl. Wolfgang H. Koschnick 1995, S. 257-261.
[23] Vgl. Wolfgang H. Koschnick 1995, S. 328.
[24] Erich Staudt/Bernd Kriegesmann 2001, S. 2 (Anm. MoR).

einfach ein Bedarf von Defiziten hinsichtlich einer festgelegten Sollkompetenz durch Weiterbildung gedeckt. Sie fordert vielmehr, organisationale Strukturen entsprechend zu verändern. Die Methoden für Kompetenzentwicklung sind dabei mit denen von Organisations- bzw. Unternehmensentwicklung zu verbinden.[25]

„Kompetenz wird also zum Schlüssel, und es fehlt nicht an Versuchen, mit Aus- und Weiterbildung oder gar ‚Wissensmanagement' die Defizite anzugehen. Mit den üblichen hochprofessionalisierten und didaktisch ausgefeilten Wissensvermittlungs- und Personalentwicklungsstrategien ist der Kompetenz zur Innovation aber nicht beizukommen."[26] Ausgehend von der These, dass institutionalisierte Weiterbildung und Wissenszugang (in Datenbanken und Netzwerken) lediglich 20 Prozent der Kompetenzentwicklung abdecken (als explizites Wissen) und 80 Prozent der Handlungskompetenz aus dem Aufbau von an Personen und Organisationen gebundenem implizitem „Innovationswissen"[27] durch Erfahrung beruhen, liegt der Fokus der Betrachtung auf der Anwendung von explizitem und implizitem Wissen bei Innovationen. Diese Annahme geht über eine Transferdiskussion hinaus, wonach für Innovationen aus isolierten expliziten Wissensbeständen eine interdisziplinäre Synthese hergestellt wird. „Innovationen beruhen auf selbstregulierten Prozessen, deren Voraussetzung die Existenz von personellen Potentialen ist."[28] Das implizite Wissen wird in einem individualisierten und oft vom Zufall gesteuerten Prozess entwickelt und genutzt und ist von Beginn an mit der allgemeinen Persönlichkeitsentwicklung verbunden. Während das explizite Wissen noch in gewissem Grad messbar ist, kann implizites Wissen kaum beobachtet werden. Entsprechend ist eine zukunftsbezogene, antizipierende und bedarfsorientierte Kompetenzentwicklung nur schwer zu vollziehen, da bereits ein am Defizitansatz zwischen Ist- und Soll-Kompetenz und ein an statischen Verhältnissen orientiertes Vorgehen sowie die für die Planungskette Märkte- Technik/Organisation-Personal gestellte Aufgabe des Kompetenzaufbaus in einer innovierenden Gesellschaft ihr nicht gerecht werden. Staudt et al. schlagen folgerichtig vor, mittels einer vom Personal ausgehenden Planrevision die Frage neu zu formulieren, und zwar: "'was kann noch (und wie kann es) erstellt werden?' m.a.W. die vorhandenen Kompetenzpotentiale verhindern nicht nur bestimmte, sondern ermöglichen und befördern auch alternative Organisationsstrukturen und Prozesse."[29] In einem Vergleich mit den - allerdings anders gelagerten japanischen - Voraussetzungen des Aufbaus von beruflichen Kompetenzen und Kompetenzreserven gelangen Staudt et al. zu einer Neuinterpretation von Kompetenz, die gerade das personen- und erfahrungsgebundene implizite Wissen als Voraussetzung für Innovationen identifiziert. Der Wissensschaffung wird ein sozialer Prozess, nicht ein mechanistisches Wissensmanagement, als Basis für Innovationen zugrundegelegt.

[25] Vgl. Erich Staudt/Bernd Kriegesmann 2001, S. 1-5.
[26] Erich Staudt et al. 1997, S. 1.
[27] Vgl. Erich Staudt et al. 1997, S. 2.
[28] Erich Staudt et al. 1997, S. 4.
[29] Erich Staudt et al.1997, S. 22.

Es lassen sich vier Grundmuster für die Erzeugung von Wissen in Unternehmen unterscheiden:[30]

- „Übertragung von implizitem Wissen zum impliziten Wissen erfolgt durch Beobachtung und Nachahmung (Sozialisation). Die Nutzbarmachung für das Unternehmen ist eingeschränkt, da Wissensbestände nicht explizit gemacht werden.
- Die Kombination von expliziten Wissensbestandteilen zu neuem explizitem Wissen vermehrt das Wissen des Unternehmens nicht. Erst die Zusammenführung von explizitem und implizitem Wissen schafft Neues.
- Die Überführung von implizitem Wissen in explizites Wissen schafft die Voraussetzungen, diese unterschiedlichen ‚Zustände' von Wissen zu kombinieren.
- Die Überführung expliziten Wissens in implizites Wissen erfolgt in dem Maße wie Mitarbeiter explizites Wissen internalisieren und ihr eigenes implizites Wissen erweitern bzw. neu ordnen."

Dabei wirkt auch Redundanz: die „Wissensspirale" wird durch Job-Rotation und Zugänglichkeit der relevanten Unternehmensinformationen ebenso aktiviert wie durch bewusste Überlappungen, so dass mittels Kommunikation implizites Wissen in explizites Wissen überführt werden und sich im Unternehmen ausbreiten kann. Tabellarisch lässt sich die dynamische Wechselbeziehung der Sozialisation zur Externalisierung, zur Kombination und zur Internalisierung wie folgt darstellen:[31]

	implizites Wissen	explizites Wissen
	Ziel	punkt
implizites Wissen Ausgangs-	Sozialisation	Externalisierung
explizites Wissen	Internalisierung	Kombination

Abb. 10: Vier Formen der Wissensumwandlung (nach Nonaka/Takeuchi 1997)

Implizites Wissen kann dabei als handlungsleitende Theorie des Individuums im Hintergrund für die Bewältigung von Routine- und Improvisationsaufgaben gesehen werden, während explizites (Fach)Wissen sozialkommunikativ vermittelt und erweitert werden kann.

Trotz des organisationalen Fokus ist das Individuum in den Mittelpunkt zu stellen, da Kreativität und Innovation letztlich nur von Personen ausgehen und getragen werden. Innovation muss deshalb auch und vor allem sozialorientiert und -verträglich sein. Sozialkompetenz ist damit ein Aspekt von Innovation und Gegenstand einer umfassenderen Kompetenzentwicklung. Dies gilt sowohl für die so-

[30] I. Nonaka (1992) nach Erich Staudt et al. 1997, S. 37f.

[31] Nach Erich Staudt et al. 1997, S. 38. Zur Definition von Kompetenz und (Fach)Wissen vgl. Kapitel 2.3.1 Begriffsbestimmung und Kapitel 2.3.2 Entwicklung von Schlüsselkompetenzen.

zialen Handlungskompetenzen von Dozent/innen[32] als auch im interkulturellen Projektmanagement.[33] Allgemein zeichnet sich „im Arbeitsbereich ... die Notwendigkeit sozialer Innovation ab, für die der Bereich Personalentwicklung/Weiterbildung eine katalysatorische Schlüsselfunktion einnimmt".[34] Mit sozialer Innovation werden die Persönlichkeitsmerkmale oder Kompetenzen gefördert, die für eine konstruktive Interaktion im Arbeitsumfeld grundlegend sind. Besondere Bedeutung kommt dabei dem impliziten Lernen in Kommunikation und Interaktion und dem Bewusstsein der Mechanismen zu. Zur Kommunikations- und Interaktionskompetenz gehören Handlungsstrategien, wie

- Zielfindung und Strategiewahl;
- Optimierung von Kommunikationswegen und -strukturen;
- Aufbau und Förderung sozialer Beziehungen.

„Soziale Innovation auf der Individualebene ...

... installiert valide Systeme der prozessorientierten Mitarbeiterauswahl und -beurteilung. Mit ihnen können unter Anderem soziale Kompetenzen ausgemacht werden;

... nutzt die Instrumente der Mitarbeiterauswahl und -beurteilung dazu, das Wissens-, Fähigkeits- und Kompetenzpotential der Mitarbeiter allgemeinbildend auszubauen. Soziale Innovation dient keinesfalls repressiven Strategien der Unternehmensführung;

... entwickelt und stärkt insbesondere die Sozialkompetenz aller Mitarbeiter und Führungskräfte im Unternehmen. Darunter sind jene Fähigkeiten subsumiert, die mit den Begriffen kommunikative Fähigkeit, Kooperations- und Koordinationsfähigkeit, Teamfähigkeit, Konfliktfähigkeit, interpersonale Flexibilität, Rollenflexibilität, Durchsetzungsfähigkeit, Empathie oder interpersonale Sensibilität bezeichnet werden;

... baut autoritär-hierarchisches Rollenverständnis ab und erweitert das berufliche Rollenverständnis von Mitarbeitern und Führungskräften um den Aspekt des Sozialen;

... wandelt in diesem Kontext auch den Habitus der Dozenten, Trainer, Ausbilder. Ihre pädagogische/andragogische Kompetenz wird aufgewertet, und die Berufsrolle integriert Kompetenzen der Moderation und des Coaching;

... überzeugt Vertreter ökonomischer Vernunft vom andragogischen und sozialpsychologischen Wert sozialer Mechanismen und von der Ethik der Bildung."[35]

Die Ambivalenz von Pädagogik und Ökonomie bzw. die Paradoxie, im verschärften Wettbewerb Sozialkompetenzen zu entwickeln, führen zur Frage nach einem Zusammenhang
von sozialer Innovation und ökonomischem Erfolg. Dafür sprechen

- die stützende Funktion sozialer Netzwerke;
- die gewinnbringende Funktion vom Lernen in Gruppen;

[32] Vgl. Kapitel 2.1 bis 2.6 Kompetenzentwicklung in der Weiterbildung.
[33] Vgl. Kapitel 4.3 Interkulturelle Kompetenz und Weiterbildung.
[34] Frederic Fredersdorf 2000, S. 26.
[35] Frederic Fredersdorf 2000, S. 28f.

- die innovative Funktion teilautonomer und ganzheitlicher Arbeit;
- die führungsstabilisierende Funktion des Coaching;
- die erfolgsbezogene Funktion von Sozialkompetenz.

Der Weiterbildung kommt eine katalysatorische Funktion in sozialen Innovationsprozessen zu, die mit hoher Wahrscheinlichkeit auch zu ökonomischem Erfolg führt. Dabei sind Weiterbildner/innen in ihrem sozial-innovativen Teilsystem Vorbild und Vorreiter zugleich und werden ihren Habitus entsprechend entwickeln.[36]

Auch betriebliche Innovation fungiert als Antrieb für Veränderungen in der Weiterbildung und im Management. Neben zehn anderen, überwiegend auf Produktionsbetriebe bezogenen, Reformkonzepten wird auch Projektmanagement zur „Erhöhung der betrieblichen Flexibilität durch systematische Installation von über den ganzen Betrieb verteilten Projekten“[37] als innovatives Management-Konzept identifiziert. Dies geschieht vor dem Hintergrund, dass ein „Rollenwechsel

- von der defizit-orientierten ‚Reparaturwerkstatt'
- zur projekt-orientierten ‚Zukunftswerkstatt'“[38]

stattfindet, ein Paradigmenwechsel, der für die Weiterbildung und ihre Protagonisten eine Hinwendung zu allen Veränderungen und verändernden neuen Maßnahmen bedeutet. Das Spektrum umfasst dabei Strategien, Modelle, Maßnahmen, Methoden und Verfahren, Erfindungen und Entwicklungen, Diskussionen und Ergebnisse, Wünsche und Erwartungen in den Bereichen Wissenschaft, Technologie, Öffentlichkeit und Zielgruppen (auch Kunden).

Neben personalen Kompetenzen, wie

- „Motivation und Engagement
- Neugier und Kreativität
- Bereitschaft zum ‚Neu'- und ‚Um-Lernen'
- Offenheit und Flexibilität“[39]

und der Einstellung, auch Gutes weiter verbessern zu können, benötigen Weiterbildner/innen professionelle und effiziente Managementfähigkeiten, um neben dem Einsatz neuer Formen der Weiterbildung zur Vermittlung aktueller Inhalte und Themen auch die Umsetzung der neuen verändernden Weiterentwicklungen zu fördern.

Solche aktuellen Inhalte und Themen sind u.a. Teamentwicklung, Projekt- und Qualitätsmanagement, interkulturelle Weiterbildung und kommunikative Kompetenz, die mittels arbeitsplatznaher Qualifikationsformen, eigenverantwortlichem Lernen, Rollen- und Planspielseminaren etc. gelernt und bearbeitet werden: „Lernen durch (innovative) Arbeit“.[40]

---

[36] Vgl. Frederic Fredersdorf 2000, S. 25-41.
[37] Klaus W. Döring/Bettina Ritter-Mamczek 1999, S. 40.
[38] Klaus W. Döring/Bettina Ritter-Mamczek 1999, S. 189.
[39] Klaus W. Döring/Bettina Ritter-Mamczek 1999, S. 190.
[40] Klaus W. Döring/Bettina Ritter-Mamczek 1999, S. 192.

Döring/Ritter-Mamczek unterscheiden für das Top-Management zwischen ‚harten' (Management und Arbeitsorganisation) und ‚weichen' (soziales Management) Reformkonzepten.[41] Daraus sollen für das Multiplikator/innen-Modell das Projektmanagement als Form der Arbeitsorganisation[42] und die sechs Lernfelder des sozialen Managements im Folgenden herausgegriffen und kurz beleuchtet werden.

Als wesentliche überfachliche Lernfelder für kompetent geführte Innovationsprozesse und die damit verbundenen Fragen und betrieblichen Veränderungen benennen Döring/Ritter-Mamczek die folgenden sechs Dimensionen sozialen Managements:[43]

1. Führungslehre, -techniken, -verhalten;
2. Sozialverhalten, Sensitivity Training, Konfliktbewältigung;
3. Arbeitsmotivation, Gruppenverhalten, Teamentwicklung, Arbeits- und Betriebsklima;
4. Didaktik, Lern- und Arbeitstechniken, Arbeitsmoderation, Beratung;
5. Kreativitätstechniken, schöpferisches und laterales Denken, Persönlichkeitsentwicklung;
6. Neue Medien, interkulturelle Weiterbildung, Körpertraining.

Das Gefüge der Zusammenarbeit in Projekten hängt demnach wesentlich von einer veränderten Einstellung der Führungsphilosophie und -praxis im Sinne mitarbeiterzentrierter Teamarbeit ab; dementsprechend verändern sich die übrigen Dimensionen sozialen Lernens, wie soziale Probleme und Konflikte, Motivation und Klima hin zu einem gleichberechtigten miteinander Arbeiten und voneinander Lernen im Team. Die Lernprozesse zur Veränderung des so beschriebenen sozialen Feldes erfordern als Schlüsselkompetenzen Lern- und Arbeitstechniken, Lehrbefähigung, Moderation und Beratung sowie Visualisierung zur effizienten, synchronen Informationsverarbeitung, des weiteren Kreativitätstechniken, interkulturelle Kooperations- und Kommunikationsfähigkeit und selbstgesteuerte Lernprozesse.

Innovationsprozesse sind im Umkehrschluss störanfällig, wenn die Protagonisten nicht über ausreichende Kompetenzen verfügen, die Projektplanung unzureichend ist und die Veränderungen nicht akzeptiert und mitgestaltet werden: „gerade bei den oft sehr störanfälligen Innovationsverläufen ist es meist von entscheidender Bedeutung, dass eine auftretende Störung, eine entstandene Frage, ein aufkommendes Problem, durch entsprechendes Lernen rasch behoben, beantwortet oder gelöst werden."[44]

Zwei Lernformen bieten sich dafür an und sollen im Folgenden kurz dargestellt werden:

---

[41] Vgl. Klaus W. Döring/Bettina Ritter-Mamczek 1999, S. 193 (dort grafische Darstellung).
[42] In Kapitel 3.2.2 Definition und Merkmale von Projekten; vgl. auch Kapitel 3.1.2 Projektmanagement als Innovationsinstrument.
[43] Vgl. Klaus W. Döring/Bettina Ritter-Mamczek 1999, S. 198.
[44] Klaus W. Döring/Bettina Ritter-Mamczek 1999, S. 201.

- arbeitsplatznahes Lernen (Döring/Ritter-Mamczek) und
- selbstgesteuerte Lernprozesse oder Selbstlernkompetenzen (Janz).

Döring/Ritter Mamczek unterscheiden für die betriebliche Weiterbildung erstens arbeitsplatznahes Lernen in Formen mit stärkerem Lernfeldbezug und zweitens integrierte Formen und Formen mit stärkerem Funktionsfeldbezug. Für das Multiplikator/innen-Modell, das im Bereich der wissenschaftlichen Weiterbildung angesiedelt ist, liegt es nahe, auf dem Kontinuum zwischen Lern- und Funktionsfeld zum einen mit geeigneten didaktischen Mitteln Arbeitsplatznähe herzustellen und zu anderen im Hinblick auf die spätere Integration der Teilnehmer/innen in den Arbeitsmarkt stärker funktionsfeldorientierte Lernformen zu verwenden, bei denen die Didaktik zusätzlich eine arbeitsförderliche und funktionsbezogene Ausprägung erfährt. Dafür kommen aus dem Modell von Döring/Ritter-Mamczek[45] in Frage:
- Plan- und Rollenspiele, Simulationen, Erfahrungsaustausch (stärkerer Lernfeldbezug);
- Coaching (integrierte Form);
- Projektgruppen, Gruppenarbeit (stärkerer Funktionsfeldbezug).

Nach Janz resultiert der Aufbau von sozialem Know-How als Kapitalform in Unternehmen aus innovativer Realisierung jeder einzelnen Dimension seines siebendimensionalen Modells sozialen Know-Hows.[46] Ausgehend von den Ansätzen des Empowerment (Stärkung der Mitarbeiterfähigkeiten), des Überlegenheitsmanagements (Bedingungen erfolgreichen Unternehmertums), der fraktalen Organisation (struktureller und prozessualer Umbau traditioneller Unternehmenseinheiten) und der Sozialphilosophie (Bildung des Individuums) stellt Janz sieben Gestaltungsparameter für sozial-innovative Organisationen auf:
1. „Das Unternehmen ist humanethisch orientiert.
2. Das Unternehmen ist ein kreatives und interaktives Sozialgefüge.
3. Die Führungskräfte des Unternehmens tragen eine besondere soziale Verantwortung.
4. Das Unternehmen bildet alle Mitarbeiter.
5. Das Unternehmen gestaltet eine innovative Personal- und Organisationsentwicklung.
6. Mitarbeiter können (teil)autonom arbeiten und ihr Kreativpotential entfalten.
7. Die innerbetriebliche Kommunikation und Information ist vielseitig und transparent."[47]

In dem interdependent auf die Veränderung jeder einzelnen Dimension reagierenden Lernmodell werden Kreativität, Identifikation, Vertrauen, Führung, Arbeitszufriedenheit, Kommunikation/Information und Lernen als theoretisch bestimmte und empirisch überprüfte Dimensionen des sozialen Know-Hows benannt. Dabei

[45] Vgl. Klaus W. Döring/Bettina Ritter-Mamczek 1999, S. 203.
[46] Vgl. Rainer Janz 2000, S. 42.
[47] Vgl. Rainer Janz 2000, S. 52-54.

wirkt das soziale Know-How von Führungskräften und Mitarbeiter/innen reziprok, d.h. die erforderlichen sozial-innovativen Kompetenzen werden wechselseitig verändert und entwickelt. Führung bedeutet und ermöglicht dabei Lernen und Kreativität. Dimensionen des Lernens sind Vertrauen und Identifikation. Dimensionen der Kreativität sind Arbeitszufriedenheit und Kommunikation/Interaktion.[48] Janz schlägt als Methoden und Arbeitsformen z.B. Werkstattforen, Qualitäts- und Kreativitätszirkel, Teamarbeit, Lernwerkstätten oder übergreifende Innovationsprojekte vor, um „den Vorteil des sozialen Know-Hows zu verdeutlichen".[49] Es kann daraus gefolgert werden, dass die zuvor genannten sieben Dimensionen des Lernmodells überwiegend in wechselseitigem voneinander Lernen bzw. selbstlernend zwischen Führungskräften und Mitarbeiter/innen entwickelt werden. Wesentlich hierfür wäre die innovationsförderliche Entwicklung von Selbstlernkompetenzen.

Um auf der Individualebene die Innovationsbereitschaft von Mitarbeitern beurteilen zu können, hat Klusemann[50] ein empirisch überprüftes Verfahren entwickelt, mit dem das innovative Potential anhand von Innovationskriterien erfasst werden kann. Dazu gehören die:
„Wahrnehmung ...
1. ... eigener Fähigkeiten
2. ... des Änderungsbedarfs im eigenen Arbeitsbereich
3. ... des eigenen Handlungsbedarfs
4. ... der Anreize zur Veränderung
5. ... des Handlungsspielraums
6. ... der Anreize zu Verbesserungen
7. ... Hoffnung auf verbesserte Situation
8. ... Furcht vor verschlechterter Situation."[51]

Die Innovationsbereitschaft ist dann besonders groß, wenn die Merkmale 1 bis 7 hoch und Merkmal 8 niedrig ausgeprägt sind.

Aus typischen Antwortmustern in einer empirischen Überprüfung von 750 Mitarbeiter/innen aus zwei Unternehmen hat Klusemann fünf Innovationstypen herauskristallisiert:
- innovativer Typ (hohe Werte bei Merkmalen 1 bis 7);
- progressiver Typ (hohe Werte bei Merkmalen 1 bis 7, allerdings niedrig bei Merkmal 5);
- blockierter Typ (niedrige Werte bei Merkmalen 5 bis 7, hoher Wert bei Merkmal 8);
- ausgebrannter Typ (durchgängig niedrige Werte bei den Merkmalen 1 bis 7);
- frustrierter Typ (hohe Werte bei Merkmalen 1 bis 6, niedriger Wert bei Merkmal 7).

---

[48] Vgl. das Mobile-Modell in Rainer Janz 2000, S. 56.
[49] Rainer Janz 2000, S. 55.
[50] Jens Klusemann 2003, S. 20f.
[51] Jens Klusemann 2003, S. 20.

Diese Typologie gibt Hinweise darauf, wie Innovationsbereitschaft mit geeigneten Maßnahmen des Betriebes gezielt entwickelt und wie Arbeitsgruppen optimal besetzt werden können.

Kreativität kann sich auch in unterschiedlichen Denkweisen zeigen, die die alleinige Konzentration auf den Einsatz von Kreativitätstechniken obsolet machen. Gleichzeitig zeigt sich in der näheren Betrachtung der von Kellner[52] identifizierten acht Denktypen, dass Ideen sowohl von Einzelnen allein als auch im Team gleichermaßen entwickelt werden können. Dabei kann eine Person mehrere der folgenden Denkweisen ausüben:

- tüfteln, d.h. allein in Ruhe und konzentriert nach einer Lösung für ein Problem suchen;
- optimieren, d.h. bereits gelöste Probleme ständig verbessern und korrigieren;
- Ideen schleudern, d.h. eine Vielzahl von Ideen für Probleme, aber auch ohne Anlass, meist in Kreativworkshops beitragen, selten aber die Geduld aufbringen, diese allein vertiefend auszuarbeiten;
- kommunikativ denken, d.h. im Austausch mit anderen deren Gedanken verbessern, Alternativen oder das Gegenteil benennen;
- aufgreifen, d.h. auf den Ideen anderer aufbauend und zuhörend das Genannte zu neuen Ideen verarbeiten;
- sammeln, d.h. Ergebnisse von Informationssuche in Archiven bewahren mit dem Blick für Seitenergebnisse, Zielstrebigkeit hinsichtlich des Benötigten und systematischer Ordnung zum Wiederfinden der gebrauchten Informationen;
- visionär denken, d.h. zukünftige Entwicklungen und Trends, die oft der Zeit voraus sind, erkennen und einschätzen;
- planerisch denken, d.h. Fakten realistisch berücksichtigen, mit vergangenen Erfahrungen kombiniert die zukünftige Umsetzbarkeit abschätzen.

Wesentlich hierbei ist, die verschiedenen Denktypen zu erkennen, ihre Fähigkeiten zu fördern und sie entsprechend im Arbeitsprozess des Projekts einzusetzen.

Als eine „Managementaufgabe kann die Initiierung und Ausformung des geplanten Wandels in Organisationen" durch den Manager in der Rolle des „Innovators" bezeichnet werden. Dabei geht es um „das fortwährende Aufspüren von Problemen und die Nutzung sich bietender Chancen".[53] Die Innovationsfreudigkeit kann dabei je nach zeitlicher Distanz zum Beginn des Innovationsprozesses in verschiedene „Adopter" innerhalb der Bevölkerung klassifiziert werden:
2,5% sind Innovatoren, gekennzeichnet durch allgemeinen Wagemut, hohe Risikobereitschaft, ausgeprägtes Informationsbedürfnis, aktive Informationssuche mit allen Medien und dadurch deutlichem Informationsvorsprung, sehr jung, hohes Ein-

[52] Vgl. Hedwig Kellner 2000, S. 125-134.

[53] H. Mintzberg nach Wolfgang H. Koschnick 1995, S. 272f.; Mintzbergs Managertypologie umfasst insgesamt zehn Rollen als generalisierte Verhaltenserwartungen.

kommen bzw. höherer sozioökonomischer Status, Prestigeführer, hoher Ausbildungsgrad;
13,5% sind Frühadopter, d.h. sie sind ähnlich den Innovatoren, zeigen aber geringere Risikobereitschaft, stärkere Integration in ihre soziale Umwelt, sind meist in Führungspositionen bzw. Meinungsführer;
34% gehören zur frühen Mehrheit, d.h. mit weniger Innovativität und Risikobereitschaft, stärker gegenstandsgegebenen Erwartungen und Handlungen, besonnen, bedachtsam, sorgfältig abwägend, mit kaum über dem Durchschnitt liegenden Einkommen, Sozialprestige und Ausbildungsniveau, selten in Führungspositionen, aber mit entsprechenden Kontakten;
34% gehören zur späten Mehrheit, d.h. sie sind eher skeptisch gegenüber Neuerungen, die von ihnen meist erst unter relativ starkem Druck der eigenen Gruppe akzeptiert werden; sie verfügen über ein eher unterdurchschnittliches Einkommen, Sozialprestige, Ausbildungsniveau, weniger weitreichende Kontakte, nutzen seltener Massenmedien zur Information;
16% sind Nachzügler, d.h. traditionsorientiert, z.T. nicht-informiert aus Kontakten bzw. Medien oder konservativ oder ablehnend aus bestimmten Gründen hinsichtlich konkreter Innovationen, ohne dabei grundsätzlich innovationsfeindlich zu sein, meist älter, mit geringem Einkommen, im unteren sozialen Niveau.[54]
Manager oder Bildungsverantwortliche müssen bei der Einführung von sozialen und technisch-ökonomischen Innovationen diese unterschiedlichen Haltungen in der Bevölkerung, die sich auch bei Mitarbeiter/innen in Unternehmen oder Teilnehmer/innen in Weiterbildungseinrichtungen finden, berücksichtigen und adäquat vorgehen.

Döring/Ritter-Mamczek bestimmen als hervorragende Aufgabe von innovativem Management und Führung, „die Lernfähigkeit, Flexibilität und Veränderungsbereitschaft der Belegschaft eines Unternehmens zu entwickeln, auszubauen und zu erhalten".[55] Als handlungsleitende Führungsphilosophie wird der „Wandel als Kennzeichen von Lebenswillen, Lebenskraft und Lebensfähigkeit"[56] zugrundegelegt. Als innovationsspezifische und damit zukunftsweisende Führungsfunktionen werden die von Berth beschriebenen Erfolgsfaktoren innovativer Unternehmen herangezogen,[57] die auch für ein innovatives Projekt gelten können:
„1. klare Orientierung am nächsten Wettbewerber (Konkurrenten);
2. visionäre Grundorientierung;
3. Streben nach Einmaligkeit;
4. Herstellen einer Vertrauensorganisation;
5. Herstellung von Bedingungen ergänzenden Aufeinanderzugehens".

---

[54] Everett M. Rogers nach Wolfgang H. Koschnick 1995, S. 17f.; ungefähre Normalverteilung der einzelnen Adopter-Typen.
[55] Klaus W. Döring/Bettina Ritter-Mamczek 1998, S. 93.
[56] Klaus W. Döring/Bettina Ritter-Mamczek 1998, S. 94.
[57] Rolf Berth (1993) nach Klaus W. Döring/Bettina Ritter-Mamczek 1998, S. 95.

Mit dem Schlagwort „Führen heißt Dienen" benennen Döring/Ritter-Mamczek „Ermöglichungsarbeit", d.h. diejenigen Management- und Führungstätigkeiten, die produzierende und dienstleistungsbezogene Kerntätigkeiten eines Unternehmens ermöglichen, ihnen „dienlich" sind. Dazu zählen

- „strategische Arbeit;
- Arbeit an der Produkt- und Dienstleistungsentwicklung;
- Arbeit an der Betriebs- und Organisationsstruktur des Unternehmens;
- logistische Arbeit: Handling der Ressourcen;
- Arbeit am Betriebsklima;
- Personalentwicklungsarbeit".[58]

Stärker im Mittelpunkt steht bei Döring/Ritter-Mamczek dabei der Systemkontext von Unternehmen und betrieblicher Weiterbildung, die als ganzheitliche Wirtschaftsgemeinschaft betrachtet werden: Betriebliche Weiterbildung und die Dozenten/Trainer/Ausbilder benötigen ein breites didaktisches Repertoire für kreative, vielseitige, interessante, zukunfts- und praxisorientierte Lernprozesse. Gleichzeitig handeln Weiterbildner/innen und Führungskräfte als möglichst authentische Modelle für die angestrebten Veränderungen. „Diese Entwicklungsarbeit an System und Mensch ist der Kern innovativen Managements und innovativer Führung."[59]

Innovationsfreudigkeit geht einher mit Kreativität, Flexibilität, Lernbereitschaft und Zukunftsorientierung. Selbst- und fremdbestimmte Anforderungen an die Akteure der betrieblichen Weiterbildung sind aus dieser Sichtweise:

- „besondere soziale Qualifikationen für Bereiche wie Führung, Beratung, Moderation, Teamarbeit, Lernen und Bildung;
- besonders ausgeprägte Lernbereitschaft und ein ständiges fachliches wie überfachlich-sozial-personales Weiterlernen".[60]

Diese Ermöglichungsarbeit lässt sich auf den „Mikrokosmos" eines Weiterbildungsprojekts in zweifacher Hinsicht übertragen: Zum einen sind die zuvor genannten Arbeiten von der Projektleitung innerhalb der Rahmenbedingungen eines Projekts auszuführen, zum anderen lässt sich ein Vergleich mit der „Ermöglichungsdidaktik"[61] des Ansatzes von Arnold herstellen. Ermöglichungsdidaktik und Ermöglichungsarbeit zielen beide auf eine wahrhaft tiefe Professionalität und neuartige „innovative" berufliche Identität ab und implizieren einen Kulturwandel, in dem auch die Aktivitäten innerhalb der Lern- und Arbeitsprozesse im Sinne verstärkter Selbstorganisation neu verteilt werden.

---

[58] Klaus W. Döring/Bettina Ritter-Mamczek 1998, S. 98.
[59] Klaus W. Döring/Bettina Ritter-Mamczek 1998, S. 106.
[60] Klaus W. Döring/Bettina Ritter-Mamczek 1998, S. 105.
[61] Vgl. Rolf Arnold in Kapitel 2.4.5 „Lehren vom anderen her".

3.1.4 Zusammenfassung

Aus den vorangegangen Darstellungen lassen sich folgende Aussagen zu Innovation zusammenfassen: Der Innovationsbegriff kann zu den in diesem Kapitel vorgestellten Merkmalen von Innovation, Innovationsfähigkeit und -förderung bzw. -lernen sowie Innovationsmanagement mit Dimensionen wie Improvisation, Veränderung, Neuerung und Bewältigung zukünftiger, oft nicht antizipierbarer und z.T. widersprüchlicher, Aufgaben charakterisiert werden.
Innovation impliziert eine Veränderung, die eine Verbesserung des Status quo bewirkt und sich in ihrem Lösungswert zeigt, der über das einfach Neue - Erfindung oder neue Kombination - hinausgeht und alle Beteiligten integriert.[62]

Welche Kompetenzen sind innovationsförderlich?
Der Selbstlernkompetenz kommt bei der Kompensation der Wissensveralterung und Kreativität ein besonderer Stellenwert zu.[63] Entsprechende für zukünftige Aufgaben erforderliche Kompetenzen sind Pluralitäts- und Übergangskompetenzen sowie sozial-kommunikative und prozessstrukturbezogene Kompetenzen,[64] hier etwa die Beherrschung von speziell betriebswirtschaftlich-organisatorischen gegenüber technischen oder naturwissenschaftlichen Prozess-Managementtechniken für Innovationsprojekte.[65] Für Führungskräfte in innovativen Lernunternehmen sind neben fachlichen, methodischen und sozialen Teilkompetenzen insbesondere die personalen Kompetenzen für Innovation hervorzuheben: Ausfüllung der Rolle des Initiators, des kreativen Querdenkers, des Motors für konstruktiven Wandel und Innovation mit Mut zur Veränderung, usw.[66] Das Wesen der Kompetenz zur Veränderung wird durch vier Eigenschaften charakterisiert: Wahrung von Komplexität, Dynamik statt Statik, Selektion statt Addition und Enzyklopädie, Selbstverantwortung und Selbstorganisation.[67] Aktuelle Themen sind in den sieben Dimensionen sozialen Managements aufgelistet. Besonders hervorzuheben sind in diesem Zusammenhang Führungskompetenzen, Projektmanagement, interkulturelle Weiterbildung sowie Kreativitäts-, Lehr-, Lern- und Arbeitstechniken.[68] Kritisch anzumerken ist, dass die unterschiedliche (zeitliche) Nähe zu Innovationsprozessen bzw. personell-bedingte Innovationsfreudigkeit in ihren verschiedenen Ausprägungen zu berücksichtigen sind und je nach Ausgangspunkt zu unterschiedlichen Resultaten und individuellen Fortschritten führen werden.

---

[62] Vgl. Kapitel 2.5 Preiswürdige Trainings als Ausdruck von Lernkultur und Innovation.
[63] Vgl. Kapitel 2.4.5 „Lehren vom anderen her" (Arnold/Schüßler) und Kapitel 3.1.3 Kompetenzentwicklung für Innovation.
[64] Vgl. Kapitel 2.3.2.5 Chancen und Risiken des Konzepts „Schlüsselqualifikationen".
[65] Vgl. Kapitel 3.1.2 Projektmanagement als Innovationsinstrument.
[66] Vgl. Kapitel 2.4.2 Konzept systemisch-didaktischer Professionalisierung (Döring).
[67] Vgl. Kapitel 2.4.4 Kompetenzbereiche unter Einbeziehung von Veränderungsprozessen (hier: QUEM).
[68] Vgl. Kapitel 3.1.3 Kompetenzentwicklung für Innovation.

Sowohl die Fachkompetenz von Weiterbildner/innen als auch deren Arbeitsfeldwissen und pädagogische Kompetenz enthalten neben Grundbestandteilen mit langfristiger Geltung veränderliche, ständig zu aktualisierende Bestandteile.[69] Soziales Management, soziales Know-How sowie Strategien sozialer Innovation auf der Individualebene führen zu unternehmerischem bzw. ökonomischem Erfolg durch innovative Veränderungen. Dabei entwickeln Weiterbildner/innen als Vorbilder, Vorreiter und Katalysatoren der Veränderungsprozesse neue Habitusformen, die sich neben personalen und sozial-kommunikativen auch in didaktischen und Management-Kompetenzen manifestieren.[70]

Wie kann Innovationsfähigkeit und -bereitschaft entwickelt werden?
Innovationsförderung bzw. -lernen wird durch entsprechende Bildungsprozesse erzielt.[71] Expliziter Wissensaufbau allein genügt nicht, auch Altes zu verlernen und zu vergessen gehört ebenso dazu wie die impliziten, d.h. durch Erfahrung gewonnenen Wissensstrukturen und deren Kombination mit explizitem Wissen.[72] Fachübergreifende Trainings für Teams und Moderatoren fördern Innovationsfähigkeit.[73] Zur Heranführung an neue Inhalte und Methoden eignet sich insbesondere ein schrittweises Vorgehen, um keine Widerstände zu erzeugen.[74]
Weitere wichtige Lern- und Arbeitsformen sind arbeitsplatznahe Qualifikationsformen, wie Rollen- und Planspiele, Simulationen, Erfahrungsaustausch, Coaching sowie Projektgruppen und Gruppenarbeit. Eigenverantwortliches Lernen bzw. selbstgesteuerte Lernprozesse beinhalten auch das wechselseitige Verändern und Entwickeln bzw. voneinander Lernen.[75] Aus marktpsychologischer Sicht ist die Kenntnis und gekonnte Anwendung von Kreativitätstechniken bzw. Ideenfindungsmethoden wichtig.[76]

Projekte sind innovationsförderliche Instrumente in zweierlei Hinsicht: einerseits kann durch Projektlernen die Innovationsfähigkeit gefördert und durch Projektarbeit Qualifikation erhöht werden, andererseits können durch Projektmanagement Innovationsprozesse in Unternehmen umgesetzt werden. Sowohl für innovatives Projektmanagement als auch Management und Führung in innovativen Unternehmen sind neben Innovationskriterien auf der materiellen Ebene („Erfindungen", Prozessstrukturen, Ressourcenverteilung) die personalen Dispositionen („Innovationsfreudigkeit") und sozialen Kompetenzen (Kommunikation, Koordinierung, Konfliktregulierung) der Führungskräfte und Mitarbeiter/innen als Träger der In-

---

[69] Vgl. Kapitel 2.4.4 Kompetenzbereiche unter Einbeziehung von Veränderungsprozessen (hier: Epping).
[70] Vgl. Kapitel 3.1.3 Kompetenzentwicklung für Innovation.
[71] Vgl. Kapitel 2.3.1 Begriffsbestimmung.
[72] Vgl. Kapitel 2.3.2.3 Messbarkeit und Vermittlung; vgl. Kapitel 3.1 Innovation und Kompetenzentwicklung.
[73] Vgl. Kapitel 2.3.2.5 Chancen und Risiken des Konzepts „Schlüsselqualifikationen".
[74] Vgl. Kapitel 2.4.1 Modell der didaktischen Handlungsebenen (Flechsig/Haller).
[75] Vgl. Kapitel 3.1.3 Kompetenzentwicklung für Innovation.
[76] Vgl. Kapitel 3.1.1 Begriffsbestimmung.

novation relevant. Als methodische Kompetenzanforderungen können u.a. Bildung und Förderung von Initiativen (Planung), Zielformulierung, Lösungssuche und Prozesssteuerung sowie Bewertung (Evaluation) benannt werden. Da mit Projekten Neuland betreten wird, sind Selbstlernkompetenzen in hohem Maß innovationsförderlich.[77]
Damit ist ein weiterer Professionalisierungsanspruch im Zusammenhang zum Multiplikator/innen-Modell benannt, der durch die prominente Betrachtung der Innovation herauskristallisiert wurde. Die in Kapitel 2.2 Metakompetenzen von Multiplikator/innen (Thesen) dargestellte innovative Sichtweise auf die Möglichkeiten der individuellen Profilbildung und Schwerpunktsetzung einschließlich geplanter offener Sequenzen im Hinblick auf die Entwicklung eigener Projektideen wird damit zur zentralen Schnittstelle der Kompetenzentwicklung interkultureller Multiplikator/innen. Sie beinhaltet ein hohes Maß an dispositiver Selbstverantwortung und Selbstlernkompetenz. Die gemeinsame Schnittmenge des Modells[78] setzt sich dabei aus Komponenten der Kompetenzen für Weiterbildung/Training, Projektmanagement und interkultureller Kompetenz zusammen; dabei sind nicht alle Kompetenzen innovationsförderlich. Die weitreichenderen spezifischen Kompetenzanteile umfassen zum einen die expliziten, erprobten Wissensbestandteile, zum anderen Routine- bzw. administrativ-organisatorische Elemente von Seminaren und Projekten und zum dritten bisherige (berufliche) Erfahrungen als implizites Wissen. Interkulturelle Kompetenz stellt dabei ein spezifisches, je nach Länderkombination der Partner im Projekt oder der Teilnehmer/innen in Weiterbildungsmaßnahmen die (Arbeits)Kultur erweiterndes Handlungsrepertoire zur Verfügung.

3.2 Zur Management-Weiterbildung

Im Folgenden werden die Grundbedingungen und der aktuelle Stand von Management-Weiterbildung beleuchtet, um daraus Schlussfolgerungen für die Multiplikator/innen-Weiterbildung, speziell den Profilaspekt des Projektmanagements zu ziehen. Dabei sollen erforderliche Kompetenzen aus der Management-Lehre für Führungskräfte und Projekte sowie entsprechende, relevante Lernmethoden identifiziert werden. Es ist zu klären, was Management in diesem Zusammenhang heißt, welche Schlussfolgerungen für das Management von interkulturellen Weiterbildungsprojekten zu ziehen sind und welchen Stellenwert strategische Management-Entwicklung (im doppelten Wortsinn) hier hat. Die Anforderungen an das Management-Lernen werden für Projektarbeit und Projektlernen fokussiert, wenngleich eine Projektmanagement-Tätigkeit unter dem karrierebezogenen Aspekt auch auf weitere Führungstätigkeiten vorbereiten kann.[79]

---

[77] Vgl. Kapitel 3.1.2 Projektmanagement als Innovationsinstrument.
[78] Vgl. Kapitel 2.2 Metakompetenz von Multiplikator/innen (Thesen).
[79] Vgl. z.B. Hedwig Kellner 2000.

„Managementtraining erfolgte und erfolgt ... häufig immer noch durch Praktiker, Berater und sonstige Autodidakten und nur ganz allmählich aufgrund fundierter und wirklichkeitsbezogener betriebspädagogischer und erwachsenenbildnerischer Konzepte."[80] Zunächst soll der Begriff der Management-Bildung definitorisch näher bestimmt werden. Bildung kann als Meta-Schlüsselqualifikation verstanden und Managementbildung „mit der Disposition zur reflexiven Auseinandersetzung mit sich und seinem Managementhandeln"[81] gleichgesetzt werden. Sie umfasst dabei institutionale und funktionale Aspekte. Berührungspunkte von Management und Bildung können Phantasie, Vision und schöpferische Persönlichkeit sein. Dennoch liegt ein Gegensatz in der unterschiedlichen Definition von Bildung und Management: Bildung gilt als zweckfrei, Management als zielgerichtet. Managementbildung ist insofern interdisziplinär, als sie ökonomische, psychologische und pädagogische Bezüge aufweist, wobei aus ökonomischer Sicht für die Unternehmensführung die Problemfelder Visionen, Interkulturalität, Ökologieorientierung und gesellschaftliches Verantwortungsbewusstsein benannt werden können. „Managementbildung stellt in diesem Zusammenhang eine wichtige Voraussetzung dar, um Anpassungsbereitschaft, Lernfähigkeit und Kreativität des Personals zu gewährleisten."[82] Sie hat eine koordinierende und entwickelnde Funktion. Wird der Paradigmenwechsel im Management hinsichtlich „einer nicht-herrschaftlich organisierten Organisation"[83] verstanden, so impliziert dies nach Wagner, dass Führungskräfte für die kognitiv und motivational unterschiedlichen Mitarbeiter/innen professionelle Weiterbildnerfähigkeiten entwickeln müssen.

Für die nach strategischen, taktischen bzw. operativen Entscheidungen differenzierbaren drei Ebenen des Managements[84] der oberen, mittleren und unteren Führungskräfte sowie des Führungskräftenachwuchses als vierter Gruppe fordern Gaugler/Kadel eine zielgruppenorientierte Ausrichtung der Weiterbildung.[85] Veränderungen in organisatorischen Strukturen und Hierarchien können zur Bildung neuer Strukturen in den Gruppen der Führungskräfte und zu neuen Anforderungen führen. Die Weiterbildung von Führungskräften, oft gleichgesetzt mit betrieblicher Personalentwicklung, stellt eine besondere Relevanz für den Erfolg des Unternehmens dar. Verbunden mit institutionellen werden auch individuelle Ziele in Weiterbildungsaktivitäten aufgrund sich ändernder Werte und Anforderungen an Führungskräfte immer relevanter. Weiterbildung muss zukünftige Entwicklungen und Veränderungen einbeziehen und deshalb antizipativ ausgerichtet werden. In der betrieblichen Hierarchie höher angesiedelte Vorgesetzte fungieren als Träger der Weiterbildung für die unterstellten Mitarbeiter/innen, für die Coaching oder Mentoring als besondere Führungsansätze relevant werden. Neben der kontinuierlichen „Selbstentwicklung" nimmt die Qualifizierung der eigenen Mitarbeiter/innen

[80] Dieter Wagner 1996, S. 5.
[81] Dieter Wagner 1996, S. 5.
[82] Dieter Wagner 1996, S. 10.
[83] Dieter Wagner 1996, S. 22.
[84] Vgl. Dieter Wagner 1996, S. 5.
[85] Vgl. Eduard Gaugler/Peter Kadel 1994, S. 598.

und der Führungskräfte von Zulieferern und Kunden als Führungsaufgabe an Bedeutung zu.[86] Die steigenden Anforderungen an eine erhöhte Mobilität und interkulturelle Kompetenz von Führungskräften verweisen neben betrieblichen, nicht ohne weiteres übertragbaren, Weiterbildungskonzeptionen auch auf überbetriebliche und -fachliche Weiterbildung.[87]

Staehle[88] unterscheidet aus der verhaltenswissenschaftlichen Perspektive in Handlungs- und Entscheidungsprozesse sachbezogener und personenbezogener Führung.
Sachbezogene Führungsfunktionen können hierarchisch wie folgt dargestellt werden:[89]

Führung (als Tätigkeit)							
Willensbildung					**Willensdurchsetzung**		
Zielentscheidung			Maßnahmenentscheidung		Einwirken im weiteren Sinn		
Vorausschau	Zielplanung	Zielentscheidung	Planung	Entscheidung	Organisation	Einwirken i.e.S.	Kontrolle

Tab. 21: Führungsfunktionen (nach Staehle 1991)

Dabei finden sich die operativen Führungsfunktionen in der untersten (4.) Ebene, d.h. Vorausschau, Zielplanung, -entscheidung usw. Sie sind im wesentlichen identisch mit den für Projektmanagement benannten Schritten. Personenbezogene Führung umfasst als zielorientierte Beeinflussung menschlichen Verhaltens auch damit einhergehende Phänomene wie Motivation, Gruppenführung, Machtausübung, Konfliktlösung, soziale Kontrolle.
Eine etwas andere Begriffsbestimmung nehmen Schuler/Moser[90] vor, indem sie Führung als eine Funktion oder Rolle von Managementtätigkeiten defininieren. Weitere Funktionen sind dann die Verarbeitung von Informationen, das Problemlösen und Entscheiden, Bereitstellen von Ressourcen sowie Verhandeln und Repräsentieren.

In der folgenden Übersicht sind für das Multiplikator/innen-Modell schlussfolgernde Thesen zu Kompetenzanforderungen von Managementtechniken für Projekte dargestellt:[91]

---

[86] Vgl. Eduard Gaugler/Peter Kadel 1994, S. 599ff.
[87] Vgl. Eduard Gaugler/Peter Kadel 1994, S. 603.
[88] Vgl. Wolfgang H. Staehle 1991, S. 74-78; vgl. auch Gerhard Kroll 1998, S. 61.
[89] Baugut/Krüger (1976) nach Wolfgang H. Staehle 1991, S. 76.
[90] Heinz Schuler/Klaus Moser 1995, S. 34f.
[91] Eigene Darstellung, basierend auf der überarbeiteten Fachlandkarte für Modul 5 „Managementtechniken“ von Monika Rummler/Petra Jordan (1999, unveröff. Seminarmaterial).

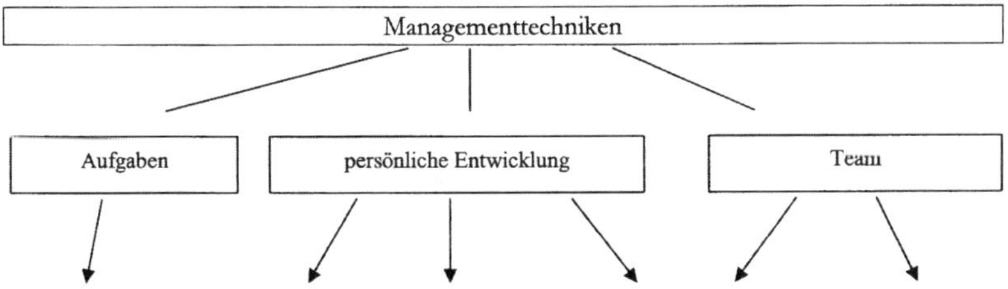

Arbeitstechniken	methodische Kompetenz	Selbst-management	soziale Kompetenz	Sozialtechniken
Organisation Planung Koordination Zielorientierung Ergebnisorientierung Krisenmanagement Delegation Prozesslenkung Kontrolle Evaluation	Berichte schreiben Sitzungen/Konferenzen gestalten Kreativitätstechniken Reisen organisieren Wissensmanagement recherchieren - lesen - auswerten/ ordnen telefonieren neue IT nutzen	Zielfindung Prioritäten setzen Zeitmanagement Stressmanagement Führungsstil	Kommunikationsfähigkeit Problemlösung Entscheidungsfindung Verhandlungsführung Konfliktlösung Durchsetzungsstrategien	Kommunikationstechniken Motivierung Führungstechniken Mitarbeiter-Entwicklung Konfliktmanagement Troubleshooting

Abb. 11: Kompetenzanforderungen und Managementtechniken für Projekte (eigene Darstellung)

Die genannten Kompetenzanforderungen und Managementtechniken für Projekte stellen eine operationalisierte, für das Multiplikator/innen-Modell relevante Schwerpunktsetzung aus den idealtypisch in der Literatur genannten methodischen Schlüsselqualifikationen dar. Sie sind auf den Bedarf der Teilnehmer/innen der Weiterbildung fokussiert.

3.2.1 Projekte als Lernfeld

Döring benennt Projektfortbildung als eine Methode der Fortbildung im Rahmen beruflicher Weiterbildung.[92] Im Folgenden sollen Besonderheiten einer Projektfortbildung herausgearbeitet werden, da eine Weiterbildung für Projektmanagement-Tätigkeiten am sinnvollsten durch eine projektorientierte Lernform konzipiert und durchgeführt wird. Wesentlich sind dabei die Gestaltungselemente einer Projektfortbildung sowie Gemeinsamkeiten und Unterschiede von „Arbeitsprojekt" und „Lernprojekt".

[92] Vgl. Kapitel 1.1 Begriffsklärung, Abbildung 4 Fort-/Weiterbildung.

Frey hat auf amerikanischer Tradition aufbauend die Projektmethode zu einer vielbeachteten Theorie des Projektunterrichts für im Grunde alle Bildungsinstitutionen (Schule, Volkshochschule, Betrieb oder Universität), aber auch für andere Begebenheiten oder Interessen der Teilnehmer/innen entwickelt. Er geht dabei von den Begriffen der „Menschenbildung“ und des „bildenden Tuns“ aus: „Es geht um die Planung eines in Aussicht genommenen Unterrichts. Oder genauer: um die Entwicklung von Unterricht durch die Beteiligten.“[93]

Eine Begriffsbestimmung von Projekt und Methode deutet sich in den sprachgeschichtlichen Ursprüngen an, im lateinischen „projicere“: vorauswerfen, entwerfen, planen, sich vornehmen und im altgriechischen „methodos“: Weg, etwas zu untersuchen oder etwas Vorgenommenes anzugehen. „Entscheidend dabei ist, dass sich die Lernenden ein Betätigungsgebiet vornehmen, sich darin über die geplanten Betätigungen verständigen, das Betätigungsgebiet entwickeln und die dann folgenden verstärkten Aktivitäten im Betätigungsgebiet zu einem sinnvollen Ende führen. Oft entsteht ein vorzeigbares Produkt.“[94] Dabei meint Projektmethode den Lernweg, das Projekt das konkrete Lernunternehmen und projektartiges Lernen die Auswahl von einzelnen Komponenten der Projektmethode.

Vorläufer des projektartigen Lernens findet sich bereits in den pädagogischen Skizzen von Rousseau, Pestalozzi und Fröbel. Projekte wurden bereits Mitte des 18. Jahrhunderts in Zusammenhang mit Unterricht, z.B. in den Kunstakademien Italiens und Frankreichs, durchgeführt und breiteten sich als Lernidee auf technische Hochschulen in Europa und den USA aus. „Die Projektmethode ist somit Teil einer internationalen Bewegung, sie nimmt aber je nach den Vorstellungen und Bedürfnissen ihrer Vertreter verschiedene Inhalte und Formen an. ... Ziel der Projektmethode ist es, die Distanz zwischen Schule und Leben, Wissenschaft und Beruf, Theorie und Praxis zu verringern.“[95]

Merkmale, die nach Frey für die Projektmethode kennzeichnend sind und sie von anderen Lernmethoden unterscheiden, sind in der folgenden Abbildung[96] benannt:

[93] Karl Frey 1998, S. 13.
[94] Karl Frey 1998, S. 14.
[95] Karl Frey 1998, S. 39.
[96] Karl Frey 1998, S. 16.

„Die Teilnehmer/innen an einem Projekt
... greifen eine Projektinitiative von jemandem auf (z.B. ein Thema, Erlebnis, Tagesereignis, Faktum, Problem);
... verständigen sich auf gewisse Umgangsformen miteinander (Interaktionsformen);
... entwickeln die Projektinitiative zu einem sinnvollen Betätigungsgebiet für die Beteiligten:
... organisieren sich in einem begrenzten zeitlichen Rahmen selbst;
... nutzen die veranschlagte Zeit, z.B. durch Planen und Einteilen, für die verschiedenen Tätigkeiten;
... informieren sich gegenseitig in gewissen Abständen. Die gegenseitige Information bezieht sich auf Aktivitäten, Arbeitsbedingungen und eventuell auf -ergebnisse;
... beschäftigen sich mit einem relativ offenen Betätigungsgebiet. Dieses ist nicht zum voraus in kleine Lernaufgaben und -schritte aufbereitet;
... arbeiten soziale oder individuelle Prozesse und Konstellationen auf, die während des Projektablaufs auftreten;
... setzen gewisse Arbeitsziele oder vereinbaren einen Arbeitsrahmen;
... entwickeln selbst Methoden für die Auseinandersetzung mit Aufgaben, eigenen Betätigungswünschen und Problemen;
... versuchen in der Regel, die gesetzten Ziele im Betätigungsgebiet zu erreichen;
... decken zu Beginn und im Verlauf des Projektes eigene persönliche und gruppenmäßige Interessen unter Berücksichtigung des Ausgleichs zwischen beiden auf und entwickeln diese kritisch weiter;
... verstehen ihr Tun als Probehandeln unter pädagogischen Bedingungen;
... spüren auftretende Spannungen und Konflikte auf, um sie zu lösen;
... helfen in verschiedenen Situationen aus, auch wenn das eigene Interesse nicht im Vordergrund steht;
... befassen sich mit realen Situationen und Gegenständen, die ähnlich auch außerhalb der momentanen Lernsituation vorkommen;
... setzen sich auch mit aktuellen und sie selbst betreffenden Fragen auseinander."

Abb. 12: Typische Merkmale der Projektmethode (nach Frey 1998)

Die vorangestellten Merkmale beinhalten auf einer operativen Ebene alle wesentlichen Schritte eines Lernprojekts. Als offene Lernform lässt sich die Projektmethode nicht präzise definieren, da situative und personelle Interessen eine große Vielfalt an Gestaltungsmöglichkeiten für Projekte implizieren. Erst diese Interessen bilden das Potenzial, das Sinn stiftet und Handlungen ermöglicht.
Entsprechend sind verschiedene Ablaufmuster des Lernens mit der Projektmethode möglich. Einige Gemeinsamkeiten im Ablaufmuster können sein:[97]

- Projektinitiative;
- Beratung und Verständigung der Teilnehmer/innen über die Initiative und die durchzuführenden Handlungen;
- Entwicklung des Betätigungsfelds (Eingrenzen, Planen etc.);
- Metadiskussion oder -interaktion an bestimmten Fixpunkten der Betätigung;
- bewusst gesetzter Abschluss oder Wechsel zu anderen Aktivitäten.

Kennzeichnend ist dabei, wie die einzelnen Aktivitäten ausgehandelt und ausgeführt werden, um vom reinen Tun zum bildenden Tun zu kommen.

[97] Vgl. Karl Frey 1998, S. 21.

Die o.a. Metadiskussion oder -interaktion über das gemeinsame Lernen ist bestimmend für die „situative Distanz". Durch Loslösen vom Routinehandeln wird Distanz zur Situation hergestellt und damit die Voraussetzung von Bildung geschaffen. Die Bildungsinteressen der Teilnehmer/innen werden schon in die Anfänge von Bildungsinitiativen einbezogen bzw. sie initiieren diese selbst und verständigen sich in einem vereinbarten Rahmen dialogisch über die Vorschläge und Vorhaben. Unter Einbeziehung des Wissens aus den Elementen Zielorientierung, Interaktion und situative Distanz bewirkt die spezifische Reflexion ein Bewusstsein über das Betätigungsgebiet unter interaktiven Bedingungen. Lernergebnisse der Projektmethode spiegeln deshalb hauptsächlich die gruppenbezogene Ausprägung wieder. Die pädagogische Kraft des Projektlernens liegt darin, dass mit dieser Methode die Lernenden selbst Wirklichkeit mitschaffen können. Insofern ist Projektlernen auch als innovativ zu bezeichnen.
Handeln als curriculares Handeln umfasst damit die vier Elemente

- Zielorientierung
- Interaktion (Verständigungsprozess)
- situative Distanz
- spezifische Reflexion.[98]

Als Lernform können Klein-, Mittel- und Großprojekte unterschieden werden. Dabei entsprechen Kleinprojekte eher dem projektartigen Lernen und umfassen nur einige Stunden. Mittelprojekte als Normalfall universitären Lernens und der Erwachsenenbildung dauern ein bis mehrere Tage. Großprojekte werden meist von mehreren Gruppen oder Institutionen über eine Woche bis mehrere Jahre durchgeführt und ihre Ergebnisse öffentlich bekannt gemacht.[99]

Die Projektmethode verfolgt als generelle Absicht, Lernen in und Leben außerhalb der Bildungsinstitution zu verbinden. Dies geschieht, verallgemeinernd dargestellt, durch

- Zusammenarbeit, Rücksichtnahme, gemeinsames Arbeiten statt Konkurrenzverhalten;
- Bezug zu realen Situationen und Gegenständen;
- Einbeziehen kognitiven, affektiven und motorischen Lernens;
- Orientieren an und Entfalten von persönlichen Fähigkeiten;
- Berücksichtigen persönlicher Bedürfnisse;
- Motivieren für das Erreichen gemeinsamer Ziele;
- Fördern des Zusammenhangs der Lernbereiche innerhalb und außerhalb der Bildungsinstitution;
- Verbinden einzelner Fächer;
- Einbeziehen aktueller Handlungsbedürfnisse und Fragestellungen zur permanenten Erneuerung der Bildungsinstitution.[100]

[98] Vgl. Karl Frey 1998, S. 27-32.
[99] Vgl. Karl Frey 1998, S. 22ff.
[100] Vgl. Karl Frey 1998, S. 71; die generelle Absicht ist dort bezogen auf Schule dargestellt.

Zu den wesentlichen Voraussetzungen, um mit der Projektmethode selbständiges Definieren und Erfüllen von Aufgaben anzuleiten sowie Selbstorganisation und Übernahme von Verantwortung der Lernenden zu fördern, gehört ein Zeitlimit neben weiteren Rahmenbedingungen, die bekannt sein müssen, um die einzelnen Schritte und sinnvolles Handeln zu ermöglichen. Dies gilt für die Organisation des Lernens mit der Projektmethode an sich, aber auch für die curriculare Gestaltung einer Weiterbildung im Rahmen einer Bildungsinstitution.[101] Eine weitere Voraussetzung ist eine geeignete Projektumgebung nach der These von Frey: „Die Umgebung beeinflusst das Verhalten und somit auch das Lerngeschehen."[102] Dazu gehören nicht nur die Seminarräume und die Anordnung der Einrichtung, sondern auch die Umgebung der Weiterbildungseinrichtung. Um die Akzeptanz eines Projekts und seiner Ergebnisse zu sichern, sind Kontaktgespräche und Abstimmungsprozesse mit Externen nötig, die direkt oder indirekt mitbeteiligt sind oder werden. Daneben verändert sich bei der Durchführung der Projektmethode die Rolle des Lehrenden vom aktiven Gestalter und Organisator des Lernens durch Vorträge, Anweisungen, positive Verstärkung, Fragen (Dozent/innen- und Stoffzentrierung) hin zum Berater fächerübergreifenden Lernens und aktiver Lernerrolle (Teilnehmer/innenzentrierung) mit seltenen Prüfungen durch die Lehrenden.[103]

Ob und in welcher Form im Rahmen der Projektmethode geprüft bzw. beurteilt wird, hängt davon ab, inwieweit die erbrachten Leistungen und die Qualität der Vorgehensweise dokumentiert werden sollen. Bereits das Produkt oder die Problemlösung kann als Leistungsnachweis gelten. Durch die erfahrbaren Lernfortschritte wird neben dem Tauschwert von Bildung auch der unmittelbare Gebrauchswert für den Lernenden kenntlich. Die Lernenden können im Lernprozess auch ohne Bewertung durch den Lehrenden über Aufgabenverteilung und Eigenschaften, z.B. aus den Meta-Diskussionen, ihren Status erkennen. Mit der Projektmethode werden Fähigkeiten berücksichtigt, die das ganze Leistungsspektrum des Lernenden umfassen. Der Leistungsbegriff kann durch Selbstbeurteilung des Lernprozesses erweitert werden. Dabei kann ein Beurteilungs- bzw. Benotungsvorschlag von bzw. mit den Teilnehmenden entwickelt und entlang der Komponenten des obigen Ablaufmusters vorgegangen werden.[104]

Grenzen und Probleme der Projektmethode liegen darin, dass sie kein ökonomisches Verfahren ist: „Bei eng gefassten Lernaufgaben mit unverrückbaren Lerngegenständen in reduzierter Zeit ist die Projektmethode fehl am Platz."[105] Wichtig ist in diesem Zusammenhang ein differenzierter Leistungsbegriff, der über die Selektionsfunktion (Auswahl) hinaus um die spezifischen Leistungsmöglichkeiten innerhalb der Projektmethode erweitert wird. Ob und wann die Projektmethode sinnvoll eingesetzt werden kann, hängt auch davon ab, welche Leistungen von den Lernen-

[101] Vgl. Karl Frey 1998, S. 215f.
[102] Karl Frey 1998, S. 224.
[103] Vgl. Karl Frey 1998, S. 241ff.
[104] Vgl. Karl Frey 1998, S. 247ff.
[105] Karl Frey 1998, S. 260.

den im Rahmen der Zielsetzung und der (fachlichen) Bestandteile des Curriculums erbracht werden sollen. Wird beispielsweise Kreativität als Entwicklungsziel gefordert, so lässt sich, darauf weisen Metaanalysen hin, bei informellem Unterricht jeder Art eine leichte Korrelation beobachten. Im Gegensatz dazu scheint die Leistungsmotivation umso geringer, je mehr informeller Unterricht durchgeführt wird.[106]

Mögliche produktive Effekte der Projektmethode sind:
- Gelerntes wird länger behalten, Transfer erleichtert.
- Die Teilnehmer/innen entwickeln selbst Themen, Fragestellungen und finden geeignete Methoden.
- Die Teilnehmer/innen können sich weitgehend selbst organisieren und die Kompetenzentwicklung bestimmen.
- Sie fördert Erfolg durch Zwischen- und Prozessziele, weil die hohe Selbstregulation das Überwinden von Schwierigkeiten in der Vorgehensweise (gerade auch bei den Leistungsschwächeren) unterstützt.[107]

Longmuß schlägt als Merkmale zur Bestimmung der Lernform Projekt vor:
- Gruppenarbeit
- Arbeitsteilung
- Selbstorganisation
- Problemorientierung.

„Projektbezug, verstanden als Problemorientierung im Gegensatz zur Disziplinorientierung, macht das Wesen von Projektarbeit aus. Es geht nicht um das systematische Erarbeiten von Fachwissen entlang der Grenzen von Disziplinen und Fachsystematiken, sondern um das exemplarische Erwerben von Wissen anhand eines Problems und seine Anwendung in Bezug auf dieses Problem.“[108] Gelernt werden sollen nicht nur das Thema, sondern die zu verwendenden Methoden oder wissenschaftlichen Vorgehensweisen, um ähnlich gelagerte oder neue Probleme bearbeiten und lösen zu können. Damit wird die Entwicklung von Fachkompetenz um die problemlösende Methodenkompetenz erweitert.

Für erfolgreichen und bewussten Lerntransfer gelten die folgenden Gesichtspunkte:[109]
- Voraussetzung ist es, Ähnlichkeiten zwischen Lernstoff und zukünftigen Anwendungsgebieten identifizieren zu können.
- Die Transferabsicht muss zwischen Lehrenden und Lernenden klar sein und thematisiert werden.
- Der Transfer des Gelernten muss an entsprechenden Beispielen trainiert werden.

---

[106] Vgl. Karl Frey 1998, S. 264.
[107] Vgl. Karl Frey 1998, S. 269ff.
[108] Jörg Longmuß 1998, S. 30.
[109] Vgl. Jörg Longmuß 1998, S. 31.

- Erfolgreicher Transfer setzt die Einsicht in allgemeine Prinzipien bzw. theoretische Grundlagen von Operationen voraus, nicht reines Faktenwissen.

Die Projektmethode liefert für das Multiplikator/innen-Modell eine Reihe brauchbarer Vorgehensweisen und Vorteile. Sie erlaubt es aufgrund abgestufter Projektgrößen, unterschiedliche Lernmethoden gestaffelt einzusetzen. Dabei können feststehende Wissensbestandteile sowohl in besonderen Lehrsequenzen vermittelt als auch selbst in Projektgruppen unterschiedlicher Zeitdauer selbständig bearbeitet werden. Die Lernenden erarbeiten sich aktiv die Themen ihrer Projekte, suchen bzw. lernen durch die Lehrenden geeignete Methoden und entwickeln Selbstbeurteilungskriterien. Sie vergewissern sich in Meta-Diskussionen der erreichten (Teil)Ziele und Erfolge, auch im Hinblick auf die eigenen Lernfortschritte. Die intensivere Lernarbeit führt zu längeren Behaltensquoten und besseren Transferleistungen, auch über die Dauer des Projekts hinaus.
Der Ansatz von Projekten als Lernform beinhaltet nicht explizit die in der Projektmethode für den Lernerfolg relevanten Meta-Diskussionen, dafür einen stärkeren Bezug auf die Exemplarität des Wissenserwerbs sowie einen differenzierteren Blickwinkel auf den zu erzielenden Transfererfolg.

Um Projektmanagementfähigkeiten für alle Phasen eines Projekts zu erwerben, ist eine Kombination der verschiedenen Elemente im Lernprozess sinnvoll. Dazu gehören:

- die eigenständige problemorientierte Themenfindung bzw. Ideenentwicklung;
- die Planung der Betätigung und des Feldes;
- das exemplarische Erlernen geeigneter Methoden;
- arbeitsteilige, selbstorganisierte und problemorientierte Gruppenarbeit;
- die Selbstreflexion erreichter selbstdefinierter (Teil)Ziele;
- Aufbau von Kontakten zum Lernumfeld;
- Transfervereinbarungen;
- ein Projekt"produkt" als Leistungsnachweis.

Damit sind Rahmenkonstellationen für das Curriculum des Multiplikator/innen-Modells benannt, die auf den Kompetenzerwerb für das spätere innovative und projektbezogene Tätigkeitsfeld abzielen. Projektlernen als quasi-reale Situation geht aber über das Learning-by-Doing hinaus. Erworben werden sollen wissenschaftlich und theoretisch fundierte handlungsleitende Prinzipien des Projektmanagements und ein Bewusstsein zur Selbstvergewisserung für die erforderlichen Kompetenzen. Deshalb werden im Folgenden Projekte als Arbeitsform und Anforderungen an Projektmanagement-Kompetenz näher dargestellt.

3.2.2 Definition und Merkmale von Projekten

Innovative, komplexe und zeitlich terminierte Aufgaben können meist nicht innerhalb traditioneller Hierarchien gelöst werden. Projekte sind eine Koordinations-

form, deren besondere Eigenschaften sich v.a. zur Lösung noch undefinierter Probleme oder zur Steigerung der Flexibilität und Anpassungsfähigkeit an den Wandel der Arbeitswelt eignen.
Als charakteristische Eigenschaften eines Projektteams sind zu benennen:

- „Aufgaben- und problemorientiert: das Team kommt zu einer eigenen Problemdiagnose; keine fest umrissene Aufgabenbeschreibung;
- zeitlich begrenzt: Zusammenarbeit dauert nur so lange, bis das Team die Aufgabe für gelöst hält;
- interdisziplinär und heterogen: die einzelnen Teammitglieder (6 bis 10 Personen) sollten über möglichst unterschiedliches Fachwissen und Können verfügen und sowohl Generalisten als auch Spezialisten einschließen; unterschiedliche Hierarchieebenen sollten vertreten sein;
- flexibel und innovativ: das Team muss in der Wahl seiner Arbeitsmethode frei sein; das Team sollte kreativ und risikofreudig sein und jede denkbare Möglichkeit durchspielen;
- prozess- und ergebnisorientiert: das Team berichtet in bestimmten Abständen über Zwischenergebnisse; es muss ein Ausgleich angestrebt werden zwischen Flexibilität und Freiheit einerseits und Planung und Kontrolle andererseits.“[110]

Projekte werden nicht nur in der Industrie und Forschung eingerichtet, sondern auch zur Förderung der Arbeit. Die Bandbreite von Projekttätigkeiten ist entsprechend weit gefächert:

- Abriss und Demontage früherer Industrieanlagen;
- Rekultivierung von Industrie- und Bergbauflächen;
- Renaturierung und Landschaftsschutz;
- Recycling oder Bergung und Wiederaufbereitung historischer Baumaterialien;
- wissenschaftlich-technische Forschung und Entwicklung, usw.

Damit leisten Projekte Beiträge zu neuen wissenschaftlich-technischen Erkenntnissen, zu Verfahren und Dienstleistungen, zur Stadtteil- und Dorfentwicklung sowie Lokal- und Regionalgeschichte, zu sozialen und pädagogischen Betreuungsleistungen, zur Information, Qualifizierung und Wiedereintritt in den 1. Arbeitsmarkt von Arbeitslosen, zu künstlerischen Produkten usw.
Der individuelle Nutzen von meist anspruchsvollen Tätigkeiten in Projekten kann für die oft selbstorganisiert arbeitenden Projektteammitglieder allgemein beschrieben werden als:

- Motivierung
- Förderung der Leistungsbereitschaft
- Selbstbestätigung
- Antrieb zum Lernen
- Erhalt und Modifikation fachlicher, methodischer und sozialer Kompetenzen.[111]

---

[110] Lippitt et al. (1985) nach Wolfgang H. Staehle 1991, S. 712f.
[111] Vgl. Matthias Trier 1998, S. 240f.

Einige Lernfelder aus Aufgaben der Projekttätigkeit sind:
- vielfältige Arbeitsbeziehungen;
- Kontakte zu Unternehmen, Behörden, Vereinen;
- Öffentlichkeitsarbeit und Vermarktung der Projektergebnisse;
- Ausweitung des Berufs- und Persönlichkeitsprofils;
- Entwicklung und Erprobung eigener Initiativen.

Es lassen sich vier Niveaustufen von Projekten unterscheiden:[112]
1. Beschäftigungsprojekte, die mit einfachen Arbeiten die Arbeitsfähigkeit erhalten und sozialer Isolierung entgegenwirken;
2. Projekte, in denen Facharbeiten häufig mit Weiterbildung im bisherigen oder angrenzenden Berufsgebiet verknüpft sind, um die beruflichen Qualifikationen aufrechtzuerhalten oder zu aktualisieren;
3. Projekte zur Umorientierung auf andere berufsfremde Tätigkeiten;
4. Projekte zum Übergang in die Existenzgründung oder ehrenamtliche Tätigkeiten, die meist an Interessen, Neigungen, Hobbys für spätere qualitätsvolle Leistungen ansetzen (Freizeit, Kultur, Tourismus, Naturschutz, Begegnungsstätten, Jugendeinrichtungen u.ä.).

Professionalisierung erfolgt durch tätigkeitsvorbereitendes und tätigkeitsbegleitendes Lernen für meist zunehmend anspruchsvollere Arbeitstätigkeiten, die in steigender Qualität der Ergebnisse erkennbar sind und anwachsendes Wissen, Können und Handlungskompetenz im sozialen Feld mit sich bringen (müssen).

Projektmanagement sollte nationalen und internationalen Standards folgen, die während der Arbeit im Projekt zu beachten sind.[113] Für Deutschland sind dies die DIN, im Einzelnen:
- DIN 69 900 Netzplantechnik
- DIN 69 901 Projektmanagement-Begriffe
- DIN 69 902 Projektwirtschaft - Einsatzmittel
- DIN 69 903 Projektwirtschaft - Kosten und Leistung, Finanzmittel.

Die in der DIN-Norm 69 901 festgeschriebene Definition bezeichnet ein Projekt als ein Vorhaben, „das im Wesentlichen durch die Einmaligkeit der Bedingungen in ihrer Gesamtheit gekennzeichnet ist, wie z.B. Zielvorgabe, zeitliche, finanzielle, personelle oder andere Begrenzungen, Abgrenzung gegenüber anderen Vorhaben, projektspezifische Organisation."[114]
Die internationalen ISO-Normen, die in über 70 Ländern anerkannt und für alle Branchen gültig sind, beziehen sich auf Qualität, Qualitätsmanagement und -sicherung(ssysteme).

In betrieblichen Zusammenhängen spielt neben den Merkmalen von Projekten auch die Einbettung in die Organisationsstruktur eine Rolle: „Projektmanagement

[112] Vgl. Matthias Trier 1998, S. 242.
[113] Vgl. Reiner Neumann/Karsten Bredemeier 1996, S. 98f.
[114] Reiner Neumann/Karsten Bredemeier 1996, S. 118.

ist Schnittstellenmanagement. Die Einmaligkeit eines Vorhabens und die zeitliche Begrenzung sind wesentliche Merkmale von Projekten. Projekte organisieren sich horizontal zur ansonsten vertikal geprägten Linienstruktur. Eine exakte Aufgabendefinition und klar festgelegte Kompetenzen gegenüber der Linienstruktur sind wesentliche Voraussetzungen. Neben der Konzentration von Fachwissen sind die kommunikativen und sozialen Fähigkeiten des Projektleiters und der Projektteam-Mitglieder ausschlaggebend für den Erfolg."[115] Außer den mit dem Handeln im Systemkontext einer Organisation verbundenen Kompetenzen sind Fachkompetenz und allgemeine Schlüsselkompetenzen für das Anforderungsprofil ‚Projektarbeit' charakteristisch.

Im Gegensatz zur Projektmethode als Lernform ist Projektmanagement als Arbeitsform gekennzeichnet durch feste Definitionen, exakte Aufgabenstruktur und klar festgelegte Kompetenzen innerhalb der Organisation. Dazu gehört auch die Strukturierung des Projektteams in Leitung und Mitarbeiter/innen, in interne und externe Kooperationsbeziehungen. Aufgabenbeschreibungen und Problemdiagnose sowie Vorgehensweise sind Gegenstand der Projektarbeit, während die Ziele vorgegeben sind. Gemeinsamkeiten und Unterschiede zum Projektlernen liegen im Grad der Selbstorganisation und Zielsetzung sowie Rollenfindung. Sowohl in der Projektmethode als auch in der Projektarbeit sind Lernmöglichkeiten für die Mitglieder enthalten.

3.3 Handlungstheoretischer Ansatz

Ziel der Multiplikator/innen-Weiterbildung ist es, theoretisch fundiert bzw. theoriegeleitet - also wissensbasiert - bei allen Schritten eines Aus- oder Weiterbildungsprojekts vorzugehen und diese praktisch umzusetzen: ausgehend von der ersten Idee, einen Antrag zu stellen, und schließlich alle Schritte eines Projekts durchzuführen, zu evaluieren und die Projektergebnisse zu vermarkten. Dabei handelt es sich meist darum, ein mehrjähriges Vorhaben, das verschiedene kurz- und mittelfristige Handlungen umfasst, antizipatorisch zu planen und später organisatorisch durchzuführen.

Aus handlungstheoretischer Sicht kann ein Projekt in zeitlicher Perspektive wie folgt beschrieben werden: „Diese langfristigen Vorhaben stehen zwischen der Kategorie der Tätigkeit und den Einzelhandlungen. ... Langfristige Vorhaben beschäftigen uns über längere Zeit hinweg, meist mit Unterbrechungen. Sie sind durch eine durchgehende oder einen inneren Zusammenhang darstellende Thematik gekennzeichnet. ... Sie umfassen mehrere oder viele Einzelhandlungen, die in der Regel verschiedenen Handlungstypen angehören. Und die Handlungen eines sozialen Systems, einer Gruppe oder Organisation strukturieren in der Regel wohl die langfristigen Vorhaben der beteiligten Individuen. Wir dürfen annehmen, dass so um-

[115] Klaus W. Döring/Bettina Ritter-Mamczek 1999, S. 196.

fassende Einheiten in sich komplex strukturiert sind, und dass sich auch an ihnen viele Merkmale in verschiedener Ausprägung unterscheiden lassen. ... Projekte nenne ich ... langfristige Vorhaben von einer gewissen Einmaligkeit, die sich auf ein bestimmtes Ergebnis oder einen bestimmten Prozess richten. Es ist anzunehmen, dass mit der Einmaligkeit des Projektes auch die Bedeutung originärer Handlungen zunimmt, aber auch Projekte sind aus verschiedenen Handlungsformen zusammengesetzt."[116]

Es können - wenn auch bislang nicht empirisch überprüft, zumindest theoretisch - verschiedene prototypische Handlungsformen unterschieden werden, die während eines Projektes in unterschiedlichem Maße zum Einsatz kommen und insofern für die Weiterbildung und die Entwicklung des Multiplikator/innen-Curriculums relevant sind. Diese sechs Punkte sind Verhaltensdimensionen:[117]

1. Zielgerichtetes Handeln mit vier Unterformen:
   - Originäre, also erstmalig oder selten ausgeführte Handlungen, sind häufig konkrete Handlungen, auch das Ausprobieren in neuen Situationen. Zu diesen gehören auch die interaktiven Handlungen, z.B. im Unterricht oder Projekt.
   - Routine-Handlungen sind dagegen v.a. Alltagshandlungen.
   - Ideomotorische (d.h. unbewusst ausgeführte) Handlungen werden durch äußere Anreize ausgelöst und ballistisch gesteuert; das Handeln unter Druck zeigt eine affektive und eine Willenskomponente, z.B. (aber auch) das schnelle Reagieren des Lehrenden in einer schwierigen Unterrichts- oder Projektsituation.
   - Willensbetontes Handeln bezeichnet beinahe das Bewusstsein ausfüllende Willensanstrengungen, auch in der Ausrichtung auf mentale Gegenstände.
2. Bedeutungsorientiertes Handeln richtet sich darauf, soziale Bedeutungen zu schaffen oder zu verändern ohne primär materielle Folgen, z.B. Rituale.
3. Prozessorientiertes Handeln wird um seiner selbst willen ausgeführt, weil das Vollführen der Handlung bzw. des Handlungsprozesses selbst an sich als belohnend empfunden wird. Es kann sich auch auf mentale Gegenstände richten. Dabei werden drei typische Phasen durchlaufen: die Vorbereitung, die eigentlich prozessorientierte Phase und die Schlussphase.
4. Emotional-intuitives Handeln richtet sich auf konkrete oder interaktive Gegenstände, ist auf - wenn auch unklar definierte - Ergebnisse hin orientiert, emotional energetisiert und emotional-intuitiv und heterarchisch gesteuert.
5. Affekt-Handeln ist ganz überwiegend interaktiv und ergebnisorientiert. Es kann aber auch selbstbelohnend sein.
6. Mentales Handeln findet ausschließlich im Geist statt, z.B. denken, sich erinnern, Heuristika verwenden usw., hat aber in vielen Ausprägungen den Charakter des Handelns. Es lässt sich unter dem Stichwort „Problemlösen" zusammenfassen.[118]

---

[116] Mario von Cranach 1994, S. 84.

[117] Die psychoanalytische Komponente spielt hier weniger eine Rolle.

[118] Vgl. Mario von Cranach 1994, S. 80-83.

Zielsetzung der Multiplikator/innen-Weiterbildung ist es, erfahrungs- und wissenschaftsgeleitete Handlungskompetenz durch qualifizierteres Lernen zu entwickeln, d.h. beiläufig in der Tätigkeit (arbeitsintegriertes Lernen[119]) zu lernen und über diese Tätigkeit bewusst zu reflektieren sowie nach übergreifenden wissenschaftlich begründeten Antworten[120] zu suchen.
Dabei resultiert die Kompetenz zur Handlung nach Staudt et al.[121] neben der (organisatorischen) Zuständigkeit aus der individuellen Handlungskompetenz.[122] Letztere entsteht aus Handlungsfähigkeit und Handlungsbereitschaft und beinhaltet verschiedene Handlungsformen. Die Handlungsfähigkeit hat fachliche, methodische und soziale Ausprägungen und ist auf die Elemente explizites und implizites (Erfahrungs-)Wissen sowie entsprechende praktische Fertigkeiten bezogen.

Handlungsorientiertes Lernen und das Lernen Erwachsener findet außer in selbstorganisierten Lernprozessen immer mehr auch in fremdorganisierten Formen der Weiterbildung statt (Kurse, Seminare, Workshops u.ä.). Es folgt dem didaktischen Prinzip der Wissenschaftlichkeit als Instrument des Aufgaben- und Problemlösens und der Einordnung des Exemplarischen in größere Zusammenhänge. Dabei wird Handlungskompetenz gefördert, wenn Theorieerwerb mit praktisch-tätigem Lernen verbunden wird, das über rein technisch-instrumentelle Kenntnisse hinaus den Intentionen erwachsener Lerner entspricht, auch für ihre individuelle Lebenspraxis zu lernen.[123] Aktivierende Arbeitsformen unterstützen den Lernprozess methodisch, indem ausgehend von gegenwärtigen Fragestellungen der Lernenden mittels Simulationen, Gruppenarbeit, Fallanalyse, Rollenspiel, Planspiel etc. spätere Arbeitssituationen lernend antizipiert werden.
Um in der berufsbegleitenden und projektorientierten Weiterbildung Arbeitsplatznähe zu erreichen und arbeitsimmanentes Lernen zu unterstützen, werden in die Anforderung, eine eigene Projektidee bis zur Projektdurchführung zu entwickeln, verschiedene andere Lern-Maßnahmen integriert, die Lernprozesse in verschiedenen Handlungsformen unterschiedlicher Intentionalität initiieren. Zu diesem Zweck werden die in der folgenden Tabelle kursiv gesetzten Maßnahmen[124] in der Multiplikator/innen- Weiterbildung eingesetzt. Tabelle 22 zeigt Abstufungen in der Intention von Lernprozessen und Arbeitsplatznähe:[125]

[119] Vgl. Martin Baethge/Christiane Schiersmann 1998, S. 31f.
[120] Vgl. Matthias Trier 1998, S. 251f.
[121] Vgl. Erich Staudt et al. 1997, S. 125f.
[122] Vgl. Kapitel 2.3.2.1 Dimensionen einer Handlungskompetenz.
[123] Vgl. Matthias Trier 1998, S. 257.
[124] Von MoR.
[125] Christof Baitsch 1998, S. 306.

	Intendierte Lernprozesse		**Nicht intendierte Lernprozesse**	
Off the job	Berufsschule *Weiterbildung* Fortbildung	Hersteller- schulung		betriebliche Freizeit- veranstaltung
	Corporate Universities		Qualitätszirkel	
Near the job		Betriebliches Vorschlagwesen	kontin. Verbesserungs- prozess	Task-Forces
		Stagiaires *Lernaufgaben*	Arbeits- besprechung	*Projektgruppe*
On the job	*Training*		Patenschaft	*Hospitation*
	Einarbeitung *Anlernung*			Kooperation
		Traineeprogramm		
	Beistellprogramm		Lernstatt	*Gruppenarbeit*

Tab. 22: Arbeitsplatznähe und Intentionalität von Maßnahmen zur Unterstützung arbeitsimmanenten Lernens (nach Baitsch 1998)

Die für die Gesamtgestaltung des Curriculums der Multiplikator/innen-Weiterbildung ausgewählten und eingesetzten Lernmethoden erzeugen in hohem Maße intendierte Lernprozesse (off the job). Durch den berufsbegleitenden Charakter sind unmittelbare Transferprozesse und Wechselwirkungen mit der Berufsarbeit gegeben. Die in zwei- bis dreiwöchigem Abstand geplanten Module haben den Charakter von Trainings (on the job) zu verschiedenen thematischen und methodischen Schwerpunkten, wenngleich nicht räumlich direkt am Arbeitsplatz, so doch in unmittelbarer zeitlicher Nähe.[126] Dies gilt ebenso für das Anlernen. Der enge Bezug zu einem Projekt als einem zu erzielenden Weiterbildungsprodukt erfordert die Eingliederung in den bestehenden Arbeitsplatz oder die Suche nach einer geeigneten Trägerinstitution (bei arbeitssuchenden Teilnehmer/innen) und weist neben dem Anlernen für das neue Tätigkeitsfeld auch Merkmale der Einarbeitung auf. Projektbezogene Lernaufgaben im Curriculumkonzept sollen Arbeitsnähe simulierend antizipieren. Praktika sind verpflichtender Bestandteil, der nach Möglichkeit bei einem potenziellen Projektträger, Arbeitgeber oder zukünftigen Projektpartner absolviert wird. Praktika können je nach individuellem Schwerpunkt der Teilnehmer/innen auch Hospitationen in Weiterbildungsmaßnahmen des Trägers beinhalten. Über die unmittelbar intendierten Lernprozesse hinausgehende Lernergebnisse können durch selbstorganisierte Projektgruppen und Gruppenarbeit als Simulationsmethode erzielt werden. Gruppenarbeit meint hier lernziel- und projektbezogene Teilarbeitsschritte innerhalb des Gesamtziels zu absolvieren oder ein eigenes Projekt zu entwickeln.

[126] Vgl. hierzu auch Kapitel 3.5.1 Anforderungen an das Management-Lernen.

3.4 Anforderungen an Projektmanagement-Kompetenz

In diesem Kapitel werden Anforderungen an die Professionalität von Projektmanagement und Führungskräften hinsichtlich Aufgaben, Kompetenzen und Schlüsselqualifikationen analog zur Professionalisierungsdebatte für Weiterbildner/innen dargestellt und um empirische Ergebnisse und Verfahren der Management-Diagnostik ergänzt. Die bisherigen Schlussfolgerungen werden auf ein Aufgabenprofil von (Projekt)Managern für die Weiterbildung übertragen und in ein vorläufiges Modell integriert.

Projektmanagement hat Konjunktur. Das zeigen auch vielfältige Veröffentlichungen[127] sowie verschiedene Romane, die sich v.a. mit den Schwierigkeiten des Projektmanagements befassen und je nach Schwerpunktsetzung unterschiedliche Kompetenzen priorisieren. Sie sind offensichtlich für einen Bedarf an Selbststudium konzipiert, der neben Hilfestellung für die Anforderungen im Projektalltag eine erweiterte (entlastende) Sichtweise und Reflexionsmöglichkeiten des eigenen Projekthandelns bieten kann. „Der Projektleiter ist *die* Schlüsselfigur des Projekts. Mit seiner Qualität steht und fällt der Projekterfolg."[128] Als Hauptaufgabe neben den organisatorischen Aufgaben wird die Führungsarbeit in Projekten, d.h. Information, Unterweisung, Mitarbeitergespräche, Kontrolle, Anerkennung und Kritik, benannt.[129] Mitarbeiterführung und Gruppendynamik in (Projekt)Teams werden mit mehr oder weniger geeigneten Führungstechniken und unter verschiedenen Blickwinkeln behandelt.[130] Kellner, deren Ansatz das Projektmanagement als Ausgangspunkt für eine weitere Unternehmenskarriere ist, stellt den wohl weitreichendsten und detailliertesten Katalog von operativen Anforderungen an Projektleiter/innen auf, die allgemein benannt werden als

- Generalistenorientierung
- bereichsübergreifendes Denken
- unternehmerisches Denken
- Führungsqualifikation
- Durchsetzungsvermögen
- Ausstrahlung.[131]

Auch Gründe für das Scheitern oder im Umkehrschluss, für den Erfolg, werden plakativ benannt, wenn durch kompetente Projektleitung die „Fallen" umgangen werden.[132] Gemeinsam ist der Literatur und den Romanen, dass Projektalltag modellhaft geschildert wird und implizit normative Vorgaben für Projektmanagement

---

[127] Vgl. z.B. Christoph V. Haug 1998, Reiner Neumann/Karsten Bredemeier 1996; Elisabeth Mehrmann/Thomas Wirtz 1999; Klaus D. Tumuscheit 1998.

[128] Reiner Neumann/Karsten Bredemeier 1996, S. 119 (kursiv im Orginal).

[129] Reiner Neumann/Karsten Bredemeier 1996, S. 39f.

[130] Vgl. z.B. Klaus W. Döring/Bettina Ritter-Mamczek 1999, S. 257ff. zur Kritik an den Management-by-Ansätzen. Vgl. auch Josef Scheff 1996 zu (Ohn)Macht in Gruppen.

[131] Vgl. Hedwig Kellner 2000, S. 10ff.

[132] Vgl. Klaus D. Tumuscheit 1998, S. 78f.

gemacht werden. Die Aufgaben und benötigten Kompetenzen sind dabei auf unterschiedlichen Abstraktionsniveaus benannt.

Als die größten Misserfolgsfaktoren lassen sich Unerfahrenheit und fehlendes Führungswissen, d.h. auch soziale Kompetenz, von Projektleiter/innen identifizieren.[133] Als Erfolgsmethode wird strategisch-konzeptionelle Kompetenz für die folgenden Aufgabenfelder benannt:

- „Steuerung von wirtschaftlichen, zeitlichen und personellen Faktoren (Budget, Zeitrahmen, Personal);
- unternehmensinternes Marketing;
- Ermittlung der Bedeutung des Projektes und der Zielsetzungen;
- Vernetzung der Projektziele mit den strategischen Zielen des Unternehmens."[134]

Dazu gehören Projektplanung und -steuerung sowie -implementierung, Zielsetzung, Kontrolle, Anwendung von Arbeitsmethoden, Entscheidungsfindung, Delegation, Zeitmanagement. Die strategisch-konzeptionelle Kompetenz umfasst die Komponenten Wissen über Systeme, Ausbildung, Erfahrung und Qualifizierung. Das soziale Führungswissen beinhaltet die Fähigkeit, Mitarbeitergespräche führen, Rückmeldungen geben, motivieren, Konflikte managen, sich in andere einfühlen, Gruppen-/Teamarbeit anleiten und mitgestalten zu können.[135]

Um die Kompetenzen und damit das Kompetenzprofil eines Projektleiters bzw. einer Projektleiterin näher bestimmen zu können, ist es sinnvoll, Aufgaben detaillierter zu benennen. Eine erste praxisbezogene Annäherung zeigt auf, dass dazu gehören:

- „Festlegen der Organisation;
- Abstimmen der Ziele und des Pflichtenhefts mit dem Auftraggeber;
- Strukturieren des Projekts;
- Auswahl und Leitung des Projektteams;
- Planung, Steuerung und Überwachung von Terminen, Kosten und Durchführung;
- Information;
- Entscheiden;
- Führung;
- Verhandlungen".[136]

Diese Aufgaben erfordern v.a. soziale Kompetenz, Führungsfertigkeiten und Organisationsvermögen, während Fachkompetenz nur in kleineren Projekten benötigt wird, da Kommunikation und Organisation mit zunehmender Projektgröße (ab 5 bis 7 Mitgliedern) die Hauptaktivitäten ausmachen. Diese Prioritätensetzung wird aus dem Blickwinkel allgemeiner Kompetenzentwicklung bestätigt: „Soziale und personale Kompetenz treten zunehmend neben der Fach- und Methodenkompetenz (insbesondere in Form von Managementkompetenz: Management-Skills und

---

[133] Vgl. Christine Demmer 2001, S. 53.
[134] Christine Demmer 2001, S. 52.
[135] Vgl. Christine Demmer 2001, S. 52.
[136] Reiner Neumann/Karsten Bredemeier 1996, S. 119.

Projektmanagementfähigkeiten) als Basisdispositionen für Fach- und Führungskräfte in den Vordergrund."[137] Um diese Basisdispositionen zu entwickeln und die steigenden Kompetenz- und Persönlichkeitsanforderungen zu erfüllen, können vielfältige Kompetenzentwicklungsmethoden eingesetzt werden.[138]

Der Blick auf die organisatorische Einbindung und jeweilige Organisationsform eines Projekts zeigt weitere Aufgaben und Kompetenzanforderungen, die Schlussfolgerungen hinsichtlich erforderlicher Trainingsmaßnahmen ermöglichen. Aus den Eigenschaften eines Projektes ergibt sich, dass für das Projektmanagement besondere Organisationsformen und Methoden notwendig sind. Projektarbeit wirkt sich meist auf die Wirtschaftlichkeit, das Wachstum, den Erfolg und den Gewinn der Institution aus. Zu den Methoden gehören Planung, Steuerung und Kontrolle der Projektarbeit. Im Gegensatz zu den eher repetitiven Routineaufgaben erfordern die zeitliche Begrenzung und die Bearbeitung innovativer und komplexer Aufgaben eine andere Koordinationsform: Der Projektleiter als Koordinator der externen und internen Arbeitsprozesse hat beratende und berichterstattende Funktionen hinsichtlich des im Projekt versammelten bzw. zu erzielenden Expertenwissens sowie disziplinarische und direktive Funktionen hinsichtlich des Einsatzes des Personals und der Mittel. Je nach gewählter Organisationsform, ob Matrix-Management, d.h. Trennung von fachlichem und personellem Management, oder Klientenprinzip, d.h. Trennung zwischen fachlichem Auftraggeber und Expertenteam, sind die Arbeits- und Führungsaufgaben, die z.B. Zielkonflikte oder umfangreiche Formalismen beinhalten, unterschiedlich.

Die Aufgaben und Pflichten (formale Kompetenzen) der Projektleitung lassen sich auf die folgenden beiden Kernelemente zuspitzen:

- im Rahmen der organisatorischen Zuordnung ist sie einem Entscheidungsgremium oder einem Funktionsbereichsleiter gegenüber weisungsgebunden;
- hinsichtlich der zielabhängigen Ergebnisverantwortung obliegt ihr deren inhaltliche und zeitliche Erfüllung im Rahmen der finanziellen und personellen Kapazitäten.

Daraus lassen sich folgende Teilaufgaben ableiten:

- Zielüberprüfung und Abstimmung mit bisherigen Prozessen und anderen Plänen;
- technische Realisierungsmöglichkeiten;
- ökonomische Realisierung, d.h. Aufwand-Nutzen-Analyse bzw. Wirtschaftlichkeit;
- Aufstellen eines projektbezogenen Budgets, d.h. Bewirtschaftung erforderlicher Personal- und Sachmittel;
- Planen entlang der Projektphasen und Problemanalysen bei Planabweichungen;

[137] Volker Heyse/John Erpenbeck 1997, S. 199.

[138] Vgl. hierzu auch Tabelle 13 Trainingsmethoden für Handlungs-, Fach-, Methoden- und Sozialkompetenzen in Kapitel 2.3.1 Begriffsbestimmung.

- Sicherstellen des Projektfortschritts, d.h. Termin- und Aufgabenverteilung mit dem Projektteam und Kontrolle;
- Mitarbeiterführung, d.h. Motivation, Förderung, Konfliktlösung, Arbeitsverteilung;
- interne und externe Kommunikation.

„Insgesamt treffen für den Projektleiter alle Anforderungen und Kriterien des Managements zu, bezogen jeweils auf die besondere Situation, die durch die herausragende Stellung der Projektaufgabe gegeben ist.“[139] Deshalb werden im Folgenden einige Ergebnisse der Schlüsselqualifikationsdiskussion für Führungskräfte näher beleuchtet. Es ist allerdings von Unterschieden in der Reichweite des Handelns auszugehen, die vom Wirkungsgrad von Projekten vornehmlich innerhalb der Organisation, ihrer Größe und der späteren Implementierung aus bestimmt sind. Demgegenüber ist die Reichweite des oberen und Top-Managements auf das ganze Unternehmen und seine Beziehungen mit der Umwelt gerichtet.[140]

3.4.1 Schlüsselqualifikationen für Führungskräfte

In diesem Kapitel werden allgemeine Professionalisierungsansprüche an Führungskräfte benannt. Hier ausbildungsbiografisch vorzugehen, also mit der Schule zu beginnen, danach die universitäre Ausbildung und allgemeiner die Anforderungen der Wirtschaft zu beleuchten, würde den Rahmen der vorliegenden Arbeit sprengen.[141] Auf den von Mertens Mitte der 1970er Jahre geprägten Begriff der Schlüsselqualifikationen wird hier nicht mehr näher eingegangen.[142] Hinsichtlich der Professionalisierung von Managementtätigkeiten wird untersucht, ob es fachspezifische Ausprägungen sowie qualifikatorische Bestandteile im Managementprofil gibt, die in den bisher für eine Tätigkeit in der Weiterbildung gemachten Ausführungen noch nicht enthalten sind. Deshalb werden im Folgenden Ansätze zur Bestimmung von Schlüsselqualifikationen von Führungskräften dargestellt.

Für die 1. und 2. Führungsebene, also hierarchisch oberhalb des Projektmanagements angesiedelt, aber durchaus damit als Teilfunktion befasst, stellt Grunwald[143] idealtypische klassische Managementfunktionen in einem Regelkreis dar, in dessen Zentrum Kommunikation und Kooperation (11.) liegen, die folgende Einzelfunktionen beeinflussen:

---

[139] Wolfgang H. Koschnick 1995, S. 524.

[140] Die Bedeutung von Umweltfaktoren in Entscheidungsprozessen nimmt mit höherer Hierarchiestufe zu, so dass Entscheidungen in unternehmensinterner und gesellschaftsbezogener Hinsicht zunehmend übergeordneter, also immer politischer werden. Vgl. Albert Stähli 1993, S. 34.

[141] Vgl. hierzu z.B. Reinhard Zuba 1998. Es kann davon ausgegangen werden, dass in der Weiterbildung Defizite aus schulischen und universitären Ausbildungen bearbeitet werden müssen.

[142] Vgl. z.B. Horst Siebert 1994, S. 69f. sowie Kapitel 2.3 Professionalisierung durch Kompetenzentwicklung.

[143] Vgl. Wolfgang Grunwald 1995, S. 196.

1. Probleme erkennen und analysieren
2. Zielfindung, Zielsetzung
3. Planung von Lösungsalternativen
4. Entscheidung
5. Initiieren von Alternativen
6. Organisieren
7. Koordinieren, Lenken
8. Motivieren
9. Kontrollieren
10. Bewerten.

Zu den Aufgabenbereichen gehören als Einflussgrößen unternehmerischen Handelns das externe (sozio-kultureller, ökologischer, technologischer, ökonomischer, politisch-administrativer, organisatorisch-struktureller Bereich) und interne (Gewerkschaften/Betriebsrat, Arbeitsgeberverbände, Aktionäre/Kreditgeber, Lieferanten etc.) Umfeld, die mit „strategischem Management" des Unternehmens gleichgesetzt werden. Führung lässt sich in strukturelle, interaktionale und symbolische Führung differenzieren. Da das Tagesgeschäft den Arbeitsalltag stark strukturiert, scheinen Anforderungen an Manager tatsächlich zwischen theoretisch-quantitativen (Planungs- und Entscheidungsmethoden, Statistik, EDV) und praktisch-pragmatischen (erfahrungsgeleiteter Intuition und Kreativität) Qualifikationen zu liegen.

Der gemeinsame Annahmekern der unterschiedlichen Aufgaben und Qualifikationen von Führungskräften umfasst neben personalen Voraussetzungen immer auch situative Gegebenheiten als Einflussfaktoren für den Führungserfolg. Die Schlüsselqualifikationen von Managern vor dem Hintergrund eines humanistischen Menschenbildes lassen sich grafisch wie folgt darstellen:[144]

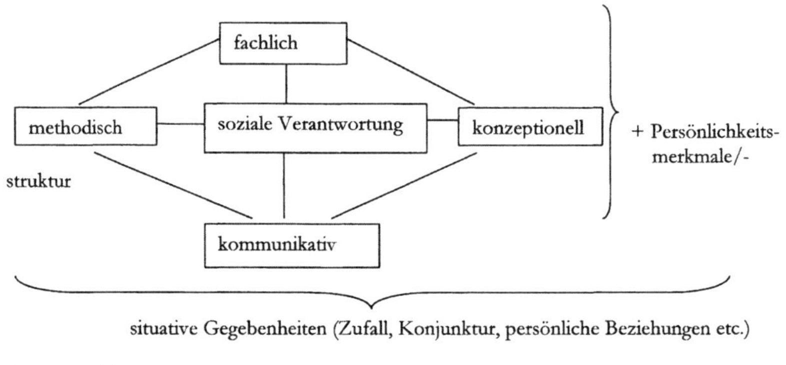

Abb. 13: Schlüsselqualifikationen von Managern (nach Grunwald 1995)

Dabei sind die einzelnen, möglichst gleich zu gewichtenden Dimensionen als Ziel und Ergebnis lebenslangen Lernens wie folgt ausgeprägt:[145]

[144] Wolfgang Grunwald 1995, S. 198.
[145] Vgl. Wolfgang Grunwald 1995, S. 199ff.

Dimension	Ausprägung
fachliche Qualifikation (Sache)	- Kenntnisse, Fähigkeiten und Fertigkeiten in den Inhalten und Methoden des Fachs sowie Berufserfahrungen, - Offenheit für neue Ideen, Konzepte, Prozesse, Strukturen im Fachgebiet, - interdisziplinäre Sichtweise mit Grundkenntnissen der Nachbargebiete, - Computergrundkenntnisse, Fremdsprachen, Auslandserfahrungen, - Initiative zur eigenen fachlichen Weiterbildung.
konzeptionelle Qualifikation (Zielsetzung)	- Denken: mehrdimensional, kreiskausal, integrativ, vernetzt; strategisch, - Denken in: Tendenzen, Interdependenzen; Neben- und Spätfolgen, Rückkopplungen; Problem- und Lösungshierarchien; Alternativen und Konsequenzen, - adäquater Einsatz von Experten, Sensibilität für „schwache Signale“, - Umgang mit Unsicherheit, Ungewissheit und Mehrdeutigkeit, Zukunftsorientierung.
methodische Qualifikation (Realisierung)	- individuelle Arbeitstechniken (Zeitmanagement, Zielformulierung und Aufgabenanalyse, ABC-Analyse, Technik wissenschaftlichen Arbeitens, persönliche Arbeitstechnik), - Entscheidungs- und Problemlösungstechniken (Kosten-Nutzen-Analyse, Investitionsrechnung, Entscheidungs-Matrix-Methode, Entscheidungsbaum-Methode, Aufgabenplanung), - Kreativitätstechniken: Brainstorming/Brainwriting-Methode, Synektik, morphologische Technik, Ablaufanalysen, Problemlösungsbaum, Szenario-Techniken, Pareto-Analyse, Ursachen-Wirkungs-Diagramm, - Gruppenarbeitstechniken: Ergebnisse der Kleingruppenforschung, Moderationstechnik, Visualisierungstechnik, Präsentationstechnik, Protokollführung, Rhetorik (für Vortrag, Diskussion und Verhandlung), - Kenntnis bzw. Anwendung von Informations- und Kommunikationstechnologie.
kommunikative Qualifikation (Umgang mit Menschen)	- innere Grundhaltung (Selbstöffnung, Aufrichtigkeit, Authentizität, Zivilcourage, Selbstvertrauen, Gerechtigkeitsempfinden, Selbstdisziplin, Verantwortungsgefühl), - Auseinandersetzung mit der eigenen Person (Kenntnis der eigenen Stärken und Schwächen, Fähigkeit zur Selbstkritik, konstruktive Verarbeitung eigener Erfolge und Misserfolge; konstruktiver Umgang mit eigenen Ängsten, Minderwertigkeitsgefühlen, Unsicherheiten, Hoffnungen, Illusionen, Wünschen), - zwischenmenschliche Beziehungen (Wirkung des eigenen Verhaltens auf andere, Erkennen eigener Anteile an Problemen/Konflikten, Art und Weise Mitarbeiter/innen zu überzeugen/motivieren).
soziale Verantwortung (Moral und Ethik)	- Grundkenntnisse der Ethiklehren (klassische Ethik, Sozialethik, Wissenschafts- und Technikethik, Wirtschaftsethik), - Kenntnis und Anwendung der Unternehmensethik (Zielkonflikte, Umweltverträglichkeit, Sozialverträglichkeit, Unternehmensverfassung/-grundsätze, Entgelt-/Beförderungs-prinzipien, Gewinnverwendungsprinzipien, Mitbestimmung/-eigentum), - Kenntnis und Anwendung der Führungsethik (sozialethische Gebote, Verantwortung, sozialethische Führungsprinzipien).

Tab. 23: Dimensionen und Ausprägungen der Management-Schlüsselqualifikationen (eigene Darstellung nach Grunwald 1995)

„Erfahrungsgemäß zeigen Manager nicht so sehr Mängel in der fachlichen Qualifikation, sondern im sozialen und ethischen Verhalten. ... Betrachtet man den Katalog der Schlüsselqualifikationen, so wird man feststellen, dass es den ‚idealen Manager' nicht gibt und wohl auch nie geben wird."[146] Wesentlicher als eine summative Auflistung idealtypischer Anforderungen scheint eine profilorientierte Auswahl und Gewichtung relevanter Kompetenzen zu sein, die adäquat am Aufgabenprofil orientiert und damit im Sinne eines lebenslangen Entwicklungsprozesses auch im Hinblick auf die verschiedenen beruflichen Phasen trainierbar sind.

Als veränderte Anforderungen an Führungskräfte können nach Berthel folgende Teilaspekte zukünftig relevanter intellektuell-kreativer, sozial-teamdynamischer und wertbezogener Qualifikationen genannt werden, die hier entlang fachlicher, methodischer und sozialer Kompetenzen neu gruppiert wurden:[147]

fachliche Kompetenzen	- interdisziplinäres Denken und Handeln - konzeptionelle Gesamtsicht - Marktorientierung - wirtschaftliches Grundverständnis - Sachkompetenz - technologisch vorausdenken
methodische Kompetenzen	- Methodenwissen - Kreativität für neue Lösungen - Lernfähigkeit und Flexibilität - Entscheidungen treffen/Verantwortung übernehmen - Organisationsfähigkeit
soziale Kompetenzen	- Menschenführung und Motivation - Kommunikationsfähigkeit und -bereitschaft - Kooperations- und Kompromissfähigkeit

Tab. 24: Zukünftig relevante fachliche, methodische und soziale Kompetenzen (eigene Darstellung nach Berthel 1992)

Das jeweilige mit Weiterbildung zu erzielende Profil ist dabei für die speziellen Unternehmensanforderungen zu definieren und mit tatsächlichen Führungskräftequalifikationen abzugleichen.[148]

Das Neue an Schlüsselqualifikationen für die Bewältigung unterschiedlichster Herausforderungen des Managements, die hier auf den Projektmanagementanteil in der Multiplikator/innen-Weiterbildung bezogen werden sollen, ist, dass sie

- „nicht funktionsbezogen, also tätigkeitsunspezifisch sind;
- nicht positiv definiert werden können im Sinne von Anpassungsqualifikationen;

---

[146] Wolfgang Grunwald 1995, S. 202.

[147] Vgl. Jürgen Berthel (1992), mündliche Befragung von 66 Spitzenführungskräften aus 28 Unternehmen unterschiedlicher Größe und Branchen; vgl. auch J. Berthel (1992) nach Eduard Gaugler/Peter Kadel 1994, S. 601; vgl. auch Bernhard H. Sowarka/Werner Sarges 1995, S. 209f.; vgl. auch Monika Rummler/Michael Lutz 1997, S. 18; hier eigene Gruppierung von MoR.

[148] Vgl. Kapitel 3.4.3 Management-Eignungsdiagnostik.

- nur bedingt in tradierten Lernorganisationen vermittelbar sind, (also) neue Lehr- und Lernformen erfordern;
- Personen und Organisationen zugleich zugeordnet sein müssen;
- nicht instrumentelles Know-How vermitteln, sondern einen höheren Grad an Problemlösungskompetenz besitzen;
- ‚Lösungsmöglichkeiten' zukünftiger Probleme aufzeigen bzw. die Bewältigung zukünftiger Aufgaben erbringen können;
- die Interdependenz von Personen und Sachen anerkennen und die Fähigkeit zur Interdependenz (vernetzt zu denken und strategisch zu handeln) vermitteln".[149]

Den „für die Zukunft bedeutsamsten Managerpotentialen (Managerqualifikationen)" sind in systemischer Hinsicht Grenzen gesetzt: Sie können nur in Beziehung z.B. zu Funktionsbereichen und Hierarchieebenen gesehen werden, die ihre eigenen Anforderungen an Managertätigkeiten stellen. Solche Potentiale werden je nach persönlicher Ausprägung und funktioneller Schwerpunktsetzung aus folgenden Teilaspekten gebildet:[150]

intellektuelles, kreatives Potenzial	1. Ambiguitätstoleranz 2. Lernfähigkeit, -bereitschaft 3. Fähigkeit zur Lösung schlechtstrukturierter Probleme 4. Sensibilität für schwache Signale 5. Kreativität auch für De-Novo-Designs[151]
soziale, teamdynamische Potenziale	6. Verhaltensbeeinflussung, Menschenführung 7. Teamfähigkeit 8. Kommunikationsfähigkeit 9. Konfliktfähigkeit 10. Expertenschaft im Einsatz von Experten
wertebezogene Potenziale	11. Wertebewusstheit 12. konzeptionelle Gesamtsicht 13. Zukunftsoffenheit

Tab. 25: Zukünftig bedeutsame Managerpotenziale (eigene Darstellung nach H.-M. Rummler 1991)

„Die erfolgreiche Tätigkeit des Managers beruht auf dem ‚richtigen' Mix aller relevanten Qualifikationen. Das situationsbezogene Qualifikationsmix zu erkennen und anzuwenden ist der Schlüssel zum Erfolg des Managers."[152] Dies kann auch auf die Leitungsfunktion von bzw. in Projekten mit Ausrichtung auf deren Besonderheiten übertragen werden. Allerdings ist die Transformation von Anforderungen an das Management in Bezug auf Schlüsselqualifikationen auch hier nicht widerspruchsfrei, da sich das Projektmanagement in seiner heterogenen Vielfältigkeit und das

[149] Vgl. Hans-Michael Rummler 1991, S. 20f. Leider werden die theoretischen und praktischen Fragen nach der Vermittlung von Schlüsselqualifikationen und ihren organisatorischen und lerntheoretischen Voraussetzungen und Folgerungen hier ausgeblendet; ebda. S. 12.
[150] Vgl. Hans-Michael Rummler 1991, S. 66ff.
[151] Innovationen.
[152] Hans-Michael Rummler 1991, S. 66.

Anforderungsprofil von Führungskräften der Prognose entziehen. Die Qualifikationen dafür müssen einerseits antizipatorisch erworben und sollen andererseits nicht antizipierbaren Fragestellungen genügen.

Das Führungskonzept von innovativem Management beinhaltet nach Döring eine dienende Funktion den Mitarbeiter/innen gegenüber, nämlich „die Lernfähigkeit, Flexibilität und Veränderungsbereitschaft der Belegschaft eines Unternehmens zu entwickeln, auszubauen und zu erhalten. Aus unternehmerischer Sicht sind dabei jene Veränderungen von besonderem Interesse, die sich auf Innovationen im Betrieb richten."[153] Modellhaft vereint Döring die Vermittlung einer organisationsübergreifenden, praxisrelevanten Lehrbefähigung mit der Führungskräfte-Qualifizierung zu einer organisationsspezifischen Schlüsselqualifikation.[154] „Innovationsfähigkeit zielt letztlich immer auf eine Erhöhung der Professionalität und Qualität der Arbeit in der Unternehmung."[155] Dabei benennt er die grundlegende Klienten- oder Kundenzentrierung als Basis für jedes glaubhafte Qualitätsmanagement. Führungskräfte werden mit professioneller Führungsarbeit somit zu Agenten für Qualität, wenn sie in ihrer Führungsarbeit die erforderliche Klientenorientierung mit konsequenter Mitarbeiterorientierung verbinden. „Mitarbeiterzentrierung ist demnach die Parole professionellen Führens."[156]
In Anlehnung an Döring[157] lassen sich die Kompetenzen für Führungskräfte mit folgendem Modell darstellen, das mit Anpassungen hinsichtlich Gewichtung, Zeitumfang und Verantwortlichkeit der ableitbaren Aufgaben auch für Projektmanagement gelten kann:

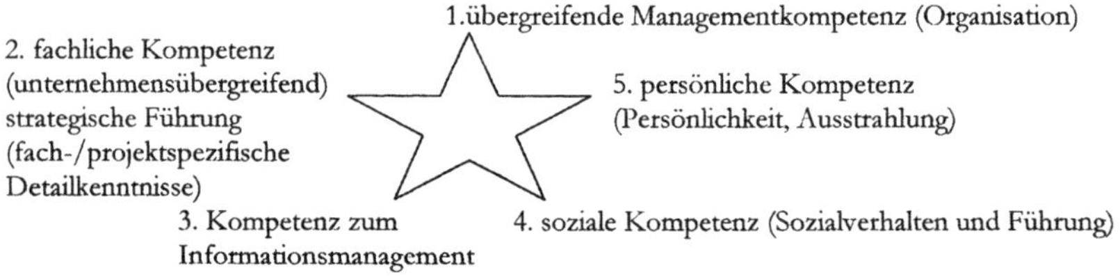

Abb. 14: Modell der Kompetenzen für Führungskräfte (eigene Darstellung nach Döring 1996)

Diesen Kompetenzen sind bestimmte Aufgaben zugeordnet, die sich in realem Führungsverhalten, personen- und situationsabhängig allerdings durchaus verschieden, zeigen. „Die zentralen Verhaltensformen (sind) klar voneinander zu unterscheiden, weil sie erst dadurch beschreib- und trainierbar gemacht werden."[158] Sie

[153] Klaus W. Döring 2000, S. 78.
[154] Vgl. Klaus W. Döring 1996, S. 13.
[155] Klaus W. Döring 1996, S. 9 zur besonderen Rolle von Führung und Qualifizierung im Innovationsprozess am Beispiel des Deutschen Roten Kreuzes.
[156] Klaus W. Döring 1996, S. 14.
[157] Vgl. Klaus W. Döring 1996, S. 19.
[158] Klaus W. Döring 1996, S. 20.

wurden in einer synoptischen Übersicht bereits auf das Projektmanagement bezogen.[159]
Eine Gewichtung der Kompetenzen für das Projektmanagement kann entlang eines partizipativen Führungsverhaltens erfolgen und ist von der Projektgröße (Finanzvolumen, Anzahl der Projektmitarbeiter/innen) und Reichweite der fachlichen Ziele bestimmt. Die von Döring vorgenommene Zuordnung von Kompetenzen und Aufgaben zu zentralen Verhaltensformen von Führung bietet für die Gestaltung des modularen Multiplikator/innen-Curriculums Hinweise für umsetzbare Trainingseinheiten, z.B. hinsichtlich des Kommunikations- und Sozialverhaltens.[160]

Haug kombiniert Handlungskompetenz als Qualifizierungsziel für Teamleiter/innen und Teammitarbeiter/innen in einem Unternehmen im Zusammenspiel von fünf Kompetenzen, definiert im Sinne von:
- „sachlich-organisatorischer Kompetenz (sachliche Bewältigung der Aufgabenanforderungen), wie z.B. Informations-, Zeit- und Projektmanagement;
- inhaltlich-fachlicher Kompetenz (umfassendes Expertenwissen über die Aufgabenstellung), wie z.B. inhaltliches Detailwissen, Beherrschung der fachspezifischen Grundhandwerkzeuge;
- sozial-kommunikativer Kompetenz (Handlungsfähigkeit im Rahmen der sozialen Arbeitssituation), wie z.B. Kommunikations- und Konfliktmanagement;
- methodisch-didaktischer Kompetenz (Anwendung methodischer Vorgehensweisen bei der Tätigkeit), wie z.B. und Vortrags-, Medien- und Verhandlungstechnik und
- unternehmerisch-schöpferischer Kompetenz (Bereitschaft zum individuellen und gemeinsamen Lernen und Fähigkeit zur persönlichen Weiterentwicklung hin zum ‚realistischen Visionär') wie z.B. Fähigkeit zur systematischen Analyse, Abstraktion, Kreativität, Belastbarkeit, Risikobereitschaft und zum unternehmerischen Denken und Handeln."[161]

Im folgenden Modell werden die von Haug für das Projektmanagement und die von Döring[162] für Führungskräfte benannten Kompetenzanforderungen kombiniert:

[159] Vgl. Klaus W. Döring 1996, S. 18ff.
[160] Vgl. hierzu Kapitel 3.6.2 Schlussfolgerungen für die Multiplikator/innen-Weiterbildung sowie Kapitel 5 Beispiel zur Evaluation von Kompetenzen.
[161] Christoph V. Haug 1998, S. 150f., Fehler im Original-Text.
[162] In der folgenden Abbildung kursiv gesetzt. Vgl. Klaus W. Döring 1996, S. 19.

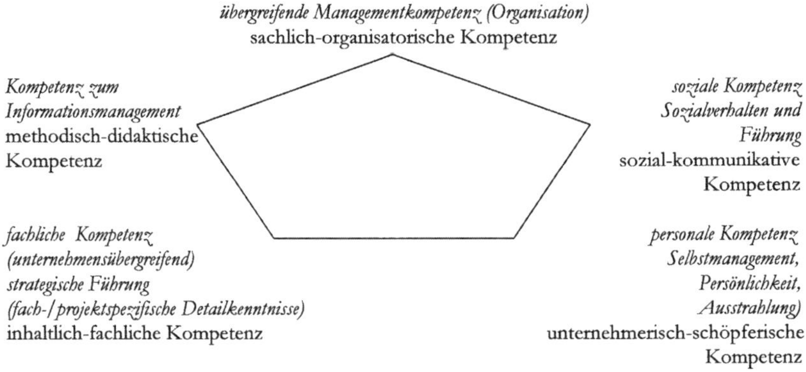

Abb. 15: Kompetenzen von Führungskräften und Projektleiter/innen (eigene Darstellung nach Döring 1996 und Haug 1998)

Die von Döring und Haug definierten Kompetenzen von Führungskräften und Projektleiter/innen unterscheiden sich an einigen Stellen hinsichtlich der Zuordnung und dem Detaillierungsgrad der Kompetenzausprägungen. Sie stimmen jedoch in folgenden zusammengefassten Kompetenzanforderungen überein:

1. Visionen/Ziele bzw. Entwicklung zum ‚realistischen Visionär“, Kreativität, schöpferische Kompetenz;
2. allgemeine Geschäftsplanung, Fähigkeit zur systematischen Analyse, unternehmerisches Denken und Handeln;
3. Projektmanagement, Projektlogistik, Arbeitsorganisation, Arbeitsprozesssteuerung;
4. fach-/projektspezifische Detailkenntnisse, umfassendes Expertenwissen über die Aufgabenstellung, wie z.B. inhaltliches Detailwissen, Beherrschung der fachspezifischen Grundhandwerkzeuge;
5. Arbeitstechniken, Anwendung methodischer Vorgehensweisen bei der Tätigkeit, wie z.B. Vortrags-, Medien und Verhandlungstechnik, Zeitmanagement;
6. Kommunikation, Information, Weiterbildung;
7. Sozialmanagement, Handlungsfähigkeit im Rahmen der sozialen Arbeitssituation, Konfliktmanagement;
8. Organisation der eigenen Weiterbildung, Bereitschaft zum individuellen und gemeinsamen Lernen und Fähigkeit zur persönlichen Weiterbildung;
9. Fitness, Belastbarkeit.

Die Anforderungen an die Führungskompetenz nach Döring umfassen darüber hinaus Organisationsentwicklung, Unternehmenskultur, Qualitätssicherung sowie die strategische und soziale Führung und das Personalmanagement mit den o.a. Teilaufgaben. Die Anforderungen an Projektleitungskompetenz nach Haug beinhalten darüber hinaus Risikobereitschaft. Bezogen auf die Übersicht weitergehen-

der allgemeiner führungsspezifischer Teilkompetenzen sind nach Döring[163] mit besonderem Blick auf Innovation als zusätzliche Aspekte Personalentwicklungskompetenzen, betriebswirtschaftliche Kenntnisse und die besondere Berücksichtigung von Marktspezifika für eine umfassende Handlungsfähigkeit zu ergänzen.
Hinzuzufügen sind des weiteren Aspekte der strategischen und sozialen Führung, der Qualitätssicherung und als explizite Aufgabe die Moderation, z.B. von Innovations- und Arbeitsprozessen.[164] In beiden Modellen fehlt der interkulturelle Aspekt, wenn dieser nicht in der Unternehmenskultur als expliziter Bestandteil bereits mitgedacht wird.
Mit den übereinstimmenden Merkmalen von Führungs- und Projektmanagement-Kompetenzen sind wesentliche Eckpunkte für die Multiplikator/innen-Weiterbildung identifiziert.

3.4.2 Aufgabenprofil von (Projekt)Manager/innen für die Weiterbildung

Aus der vorherigen Darstellung von Projekten als Lern- und Arbeitsfeld sowie den für das Projektmanagement und die Weiterbildungstätigkeiten erforderlichen Kompetenzen werden im Folgenden die speziell für Weiterbildungsprojektmanagement relevanten Aufgaben ergänzt bzw. vertiefend dargestellt. Es wird dabei der Schwerpunkt auf die Komponente Personalentwicklung gelegt. Detaillierte betriebswirtschaftliche bzw. förderungsrelevante Anteile der Projektmanagement-Tätigkeit bleiben zunächst ausgeklammert.[165]

Da das Multiplikator/innen-Modell den Schwerpunkt auf das Projektmanagement für die Weiterbildung legt, ist der Kernbereich in der Überschneidung von Personalentwicklung durch Führungskräfte und Weiterbildner/innen die ausgeprägteste Führungsaufgabe. Gleichzeitig sind Leitungs- und Moderationsaufgaben sowohl in der Projektarbeit als auch im Seminargeschehen - wenn auch in spezifischen Ausprägungen - als gemeinsame Kompetenz zu finden. Weiterhin sind innovative Aufgaben bzw. die Nähe zur Innovation aufgrund des von Weiterbildner/innen und Führungskräften erwarteten und erwartbaren Wissensvorsprungs ein gemeinsames bzw. verbindendes Element beider Tätigkeitsbereiche.[166] Kulturelle Vielfalt schließlich kann innovationsstiftende Funktionen hervorrufen. Managing Diversity oder interkulturelles Handeln in Projekt und Weiterbildung bringen aber gleichzeitig auch ein erweitertes Interpretations- und Handlungsrepertoire als Lernbedarf und -ergebnis mit sich.

Diese vier Aufgabenprofile werden im Folgenden näher beschrieben.

---

[163] Vgl. Kapitel 2.4.2 Konzept systemisch-didaktischer Professionalisierung (Döring).
[164] Vgl. Kapitel 2.2 Metakompetenz von Multiplikator/innen (Thesen), Tabelle 11 Kompetenzdimensionen antizipatorisch angenommenen Arbeitshandelns von Multiplikator/innen.
[165] Vgl. Kapitel 4.2.3 Anforderungskataloge zu EU-Weiterbildungsprojekten.
[166] Vgl. Kapitel 3.1 Innovation und Kompetenzentwicklung.

3.4.2.1 Personalentwicklung als Führungs- und Weiterbildungsaufgabe

Personalentwicklung wird hier verstanden als Personalentwicklung der Führungskraft selbst sowie Personalentwicklung der Mitarbeiter/innen durch die Führungskraft. Unter Einbeziehung der zuvor gemachten philosophischen Überlegungen muss auch die Personalentwicklung der Führungskraft durch die (Projekt-) Mitarbeiter/innen einbezogen werden.

In Anlehnung an das von Döring entwickelte Gesamtmodell von Kompetenzebenen für Dozenten, Ausbilder, Lehrer[167] und um die gemeinsamen und unterschiedlichen Elemente von Kompetenzen von Führungskräften in Projekten mit besonderem Blickwinkel auf deren weiterbildnerische Aufgaben herauszuarbeiten, wird im Folgenden wieder ein sternförmiges Bild gewählt:

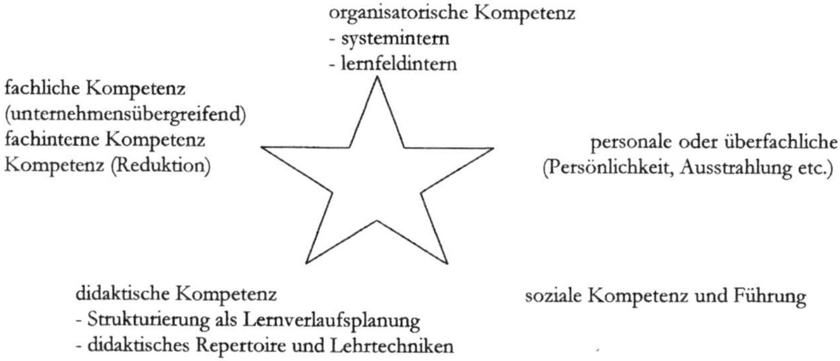

Abb. 16: Modell der Kompetenzen für Weiterbildner/innen (eigene Darstellung nach Döring 1996)

Nach Döring[168] sind diese Kompetenzen im Zusammenhang eines konkreten Modells von Personalentwicklung für und durch Führungskräfte wie folgend definiert:

- Organisatorische Kompetenz umfasst die allgemeine systeminterne Organisation (vorbereitende Gesamtorganisation, Räumlichkeiten, Ausstattungen und weitere Hilfsmittel, Begleitmaterialien, Transportmöglichkeiten, Versorgung der Teilnehmer/innen) und die lernfeldinterne Organisation (allgemeine Lernorganisation und spezifische Organisationstätigkeiten im Bereich des Lehr- und Sozialformen-Repertoires und der didaktischen Medien).
- Fachliche Kompetenz beinhaltet verbandsübergreifende Kenntnisse, fachinternes Wissen (Ziele, Strategien zur Einbettung fachspezifischer Kenntnisse in die verbandsübergreifenden Bedingungen) und Fertigkeiten (Stoffreduktion), theoretische Kompetenz und Reflektionsvermögen („Praxis soll theoretisch und Theorie praktisch gemacht werden.“[169]) und allgemeines Hintergrundwissen

[167] Vgl. Kapitel 2.4.2 Konzept systemisch-didaktischer Professionalisierung; vgl. Klaus W. Döring 1996, S. 37.

[168] Vgl. Klaus W. Döring 1996, S. 38ff. am Beispiel des DRK – Deutsches Rotes Kreuz.

[169] Klaus W. Döring 1996, S. 44.

(Einbettung in fachübergreifende und verwandte Sinn- und Praxiszusammenhänge, auch Beispiele, Vergleiche etc.).
- Didaktische Kompetenz meint Strukturierung als Lernverlaufsplanung (lernergerechte Lernphasen und Lernzeiten), didaktisches Repertoire und Lehrtechniken (Methoden- bzw. Lehr- und Sozialformen, Medieneinsatz, Initiierung breit gefächerter Lerntätigkeiten der Teilnehmer/innen) sowie kommunikative Fähigkeiten (Verständlichkeit und Verstehen schriftlicher, verbaler, paraverbaler und nonverbaler Sprache, methodische Aneignung neuen Wissens, konsultative Aufgaben).
- Soziale Kompetenz und Führung besteht aus sozio-emotionaler Sensibilität sowie entsprechenden Kenntnissen und Fertigkeiten (Wissen um die Lernfähigkeit Erwachsener und deren Einschränkungen, Empathie, Perzeption, Verstärkung, soziale Integration und Balance), Konflikt- und Problemlösungskompetenz (Sach- und Beziehungsebene, Schaffen eines guten Lernklimas, Einzelberatung), Fähigkeit zu Kooperation/Partnerschaft (Prinzip wechselseitiger Hilfe, Abbau von ev. Statusbarrieren), Führungswissen und -kompetenz („Lehren in der Weiterbildung heißt immer auch Führung und in bestimmter Hinsicht ist die allgemeine Didaktik in eben diesem Sinne eine Führungslehre."[170]); Reversibilität, Erfolgserlebnisse, Frustrationstoleranz, Wertschätzung, Engagement.
- Überfachliche Kompetenz (Persönlichkeit, Ausstrahlung etc.) zeigt sich in Authentizität, und Charisma (vertrauensvolle Beziehung für den Lernprozess), intellektueller Lebendigkeit und Vielseitigkeit (vielseitige Ansprechbarkeit und Anregung), geistig-seelischer Energie und Frische (personales Lern- und Identifikationsangebot als Anreiz für das Bearbeiten des fachlichen Lernangebots) sowie Humor (entspanntes Lernklima herstellen u.a. durch Medieneinsatz oder entsprechende Teilnehmerbeiträge).

Die bisherigen Ausführungen zum Aufgabenprofil von (Projekt)Manager/innen für die Weiterbildung beinhalten verschiedene Kompetenzanforderungen aus
- allgemeinen führungsspezifischen Teilkompetenzen[171]
- unternehmensbezogenen Führungskompetenzen und -aufgaben[172]
- Projektleitungskompetenz[173]
- Kompetenzen für Lehrende.[174]

Sie können synoptisch mit den allgemeinen Kompetenzen für Multiplikator/innen dargestellt werden.[175] Sie zeigen spezifischere Ausprägungen der allgemeineren Kompetenzen auf. Diese verschiedenen Kompetenzebenen für Führungskräfte, Projektmanagement und Weiterbildner/innen werden in ein spezifisches, ausführlicheres Kompetenzmodell für Multiplikator/innen integriert, nachdem weitere Ü-

[170] Klaus W. Döring 1996, S. 40.
[171] Nach Klaus W. Döring/Bettina Ritter-Mamzcek 1999.
[172] Nach Klaus W. Döring 1996.
[173] Nach Christoph V. Haug 1998.
[174] Nach Klaus W. Döring 1996, Klaus W. Döring/Bettina Ritter-Mamczek 1999.
[175] Vgl. Kapitel 2.3.2.6 Schlüsselkompetenzen von Multiplikator/innen.

berschneidungen von Projektleitung und Weiterbildungstätigkeit identifiziert wurden.[176]

3.4.2.2 Führen - Leiten - Moderieren in Projekten und Weiterbildungsmaßnahmen

Kroll[177] kommt in seiner Analyse der Definitionen und Abgrenzung der Begriffe Führung, Management und Leitung in den Führungsmodellen zu folgendem Ergebnis: "Nun werden Führung, Management und Leitung nicht nur verschieden, sondern auch synonym zueinander verwendet. Auch hier ist die Diskussion kontrovers. Seidel z.B. hält die herrschende Gleichsetzung für unfruchtbar, räumt aber ein: ‚Für den Versuch einer (additiven) Zusammenfassung des gesamten Führungsschrifttums kann und muss man diese Gleichsetzung gelten lassen. Sie hat auch unverkennbar didaktische Funktionen, ist im Zusammenhang von erster Einführung und erstem Überblick brauchbar.'" Kroll weist des weiteren daraufhin, dass "ihre Bedeutung ... aus dem Kontext des jeweiligen Modells direkt ablesbar" ist.[178] Deshalb sollen hier für das Multiplikator/innen-Modell einige definitorische Kernaussagen zu Führung, Leitung und Moderation aufgestellt werden. Für das vorliegende Modell erscheint der folgende Ansatz geeignet zur Erklärung der Metakompetenz, die Multiplikator/innen benötigen: Führung heißt in diesem Zusammenhang Projektleitung im weiteren Sinn, personenbezogene Führung (1) und sachbezogene Führung (2) im engeren Sinn.[179]

Grundlegend für das Verständnis von Führung ist eine neue Führungsphilosophie, nach der sich professionelles Handeln in pädagogischen wie systemischen Zusammenhängen durch die Ergänzung der „Experten"-Rolle um die Rolle des „(Mit-) Lernenden" bzw. das völlige Übergeben der „Experten"-Rolle an die Lernenden auszeichnet: „Indem Führungs- und Lehrkräfte in dieser Form für die Moderation von Selbstorganisation zuständig sind, schaffen sie auch die Voraussetzung dafür, dass nicht mehr - so wie in der Vergangenheit - nur einzelne Individuen ‚lernen', sondern dass die gesamte betriebliche Struktur sich lernend entwickeln kann."[180]

Als hervorragendes Merkmal eines kooperativen Führungsstils im betrieblichen Management kann nach Gross die Konzentration auf Koordination und Kooperation genannt werden: „Die Koordination (Abstimmung) der Kooperation (Zu-

---

[176] Die jeweiligen singulär dem Projektmanagement oder der Weiterbildung zuzuschreibenden Kompetenzen abzugrenzen und zu definieren, würde im Rahmen dieser Arbeit zu weit führen.
[177] Gerhard Kroll 1998, S. 61.
[178] Gerhard Kroll 1998, S. 62.
[179] Vgl. Gerhard Kroll 1998, S. 61. Kroll spricht von Unternehmens- statt Projektführung. Eine solche analytische Trennung hat allerdings in der Realität wegen der engen Verbindung leider zu Kritik an den analytisch-funktionsorientierten Ansätzen geführt.
[180] Rolf Arnold/Ingeborg Schüßler 1998, S. 13.

sammenarbeit) aller partnerschaftlichen Mitarbeiter ist eine hauptsächliche Führungsaufgabe."[181]

Nach Hartmann et al. zeichnen sich Leitung und Moderation durch unterschiedliche Merkmale aus, die sich v.a. in der Rollenfunktion und Aufgabenwahrnehmung des Leiters oder Moderators unterscheiden.[182] Je nach Aufgabe und Zielsetzung kommen dabei unterschiedliche Regeln und Methoden zum Einsatz. Dabei kann die Leitung neben der Arbeit im Projekt auch spezifische Ausprägungen für Seminare und Lehre zeigen. Moderation kann als erweiterte Führungsaufgabe sowohl für Projektmanager/innen als auch Trainer/innen gelten und ist damit als Metakompetenz für Multiplikator/innen bestimmt.

Diese Differenzierung ist insofern relevant, als für das Multiplikator/innen-Modell ein Unterschied in Führungs-, Leitungs- und Moderationsaufgaben zwischen den Führungsbereichen
- Steuerungsgremien, Mittelgeber und Öffentlichkeit[183]
- Personal im Projekt[184] und
- Teilnehmer/innen des Weiterbildungsprojekts[185]

gelten kann.
Analog zu den Führungsbereichen[186] können für das Projektmanagement folgende Führungsbereiche in soziale und fachliche Tätigkeitsfelder differenziert werden:
(1) Soziale Tätigkeitsfelder sind
- Steuerungsgremien, Mittelgeber
- Personal im Projekt (Festangestellte und auf Honorarbasis Tätige)
- Teilnehmer/innen des Weiterbildungsprojekts und
- Selbstmanagement.

(2) Fachliche Tätigkeitsfelder sind
- Information und Kommunikation intern (Projekt) und nach außen (Institution, Öffentlichkeit);
- fachspezifischer Bereich (Fachwissen, Gegenstand des Projekts) und
- fachübergreifender Bereich (Organisation).

Die Kompetenzen lehrender bzw. personalentwickelnder Führungskräfte sind nach Döring explizit gefordert bzw. integriert in drei folgenden Bereichen: Weiterbildung bei Informationsmanagement, Personalentwicklung (z.B. Personalberatung, Weiterbildung etc.) bei Personalmanagement der (festangestellten und auf Honorarbasis arbeitenden) Mitarbeiter/innen, Organisation der eigenen Weiterbildung bei Selbstmanagement. Weitergehende Lehraufgaben, etwa für externe Teilnehmer/innen von Weiterbildungsprojekten wie im Multiplikator/innen-Modell sind

[181] Hans Fritz Gross 1991, S. 222.
[182] Vgl. Martin Hartmann/Michael Rieger/Brigitte Pajonk 1997, S. 22.
[183] Vgl. Kapitel 4 Europäische Weiterbildung und interkulturelle Kompetenz.
[184] Vgl. Kapitel 3 Professionalisierung und Projektmanagement.
[185] Vgl. Kapitel 2.1 bis 2.6 Kompetenzentwicklung in der Weiterbildung.
[186] Vgl. Klaus W. Döring 1996, S.16ff.

hier noch nicht vorgesehen. Das Modell der Kompetenzen für Führungskräfte ist entsprechend um Kompetenzen für Weiterbildungsaufgaben als Multiplikator/innen für externe Projektteilnehmer/innen zu erweitern, die der Personalentwicklung zugerechnet werden können.

3.4.2.3 Projektmanagement als Lern- und Arbeitsform

Aus den vorangestellten Überlegungen lässt sich als dritte Aufgabe die des Projektmanagements als Lern- und Arbeitsform benennen.[187] Lernen kann dabei durch Projekte als Weiterbildungsmaßnahme initiiert werden. Projekte im Arbeitsfeld bieten aufgrund ihres innovatorischen Charakters vielfältige Lernmöglichkeiten aus neuen Aufgabenstellungen und Problemlösungsansätzen. Dieses Lernen ist durch eine entsprechende Gestaltung und Leitung von Lern- und Arbeitsprojekten zu ermöglichen und zu fördern und stellt damit neben der fachbezogenen Projektaufgabe eine spezifische Führungsaufgabe dar.

Im Vergleich zu den von Döring[188] benannten fünf allgemeinen Kompetenzen von Weiterbildung kann aus der nachstehenden grafischen Darstellung der Schluss gezogen werden, dass sich die Hauptdimensionen ähneln, aber unterschiedliche Ausprägungen für Projektmanagement und Weiterbildung zeigen:[189]

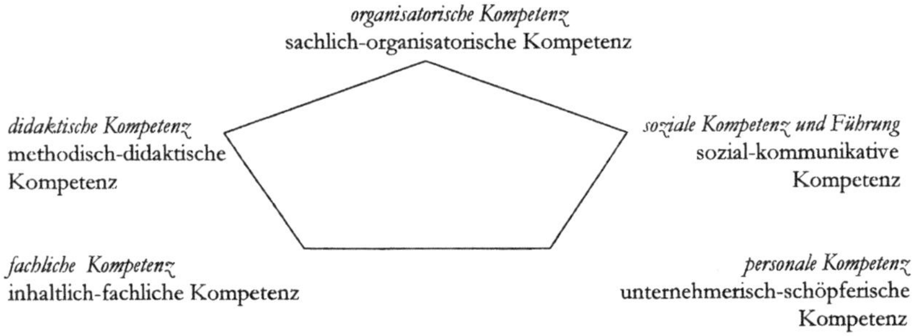

Abb. 17: Kompetenzen von Lehrenden und Projektleiter/innen (eigene Darstellung nach Döring 1996 und Haug 1998)

Es zeigen sich einige Unterschiede in den für unterschiedliche Tätigkeitsfelder im Projektmanagement und in der Weiterbildung definierten Kompetenzbeschreibun-

[187] Vgl. hierzu auch Kapitel 3.2.1 Projekte als Lernform.

[188] Vgl. Klaus W. Döring/Bettina Ritter-Mamczek 1999, S. 133 (kursiv gesetzt von MoR); vgl. Kapitel 2.4.2 Konzept systemisch-didaktischer Professionalisierung (Döring).

[189] In der grafischen Darstellung von Haug ist inhaltlich-fachliche Kompetenz im Zentrum eines Vierecks positioniert. Entsprechend der Feststellung von Klaus W. Döring, wonach der Stellenwert von fachlicher Kompetenz überschätzt wird, sowie in Anlehnung an sein Gesamtmodell wird hier ein Fünfeck gewählt. Gleichzeitig reduziert sich mit zunehmender Zahl der Projektmitglieder für den Projektleiter der Anteil fachlicher Arbeit; vgl. Kapitel 3.4 Anforderungen an Projektmanagement-Kompetenz.

gen. Zu erwartende Synergieeffekte entstehen, wenn Teilkompetenzausprägungen für beide Tätigkeitsfelder genutzt werden können. Im übrigen ist allerdings auch davon auszugehen, dass die „Dualität zwischen Organisation und Pädagogik“[190] und Zweckfreiheit von Bildung gegenüber der Zielgerichtetheit von Managementaufgaben[191] zu widersprüchlichen Anforderungen führen können.

Die für die Multiplikator/innen-Weiterbildung entwickelte allgemeine Kompetenzbeschreibung[192] integriert didaktische und Projektmanagement-Kompetenzen in die Methodenkompetenz, die auch kreative Fähigkeiten der Problemlösung umfasst. Damit wird sie in diesem Modell zur zentralen Kompetenz. Entsprechend ist besonderes Augenmerk auf methodisch-didaktische Kompetenzen zu legen. Die Auswahl geeigneter Trainingsmethoden für Projektmanagement und Weiterbildung wird stark vom „technischen“ Aspekt der Arbeitsbewältigung und Handlungsfähigkeit geprägt sein.

Im Folgenden werden die innovativen, auf (inter)kulturelle Handlungen bezogenen Aspekte beleuchtet, die in den bisher dargestellten Ansätzen fehlen.

3.4.2.4 Managing Diversity und Innovationsmanagement

Innovationsmanagement[193] kann auch als Ausdruck von Veränderungsbereitschaft und Nutzbarmachen der Synergieeffekte und Spannungen kultureller Vielfalt verstanden werden. „Während die Universalisten postulieren, es gäbe kaum nennenswerte Unterschiede in den Managementprinzipien, die das Handeln der Manager in den einzelnen Ländern leiten, betonen die Vergleichsforscher die Bedeutung unterschiedlicher Umwelten bei der Erklärung unterschiedlichen Managementverhaltens.“[194]

Während die kulturelle Vielfalt, aber auch die alters-, geschlechts-, bildungs- und sozial herkunftsbedingte Unterschiedlichkeit von Mitarbeiter/innen und Weiterbildungsteilnehmer/innen, als Reichtum von Unternehmen postuliert werden, den es zu nutzen gilt, ist die organisationale Realität oft von Ausgrenzungsmechanismen und Verständigungsschwierigkeiten gekennzeichnet. Dies ist nicht allein auf interkulturell inadäquates Managementverhalten zurückzuführen, vielmehr liegt die Ursache oft auch im unterschiedlichen Zugang zu informellem organisationalem Wissen für kulturelle Minderheiten.[195]

[190] Vgl. Kapitel 1 Der Quartäre Bildungssektor.
[191] Vgl. Kapitel 3.2 Zur Management-Weiterbildung.
[192] Vgl. Kapitel 2.3.2.6 Schlüsselkompetenzen von Multiplikator/innen.
[193] Vgl. Kapitel 3.1 Innovation und Kompetenzentwicklung.
[194] Wolfgang H. Koschnick 1995, S. 645.
[195] Vgl. Gerald R. Ferris et al. 1996, S. 203-230.

Für die Absolvent/innen der Multiplikator/innen-Weiterbildung wird die Kompetenz für interkulturelle Kommunikation und Kooperation in zweierlei Hinsicht relevant sein:
- für die Weiterbildungstätigkeit in multikulturell zusammengesetzten Kursen;
- für das Teammanagement in multikulturell zusammengesetzten Projekten.[196]

Nach der hier vorgenommenen Sichtung allgemeiner (Projekt)Management-Literatur werden in Kapitel 4 Europäische Weiterbildung und interkulturelle Kompetenz die spezifischen Anforderungen an das EU-Projektmanagement und nach dem - in der vierten Aufgabenbeschreibung noch eher allgemein charakterisierten - Cultural-Diversity-Ansatz konkret die Kompetenzanforderungen für interkulturelle Kommunikation und Kooperation in Weiterbildung und Projektmanagement betrachtet.
Eine zentrale Frage der wissenschaftlichen Management-Debatte lautet: Wie können Kompetenzen für (Projekt)Managementtätigkeiten und Kompetenzanforderungen an (Projekt)Manager/innen auch empirisch bestimmt werden? Dieser Frage wird im Folgenden anhand von Ergebnissen empirischer Untersuchungen nachgegangen.

3.4.3 Management-Eignungsdiagnostik

Nachstehend werden Ergebnisse und Verfahren zur Feststellung von Managerkompetenzen dargestellt, um die in der Managementliteratur häufig vorzufindenden theoretischen Annahmen und konkreten Anforderungen hinsichtlich der Aufgaben von Managern auf eine empirische Basis zu stellen.[197] Außerdem werden einzelne Verfahren vorgestellt, die für die Durchführung des exemplarischen Weiterbildungscurriculums relevant sind. „Aufgaben und Qualifikationen von Managern (sind) sowohl aus der ‚Vogelperspektive‘ als auch aus der ‚Froschperspektive’ zu sehen“.[198]

Die Bedeutung und Stabilität von Persönlichkeit(smerkmalen) für Organisationsgestaltung und Erfolg scheinen zeitgeistabhängig zu sein.[199] Berufliche Eignung ist veränderbar. Sie setzt meist einen hinsichtlich des Erwerbs von Kenntnissen und eines Abschlusses erfolgreich durchlaufenen schulischen Lernprozess voraus, um eine Berufsqualifizierung zu beginnen. Berufseignung entsteht aus der Anfängereignung einer erfolgreich absolvierten Berufsausbildung erst nach einer beruflichen Bewährungszeit. Spezialisierungen und im Lauf der Berufstätigkeit gesteigerte, manchmal aber auch verringerte, Eignung sowie ein Übermaß an Eignung bzw.

[196] Vgl. hierzu ausführlicher in Kapitel 4 Europäische Weiterbildung und interkulturelle Kompetenz.
[197] Vgl. Werner Kannheiser 1995, S. 141.
[198] Wolfgang Grunwald 1995, S. 194.
[199] Vgl. Heinz Schuler/Klaus Moser 1995, S. 35.

Unterforderung zeigen weitere Möglichkeiten dieses Veränderungsprozesses.[200] Es ist wichtig, Eignung „als einen Prozess, der mit leistungssteigernden Konsequenzen verbundenen Erfahrungsverarbeitung (zu verstehen), der zum einen in einer Präzisierung der Anforderungswahrnehmung und zum anderen in einer Verbesserung der Handlungsstrategien zum Ausdruck kommt."[201] Die Anforderungsstruktur einer beruflichen Aufgabensituation ist insofern wichtig, als die subjektive Verarbeitung langjähriger Berufserfahrung zu immer klareren Vorstellungen davon und zu immer erfolgreicheren Bewältigungsstrategien führt. Neben der begründeten Annahme, dass im Lauf des Berufslebens für steigende Anforderungen (meist) die persönliche Leistung und das Eignungsniveau entwickelt und gesteigert werden können, bieten Aussagen erfahrener Berufsträger auch die Möglichkeit, die Anforderungen realitätsangemessen beschreiben zu können. Aber auch Befragungen von Vorgesetzten und Kolleg/innen können qualitativ positive wie negative Bilder und Bewertungskriterien für die Ausübung eines Berufs sowie die Veränderung beruflicher Inhalte und Anforderungsstrukturen bieten.[202] Ein solches qualitatives, biografieorientiertes Modell von Wachstumsprozessen in der beruflichen Entwicklung kann als Ergänzung zu anderen empirischen Ergebnissen und als Mentorenrolle relevant für die Teilnehmer/innen des Multiplikator/innen-Modells sein.

Eine andere Herangehensweise, um Anforderungen zu bestimmen, ist ein situativer, d.h. kontextabhängiger Blickwinkel. „Bei Managementtätigkeiten beispielsweise resultieren spezifische Anforderungen häufig aus unterschiedlichen Führungssituationen."[203] Dabei sind sowohl Person als auch Situation zu bestimmen und als veränderbar zu begreifen. „Ein konsistentes Ergebnis verschiedener Untersuchungen der Arbeit und des Verhaltens von Managern besteht ... darin, dass ihr Tagesablauf von häufigen Unterbrechungen und ungeplanten Interaktionen mit anderen Personen gekennzeichnet ist."[204]

Anforderungsanalysen können Informationen für Weiterbildungsmaßnahmen und auch für Bewerbungsgespräche liefern: Zum einen können Potenzialanalysen aus Selbst- und Fremdeinschätzung, kombiniert mit strukturiertem Interview und Beratung, Nachwuchspotentiale identifizieren helfen. Auch lassen sich Dimensionen erfolgreichen Managerverhaltens als Auswahlkriterien und Trainingsinhalte verwenden. Zum anderen können Bewerberziele durch den Vergleich der Präferenzen mit Beschreibungen von Arbeitsplätzen optimiert werden.

Als methodisches Instrumentarium stehen dabei Expertensetzungen, Fragebogen/Interviews, Beobachtungen und arbeitsanalytische Vorgehensweisen zur Verfügung, die Beobachtung und Befragung kombinieren (aufgabenanalytische Vorgehensweisen, Methode der kritischen Ereignisse, strukturierte Arbeitsanalyseverfah-

[200] Vgl. Gerd Jüttemann 1995, S. 65.
[201] Gerd Jüttemann 1995, S. 68.
[202] Vgl. Gerd Jüttemann 1995, S. 69f.
[203] Werner Kannheiser 1995, S. 141.
[204] Werner Kannheiser 1995, S. 142.

ren mit festliegenden Items). Diese Verfahren eignen sich vor allem dazu, Anforderungen einer konkreten Position zu ermitteln.[205]

Einschränkend ist zu den verschiedenen theoretischen und empirischen Konstrukten von Management-Kompetenzen zu bemerken, dass diese Listen
- überwiegend maskuline Eigenschaften eines „guten" Managers beinhalten;
- idealtypisch berufliche Anforderungen und beruflichen Erfolg eines erprobten Managers der mittleren Ebene beschreiben, ohne geeignete Personmerkmale für Prognosen des Erfolgs von Nachwuchskräften zu benennen.

Zudem sind die in empirischen Untersuchungen von Managern genannten Merkmale häufig nicht trennscharf oder redundant oder der Alltagssprache entnommen und sie stimmen nicht mit den aus Tätigkeitsanalysen identifizierbaren Fähigkeiten überein.[206]

Während z.B. die Studie von Berthel[207] speziell Qualifikationen von Forschungs- und Entwicklungs-Managern (mittleres Management) aus der Sicht des Top-Managements („Vogelperspektive") erhebt, zeigt eine international angelegte vergleichende Untersuchung zu unternehmensübergreifenden Qualifikationsdefiziten von Top-Führungskräften aus Sicht des mittleren und unteren Managements („Froschperspektive") folgende Rangfolge:[208]

1. „Entwicklung sozialer Kompetenz;
2. Entwicklung strategischer Kenntnisse, Stärkung des markt- und kundenorientierten Denkens;
3. Erwerb und Vertiefung von Sprachkenntnissen;
4. Entwicklung systemischen, ganzheitlich orientierten Denkens und
5. Entwicklung von (individueller) Anpassungsfähigkeit und Flexibilität."

Die Ergebnisse beider Perspektiven gleichen sich, abgesehen von den Sprachkenntnissen, weitgehend. Sie sind allerdings noch nicht anwendungsreif bzw. hinsichtlich des Abbaus oder der Kompensation der implizit enthaltenen Defizite nicht operationalisierbar.

Diese empirischen Ergebnisse bestätigen im Wesentlichen die zuvor dargestellten theoretischen Ansätze. Im Folgenden werden berufliche Sozialisationsprozesse nachvollzogen, um die empirischen Ergebnisse und theoretischen Ansätze biografisch einordnen und die danach vorgestellten ausgewählten Verfahren zur Management-Diagnostik fundieren und in einen Bezugsrahmen stellen zu können.

Die verschiedenen Phasen der Laufbahnentwicklung beinhalten spezifische Entwicklungsaufgaben und Probleme der in der jeweiligen Phase eingenommenen Rol-

---

[205] Vgl. Werner Kannheiser 1995, S. 142ff.

[206] Vgl. Bernhard H. Sowarka/Werner Sarges 1995, S. 214f.

[207] 1992; vgl. Kapitel 3.4.1 Schlüsselqualifikationen für Führungskräfte.

[208] Bernhard H. Sowarka/Werner Sarges 1995, S. 210: 49 untere und mittlere Manager des Human Resource Managements in sechs europäischen Ländern wurden anhand von Fallstudien befragt.

len und Positionen. Diese berufsbiografischen Entwicklungsstadien werden als unumkehrbare Sequenz gesehen, die jeweils spezifische berufliche Einstellungen und Verhaltenstendenzen erfordern. Die Bewältigung der jeder Phase inne liegenden Aufgaben wirkt sich auf die weitere Laufbahnentwicklung aus. Es können nach Seifert[209] drei Phasen für das Erwachsenenalter unterschieden werden:

- Erprobungsstadium: Erwerb beruflicher Fertigkeiten und Kompetenzen, Suche nach persönlichkeitsangemessenen Positionen, Zielfindung und Entscheidungen, geringe Identifikation mit Beruf und Organisation, daher erhöhte berufliche Mobilität und Fluktuationsbereitschaft;
- Stabilisierungsstadium: Etablieren in Beruf und Tätigkeitsfeld, Realisieren wesentlicher Fähigkeiten und Laufbahnziele, Konsolidieren des erreichten Niveaus oder beruflicher Aufstieg, hohe Identifikation, größte innovatorische Motivation und Aktiviertheit;
- Erhaltungsstadium: Aufrecht erhalten bzw. Absichern der beruflich-organisatorischen Position, Aktualisieren beruflicher Kenntnisse, ggf. sogar berufliche Innovation, geringe Bereitschaft für neue berufliche Aufgaben oder Veränderungen.

Vier unterschiedliche Laufbahnmuster ergänzen diese allgemeine Phaseneinteilung:

- allgemeiner Laufbahnzyklus mit linear-progressivem Verlauf (konventionell bzw. traditionell);
- lebenslanges Beibehalten des gewählten Berufs (stabil);
- neue Berufs- oder Laufbahnwahl entsprechend beruflicher Erfahrungen in periodischen Abständen (spiralenförmig bzw. multiple);
- häufiges, unsystematisches Wechseln in verschiedene Berufe, Berufsfelder, Organisationen (instabil).

Die Laufbahnentwicklung wird durch berufliche und organisatorische Sozialisationsprozesse mitbestimmt, in denen komplexe Wechselwirkungen zwischen Berufstätigkeit und Persönlichkeitsstruktur sowie -entwicklung stattfinden. Eine deterministische Vorstellung greift deshalb zu kurz: „Als besonders wichtig für die berufliche Persönlichkeitsentwicklung, insbesondere für die Förderung der Fähigkeit zum zielgerichteten, flexiblen und selbstbestimmten Handeln sowie der beruflichen Ich-Identität, haben sich dabei das Ausmaß des Handlungsspielraums (der Autonomie bzw. der Restriktivität) bei der beruflichen Arbeit sowie die kognitive Komplexität und Variabilität der Arbeitsanforderungen erwiesen."[210] Sozialisationsprozesse sind zu Beginn einer Tätigkeit bzw. beim Eintritt in eine Organisation oder bei beruflichen Übergangssituationen am intensivsten. Institutionelle Normen regeln in unterschiedlicher Ausprägung und Transparenz Zulassung, Laufbahnstufen und erreichbares Endniveau.

---

[209] Vgl. Karl H. Seifert 1995, S. 447ff. Für das mittlere und spätere Jugendalter ist die Phase der Exploration charakteristisch. Für berufstätige Frauen weist der Laufbahnverlauf andere Muster auf. Arbeitslosigkeit u.a. führt zu beruflichen Minizyklen bzw. zu Verzögerungen gegenüber dem allgemeinen Laufbahnstadienmodell.

[210] Karl H. Seifert 1995, S. 450.

Als personale Determinanten in Sozialisationsprozessen gelten neben beruflichen Interessen, Leistungsmotivation, Intelligenz, kognitivem Stil, Selbstwirksamkeitserwartungen, Kontrollorientierung und Selbstwertschätzung folgende Merkmale:

- Laufbahnorientierungen und -ziele, „die Laufbahnentscheidung und Laufbahnerfahrungen wesentlich lenken und organisieren und dabei auch als subjektive Laufbahnerfolgskriterien wirksam werden können.“[211]
- Laufbahnwahlreife und -motivation: „Es ist ... anzunehmen, dass Führungskräfte, die die korrespondierenden Einstellungen und Kompetenzen in höheren Ausmaß besitzen, Laufbahnprobleme leichter und psychologisch effektiver (vor allem selbstkonzept- und realitätsadäquater) bewältigen können sowie langfristig einen günstigeren Laufbahnverlauf haben als Führungskräfte, die diese Merkmale weniger ausgebildet haben.“[212]
- Arbeits- und Laufbahnbedeutsamkeit: „der berufliche Lebenszyklus (wird) nicht nur durch die Sequenz und die Dauer der während des Berufslebens ausgeübten beruflichen Tätigkeiten, sondern auch durch die übrigen, gleichzeitig oder sukzessiv ausgeübten Rollen und deren Wechselwirkungen determiniert.“[213].
- Person-Umwelt-Passung: „Hierbei stellt sich u.a. die Frage, ob bzw. unter welchen Umständen eine kongruente Platzierung (z.B. von jungen, dynamischen Führungskräften in ‚jungen', wachstumsorientierten Organisationen) oder eine partielle Fehlpassung die besseren beruflichen Entwicklungsanreize und Entwicklungsmöglichkeiten bietet.“[214]

Um die Interessent/innen für die Teilnahme an der Multiplikator/innen-Weiterbildung beraten und auswählen zu können, werden im Folgenden Bewertungsverfahren und ihre Möglichkeiten dargestellt. Aus Bewerbungsverfahren können schriftliche Unterlagen herangezogen werden, die Fremdbeschreibungen (Zeugnisse, Referenzen) und Selbstbeschreibungen (Lebenslauf, Bewerbungsanschreiben) enthalten, um die Eignung für eine bestimmte berufliche Position festzustellen. Allerdings sind hier einige Fehlerquellen zu berücksichtigen, die bei der Analyse der Bewertungsunterlagen auftreten können:

- ein aufgrund der ersten Informationen gefasstes Urteil beeinflusst oder wird durch spätere Informationen zu bestätigen versucht (Halo- oder Primacy-Effekt),
- aus vergangenem Verhalten oder früheren Leistungen des Bewerbers (z.B. Arbeitszeugnisse, Referenzen) werden Annahmen über zukünftiges Arbeitsverhalten gefolgert (Induktionsschluss),
- unterschiedliche Indikatoren (z.B. Noten in Abschlusszeugnissen) führen zu Annahmen über nicht-beobachtbare Eigenschaften und damit Unterschieden in den Kriteriumswerten (Analogieschluss).[215]

---

[211] Karl H. Seifert 1995, S. 452.
[212] Karl H. Seifert 1995, S. 453.
[213] Karl H. Seifert 1995, S. 454.
[214] Karl H. Seifert 1995, S. 456.
[215] Vgl. Herbert Hollmann/Gerd Reitzig 1995, S. 463ff.

Anschreiben lassen unter Berücksichtigung der o.a. Fehlerquellen Rückschlüsse auf sprachliche Kompetenz, Klarheit des Ausdrucks, Strukturiertheit des Aufbaus, ggf. auch Kreativität (inhaltliche Gesichtspunkte) und „Schlechtestenauslese" (formale Gesichtspunkte) zu.
Lebensläufe sind als wertvolle Informationsquellen am aufschlussreichsten hinsichtlich Stringenz des Karriereverlaufs und ggf. Plausibilität von Veränderungen. Weitere Schlussfolgerungen können aus Angaben zu Auslandsaufenthalten, Verschiedenheit bisheriger Arbeitsplätze, außerberuflichen Aktivitäten hinsichtlich Selbstsicherheit und Selbstständigkeit, Mobilität, Initiative, Durchsetzungs- und Entscheidungsvermögen gezogen werden. Die Informationssammlung aus dem Lebenslauf kann ein gezieltes Bewerbergespräch vorbereiten und einer ersten Vorselektion dienen.

Schulische Abschlusszeugnisse sind für höhere Positionen relativ unbedeutend im Vergleich zu anderen Quellen, wie den Arbeitszeugnissen und Referenzen. Diese sind jedoch nur mit einigen Einschränkungen verwendbar, da die enthaltenen Beurteilungen wegen nicht ausreichender Standardisierung und verschiedenen Verfassern nur bedingt vergleichbar, (nicht zufriedenstellende) Leistungen stark codiert und die Ziele des Verfassers unbekannt sind. Die gewählten Formulierungen können somit leicht missverstanden werden, ggf. aber durch mündliche Referenzbefragungen (unter Zustimmung des Bewerbers) geklärt und durch weitere Informationen, die erwartbares Verhalten betreffen, ergänzt werden. Die Tätigkeitsbeschreibungen sind dagegen objektiver und informativer, sollten jedoch nicht überbewertet, sondern in einen Zusammenhang mit den anderen Bewerbungsunterlagen und Informationen gestellt werden, um Induktionsschlüsse zu vermeiden. „Der Erfahrungssatz lautet: Wer über einen längeren Zeitraum eine qualifizierte Tätigkeit mit den gebotenen innerbetrieblichen Aufstiegschancen ausgefüllt hat, kann kein schlechter Kandidat sein."[216]
Eine Dokumentenanalyse als Informationssammlung kann als Mosaikstein zu einem vollständigen Bild beitragen, wenn später erhobene Informationen adäquat einbezogen werden.

Selbsturteile von Führungskräften können dazu dienen, das eigene berufliche Leistungsvermögen einzuschätzen. Sie bieten bei entsprechendem Einsatz für die Auswahl und Entwicklung von Führungskräften einige interessante Möglichkeiten. Es ist dabei zu berücksichtigen, dass die Selbsturteile

- bei technischen oder sachbearbeitenden Fertigkeiten höher mit Fremdurteilen Vorgesetzter übereinstimmen, die allerdings eher den Arbeitserfolg bewerten;
- sehr stark situationsabhängig sind;
- eine deutliche Tendenz zur Milde zeigen;
- weniger als Fremdurteile dem Halo-Effekt unterliegen;

[216] Herbert Hollmann/Gerd Reitzig 1995, S. 469.

- weniger reliabel sind als Peer-Ratings und eine geringere Varianz als andere Beurteilungsverfahren aufweisen.[217]

Eine mangelnde Übereinstimmung von Selbst- und Fremdurteilen kann mit einem fehlenden gemeinsamen Referenzsystem von Beurteilungsmaßstäben und Bedeutungsdimensionen erklärt werden. Diese geringe Übereinstimmung mit anderen Quellen sowie die erwartbare positive Selbstdarstellung in Bewerbungssituationen[218] verweisen darauf, Selbsturteile bei Differenzen mit Fremdurteilen vorsichtig anzuwenden und zu überprüfen. Sie können aber Hinweise auf nicht direkt bzw. selten beobachtbare Eigenschaften und Fähigkeiten bieten. Darüber hinaus stellt „die Fähigkeit zur realistischen Selbstbeurteilung ... nämlich an sich eine wichtige Voraussetzung effektiver Führung dar und ist damit selbst Beurteilungsobjekt. ... Diese im Selbsturteil sich artikulierenden ‚Domänen' sind Ausdruck individueller Überzeugungen, Sichtweisen und Werthaltungen sowie Teile des Selbstkonzepts und sollten deshalb ‚unverfälscht' als solche wahrgenommen werden."[219] Sie steuern Handlungsmotivation und tatsächliche Arbeitsleistung und werden von diesen wiederum im Sinne eines „reziproken Determinismus"[220] beeinflusst. Selbsturteile können dazu beitragen, den individuellen Entwicklungsbedarf von Führungskräften zu ermitteln. Sie tragen zur Einsicht, Motivierung und genaueren Bestimmung der Inhalte von Weiterbildung durch die differenziertere Sichtweise bei. Individuelle Bedürfnisse und organisatorischer Bedarf sollten jedoch durch die Kombination von Selbst- und Fremdurteilen abgestimmt werden.

Zusammenfassend können als Schlussfolgerungen für das Multiplikator/innen-Modell übertragen werden:

- Die für Projektmanagement erforderlichen Kompetenzen sind in erster Linie tätigkeitsunspezifische allgemeine Management-Kompetenzen, die antizipatorisch für nicht-antizipierbare, weil meist innovative, Aufgaben erworben werden müssen.
- Projektmanagement-Aufgaben unterscheiden sich von Management-Aufgaben durch die Reichweite ihrer Auswirkungen innerhalb der Organisation.
- Soziale Kompetenz und vor allem methodische Kompetenzen haben einen größeren Stellenwert als Fachkompetenzen.
- Die umfassenden idealtypischen Anforderungskataloge sind an das jeweilige Anforderungsprofil anzupassen, um mit neuen Lehr- und Lernformen trainierbar zu werden.
- Für Projektmanagement und Weiterbildungstätigkeit können als gemeinsame Schnittmenge folgende vier Hauptaufgaben identifiziert werden:

1. Personalentwicklung als Führungs- und Weiterbildungsaufgabe,

---

[217] Vgl. Martin Esser 1995, S. 649ff.

[218] Hier gibt es deutsch-deutsche Unterschiede. Vgl. Karin Birkner/Friederike Kern 2000, S. 255ff.

[219] Martin Esser 1995, S. 651.

[220] A. Bandura (1978) nach Martin Esser 1995, S. 651.

2. Führen - Leiten - Moderieren in Projekten und Weiterbildungsmaßnahmen,
3. Projektmanagement als Lern- und Arbeitsform,
4. Managing Diversity und Innovationsmanagement.

- Ergebnisse der Management-Diagnostik stimmen im Wesentlichen mit den theoretischen Ansätzen überein. In verschiedenen Phasen beruflicher Sozialisationsprozesse stehen unterschiedliche Aufgaben im Vordergrund. Kompetenzanforderungen sollen aus Tätigkeitsanalysen abgeleitet werden.
- Als Verfahren zur Eignungsfeststellung können Selbstbeschreibungen und -urteile mit einigen Einschränkungen herangezogen werden.

Im Folgenden werden Ansätze für das Management-Lernen näher betrachtet, um für die Multiplikator/innen-Weiterbildung relevante Gestaltungselemente, Trainingsmethoden sowie Lerngewohnheiten zu identifizieren. Wie auch ausführlicher für den Weiterbildungssektor,[221] sollen im Folgenden nur kurz die wesentlichen Rahmenbedingungen für das Management beleuchtet werden, da diese von einigen Besonderheiten abgesehen, auf die gleichen Entwicklungsprozesse zurückgehen, allerdings z.T. einige besondere Ausprägungen aufweisen.

Wird die Annahme zugrundegelegt, dass sich die Umweltveränderungen beschleunigen, so besteht ein erhöhter Lernbedarf besonders bei Führungskräften, die visionär denken und handeln und neue Trends frühzeitig noch vor den Mitarbeiter/innen erkennen und verstehen müssen, da sie ihr Unternehmen gleichsam aus dem Blickwinkel der Zukunft in die Zukunft steuern sollen. „Lernen ist frühzeitiges Erkennen der Zukunft",[222] das durch folgende Kräfte vorangetrieben wird:[223]

- Die Produktlebenszyklen werden immer kürzer, damit steigt der Zwang zu ständiger Innovation.
- Die Wissensproduktion nimmt zu bei gleichzeitigem Rückgang der Halbwertzeit des Wissens mit überproportionalem Bedeutungszuwachs der Forschungs- und Entwicklungszahlen, die nicht nur neues Wissen schaffen, sondern ständig Wissen obsolet machen, sowie einem steigenden Anteil des Ausbildens und Informierens.
- Die Rolle von Technik und Umfeld verändert sich und damit steigt die Relevanz der Öffentlichkeit und des gesellschaftlichen Umfelds.
- Der Wettbewerb bzw. neue Wettbewerber werden internationaler, nicht zuletzt aufgrund des Prozesses der europäischen Integration: „Wenn am Ende dieses Prozesses echte europäische Unternehmen mit europäischen Managementteams stehen sollen, so muss nicht nur viel Neues hinzugelernt, sondern auch gerade aus deutscher Sicht in erheblichem Maße ‚entlernt' werden."[224]

---

[221] Vgl. Kapitel 1.3 Rahmenbedingungen.
[222] Hermann Simon 1994, S. 5.
[223] Vgl. Hermann Simon 1994, S. 5ff.
[224] Hermann Simon 1994, S. 7.

- Der Dienstleistungs- und Softwareanteil an der Wertschöpfung und die damit einhergehenden Wettbewerbsvorteile nehmen zu, diese sind „in Form von besserer Qualifikation, höherer Motivation und mehr Selbständigkeit als Ergebnis vorangegangener Schulung in den Mitarbeitern implantiert".[225]
- Lean Management und Lean Learning bringen durch die qualitativ veränderten Anforderungen der Organisationsstrukturen an Manager einen großen Lernbedarf mit sich. „Im übrigen gelten die Lean Management-Postulate auch für das Lernen selbst. Angesichts des sich ausweitenden Lernbedarfs und der wegen des hohen Personalanteils stark steigenden Lernkosten wird ‚Lean Learning' zum Muss. Die Abwägung von Kosten und Nutzen kam in der Vergangenheit ohne Zweifel zu kurz. Schlanke Lernorganisationen, Effizienzdenken beim Lernen, Integration von Lern- und Planungsprozessen sind einige der Wege zum ‚Lean Learning'."[226]
- Die Tätigkeitsprofile verändern sich, da sich durch die Dezentralisierungstendenzen die Zahl der Leitungspositionen überproportional erhöht und daraus ein entsprechend hoher Lern- und Weiterbildungsbedarf ergibt.
- Die Lerninhalte verschieben sich, speziell hin zu wirtschaftlichem Basiswissen für technisch ausgebildete Führungskräfte und weniger Grundlagenwissen für die akademisch ausgebildeten Führungskräfte im Allgemeinen.
- Die Bevölkerungsdynamik wirkt sich aus, da weniger junge Mitarbeiter/innen den jeweils aktuellsten Wissensstand aus den universitären und weiterbildenden Einrichtungen in die Unternehmen bringen und sich deshalb auch ältere Mitarbeiter/innen wieder mehr Neues aneignen müssen.
- Weiterbildung steigt als Attraktivitätsfaktor auf: „Unternehmen, die als besonders weiterbildungsorientiert wahrgenommen werden und ein gutes Lernklima bieten, besitzen bei jungen Leuten eine deutlich höhere Attraktivität."[227]
- Das Lernbewusstsein bei Managern nimmt zu, um mit dem erhöhten Veränderungstempo mithalten und daraus resultierende Ängste abbauen zu können.
- Osteuropa hat einen enormen Nachholbedarf an Management-Lernen, so dass sich Umschichtungen der Weiterbildungsressourcen abzeichnen und der erhöhte Bedarf (auch in westlichen Märkten) sowie die Dringlichkeit neue Lehr-Lern-Methoden erfordern.
- Bildung als internationaler Wettbewerbsfaktor führt in allen großen Wirtschaftsnationen, wenn auch vor unterschiedlichen (kulturellen) Hintergründen, zu verstärkten Anstrengungen und Investitionen.

Als Besonderheiten aus den sich verändernden Umweltbedingungen für Führungskräfte im Vergleich zu Weiterbildner/innen können hier nun die als verstärkt erforderlichen, wirksamen und umzusetzenden Lernanstrengungen in Richtung wirt-

[225] Hermann Simon 1994, S. 7.
[226] Hermann Simon 1994, S. 7f.
[227] Hermann Simon 1994, S. 9.

schaftlicher, internationaler und insgesamt neuer Lerninhalte und -techniken identifiziert werden.

3.5 Management-Lernen

Im Folgenden wird an die Ausführungen in Kapitel 3.3 zur Handlungstheorie und daraus resultierenden Anforderungen an die Gestaltung von Lernprozessen angeknüpft, die den Transfer von Wissen (als Fachkompetenz) und die übergeordnete Problemlösungskompetenz (als Schlüsselqualifikation) erleichtern sollen. Dort wurde herausgearbeitet, dass verschiedene prototypische Handlungsformen auch in Projekten zur Anwendung kommen können. Des Weiteren wurde Arbeitsplatznähe für transferorientierte Lernprozesse als förderlich identifiziert. Als Einstieg in das Management-Lernen werden zunächst Formen arbeitsplatznaher Lernprozesse dahingehend untersucht, inwieweit sie für die Management-Weiterbildung geeignet sind. Dazu werden geeignete Methoden für den Aufbau von Erfahrungswissen sowie Veränderungen von Verhaltensweisen und Einstellungen betrachtet. Arbeitsplatzbezogene Förderungsmaßnahmen haben einen hohen innovativen Charakter und sind vielfach noch im Erprobungsstadium.[228] Gleichzeitig zeigen empirische Untersuchungen, dass der Führungskräftenachwuchs, speziell sog. High Potentials, in hohem Maß Weiterbildung neben der Arbeit als „Learning Parallel with Doing" neben „Learning by Doing" mit schneller Verantwortungsübernahme erwartet.[229] Bei der Wahl eines Arbeitgebers spielen Weiterbildungsmöglichkeiten und als weitere Anforderungskategorien neben Perspektiven der Arbeit auch die Arbeitsinhalte (Anspruchsniveau, Vielseitigkeit, Freiräume) und das Arbeitsklima (Teamwork, Führungsstil) eine herausragende Rolle.[230] Einem Auslandsaufenthalt wird größeres Gewicht nicht nur von Arbeitgebern, sondern immer stärker auch von Bewerbern als Weiterbildungsmöglichkeit beigemessen.[231]

Eine „On the Job"-Entwicklung von Mitarbeiter/innen direkt am Arbeitsplatz oder in weitgehend arbeitsplatzähnlichen Lernumgebungen ermöglicht Erfahrungsbildung und Lernprozesse durch

- „die Bearbeitung anregender und abwechslungsreicher Aufgabenstellungen;
- das gemeinsame Bewältigen von Problemen in Arbeitsgruppen;

[228] Vgl. Karlheinz Sonntag 2000, S. 184 und S. 192.

[229] Vgl. Karl-Heinz Sebastian/Georg Tacke 1994, S. 117. Allerdings ist die Wahrnehmung von Weiterbildung durch Führungsnachwuchs abhängig vom Begabungsprofil, das differenziert werden kann in High Potentials und internationalen Führungsnachwuchs, klassische Universitätsabsolventen, durchschnittlich Begabte und stärker national orientierte und auf traditionelle Großunternehmen ausgerichtete Kräfte.

[230] Vgl. Karl-Heinz Sebastian/Georg Tacke 1994, S. 113. Allerdings werden Lernangebote im Rahmen einer Personalmarketingstrategie nur von wenigen Unternehmen professionell genutzt. Vgl. ebda. S. 118.

[231] Vgl. Karl-Heinz Sebastian/Georg Tacke 1994, S. 114.

- das Beobachten erfolgskritischer Verhaltensweisen von Kollegen und Vorgesetzten;
- die Wissensvermittlung in realen oder computergestützten, simulierten Anwendungskontexten."[232]

Es kann dabei zwischen implizitem Lernen bei der Arbeit anhand von Lernaufgaben und Lerninhalten, die mit Arbeitsauftrag und Ausführungsbedingungen identisch sind, und explizitem Lernen anhand von aufgaben-, wissens-, und handlungsstrukturbezogenen Lernprozessen in möglichst arbeitsplatzähnlichen Lernumgebungen mit pädagogischer Intervention unterschieden werden. In Projektgruppen findet danach eher implizites, in Trainings zur Teamentwicklung eher explizites Lernen statt.

Eine zentrale Position der Handlungsregulationstheorie geht davon aus, dass Denken und Handeln integriert werden können und beim zielgerichteten Handeln zunächst die gewünschten Ergebnisse als Handlungsabsicht antizipatorisch planend gedanklich vorweggenommen werden und auf dieser Grundlage die folgende Handlungsausführung gesteuert und abschließend kontrolliert und reflektiert wird.[233] Lernen geschieht dabei, indem Teilhandlungen gebildet, vielseitig kombiniert und eingesetzt und durch übergeordnete Verfahren, Entscheidungsregeln und Strategien gesteuert werden. Dabei werden die Zusammenhänge zwischen Handelndem und Umwelt hinsichtlich Komplexität und Ganzheitlichkeit ausdifferenziert. „Für die Förderung beruflicher Handlungskompetenz bedeutet dies, die Lernenden in die Lage zu versetzen, komplexe Arbeitstätigkeiten zu bewältigen, die eine intellektuelles Durchdringen des Arbeitsprozesses erfordern, also Denk-, Planungs- und Entscheidungsleistungen mit einzubeziehen. Erforderlich sind hierfür entsprechend gestaltete Lernmethoden und Arbeitsstrukturen, die ein aktives und selbständiges Auseinandersetzen mit den Aufgaben sowie das Erkennen und Verarbeiten/Nutzen vorhandener Handlungsspielräume ermöglichen."[234]

Lernpotenziale und Kompetenzentwicklung in der Arbeitstätigkeit sind abhängig

- vom Qualifizierungsangebot (objektive Voraussetzungen), z.B. dem Arbeitsauftrag und den Ausführungsbedingungen oder dem Lernpotenzial einer Arbeitssituation und
- von der Qualifizierungsbereitschaft (subjektive Voraussetzungen), z.B. der individuellen Bereitschaft, die eigene Persönlichkeit zu verändern bzw. zu entwickeln, und dem Selbstkonzept.

Des weiteren sind aktives Mitwirken und Einbeziehen der Mitarbeiter/innen in den Veränderungsprozess lernförderlich.

Lernrelevante Merkmale der Arbeitssituation unter dem Fokus von innovationsbezogenem Lernen sind:

- Problemhaltigkeit, z.B. Neuartigkeit der Arbeit;

---

[232] Karlheinz Sonntag 2000, S. 181.

[233] Zu den einzelnen Phasen im Detail vgl. Karlheinz Sonntag 2000, S. 185. Vgl. auch Kapitel 2.3.2.1 Dimensionen einer Handlungskompetenz.

[234] Karlheinz Sonntag 2000, S. 185.

- Handlungsspielraum, z.B. Erproben neuer Vorgehensweisen;
- Abwechslungsreichtum, z.B. häufige Veränderungen der Arbeitssituation und der Lernorte, auch hinsichtlich lokaler Mobilität;
- Vollständigkeit der Handlung, z.B. Vielfalt der Handlungsfunktionen;
- qualifikatorischer Nutzwert, z.B. zukünftige Verwertungschancen im weiteren Berufsleben;
- soziale Unterstützung, z.B. durch Anregungen und Hilfestellungen.[235]

Um ineffizientes Lernen, verstanden als Produktion von „trägem Wissen" und mangelndem Lerntransfer in Anwendungssituationen zu überwinden und metakognitive, Wissen und Handeln integrierende, Steuerungsprozesse zu aktivieren, werden konstruktivistische Lernprozesse für das Herstellen konkreter Handlungsbezüge und authentischer Kontexte als geeignet befunden.
Gestaltungsprinzipien sind dabei die Authentizität der Lernumgebung, situierte Anwendungskontexte, multiple Kontexte und multiple Perspektiven sowie der soziale Kontext. Dabei bewegt sich der Prozess des Wissenserwerbs zwischen den Polen „angeleitetes Lernen" und „selbstgesteuertes exploratives Lernen".[236]

Es stehen verschiedene Gestaltungsansätze zur Verfügung, aus denen hier die für die Multiplikator/innen-Weiterbildung relevanten und operationalisierbaren Elemente ausgewählt und im Folgenden dargestellt werden:[237]

- Schaffung von Lern- und Entwicklungspotenzialen, z.B. durch Projektarbeit (arbeitsstrukturaler Ansatz): *Arbeitsaufgabe ist hier z.B. die Entwicklung eines eigenen Projekts;*
- Förderung expertenähnlichen Wissens, z.B. durch Expert/innen als Modell im „cognitive apprenticeship" oder Coaching (situativ-erfahrungsbezogener Ansatz): *kollegiale Modelle in der Weiterbildung und im Praktikum mit reflexiven, beratungsorientierten Phasen in der Gesamtgruppe und im individuellen Beratungsangebot;*
- Förderung von Problemlösefähigkeiten und Verhaltensmodifikation, z.B. durch Kompetenz- und Verhaltenstrainings (trainingsbezogener Ansatz): *Rollenspiele, verschiedene Formen von Arbeitsgruppen, Micro-Teaching-Setting;*
- Förderung arbeitsplatzbezogenen Lernens, z.T. durch dezentrale Lernorte (integrative Ansätze): *verschiedene Lernumgebungen und -aufgaben im Praktikum und während der Exkursion, im PC-Pool, durch Planspiele, aber auch durch Einzelarbeit, z.B. in der Bibliothek.*

„Zur Wissenserweiterung und Strategieentwicklung bietet sich auch eine kombinierte Gestaltung von einzelnen Trainingstechniken an. Es wird davon ausgegangen, dass das Wissen dann in mehrfach kodierter und elaborierter Form im Ge-

[235] Ausführliche Darstellung vgl. Karlheinz Sonntag 2000, S. 187. Übergeordnete Rahmenbedingungen und personale Merkmale können in Wechselwirkung lernförderlich oder lernhinderlich wirken, auch hinsichtlich Über-, Heraus- oder Unterforderung.
[236] Vgl. Karlheinz Sonntag 2000, S. 188f.
[237] Ausführliche Darstellung vgl. Karlheinz Sonntag 2000, S. 192. Kursiv gesetzt sind die Schlussfolgerungen für die Multiplikator/innen-Weiterbildung (von MoR).

dächtnis repräsentiert und Transferprozesse gefördert werden."[238] Allerdings sind sowohl Gruppenarbeit (im Betrieb, als auch in der Weiterbildung als Arbeitsgruppen oder Projektgruppen) und gruppendynamische Trainings hinsichtlich ihrer lernfördernden Wirkung umstritten,[239] letztere v.a., wenn der konkrete inhaltliche Bezug zum Arbeitsalltag fehlt. Es kann begründet angenommen werden, dass hohe Einsatzflexibilität, der Umfang dispositiver Aufgaben und der Grad der Selbstorganisation und autonomen Gestaltung hinsichtlich der Auswirkungen auf das Lernpotenzial zu positiverer Einschätzung in der betrieblichen Gruppenarbeit führen. Für Arbeits- und Projektgruppen gilt ein teamentwickelnder Ansatz als lernförderlich, bei dem Sach- und Kommunikationsprobleme gelöst werden und regelmäßige Reflexions- und Feedbackphasen zum Teamprozess und zur Umwelt des Teams die Bildung „aufgeklärter" Gruppen fördern.
Zu den klassischen personalentwickelnden Verfahren „Off the Job" gehören Planspiele, Fallstudien, computergestützte Lernsysteme, Teamtraining, gruppendynamische Trainingsprogramme, Rollenspiele und Verhaltensmodellierung. Diese gehören zu Qualifizierungsmaßnahmen, die meist im Anschluss an oder neben einer Berufstätigkeit und getrennt von Arbeitstätigkeit absolviert und systematisch durchgeführt werden.[240] Diese sind „Kernelemente der Personalentwicklung, die neben den traditionellen Unterrichtsmethoden in beinahe jedes Training eingebaut oder zumindest dabei berücksichtigt werden können."[241] Die Methoden „umfassen ein Repertoire, mit denen den meisten Problemen begegnet werden kann. Die nachgewiesene Effektivität und die Gefahr unerwünschter Nebenwirkungen ... ist sehr unterschiedlich."[242] Deshalb sind Lernziele hinsichtlich des zu vermittelnden Wissens und der zu erlernenden Fertigkeiten für die Auswahl des geeigneten Verfahrens entscheidend.

Nach diesen allgemeineren Unterscheidungsmerkmalen von arbeitsplatznahen und eher laborähnlichen Arbeitsanforderungen simulierenden Kompetenzentwicklungs- bzw. Trainingsmöglichkeiten werden im Folgenden auf (zukünftige) Führungskräfte als Zielgruppe ausgerichtete Weiterbildungsmaßnahmen dargestellt.
Für Führungskräfte können fachliche, soziale (interpersonelle oder kommunikative), konzeptionelle Fähigkeiten und entlang allgemeiner Lerninhalte trainierende Weiterbildungsangebote unterschieden werden. Daneben finden sich spezifische Lerninhalte, die die Interessen und Anforderungen des jeweiligen Unternehmens widerspiegeln.[243] Dazu werden als Methoden

- Präsentationstechniken (Transaktionsanalyse, themenzentrierte Interaktion, Sensitivitytrainings, instrumentierte T-Gruppen, Encountergruppen, gruppendynamische Trainings);
- Simulationsmethoden (Fallmethode, Rollenspiel, Planspiel);

[238] Karlheinz Sonntag 2000, S. 198.
[239] Vgl. Karlheinz Sonntag 2000, S. 193, S. 198.
[240] Vgl. Frank Lammers 2000, S. 205ff.
[241] Frank Lammers 2000, S. 207.
[242] Frank Lammers 2000, S. 222.
[243] Vgl. Albert Stähli 1993, S. 3.

- Trainings am Arbeitsplatz;
- problemlösungsorientierte Fortbildungen (Workshops, Erfahrungsaustauschgruppen, Action Learning, Natural Learning, Projektgruppen)

eingesetzt.[244]
Neu hinzugekommen sind in dieser Zusammenstellung für die Management-Weiterbildung verglichen mit der Weiterbildung für Weiterbildner/innen die Ansätze des Action und Natural Learning sowie T- und Encountergruppen.[245]

3.5.1 Anforderungen an Management-Lernen

Ziel dieses Kapitels ist es, Anforderungen und Verhaltensweisen in der Managementweiterbildung zu beschreiben und ein (organisatorisches) Profil für die Managementweiterbildung zu bestimmen. Die bisherigen allgemeinen (Qualitäts)Anforderungen an die Weiterbildung und die speziell auf Weiterbildner/innen bezogenen Aussagen[246] werden nun um die für das Management-Lernen relevanten Aspekte ergänzt: Was ist Management-Lernen? Wie lernen Manager? Was sind zukünftige Lernfelder bzw. Kompetenzanforderungen? Welchen Stellenwert und welche organisationale Struktur weist Management-Weiterbildung auf? Welche Methoden, zeitliche Struktur, Lernziele, -inhalte, -ergebnisse und Möglichkeiten der Transferförderung sind Kennzeichen von Management-Weiterbildung? Gleichzeitig wird so der doppelten Zielsetzung der Multiplikator/innen-Weiterbildung Rechnung getragen: das Curriculum soll so aufgebaut sein, dass durch seine Gestaltung implizites und explizites Lernen für Tätigkeiten in Projektmanagement und Weiterbildung ermöglicht werden.

Zunächst soll der Begriff des Management-Lernens definitorisch bestimmt werden. Aus handlungsorientierter Perspektive geeignet scheint die folgende Beschreibung zu sein, da sie in einen Zusammenhang mit der (allerdings widerständigen) Haltung gegenüber Innovationen gebracht ist: „Management-Lernen sollte verstanden werden als reale Anpassung des Verhaltens, nicht als rein kognitiv-intellektuelle Aufnahme neuen Wissens. ... Beim Management-Lernen handelt es sich stets um das Lernen erwachsener und in der Regel erfahrungsreicher Menschen. Es geht somit nicht nur um die Aufnahme neuen Wissens, sondern gleichermaßen darum, altes Wissen aufzugeben, zu ‚entlernen'. Gerade im Hinblick auf Verhalten fällt aber ‚Entlernen' schwer. ... Entlernen fällt aber um so schwerer, je besser bisherige Tätigkeit und Geschäft gemeistert wurden. Dies liegt Foster (1986) zufolge daran, dass jemand, der die alte Tätigkeit überdurchschnittlich gut beherrschte, besonders viel aufgeben muss. So stellt man häufig fest, dass leistungsstarke und erfolgreiche Mitarbeiter - dies gilt auch für Führungskräfte - starken Widerstand gegen Innova-

[244] Vgl. Eduard Gaugler/Peter Kadel 1994, S. 602.
[245] Zur Qualität der Weiterbildung von Führungskräften vgl. Kapitel 5.1.1 Qualitätsmanagement, Tabelle 29 Die wichtigsten Faktoren für Qualität in der Weiterbildung.
[246] Vgl. Kapitel 2.3.3 Lernprozesse bei Weiterbildner/innen.

tionen zeigen. ... Allzu häufig wirken die positiven Erfahrungen als Hemmschuh des Lernens und des Wandels."[247]

Erfahrungsbasiertes Wissen und Fähigkeiten von Managern entstehen meist durch nicht-organisiertes „Learning by Doing" und weniger als Ergebnis von Management-Lernen in formalen Weiterbildungsprogrammen.[248] Herkömmliche Weiterbildungsaktivitäten greifen i.d.R. zu kurz, wenn Inhalte und Organisation ebenso getrennt werden wie strategisch-betriebswirtschaftliche und Führungs-/ Unternehmenskulturseminare. Im Allgemeinen scheint der „Lerneffekt eher genereller Art im Sinne einer Horizonterweiterung als umsetzungsbezogen"[249] zu sein. Wichtige Ursachen dafür können sein:

- Transferleistungen fehlen, selbst nach Einsatz von Fallstudien;
- Alltagsanforderungen lassen keine Zeit, Seminaranregungen in entsprechendes Verhalten umzusetzen;
- das (personale und kulturelle) unternehmerische Umfeld verhindert die Umsetzung von Seminarideen;
- die in Seminaren vermittelten Anregungen sind nicht konkret genug;
- Teilnehmer/innen schätzen den Unterhaltungswert höher als den nutzbaren Erkenntniswert für sich ein;
- unprofessionelles Management und fehlendes Engagement für den Management-Lernprozess.[250]

Für eine Steigerung der Effizienz von Management-Lernen schlägt Simon folgende Ideen vor:[251]

- Verbesserung der Lernkultur hinsichtlich der Teilnahme auch des Top-Managements an geeigneten Angeboten und ihr Einsatz als Referenten und Diskussionspartner;
- der Manager als Lehrer, der zum einen seinen Know-How- und Wissensvorrat zielorientiert zugänglich macht, zum anderen als Nebeneffekte durch das Lehren selbst lernt und dafür sein Wissen systematisch aufbereitet;
- Management-Lernen durch Erfahrungsaustausch zwischen Kollegen, deren Beiträge oft wichtiger als die Wissensvermittlung durch den Dozenten eingeschätzt werden; dazu gehören auch informelle Treffen, Gesprächskreise, Jour Fixes oder elektronische Netzwerke;
- Integration von Realität und Lernprozess in team- und umsetzungsorientierte Lernformen anhand aktueller, realer Probleme.

---

[247] Hermann Simon 1994, S. 4f.

[248] Zwar ist „Learning by Doing" praxisnah, das Versuch-und-Irrtum-Prinzip kann aber zu langwierigen Lernprozessen führen oder diese ganz blockieren. Vgl. Albert Stähli 1993, S. 55; vgl. Kapitel 2.3.2.1 Dimensionen einer Handlungskompetenz.

[249] Hermann Simon 1994, S. 13.

[250] Vgl. Hermann Simon 1994, S. 13f.

[251] Vgl. Hermann Simon 1994, S. 14ff.

Die zuvor beschriebenen Lernstrategien erwachsener, erfolgreicher Manager des „Learning by Doing", des Lehrens und des Erfahrungsaustauschs sowie der eher generelle Lerneffekt einer Horizonterweiterung in formalisierten Programmen werfen die Frage auf, wie ihr Lernen stattfindet bzw. welche Grenzen ihrem Lernen möglicherweise gesetzt sind.

Diese Frage verweist auf ein Lerndilemma in (lernenden) Unternehmen, nämlich darauf, dass „sie verkennen, was eigentlich Lernen bedeutet und wie man es in Gang setzt."[252] Lernen wird oft als reines Problemlösen verstanden (Einfachschleife des Lernens) und seltener wird wahrgenommen, „dass die Art, wie sie (die Mitarbeiter/innen in lernenden Unternehmen) Probleme erkennen und angehen, eine eigene Ursache für Probleme sein kann."[253] Entsprechend muss eigenes Verhalten kritisch reflektiert, der eigene Beitrag zu den Problemen im Unternehmen identifiziert und das Verhalten adäquat geändert werden (Doppelschleife des Lernens). Gerade hochqualifizierte, erfolgreiche Spezialisten scheitern selten, haben deshalb kaum die Fähigkeit entwickelt, aus Fehlschlägen zu lernen und neigen zu defensiven Haltungen, Argumenten und externalen Schuldzuweisungen. Zusätzlich greift die Annahme zu kurz, „die Bereitwilligkeit zum Lernen sei in erster Linie eine Frage der Motivation"[254] und durch extrinsische Anreize förderbar. Doppelschleifiges Lernen spiegelt die Erkenntnisregeln und Begründungsweisen als zentrales Leitsystem des Verhaltens wider. Zu lernen, in konstruktiver Weise über das eigene Verhalten nachzudenken, baut Lernhindernisse ab. „Um Spitzenkräfte erfolgreich zu lehren, wie man schöpferisch argumentiert, müssen für sie bestimmte Lernprogramme mit aktuellen betrieblichen Problemen verbunden sein. ... Lehrgegenstand ist ein reales Problem aus dem Unternehmensalltag, das der Manager entweder lösen möchte oder mit dem er in der Vergangenheit nicht klar kam."[255] Dieser Ansatz kann als Katalysator einen Lernprozess in Gang bringen, dessen Erkenntnisse im eigenen Beitrag zu den Problemen, wie z.B. dem Umgang mit dem Team, widersprüchliches oder unproduktives Verhalten, sein können und dessen Lernergebnis idealerweise offenes Argumentieren ist. „Die Erkenntnisse, die sie dadurch gewinnen, ermöglichen es ihnen, in Zukunft effektiver zu arbeiten - jeder für sich und alle zusammen im Team. Sie lösen nicht einfach nur irgendwelche Probleme, sondern sie entwickeln ein profunderes und strukturiertes Verständnis für ihre Rollen in der Aufführung namens Unternehmen. Sie legen damit die Grundlage für dauerhafte Fortschritte. Sie lernen, wie man lernt - und das ist Lernerfolg im besten Sinne des Wortes."[256]

Die Lernfähigkeit im Erwachsenenalter, speziell von Fähigkeiten wie Intelligenz oder Extraversion für Managementaufgaben, ist in der Psychologie umstritten. Während hier das Meinungsspektrum von annähernd vollständiger Trainierbarkeit

---

[252] Chris Argyris 1994, S. 200.
[253] Chris Argyris 1994, S. 200.
[254] Chris Argyris 1994, S. 200f.
[255] Chris Argyris 1994, S. 210.
[256] Chris Argyris 1994, S. 213f.

bis kaum möglicher Modifikation von Intelligenz und Führungsqualifikation reicht, sind praktisch gesehen die Kosten-Nutzen-Relation entsprechender Maßnahmen und das Angebot von Einarbeitungs- und Lernchancen, die ein Arbeitgeber bereitstellen kann, relevanter.
Die Einarbeitung in vorhandene Paradigmen einer neuen (Unternehmens)Kultur fällt Berufsanfängern ohne massiv inkongruente andere Werthaltungen meist leichter als berufserfahrenen Bewerbern. Es kann davon ausgegangen werden, dass „eine Umstellung auf neue und bisher nicht akzeptierte Methoden ... emotional erhebliche Schwierigkeiten“ bereitet und „eine Änderung der gewohnten Mechanismen sehr schwierig, die Anpassung an einen neuen ‚Theoriekern' sogar fast ausgeschlossen ist.“[257]

Zusammenfassend bereiten Änderungen des Verhaltens sowie die Aneignung neuer Methoden und neuer Theoriekerne also die meisten Schwierigkeiten beim Management-Lernen.

Im Folgenden werden Ergebnisse einer empirischen Studie nach der Delphi-Methode[258] herangezogen, um auf der Grundlage von Prognosen Anforderungsprofile für das Management zu identifizieren, nach denen Qualifizierungsprogramme und Strategien der Personalentwicklung ausgerichtet werden können. Zugrundegelegt wurde ein Modell von Anforderungen an das Management im Bereich Führung, das Führungsaufgabe (Strukturiertheit des Führungsprozesses) und -situation (Gruppendynamik) als strukturelle und Führungsperson und -verhalten als personelle Einflüsse versteht.

Folgende Ergebnisse zeigten sich hinsichtlich der Führungsaufgabe als betont systematisches Management:[259]

[257] Heinrich Wottawa 1995, S. 183f.
[258] Die Delphi-Methode ist ein Prognose-Instrument für technische, wirtschaftliche und soziale Entwicklungen, das auf der Annahme beruht, dass objektiv unbekannte, langfristig wirkende Gesetzmäßigkeiten der Entwicklung und des Wandels durch intuitive Experten-Urteile für zukünftige Entwicklungen auf verschiedenen Wissensgebieten abgebildet werden können. Vgl. Rolf Bronner 1994, S. 101.
[259] Vgl. Rolf Bronner 1994, S. 103ff.

	hohe Einschätzungen für die Zukunft	gleichbleibend bzw. eher abnehmend
Führungs-aufgaben	entscheiden, motivieren; Personal auswählen und entwickeln, planen, informieren und delegieren sowie Konflikte lösen, koordinieren und verhandeln; langfristig ausgerichtete Strategien der Zielgebung, Qualifizierung und Konsenssicherung	repräsentieren, kontrollieren, organisieren, anleiten, berichten; kurzfristig angelegte personelle Führungsimpulse
Führungs-situation	Mitarbeiterorientierung (Mitarbeiter, Betriebsrat, Gewerkschaften, Kollegen); Berater, Medien; soziale, insbes. kommunikative Kompetenz	unternehmensexterne Kontakte (staatliche Stellen, Politiker, Verbände, Hochschulen)
Führungsperson	Entschlusskraft, Qualitäten wie Lernfähigkeit, Flexibilität, Kreativität und Teamfähigkeit, Konfliktbereitschaft; moralische Kategorien wie Integrität und soziale Verantwortung	Systematik, Durchsetzungsvermögen, Berechenbarkeit
Führungs-verhalten	Führungsstile: aufgabenbetont, kooperativ, demokratisch; wohlverstandene Mitarbeiterorientierung: motivierend, integrativ, konsensgeleitet, konsultativ, kooperierend; ergebnis- und zielorientiert	charismatisch, laissez-faire, manipulativ, autoritär

Tab. 40: Zukunftsanforderungen an das Management-Lernen (eigene Darstellung nach Bronner 1994)

Als Schlussfolgerung ist davon auszugehen, dass die Merkmalsstrukturen zukünftig relevanter Führungskonzepte von „aufgabenorientiert" über „kooperativ" bis „demokratisch" reichen werden. Die gleichzeitige Mitarbeiterorientierung und deren wachsende Individualisierung und Selbstbewusstheit verweisen auf ein Verständnis und Praktizieren von Führung „als Gestaltung sachgerechter Leistungsvoraussetzungen und weniger als Einflussnahme auf Leistungsträger. ... Führen verliert zunehmend seine statisch-administrative und personell intervenierende Funktion."[260] Wachsende Bedeutung wird zukünftig Problemlösefähigkeiten und Entscheidungsfunktionen zugewiesen. Mitarbeiter/innen sollen mit dem Ziel erhöhter Motivation und (entpersonalisierter) Kritikbereitschaft qualifiziert werden. Schließlich „ist es die zentrale Aufgabe von Führungskräften, den schwierigen Transfer vom personellen Lernen zum System-Lernen systematisch zu fördern. Dies bedeutet neben ... Qualifikations-Management auch ein Lernprozess-Management. Als Motto könnte gelten ‚Lernen und lernen lassen'. Konkret bedeutet dies, Lernanreize zu schaffen, Lernchancen zu bieten, ein sanktionsarmes Lernklima aufzubauen zur bewussten Nutzung erkannter Fehler und Irrtümer."[261]

[260] Rolf Bronner 1994, S. 108.
[261] Rolf Bronner 1994, S. 109.

Im Folgenden werden der Stellenwert und die Struktur des Marktes dargestellt, um die Situation der Management-Weiterbildung zu erfassen und Gemeinsamkeiten für die Zielgruppe der Multiplikator/innen-Weiterbildung identifizieren zu können.

Das Engagement und die Akzeptanz von Weiterbildung bei Führungskräften ist überdurchschnittlich hoch: „Bei einem Anteil an der Gesamtbelegschaft von 4 Prozent stellt die Gruppe der Führungskräfte 15 Prozent aller Teilnehmer an betrieblichen Weiterbildungsveranstaltungen."[262]
Der Markt für Management-Weiterbildung kann wie folgt klassifiziert werden:
- interne Weiterbildungsprogramme, d.h. arbeitsplatzbezogen (z.B. durch Übertragung von Projekten) oder in Seminaren in den Unternehmen als Bestandteil der Arbeit oder eines berufsbegleitenden Programms;
- externe (offene oder firmenspezifische) Weiterbildungsprogramme von Management-Instituten oder Business Schools;
- Konsortialprogramme mehrerer Unternehmen (aus eigenen Ressourcen oder von externen Anbietern) als gemeinsame Qualifizierungsmaßnahmen mit ähnlichen Weiterbildungszielen.[263]

Vorteile interner Management-Weiterbildung liegen darin, dass die Lerninhalte auf die Unternehmensvorgänge leicht projizierbar und in ihrer Relevanz bezogen auf den eigenen Arbeitsplatz einzuordnen sind. Der Vorteil, die anderen Teilnehmer zu kennen, kann aber gegenüber externer Management-Weiterbildung ein Nachteil sein, da dort unternehmensübergreifende Kontakte zu anderen Führungskräften und der Erfahrungsaustausch sowie neue Sichtweisen und Problemlösungsverhalten kompetenzfördernd sind. Ein weiterer Nachteil interner Management-Weiterbildung liegt in den verhältnismäßig hohen konstanten Kosten einer eigenen Infrastruktur.[264] Während für Teilnehmer aus dem mittleren Management eine Kombination von interner und externer Weiterbildung durchgeführt wird, liegt der Anteil externer Weiterbildung für das Top-Management deutlich höher.[265]

Firmenspezifische Programme nahmen in den letzten Jahren an Bedeutung überdurchschnittlich zu. Nahezu alle Großunternehmen in Europa haben eigene Weiterbildungseinrichtungen. Der Markt für Management-Weiterbildung verzeichnet eine erhöhte Wettbewerbsintensität und neue Anbieter, wie z.B. Unternehmensberater, Verlage, unternehmerische Dienstleistungen von technischen Systemanbie-

---

[262] Karlheinz Schwuchow 1994, S. 260; die Daten wurden aus 50 Experteninterviews und einer schriftlichen Folgebefragung an 25 Management-Instituten und Business Schools in Europa und den USA sowie mit einer Längsschnittstudie von vier Befragungen innerhalb eines Jahres unter 286 Führungskräften aus 132 Unternehmen erhoben. Die Führungskräfte nahmen an Seminaren zu funktionsbezogenem bzw. generellem Management-Wissen teil. Hier werden die auf Europa bezogenen Ergebnisse ausgewählt.
[263] Vgl. Karlheinz Schwuchow 1994, S. 261.
[264] Vgl. Albert Stähli 1993, S. 5. Befragt wurden Management-Development-Verantwortliche von 331 Unternehmen mit einer breiten Streuung über alle Branchen in Westdeutschland.
[265] Vgl. Albert Stähli 1993, S. 31f.

tern und als Profit-Center von Unternehmen ausgegliederte Weiterbildungsbereiche. Dies erfordert neben einer klaren Positionierung auch aktives Marketing des Weiterbildungsangebots für Führungskräfte: „Die Teilnehmer stellen die zentralen Ressourcen dar, da sie die Erfahrungen und Perspektiven vermitteln, die den Lernprozess in der Management-Weiterbildung prägen.“[266] Dabei werden der Erfahrungsaustausch und die Qualität der Referenten als entscheidender Erfolgsfaktor speziell externer Weiterbildungsanbieter gesehen. Erfahrungsaustausch gilt im Sinne von Nachhaltigkeit des Weiterbildungserfolgs als wesentlich, hinzu kommen als weitere wichtige Faktoren für den Lernprozess und die Wirkung die Zusammensetzung der Teilnehmergruppe, die angewandten Lernmethoden und die Rahmenbedingungen. Aus Teilnehmersicht sind wichtige Bestandteile des Lernmethoden-Mixes v.a.

- aktive Einbeziehung der Teilnehmer/innen;
- Integration neuen Wissens in das Erfahrungspotential;
- Anwendung der vermittelten Inhalte auf reale Situationen.

Als Methoden, um für die konkrete berufliche Tätigkeit eine höhere Relevanz der vermittelten Inhalte zu erzielen, kann starker Praxisbezug durch folgende Maßnahmen hergestellt werden:

- Referenten aus der Unternehmenspraxis bzw. dem Top-Management;
- Projekte zu konkreten Fragestellungen der beteiligten Unternehmen;
- Aktionsplanung zur verbindlichen Umsetzung der Lerninhalte für die Teilnehmer.

„Diese Ergebnisse unterstreichen die Überlegungen zur Rolle der Führungskräfte als Zielgruppe und als Träger der Weiterbildung ... (die) durch die Integration des Top-Managements in die Weiterbildungsarbeit wesentlich dynamischer wird und häufigeren Änderungen unterworfen ist.“[267]

Für die Konzipierung von Lernprozessen in der Management-Weiterbildung werden hinsichtlich ihrer Effektivität folgende Methoden als am effektivsten eingeschätzt[268]:

1. Fallstudienmethode[269]
2. Demonstration/praktische Unterweisung
3. Unternehmensplanspiel.

Verhältnismäßig hoch wurden Sensitivity/Interaktionstraining, themenzentrierte Interaktion und Transaktionsanalyse als psychologische Grundmodelle bewertet, während programmierte Unterweisung, Vorlesung/Vortrag und Fernkurs entsprechend den Kriterien Praxisbezug, Teamwork und Handeln in komplexen Systemen

---

[266] Karlheinz Schwuchow 1994, S. 263.

[267] Karlheinz Schwuchow 1994, S. 267.

[268] Vgl. Albert Stähli 1993, S. 48, in der Rangfolge der Wichtigkeit.

[269] Die Fallstudienmethode gilt als ‚Königsweg' der Management-Weiterbildung. Klassische Harvard-Fälle zeigen über den Zeitverlauf immer neue Lösungsvarianten. Die Methode wurde weiterentwickelt, so dass für einen direkten Praxiseinsatz Entscheidungsfindungen ins Unternehmen transferierbar sind. Vgl. Albert Stähli 1993, S. 55.

am unteren Rand der Rangskala eingestuft werden. Die Projektmethode war in den vorgegebenen Antwortkategorien der Untersuchung nicht enthalten.

Die zeitliche Struktur von Weiterbildungsprogrammen zeigt eine Tendenz zur Verkürzung der mehrwöchigen Angebote und die Einführung modularer, prozessorientierter Programme, die es ermöglichen, „seminarbezogenes Lernen mit konkreter Arbeitsplatzerfahrung zu verknüpfen und auf diese Weise die Relevanz der behandelten Themen zu erhöhen und deren direkte Umsetzung zu fördern (‚Intervall-Lernen').“[270] Die Vorteile der Module liegen in der Möglichkeit, einzelne Module auswählen zu können, wenn diese in sich abgeschlossene Einheiten unter Einbeziehung des Gesamtkontextes bilden. Nachteile liegen in möglicher, unterschiedlicher Teilnahme an den einzelnen Modulen sowie einem insgesamt höheren Zeitbedarf durch notwendige Wiederholungen. Stähli[271] schlägt eine Zeitstruktur von (verschiedenen) mehrwöchigen Seminaren als Intensivphasen des Lernens in einem Zeitraum von 1 bis 4 Jahren für berufsbegleitende Management-Weiterbildung vor, damit die Lerninhalte wissenschaftlich und praktisch vertieft und aktivierende Lernprozesse zur Auseinandersetzung mit den Inhalten auch zu Erfolgen in der Führungspraxis führen. Gleichzeitig müssen die Seminare kurz genug für eine Integration in den Führungsprozess der Manager sein.

Projekte werden in Europa als Lernform, insbesondere in Großbritannien, häufig in der Managementaus- und -weiterbildung eingesetzt. Sie werden auch in der Teilnehmerbefragung hinsichtlich aktiven Lernens an praxisnahen (realen oder fiktiven) Problemstellungen hoch bewertet und werden hinsichtlich des Lerntransfers an Bedeutung gewinnen. „Reale Projekte erfordern (allerdings) andere Kompetenzen und Qualifikationen von Seiten der Referenten, da der Lernprozess nicht mehr in sich geschlossen ist. Anders als bei einer Fallstudie ist das Ergebnis bei einem Projekt zunächst unbestimmt.“[272] Selbststudium wird als Lernform von Führungskräften deutlich weniger geschätzt.

Für die Management-Weiterbildung sind Lernziele wie folgt operationalisierbar:[273]
- die Unternehmenssituation und -umwelt analysieren und die Unternehmenspolitik definieren;
- die Anforderungen an das Management aus der Unternehmenspolitik ableiten;
- Lernziele aus den Anforderungen formulieren;
- Lerninhalte aus den Lernzielen ableiten;
- geeignete Lernmethoden entsprechend der Lerninhalte und Lernziele und hinsichtlich des Transfers in die Praxis auswählen.

---

[270] Karlheinz Schwuchow 1994, S. 265.
[271] Vgl. Albert Stähli 1993, S. 26.
[272] Karlheinz Schwuchow 1994, S. 267.
[273] Vgl. Albert Stähli 1993, S. 4.

Inhalte der Management-Weiterbildung sind in der Rangfolge der Wichtigkeit

1. strategische Unternehmensführung
2. Personalmanagement
3. Marketingmanagement
4. soziale Fähigkeiten.

Am Ende der Skala liegen globale, europäische und nationale VWL, Recht und Politik sowie Forschung und Entwicklung.[274]

Wirksame Ergebnisse von Management-Weiterbildung können erzielt werden durch

- vor- und nachgelagerte Phasen zur verbindlichen Umsetzung(splanung) des Gelernten;
- Kommunikation, Vermittlung des Gelernten (Multiplikator-Effekt) sowie Einbindung und Unterstützung im betrieblichen Umfeld;
- konkrete Handlungen mit laufender persönlicher Aktionsplanung orientiert an Seminarinhalten, persönlichen und betrieblichen Zielen.

Dies korrespondiert mit Einschätzungen der Teilnehmenden, dass unmittelbar nach dem Seminar die Anwendung der Kenntnisse zunehmend schlechter, mit längerem zeitlichem Abstand jedoch der Einfluss auf das Führungsverhalten deutlich besser eingeschätzt wird. Da der Effekt eines Weiterbildungsprogrammes nicht als kausaler Zusammenhang zwischen Weiterbildung und beruflicher Leistung gemessen werden kann (Ergebnismessung), sind prozessorientierte Ansätze der Erfolgssteuerung von Lernprozessen mit den Elementen Kommunikation und Feedback notwendig.

Als weitere Entwicklungen zukünftigen Management-Lernens können angenommen werden:

- Weiterbildung als persönliche Investition in Form von individueller Lernzeit zwischen Arbeits- und Freizeit;
- Weiterbildung als Vernetzung individuellen und organisatorischen Lernens;
- Weiterbildung als dezentraler, durch Weiterbildungstechnologien stärker individualisierter Lernprozess.

Dazu gehören als Maßnahmen ergebnisorientierte geschlossene Weiterbildungen für komplette Arbeitsgruppen oder in offenen Seminaren Mentorenbeziehungen zur Transfersicherung zwischen Teilnehmenden und höheren Führungskräften.[275]

Lateraler Transfer als „wirkliche Übertragung von neu erworbenem Wissen und Fähigkeiten aus dem Lernfeld hinüber ins *Funktionsfeld Führungspraxis*" erfordert geeignete Lernmethoden, damit Effektivität und Effizienz der Qualifizierung für

---

[274] Vgl. Albert Stähli 1993, S. 37. Diese empirischen Ergebnisse der letzten Rangplätze dürften sich inzwischen unter dem Primat der Innovation und des fortschreitenden europäischen Integrationsprozesses verändert haben.

[275] Vgl. Karlheinz Schwuchow 1994, S. 269.

Führungskräfte gewährleistet sind.[276] Eine mögliche Methode ist ein Transferplanungsinstrument für den Transfer von Verhandlungstechniken. Dieses für das soziale Verhalten eingesetzte Transferplanungsinstrument ist ein siebenstufiges Verfahren, in dem der Teilnehmer

1. bisherige Erfahrungen, Werte und Selbstbild zu Beginn des Trainings berücksichtigt;
2. sich die wichtigste Erkenntnis während des Trainings vergegenwärtigt;
3. maximal drei konkrete Verhaltensziele aus der Erkenntnis ableitet;
4. sich den Nutzen und die Vorteile veränderten Verhaltens in die gewünschte Richtung explizit verdeutlicht;
5. sich einen Transferpartner als Coach zur Unterstützung im Funktionsfeld wählt;
6. mögliche Transferwiderstände kognitiv antizipiert, ggf. Verhaltensziele modifiziert und geeignete Strategien gegenüber den Transferwiderständen entwickelt;
7. danach einen ‚Vertrag mit sich selbst' abschließt.

Ergebnisse der Studie[277] zeigen, dass damit die Transferleistung bei Führungskräften gefördert werden kann und sich dies in höherer individueller Umsatzentwicklung zeigt. Teilnehmer ohne Transfermanagement werten den Erfolg des Trainings nach einiger Zeit niedriger.

3.5.2 Management für Europa

Der fortschreitende europäische Integrationsprozess und die Anforderungen der Internationalisierung von Unternehmen und Gesellschaft zeigen Auswirkungen auf die Management-Weiterbildung, die wegen ihrer Relevanz für die Multiplikator/innen-Weiterbildung im Folgenden dargestellt werden.

„Euro-Management" entsteht als innovativer Ansatz hinsichtlich Strategien, Strukturen und operationalen Konzepten aus der spezifischen Art des europäischen Kontextes, um ein europäisches Unternehmens- und Management-Modell zu etablieren. „Um weltweit eine große Rolle spielen zu können, muss es (Europa) eine grenzüberschreitende, multikulturelle Gesellschaft schaffen."[278] Damit entsteht ein großer Bedarf an Managern, „die zum Handeln und Denken über physische Ländergrenzen und unsichtbare Kulturgrenzen hinaus fähig sind."[279] Im Detail bedeutet dies als entscheidende Erfolgsfaktoren europäischer (Unternehmens)Kultur

---

[276] Albert Stähli 1993, S. 4 (kursiv im Original); weitere Definitionen zu Transfer vgl. Sven Ullrich 1995, S. 15ff.

[277] Untersuchung mit 109 Führungskräften (Experimental- und Kontrollgruppen zu 3 Messpunkten); vgl. Sven Ullrich 1995, S. 5.

[278] R. Sybren Tijmstra/Kenneth Casler 1994, S. 272.

[279] R. Sybren Tijmstra/Kenneth Casler 1994, S. 273 (Anm. Mor).

- fundamentale Veränderungen der Management-Mentalität in Europa;
- ein weitaus größeres internationales Bewusstsein und Einfühlungsvermögen und
- multikulturelle Kompetenz von Managern auf allen Organisationsebenen.[280]

Abgeleitet aus der Arbeit im internationalen Umfeld benötigen Euro-Manager folgende Fähigkeiten:
- „... das europäische Unternehmensumfeld zu verstehen, speziell dessen kulturelle, soziale, politische und ökonomische Komplexität;
- ... sich in neue Formen der Unternehmensführung hineinzudenken, sie aufzubauen und sie zu praktizieren (Netzwerke, Spezialgremien, Koordinationseinheiten) und dabei Grenzen zu sprengen und Brücken zwischen den Kulturen zu bauen;
- ... eine Bindung an Unternehmenskultur und Ziele bei allen Mitgliedern der Organisation, gleich welche ursprünglichen kulturellen Werte ihnen eigen sind, herzustellen;
- ... die Unterstützung ‚nationaler' Hoffnungsträger in den verschiedenen Ländern, in denen sich die Unternehmung betätigt, zu gewinnen;
- ... transnationale Mobilität als Voraussetzung für eine europäische Karriere zu akzeptieren und sie sich zu eigen zu machen."[281]

Dafür sind folgende Kompetenzen erforderlich:
- solide Fach- und Führungskompetenz als fundamentale Selbstvertrauensbasis und für Akzeptanz durch andere;
- sprachliche und kulturelle Begabungen für erfolgreiche und ergebnissichernde Kommunikation;
- Selbstbewusstsein von persönlichen Werten und kultureller Orientierung sowie Offenheit für Werte und Vorzüge anderer Kulturen;
- Flexibilität und Anpassungsfähigkeit hinsichtlich Veränderungen.[282]

Die erforderlichen Kompetenzen können durch Ausbildung, Arbeitserfahrung und Personalentwicklung erlernt und entwickelt werden.

Inhalte für die Kompetenzentwicklung sind dabei die Lernaspekte Bewusstsein, Fachwissen, Begabung und Wertvorstellungen, die in der folgenden tabellarischen Übersicht definiert und in harte und weiche Anforderungen differenziert sind:[283]

[280] Vgl. R. Sybren Tijmstra/Kenneth Casler 1994, S. 275.
[281] R. Sybren Tijmstra/Kenneth Casler 1994, S. 278.
[282] Vgl. R. Sybren Tijmstra/Kenneth Casler 1994, S. 278.
[283] Vgl. R. Sybren Tijmstra/Kenneth Casler 1994, S. 279.

	harte Anforderungen	weiche Anforderungen
Bewusstsein	Fachwissen	Gespür für europäische Unterschiede und Gemeinsamkeiten, Fähigkeit zur Lageeinschätzung und Erfahrung
Fachwissen	Wissen über Europa und dessen soziales, politisches und ökonomisches Umfeld, basierend auf erlernbaren Fakten	./.
Begabung	Sprache	interkulturelle Kommunikation, Führungspersönlichkeit
Wertvorstellungen	./.	basierend auf tiefverwurzelten, unbewussten Werten und Gefühlen, persönlich wie gesellschaftlich, den Mitgliedern einer Kultur oder kulturellen Gruppe gemeinsam

Tab. 27: Lernaspekte und Anforderungen für Euro-Manager (eigene Darstellung nach Tijmstra/Casler 1994)

Formen der Kompetenzentwicklung sind dabei
- kurze Trainingseinheiten für Fakten;
- Entwicklungsprogramme und Erfahrungen „On the Job", um langfristig Einstellungen zu verändern, Führungspersönlichkeit (unterschiedliche Führungs-, Arbeits- und Kommunikationsstile sowie Formen der Teamarbeit), interkulturelle Kommunikation und Sprachkenntnisse zu erlernen und weiterzuentwickeln;
- kurz- und langfristig angelegte Weiterbildung, um über aktuelle Entwicklungen auf dem Laufenden zu bleiben.

„Die Fähigkeit und der Wille, permanent zu lernen, ist ganz entscheidend."[284] Daneben sind Mitarbeit in multinationalen Projektgruppen und Spezialgremien für Schulung, Erfahrung und Einblicke wichtig: „Europäische Projekte bringen Manager unterschiedlicher Kulturen zusammen, erhöhen den Austausch von Sachkenntnis und erweitern die Wissensbasis eines Unternehmens."[285]

Europäische Managementverantwortung umfasst drei Bereiche: Wissensbasierte Elemente des europäischen Unternehmensumfelds sind zum einen sozio-politische Determinanten, ökonomische Faktoren und technologische Entwicklungen. Europäische Managementdynamik als zweiter Bereich zeichnet sich durch große Vielfalt der Unternehmenskulturen (Traditionen, Praktiken und Werte von Individuen und Organisationen) und Management-Werte (Managementverhalten resultierend aus verschiedenen Ausbildungssystemen, Organisationsmodellen und Geschäftspraktiken) aus. Europäisierungsprozesse schließlich als dritter Bereich europäischer Managementverantwortung umfassen transnationale Strukturen und Prozesse, europäische Identität und grenzüberschreitende Kommunikation.[286]

---

[284] R. Sybren Tijmstra/Kenneth Casler 1994, S. 283.
[285] R. Sybren Tijmstra/Kenneth Casler 1994, S. 286.
[286] Vgl. R. Sybren Tijmstra/Kenneth Casler 1994, S. 279ff.

Transnationalität der Ausbildungsinstitutionen für europäisch orientierte Weiterbildungsangebote an die Industrie sollte sich in folgenden Punkten zeigen:

- europäische Themen und Fragestellungen in alle Lerneinheiten integrieren;
- auf europäischem/internationalem Material basierende didaktische Verfahren anwenden und Vorlesungen, Fallstudien, Projektarbeit und internationale Aufgabenstellungen anbieten;
- in sehr hohem Maß auch hinsichtlich der Mitarbeiter/innen und Kursteilnehmenden europäisch/international ausgerichtet sein;
- wie eine transnationale Organisation mit vielfältigen Standorten entsprechend didaktischer Anforderungen agieren, Lehrenden entsprechende Ausbildungen und Teilnehmenden adäquate Ausbildungsperspektiven ermöglichen;
- durch einen internationalen/europäischen Beraterstab in ihrer Entwicklung unterstützt werden.[287]

Neben dem Ausbau entsprechender Management-Ausbildungszentren spielen europäische Managementrekrutierung sowie europäische Karriereplanung und Managementaufgaben eine große Rolle. „Sich zum Euro-Manager zu entwickeln, wird den einzelnen bis zum äußersten fordern, und er muss wissen, dass die ganze Organisation seine Lernanstrengungen unterstützt."[288]

3.5.3 Beispiel für einen Management-Trainingsansatz

Im Folgenden wird ein konkreter Ansatz dargestellt, wie das Training des Managements in einem Unternehmen Erkenntnisse aus theoretischen Anforderungen an Kompetenz und Lernmethoden umsetzt.

Lernen wird als fundamentaler Bestandteil in die Management-Aufgaben integriert: „Dem Lernprozess als Verantwortung des Managements kommt in diesem Selbstverständnis großes Gewicht zu."[289] Dabei wird Lernen als zielgerichtete, an Effektivität und der Entwicklung von Management-Kompetenz orientierte Aufgabe der Weiterbildung verstanden: „Dem organisierten Lernen durch Fortbildung obliegt es, den Fach- und Führungskräftenachwuchs auf seine Managementaufgaben vorzubereiten und die Einweisung, Anleitung und Koordination von Mitarbeitern und Arbeitspartnern zu bewerkstelligen."[290]
Der erhobene Bedarf an Weiterbildung spiegelt die empfundenen Defizite wider und weist auf das Dilemma betrieblicher Angebote hin, den Bedarf mit entsprechenden Lerninhalten zu füllen und hinsichtlich der (Selbst)Verantwortlichkeit für den Lernprozess zu strukturieren und zeigt mögliche, geeignete Lernformen auf: „Allein die sinnvollen, jeweils von einzelnen für notwendig erachteten, Disziplinen übersteigen bei weitem die realisierbaren Möglichkeiten. ... Hieraus resultiert eine große Herausforderung an die Qualität und die Effizienz von Lernprogrammen für

---

[287] Vgl. R. Sybren Tijmstra/Kenneth Casler 1994, S. 285.
[288] R. Sybren Tijmstra/Kenneth Casler 1994, S. 286.
[289] Uwe Faust/Claus Hefner 1994, S. 121.
[290] Uwe Faust/Claus Hefner 1994, S. 123 am Beispiel der Hoechst AG.

die Management-Entwicklung. Wir werden uns in Zukunft stärker als bisher die Frage stellen müssen, welche Lerninhalte im Seminar zu vermitteln sind und welche sinnvollerweise Gegenstand eines individuellen Selbststudiums oder arbeitsplatzbezogener Gruppenarbeit sind."[291]

Die Ursachen für den weitreichenden Bedarf und die empfundenen Defizite von Führungskräften werden fehlendem Grundlagenwissen aus früheren Ausbildungsprozessen und den neu entstandenen Anforderungen aus Umweltveränderungen auch hinsichtlich der Internationalisierungsprozesse zugeschrieben. Daraus werden Merkmale für international aktive Führungskräfte abgeleitet, die den fachlichen, methodischen, sozialen und personalen Kompetenzdimensionen zugeordnet werden können: „Der Komplex persönlichen Verhaltens bis hin zur Verantwortung nimmt wohl deshalb in den Lernprozessen einen so breiten Raum ein, weil einerseits die Psychologie, Soziologie, die Kommunikations- und Verhaltenswissenschaften nachweisbare Erkenntnisse im Wirtschafts- und Arbeitsleben gewonnen haben, und andererseits dieses Wissen im Rahmen der Erziehung und allgemeinen Ausbildung bislang kaum vermittelt wird. Dieser Nachholbedarf wird verschärft durch ein sich drastisch änderndes Umfeld von Verhaltensregeln im Umgang mit Kunden, im internationalen Geschäftskontakt, im Hinblick auf rechtliche Konsequenzen, die sich aus bestimmten, bisher als akzeptabel geltenden Verhaltensweisen ergeben. ... Das Gespür für die richtigen Entscheidungen mit vertretbarem Risiko, also eine Mischung aus praktischer Erfahrung, angesammeltem Wissen und Integrationsfähigkeit von Einzelfaktoren zu einer Zielformulierung, gepaart mit persönlichem Darstellungsvermögen und Überzeugungskraft im Team zählen zu den heute gewünschten Führungsmerkmalen internationaler Manager."[292]

Wie können die geforderten Kompetenzen erworben werden? Der Stellenwert von Weiterbildung ist hier komplementär zu erfahrungsgeleitetem Lernen einzuordnen, so dass möglichst unmittelbar theoretisches Wissen und praktische Arbeit reflektiert und integriert werden können: „Erfahrung kann nur in der Berufspraxis erworben werden, Bildung soll diesen Prozess vorbereiten, erleichtern und unterstützen. ... Entscheidend ist das Prinzip der zeitoptimalen Platzierung der Veranstaltungen, um einen möglichst hohen Lerntransfer zu ermöglichen."[293]

In der Weiterbildungspraxis wird dabei auf bewährte Methoden zurückgegriffen, diese werden jedoch kriterienorientiert ausgewählt und eingesetzt. Ineffiziente Lernformen werden vermieden und ein durchgängig starker Praxis- sowie unternehmensinterner Umfeldbezug hergestellt. Dabei wird Lernen angeleitet und Phasen des individuellen Lernens, des Lernens in problemorientierten Arbeitsgruppen und Projekten sowie Selbstlernen wechseln sich ab mit Arbeitsphasen: „Die in größeren internationalen Unternehmen eingesetzten Lernmethoden müssen die folgenden Kriterien erfüllen:

---

[291] Uwe Faust/Claus Hefner 1994, S. 124.
[292] Uwe Faust/Claus Hefner 1994, S. 125.
[293] Uwe Faust/Claus Hefner 1994, S. 126.

- Einsatz praktischer Übungen, die der eigenen Unternehmensrealität und den Bedürfnissen der Teilnehmer Rechnung tragen, einschließlich real anstehender, noch nicht gelöster Betriebssituationen;
- Primat interaktiver Lernstrategien;
- Einsatz von Teamarbeiten;
- Gelegenheit zur Selbst- und Fremdreflexion von Verhalten und erzielten Ergebnissen;
- Beteiligung von oberen Führungskräften als Trainer (Führen durch Vorbild).

Kognitive Sachverhalte sollten nach kurzer Anleitung im Einzelstudium aufgenommen werden. Fertigkeiten wie Fremdsprachenkenntnisse, Maschinenbedienung etc. müssen in realitätsadäquaten Simulationen geübt werden.
Vor diesem Hintergrund vermeiden wir Lehrvorträge von mehr als 30minütiger Dauer, Fachvorträge von Experten ohne didaktische Fähigkeiten, Großveranstaltungen, Schulungen im Besprechungszimmern im direkten Arbeitsbereich der Teilnehmer (es sei denn, eine gesamte Gruppe nimmt teil). Arbeitsteams werden als Zielgruppe der Bildungsarbeit an Bedeutung gewinnen, da nur sie die kritische Masse für eine erfolgreiche Umsetzung erzeugen können. Daneben erfordert die Aufgabenintegration in zunehmendem Maße eine hierarchie- und funktionsübergreifende Qualifizierung. Bewährt haben sich Unternehmensplanspiele, Video-Aufzeichnungen der Übungen, Gruppenaufgaben, computergestütztes Lernen von zu übenden Inhalten, Bearbeitung von Projektaufgaben, Lernen mit Teilnehmern aus unterschiedlichen Verantwortungsebenen, Projekte mit neu installierten Teams, Lernprojekte anlässlich aktueller und spezifischer Geschäftsvorgänge."[294]

Wachsender Fortbildungs- und Lernbedarf von Führungskräften, reduzierte Ressourcen an Zeit, Trainern und Lehrmitteln und frühzeitige, bedarfsgerechte, intensive Entwicklung des nachrückenden Führungspersonals lassen sich am Beispiel der Vorbereitung von Auslandskontakten verdeutlichen:

- Auswahl bei der Einstellung im Hinblick auf Landes-, Personen- und Verhaltenskompetenz;
- frühzeitiges Schließen von Lücken in Sprachkenntnissen oder spezifischem Landeswissen vor dem Ersteinsatz in Intensivkursen durch Lernen und Üben;
- Sensibilisierung gegenüber kulturellen Unterschieden;
- zeitnaher Ersteinsatz nach der Schulung;
- Begleitung durch erfolgreiche und erfahrene Kollegen.[295]

Das Beispiel zeigt, dass die ganze Bandbreite von Trainingsmöglichkeiten eingesetzt wird und die Führungskräfte unter Einbeziehung von Erkenntnissen aus einem weitgefächerten Spektrum von wissenschaftlichen Disziplinen theoretisch und stark praxisbezogen im Hinblick auf diagnostizierte Defizite und zukünftigen Kompetenzbedarf lernen und trainiert werden.

---

[294] Uwe Faust/Claus Hefner 1994, S. 128f.
[295] Vgl. Uwe Faust/Claus Hefner 1994, S. 129.

3.6 Schlussfolgerungen für die Multiplikator/innen-Weiterbildung

Nachdem die in Kapitel 2.2 aufgestellten Thesen zu Kompetenzanforderungen für Multiplikator/innen durch die Ausführungen in Kapitel 2.3.2.6 Schlüsselkompetenzen von Multiplikator/innen und Kapitel 2.6 Zwischenbilanz bestätigt sind, wurde die Professionalisierung für die Weiterbildung in verschiedenen Ansätzen dargestellt und aus unterschiedlichen Blickwinkeln betrachtet. Damit konnten die Kompetenzen und Anforderungen für die Weiterbildung weiter differenziert werden. Dies wurde in Kapitel 3 zu Professionalisierung und Projektmanagement fortgeführt.

Die sich verändernde berufliche Umwelt hat Auswirkungen auf die Rolle der Multiplikator/innen in Europa sowohl für eine Tätigkeit in der Weiterbildung als auch im Projektmanagement.

Folgende Trends konnten identifiziert werden:
1. Die Rolle der Trainer/innen ist jetzt weniger die der Wissensvermittler als vielmehr der Betreuer, Moderatoren oder Coaches. Sie ist beeinflusst durch die zunehmende (Selbst)Lern-Arbeit, auch mit neuen Medien.
2. Es werden immer mehr auch allgemeine Managementfähigkeiten erforderlich, um eine Trainertätigkeit erfolgreich durchführen zu können.
3. (Projekt)Manager werden immer mehr zu Trainer/innen ihrer Mitarbeiter, Kunden und externen Umweltbeziehungen.
4. Projektmanagement gewinnt als Arbeitsform für Weiterbildner/innen und als Lern- und Arbeitsform für Management-Weiterbildung zunehmend an Bedeutung.

In Kapitel 3.4.2 Aufgabenprofil von (Projekt)Manager/innen für die Weiterbildung wurden vier zentrale Aufgaben als gemeinsame Schnittmenge identifiziert: Die Aufgaben 1 „Personalentwicklung als Führungs- und Weiterbildungsaufgabe“ und 2 „Führen - Leiten - Moderieren in Projekten und Weiterbildungsmaßnahmen“ stellen eher klassische Aufgaben dar, Aufgabe 3 „Projektmanagement als Lern- und Arbeitsform“ stellt die methodische und zukunftsorientierte Kompetenz in den Mittelpunkt der Anforderungen und Aufgabe 4 „Managing Diversity und Innovationsmanagement“ erweitert die Aufgaben 1 bis 3 um übergreifende interkulturelle und innovative Komponenten.
Herausragenden Stellenwert im Multiplikator/innen-Modell haben methodische Kompetenzen. Sie sind in der synoptischen Übersicht[296] mit den fachlichen, sozialen und personalen Kompetenzen differenziert dargestellt. Dabei weisen fachliche, soziale und personale Kompetenzen auch methodische Anforderungen auf.
Die methodischen Kompetenzen umfassen vier Ebenen:
- übergreifende Management-Kompetenzen (für Projektmanagement und Weiterbildung);

[296] Vgl. Tabelle 14 Kompetenzdimensionen von Multiplikator/innen mit Einzelkomponenten in Kapitel 2.3.1.6 Schlüsselkompetenzen von Multiplikator/innen.

- Kompetenz zum Informationsmanagement (für Projektmanagement und Weiterbildung);
- sachlich-organisatorische, strategische Kompetenzen (für Projektmanagement);
- methodisch-didaktische und organisatorische Kompetenzen (für Weiterbildung).

Für die Gestaltung der organisatorischen Form des Multiplikator/innen-Modells lassen sich folgende Anforderungen als Resumee aus didaktischen Ansprüchen und Schlussfolgerungen für das Multiplikator/innen-Modell benennen: modularer Aufbau, berufsbegleitend, angemessener zeitlicher Abstand zwischen den Modulen, insgesamt nicht zu lange Dauer der Weiterbildung.
Die didaktischen Methoden sollen handlungsorientiert sein, d.h. erforderlich ist ein hoher Aktivitätsgrad der Teilnehmer/innen durch Formen des projektorientierten und selbstorganisierten Lernens, daneben die Vermittlung und Einübung feststehender Inhalte und Methoden (Arbeitstechniken) für Weiterbildung und Projektmanagement zur Weiterentwicklung der Fachkompetenzen. Projekte sollen als Lern- und Arbeitsform vorbereitet bzw. durchgeführt werden. Um eine Annäherung an arbeitsplatzähnliches Lernen und die Wechselwirkung zur Berufstätigkeit bzw. parallelen Projektentwicklung zu fördern, muss ein Wechsel zwischen theoriegeleiteten und anwendungsbezogenen Lern- und Arbeitsformen stattfinden. Gleichzeitig fördern aktive (Gruppen)Lernmethoden die Entwicklung von sozialen und personalen Kompetenzen.

Um eine Orientierung an Lernzielen[297] zu gewährleisten, wurden in Tabelle 11 antizipatorisch angenommenes Arbeitshandeln der Multiplikator/innen und in Abbildung 7 spätere Tätigkeitsfelder sowie in Kapitel 2.3.2.6 Schlüsselkompetenzen von Multiplikator/innen die zu fördernden Teilkompetenzen programmatisch benannt. Diese Lernziele sollen durch neue Lernformen im Wechsel mit erprobten Verfahren bearbeitet und erreicht werden.
In der Multiplikator/innen-Weiterbildung kommen entsprechend folgende aktivierende Lehr-Lernformen zum Einsatz:
- Entwicklung eines eigenen Projekts einzeln oder in Kleingruppen;
- Micro-Teaching-Setting: Lernen durch Lehren (videogestützt);
- Feedbackschleifen, Reflexion, Erfahrungsaustausch, Plenumsdiskussionen;
- themengleiche und themenverschiedene Arbeitsgruppen, Expertengruppe/Gruppenpuzzle, Partnerarbeit, jeweils mit Präsentationen der Teilnehmer/innen;
- Einzelarbeit;
- Selbstlernen zwischen den Modulen einzeln oder in Arbeitsgruppen;
- programmierte Unterweisung, auch PC- und Internetgestützt;
- Plan- und Rollenspiele;
- Kreativitätstechniken;
- Exkursion, Praktikum;

[297] Vgl. Andreas Lenzen 1998, S. 43ff.

- öffentlich wirksame Abschlusspräsentation als Miniprojekt;
- Qualitätssicherung durch mündliche und schriftliche Evaluationsformen in verschiedenen Phasen der Weiterbildung und zu allen Modulen, (Selbst)Evaluation des Praktikums.

Daneben werden Vorträge, Impulsreferate, Präsentationen, Arbeitsmaterialien, Aufgabenblätter etc. zur Vermittlung von Wissen und zur Einübung von Methoden durch die Dozent/innen eingesetzt.

Die Vorkenntnisse und Erwartungen der Teilnehmer/innen werden vor Beginn der Weiterbildung schriftlich durch Fragebogen und Bewerbungsunterlagen erhoben. Darüber hinaus wird jeder thematische Schwerpunkt dementsprechend durch mündliche Erwartungsabfragen eingeleitet. Sie dienen der Vorbereitung der Dozent/innen und adäquater Schwerpunktsetzung der Inhalte jedes Moduls. Ein Bewerbungstraining soll bei der Suche nach einem Praktikums- bzw. späteren Arbeitsplatz unterstützen.
Verschiedene individuelle Leistungsnachweise, z.B. schriftliche Abschlussdokumentation und Präsentationen mit Feedback, dienen der Selbstverortung und individuellen Verbesserung. Die Gesamtevaluation der Weiterbildung beinhaltet das Angebot an die Teilnehmer/innen, einen Vertrag mit sich selbst zur individuellen Zielerreichung auch nach Ende der Weiterbildung abzuschließen.

Mit den bisherigen Ausführungen sind die wesentlichen Eckpunkte des Multiplikator/innen-Curriculums identifiziert. Es gilt, die impliziten Theorien der Teilnehmer/innen einzubeziehen und für das Berufsfeld Weiterbildung als Multiplikator/in adäquate Weiterbildungsstrategien zu entwickeln. Der Fokus liegt dabei auf dem innovativen Charakter des Projektmanagements als Lern- und Arbeitsform und weiteren aktivierenden (Selbst)Lernformen. Aus Erkenntnissen des Lernens von Weiterbildner/innen und des Managements lassen sich notwendige organisatorische Rahmenbedingungen ableiten.
Für die in Abbildung 6 grafisch dargestellten Kompetenzanforderungen für Multiplikator/innen ist die gemeinsame Schnittmenge mit den Aufgaben 1 bis 4 näher bestimmt worden. Um nun das Kompetenzmodell für Innovation durch interkulturelles Projektmanagement auf die Weiterbildung von Multiplikator/innen[298] zu übertragen, sind jetzt noch die übergreifenden interkulturellen Kompetenzen näher zu bestimmen.[299]

[298] Vgl. Abbildung 8 Kompetenzmodell „Multiplikator/in“ für Innovation durch interkulturelles Projektmanagement in der Weiterbildung.
[299] Vgl. Kapitel 4 Europäische Weiterbildung und interkulturelle Kompetenz.

4 Europäische Weiterbildung und interkulturelle Kompetenz

Das Modell verdeutlicht wieder den Aufbau dieser Arbeit zum Kompetenzmodell „Multiplikator/in".

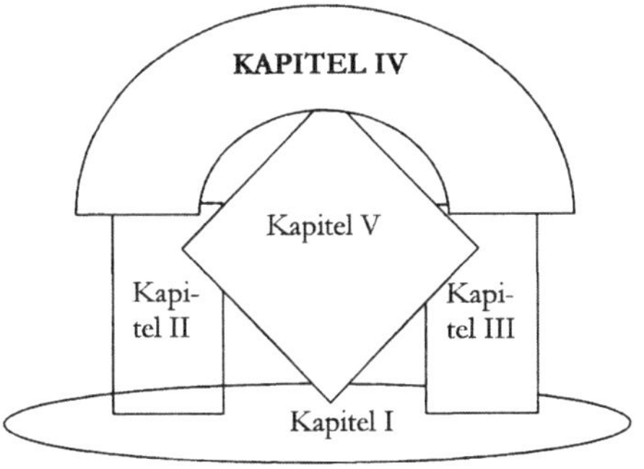

Abb. 1: Architektur dieser Arbeit (eigene Darstellung)

In diesem vierten Kapitel werden die für den deutschen Quartären Bildungssektor (Kapitel 1), die Professionalisierung von Weiterbildner/innen (Kapitel 2) und für das Projektmanagement (Kapitel 3) identifizierten Rahmenbedingungen sowie die fachlichen, methodischen, sozialen und personalen Kompetenzanforderungen um die europäische Perspektive und die interkulturelle Kompetenz erweitert. Außerdem werden Schlussfolgerungen für die didaktische Gestaltung und eventuell zu ergänzenden Bausteine für die fachlichen Kompetenzen der Multiplikator/innen-Weiterbildung gezogen. Damit leistet diese Arbeit einen Beitrag zur Professionalisierung von Multiplikator/innen in Europa.

Für das steigende Interesse und eine erweiterte Perspektive an der ausländischen Erwachsenenbildung hat Knoll bereits seit 1969 vielfältige vergleichende Schriften veröffentlicht und damit auch zur internationalen Verbreitung der deutschen Erwachsenenbildung beigetragen.[1] Er stellt fest, dass globale und europäische Dokumente zur Bildungsinnovation einerseits kaum Eingang in die Diskussion der pädagogischen Öffentlichkeit gefunden haben, wenn deren Strategien nicht die deutsche Tradition berücksichtigen, andererseits aber die Proklamationen oft national geführte Diskussionen aufgriffen. Als bildungsinnovative Anregungen mit europäischer Dimension, die auf Akzeptanz gestoßen und bis heute wirksam sind, können genannt werden:
1972 der Faure-Report: Konzept des lebenslangen Lernens;
1979 der Club of Rome: Konzepte antizipatorischen Lernens;
1993 - 1995 der Delors-Report: Erziehung für das 21. Jahrhundert in internationaler Dimension;

[1] Vgl. Horst Siebert 1994, S. 65f.

1993 der Erwachsenenbildungskongress in Ljubljana: Rethinking Adult Education for Development.[2]

Zwar wird festgestellt, dass die internationalen theoretischen bzw. bildungspolitischen Strategien von der deutschen pädagogischen Fachöffentlichkeit zu wenig rezipiert werden, dennoch zeigen sich bereits Auswirkungen auf den Arbeitsalltag. Der europäische Einigungsprozess stellt alle Berufstätigen vor neue Herausforderungen. Schon 1994 vermutete Siebert noch nicht einschätzbare Auswirkungen auf das Weiterbildungssystem und sich verändernde Qualifikationsanforderungen: „In vielen Berufen müssen deutsche Arbeitskräfte mit einer höher-qualifizierten ausländischen Konkurrenz rechnen. An den Universitäten wird bereits über eine ‚EG-Fähigkeit' als interdisziplinäre Schlüsselqualifikation diskutiert."[3] 1991 bis 1994 wurden im Rahmen des FORCE-Programms für die Entwicklung der beruflichen Weiterbildung in der Europäischen Gemeinschaft 715 transnationale Projektpartnerschaften durchgeführt, die „sich mit der Entwicklung und Verbreitung von innovativen Techniken, Materialien und Methoden für das Weiterbildungsmanagement sowie mit der Analyse der Weiterbildungsbedürfnisse"[4] befassten. „In einem Zusammenschluss von selbständigen Staaten mit eigener Kultur und eigener Sprache, wie ihn die Europäische Union darstellt, steigen in allen Lebensbereichen die Möglichkeiten und Notwendigkeiten einer Internationalisierung. Dies gilt auch für die Aus- und Weiterbildung. ... Das Ausmaß der Weiterbildungsangebote mit internationalem Akzent und europäischer Zielrichtung ist trotzdem noch vergleichsweise gering."[5]

4.1 Erwachsenenbildung und universitäre Weiterbildung in Europa

Die bislang aktuelle geographische Subsidiarität und sich erst entwickelnde Harmonisierung der Bildungssysteme in Europa legt die Bezeichnung „internationale Weiterbildung in europäischen Staaten" nahe. „Aber selbst solch eingegrenzter Anspruch würde die Kraft eines Einzelnen überfordern, da das Gesamt der Einzelphänomene nicht mehr zu bündeln ist und Erwachsenenbildung in Europa offenbar nur mehr lexikalisch zu vermitteln ist."[6] Gleichzeitig zu ihrer wachsenden Bedeutung scheint sie in deutschen Veröffentlichungen noch einen eher nachgeordneten Stellenwert einzunehmen.

---

[2] Vgl. ausführlich Joachim H. Knoll 1996, S. 45-95.
[3] Horst Siebert 1994, S. 72.
[4] Jittie Brandsma/Frank Kessler/Joachim Münch 1995, S. 5.
[5] Jittie Brandsma/Frank Kessler/Joachim Münch 1995, S. 29. „Gleichzeitig darf man nicht vergessen, dass die Entwicklung einer Europäischen Dimension in einem gewissen Widerspruch zu einer anderen Tendenz steht, die wir in den meisten Staaten Europas beobachten können, nämlich der Tendenz zur Regionalisierung und Dezentralisierung." Vgl. ebda. S. 83.
[6] Joachim H. Knoll 1996, S. XI.

Den ersten Schwerpunkt bilden in diesem Kapitel Anforderungen an das Management europäischer Projekte für die Weiterbildung. Dazu werden zunächst der europäische Weiterbildungsmarkt und die universitäre Weiterbildung in Europa charakterisiert und dann die aus den großen EU-Förderprogrammen, Leitlinien und Leistungskatalogen ersichtlichen normativen und konstruktiven Kompetenzanforderungen identifiziert. Dabei können die EU-Vorschriften zu den normativen Empfehlungen gerechnet werden. Der Gestaltungsspielraum innerhalb des inhaltlichen Rahmens der EU-Förderprogramme für Projekte, Produktentwicklungen und Netzwerke zählt zu den konstruktiven Kompetenzanforderungen.

4.1.1 Erwachsenenbildung in Europa

FORCE „definiert die berufliche Weiterbildung als ‚jede Maßnahme der beruflichen Bildung, an der ein Arbeitnehmer aus der Europäischen Gemeinschaft im Laufe seines Arbeitslebens teilnimmt'. (... Da) jeweils nur unzureichende bzw. nur sehr bedingt präzise Definitionen in der beruflichen Weiterbildung existieren (... und) die Definitionen der beruflichen Weiterbildung in allen Mitgliedsstaaten einem ständigen Wandel unterliegen, ... kann man von neuen Formen der beruflichen Weiterbildung sprechen. ... Analysiert man die in den Mitgliedsstaaten verwendeten Definitionen und die dort zugrunde gelegten Konzepte, so stellt man fest, dass es sich um ein Kontinuum von sehr eng bis zu sehr allgemein gefassten Konzepten der beruflichen Weiterbildung handelt. ... Es wird deutlich, dass es kaum möglich ist, berufliche Weiterbildung und die ihr zugrunde liegenden Konzepte allgemein gültig zu definieren, (... da die) Definitionen und Konzepte der beruflichen Weiterbildung stets sehr stark kontextbezogen sind und mit dem Bildungssystem jedes Mitgliedsstaates in Beziehung stehen. ... Insgesamt macht die Präsentation und Diskussion der definitorischen Aspekte von beruflicher Weiterbildung deutlich, dass es sich bei diesem Bereich des Bildungssystems um ein Feld handelt, das durch Vielfalt und Wandel geprägt ist."[7]

Der europäische Weiterbildungsmarkt wird im Folgenden aus der Sicht einer Internationalisierung des Weiterbildungsstandorts Deutschland betrachtet, da er Ausgangspunkt der Multiplikator/innen und ihrer europäischen Weiterbildungs- bzw. Projekttätigkeit ist.[8]

Eine Studie zum europäischen und internationalen Weiterbildungsmarkt befasst sich mit Fragen der Wettbewerbsfähigkeit und versteht Internationalisierung als „die Präsenz deutscher Weiterbildungsangebote im Ausland sowie die Förderung der Partizipation ausländischer Teilnehmer/innen an Weiterbildungsveranstaltungen in Deutschland."[9] Zunächst kann dort gezeigt werden, dass von Seiten der Weiterbildungsanbieter zwar Interesse, aber wenig Einsicht in die Notwendigkeit

[7] Jittie Brandsma/Frank Kessler/Joachim Münch 1995, S. 11-13 (Anm. MoR).
[8] Vgl. auch Kapitel 1.3.2.4 Internationaler Vergleich.
[9] Bundesministerium für Bildung und Forschung (Hrsg.) 2001, S. 9.

der Internationalisierung besteht.[10] Sie ist meist auf die Teilnahme an EU-Förderprogrammen reduziert. Gleichzeitig erschwert die Unübersichtlichkeit des deutschen Weiterbildungsmarktes verlässliche Aussagen über die aktuellen internationalen Aktivitäten.[11] Dennoch bestehen gute Voraussetzungen für die Internationalisierung, die u.a. in der zentralen Lage, weltweiten Kontakten aus Export und EU-Förderprogrammen, langjähriger Erfahrung im Weiterbildungsmarkt, breiter Produktpalette vieler spezialisierter Weiterbildungsanbieter, gutem Renommee und meist guter technischer Ausstattung gesehen werden. Wettbewerbsnachteile werden v.a. für ausländische Teilnehmer/innen darin gesehen, dass das Kostenniveau hoch ist, relativ wenige Angebote fremdsprachig und geeignet sind, das Bildungssystem und die Weiterbildungsangebote intransparent sind und landesspezifische Abschlüsse nicht anerkannt werden. Die Bildungseinrichtungen verfügen nicht über international anerkannte Namen und über die Marktanalysen anderer Länder.[12]
Zu den Erfolgsfaktoren internationaler Weiterbildungsaktivitäten zählen v.a.

- „Internationalität der Aus- und Weiterbildung, sowohl im Hinblick auf die Angebote und ihre Vermittlung durch geeignete Trainer als auch die zu vermittelnden Qualifikationen;
- internationale Attraktivität der Angebote, wie stärkere Modularisierung, Einsatz moderner Lehr- und Lernmethoden, Qualitätssicherungsaspekte, Sprache und Design der Angebote;
- Intensivierung der Zusammenarbeit auf allen Ebenen;
- kreatives Marketing mit starker Kundenorientierung, wie Identifizierung internationaler Nachfrage, geografisch und inhaltlich gesehen, finanzielle Aspekte des Markteintritts, Bereitstellung integrierter Pakete mit Beratungs-, Service- und Trainingsleistungen, Optimierung der Betriebswege und die Bedeutung von Kooperationen."[13]

In einer globalisierten Welt mit multikulturellen Belegschaften und Gesellschaften die Fähigkeit zum interkulturellen Lernen zu entwickeln, „um eine Integration oder zumindest ein friedliches Miteinander der Kulturen zu gewährleisten ... ist eine relativ neue Herausforderung für das Bildungssystem, das lange Zeit rein monokulturell orientiert war."[14]
Zu den Grundherausforderungen der Bildungspolitik Anfang des 21. Jahrhunderts zählen neben Wertewandel, wissenschaftlich-technologischer und demografischer

[10] Vgl. Bundesministerium für Bildung und Forschung (Hrsg.) 2001, S. 19. Als Gründe werden u.a. genannt: stärkerer Wettbewerb durch ausländische Anbieter in Deutschland, Rückgang öffentlicher Mittel, Wachstumsperspektiven, erhöhte Attraktivität des Bildungsunternehmens, größere Umsatzsteigerung, Wettbewerbsvorteile durch internationale Netzwerke, weltweite Angleichung der Produktnachfrage, vergleichbare Rahmenbedingungen für Europäisierung innerhalb der EU etc.; ebda. S. 20.
[11] Vgl. Bundesministerium für Bildung und Forschung (Hrsg.) 2001, S. 17.
[12] Vgl. Bundesministerium für Bildung und Forschung (Hrsg.) 2001, S. 20f.
[13] Bundesministerium für Bildung und Forschung (Hrsg.) 2001, S. 24 und S. 172; vgl. auch den ausführlicheren 10-Punkte-Katalog für eine erfolgreiche Internationalisierung beruflicher Weiterbildung von Karsten Brenner. Ebda. S. 168-170.
[14] Oliver Chr. Will 2000, S. 126.

Entwicklung sowie dem Wandel der Beschäftigungsstruktur und der Arbeitshaltungen auch der Prozess der europäischen Integration: „Das Prinzip der Freizügigkeit der Berufsausübung in der Europäischen Union hat zur Folge, dass Deutsche auch im europäischen Ausland tätig werden können. Damit eröffnen sich für die Absolventen des deutschen Bildungswesens erweiterte Lebens- und Berufschancen, sofern sie über ein hohes Qualifikationsniveau mit international verwertbaren Kompetenzen verfügen."[15] Es werden auch die verschiedenen Bildungssysteme der europäischen Staaten[16] für die Weiterbildner/innen relevant: zum einen führt die freie Migration innerhalb Europas zu Seminargruppen mit multikulturell zusammengesetzten Teilnehmer/innen-Gruppen, die ihre schulische und Erstausbildung z.T. in anderen Bildungssystemen und Lernkulturen erworben haben. Zum anderen können sie auch in anderen Ländern als Trainer/innen oder in EU-geförderten Weiterbildungsprojekten tätig werden und benötigen für die Arbeit mit europäischen Projektpartnern oder Bildungsinstitutionen Kenntnisse über das jeweilige Bildungssystem. Die Unterschiede zeigen sich nicht nur in den Strukturen des Bildungssystems, sondern bereits in der unterschiedlichen Definition von Bildungsbegriffen.[17]

Berufliche Weiterbildung innerhalb Europas ist trotz unterschiedlicher Konzepte und Definitionen international in der Anpassungs-, Aufstiegs-, Nachhol- und v.a. der im folgenden charakterisierten Innovationsfunktion ähnlich:[18] „Berufliche Weiterbildung sollte nicht nur reagieren und sich lediglich an der Gegenwart orientieren, sondern agieren und damit einen Beitrag zur Gestaltung der Zukunft leisten. Für das Unternehmen bedeutet dies konkret, dass berufliche Weiterbildung innovativ in die Entwicklung der Arbeitsorganisation und Arbeitsprozesse eingebunden ist. Berufliche Weiterbildung wird damit zu einem Funktionselement der lernenden Organisation."[19]

Aus der bisherigen Darstellung und den zukünftigen Anforderungen lassen sich u.a. folgende grundlegende bildungspolitische Entwicklungslinien benennen, die auch für internationale Organisationen je nach Schwerpunktsetzung verpflichtend sind:

- die Vermittlung von Schlüsselqualifikationen;
- die Vermittlung von Sprachen;
- die internationale Mobilität;
- die Integration von Migrant/innen.[20]

---

[15] Bundesministerium für Bildung und Forschung (Hrsg.) 2001, S. 36.

[16] Vgl. z.B. die Loseblatt-Sammlung „Europa-Handbuch Weiterbildung" ab 1994.

[17] Ergebnis des EU-Projekts „Babylon" ist beispielsweise ein entsprechendes Glossar, das in den Arbeitssprachen Englisch und Französisch die wichtigsten Bildungsbegriffe aus Sicht von fünf Ländern synoptisch zusammenstellt; vgl. Monika Rummler 2001c, S. 103f.

[18] Ergänzt werden können diese vier Funktionen um die präventive und die kurative Funktion, letztere als „Ausdruck und Ergebnis eines prekären berufsbildungspolitischen Defizits in der beruflichen Erstausbildung für Jugendliche (... das) vor allem auf Verwerfungen des Verhältnisses von Bildungssystem und Beschäftigungssystem zurückzuführen ist." Vgl. Jittie Brandsma/Frank Kessler/Joachim Münch 1995, S. 22.

[19] Bundesministerium für Bildung und Forschung (Hrsg.) 2001, S. 37.

[20] Vgl. Bund-Länder-Kommission für Bildungsplanung und Forschungsförderung 2002, S. 6.

Nach diesem allgemeinen Blick auf die europäische Weiterbildung werden im Folgenden die Merkmale ihrer Protagonisten näher betrachtet.[21]

Das sich zunehmend erhöhende Anforderungsprofil für Weiterbildner/innen[22] umfasst für internationale Tätigkeiten, also berufliche Weiterbildung von Ausländer/innen in Deutschland und in ausländischen Zielmärkten, in einer ersten Annäherung außerdem folgendes Kompetenzspektrum:

- „Fachkompetenz:
  Hervorragende fachliche Kenntnisse im beruflichen Betätigungsfeld.
- Internationale fachliche Kompetenz:
  Kenntnisse der Wirtschafts- und Arbeitsbeziehungen über internationale Geschäftspraktiken;
  Kenntnisse des internationalen Rechts;
  Kenntnisse über technische Standards in anderen Ländern;
  Kenntnisse über EU-Normen.
- Fremdsprachenkompetenz.
- Interkulturelle Kompetenz:
  Offenheit für andere Kulturen;
  Verständnis für andere Mentalitäten;
  Kulturelle Anpassungsbereitschaft“.[23]

Das Weiterbildungspersonal spielt eine Schlüsselrolle für Qualität und Erfolg beruflicher Weiterbildungsmaßnahmen. Es erweist sich auch im europäischen Kontext „als ein äußerst heterogenes Feld hinsichtlich seiner Qualifikationen, Tätigkeitsmerkmale und situativen Bedingungen.“[24] Aus den Unterschieden zwischen Beschäftigten öffentlicher Weiterbildungsträger und privater Anbieter sowie haupt- und nebenberuflich tätigen Weiterbildner/innen und länderspezifischen Bildungsstrukturen lässt sich für Europa schlussfolgern, „dass es kein allgemeingültiges oder gar einheitliches Qualifikationsprofil für das Weiterbildungspersonal gibt.“[25] Es gibt bisher „in aller Regel für den Bereich der beruflichen Weiterbildung keine oder doch keine strengen Akkreditierungsverfahren ... und im Prinzip kann jede natürliche oder juristische Person Weiterbildungsveranstaltungen anbieten und durchführen.“[26] Allerdings wird aus den nationalen Berichten als europäischer Trend ein zu-

---

[21] Zu deren innovatorischen Merkmalen vgl. Kapitel 3.1.3 Kompetenzentwicklung für Innovation

[22] Vgl. Kapitel 2 Kompetenzentwicklung in der Weiterbildung. Vgl. Bundesministerium für Bildung und Forschung (Hrsg.) 2001, S. 46f. Hier werden nur die Aspekte aufgeführt, die für die Multiplikator/innen-Weiterbildung relevant sein können.

[23] Bundesministerium für Bildung und Forschung (Hrsg.) 2001, S. 163.

[24] Jittie Brandsma/Frank Kessler/Joachim Münch 1995, S. 42.

[25] Jittie Brandsma/Frank Kessler/Joachim Münch 1995, S. 43.

[26] Jittie Brandsma/Frank Kessler/Joachim Münch 1995, S. 37. In Spanien wurde ab 1993 als Maßnahme zur Verbesserung der Qualität des Weiterbildungsangebots u.a. die Ausbildung/Weiterbildung für Aus- und Weiterbildner gefördert. Initiativen zur Weiterbildung der Weiterbildner gibt es auch in Deutschland und Irland. Akkreditierungsansätze bzw. qualifikatorische

nehmender Bedarf an Weiterbildner/innen und für sie neuen Qualifikationen konstatiert.
Bislang brauchen Trainer/innen im Bereich der Erwachsenenbildung innerhalb der EU noch keinen besonderen Ausbildungsnachweis. Es gibt eine Reihe von Weiterbildungsangeboten für Weiterbildner/innen,[27] jedoch kaum aussagefähige Statistiken über ihre tatsächliche Beschäftigungssituation,[28] sehr wohl aber Aussagen über die Angebote für Teilnehmer/innen. Kurse über und für Europa werden häufig mit Schlüsselworten wie interkulturelle Kompetenzen oder Kommunikation, Eurokompetent etc.[29] angeboten. Natürlich ist einerseits Fachkompetenz der Trainer/innen erforderlich. Aber diese Schlüsselworte verweisen andererseits auch auf methodische, soziale und personale Kompetenzen als steigende Anforderungen an Trainer/innen, die im europäischen Kontext arbeiten, auch im Hinblick auf ihre sich verändernde Rolle vom „Wissenslieferanten" zum „Lernpartner". Eine entsprechende, möglichst einheitliche Weiterbildung schafft den Absolvent/innen bei klar vorgegebenen Lernzielen einen deutlichen Wettbewerbsvorteil.

Das wohl erste Projekt, das sich der Herausforderung eines Trainingsprogramms für Erwachsenenbildner/innen auf europäischer Ebene gestellt hat, ist das transnationale Pilotprojekt IMITATE. Mit diesem Projekt wird für das Ziel eines „Europäischen Zertifikats in Erwachsenenpädagogik"[30] ein erster Schritt getan. Hier zeigt sich neben dem „einzigartigen europäischen Pädagogik-Cocktail"[31] bereits bei den Überlegungen für die Zertifikatsgestaltung, dass kaum Universitäten auf transnationaler Ebene arbeiten und es stellt sich die Frage, was überhaupt zertifiziert werden soll.
Die Autor/innen aus dem europäischen Pilotprojekt IMITATE fragen sich angesichts der in der interkulturell zusammengesetzten Teilnehmergruppe europäischer Erwachsenenbildner/innen gemachten Erfahrungen, ob die Erlaubnis für die Dozent/innen, auf den Anspruch, nicht mehr die allumfassenden Expert/innen sein zu müssen, verzichten zu dürfen, gar auf das Ende des Lehrens zeige.[32]

4.1.2 Universitäre/wissenschaftliche Weiterbildung in Europa

„Die Hochschulen verfügen ohne Zweifel über ein erhebliches und insbesondere personelles Potential beruflicher Weiterbildung. Dennoch sind sie in den meisten

---

Mindeststandards wurden in Griechenland, Deutschland und Frankreich festgelegt. Vgl. ebda. S. 43.

[27] Vgl. Monika Rummler 2001a, S. 35f. Vgl. auch Tatjana Botzat 2001. Vgl. Kapitel 1.4.1 Situation.

[28] Vgl. Luitgart Trommer 2001, S. 264f.

[29] Vgl. Agnes Dietzen/Christiane Eberhardt/Peter Wordelmann/Heinrich Tillmann 1996, S. 6.

[30] „European Certificate in Adult Pedagogy"; vgl. Jan Sørlie/Mark Dale 2000, S. 1.

[31] „Unique European pedagogical cocktail"; vgl. Jan Sørlie/Mark Dale 2000, S. 6

[32] „The revised model gives presenters the permission *not to be all-embracing experts*. Is this the movement towards the end of teaching?" (Hervorhebung im Original, Übersetzung MoR); vgl. Jan Sørlie/Mark Dale 2000, S. 6.

Staaten der EU als Anbieter beruflicher Weiterbildung im Verhältnis zu ihren Möglichkeiten stark unterrepräsentiert. ... Es mehren sich allerdings die Anzeichen, dass sich dies in Zukunft ändern wird, und zwar auch aufgrund der fortschreitenden gesellschaftlichen Öffnung der Hochschulen."[33] Dies ändert sich nur langsam. Die Bedeutung universitärer Weiterbildung nahm in den letzten 20 Jahren nicht zuletzt wegen der veränderten politischen, ökonomischen und sozialen Bedingungen zu, so dass ihr Weiterbildungsangebot die Universitäten für die neue Rolle als „Dienstleister für die Allgemeinheit"[34] qualifizieren kann. Als Anforderungen an die Universitäten können gelten:

- „sich auf die Bildung älterer und erfahrenerer Lernender einzustellen;
- das fachliche Spektrum zu erweitern;
- und die Bildungsangebote flexibler zu gestalten".[35]

Daneben nehmen die Kontakte von KMU[36] mit Partnern in anderen Ländern zu, so dass „international ausgerichtete Angebote wissenschaftlicher Weiterbildung bereits heute immer mehr nachgefragt" werden.[37]

Nach dem Handbuch für Manager/innen über „Universitäre Weiterbildung in Europa", entstanden aus dem Weiterbildungsnetzwerk europäischer Universitäten (EUCEN[38]), umfasst universitäres Weiterbildungsmanagement die folgenden Schlüsselaspekte:

- „seine Rolle und Rahmenbedingungen und die Entwicklung von Führungskompetenzen;
- die Erarbeitung einer universitären Weiterbildungsstrategie;
- die Wahl geeigneter organisatorischer Strukturen, Marketing und Publicity (einschließlich der Nutzung des Internets);
- Personalpolitik und Personalentwicklung;
- Finanzmanagement und Qualitätssicherung".[39]

Trotz des geringen Anteils an Universitäten, die Modelle „lebenslangen Lernens" bisher umsetzen, weist das Handbuch 41 Fallstudien aus 17 Ländern zu den o.a. Managementaspekten auf. Es kann dort aufgezeigt werden, dass universitäre Weiterbildung mit verschiedenen Organisationsmodellen und Strategien realisiert wird: „Es gibt an den Hochschulen offensichtlich noch genügend Spielraum für das Wachstum von Weiterbildung."[40] Dieser besteht u.a. darin, neue Zielgruppen anzusprechen und innovative thematische und organisatorische Maßnahmeformen, z.B. weiterbildende Studiengänge, umzusetzen bzw. anzubieten. Universitäre Weiterbildung begibt sich damit auf den offenen Weiterbildungsmarkt mit anderen Anbie-

[33] Jittie Brandsma/Frank Kessler/Joachim Münch 1995, S. 41.
[34] Viviane Reding im Januar 2000, Eröffnungsrede zum Europäischen Expertenforum der Hochschulbildung, nach Helka Urponen 2000, S. 1.
[35] E. J. Thomas nach Helka Urponen 2000, S. 1.
[36] Klein- und mittelständische Unternehmen.
[37] Bundesvereinigung der Deutschen Arbeitgeberverbände 2003, S. 13.
[38] European Universities Continuing Education Network.
[39] Valerie A. Mitchell 2000, Einleitung.
[40] Valerie A. Mitchell 2000, S. 2.

tern und ist inneruniversitär z.T. in die Lage versetzt, kostendeckend oder gar gewinnbringend arbeiten zu müssen. EU-geförderte Weiterbildungsprojekte spielen in einer Reihe der Fallbeispiele bei der Entwicklung von Weiterbildungsangeboten und -strukturen eine Rolle.

Zu den Strategien, mit denen größere Universitäten in Westeuropa den Umfang ihrer Weiterbildungsaktivitäten erhöhen wollen, gehören

- die Märkte, an die sich die Weiterbildung richtet;
- die Außenbeziehungen, die die Universität zu den Kund/innen der Weiterbildung und anderen bereits hat (oder noch aufbauen muss);
- die Kursgestaltung, die angeboten werden soll;
- der Ort für die Kursangebote;
- die Preisgestaltung;
- die Personalpolitik;
- die (beratende) Unterstützung der Teilnehmenden/Studierenden;
- die Anpassung des organisatorischen Systems für Weiterbildungsangebote;
- ob „credits“ oder Abschlüsse möglich sind;
- das Qualitätssicherungssystem für die Programme.[41]

Wie die Universitäten sind auch die Einrichtungen universitärer bzw. wissenschaftlicher Weiterbildung herausgefordert, den Veränderungen auf dem Arbeitsmarkt, der allseitigen Verfügbarkeit von Informationen durch das Internet und den Internationalisierungsprozessen Rechnung zu tragen: sie werden als „postmoderne Universitäten“ einer unter den vielen im Wettbewerb stehenden Wissensproduzenten sein bzw. von der wissensliefernden Autorität zu einer heterogenen Sammlung von Kommentatoren.[42]

Entsprechend müssen Universitäten

- „up to the minute“-Fähigkeiten und Wissen für sich ändernde Rahmenbedingungen entwickeln können;
- ihre eigene Flexibilität vergrößern und die Curricula sozialen und ökonomischen Bedürfnissen anpassen.

Übertragbare Fähigkeiten werden - den Anforderungen an Flexibilität folgend - in die Curricula aufgenommen.[43]
Lauterbach sieht in den aktuellen Trends der Internationalisierung und Globalisierung („de-nationalisation“) der deutschen höheren Bildungseinrichtungen kritische Aspekte, die um die stillschweigende Abschaffung bzw. Privatisierung des nicht-

---

[41] Vgl. Edward Thomas 1999, S. 224f. (Übersetzung MoR).

[42] „They are none but one of many conflicting contributors of knowledge ... we can no longer conceive of a university dedicated to providing authoritative knowledge, we must view it as a diverse collection of commentators.“ Vgl. Frank Webster 1999, S. 232.

[43] Vgl. Frank Webster 1999, S. 232. Dort wird u.a. kritisch vermerkt: „As regards Great Britain, P. Brown und R. Scase account for this paradox by arguing that transferable skills are but a code word for ‚middle class cultural capital'.“

ökonomischen bzw. ökonomisch nicht fassbaren „Bildungs"aspekts ergänzt werden können: „In contrast to ‚internationalisation', which is traditionally associated with student and staff mobility, cultural diversity and understanding, multiple language performance and world citizenship, a ‚globalisation of higher education' fosters its deregulation, privatisation, marketisation, acceleration and standardisation (via modularisation and the harmonisation of curricula) and its exposure to global competition."[44]

Zugrundegelegt sind diesen Überlegungen die Innovationstheorie von Levine und fünf Typen von Innovation.[45] Danach wird Innovation aus der Perspektive des Übernehmenden definiert als eine Idee, Praxis oder ein Gegenstand, der als neu von einem Individuum oder der übernehmenden Einrichtung wahrgenommen wird. Ob einer der folgenden fünf Innovationstypen zu einer Institutionalisierung führt, hängt davon ab, ob die Werte und Ziele der Gastgeberinstitution für die Bedürfnisse des Übernehmenden passend sind. Die fünf Typen sind:

- Gründung neuer Organisationen mit eigenständigen institutionellen Strukturen für internationale Programme;
- innovative Enklaven innerhalb bestehender Organisationen mit internationalen Programmen oder Einheiten für internationale Kurse bzw. Lerngruppen;
- grundsätzliche Umstrukturierungen innerhalb bestehender Organisationen;
- einzelne Veränderungen innerhalb bestehender Organisationen, die die institutionelle Zielsetzung nicht verändern und auf persönlichem Einsatz beruhen, wie Austausch- oder Intensivprogramme, internationale Kurse oder Exkursionen;
- nebensächliche Änderungen außerhalb bestehender Organisationen, die traditionelle Institutionen höherer Bildung herausfordern, wie transnational arbeitende virtuelle Universitäten.

Diese Innovationstypen sind hilfreich, um den erreichten Grad institutioneller Innovation hinsichtlich der Internationalisierung zu vergleichen und zu beurteilen sowie zu bewerten.[46]

Allerdings spielt wissenschaftliche bzw. universitäre Weiterbildung obschon eher nur indirekt und nicht explizit genannt, in der aktuellen Debatte um die Funktion der Universitäten in einer europäischen, auf Wissen basierenden Wirtschaft und Gesellschaft eine Rolle. Die Universitäten werden als Protagonisten genannt,[47] wenn es darum geht, die vier Elemente der Wissensgesellschaft zu realisieren:

- neues Wissen zu schaffen;
- dieses Wissen durch allgemeine und berufliche Bildung zu vermitteln;

---

[44] Hanna Lauterbach 2001, S. 41.

[45] A. Levine (1980) und M. van der Wende/E. Beerkens/U. Teichler (1999) nach Hanna Lauterbach 2001, S. 28f.

[46] „Compare, evaluate, assess". Vgl. Hanna Lauterbach 2001, S. 30.

[47] Vgl. SCADPlus 2003.

- dieses Wissen durch Informations- und Kommunikationstechnologien zu verbreiten und
- dieses Wissen in Industrie und neuen Dienstleistungen anzuwenden.

Die bisherige regionale und nationale Zuständigkeit soll um eine „echte europäische Dimension“[48] der Universitäten erweitert werden. Abgesehen z.B. für Mobilität und einen „virtuellen Kampus“[49] in Studium, Lehre und Forschung gibt die EU aber auch Fördermittel aus dem Socrates-Programm für den Bereich der allgemeinen und beruflichen Bildung der Universitäten. Zu den Herausforderungen der Universitäten gehört des Weiteren, dass „durch lebenslanges Lernen neuer Lernbedarf entsteht“.[50] Dazu gehört u.a., dass der Wissenstransfer zwischen Universitäten und Wirtschaft intensiviert wird. Zu neuen Erwartungen gehören auch neue Bildungsbedürfnisse und ein steigender Bildungsbedarf seitens wissensbasierter Wirtschaft und Gesellschaft, z.B. im Hinblick auf Naturwissenschaften und Technik, fächerübergreifende Kompetenzen und Angebote für lebenslanges Lernen. Dafür sind auch zwischen Einrichtungen bzw. Bildungsstufen und Berufsbildungssystemen mehr Durchlässigkeit, insgesamt eine „stärkere Öffnung der Universitäten gegenüber der Außenwelt und Steigerung ihrer internationalen Attraktivität“[51] erforderlich.

4.2 Bildungspolitische Rahmenbedingungen der EU

In diesem Kapitel werden die Rahmenbedingungen betrachtet, die für die Weiterbildung Herausforderungen bedeuten und durch die bildungspolitischen Strategien der EU initiiert oder verstärkt werden. Sie zeigen Möglichkeiten („Mainstream“) auf, innerhalb Europas Weiterbildung anzubieten, durchzuführen oder daran teilzunehmen und zwar sowohl inhaltlich als auch programmatisch.

Meyer-Dohm[52] identifiziert die Erhaltung der internationalen Wettbewerbsfähigkeit als eine Ursache für die Konjunktur der Weiterbildung seit Mitte der 1980er Jahre. Hinzu kommt, dass sekundäre Dienstleister die großen Gewinner des Strukturwandels sind. Im Tätigkeitsfeld „Betreuen, Beraten, Lehren, Publizieren und ähnliches" sind nach Angaben der IAB/Prognos-Projektion 1985 11,9% und 2010 18,4% Erwerbstätige (ohne Auszubildende).[53] "Lehren" meint hier besonders auch Tätigkeiten außerhalb des Schulwesens.[54] Diese Prognose ist speziell für die Anforderungen der Internationalisierung auch heute noch relevant. Allerdings verändert sich die

---

48 SCADPlus 2003, S. 2.
49 SCADPlus 2003, S. 2.
50 SCADPlus 2003, S. 3.
51 SCADPlus 2003, S. 5.
52 Vgl. ausführlich Kapitel 1.3.2.7 Perspektiven und Zukunftstrends; vgl. Peter Meyer-Dohm 1987, S. 41ff.
53 1988/89 nach Winfried Schlaffke 1992, S. 27.
54 Winfried Schlaffke 1992, S. 28.

Rolle der Lehrenden nicht zuletzt durch den Einsatz der neuen Medien und die Tendenz zu mehr Selbstlernkompetenz der Lernenden.[55]

Interkulturelle berufliche Weiterbildung gewinnt im Zeitalter der europäischen Vereinigung zunehmend an Bedeutung. Die demographische Entwicklung verweist unter diesem Aspekt darauf, dass der qualifizierte Nachwuchs für europaweite Projekttätigkeiten eher knapp ist. Demgegenüber erfordern der technologische Wandel und die Globalisierung der Märkte und Dienstleistungen sogar fortwährend elaborierte interdisziplinäre wie interkulturelle Fähigkeiten und Fertigkeiten. "In fast allen Bereichen der Wirtschaft ... ändern sich die technologischen, marktmäßigen und infrastrukturellen Voraussetzungen zu schnell, dass die ‚Halbwertzeit' einmal erworbener Techniken und Kenntnisse fast überall auf nur ganz wenige Jahre und manchmal ... auf noch kürzere Zeiträume reduziert wird".[56] Daher zählen hochqualifiziertes Personal und seine permanente berufliche Weiterentwicklung zu den entscheidenden Wettbewerbsvorteilen, den deutsche Unternehmen im europäischen Binnenmarkt gegenwärtig und zukünftig haben können.[57] „War es Ende der siebziger Jahre (in Deutschland) erst jeder zehnte Erwerbstätige, der an einer beruflichen Weiterbildungsmaßnahme teilnahm, so drückt heute jeder vierte mindestens einmal pro Jahr die (Weiterbildungs-)Schulbank".[58] Nach einer Umfrage des Statistischen Amtes der EU gab es den größten Weiterbildungseifer in den nordeuropäischen Ländern; Deutschland liegt mit einem Anteil von 3,6 % (1995) im europäischen Vergleich an achter Stelle.[59]

Aus den Anforderungen an die Qualifikationen der Arbeitskräfte können Trendanalysen für zukünftige Kompetenzprofile abgeleitet werden. Demnach können als allgemeine Kriterien genannt werden:

- steigende Anteile flexibler, kreativer Erwerbspersonen;
- steigende Anteile breitangelegter, fachübergreifender Qualifikationen;
- steigende Anteile hoher beruflicher und sozialer Qualifikationen.

„Das Potential (der jungen Ausbildungsabsolventen) wird dadurch so stark eingeengt, dass nur ein Teil im erlernten Beruf die Chance wahrnimmt oder erhält, jene umfassenden Qualifikationen aufzubauen, die zum kompetenten Fachmann oder zur kompetenten Fachfrau heute gehören. Forderungen, den Übergang von der Ausbildung auf den Arbeitsplatz berufsberaterisch genauso intensiv zu begleiten wie den Einstieg an der ersten Schwelle, sind von uns deshalb immer wieder erhoben worden".[60] Zu den Trends, die die Zukunft der Erwerbsarbeit und die gesellschaftliche Entwicklung bestimmen, zählt Reutter u.a. auch die internationalisierte Verteilung der Erwerbsarbeit und Multikulturalität.[61]

---

[55] Vgl. Kapitel 1.5 Zusammenfassung und Ausblick.
[56] Herwig Kressler 1993, S. 181.
[57] Vgl. Winfried Schlaffke 1992, S. 41.
[58] Sozialpolitische Rundschau Nr. 309/1997, S. 12 (Anm. MoR).
[59] Vgl. Sozialpolitische Rundschau Nr. 516/1997, S. 22.
[60] Winfried Schlaffke 1992, S. 54 (Anm. MoR).
[61] Vgl. Gerhard Reutter 1998, S. 20, 26.

4.2.1 Allgemeine Anforderungen der EU-Bildungspolitik

In einem zusammenwachsenden Europa muss eines der Hauptziele darin bestehen, sowohl die Protagonisten der Weiterbildung als auch die Teilnehmenden „europafähig" zu machen. Denn sowohl im Rahmen der EU, als auch durch die Assoziierungsabkommen mit Polen, Ungarn und der CSFR bereits seit 1993, findet ein verstärkter Austausch von Lehrpersonal einerseits und Arbeitnehmer/innen andererseits statt. Zwar deuten Umfragen auf eine hohe Mobilitätsbereitschaft der jungen Europäer/innen hin, und es gibt eine Förderung der Mobilität von Auszubildenden, von jungen Berufstätigen, von Berufsbildungspersonal und Berufsbildungsexperten im Rahmen von EU-Programmen.[62] Es zeigt sich aber, „dass Deutsche im Vergleich zum europäischen Durchschnitt weniger mobil sind."[63] Die Mobilität[64] von Deutschen zeigt dabei verschiedene Tendenzen auf: die 25- bis 39jährigen sind am stärksten mobil, bei den 40- bis 64jährigen stagniert die Mobilität seit Mitte der 1990er Jahre und nimmt sie bei den jüngeren Deutschen tendenziell ab. Dabei ist niedrigere und höhere Bildung ein deutlich über dem Durchschnitt liegender Mobilitätsfaktor.[65] Allerdings steigt nur der Mobilitätsanteil von Personen höherer Bildung an und ist insgesamt auf die 25- bis 39jährigen konzentriert. Auslandserfahrung kann einen Wettbewerbsvorteil auf dem Arbeitsmarkt verschaffen. Im Ausland können beschäftigungsrelevante Kompetenzen erworben werden. Zwar verringern internationale Bildungs- und Berufserfahrungen tendenziell die Gefahr von individueller Arbeitslosigkeit und erhöhen die räumliche und berufliche Mobilitätsbereitschaft, aber in Deutschland sind sie als Einstellungsvoraussetzungen eher weniger relevant.[66]

Auf dem Weg nach Europa müssen vom Einzelnen und von Institutionen jedoch nicht unerhebliche Hürden genommen werden. So ist die Inanspruchnahme der EU-Programme nach wie vor durch umständliche und für Außenstehende schwer durchschaubare Durchführungsmodalitäten erschwert. Deshalb wird in der Literatur eine Koordinierung und Umsetzung sowie Vereinfachung und Vereinheitlichung gefordert.[67] **Gerade an der Umsetzung und Qualifizierung für die Durchführungsmodalitäten der EU-Programme setzt die Konzeption der Multiplikator/innen-Weiterbildung an.**

---

[62] Eines der ersten Programme hierfür war PETRA II. Zu einer ausführlichen Darstellung der Programme und Aktionen vgl. z.B. den Leitfaden der Programme und Aktionen der Generaldirektion Bildung und Kultur 2001.

[63] Im Rahmen mittel- bis langfristiger Mobilität; vgl. Ralf Mytzek 2004, S. 39.

[64] Es lassen sich drei grenzüberschreitende Mobilitätsarten unterscheiden: 1. tägliche bzw. wöchentliche Pendlerströme zwischen Nachbarstaaten, 2. Personen, die bis zu einem Jahr sowie 3. diejenigen, die mittel- bis langfristig (mehr als ein Jahr) in einem anderen europäischen Land leben und arbeiten (Migration). Letztere ist Gegenstand der Darstellung. Vgl. Ralf Mytzek 2004, S. 37.

[65] Vgl. Ralf Mytzek 2004, S. 38.

[66] Jochen Laux nach Nationale Agentur Bildung für Europa beim BIBB (Hrsg.) 2001, S. 16.

[67] Vgl. hierzu auch Winfried Schlaffke 1992, S. 14.

Zu den beschriebenen Ansätzen auf nationaler Ebene, das System der beruflichen und allgemeinen Bildung zu einem Quartären Bildungssektor zu vereinheitlichen,[68] gibt es bereits seit 1963 Zielsetzungen der europäischen Berufsbildungspolitik, die Ausbildungsniveaus zwischen unterschiedlichen nationalen Berufsbildungssystemen anzugleichen.

Seit 1992 nimmt die europäische Weiterbildungspolitik auch Einfluss auf die neuen Anforderungsprofile.[69] Im Maastrichter Vertrag wird als gemeinsame wichtige Leitlinie gefordert, in der Berufsbildung die Aus- und Weiterbildung sowie das Lernen und Arbeiten miteinander zu verzahnen. Um die Anpassung an die sich verändernden Arbeitsbedingungen im Rahmen beruflicher Weiterbildung zeitnah zu gewährleisten, soll berufliche Weiterbildung in den folgenden Punkten verbessert werden:

- plurale und marktwirtschaftlich organisierte Weiterbildungssysteme sollen gebildet werden, die möglichst frei von staatlichen Vorgaben untereinander im Wettbewerb stehen, v.a. auf regionaler Ebene mit vielfältigen Träger- und Angebotsstrukturen;
- Arbeitgeber und Gewerkschaften sollen maßgeblich beteiligt werden; die Gemeinschaft und die Mitgliedsstaaten beschränken sich auf für die Gewährleistung der Chancengerechtigkeit unumgängliche strukturpolitische Aufgaben;
- eine staatliche Förderung aus beschäftigungs- und sozialpolitischen Gründen soll erfolgen, z.B. für die berufliche Wiedereingliederung von Arbeitslosen und Frauen;
- tarifvertragliche Regelungen oder Betriebsvereinbarungen sollen einbezogen werden, z.B. Rahmen für inhaltliche Ausgestaltung, Zugang und Freistellung für Mitarbeiter/innen. Die Weiterbildungsmaßnahmen sollen hierfür den Qualifikationsanforderungen der Betriebe und berechtigten beruflichen Weiterbildungsinteressen der Arbeitnehmer gleichermaßen entsprechen;
- gefördert werden sollen die individuelle Verantwortung und Motivation der Arbeitnehmer/innen, die Unternehmen und Sozialpartner für die berufliche Weiterbildung ohne generelle, staatlich verordnete Weiterbildungspflicht, um eine dynamische Entwicklung der beruflichen Weiterbildung zu unterstützen.[70]

Die Zweite Europäische Weiterbildungskonferenz 1995 in Cannes steht unter dem Motto „Weiterbildung für Leben und Arbeiten in Europa". Die Konferenzteilnehmer/innen postulieren zwei Zielrichtungen für Weiterbildung:

- die Chancen der Bürger/innen auf dem europäischen Arbeitsmarkt zu verbessern bzw. Arbeit überhaupt erst zu ermöglichen;
- zur Verwirklichung der Werte beizutragen, die für eine europäische Integration fundamental sind: gegenseitiges Verstehen, friedliches und tolerantes Zusammenleben, demokratisches Mitgestalten und soziale Solidarität.

---

[68] Vgl. Kapitel 1.3.1 Struktur und Organisation.
[69] Vgl. Ulrike Heuer 2001, S. 14.
[70] Vgl. Dieter Lellmann 1993, S. 73f.

In ihrer Eröffnungsansprache forderte Süssmuth die Bündelung des Allgemeinen und des Beruflichen, des Kulturellen und des Sozialen, die notwendig sei, um die erforderlichen Schlüsselqualifikationen vermitteln zu können.[71] In der Ausdifferenzierung der vier Forderungen der Europäischen Weiterbildungskonferenz nach einer Verstärkung der europäischen Dimension von Weiterbildung werden u.a. Auslandsaufenthalte als wichtige Voraussetzungen für berufliche Mobilität und Eingliederung, aber neben sprachlichen und landeskundlichen Kenntnissen auch Informationen über die beruflichen Anforderungen in den anderen europäischen Ländern als Weiterbildungsangebote genannt.[72]
Weiterbildung ist damit ein aktiv mitwirkender Faktor im Prozess der europäischen Integration und das geeignete Feld zur gründlichen Information über die Motive und Modelle. Das Thema „Europa" wurde aber von Einrichtungen der Weiterbildung noch nicht umfassend aufgegriffen. Die mit der europäischen (ökonomischen) Integration einhergehende Internationalisierung bringt Anforderungen an ein Personal mit sich „das

- die internationale, gesamteuropäische, ja weltweite Interdependenz der Wirtschaft kennt und begreift;
- durch Beherrschung mehrerer Fremdsprachen hinreichend europäisch kommunikationsfähig ist;
- die diversen, noch vorhandenen nationalen Mentalitäten zu beachten vermag".[73]

Dies und die entstehende multikulturelle Gesellschaft ziehen spezifische Anforderungen an die Weiterbildung nach sich. Die Protagonisten der Weiterbildung sind aufgefordert, jetzt international, multikulturell und multiethnisch zu denken sowie für die mentale Integration der Erwachsenen Sorge tragen. Außerdem soll die Weiterbildung als System ihre engen nationalen Begrenzungen zugunsten eines europäischen Denkens aufgeben. Die Mitglieder von Einrichtungen der Aus- und Weiterbildung sollen sich die nötige Europa-Orientierung erarbeiten.[74]

Im „Europäischen Jahr für lebenslanges Lernen" (1996) werden europaweit die im Folgenden genannten wichtigsten Ziele zur Entwicklung einer qualitativ hochwertigen Bildung durch die Bereiche Ausbildung und Lehre und insbesondere auch durch die Weiterbildung angestrebt:

- „den Erwerb neuer Kenntnisse zu fördern;
- Schulen und Unternehmen einander anzunähern;
- die Ausgrenzung zu bekämpfen;
- das Erlernen von drei europäischen Sprachen zu erreichen;
- die Gleichbehandlung zwischen materiellen und bildungsspezifischen Investitionen zu gewährleisten."[75]

---

[71] Vgl. Weiterbildung muss Europa erlebbar machen. In: Wirtschaft & Weiterbildung 1/95, S. 62f.
[72] Vgl. Weiterbildung muss Europa erlebbar machen. In: Wirtschaft & Weiterbildung 1/95, S. 64.
[73] Vgl. Franz Pöggeler 1994, S. 472.
[74] Vgl. Franz Pöggeler 1994, S. 474-479.
[75] Weißbuch zur allgemeinen und beruflichen Bildung 1996, S. 2.

Damit sollen die Beschäftigungslage und die Wettbewerbsfähigkeit verbessert werden.

Auf dem Gipfel von Amsterdam (1997) werden für die Wissensgemeinschaft weitere neue Ziele zur Kompetenzentwicklung - verstanden als Prozess und Veränderungsgestaltung - definiert und im Rahmen der Neugestaltung des ESF[76] umgesetzt. Diese sind:

- employability
- flexibility
- entrepreneurship.[77]

„Inhaltlich geht es im Kern um eine an europäischer Kultur und am europäischen Binnenmarkt orientierte (Aus-)Bildung."[78] Die europäische Weiterbildungspolitik erhält nun eine eigene Rechtsposition. Im Zuge des Europäisierungsprozesses gewinnt Qualitätssicherung eine hohe Bedeutung.[79]

Bildung und Ausbildung haben seit dem Sondergipfel der EU-Staats- und Regierungschefs in Lissabon (2000) einen hervorragenden Stellenwert.[80] Ein entsprechender Zielkatalog „Bildung und Ausbildung für das Leben und Arbeiten in der Wissensgesellschaft" wird aufgestellt, um die EU-Beschäftigungsquote deutlich zu erhöhen. Unter den elf konkreten Zielvorgaben sind Veränderungen in der Bildungslandschaft und damit auch des Tätigkeitsfeldes für Weiterbildner/innen erkennbar:

- alle erforderlichen Lehrer/innen im Bereich der Informationstechnologien schulen, um für alle Schulen in der EU Zugang zum Internet und zu Multimedia-Material nutzen zu können;
- Schulen und Ausbildungszentren zu lokalen Mehrzweck-Lernzentren weiterentwickeln, die allen offen stehen und ein möglichst breites Spektrum von Zielgruppen erreichen sollen;
- „Lernpartnerschaften" zwischen Schulen, Ausbildungszentren, Unternehmen und Forschungseinrichtungen gründen;
- durch einen europäischen Rahmen Grundfertigkeiten festlegen, die durch lebenslanges Lernen zu vermitteln sind: Fertigkeiten in Informationstechnologien (IT), Fremdsprachen, technologische Kultur, Unternehmergeist und soziale Fähigkeiten;
- Schüler/innen, Studierende, Lehrer/innen sowie Ausbildungs- und Forschungspersonal durch optimale Nutzung der EU-Bildungsprogramme und durch die Beseitigung von Mobilitätshindernissen verstärkt mobilisieren.

---

[76] Europäischer Sozialfonds.

[77] Vgl. Johannes Sauer 2000, S. 6; eine Übersetzung der auch in Deutschland gängigen Begriffe lautet: 1. Beschäftigungsfähigkeit, 2. Biegsamkeit/Flexibilität, 3. Unternehmertum.

[78] Ulrike Heuer 2001, S. 28.

[79] Vgl. Ulrike Heuer 2001, S. 14.

[80] Ausführlich zu den konkreten künftigen Zielen der Bildungssysteme vgl. Bericht der Kommission der europäischen Gemeinschaften 2001.

„Die europäische Union hat in den letzten Jahren, angestoßen durch den Europäischen Rat in Lissabon im Jahre 2000, ihre Anstrengungen erheblich verstärkt, die nationalen Bildungssysteme in den Prozess der europäischen Integration einzubeziehen und ähnlich wie in der Forschung jetzt auch einen einheitlichen Bildungsraum zu entwickeln."[81] Um diese Ziele zu erreichen, sollen geeignete Maßnahmen ergriffen werden, wie z.B. mehr Transparenz bei der gegenseitigen Anerkennung von Abschlüssen sowie Studien- und Ausbildungszeiten, die Einführung eines Europäischen Diploms für grundlegende IT-Fertigkeiten mit dezentralen Zertifizierungsverfahren sowie die Entwicklung eines gemeinsamen europäischen Musters für Lebensläufe. Sie sollen dafür sorgen, dass diese einheitlichen Befähigungsnachweise den Qualifikationsträgern EU-weite Einsatzmöglichkeiten und den potentiellen Arbeitgebern Vergleichbarkeit der nachgewiesenen Kompetenzen erleichtern.[82] Um die erzielten Entwicklungen messbar zu machen und das Erreichen von Zielvorgaben zu überprüfen, werden Benchmarking oder „best practice"-Beispiele als Instrumente herangezogen. „Ihr Ergebnis: Verringerung der qualitativen Unterschiede der Bildungssysteme der Mitgliedsstaaten und Erhöhung der Leistungsfähigkeit des Bildungswesens in Europa."[83]

Die Schlüsselfunktion der Bildungspolitik wird auch mit dem strategischen Ziel des Europäischen Rats von Lissabon für die Europäische Union betont, nämlich „zum wettbewerbsfähigsten und dynamischsten wissensbasierten Wirtschaftsraum der Welt" zu werden: „Sie ist deshalb zur fünften Säule im EU-Integrationsprozess ernannt worden."[84] Damit sollen zwei grundlegende Herausforderungen bearbeitet werden:

1. „die Frage des Lebenslangen Lernens ... in der all jenen, die an der Bereitstellung des breiten Spektrums von Bildungsangeboten im Bereich der formalen, informellen und der nicht-formellen Bildung beteiligt sind, eine wichtige Rolle zukommt, (... nämlich) wie wir das Lernen organisieren und wie wir die Unterrichtsmethoden erneuern, dergestalt, dass das Lernen sowohl attraktiv als auch zugänglich gemacht wird.
2. die Frage: Welche grundlegenden Kenntnisse und Qualifikationen sollten die Lernenden sich aneignen, um in dieser Wissens- und Informationsgesellschaft angemessen mitwirken zu können?"[85]

Das Arbeitsprogramm sieht dafür drei strategische Ziele und 13 Teilziele vor:

1. „Höhere Qualität und verbesserte Wirksamkeit der Systeme der allgemeinen und beruflichen Bildung in der Europäischen Union
   - Verbesserung der allgemeinen und beruflichen Bildung von Lehrkräften und Ausbildern
   - Entwicklung der Grundfertigkeiten der Wissensgesellschaft

[81] Bund-Länder-Kommission für Bildungsplanung und Forschungsförderung 2002, S. 14.
[82] Vgl. Barbara Fabian 2000, S. 188f.
[83] Bund-Länder-Kommission für Bildungsplanung und Forschungsförderung 2002, S. 14.
[84] Bund-Länder-Kommission für Bildungsplanung und Forschungsförderung 2002, S. 19f.
[85] Viviane Reding 2001, S. 4f. (Anm. MoR).

- Zugang zu den Informations- und Kommunikationstechnologien für alle
- Förderung des Interesses an wissenschaftlichen und technischen Studien
- bestmögliche Nutzung der Ressourcen

2. Erleichterung des Zugangs zu allen Systemen der allgemeinen und beruflichen Bildung
   - Gestaltung eines offenen Lernumfelds
   - Erhöhung der Attraktivität des Lernens
   - Unterstützung in Richtung aktiven Bürgersinns, gleicher Bildungschancen und gesellschaftlichen Zusammenhalts
3. Öffnung der Systeme der allgemeinen und beruflichen Bildung gegenüber der Welt
   - engere Kontakte zur Arbeitswelt und zur Forschung sowie zur Gesellschaft im weiteren Sinne
   - Entwicklung des Unternehmergeistes
   - verstärktes Erlernen fremder Sprachen
   - Intensivierung von Mobilität und Austausch
   - Stärkung der europäischen Zusammenarbeit".[86]

Der Begriff „interkulturell", etwa im Zusammenhang mit Lernen, Kommunikation/Sprache oder Kooperation wird aber nicht explizit verwendet.[87] Allerdings ist die kulturelle Vielfalt auch im Bildungsbereich Gegenstand der Bemühungen um eine (gemeinsame) europäische Dimension: „Wir müssen europäische Inhalte für den Unterricht in einem kulturell vielfältigen Umfeld schaffen."[88] Dies lässt nach der Entstehung eines europäischen Bildungswesens fragen: „Der Gipfel von Lissabon ist der Anfang einer stillen Revolution. (... Dabei) bewirkt der Gipfel von Lissabon zweierlei:

- er misst der Bildung in Europa eine größere Rolle zu;
- er misst Europa in der Bildung eine größere Rolle zu."[89]

Es findet eine Paradigmenverlagerung von der Verschiedenheit hin zu den Gemeinsamkeiten im Bildungsbereich statt und ähnliche, wenn nicht gleiche Herausforderungen und Ziele werden anerkannt.[90]

Einige dieser gemeinsamen Ziele sind 2001 in Stockholm Thema des Europäischen Rats:

- „die Anhebung der Qualität der Systeme der allgemeinen und beruflichen Bildung;
- die Erleichterung des Zugangs zu diesen Systemen für alle und

[86] Bund-Länder-Kommission für Bildungsplanung und Forschungsförderung 2002, S. 20f.
[87] Vgl. die ausführliche Darstellung des Arbeitsprogramms in Bund-Länder-Kommission für Bildungsplanung und Forschungsförderung 2002, Anhang V.
[88] Vivane Reding 2001, S. 9.
[89] Viviane Reding 2001, S. 11; vgl. auch Barbara Fabian 2002, S. 129 (Anm. MoR).
[90] Vgl. Viviane Reding 2001, S. 12. Dabei soll unter der offenen Methode der Koordinierung das Subsidiaritätsprinzip beachtet werden.

- die Öffnung dieser Systeme der allgemeinen und beruflichen Bildung gegenüber der Welt - gegenüber der Welt jenseits unserer nationalen Grenzen, aber auch für die ‚Innenwelt': engere Kontakte zum Bereich der Forschung und Wissenschaft, zur Arbeitswelt wie auch zur Gesellschaft im weiten Sinne."[91]

Die stärkere Einbeziehung des Bildungsbereichs in den europäischen Integrationsprozess und die Umsetzung „dieser Ziele mit den drei Grundprinzipien Verbesserung der Qualität, Erleichterung des Zugangs für alle und Öffnung gegenüber der Welt sollen bis 2010 erfolgen."[92] Als Schwerpunkte beschließt der Europäische Rat 2002 in Barcelona Weiterbildung und Lebenslanges Lernen, um dem wachsenden Gewicht der Weiterbildung gegenüber der Erstausbildung Rechnung zu tragen. Dies soll in einem dreistufigen Zeitplan zu den o.a. 13 Teilzielen realisiert werden. Ein erster Bericht mit Ergebnissen aller Arbeitsgruppen wird 2004 vorgelegt und analysiert werden.[93]
In den europäischen Ländern wird v.a. von den Protagonisten der Weiterbildung erwartet, dass unter Einsatz neuer Medien und (entsprechenden) neuen Lehr-/ Lernformen möglichst viele Menschen beteiligt werden können und die Demokratisierung fortschreitet. Allerdings fehlen manchen Ländern die finanziellen Mittel, um die europäischen Dimensionen der Weiterbildung entsprechende neue Medien zu beschaffen. „Die Bildungspolitik (nicht nur) in Europa wird diese Kluft (zwischen ärmeren und reicheren Ländern) zu überbrücken haben, wenn Weiterbildung zwischen den Ländern kompatibel sein soll und Vernetzung, Austausch und Kooperation die Ziele sind."[94]

Für die Umsetzung der bildungspolitischen Strategien wurden Anfang der 1990er Jahre die beiden großen Programme „Leonardo da Vinci"[95] für die Durchführung einer Berufsbildungspolitik und „Socrates"[96] als Beitrag für ein qualitativ hochwertiges Bildungswesen und die Entwicklung eines offenen europäischen Bildungsraums eingesetzt. „Die Rechtsposition der Weiterbildung auf europäischer Ebene führte zu einer europäischen Weiterbildungspolitik mit eigenen Förderprogrammen als Steuerungsinstrumente. ... Die Bildungsprogramme zielen auf eine qualitativ anspruchsvolle Weiterbildung und auf die Entfaltung des Kulturlebens in den Mitgliedsstaaten vor dem Hintergrund des sich vollziehenden industriellen und sozioökonomischen Strukturwandels. ... Erwartungen werden vor allem in die Unter-

---

[91] Viviane Reding 2001, S. 15.
[92] Bund-Länder-Kommission für Bildungsplanung und Forschungsförderung 2002, S. 25.
[93] Vgl. Bund-Länder-Kommission für Bildungsplanung und Forschungsförderung 2002, S. 28.
[94] Ulrike Heuer 2001, S. 29 (Anm. MoR).
[95] Zu den Zielsetzungen von Leonardo da Vinci (1995-1999) vgl. http://europa.eu.int/scadplus/leg/de/cha/c11011.htm und für Phase II (2000-2006) vgl. http://europa.eu.int/scadplus/leg/de/cha/c11025.htm vom 09.06.2004.
[96] Zu den Zielsetzungen von Socrates Phase I (1995-1999) vgl. http://europa.eu.int/scadplus/leg/de/cha/c11023.htm und für Phase II (2000-2006) vgl. http://europa-eu.int/scadplus/leg/de/cha/c11043.htm vom 09.06.2004.

stützung der beruflichen Weiterbildung gesetzt. Das zugrunde liegende Subsidiaritätsprinzip der EU-Bildungsförderpolitik macht deutlich, dass keine einheitlichen europäischen Lösungen gemeint sein können."[97]
Die Multiplikator/innen-Weiterbildung schließt in zweierlei Hinsicht an diese bildungspolitischen Strategien an: Weiterbildner/innen werden direkt qualifiziert, interkulturelle Projekte für die Weiterbildung zu initiieren. Indirekt werden die Bildungs- und Arbeitsbedingungen für die Zielgruppen dieser Weiterbildungsprojekte verbessert.

4.2.2 EU-Förderprogramme für die Erwachsenenbildung/Weiterbildung

In diesem Kapitel werden Förderprogramme exemplarisch und in ihren Anforderungen allgemein dargestellt, da sie für die Multiplikator/innen-Weiterbildung, die auf die Beantragung und Durchführung von europäischen Projekten für die Weiterbildung abzielt, die wichtigsten bildungspolitischen Maßnahmen der EU darstellen.

Zum einen unterstützt die EU die Entwicklung transnationaler Bildungsprojekte mit verschiedenen Förderprogrammen[98] (z.B. Leonardo da Vinci,[99] Socrates,[100] ESF, EG/EU-Strukturprogramme und Gemeinschaftsinitiativen[101]) finanziell. „Die Programmkonzeptionen, die Vergabe- sowie die Durchführungsmodalitäten der EG-Bildungsprogramme gaben (allerdings) teilweise Anlass zu Kritik."[102] In Deutschland wurden 1997 60% der im Adapt-Programm beantragten Projekte wegen formaler Fehler und konzeptioneller Schwächen abgelehnt. Das deutsche Büro von Adapt in Bonn teilte der Presse mit, dass nur 30% der Fördermittel für Projekte ausgegeben werden konnten.[103] Auch bei der Antragsrunde 2000 für Leonardo II, so teilt die Nationale Agentur beim BIBB auf ihrer Homepage[104] mit, wurden noch fast 15% der Erstanträge aus formalen Gründen für ungültig erklärt. Die Anzahl der Erstanträge hat sich dabei von 1999 zu 2000 fast verdoppelt!
Die Multiplikator/innen-Weiterbildung leistet einen Beitrag dazu, die skizzierte Qualifikationslücke zu schließen. Sie ist im Wesentlichen darauf ausgerichtet, Pro-

---

[97] Ulrike Heuer 2001, S. 27f. Die Phasen der Programmentwicklung für Weiterbildung darzustellen würde im Rahmen dieser Arbeit zu weit führen. Vgl. hierzu z.B. Generaldirektion Bildung und Kultur 2001.
[98] „Diese Programme sind jedoch rein subsidiär, d.h. sie ergänzen lediglich die nationalen Bildungspolitiken der EU-Mitgliedsstaaten. Gerade die Bundesrepublik, insbesondere die deutschen Bundesländer stehen seit Jahren einer zu expansiven europäischen Bildungspolitik kritisch gegenüber, da diese die Kulturhoheit der Länder berührt." Oliver Chr. Will 2000, S. 127f.
[99] Für die berufliche Weiterbildung und Forschung.
[100] Für die allgemeine Weiterbildung und Forschung.
[101] Zur Stützung und Weiterentwicklung der Fortbildung(ssysteme) in den Mitgliedsländern.
[102] Vgl. Kehm/Teichler (1994) nach Ulrike Heuer 2001, S. 28.
[103] Süddeutsche Zeitung vom 15./16.02.1997, S. 53.
[104] www.na-bibb.de/leonardo vom Oktober 2000.

jektmanagementkompetenzen zu vermitteln, mit denen EU-Weiterbildungsprojekte erfolgreich geplant, realisiert und evaluiert werden.

Zum anderen gibt es inzwischen zahlreiche Veröffentlichungen der EU bzw. aus EU-geförderten Projekten, die sich mit Antragsverfahren, Projektmanagement und Weiterbildung in Europa unter verschiedenen Gesichtspunkten befassen.
Darüber hinaus sind Organisationen für europäische Bildung entstanden, wie
- das Euridice-Netz, das Daten zu Bildungssystemen und -politiken in Europa für die Förderung der Kooperation im Bildungswesen aufbereitet;[105]
- das CEDEFOP,[106] das sowohl konzeptionell arbeitet als auch Dokumentationen und Bildungsstatistiken liefert, um „die Berufsbildung und die ständige Weiterbildung der Erwachsenen auf Gemeinschaftsebene zu fördern und zu entwickeln".[107]
Mittels eigener oder vermittelter Projektarbeit werden Fragen der Weiterbildung sowie vorrangig der beruflichen Weiterbildung behandelt.

Die Evaluation der Socrates-Projekte 1995 bis 1997 ergibt darüber hinaus einen deutlichen Handlungsbedarf an „Training the Trainers"-Massnahmen bzw. Projekten zur Weiterqualifizierung von Weiterbildner/innen. Entwickelt wurden in dieser Programmphase beispielsweise Materialien für die Beratung von Lehrer/innen und Trainer/innen sowie ein Ratgeber zum Management von internationalen Projekten.[108] Die Evaluation zeigt auch, dass interkulturelle Fragen eine wichtige Rolle im Projektalltag spielen. Neben der Bereicherung durch Vielsprachigkeit und unterschiedliche Kulturen zeigt sich aber auch, dass Missverständnisse sowie daraus später entstehende Konflikte zu Effizienzbeeinträchtigungen der Projektverwaltung und -ergebnisse in finanzieller und zeitlicher Hinsicht führten.
Der hohe zeitliche und energetische Aufwand für die Verwaltung der Projekte wird herausgestellt, der in Einzelfällen bis zu einem Drittel der verfügbaren Ressourcen erforderte. Abgabefristen, Zahlungsmodalitäten und Anforderungen an sehr detaillierte und wiederholte Berichterstattung kosteten wertvolle Projektzeit und führten zu beeinträchtigten Arbeitsergebnissen.
Der Bedarf an Strukturen, die die Projekte unterstützen, umfasst

- Evaluation, Assessment und Monitoring effektiver Projektarbeit und Produktqualität;
- Strukturen für die Verbreitung der Projektergebnisse;
- Beratung für Partnersuche und Kooperation (Grundregeln, Managementkurse);
- öffentliche Verbreitung von Informationen über Beteiligungsmöglichkeiten und Antragsverfahren in Europäischen Förderprogrammen und Aktionen.[109]

---

[105] Vgl. http://www.eurydice.org/catalogue/Eurydice%20Catalogue%20.DE.pdf vom 09.06.2004.

[106] Centre Europeen pour le Development de la Formation Professionelle.

[107] Europäisches Parlament nach Joachim H. Knoll 1996, S. 208.

[108] Vgl. Ekkehard Nuissl von Rein 1999, S. 161f.

[109] Vgl. Ekkehard Nuissl von Rein 1999, S. 164.

Eine kritische Würdigung der EU-Bildungsprogramme[110] zeigt, dass diese nach den Vorstellungen und Strukturen der zentraleuropäischen Länder entwickelt wurden und den Gegebenheiten in den peripheren Regionen wenig gerecht werden. Ausgehend von der Wissens- bzw. lernenden Gesellschaft und der fortschrittproduzierenden Innovationskultur konstatiert Papaioannou: „The fact that neither the people nor the educational system are able to keep pace with galloping developments is considered to be an individual weakness. The idea of lifelong learning to adapt has therefore become an unreasonable demand, a life conviction, which resembles that of Sisyphus."[111]

Kompetenzanforderungen für Multiplikator/innen können aus

- den bildungspolitischen Strategien,
- der Programmphilosophie bzw. den Programminformationen sowie
- Leitfäden zur Antragsstellung, Dissemination, Nachhaltigkeit, Evaluation u.ä.

nur indirekt erschlossen werden. Sie sind nicht direkt in den Programmen genannt. Der tätigkeitsorientierte Inhalt von Leitfäden zu Antragsverfahren und allgemeinen Anforderungen für Projekte im Rahmen der Bildungsprogramme ist aber Gegenstand der korrespondierenden Module der Multiplikator/innen-Weiterbildung.

4.2.3 Anforderungskataloge zu EU-Weiterbildungsprojekten

Als Anforderungskatalog an Kompetenzen für EU-Projektmanagement wird exemplarisch der Socrates-Leitfaden für Antragsteller herangezogen, der implizit analytische Kriterien enthält, nach denen ein Projekt bewertet werden kann. Eine entsprechende Evaluation wurde z.B. in der Programmevaluation der Phase I des Socrates-Programms durchgeführt und stellt eine allgemeine Übersicht zu Leistungskatalogen von EU-Projekten dar.[112] Diese umfassende Evaluation von annähernd 100 Projekten der ersten Phase des Socrates-Programms (1995 bis 1997) zeigt als Beispiel, wie Anforderungen an Projekte aus den Programmzielen abgeleitet und benannt werden können. Diese Evaluationskriterien sind auch auf die meisten anderen Programme mit Modifizierungen übertragbar. Da in der Multiplikator/innen-Weiterbildung die Stoffvermittlung exemplarisch mit Transferhilfen und am Beispiel der Entwicklung einer eigenen Projektidee erfolgt, sollen hier diese Kriterien als ein Anforderungskatalog an EU-Projekte beispielhaft vorgestellt, im Folgenden näher definiert und ggf. aus anderen Darstellungen ergänzt werden:

- europäischer Mehrwert
- Innovation
- Netzwerke
- interkulturelle Zusammenarbeit

---

[110] Vgl. Skevos Papioannou 2000, S. 233ff.

[111] Skevos Papioannou 2000, S. 235.

[112] Vgl. zu den nachfolgend aufgeführten Fragen und Definitionen der einzelnen Kriterien Ekkehard Nuissl (Hrsg.) 1999, S. 35ff.

- Verbreitung
- Übertragbarkeit
- Nachhaltigkeit
- Projektverwaltung.[113]

Im Folgenden werden diese Kriterien nach ineinander übergehenden Projektphasen geordnet und definiert; außerdem wird beispielhaft auf entsprechende Leitfäden anderer Programme verwiesen.
Zu den übergreifenden Kriterien für die Projektanforderungen gehören der europäische Mehrwert und die Innovativität eines Projekts bzw. seiner Ergebnisse.
Zur Vorbereitungsphase eines Projekts zählen das Antragsverfahren und die Einarbeitung in die Verwaltung seitens der Antragsteller innerhalb des Projekts und seitens der zuständigen Generaldirektion als Mittelgeber.
In der Durchführungsphase sind Projektmanagement, Transnationalität, interkulturelle Zusammenarbeit und der Aufbau von Netzwerken Schwerpunkt.
Die abschließende und über das Projekt hinausgehende Phase ist durch Qualitätsmanagement/Evaluation, Dissemination/Verbreitung sowie Transfer/Übertragbarkeit und Fragen der Nachhaltigkeit der Projektergebnisse gekennzeichnet.

Der **europäische Mehrwert** eines EU-Projekts kann mit folgenden Fragen evaluiert werden: In welchem Umfang entsteht ein Mehrwert aus der europäischen Zusammenarbeit im Projekt (zum Thema, nationalen Diskussionen etc.)? In welchem Ausmaß ist aus dem Projekt ein über nationale Belange hinausgehendes Problem, ein Gedanke, eine Idee oder eine Struktur entstanden oder erwartbar? Dabei kann die noch in Entwicklung befindliche vorläufige Definition den europäischen Mehrwert[114] charakterisieren: der europäische Inhalt, der transnationale Grad der Zusammenarbeit und die Pläne zur Dissemination der Projektergebnisse sowie Typen und Ebenen von Projektaktivitäten und ihre Wirkungen, die über Transfer und Partnerschaft hinausgehen. Geeignete Beispiele sind z.B. Datenbanken zu speziellen Themen und Netzwerke für diese Arbeitsgebiete, mit denen Informationen zwischen Ländern ausgetauscht und gemeinsame Strukturen bereitgestellt werden. Dafür sind z.T. die Beteiligung an Bildungsphilosophien und die Entwicklung von Curricula und Unterrichtsmaterialien europäisch auszurichten.[115]

---

[113] Vgl. Ekkehard Nuissl (Hrsg.) 1999, S. 35-62. Die dort verwendeten und auch in Deutschland geläufigen Begriffe lauten: European Added Value, Innovation, Networking, Intercultural Cooperation, Dissemination, Transferability, Sustainability, Project Administration.

[114] Zur Konzentration der EU-Bildungsprogramme auf den „europäischen Mehrwert" gehören daher die Bestandteile „Förderung sprachlicher und kultureller Kompetenz", die „Förderung physischer Mobilität" und die „Entwicklung von Kooperationsnetzen". Sie können als Rahmen und mit erklärtem Ziel zum interkulturellen Lernen und gegenseitigen kulturellen Verstehen beitragen. Allerdings „hängt der Lernerfolg immer auch sehr stark vom Einzelnen ab, weil die Elemente interkulturellen Lernens selten als gesonderter und eigenständiger Teil einer überfachliche Weiterbildung ausgewiesen sind, sondern ‚automatisch' über die fachliche Bildung transportiert werden." Oliver Chr. Will 2000, S. 129.

[115] Vgl. Ekkehard Nuissl (Hrsg.) 1999, S. 36f. Allerdings sind dies längerfristig anzulegende Vorhaben, auch in der Evaluation ihrer Wirkung.

Der Grad der mit einem EU-Projekt erzielten **Innovation** kann mittels folgender Fragen evaluiert werden: In welchem Umfang werden im Projekt neue Herangehensweisen für die Erwachsenenbildung angewandt? Hat das Projekt neue Möglichkeiten für Zielgruppen, Lehrende oder die Infrastruktur entwickelt oder bereitgestellt? Stellen diese neuen Herangehensweisen Innovation für alle beteiligten Länder dar oder stammen sie aus dem Transfer vorhandener Modelle, Konzepte usw. aus einem Partnerland in ein anderes? Der Innovationsbegriff als kontext- und zeitabhängiges Konstrukt ist dabei jedoch nur schwer eindeutig bestimmbar und zugleich paradox. In Anlehnung an gängige Definitionen aus der Wirtschaft[116] können mit Bildungsprojekten neue Zielgruppen erschlossen, neue Curricula oder Unterrichtsmaterialien entwickelt oder neue Zugangssysteme und -strukturen verwendet werden. Innovation zeigt sich auch in der Modifikation traditioneller Regeln, der Zusammensetzung einer Projektpartnerschaft bestehend aus einem breiten Spektrum an verschiedenen (sozialen) Gruppierungen der Gesellschaft, dem Fokus z.B. auf individuellen Erfahrungen und Voraussetzungen und ihrer Zertifizierung oder schließlich der Übertragung von Ideen aus der Wirtschaft bzw. Industrie in den Bildungssektor z.B. für maßgeschneiderte und leichtzugängliche Beratungs- und Unterstützungsangebote an individuelle Lerner.[117]

Im Zuge der **Antragsverfahren** bzw. Antragstellung von EU-Projekten sind folgende Hauptfragen relevant: Welche Kriterien müssen Anträge erfüllen, um im Antragsverfahren erfolgreich zu sein, d.h. welche Auswahlkriterien von EU-Projektanträgen führen zur Bewilligung eines Projektes? Welche Fähigkeiten und Kenntnisse sind notwendig, um ein Antragsformular auszufüllen? Welche Ergebnisse bringt eine Marktforschung hinsichtlich des „state of the art" für den angestrebten Projektgegenstand? Gerade die Antragsformulare wurden von den Antragstellern als sehr umfangreich, zeitintensiv und schwierig in der Bearbeitung bei gleichzeitig hoher Erfolgsunsicherheit eingeschätzt. Die **Projektverwaltung** bezieht sich sowohl auf die projektinternen Erfahrungen, d.h. die der beteiligten Partnereinrichtungen, als auch auf die strukturellen Erfahrungen mit den Vorgaben der Förderprogramme, d.h. auf die Projektverwaltung der verantwortlichen Generaldirektion.[118] Hier können die Antworten zum folgenden Fragenkomplex wichtige Hinweise für relevante Anforderungen geben: Wie waren die Erfahrungen des Projektkoordinators mit Themen wie Antragsverfahren, bewilligtem Zeitrahmen, Förderbedingungen, Kostenkalkulation, Berichterstattung und Monitoring etc.? Ein weiterer wichtiger Aspekt der Projektverwaltung neben den Antragsverfahren und Förderbedingungen ist die Zugänglichkeit von Informationen, z.B. zu Entscheidungsverfahren für Projektbewilligungen oder für die Suche nach Partnern und der Entwicklung von Kooperationen zu Projektbeginn. Insgesamt wird ein hoher finanzieller, personeller und zeitlicher Aufwand für die Projektverwaltung veranschlagt und ein Bedarf nach klaren Regeln und Verfahren hinsichtlich der Bewilli-

[116] Vgl. hierzu auch Kapitel 3.1 Innovation und Kompetenzentwicklung.
[117] Vgl. Ekkehard Nuissl (Hrsg.) 1999, S. 39ff.
[118] Für Socrates die Generaldirektion XXII.

gung, der Ablehnung, der Information, den Anträgen und der Förderung sowie dem Informationsaustausch ersichtlich.[119] Anforderungskataloge[120] zu **Projektmanagement** haben teilweise Empfehlungscharakter, legen aber auch Normen für die Projektdurchführung und Qualität der Projektergebnisse (z.B. hinsichtlich der Produkte oder Zielerreichung) fest und enthalten teilweise Checklisten für Antragsanforderungen und Evaluation. Hervorzuheben ist der Hinweis auf eine Vielzahl von EU-spezifischen Einzelheiten, die zu beachten sind.[121]

Die **Transnationalität** als Qualitätsmerkmal eines EU-Projektes ist in den meisten Förderprogrammen durch die Kombination der Partner gekennzeichnet, so sind im Socrates-Programm Einrichtungen aus mindestens drei Ländern als Partner erforderlich. **Interkulturelle Kommunikation und Kooperation** spielen damit für eine Internationalisierung der Erwachsenenbildung durch Projekte und Netzwerke eine große Rolle, z.B. auch im Rahmen von Aktionsprogrammen wie FORCE oder Beschäftigungsprojekten wie Adapt.[122] Die interkulturelle Zusammenarbeit kann entlang folgender Fragen vorbereitet und bewertet werden: Welche speziellen sprachlichen und kulturellen Barrieren treten im Projekt auf? Wie wird damit umgegangen? Werden neue Glossare entwickelt, um Problemen der Terminologie und der Definition von Schlüsselgedanken zu begegnen? Interkulturelle Kooperation als wichtiges Kriterium (im Socrates-Programm) zielt auf den Austausch von Wissen um die Kulturen, Traditionen und Sprachen der Partnerländer, auf das vereinte Entwickeln gemeinsamer europäischer Merkmale ab und soll gegenseitiges Verständnis und Einfühlungsvermögen fördern. Dabei spielen sprachliche und kulturelle Unterschiede sowohl als Barriere als auch als Stimulus eine Rolle. Kommunikation innerhalb des Projekts kann durch Anwenden bzw. Verbessern einer gemeinsamen Sprache (meist Englisch oder Französisch), die auch als Arbeitssprache für die Berichterstattung notwendig ist, oder den Einsatz von Übersetzungsdiensten für eingeschränkte Sprachkenntnisse, bereichernd wirken. Kulturelle Unterschiede und daraus resultierende unterschiedliche Terminologien und Definitionen bedingen eher unterschiedliche Vorstellungen als verschiedene oder gleiche Sprachen und fordern die Entwicklung von Glossaren und gemeinsamen Philosophien sowie notwendige Anpassungen in den Partnerländern heraus.[123]

Beim Aufbau von bzw. Austausch in **Netzwerken** zwischen den Partnerländern spielen eher die jeweiligen Arbeitskulturen und institutionellen Strukturen innerhalb

---

[119] Vgl. Ekkehard Nuissl (Hrsg.) 1999, S. 59. Dort vorgestellte Projekte „mentioned that they needed one person as an administrative assistant who did nothing else in order to deal with all the receipts and administrative rules." Ebda., S. 61.

[120] Vgl. z.B. Eckhard Behrendt/Christiane Fröchtling/Annegret Meyer-Kock/Frank Mindt/Ute Rynarzewski 1997; Holger Bienzle 2001; Kommission der Europäischen Gemeinschaft, Evaluierungsreferat der Generaldirektion „Entwicklung" 1993; u.a.

[121] Vgl. Kapitel 3.4 Anforderungen an Projektmanagement-Kompetenz, die hier um einen „europäischen Mehrwert" im Sinne EU-spezifischer Anforderungen ergänzt werden müssen.

[122] Vgl. z.B. European Office for Programme Support (EUROPS) 1996; Europabüro für Projektbegleitung GmbH (Hrsg.) 1997; u.a.

[123] Vgl. Ekkehard Nuissl (Hrsg.) 1999, S. 46ff.

der Bildungslandschaft Europas eine Rolle: In welchem Umfang werden das Wissen und die Erfahrung, die Ressourcen und Möglichkeiten der Partnerorganisationen verwendet? Bilden die Partnerorganisationen eine homogene oder heterogene Gruppe (hinsichtlich interner Strukturen, Personal, Arbeitsweise, Verständnis der Bildungspolitik usw.)? Ein breites Spektrum an verschiedenen Kooperationsformen kennzeichnet die Netzwerke. Sie können einerseits infrastrukturell angelegt sein, wobei die Projektpartner an eine zentrale Einrichtung relevante Daten liefern und die gemeinsame Struktur übernehmen. Andererseits sind professionelle Netzwerke möglich, in denen der Austausch von Spezialwissen zwischen bestimmten Gruppen organisiert ist. Die Unterschiede zwischen den Projektpartnern, z.B. hinsichtlich Ressourcen, aber auch die langfristige Netzwerkarbeit stellen einschränkende Probleme beider Netzwerkformen dar.[124] Innerhalb des Projekts oder Netzwerks spielen neben der Partnersuche auch Fragen der Teambildung und des Teammanagements eine Rolle. Verschiedene Kooperationsformen können zum einen durch den Austausch eines besonderen Modells oder Produkts, zum anderen durch den gegenseitigen Austausch von Ideen, Erfahrungen und „good practice"-Beispielen gekennzeichnet sein. Sie sind allerdings weniger stabil, verbindlich oder kontinuierlich als Netzwerke. Dabei ist weiterhin zu unterscheiden zwischen aktiven und passiven Formen der Beteiligung sowie heterogenen oder (scheinbar) homogenen Projektpartnerschaften.[125]

Qualitätsmanagement und Evaluation von EU-Projekten umfassen als Anforderung zwei Zielrichtungen: Einerseits gibt es Projekte, die Qualitätssicherung als Gegenstand und Methode bearbeiten und die Standards für europäischer Weiterbildung setzen. Seit 1995 wird der Qualitätssicherung beruflicher Weiterbildung besonderes Gewicht zugemessen (z.B. LEONARDO). Innerhalb der europäischen Programme FORCE, COMETT, EUROTECTNET u.a. befassen sich verschiedene transnationale Projekte mit Konzepten zur Qualitätssicherung betrieblicher und beruflicher Weiterbildung. So wurden z.B. innerhalb des FORCE-Programms Fallstudien aus 9 Mitgliedsstaaten zum Stand der Qualitätssicherung betrieblicher Weiterbildung untersucht.[126] Andererseits wird die Arbeit von Projekten evaluiert. Evaluation ist damit eine Methode zur Qualitätssicherung der Weiterbildung in Europa (wie z.B. in der o.a. Socrates-Evaluation). Maßstäbe und Methoden für die externe Evaluation von Projekten und die interne Selbstevaluation[127] sind mit unterschiedlich hohem normativem Charakter vorgegeben.

---

[124] Vgl. Ekkehard Nuissl (Hrsg.) 1999, S. 42ff.

[125] Vgl. Ekkehard Nuissl (Hrsg.) 1999, S. 44f. Für Projekte im Bereich der Weiterbildung von Trainer/innen eignen sich homogene Gruppen eher, allerdings stellt sich bei intensiverer Zusammenarbeit oft heraus, wie heterogen die Konzepte und die Partner in kultureller, regionaler und personaler Hinsicht sind.

[126] Vgl. Eckart Severing/Thomas Stahl 1995.

[127] Vgl. z.B. EfP – Europabüro für Projektbegleitung GmbH, Nationale Koordinierungsstelle für die Gemeinschaftsinitiative Beschäftigung (Hrsg.) 1999; Simon Blackley 1997; Dietmar Kanatschnig/Petra Schmutz 2000; u.a.

Die **Dissemination** (Verbreitung) von Projektergebnissen kann entlang folgender Fragen vorbereitet und evaluiert werden: Welche Maßnahmen für eine geeignete Dissemination der Ergebnisse werden im Projekt getroffen? Sind die vorhandenen Bedingungen ausreichend, um diese Pläne zu verwirklichen? Ist es möglich, die Ergebnisse des Projektes mit den Ergebnissen anderer Projekte zu integrieren und wird dies überprüft? Welches Wissen existiert im Projekt über die Arbeitsweise und die Ergebnisse von benachbarten europäischen Projekten? Die Disseminationsstrategien sind abhängig von den vier verschiedenen Produkttypen: herkömmliche schriftliche Formen (Bücher, Broschüren etc.), technische und multimediale Produkte, Produkte für Multiplikator/innen und Produkte für Netzwerkzusammenhänge. Während viele Handbücher speziell für Lehrende und Trainer/innen in der Erwachsenenbildung konzipiert wurden, steigt insgesamt die Anzahl der Produkte, die über das Internet als einziges oder ergänzendes Disseminationsmedium verbreitet werden. Eine weitere Form der Dissemination erfolgt über Presseartikel und -konferenzen sowie (internationale) Seminare zu Projektergebnissen und -aktivitäten für die Fachöffentlichkeit. Dabei ist die zielgerichtete Dissemination an besondere Einzelpersonen oder die Fachöffentlichkeit erfolgreicher als eine diffuse, weitgestreute Informationspolitik.
Einschränkend ist zu bemerken, dass - abgesehen von hohen Kosten - die Dissemination oft mit dem Projekt endet. Wegen fehlender Disseminationsstrategien benötigen viele Projekte europaweite Strukturen, etwa in Form einer entsprechenden Einrichtung oder über existierende Netzwerke, um der wachsenden Bedeutung der Produktdissemination gerecht werden zu können.[128] Dafür wurden u.a. auch Leitfäden erstellt.[129]

Eng verbunden mit den Anforderungen an Disseminationsstrategien von EU-Projekten sind **Transfer** (Übertragbarkeit) und **Nachhaltigkeit** (Sustainability) der Projektergebnisse. Sie können entlang folgender Fragen bewertet werden: Welchen Service liefert das Projekt für die europäische Erwachsenenbildung? Welchen Zeithorizont umfasst der Service bzw. sollte er umfassen? Welche notwendigen Bedingungen müssen für einen andauernden Service gegeben sein? Der Grad der Übertragbarkeit kennzeichnet den Nutzen und die Effizienz als Qualitätskriterium europäischer Projekte. Die Übertragbarkeit von Produkten, Strukturen, Zielen und Methoden muss im internationalen Kontext um die Übertragbarkeit auf verschiedene Einrichtungen, Regionen, Gruppen, Sprachen und kulturelle Hintergründe ergänzt werden. Im Kontext der Socrates-Projekte konnten drei Typen von beabsichtigter und realisierter Übertragbarkeit unterschieden werden: Transfer als Projektmethode, Transfer des Produkts und Transfer durch Personen. Während die Übertragbarkeit von Modellen oft nicht gelingt oder aber gekennzeichnet ist durch grundsätzliche Änderungen oder den jeweiligen Bedürfnissen angepasste Weiterentwicklungen des Konzepts, können auch Elemente eines Modells für die Übertragung in

[128] Vgl. Ekkehard Nuissl (Hrsg.) 1999, S. 49ff.
[129] Vgl. z.B. Employment Community Initative o.J. (2001); EfP – Europabüro für Projektbegleitung GmbH 1999; Riitta Suurla/Markku Markkula and Finnish Leonardo Centre 1999; u.a.

verschiedene Bildungssysteme identifiziert werden. Solche Elemente können Motivation, Lernerorientierung, Kombination privater und öffentlicher Finanzierungsmodelle, Dezentralisierung, Einbeziehen anderer kultureller Einrichtungen und die Rolle von Preisen[130] sein. Auf Schwierigkeiten kann die Übertragung von ganzen Systemen stoßen, wenn in den Zielländern entsprechende Infrastrukturen fehlen oder der Projektgegenstand anders verstanden wird, wie beispielsweise interkulturelle Kooperation, oder die je nach Land und Region durchaus unterschiedlichen Lernmethoden. Der Produkttransfer, z.B. die praktische Anwendung einer Lehrmethode, eines Curriculums, eines Zertifikats oder eines Evaluationssystems stoßen auf Grenzen wie verschiedene institutionelle Strukturen, Akzeptanzfragen oder Kommunikationsprobleme, und benötigt insgesamt größere zeitliche Spielräume. Zu den Problemen der Übertragbarkeit von Produkten können bei ökonomischen Interessen marktbezogene Fragen des Datenschutzes, Copyrights, der Verkaufszahlen, Beratungshonorare etc. hinzukommen. Erfahrungsaustausch, kreative (Weiter)Entwicklungen und konzeptionelle Verknüpfungen sowie zukünftige Zusammenarbeit können Ergebnis des Austausches von Lernenden sein.[131]

Die Nachhaltigkeit eines Projektprodukts ist abhängig von der Art des Produkts, je nachdem ob ein fertiges Produkt oder der Aufbau von Strukturen, Netzwerken oder Zeitschriften Projektziele sind. Sie kann Fortbestehen der Partnerschaft oder dauerhafte Wichtigkeit der Projektinhalte und -themen sein, wobei für die Produkte Disseminationsstrategien und Übertragbarkeit zählen, für die zuletzt genannten Projektziele hingegen speziell Nachhaltigkeit der wichtigere Aspekt ist. Dazu gehören über die Projektfinanzierung hinausgehende Finanzierungsmöglichkeiten durch die nationale Regierung, aus den Budgets der Partnereinrichtungen oder privaten Mitteln bzw. einer Kombination. Zur Nachhaltigkeit eines Projekts zählen auch weiterführende Netzwerke oder Bewegungen, die jedoch den Aufbau eines institutionellen, verantwortlichen Bezugspunkts oder die Implementierung in bestehende Institutionen erfordern.[132]

Die oben exemplarisch genannten thematischen Schwerpunkte der Anforderungen zur Projektbeantragung aus EU-Förderprogrammen werden in den folgenden Modulen der Multiplikator/innen-Weiterbildung bearbeitet:

1. **EU-spezifisches Wissen** in den Modulen
   - 1 „Einführung in die Europäische Integration",
   - 2 „Antragsverfahren für EU-Projekte in der Weiterbildung",
   - 3 „Arbeiten in Europa" und
   - eine Exkursion nach Brüssel;

   (Schwerpunkt: Fachkompetenz).

---

[130] Vgl. hierzu z.B. Kapitel 2.5 Preiswürdige Trainingsmaßnahmen als Ausdruck von Lernkultur und Innovation. Dort werden Auszeichnungen unter dem Lernkulturaspekt bezogen auf den deutschen Bildungsmarkt betrachtet.

[131] Vgl. Ekkehard Nuissl (Hrsg.) 1999, S. 52ff.

[132] Vgl. Ekkehard Nuissl (Hrsg.) 1999, S. 56ff.

2. **Projektmanagement** in den Modulen
   - 4 „Europäisches Projektmanagement" und
     6 „Managementtechniken";
   (Schwerpunkt: Methodenkompetenz).
3. **Transnationalität** im Modul
   - 5 „Interkulturelle Kommunikation";
   (Schwerpunkt: Sozialkompetenz).
4. **Evaluation** im Modul
   - 7 „Evaluation in Projekten und Weiterbildung";
   (Schwerpunkt: Methodenkompetenz).
5. **Dissemination** in Modul
   - 11 „Marketing von Weiterbildung und Projekten";[133]
   (Schwerpunkt: Fachkompetenz).
6. **Transfer** und praktische Erfahrung in der Projektdissemination in Modul
   - 12 „Integration der Erkenntnisse und Erfahrungen zum Lernort Europa";
   (alle Kompetenzdimensionen).
7. Für **Weiterbildung an sich** oder einen Tätigkeitsschwerpunkt im Projektmanagement für die Weiterbildung in den Modulen:
   - 8 bis 10 „Train the Trainer"-Module;
   - ein Praktikum (nach Möglichkeit in einem anderen europäischen Land);
   (Schwerpunkte: Fach-, Methoden- und Sozialkompetenz).

Die o.a. Zuordnung von Kompetenzdimensionen, EU-spezifischen Anforderungen und Modulen der Multiplikator/innen-Weiterbildung zeigt in der folgenden tabellarischen Darstellung, dass je nach Schwerpunkt des Moduls unterschiedliche Kompetenzdimensionen[134] im Vordergrund stehen:

Kriterien / Modul	**1 EU-spezifisches Wissen**	**2 Projektmanagement**	**3 Transnationalität**	**4 Evaluation**	**5 Dissemination**	**6 Transfer**	**7 Weiterbildung an sich**
1	F						
2	F						
3	F						
4		M					
Exkursion	F/S						
5			S				
6		M					
Praktikum						F/M/S	
7				M			
8							M/S
9							M/S

[133] Dieses Modul enthält auch „Marktforschung zu EU-Projekten".
[134] Die Kompetenzdimensionen sind in der folgenden Tabelle abgekürzt: Fachkompetenz (F), Methodenkompetenz (M), Sozialkompetenz (S) und personale Kompetenz (P).

10							M/S
11					F		
12						F/M/S/P	

Tab. 28: Zuordnung von Kompetenzdimensionen, EU-spezifischen Anforderungen und Modulen der Multiplikator/innen-Weiterbildung (eigene Darstellung)

Im Sinne der ganzheitlichen Förderung werden arbeitsplatznahe Lehr- und Sozialformen bzw. Unterrichtsmethoden eingesetzt, die alle vier Kompetenzdimensionen entwickeln. Dazu gehört auch, dass die Übertragbarkeit der neu erworbenen bzw. weiterentwickelten fachlichen, methodischen und sozialen Kompetenzen durch das Praktikum und den berufsbegleitenden Aufbau sowie Leistungsnachweise erfolgen kann. Innovation und Transfer werden durch eine eigene Projektidee in der Multiplikator/innen-Weiterbildung schrittweise entwickelt.

Das zugrundegelegte Kompetenzmodell für Multiplikator/innen[135] zeigt angewandt auf die herausragenden Anforderungen aus den exemplarischen Evaluationskriterien folgende Ausprägung:[136]

Module	**Kompetenzen**	**fachlich**	**methodisch**	**sozial**	**personal**
2	europäischer Mehrwert	X	X	(x)	
1	Innovation	X	X	(x)	
Teilnehmer/innen	Netzwerke	X	(x)	X	(x)
5	interkulturelle Kommunikation	X	X	X	X
11	Verbreitung	X	X		
Praktikum/ berufsbegleitend/arbeitsplatznah	Übertragbarkeit	X	X	X	(x)
Projekt/Dokumentation	Nachhaltigkeit	X		X	
2	Projektverwaltung, Antragstellung	X			
7	Qualitätssicherung/Evaluation		X		

Tab. 29: Kompetenzanforderungen zum Leistungskatalog von EU-Projekten (eigene Darstellung)

Die Definition der o.a. Kriterien für ein erfolgreiches Projekt ist EU-spezifisch. Dieses EU-spezifische fachliche Wissen und die methodischen Arbeitsweisen werden im Projekt durch die kulturspezifischen fachlichen und methodischen Aspekte der verschiedenen Partner erweitert bzw. modifiziert. Durch die jeweilige Kombination der Partnerländer entsteht eine spezifische Projektkultur innerhalb eines Projekts. Daneben gibt es die internationalen bzw. europäischen Standards, die in der Projektarbeit zu erfüllen sind.

135 Vgl. Kapitel 2.3.2.6 Schlüsselkompetenzen von Multiplikator/innen.

136 Legende: X = starke Ausprägung; (x) indirekt relevante Ausprägung.

Im Folgenden wird der Aspekt der „Transnationalität" und der interkulturellen Kommunikation und Kooperation in Projektteam und Weiterbildungsmaßnahme ausführlich beleuchtet, da dieser den durchgängigen „roten Faden" für alle Module darstellt.
Dabei können als Rahmenbedingungen interkulturellen Lernens drei relevante Handlungsebenen unterschieden werden: die europäische, die nationale und die Ebene der Bundesländer.[137] Auf europäischer Ebene wird 1997 zum „Europäischen Jahr gegen Rassismus" „die herausragende Rolle der Bildung bei der frühzeitigen Eindämmung und Ausrottung von Vorurteilen sowie von rassistischen und fremdenfeindlichen Verhaltensweisen betont".[138] Speziell das Socrates-Programm, aber auch die übrigen EU-Programme sollen genutzt werden, um Menschen unterschiedlicher ethnischer, kultureller und religiöser Zugehörigkeit zu integrieren, indem z.B. Schulpartnerschaften oder Erfahrungsaustausch zu interkulturellen Themen und Fortbildungen von Lehrenden und Ausbilder/innen zur interkulturellen Erziehung initiiert und verbessert werden. Ein weiterer Schwerpunkt sind auch interkulturelle Bildungsmaßnahmen für Erwachsene als Eltern und Vorbilder.[139] „Die interkulturelle Bildung legt darüber hinaus den Grundstein dafür, dass alle unabhängig von ihrem kulturellen Hintergrund speziell durch ihre Einbeziehung in die allgemeinen und beruflichen Bildungssysteme, den Arbeitsmarkt und die Allgemeinheit als Bürger in die Gesellschaft integriert werden."[140] Neben der bereits beschriebenen europäischen Ebene wird deutlich, dass auf nationaler Ebene das interkulturelle Lernen inzwischen mehr Aufmerksamkeit erfährt und die Bewertung seiner Notwendigkeit zunimmt. Auf der Ebene der Bundesländer spielt insbesondere die Internationalisierung des Hochschulwesens eine entscheidende Rolle. Allerdings ist trotz der wachsenden Zahl internationaler bzw. interkultureller Studiengänge „das Interesse an interkulturellem Lernen vom einzelnen Studenten oder Lehrenden abhängig".[141]

4.3 Interkulturelle Kompetenz und Weiterbildung

In diesem Kapitel sollen die zuvor genannten fachlichen, methodischen, sozialen und personalen Kompetenzen erweitert werden im Hinblick auf die im Tätigkeitsprofil genannten Anforderungen interkultureller Zusammenarbeit.[142] Sie beziehen sich auf die erforderlichen Kompetenzen einerseits für Projektleitung, andererseits für Seminarleitung und ergeben insgesamt das Multiplikator/innenprofil. In der Funktion als Projektleiter/in sollen die Multiplikator/innen multikulturell zusammengesetzte Teams anleiten, koordinieren und zum Projektziel führen und die

---

[137] Oliver Chr. Will 2000, S. 127ff.
[138] Europäische Union, Ausschuss der Regionen 1997, S. 1.
[139] Europäische Union, Ausschuss der Regionen 1997, S. 4f.
[140] Europäische Union, Ausschuss der Regionen 1997, S. 11.
[141] Oliver Chr. Will 2000, S. 132.
[142] Vgl. Kapitel 2.3.2.6 Schlüsselkompetenzen von Multiplikator/innen.

-ergebnisse vermarkten.[143] Als Seminarleiter/in besteht ihre Aufgabe darin, in kulturell heterogenen Teilnehmer/innen-Gruppen so zu lehren, dass der spezifische Lernstil und die unterschiedlichen Voraussetzungen berücksichtigt und deren individuelle Zielsetzung in die Konzeption des Seminarplans einbezogen werden. Dabei ist davon auszugehen, dass je nach individueller Zielsetzung die Arbeitstätigkeit für einen kürzeren oder längeren Zeitraum an einen anderen europäischen Ort verlegt wird.[144]
Der Bedarf an interkultureller Kompetenz aus Sicht der europäischen Bildungspolitik wurde in seiner Relevanz bereits dargestellt. Im folgenden Kapitel wird deshalb der Fokus auf die Operationalisierbarkeit der bildungspolitischen Anforderungen für interkulturelles Lernen und interkulturelle Kompetenz gelegt.

Bereits seit der Nachkriegszeit wurde interkulturelles Lernen wichtig: „Gelernt werden musste die Verständigung mit den Soldaten der Alliierten, das Zusammenleben mit Flüchtlingen“,[145] ausländische Arbeitskräfte kommen im Zuge des Wirtschaftswunders hinzu, in den 1980er Jahren entsteht eine „Dritte-Welt-Bewegung“, eurozentristisches Denken nimmt zu: „Die Einsicht, dass wir in einer multikulturellen Gesellschaft und in einem Einwanderungsland leben, wächst. ... ‚Interkulturelles Wissen’ wird zu einer wichtigen Schlüsselqualifikation.“[146] Die Lernherausforderung in den 1990er Jahren liegt in der Entwicklung einer „neuen Weltgesellschaft“, die durch vielfältige Spannungen und zunehmenden Rassismus und Fremdenfeindlichkeit in Europa gekennzeichnet ist: „Die Vision einer friedfertigen multikulturellen Gesellschaft rückt in eine weite Ferne.“[147]
Im zusammenwachsenden Europa sind sowohl die Protagonisten der Weiterbildung als auch die Teilnehmer/innen europafähig zu qualifizieren. Interkulturelle Kompetenz ist damit notwendiger Bestandteil des Qualifikationsprofils der Multiplikator/innen und erfordert ein spezielles Angebot innerhalb des Curriculumkonzeptes, das weitere Kompetenzdimension umfassen muss: „Die zunehmende *Internationalisierung* des Marktgeschehens verlangt nach international erfahrenen Fach- und Führungskräften, die ausgeprägte Fach-, Sozial- und kognitive Kompetenzen aufweisen, gepaart mit hoher Sensibilität für fremde Kulturen und ausgeprägter (Um-)Lernbereitschaft.”[148] Dennoch stößt diese Forderung nicht immer auf unmittelbare Resonanz: „Nach wie vor ist eine Scheu vor der Übernahme internationaler Aufgaben nicht nur bei Mitarbeitern, sondern auch bei Führungskräften zu bemerken.“[149]

---

[143] Dies verweist auch darauf, dass das Modul zu Marketing interkulturell auszurichten ist.
[144] Zur Definition von Migration vgl. Kapitel 4.2.1 Allgemeine Anforderungen der EU-Bildungspolitik.
[145] Horst Siebert 1994, S. 52; vgl. zu den USA seit Mitte der 1950er Jahre auch Karl-Heinz Flechsig 1999, S. 7.
[146] Horst Siebert 1994, S. 66.
[147] Horst Siebert 1994, S. 71.
[148] B. Lichtenberger (1992) nach Volker Heyse/John Erpenbeck 1997, S. 19 (Hervorhebung im Original).
[149] Alfred Engelhardt 1987, S. 110.

Der Stellenwert interkultureller Kompetenz für die Handlungsfähigkeit in multikulturell geprägten Situationen ist unumstritten. Darauf weist eine Reihe von Veröffentlichungen vornehmlich aus Wirtschaftsunternehmen hin.[150] „Neben der Personalauswahl stellt ... die Schaffung interkultureller Kompetenz eine zweite Säule der Personalentwicklung dar."[151] Ebenso steigt die Anzahl der wissenschaftlichen Veröffentlichungen zum Thema interkultureller Kommunikation.[152] Allerdings klaffen Anspruch und Wirklichkeit oft weit auseinander. Zwar wird die Kostenintensität eines fehlgeschlagenen Auslandseinsatzes teilweise mit sechsstelligen Summen angegeben,[153] dennoch investieren auch größere Unternehmen vergleichsweise nur wenig in interkulturelle Vorbereitung. Viele mittlere und kleine Unternehmen bereiten ihre Spezialisten auf Auslandseinsätze überhaupt nicht vor oder reduzieren die Vorbereitungen auf Gespräche mit Landeskennern. Daher scheitern rund zwei Drittel der Spezialisten an der Unkenntnis der Mentalität, Normen und Sitten im Gastland. Wie in der einschlägigen Literatur gefordert wird, müssen auch Weiterbildner/innen zunehmend mit Weiterbildner/innen anderer Unternehmen zusammenarbeiten - ohne dabei die eigene Selbständigkeit und Kompetenz aufzugeben.[154] Diesen Anforderungen gerecht zu werden, ist das allgemeine Richtziel, auf das sich das modulare Curriculum für Multiplikator/innen ausrichtet.

Dennoch, dies zeigt eine Studie zu Fortbildungen für Weiterbildner/innen in den Anforderungen der „Neuen Lernkulturen", hat „interkulturelle Kompetenz" weder als Thema noch als Strukturierungsmerkmal in der „Landschaft der Erwachsenenbildung gemäß der Aufmerksamkeit, die (ihr) außerhalb (in der breiten gesellschaftspolitischen Diskussion und der entsprechenden Bearbeitung in den benachbarten Wissenschaften) entgegengebracht wird, Eingang gefunden."[155] Die dort ge-

---

150 Vgl. z.B. John Mole 1995; Gerhard Maletzke 1996; Richard D. Lewis 1996; Jürgen Rothlauf 1999; Gerhard Wazel 2001; Klaus Götz 2000; Frank Herbrand 2000 und 2002, um nur einige exemplarisch zu nennen.

151 Udo Konradt 2000, S. 83.

152 Vgl. Google Research: Anzahl Treffer zu interkultureller Kompetenz ca. 60.600 am 12.07.2004; wird „in den Ergebnissen suchen" gewählt, ergeben sich für verschiedene Stichwörter folgende Trefferzahlen: „Trainings für Weiterbildner" ca. 201 Treffer; „Weiterbildung" ca. 18.200 Treffer; „Projektmanagement" ca. 7.750 Treffer; „Lehrende" ca. 3.030 Treffer; allerdings sind hier weiterführende links oft mehrfach vertreten und die Qualität der Ergebnisse muss überprüft werden; so ergibt z.B. „Trainings für Weiterbildner" durchaus nicht 201 Hinweise auf entsprechende Anbieter, sondern Hinweise zu homepages, auf denen im Text die Begriffe „Trainings" und „Weiterbildner" auftauchen.

153 Z.B. EUR 125.000,- pro Mitarbeiter, vgl. Jürgen Rothlauf 1999, S. 72. „Nach einer Studie der Universität Bochum kommt es in Deutschland zu jährlichen Verlusten von mehr als 1 Milliarde EUR aufgrund kultureller Missverständnisse." Oliver Chr. Will 2000, S. 126. Der jeweils dort angegebene DM-Betrag wurde halbiert. Nach Jürgen Deller 1996, S. 286f. übertreffen die Kosten für vorzeitige Rückkehr deutlich die Kosten der Versetzung auf eine Auslandsposition. Aber auch der erfolglose Verbleib verursacht hohe Kosten durch wenig effektive Leistungen. Neben den materiellen Kosten entstehen auch immaterielle Kosten hinsichtlich des Unternehmensimages oder persönlicher Konsequenzen für Karriere und Familie des Mitarbeiters.

154 Vgl. Volker Heyse/John Erpenbeck 1997, S. 22.

155 Tatjana Botzat 2001, S. 50 (Anmerkungen MoR).

nannten Seminarbeispiele integrieren interkulturelle Kompetenz in die Fachkompetenz oder vermitteln sie als Einstellung bzw. Haltung. Fischer behauptet hingegen: „Die Diskussion ist nun endlich auch bei uns selbst angekommen und zielt im Kern auf unser Selbstverständnis als Profession und auf die Schlussfolgerungen, die aus diesem Klärungsprozess um unser Selbstverständnis resultieren, denn hier geht es zentral um

- die Infragestellung bisher selbstverständlich eingenommener Rollen wie z.B. in einer von deutschen Mitarbeitern dominierten festgefügten Hierarchie;
- den Abbau von Konkurrenzvorteilen bei der Bewerbung um Stellen, wie z.B. durch Quotierungen für Mitarbeiter/innen mit Migrationshintergrund;
- um Offenlegung und Hinterfragung bestehender Vorurteile, Stereotypen, ggf. Rassismen;
- das Eingeständnis von Qualifizierungsdefiziten;
- mühsame Prozesse der Kommunikation und Kooperation in multikulturell zusammengesetzten Teams und vieles mehr."[156]

In einer kritischen Bestandsaufnahme von Ausbildungsprogrammen für Europa untersuchen Demorgon/Lipiansky/Müller/Nicklas verschiedene Beispiele daraufhin, wie in EU-Projekten und EU-Programmen sowie nationalen Studiengängen die Ausbildung interkultureller Kompetenzen, Dimensionen und Perspektiven umgesetzt wird bzw. werden kann. Die Autoren kommen zu der Schlussfolgerung, dass sich für den Bereich interkulturelles Management „die am weitesten entwickelten Strategien zur Analyse und Bewältigung interkultureller Probleme, freilich immer unter dem engen Blickwinkel möglichst reibungsloser Geschäftsbeziehungen"[157] finden lassen. Allerdings werden je nach fachlicher Ausrichtung, z.B. Tourismus, Medien, Ingenieurwissenschaften oder Umweltmanagement, globalen technischen und rechtlichen Strategien teilweise höhere Bedeutung als der interkulturellen Kompetenz zugewiesen. Hingegen sind in der Praxis der sozialen Arbeit in Europa die Folgen und aktuellen Implikationen von Migrationsbewegungen relevant: „Die meisten sozialen Einrichtungen sind nicht darauf vorbereitet, die spezifischen, meist kulturbedingten Probleme ausländischer Mitbürger oder von Mitgliedern ethnischer Minderheiten zu berücksichtigen, geschweige denn konstruktiv und produktiv mit den kulturellen Unterschieden umzugehen."[158] Entsprechend wurden verschiedene Maßnahmen und Modelle für interkulturelle Studien und interkulturelle Weiterbildung initiiert. Probleme liegen allerdings in sehr unterschiedlichen regionalen, lokalen und institutionellen Bedingungen sowie der theoretisch noch ungeklärten Bestimmung von „interkultureller Öffnung" und „interkultureller Kompetenz". Doppeldiplome als inhaltlich und organisatorisch abgestimmte Studienmöglichkeit an Partneruniversitäten in verschiedenen Ländern zeichnen sich dadurch aus, „dass die naturwissenschaftlichen Grundlagen und die technische Infrastruktur der westlichen Industriegesellschaften faktisch längst eine weitgehende

[156] Veronika Fischer 2004, S. 1.
[157] Jacques Demorgon/Edmond-Marc Lipiansky/Burkhard K. Müller/Hans Nicklas 2001, S. 149.
[158] Jacques Demorgon/Edmond-Marc Lipiansky/Burkhard K. Müller/Hans Nicklas 2001, S. 150.

Harmonisierung der Studieninhalte dieser Disziplinen erzwungen haben. (... Dagegen) tun sich die durch spezifische gesellschaftliche oder geschichtlich-kulturelle Inhalte geprägten Disziplinen ... mit einer Angleichung ihrer Inhalte verständlicherweise schwer. ... Im Gegensatz zu allen übrigen Fachdisziplinen (hat) interkulturelle Bildung nur ein sehr bedingtes Interesse an der Harmonisierung von Studieninhalten ..., da sie ja im Gegenteil in wesentlichen Teilen auf die konkrete Erfahrung und Bearbeitung von kulturellen Unterschieden als wesentliche Ressource angewiesen ist."[159] Für den Bereich Forschung und Bildung in der Europäischen Union können als Maßnahmen u.a. die Rahmenprogramme für Forschung und Entwicklung, die Jean Monnet-Aktion zur Schaffung von „Europa-Lehrstühlen" und die Programme Erasmus/Lingua, Tempus und Socrates genannt werden.[160] Eine Perspektive interkultureller - auch europäischer - Erziehung sehen Demorgon/ Lipiansky/Müller/Nicklas darin, „den Europäern dabei zu helfen, sowohl ihre Gemeinsamkeiten als auch ihre Unterschiede besser wahrzunehmen und angemessen damit umzugehen".[161] In der Umsetzung sollten Kontakte vertieft und sollte gelernt werden, „zunächst sich selber als potenziell fremd für den Anderen (wenn nicht gar für sich selbst) wahrzunehmen."[162]

Interkulturelle Fragestellungen werden in der amerikanischen Literatur in steigendem Umfang bearbeitet,[163] so dass dort viele Ansätze für interkulturelle Anforderungsprofile und Trainings weiterentwickelt sind und die Modelle - trotz der kulturellen Unterschiede - als Anhaltspunkte dienen können. Paige konstatiert in den letzten 25 Jahren ein enormes Wachstum sowohl in internationalem Bildungsaustausch und multikultureller Erziehung, aber auch interkultureller Trainingsliteratur und dem Entstehen einer beruflichen Vereinigung (SIETAR International - International Society for Intercultural Education, Training and Research) sowie die Gründung der Zeitschrift International Journal of Intercultural Relations (im Jahr 1982). Die amerikanische Literatur für Trainer/innen umfasst dabei interkulturelle Trainingsaktivitäten, Trainingsgestaltung und Trainingsevaluation. Allerdings weist er auf Defizite in der Trainingsliteratur hinsichtlich der Trainerkompetenzen hin. „Wer nach praktikablen und erprobten Konzepten und Methoden interkulturellen Trainings sucht, ist vor allem auf die amerikanische Fachliteratur angewiesen."[164] Wesentlich für die Übernahme und das Verständnis der - eben auch kulturell geprägten - US-amerikanischen Ansätze interkultureller Kompetenz ist, dass „die moderne Europa-Idee von der Vision eines gleichberechtigten Nebeneinanders aller nationalen Kulturen"[165] ausgeht.

---

[159] Jacques Demorgon/Edmond-Marc Lipiansky/Burkhard K. Müller/Hans Nicklas 2001, S. 152f. (Anm. MoR).
[160] Vgl. Jacques Demorgon/Edmond-Marc Lipiansky/Burkhard K. Müller/Hans Nicklas 2001, S. 154ff. Vgl. auch Kapitel 4.2 Bildungspolitische Rahmenbedingungen der EU.
[161] Jacques Demorgon/Edmond-Marc Lipiansky/Burkhard K. Müller/Hans Nicklas 2001, S. 153.
[162] Jacques Demorgon/Edmond-Marc Lipiansky/Burkhard K. Müller/Hans Nicklas 2001, S. 154.
[163] Vgl. R. Michael Paige 1993, S. 169.
[164] Alexander Thomas/Katja Hagemann 1994, S. 184.
[165] Alexander Thomas/Katja Hagemann 1994, S. 197.

Den eher allgemeinen Anforderungen entsprechend sind folgende Fragen an die Entwicklung interkultureller Kompetenz zu stellen:
1. Was ist interkulturelle Kompetenz?
2. In welchem Verhältnis steht sie zu den übrigen vier Kompetenzen?
3. Welche Konzepte für die Entwicklung interkultureller Kompetenz sind geeignet?
4. Welche Schlussfolgerungen sind für die didaktische Gestaltung der Multiplikator/innen-Weiterbildung zu ziehen?

4.3.1 Definitionen

In diesem Abschnitt sollen zunächst einige Annahmen für die in Kapitel 4.3.3 detaillierter dargestellten Ansätze interkultureller Kompetenz beschrieben werden. Diese umfassen neben interkulturellen auch internationale und multikulturelle Aspekte.
Zugrunde liegt allen Ansätzen die Annahme, dass „Kultur lernbar und der Mensch anpassungsbereit, anpassungsfähig und lernfähig und damit nach der primären Enkulturation zur sekundären Aneignung einer anderen Kultur in der Lage ist."[166] In den letzten Jahren ist ein Bedeutungszuwachs des Themas Kultur und kultureller Fragestellungen ebenso beobachtbar wie der fast schon alltägliche Umgang mit Angehörigen anderer Kulturen in inzwischen meist multikulturellen Unternehmen und Gesellschaften. „Die Fähigkeit zu interkulturellem Lernen gewinnt daher, bewusst oder unbewusst, immer mehr an Bedeutung."[167] Was interkulturelles Lernen auszeichnet, wird in Kapitel 4.3.2 näher ausgeführt.
Die vielfältigen Ansätze, den Kulturbegriff zu definieren und darzustellen, würde hier zu weit führen.[168] Bereits 1952 wurden in der Literatur 164 verschiedene inhaltliche Auslegungen von „Kultur" identifiziert. Probleme bei der Definition von Kultur sind:

1. Abgrenzung von Kultur und Management;
2. Identifikation der managementrelevanten Kulturdimensionen;
3. Unterscheidung von Kultur und Nation;
4. inhaltliches Kulturkonzept.

Hierzu gehört das Konzept der Kulturdimensionen nach Hofstede, der Kultur als „mentale Programmierung" (software of the mind) der Bevölkerung einer geographisch und politisch abgrenzbaren Region definiert.[169] Durch dieses Konzept wurde der Kultureinfluss auf das Management in vergleichender Perspektive operationalisierbar. Inzwischen „gibt es hunderte von verschiedenen Variationen des Begriffes", so dass kaum eine präzise Definition möglich ist: „Kultur ist also ein komplexer, vielschichtiger Begriff, einer, der Konzepte wie Sprache und Wissen, Glaubensvorstellungen und Traditionen, Gewohnheiten, Gegenstände, Verhaltensmus-

[166] Frank Herbrand 2000, S. 45.
[167] Oliver Chr. Will 2000, S. 125.
[168] Vgl. z.B. Nino Kumar 1988, S. 391f.
[169] Geert Hofstede (1980) nach Nino Kumar 1988, S. 392.

ter, Einstellungen, Moral, Werte, Normen u.a. von Völkern oder Gruppen von Menschen eines Landes oder einer Gesellschaft umfasst. Dieser ganze Komplex, den wir heute als ‚Kultur' verstehen, ist so alt oder so jung wie die Menschen oder die Gruppe von Menschen selbst, mit denen ‚Kultur' identifiziert wird."[170]
Dennoch stellt der Kulturbegriff meist den Ausgangspunkt für die Definitionen und Entwicklungskonzepte interkultureller Kompetenz dar und ist somit ein Thema für interkulturelle Trainings.[171] Um die Trainingsziele interkultureller Managementkompetenz zu analysieren und das Phänomen „Kultur" zu strukturieren, kann exemplarisch folgende Begriffsbestimmung herangezogen werden: „Kultur wird hier definiert als ein universelles, für eine Gesellschaft, Nation, Organisation und Gruppe aber typisches Orientierungssystem. Dieses Orientierungssystem wird aus spezifischen Symbolen gebildet (z.B. Sprache, bedeutungshaltige Zeichen, typische Verhaltensweisen) und in der jeweiligen Gesellschaft, Organisation, Gruppe usw. tradiert. Es beeinflusst das Wahrnehmen, Denken, Werten und Handeln aller Mitglieder und definiert somit deren Zugehörigkeit zur Gesellschaft. Das Orientierungssystem ermöglicht den Mitgliedern der Gesellschaft ihre ganz eigene Umweltbewältigung, es erlaubt eine rasche Kommunikation, erleichtert die Orientierung in komplexen sozialen Feldern und fördert die reibungslose und effektive interpersonale Kooperation."[172] Deshalb wird im Folgenden das weitreichende Kultur-Orientierungs-Raster (KORA)[173] zugrundegelegt, das als beschreibendes, heuristisches Instrument dazu verwendet werden kann, eine Kultur zu erfassen:

	Dimension	**Frage**	**Reichweite**
1.	Zeit[174]	Welche Bedeutung hat Zeit?	polychron - monochron
2.	Kommunikation[175]	Wie wird kommuniziert?	high - low context
3.	Individuum - Gruppe[176]	Welche Bedeutung haben Individuum und Gruppe?	Ich-/Wir-Kultur
4.	Regeln, Ordnung	Welche Rolle spielen Regeln und Vorschriften?	hohe - geringe Regelungsdichte
5.	Macht, Autorität	Wie ist Macht und Autorität verteilt?	Machtkonzentration, -kontrolle
6.	Geschlecht, Alter	Welche Rolle spielen Alter und Geschlecht?	feminine - maskuline Kultur
7.	Tabus[177]	Was ist Tabu? Wie spirituell ist eine Kultur?	Verbote, Wichtigkeit

Tab. 30: Kultur-Orientierungsraster (KORA) (eigene Darstellung nach von Queis 2004)

[170] Domingo Diel 2000, S. 222.
[171] Vgl. z.B. Alexander Thomas/Katja Hagemann 1994, S. 174.
[172] Alexander Thomas/Katja Hagemann 1994, S. 174ff.
[173] Vgl. Dietrich von Queis 2004, S. 5ff.
[174] Vgl. z.B. Manfred Garhammer 1999.
[175] Das lateinische Ursprungswort *communicare* kann sowohl *mitteilen* als auch *etwas gemeinschaftlich machen* bedeuten; vgl. Jürgen Bolten 2000, S. 2. Kultur ist damit relativ einfach zu definieren: „Kultur ist Produkt kommunikativer Prozesse." Ebda., S. 5.
[176] Nach Geert Hofstede 1997, S. 107ff.: 3. Individualismus/Kollektivismus, S. 63ff.; 4. schwache/starke Unsicherheitsvermeidung, S. 151ff.; 5. geringe/große Machtdistanz, S. 25ff.; 6. Maskulinität/Feminität.
[177] Vgl. z.B. Ahmed Rafik Trad 2001.

In jeder Kultur werden diese Fragen unterschiedlich beantwortet. Die Extrempole können Normen und erwünschtes Verhalten darstellen. Dennoch kann das individuelle Verhalten davon abweichen: „In interkulturellen Begegnungssituationen sind daher oft vielfältige Mischformen und individuelle Ausprägungen anzutreffen."[178]

„Kultur wird definiert als überlegen und unterlegen."[179] Dieses historisch gewachsene Verhältnis bestimmt die Bedeutung der mit Beziehungen zwischen Kulturen verbundenen Interaktionen. So bedeutet Akkulturation[180] die von Dominierenden den Dominierten auferlegten kulturellen Normen, während Enkulturation als Ausdruck ähnlicher Machtverhältnisse die (Ein)Sozialisierung in die eigene Gesellschaft meint. Pluri- oder multikulturell bezeichnet Länder, in denen kulturelle Merkmale verschiedener Völker nebeneinander bestehen bzw. die jeweils eigenen Merkmale beibehalten werden.[181]
Das später entstandene Konzept der Interkulturalität bezieht sich auf solche Migrationsphänomene.[182] „Die Vorsilbe *inter* betont Streuungseffekte. Die Einflüsse sind manchmal gegenseitig, selbst wenn sie noch von vielen Herrschaftsphänomenen geprägt bleiben."[183] Während die Begriffe pluri- und multikulturell über die Beziehungen vielfältiger Kulturen einer Gesellschaft zueinander nichts aussagen, „unterstreichen die Konzepte *interkulturell* oder *Interkulturalität*, dass diese Kulturen in Beziehung zueinander stehen, gleichgültig ob es sich um positive oder negative Beziehungen handelt."[184] Der Begriff interkulturell ist nicht unumstritten, da er im Kontext der Globalisierung in ideologisch geprägter Perspektive Kulturen als Hindernis und ihre Überwindung als Ideal ansieht. Von der identitätsstiftenden Funktion von Kulturen her verstanden, kann die dem Begriff inne liegende Spiegelung von Machtverhältnissen auch kulturelle Schocks auslösen. Gleichzeitig kann „das Interkulturelle ebenfalls als Wertkonstrukt verstanden werden. ... Allerdings kann dieses nur das Ergebnis einer persönlichen und kollektiven Bearbeitung sein, die sich im Kern der widersprüchlichen interkulturellen Realität vollzieht."[185] Jenseits von hierarchischen Beziehungen bezeichnet der Begriff Interkultur „Synergieprodukte, die im Kontext des kommunikativen Handelns ihrer Beteiligten durchaus eine eigene Normalität, eigene Handlungsschemata und damit auch eigene, spezifisch

---

[178] Dietrich von Queis 2004, S. 6.
[179] Jacques Demorgon/Edmond-Marc Lipiansky/Burkhard K. Müller/Hans Nicklas 2001, S. 39.
[180] Antagonistische Akkulturation meint den gegenläufigen Prozess der Rückgewinnung verlorener Macht. Vgl. Jacques Demorgon/Edmond-Marc Lipiansky/Burkhard K. Müller/Hans Nicklas 2001, S. 39.
[181] Vgl. hierzu auch die Definitionen zu multikultureller und interkultureller Kompetenz von Johanna Lasonen (2003) in Kapitel 4.3.3.1 Allgemeine Anforderungen.
[182] Es löste das Konzept der „Ausländerpädagogik" in den späten 1990er Jahren ab und kann als Paradigmenwechsel bezeichnet werden. Vgl. Veronika Fischer 2004, S. 1.
[183] Jacques Demorgon/Edmond-Marc Lipiansky/Burkhard K. Müller/Hans Nicklas 2001, S. 39 (Hervorhebung im Original).
[184] Jacques Demorgon/Edmond-Marc Lipiansky/Burkhard K. Müller/Hans Nicklas 2001, S. 41 (Hervorhebung im Original).
[185] Jacques Demorgon/Edmond-Marc Lipiansky/Burkhard K. Müller/Hans Nicklas 2001, S. 42.

interkulturelle, Wissensvorräte entwickeln können."[186] Diese Wissensvorräte weisen im Gegensatz zu den Herkunftskulturen der interkulturell (ver)handelnden Protagonisten keine historisch gewachsenen Vorgänge auf, sie sind und werden immer wieder auch in der Beziehung der jeweiligen verschiedenen Kulturvertreter/innen neu erzeugt. Nicht mehr Wissensvorräte aus den eigenen Kulturen definieren die Handlungsspielräume, sondern das Ziel größtmöglicher Akzeptanz unter Berücksichtigung gegenseitig vorhandener Akzeptanzgrenzen, bis „das Alltagshandeln in der Interkultur einen Grad an Normalität erreicht hat, der demjenigen eigenkulturellen Handelns zu entsprechen scheint (... und) auch das Fremdheitsempfinden auf ein Minimum reduziert".[187] Je länger Interkultur andauert, desto eher werden Konventionen und Riten entwickelt, die Plausibilität (nur)[188] für die handelnden Protagonisten erlangen. Erforderlich ist allerdings - gerade auch bei benachbarten Kulturen mit scheinbar geringen Unterschieden - dass reflexiv zwischen eigen- und interkulturellen Handlungsschemata differenziert und das interkulturelle Handeln bewusst nicht vor dem eigenkulturellen Wissensvorrat gedeutet wird. Eine Interkultur entsteht und definiert sich also als Ergebnis eines Verständigungsprozesses, der abhängig von der kulturellen Zusammensetzung des „Teams" ist, dessen Mitglieder sich nicht an eine andere Kultur anpassen, sondern eine „dritte", neue, entwickeln, die allerdings allgemeine, sowohl kulturspezifische also auch transkulturelle, Elemente enthalten kann. Der so verstandene und in dieser Arbeit verwendete Begriff interkulturellen Lernens ist die analytische Vorstufe, mit der Interkultur geschaffen wird und der die Handlungsweisen der Protagonisten beeinflusst. „Interkulturelle Ideen können bestehen aus

- interkulturellen Innovationen, die (sowohl) für die Beziehung selbst als auch für die Beteiligten neue Ideen enthalten;
- interkulturellen Kompromissen, die einen Mittelweg zwischen bereits vorhandenen eigenkulturellen Lösungen der Akteure darstellen;
- Übernahmen und Angleichungen, die ein vollständiges oder teilweises unilaterales Zugeständnis darstellen und
- einem Dualismus, in dem eigenkulturelle Ideen in unveränderter Form in die Interkultur eingehen."[189]

Eine entsprechende Sensibilisierung für diese vier genannten Strategien von Interkultur in Trainings ist erforderlich.

Ergänzend sei noch auf den vieldeutigen und komplexen Begriff Transkulturalität hingewiesen, der gleichzeitig Durch- und Übergänge bezeichnet: „Von daher situiert sich das Transkulturelle auch oberhalb der Grenzen üblicher kultureller Differenzierungen."[190] Drei verschiedene Perspektiven werden dadurch eröffnet: erstens eine infrakulturelle, da alle Kulturmitglieder gemeinsame biologische Merkmale

---

[186] Jürgen Bolten 2000, S. 8.
[187] Jürgen Bolten 2000, S. 8 (Anm. MoR).
[188] Nach Jürgen Bolten 2000, S. 7 ist kaum vorhersagbar, "wie sich eine solche Interkultur realisiert, welche Handlungsroutinen von ihren Mitgliedern als normal angesehen werden."
[189] Dirk Koentopp 2000, S. 1 in Bezug auf das Modell von H. Mauritz (1996).
[190] Jacques Demorgon/Edmond-Marc Lipiansky/Burkhard K. Müller/Hans Nicklas 2001, S. 40.

aufweisen, also Menschen sind; zweitens eine transzendierende, da punktuelle oder lokale Merkmale als allgemeine, ähnliche oder analoge Grundlage mehrere Kulturen durchziehen können, drittens eine suprakulturelle, da jede singulär geschaffene Kultur aus dem Wunsch zur Weiterentwicklung zu einer menschlichen Kultur im Ganzen, bezogen auf den Menschen und mit universalistischer Ausrichtung, beiträgt.[191]
In der zuvor skizzierten entstehenden europäischen Gesellschaft kommen also vielfältige und teilweise widersprüchliche Anforderungen an international kompetente Mitarbeiter/innen als Schlüssel für erfolgreiche internationale Aktivitäten der (Weiterbildungs-)Unternehmen hinzu. Von den Autoren kritisch reflektiert,[192] lässt sich das Kompetenzprofil exemplarisch als erste Annäherung wie folgt darstellen:

„Den international kompetenten Idealmitarbeiter...
- mit sehr guten Fremdsprachenkenntnissen,
- mit intimen Kenntnissen der Arbeitsphilosophie und der Kommunikationskultur der Länder, in denen sich das Unternehmen bewegt,
- emotional stabil und mit persönlicher Reife,
- verantwortungsbewusst und risikobereit,
- fachlich kompetent und loyal,
- teamfähig und eigenverantwortlich,
- unbegrenzt international mobil und einsatzbereit,

gibt es nicht!

Abb. 18: Anforderungen an international kompetente Idealmitarbeiter (nach Wuppertaler Kreis 2000)

Mitarbeiter/innen von Unternehmen und Teilnehmer/innen von Weiterbildungsveranstaltungen werden von ihren kulturellen, berufs- und lernbiografischen sowie persönlichen Voraussetzungen immer heterogener und gleichzeitig als unverwechselbare Individuen immer stärker wahrgenommen. In so verstandenen multikulturellen Lern- und Arbeitsumgebungen mit einer vielfältig zusammengesetzten Belegschaft wird eine entsprechende Umgangsweise als Diversity Management verstanden, das die vorurteils- und diskriminierungs- sowie möglichst konfliktfreie Integration der Vielfalt zum Ziel hat.[193]
Die hier vorgenommene erste Bestimmung der Begriffe Kulturorientierung, interkulturelle Lernfähigkeit, internationales Kompetenzprofil und multikulturelle Lern- und Arbeitsumgebungen wird in den folgenden Abschnitten weiter differenziert und es werden Schlussfolgerungen für die didaktische Gestaltung der interkulturellen Multiplikator/innen-Weiterbildung gezogen. Zugrundegelegt werden kann folgende Definition interkultureller Kompetenz: sie ist übergreifend, d.h. sie erweitert die Handlungskompetenz der fachlichen, methodischen, sozialen und personalen

---

[191] Vgl. Jacques Demorgon/Edmond-Marc Lipiansky/Burkhard K. Müller/Hans Nicklas 2001, S. 41.

[192] Wuppertaler Kreis e.V. und Deutsche Vereinigung zur Förderung der Weiterbildung von Führungskräften 2000, S. 1 (dort Kap. 3.1).

[193] Vgl. Gertraude Krell 2004, S. 43f. Vgl. auch Kapitel 4.3.4.2 Managing Diversity.

Kompetenzdimensionen um kulturallgemeines und -spezifisches Wissen sowie entsprechende Fähigkeiten und Fertigkeiten.[194]

4.3.2 Interkulturelles Lernen

Wie geschieht interkulturelles Lernen? Interkulturelles Lernen und interkulturelle Kompetenzentwicklung werden nicht allein durch Auslands- bzw. Migrationserfahrung[195] gefördert, sondern sie können auch in den verschiedenen Kulturen und kulturellen Gegensätzen im eigenen Land in Alltag und Arbeitswelt als „Reise ohne Ortsveränderung"[196] stattfinden.[197] Gleichzeitig können in Seminaren geeignete Methoden zur Sensibilisierung, zu wachsendem Bewusstsein und Handlungsorientierung für interkulturelle Kommunikation und Kooperation beitragen.
Zur „Entwicklungshilfe" für eine internationale Persönlichkeit sollen in interkulturellen Weiterbildungen folgende Schritte bearbeitet werden:

- Qualifikationsdefizite erkennen und abbauen
- Lerngelegenheiten schaffen
- Erfahrungen reflektieren
- Probleme ernst nehmen.[198]

Neben den o.a. Lernschritten zählen auch Alltags- und Arbeitserfahrungen zu den Entwicklungsmöglichkeiten für eine international kompetente Persönlichkeit:[199]

- Fremdsprachenkenntnisse
- Erfahrungen in der Kommunikation mit Menschen anderer Kulturkreise
- internationale Biografien
- Erfahrungen mit dem Leben und Arbeiten in einem fremden Kulturkreis
- Erfahrungen in der Zusammenarbeit mit internationalen Teams

Abb. 19: Wodurch entwickelt sich eine international kompetente Persönlichkeit? (nach Wuppertaler Kreis e.V. und Deutsche Vereinigung zur Förderung der Weiterbildung von Führungskräften 2000)

---

[194] Vgl. auch Kapitel 4.3.3.1 Allgemeine Anforderungen.

[195] Nicht jede Auslandserfahrung führt automatisch zu interkulturellem Lernen und interkultureller Kompetenz. Vgl. auch Kapitel 4.3.2.2 Auslandserfahrungen; zum Erwerb von interkultureller Kompetenz durch Migration vgl. z.B. BIBB - Bundesinstitut für Berufsbildung 1999, S. 46. Allerdings ist anzunehmen, dass Migrationserfahrungen zu einer speziellen Transferkompetenz bei Migrant/innen, führen können, „wenn sie in einer neuen Situation, vor allem im beruflichen Umfeld, ihre bereits vorhandenen Kompetenzen aus dem Heimatland anwenden müssen." Vgl. Outi Arajärvi 2003, S. 1. Diese Transferkompetenz ist der Entwicklungsphase „Pluralismus" des Modells von Bennett sehr ähnlich. Ebda, S. 10. Vgl. hierzu auch die folgende ausführliche Darstellung in diesem Kapitel.

[196] Sven Aden 1997, S. 28.

[197] Vgl. Wuppertaler Kreis e.V. und Deutsche Vereinigung zur Förderung der Weiterbildung von Führungskräften 2000, S. 2 (dort Kap. 3.2). Vgl. auch Monika Rummler 2003, S. 1. Vgl. hierzu auch Kapitel 4.3.4.2 Managing Diversity.

[198] Vgl. Wuppertaler Kreis e.V. und Deutsche Vereinigung zur Förderung der Weiterbildung von Führungskräften 2000, S. 2 (dort Kap. 3.4).

[199] Wuppertaler Kreis e.V. und Deutsche Vereinigung zur Förderung der Weiterbildung von Führungskräften 2000, S. 2 (dort Kap. 3.4).

Ein idealtypisches vollständiges Phasenmodell für interkulturelle Trainings umfasst die folgende Lernzielpyramide.[200] Dabei ist allerdings einschränkend davon auszugehen, dass nicht immer Werthaltungen verändert werden (sollen), Prozessberatung in fortgeschrittenen Trainingsphasen aus Kostengründen häufig eingespart wird, und ein Transfer des Gelernten oft nicht stattfindet, weil die Trainingsinhalte zu allgemein sind oder zu wenig Praxisrelevanz aufweisen.

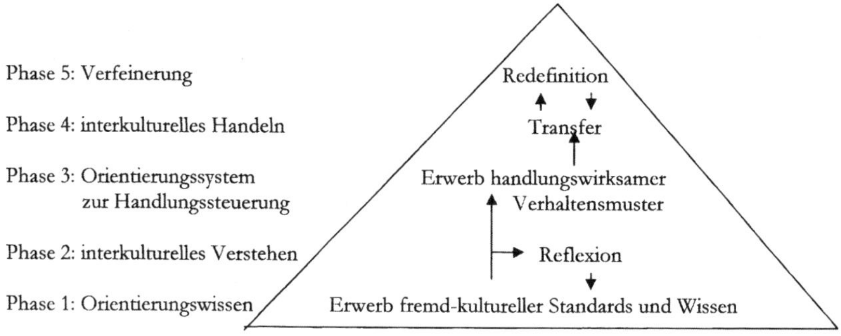

Abb. 20: Lernzielpyramide interkultureller Trainings (nach Konradt 2000)

Das in der 1. Phase angeeignete Wissen umfasst z.B. Sprache, Ausdruck und Gewohnheiten. In Phase 2 werden auf dieser Grundlage Vorwissen, Vorurteile und Stereotype neu bewertet und die eigene Enkulturation und die eigenen kulturellen Wahrnehmungsmuster relativiert, um ein neues, interkulturelles Verständnis erweiterter Welt- und Menschenbilder zu entwickeln. In Phase 3 werden geeignete Verhaltensweisen für das neu entwickelte handlungssteuernde Orientierungssystem erworben. In Phase 4 werden konkrete Probleme am Arbeitsplatz gelöst, neue Problemlösungen eingeführt und an Kolleg/innen vermittelt. Ergänzend dazu wird Selbstlernen für zukünftige Problemlösungen vorbereitet. In Phase 5 führt das praktische interkulturelle Handeln zu einer Übernahme und Neudefinition sukzessive veränderter und verfeinerter Handlungsmuster.[201]
Menschliches Lernen kann nach dem 3-Schalen-Modell verschiedene mögliche und denkbare Bedingungen menschlichen Lernens umfassen. Dabei zeigt dieses Modell umfassend, welches breite Spektrum an Lernmöglichkeiten optional vorhanden ist:[202]

[200] Udo Konradt 2000, S. 82.
[201] Vgl. Udo Konradt 2000, S. 84.
[202] Vgl. Klaus W. Döring/Bettina Ritter-Mamczek 2001, S. 44f.

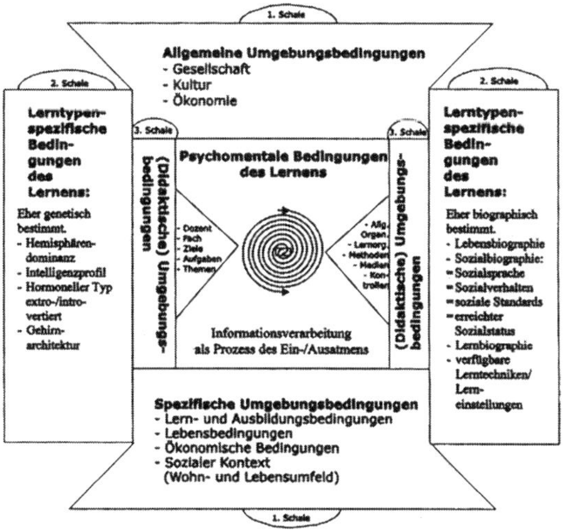

Abb. 21: Das 3-Schalen-Modell menschlichen Lernens (nach Döring/Ritter-Mamczek 2001)

Das Modell bietet die Möglichkeit, kulturelle Unterschiede menschlichen Lernens abzubilden und einzuordnen. Im Konzept des situierten Lernens sind die Lernbedingungen von zentralem Interesse, das Lernen wird mit Merkmalen der Umgebungssituation verschränkt. Lernen als aktiver Prozess der Teilnahme an Lern- oder Umgebungsbedingungen bezieht also explizit den zur Handlung auffordernden Kontext[203] ein und versteht die soziale Interaktion von Lernenden als ein maßgebliches, von ihnen mitkonstruiertes Umgebungskriterium. „Der Mensch wird als ein Wissen, Erkenntnis und Lernumgebungen konstruierendes Wesen aufgefasst, das in seiner mentalen und kognitiven Leistungsfähigkeit auch umgekehrt von seinen eigenen konstruktiven (Vor-)Leistungen abhängig ist.“[204]

Dieses übergreifende Modell scheint für das interkulturelle Lernen v.a. deshalb geeignet, weil es in den drei Schalen die allgemeinen und spezifischen Umgebungsbedingungen und damit den kulturellen Aspekt beinhaltet. Daneben werden lerntypenspezifische und didaktische Bedingungen des Lernens einbezogen. Während sich in der äußeren Schale die kulturell geprägten Umgebungsbedingungen auch materiell manifestieren, können sich in der mittleren Schale auch in den Lerntypen kulturelle Unterschiede zeigen, die bezogen auf Lernen v.a. die Lernbiografie und -techniken sowie -einstellungen kennzeichnen. Die innerste Schale kann die kulturell unterschiedlichen Vorstellungen von Vermittlung und Lehre aufnehmen. Die konstruktivistische Sichtweise ermöglicht eine kulturell vielseitige Gestaltung von Lernen und Interaktion, bei der die Lehrenden und Lernenden mit ihren verschie-

[203] Dies kann der sog. high- or low-context-Bezug in der Kommunikation sein. Vgl. Kapitel 4.3.1 Definitionen.

[204] Klaus W. Döring/Bettina Ritter-Mamczek 2001, S. 46.

denen kulturellen Hintergründen eine ihnen adäquate Lern- und Arbeitsumgebung konstruieren können.

Lasonen schlägt für interkulturelle (Aus)Bildung folgende allgemeine Definition vor: „Intercultural education, of more recent origin as a concept, emphasises interaction between different people and the intersubjective nature of knowledge and action. The concept *intercultural education* covers a way of thinking, a philosophical perspective, a set of decision-making criteria and a value orientation. Its aim is to give people frames of reference for acting in intercultural situations and for meeting and serving diverse citizens and fellow workers."[205] Durch die so verstandene interkulturelle Bildung werden kulturelles und fachliches Wissen in einen (neuen) Referenzrahmen integriert sowie soziale, d.h. hier kommunikative, Kompetenz entwickelt.

Nach der Darstellung der Lernmodelle und Entwicklungsmöglichkeiten zur interkulturellen Kompetenz werden im Folgenden Inhalte für das Multiplikator/innen-Modell kurz dargestellt. Was soll in der interkulturellen Multiplikator/innen-Weiterbildung gelernt werden? Welche Annahmen sind zugrunde zu legen und welche Lernziele zu den Kompetenzanforderungen werden antizipiert?
Für multikulturelle Projektteams bzw. Seminargruppen gibt es meist keine „maßgebende" Kultur, die einen feststehenden Satz an Spielregeln bereitstellt, den „Auswärtige" lernen könnten; vielmehr müssen im Sinne von Interkultur soziale und arbeitsmethodische Normen und Konventionen bei jedem Kontakt neu ausgehandelt werden.[206]
Als Lernziele, die den Aushandlungsprozess und die Kooperation fördern, können exemplarisch genannt werden:[207]

- sich der eigenen kulturellen Prägung und Wertvorstellungen bewusst zu werden;
- die eigenen Wahrnehmungen, Interpretationen und Verhaltensweisen zu erkennen;
- profunde Kenntnisse und Vorstellungen über die Ziel-Kultur(en) zu erwerben, um sich in einer neuen kulturellen Umgebung möglichst sicher verhalten zu können;
- Zeit für persönlichen Kontakt und Beseitigung sprachlicher Defizite einzuplanen;
- Stärken und Schwächen der Unterschiede zwischen Kulturen zu erkennen und konstruktiv nutzen zu können;
- für Teambildungsprozesse: sich gegenseitig verstehen und respektieren zu lernen und individuelle wie interkulturelle Vielfalt in den Teams zielorientiert nutzen zu können.

---

205 Johanna Lasonen 2003, S. 10. Sie untersucht u.a. wie interkulturelle Kompetenz entwickelt wurde und welche Rolle sie in der Arbeit von Musiklehrenden spielt.
206 Vgl. Jörg Longmuß/Monika Rummler 1999, S. 5. Vgl. hierzu auch den Begriff Interkultur in Kapitel 4.3.1 Definitionen.
207 Vgl. Jörg Longmuß/Monika Rummler 1999, S. 6ff.

Als Vorgehensweisen bieten sich folgende Schritte an:[208]

- für die Bearbeitung nationaler kultureller Kategorien an den bestehenden Erfahrungen der Teilnehmer/innen anzuknüpfen;
- beobachtbares Verhalten, die eigene Interpretation dieser Beobachtung und die von dieser Interpretation ausgelösten Gefühle voneinander unterscheiden zu lernen;
- den interaktionistischen Ansatz auf der Folie des kontrastiven Ansatzes einzusetzen und dessen Aussagen zu überprüfen;
- die Ablehnung einer Person wegen deren „Schwäche" zu relativieren, die positiven Aspekte hinter der Schwäche zu würdigen, sowie die darin enthaltene Herausforderung, nämlich die eigene Lernchance und die des Gegenübers zu erkennen, d.h. zu lernen konstruktiv miteinander umzugehen.

Zusammenfassend kann festgestellt werden, dass interkulturelles Lernen und interkulturelle Kompetenzentwicklung in verschiedenen Phasen verlaufen, die einander bedingen und aufeinander aufbauen. Gleichzeitig müssen bei jedem Kontakt die interkulturelle Kooperation und ihre Vorgehensweisen kommunikativ neu ausgehandelt und konstituiert werden (Interkultur). Der Lernprozess ist also nie abgeschlossen. In der Lernzielpyramide interkultureller Trainings würde nach Phase 5 „interkulturell verfeinerte Handlungsmuster" eine weitere Phase 1 „Erwerb fremdkultureller Standards und Wissen" als Lernschleife auf nunmehr höherem Ausgangsniveau folgen (müssen), die ein immer noch tiefergehendes Verständnis der fremden Kultur zum Ziel hat, um weitere neue Lösungen zu finden. Bezogen auf das Schalenmodell menschlichen Lernens (Döring) ist der Kontextbezug interkultureller Kommunikation und Kooperation besonders hervorzuheben, wenn die von Bennett als „ethnorelative Phase" bezeichneten Entwicklungsstufen erreicht werden soll.

Ein Modul „Interkulturelle Kommunikation" kann also in der Multiplikator/innen-Weiterbildung ein Intensivtraining sein. Die Einbettung des Modulschwerpunkts in den Gesamtrahmen des Curriculums ist durch entsprechende fachlich-interkulturelle Aspekte („europäisches" Wissen und „europäischer" Mehrwert, kulturallgemeine und kulturspezifische Kommunikations- und Kooperationsstrategien sowie Arbeitstechniken) in den vorangehenden und nachfolgenden Modulen vorzubereiten bzw. sicherzustellen. Der Rahmen der Weiterbildung sollte auch interkulturelle Kontakte und Mobilität ermöglichen,[209] etwa durch die Exkursion, das Praktikum in einem anderen europäischen Land oder durch die Anbahnung von multikulturell zusammengesetzten Projektpartnerschaften.

---

[208] Vgl. Jörg Longmuß/Monika Rummler 1999, S. 10ff.

[209] Den Förderrichtlinien des ESF entsprechend werden die Kurse überwiegend für deutsche Teilnehmer/innen gefördert; diese kamen jedoch aus verschiedenen Regionen und verfügten in unterschiedlichem Maß über Auslandserfahrung oder in der Arbeit/Weiterbildung mit Migrant/innen.

4.3.2.1 Phasen interkultureller Kompetenzentwicklung

Wie wird interkulturelle Kompetenz entwickelt? Dazu werden im Folgenden drei Konzepte für die Entwicklungsphasen und -stufen interkultureller Kompetenz dargestellt:

- 6-Phasen-Modell interkultureller Kompetenz nach Bennett;
- 5-Stufenmodell zum Erwerb von interkultureller Kompetenz nach von Queis;
- drei Werthaltungen von Managern nach Konradt.

Sie dienen dazu, Fortschritte der interkulturell Lernenden in kommunikativen und interaktiven Äußerungen und Haltungen aus verschiedenen Blickwinkeln erkennen, einordnen und gezielt fördern zu können.

Das konstruktivistische Phasenmodell Developmental Model of Intercultural Sensitivity (DMIS) von Bennett[210] strukturiert detailliert den Lernprozess interkultureller Sensibilität auf einem Kontinuum von ethnozentrischer bis hin zu ethnorelativer Verarbeitung kultureller Unterschiede. Die ersten drei Phasen umfassen die Einstellungen zu kulturellen Unterschieden (ethnozentrisch) und die weiteren drei Phasen verschiedene Formen im Umgang mit Fremdheit (ethnorelativ).

1.	**Denial „Ablehnung“**	A. Isolation „Absonderung“
		B. Separation „Trennung“
2.	**Defense „Verteidigung”**	A. Denigration „Verunglimpfung“
		B. Superiority „Überlegenheit”
		C. Reversal „Umkehrung”
3.	**Minimization**	A. Physical Universalism „Naturgesetze“
4.	**„Verharmlosung”**	B. Transcendent Universalism „übergreifende Gesetze”
	Ethnocentric Stages „ethnozentrische Phasen“	

4.	**Acceptance “Anerkennung”**	A. Respect for Behavioural Difference „Achtung von Verhaltensunterschieden”
		B. Respect for Value Difference „Achtung von Wertunterschieden”
5.	**Adaptation „Anpassung“**	A. Empathy „Einfühlungsvermögen“
		B. Pluralism „Vielseitigkeit“
6.	**Integration „Eingliederung“**	A. Contextual Evaluation „zusammenhangbezogenes Abwägen“
		B. Constructive Marginality „schöpferische Außenseiterposition“ (bezogen auf die Position in einem oder mehreren kulturellen Orientierungsrahmen)
	Ethnorelative Stages „ethnorelative Phasen“	

Abb. 22: Phasenmodell interkulturellen Lernens (Bennett 1993 nach Herbrand 2000)

[210] Vgl. hierzu Frank Herbrand 2000, S. 45-48. Vgl. auch Milton J. Bennett 1993; Cheryl W. Van Hook 2003; Hermann-Günter Hesse/Kerstin Göbel 2003 (Übersetzung MoR).

Dabei reicht das Spektrum der Einstellungen und Verhaltensweisen in den Phasen eins bis drei von einer generellen Zurückweisung existierender kultureller Differenzen (Denial) über deren bewusstes Wahrnehmen bei gleichzeitigem Selbstschutz (Defense) hin zu einer Verringerung der kulturellen Differenzen verglichen mit als wichtiger eingeschätzten kulturellen Ähnlichkeiten (Minimization). Die Phasen vier bis sechs sind bestimmt von der Einsicht und der Überzeugung, dass Kulturen nur innerhalb eines kulturellen Kontextes verstanden werden können. Hier zeigen sich zunächst Respekt kultureller Unterschiede und fremd anmutender Verhaltensweisen und Wertesysteme (Acceptance), dann eine Entwicklung von Fähigkeiten, die eine effektive Interaktion mit Angehörigen anderer Kulturen ermöglichen (Adaptation) und als letzte/höchste Phase der Versuch, unterschiedlichste Aspekte der eigenen und anderen Kulturen in die eigene Identität zu integrieren (Integration).

Durch interkulturelles Kommunikationstraining wird versucht, „natürliches" Verhalten zu verändern. Dies sollte mit größter Sorgfalt und einem klaren Endziel gefördert werden. Interkulturelle Sensibilisierung geschieht entlang verschiedener Phasen persönlichen Wachstums, die zu einem hohen Entwicklungsstand im Umgang mit kultureller Verschiedenheit führen können.[211] Die differenzierten Phasen ermöglichen es, den jeweils erreichten Stand, auch anhand negativer Stereotype als Ausdruck einer bestimmten Stufe, zu identifizieren und für das Erreichen der nächsthöheren Stufe - und damit erweiterter kognitiver Komplexität und Differenzierung kultureller Kategorien - angemessene Trainingsmethoden einzusetzen. Dabei nimmt die Fähigkeit zu, Realität individuell zu konstruieren, kulturelle Unterschiede zu erfassen und in die Interpretation und den Umgang mit interkulturellen Situationen zu integrieren.[212]

Die Entwicklung einer neuen „natürlichen" Annäherung an kulturelle Unterschiede ist damit vieldimensional und bewegt sich entlang kognitiver, affektiver und verhaltensorientierter Dimensionen, die jedoch nicht immer in jeder Phase klar voneinander getrennt betrachtet werden können. Der dynamische Lernprozess und die Integration dieser drei Dimensionen führen zum (vorläufig) obersten Ziel der „constructive marginality".[213] Im Prozess der Entwicklung interkultureller Kompetenz werden nicht alle Phasen nacheinander durchlaufen, nicht jede/r erreicht die Integrationsphase. Vielmehr können einzelne (auch Zwischen-)Phasen übersprungen werden, ein Rückschritt ist möglich. Manche befinden sich gleichzeitig in einer Mischung aus verschiedenen Stadien. Trotz der individuellen Unterschiede im Lernprozess hat dieses Modell Auswirkungen auf die Strukturierung von Trainingsmethoden für die Entwicklung interkultureller Kompetenz.[214]

[211] Vgl. Milton J. Bennett 1993, S. 21f. Dieses Modell ist Ausdruck des amerikanischen Kulturkreises, in dem Multikulturalität als gegebener Zustand der amerikanischen Gesellschaft zum Ausdruck kommt (Anm. MoR).
[212] Vgl. Milton J. Bennett 1993, S. 24f.
[213] Vgl. Milton J. Bennett 1993, S. 26.
[214] Vgl. Monika Rummler 2003, S. 1.

Die Entwicklungsstrategien sind je nach Phase unterschiedlich:
In Phase I („Denial") ist das Ziel, allgemeine Kategorien kultureller Unterschiede zu differenzieren. In dieser Anfangsphase sind internationale Abende oder multikulturelle Wochen mit Musik, Tanz, Speisen und Kleidung, später Geschichte, politischen Themen u.a. geeignet. Eine vorzeitige Diskussion wirklich wichtiger kultureller Unterschiede sollte hier weitgehend vermieden bzw. nur vorsichtig vorbereitet, vielmehr also kulturelle Bewusstheit langsam entwickelt werden, da die erste Reaktion auf die Wahrnehmung von Unterschieden zu größerer Spannung im Übergang zur nächsten Phase („Defense") führt.[215]

In Phase II („Defense") findet eine Auseinandersetzung mit den als bedrohlich empfundenen Unterschieden statt, um die eigene Weltsicht in ihrer Absolutheit aufrecht zu erhalten. Der damit einhergehenden negativen Bewertung anderer Kulturen als unvermeidlichem Ausdruck der ersten Teilphase „Denigration" kann durch ihren vorübergehenden Status und durch den Aufbau kulturellen Selbstbewusstseins im Training entgegnet werden. Der Übergang von der zweiten Teilphase „Superiority" zur nächsten Stufe kann durch gemäßigte Akzeptanz des eigenkulturellen Stolzes verbunden mit der Diskussion gleichwertiger, aber möglicherweise verschiedener Eigenschaften der Zielkultur und der Schlussfolgerung, dass alle Kulturen wertvolle Weltsichten aufweisen, erleichtert werden, ohne dabei schon kulturelle Unterschiede zu stark zu betonen.[216] Einer möglichen Umkehrung („Reversal") ist im Training schwer zu begegnen, am besten kann durch rechtzeitiges Ankündigen dieser Teilstufe vorgebeugt werden. In der II. Phase liegt der Fokus auf den allgemeinen guten Aspekten aller Kulturen, bevor im Übergang zur nächsten Phase der Schwerpunkt auf die Unterschiede gelegt wird, um der Gefahr eines Rückfalls in frühere Teilstufen vorzubeugen.[217]

In der III. Phase („Minimization") liegt der Annahme kultureller Ähnlichkeit oft fehlende Bewusstheit der eigenen Kultur zugrunde. Dies kann durch Erkennen des eigenen kulturbedingten Verhaltens, aber auch Diskussionen, Übungen und andere entdeckende Methoden überwunden werden. Mit Simulationen, persönlichen Erfahrungsberichten und anderen, grundlegende kulturelle Unterschiede in der Interpretation von Verhalten beschreibenden Methoden kann die praktische Relevanz für interkulturelle Kommunikation hergestellt werden. Der Paradigmenwechsel zur nächsten Stufe wird zu einem gewissen Grad desorientierend und verwirrend aufgrund der relativierenden Sichtweise empfunden und dies sollte am besten einfach anerkannt werden, um der Gefahr des Rückschritts in frühere Phasen vorzubeugen. Es ist sinnvoll, in dieser Phase sorgfältig ausgewählte Vertreter/innen anderer Kulturen als natürliche Quellen für die Glaubwürdigkeit des Konzepts kultureller Unterschiede einzubeziehen und in betreuten Kleingruppen zu arbeiten.[218] Die Entwicklung hin zu ethnorelativen Phasen geht einher mit Erkennen und nichtwerten-

[215] Vgl. Milton J. Bennett 1993, S. 33.
[216] Vgl. Milton J. Bennett 1993, S. 38.
[217] Vgl. Milton J. Bennett 1993, S. 39f.
[218] Vgl. Milton J. Bennett 1993, S. 44f.

der Achtung für die Bandbreite des (non)verbalen Kommunikationsverhaltens, das am ehesten als unterschiedlich wahrgenommen werden kann. Ein zu schnelles Vorgehen, d.h. gleichzeitige Wertung der Unterschiede, kann dazu führen, dass diese Erkenntnisse in die vorherige Phase eingebaut werden oder Reaktanzen mit Merkmalen früherer Phasen auftreten. Wesentlich ist es, die Unterschiede in den Werten als Prozess im Gegensatz zu Werten als „Objekt" zu verstehen. Die Sensibilisierung in dieser Phase kann am ehesten erhalten werden, wenn - auch möglicherweise abgewertete - Unterschiede als Ausdruck einer kulturspezifischen Weltsicht verstanden werden können. So wird aus dem Anstoß erregenden Unterschied eine Möglichkeit, die Welt zu organisieren.

Im Übergang zur nächsten Phase IV („Acceptance") wird im Training die praktische Anwendung in interkultureller Kommunikation verstärkt, um schnell die persönliche Relevanz und den Nutzen von anekdotischen Verhaltensunterschieden und theoretischer Wertebetrachtung herzustellen. Methodisch können interkulturell angelegte Simulationen verbunden mit einer Diskussion von Wertunterschieden das Ziel der praktischen Umsetzung in die ethnorelative Phase erleichtern.[219]

In der Phase V („Adaptation") werden neue Fähigkeiten für eine andere Weltsicht in einem additiven Prozess angeeignet. Sie erweitern - ersetzen aber nicht - die „natürlichen" Fähigkeiten und das Repertoire kultureller Alternativen. Die ursprüngliche Weltsicht wird beibehalten, so dass die eigene kulturelle Identität nicht bedroht wird. Dies kann erreicht werden, indem Wissen über andere Kulturen mit dem aktiv ausübenden Perspektivenwechsel der Teilphase „Empathy" zusammengeführt wird. Um vielseitige kulturelle Bezugsrahmen zu entwickeln, ist es meist notwendig, längere Zeit in einer anderen Kultur zu leben oder mindestens alltäglichen Umgang zu pflegen, etwa in einer multikulturellen nachbarschaftlichen oder beruflichen Umgebung. Kulturelle Unterschiede werden als Teil des normalen Selbst erfahren. Dieses „natürliche" Einfühlungsvermögen in eine vielseitige Weltsicht ist in interkultureller Kommunikation intensiver wirksam als das absichtlich erworbene.[220]

Für den Übergang zur Phase VI besteht oft nur geringe Motivation aufgrund der hohen Glaubwürdigkeit der „Adapten", die häufig aufgrund ihrer offensichtlichen persönlichen Qualifikationen interkulturelle Trainings durchführen und auch erfolgreich sind, wenn sie bewusst die ethnorelative Phase erreicht haben. Durch die Möglichkeit für interkulturelle Kontakte und Interaktivität kann dem Wunsch, das Wissen um kulturelle Unterschiede anzuwenden, entsprochen werden. Dies können bikulturelle Tandems, multikulturelle Diskussionsrunden oder Aufgaben wie Interviews mit Menschen aus anderen Kulturen sein. Sie sollten im Hinblick auf das angestrebte Ziel, wie z.B. ein Auslandsstudium, möglichst realitätsnahe Kommunikationssituationen umfassen, wie Gasteltern, Aufbau von Freundschaften in der anderen Kultur, Alltagssituationen und universitäres Umfeld. Im Allgemeinen können

[219] Vgl. Milton J. Bennett 1993, S. 48ff.
[220] Vgl. Milton J. Bennett 1993, S. 51ff.

Menschen in dieser Phase interkultureller Sensibilisierung ihr eigenes Lernen selbst organisieren. Dieses Stadium reicht für die meisten Zusammenhänge privater interkultureller Kommunikation und beruflicher interkultureller Bildung aus. Die vielfältigen Weltsichten können aber durch den „inneren Kulturschock“ eine Identitätskrise hervorrufen, die in das Bedürfnis nach einem ganzheitlichen, zusammenhängenden und Referenzrahmen integrierenden Selbst münden kann.[221]
Eine vollendete Phase VI („Integration“) kennzeichnet eine multikulturelle Persönlichkeit, deren Identität auch andere Lebensmuster, die zum eigenen verschieden sind, einschließt und die die Vielfältigkeit von Realitäten psychologisch und sozial beherrscht. Sie befindet sich immer in einem Prozess des Teilwerdens und Abseitsstehens zu einem vorgegebenen kulturellen Kontext.[222] Identität entsteht damit daraus, dass Identität selbst definiert wird. Diese selbstreflexive Schleife zeigt, dass Identität eine Handlung ist, um Realität zu konstruieren, ähnlich zu anderen, die Kulturen und Konzepte hervorbringen. Sich dieses dynamischen Prozesses bewusst zu sein, ermöglicht es, im Verhältnis zu Kulturen zu funktionieren und gleichzeitig außerhalb der Zwänge einer bestimmten zu bleiben.
„Contextual Evaluation“ kennzeichnet eine Haltung, bei der Identität viele kulturelle Möglichkeiten eröffnet, die in jedem Zusammenhang gewählt und angewandt werden können. Dabei sind sie sich zwar der richtigen Wahl für eine bestimmte Kultur bewusst, entscheiden sich aber kriteriengeleitet und situativ für die beste Alternative. Sie sind sich dessen bewusst, so dass sie die Richtigkeit ihrer Handlungen nicht in Frage stellen (lassen) müssen.[223] „Constructive Marginality“ bezeichnet die subjektive Erfahrung, den Ethnorelativismus gänzlich ohne „natürliche“ kulturelle Identität zu integrieren. Um dem Unbehagen und der Gefahr von Dysfunktion dieser Außenseiterposition konstruktiv entgegenzuwirken, können Elemente von Anpassung und Wahl dazu beitragen, geeignete Referenzrahmen für besondere Zwecke aufzubauen. Dabei gehen Referenzrahmen über Zusammenhänge weit hinaus und erlauben die Erfahrung des Selbst als ständigen Erschaffer eigener Realität. Die Erfahrung des „Andersseins“ wird hier als „natürliches“ Ergebnis einer hoch entwickelten Sensibilität zu kultureller Relativität konstruiert.

Es zeigt sich als Defizit der meisten Kulturen, dass Selbstreflexivität nicht ermutigt wird, während interkulturelle Kommunikation als eine von wenigen Disziplinen eine systematische vergleichende Analyse der eigenen kulturellen Wahrnehmung unterstützt.[224] Mit der Fähigkeit zu Selbstreflexion und vergleichender Analyse kann „constructive marginality“ die beste Ausgangsposition für interkulturelle Sensibilität sein. Die Fähigkeit, jede notwendige Weltsicht konstruieren zu können, ohne in eine Referenzgruppe verstrickt zu sein, ermöglicht kulturelle Mediation. Den kulturellen Kontext in Verhandlungen zwischen verschiedenen Partnern wählen zu können, ohne mit einer der Parteien identifiziert zu werden, kann internationale Ver-

---

[221] Vgl. Milton J. Bennett 1993, S. 57f.
[222] Peter Adler (1977) nach Milton J. Bennett 1993, S. 58f. Adler verwendet „multikulturell“ sowohl für die Adaptions- als auch Integrationsphase im Bennett-Modell.
[223] Vgl. Milton J. Bennett 1993, S. 61.
[224] Vgl. Milton J. Bennett 1993, S. 62ff.

handlungen erleichtern. Eine Meta-Ethik - falls es sie gibt - um die schlimmsten Konflikte zwischen kulturbedingten Werten zu entschärfen und einen respektvollen Dialog zu moderieren, kann nur von denen kommen, deren Loyalität allein dem Leben selbst gilt.

Welche Stufe sollte ein/e Trainer/in nach diesem Modell in interkultureller Sensibilisierung erreicht haben? Nach Bennett reicht es meist aus, wenn ein/e Trainer/in eine Stufe höher als die für die Teilnehmer/innen mit dem Training beabsichtigte erreicht hat. Trainer/innen leiten hier die Entwicklung an, sie sind nicht Vermittler einer endgültigen Wahrheit. Für die Integrationsstufe kann die erforderliche Position jenseits des Modells liegen. Die höchste Stufe interkultureller Sensibilitätsentwicklung ist nur das Ende des Kontinuums, nicht aber das Ende des Lernens. Von hier aus können neue Kontinua konstruiert werden, die die gegenwärtige Vision - als eine vieler möglicher Konstruktionen der Wirklichkeit - erweitern.[225]

Mit dem DMIS und dem dazu entwickelten Intercultural Development Inventory (IDI) als Selbstevaluierungsinstrument können die Weltsicht des Lehrenden, die Effektivität der Inhalte und Methoden vor bzw. nach dem Kurs bewertet sowie ein Gruppenprofil der Lernenden und ein individuelles Feedback hinsichtlich ihrer Orientierung an kulturellen Unterschieden ermöglicht werden. Multikulturalität umfasst nicht nur kulturelle Aspekte, sondern auch Unterschiede in Familienkonstellationen, sozioökonomischem Status, Religion, individuellen Fähigkeiten u.a.m. Die Kultur von Lehrenden (als Vertreter/innen einer Mehrheits- oder dominanten Kultur) kann sich von der Kultur der Lernenden mehr oder weniger gravierend unterscheiden. Diese Wahrnehmung ist wichtig, da Studierende durch die Aussagen, die Wahrnehmung, den Glauben oder das Denken der Lehrenden ebenso unterstützt oder beeinträchtigt werden können wie durch deren Lehrstil oder ihr Verständnis von Multikulturalität.[226] Das DMIS wurde für Fremdsprachenunterricht weiterentwickelt, dabei ausgehend von einer U-Kurve, die während der Entwicklung interkultureller Sensibilität - z.B. in der Phase „Minimization" - durchlaufen wird. Sog. prototypische „critical incidents",[227] die kulturspezifische und kulturallgemeine Aspekte umfassen und den nicht-linearen Charakter interkultureller Lernfortschritte im Bennett-Modell berücksichtigen, wurden mit dem DMIS kombiniert. Gleichzeitig wurde damit die quantitative Evaluationsmethode um qualitatives Assessment ergänzt und beabsichtigt, „criticial incidents" als geeignete Methoden für die Überwindung der U-Kurve und die Vorbereitung auf die interkulturelle Erfahrung zu evaluieren.[228]

Im Gegensatz zu diesem umfassenden Modell langfristiger Persönlichkeitsentwicklung weist das folgende Modell ein konkretes Lernziel auf. Von Queis legt mit sei-

---

[225] Vgl. Milton J. Bennett 1993, S. 65.
[226] Vgl. Cheryl W. van Hook 2003, S. 1.
[227] Ereignisse, die unerwartet auftauchen und als „(erfolgs)kritisch" eingeschätzt werden. Vgl. ausführliche Darstellung in Kapitel 4.3.4 Interkulturelle Trainingsansätze.
[228] Vgl. Hermann-Günter Hesse/Kerstin Göbel 2003.

nem prozessorientierten Stufenmodell den Schwerpunkt auf das Lernziel, die Fähigkeit zum Perspektivenwechsel[229] zu entwickeln.

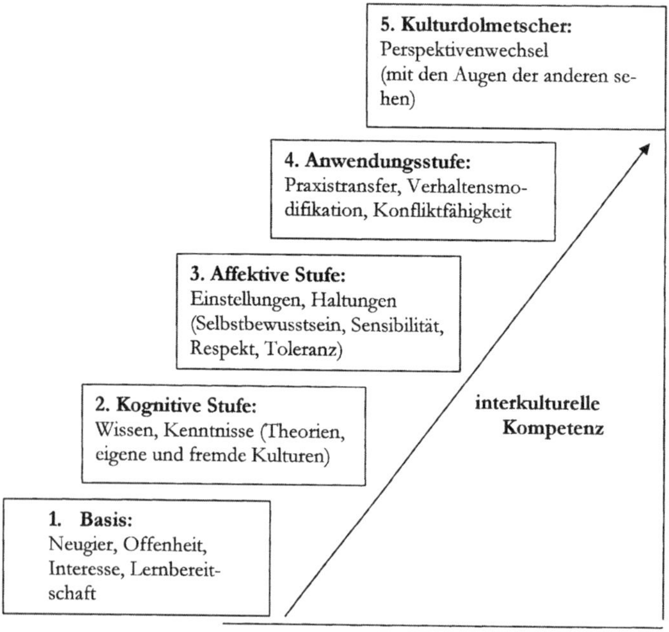

Abb. 23: Stufenmodell zum Erwerb interkultureller Kompetenzen (nach von Queis 2004)

Das Modell von Queis stellt die Fähigkeit zum Perspektivenwechsel in als konfliktbehaftet verstandenen Situationen in das Zentrum der zu entwickelnden Schlüsselqualifikationen. Ziel ist es, nach einem langen Lernprozess „mit den Augen des ausländischen Partners zu sehen und konstruktiv handeln zu können".[230] Während in den beiden ersten Stufen Grundlagen zur Sensibilisierung und des Wissens sowie eigenkulturelle Reflexion gelegt werden, werden in Stufe 3 die Einstellungen und Haltungen entwickelt. In Stufe 4 werden Wissen und Einstellungen praktisch angewandt. Stufe 5 beinhaltet den Perspektivenwechsel, eine Bewertung und die Fähigkeit, angemessen zwischen Kulturen zu „übersetzen".[231]

[229] Vgl. Dietrich von Queis 2004, S. 18f.

[230] Dietrich von Queis 2004, S. 18.

[231] Gemeint ist die Tätigkeit des „Kultur-Dolmetschers". Dieser Begriff bezeichnet jemanden, „der mündlich übersetzt, das Gespräch zwischen zweien übermittelt, die nicht dieselbe Sprache sprechen." Gerhard Wahrig (Hrsg.) 1976, S. 146. Ebenso wie im englischen „interpreter", das neben „Dolmetscher, Interpret, Traumdeuter" auch Interpreter (Computer!) bedeuten kann, beinhaltet diese Tätigkeit eine deutende, erläuternde, auslegende Kompetenz, das „Über-setzen von einem kulturellen Ufer zum anderen", eine Art Brille, um die in jeder Sprache zum Ausdruck kommende Kultur „an-nähernd" und „auseinander-setzend" verstehbar zu machen.

Nach den Strategien, mit denen interkulturelle Kompetenz entwickelt werden kann, werden im Folgenden verschiedene Einstellungen bzw. Haltungen analysiert. Nach Konradt lassen sich ethnozentrische, polyzentrische und geozentrische Werthaltungen von Managern unterscheiden. Sie wurden um die erforderlichen Qualifikationsanforderungen fachlicher und sozialer Kompetenz ergänzt und sind wie folgt definiert:[232]

Typ	**Werthaltungen**	**Qualifikationsanforderungen (fachliche und soziale Kompetenz)**
ethno-zentrischer Manager	... sieht die fremden Kulturen als minderwertig an. Produkte, Dienstleistungen und Vorgehensweisen, die im Mutterland erfolgreich angewendet werden, sollten weltweit exportiert werden. Geprägt durch eine dominante Haltung.	... benötigt Training in Fachwissen und extrafunktionalen Fähigkeiten, Heranbilden von sozialem Einfühlungsvermögen, Entwickeln von international ausgerichteten Entscheidungs- und Durchsetzungsfähigkeiten
poly-zentrischer Manager	... ist für kulturelle Unterschiede sensibilisiert, kann sie jedoch nicht überwinden. Zweigniederlassungen mit einheimischem Personal werden angestrebt. Geprägt durch eine Laissez-faire Haltung.	... benötigt Kenntnisse unterschiedlicher Ländermarktgegebenheiten, Verständnis für unterschiedliche nationale Mentalitäten, Fähigkeit zur intensiven Kommunikation und Besitzen von internationaler Teamfähigkeit
geo-zentrischer Manager	... hat sich kulturelle Unterschiede angeeignet und ist in der Lage, kulturspezifische Techniken und Vorgangsweisen anzuwenden. Geprägt durch eine aktive, vermittelnde Haltung.	... benötigt Entwickeln einer interkulturellen Kompetenz, Ausfüllen des zugestandenen Verhaltensspielraums, Beherrschen von internationalen Verhaltensprozessen und Moderationsanforderungen

Tab. 31: Typologie der Werthaltungen von Managern und Qualifikationsanforderungen (eigene Darstellung nach Konradt 2000 und Rothlauf 1999)

Diese Werthaltungen sind um die interzentrierte Mentalität erweiterbar: nach Hogen kann Kompetenz auch als Zusammentreffen (lat. competentia - das Zusammentreffen) zwischen Kulturen bestimmt werden.[233] Wesentliche Faktoren so verstandener interkultureller Kompetenz sieht er „im ethnozentrierten Aufeinandertreffen, polyzentrierten Annähern, geozentrierten Abstrahieren und interzentrierten Auseinandersetzen“[234] als Formen der Erfahrung und Grundlage des Zusammentreffens der eigenen mit der anderen, fremden Kultur. Jede Verhaltenskategorie weist eine eigene Mentalität auf, die durch eine entsprechende organisationale Struktur unterstützt wird bzw. diese unterstützt.

[232] Udo Konradt 2000, S. 85; A. Töpfer (1995) nach Jürgen Rothlauf 1999, S. 42 – 45. Vgl. zu Werthaltungen ausführlich Jörg Hogen 1998, S. 13-77.
[233] Vgl. Jörg Hogen 1998, S. 7.
[234] Jörg Hogen 1998, S. 9 am Beispiel japanischer Unternehmen.

Dies lässt sich in einer tabellarischen Übersicht wie folgt differenziert darstellen:[235]

Faktor	ethnozentriert	polyzentriert	geozentriert	interzentriert
Verhal-tens-kategorie	Aufeinandertref-fen	Annähern	Abstrahieren	Auseinandersetzen
Organisa-tionsform	global	multinational	Transnational	„inter-kulturell“
Mentalität	Erwartung ohne Aufgabe	Verbannung ohne Bezug	Mobilität ohne Heimat	Differenzierung ohne Sicherheit
Charakte-ri-stikum	Aneignung des Fremden	Enteignung des Eigenen	Symbiose von Ei-ge-nem und Fremdem	Verflechtung von Eige-nem und Fremden
Vorteil	Ausnutzung mög-licher „economies of scale“	Lokale Markt-nähe und schnelle Reak-tionsgeschwin-dig-keit auf Umwelt-veränderungen	Harmonisierende Universalisierung ohne Grenzen verbunden mit den Vorteilen globaler Lokalisie-rung	Lern-, Erneuerungs- und Veränderungsfä-higkeit ohne Grenzen durch die Nutzung in-terkultureller Differen-zen

Tab. 32: Faktoren, Verhaltenskategorien und Mentalitäten interkultureller Kompetenz (eigene Darstellung nach Hogen 1998)

Diese Werthaltungen stehen als verschiedene, real existierende Formen des Zusammentreffens zwischen (Organisations)Kulturen, die als interkulturelle Kompetenz überwiegend unverbunden und nicht-hierarchisiert sind, wie etwa im Bennett-Modell, nebeneinander. Sie zeigen deutlich auf, dass jede dieser Verhaltenskategorien, Mentalitäten und Organisationsformen Vor- und Nachteile hat, die je nach Zielsetzung „in Kauf“ genommen werden.

Das hochkomplexe Modell von Bennett beschreibt die Entwicklung über verschiedene Phasen mit Möglichkeiten des Rückschritts bzw. unvollständigen Fortschritts in jeder Phase bis hin zu einer höchsten Form von interkultureller Sensibilisierung des „kulturellen Außenseiters“. Das Stufenmodell von Queis legt mit einem linearen Aufbau komplexer werdender Kompetenzen den Fokus auf die Fähigkeit zum Perspektivwechsel in Konfliktsituationen. Die verschiedenen Werthaltungen von Managern und die der Mitarbeiter sowie Organisationen kennzeichnen nebeneinander bestehende Formen des interkulturellen Zusammentreffens von unterschiedlicher wirtschaftlicher Reichweite. Diese Modelle sind geeignet, vor, während und nach interkulturellen Trainings den Entwicklungsstand der Teilnehmenden einzuordnen. Gleichzeitig können sie als Reflexionsgrundlage interkultureller Phänomene für alle Beteiligten herangezogen werden. Trainingsmethoden und Trainer/innen können je nach Gruppenzusammensetzung und Entwicklungsaufgabe ausgewählt werden.

[235] Jörg Hogen 1998, S. 125.

4.3.2.2 Auslandserfahrungen

Warum sind Auslandserfahrungen und Arbeitseinsätze in einem anderen Land für Multiplikator/innen bedeutsam? Die Multiplikator/innen-Weiterbildung verfolgt neben der Vorbereitung auf die Zusammenarbeit in multikulturell zusammengesetzten Seminargruppen und Projektteams auch das Ziel, die Mobilität(sbereitschaft) der Teilnehmenden zu erhöhen. Damit sind nicht nur kurzfristige Aufenthalte im Land der Projektpartner gemeint, sondern auch ein Beitrag dazu, die Motivation und die Vorbereitung für einen längeren Arbeitsaufenthalt in einem anderen europäischen Land zu erleichtern.[236]

Die Bedeutung von Auslandserfahrungen u.a. für die Entwicklung interkultureller Kompetenz ist unumstritten, wird jedoch als unterrepräsentiert eingeschätzt: gefordert wird, „'das ausländische Element' mehr als bisher in die Aus- und Weiterbildung integrieren".[237] Der Arbeitsmarkt fordert zunehmend Mobilitätsbereitschaft, aber: „Allzu häufig noch werden diejenigen bedauert, ‚die ins Ausland müssen'".[238] Eines der Stichworte für Anforderungen an künftige Mitarbeiter ist „Eurokompetenz auf der Basis insbesondere von Mehrsprachigkeit und interkultureller Qualifikation etc."[239] V.a. Mitarbeiter/innen im Management, aber auch „in technologieintensiven Bereichen erleben die ‚Amerikanisierung' ihrer Weiterbildung in Sprache und Methode bereits heute. Die bilinguale Arbeitswelt ist Realität und wächst in Richtung Mehrsprachigkeit."[240] Dies zieht Forderungen nach sich, die auf strukturelle Veränderungen im Bildungsbereich abzielen: „Insgesamt geht es um die ‚Europäisierung' der beruflichen Erst- und Weiterbildung, d.h. Auslandsaufenthalte müssen fester Bestandteil der beruflichen Erstausbildung werden und ebenfalls sinnvoll mit Maßnahmen der beruflichen und allgemeinen Weiterbildung verknüpfbar sein."[241] Es ist davon auszugehen, dass „etwa 57% der Deutschen eine Fremdsprache sprechen (... allerdings ist) ein Großteil der Fremdsprachenkenntnisse (... nur) auf einer geringen Konversationsebene angesiedelt und befähigen gerade zum Bestellen eines Kaffees."[242] Auslandserfahrungen setzen jedoch umfangreiche, auch interkulturelle, Vorbereitung der Leitenden voraus, um effektiv auch für die Lernenden in der Weiterbildung zu sein: „Es ist ferner wünschenswert, ... die interkulturelle Vorbereitung deutscher Projektleiter nachhaltiger zu betreiben."[243]

---

[236] Im Modul 2 „Arbeiten in Europa" werden ausdrücklich Bewerbungsverfahren und Arbeitsmöglichkeiten behandelt. Im Modul 5 „Interkulturelle Kommunikation" werden antizipatorisch auf den Aufenthalt selbst bezogene Kenntnisse, wie z.B. die Akkulturationsprozesse, bearbeitet.

[237] Geerd Woortmann in Nationale Agentur Bildung für Europa beim BIBB (Hrsg.) 2001, S. 12.

[238] Geerd Woortmann in Nationale Agentur Bildung für Europa beim BIBB (Hrsg.) 2001, S. 14.

[239] Jochen Laux in Nationale Agentur Bildung für Europa beim BIBB (Hrsg.) 2001, S. 15.

[240] Jochen Laux in Nationale Agentur Bildung für Europa beim BIBB (Hrsg.) 2001, S. 16.

[241] Jochen Laux in Nationale Agentur Bildung für Europa beim BIBB (Hrsg.) 2001, S. 17.

[242] Claudia Popken-Froeschle in Nationale Agentur Bildung für Europa beim BIBB (Hrsg.) 2001, S. 22 (Anmerkungen MoR).

[243] Klaus Fahle in Nationale Agentur Bildung für Europa beim BIBB (Hrsg.) 2001, S. 50.

Auslandserfahrungen fördern die Kompetenzentwicklung.[244] Zusammenfassend ist die Tendenz hervorzuheben, internationale bzw. interkulturelle Fähigkeiten in ihrer Bedeutung eher höher als Fachkenntnisse und Fremdsprachen einzuschätzen. Auslandsaufenthalte fördern die Entwicklung von Persönlichkeit und handlungsleitenden Werten. Auslandserfahrene Mitarbeiter/innen bringen ihren Unternehmen qualitatives Erfahrungswissen und Wissen über Arbeitsweisen und -strukturen in anderen Ländern. Dennoch werden auch hindernde Faktoren, wie Konfliktpotenziale, Kulturschock und Pauschalisierung genannt, die in den verschiedenen Phasen des Auslandsaufenthalts bearbeitet werden müssen.
Als wesentliche Faktoren für die Qualität und Effektivität eines Auslandspraktikums gelten:[245]

1. Anforderungen:
   curriculare Einbindung in das Weiterbildungsangebot, umfassende Betreuung beim Aufnahmepartner;
2. aufgabenbezogene Vorbereitung:
   sprachliche und kulturelle Vorbereitung;
   Vorbereitung auf spezifische wirtschaftliche Abläufe und Arbeitsweisen des aufnehmenden Landes;
4. Nachbereitung:
   Fragebogen-, Interview- und Gesprächsevaluation;
   Aufgaben-, Berichts- und Projektpräsentation.

Dies bezieht sich nicht nur auf Bestandteile von Weiterbildung, wie z.B. ein Praktikum, sondern auf ganze Curricula: Berufsbildung kann strategisch internationalisiert werden durch

1. international angereicherte Ausbildung:
   z.B. Fremdsprachen, Kenntnisse von und Umgang mit kultureller Andersartigkeit in der EU;
2. international ausgerichtete Ausbildung:
   Phasen der Ausbildung finden in verschiedenen nationalen Kontexten statt.[246]

Die Vorbereitungsphase auf einen längerfristigen Arbeitsplatz in einem anderen Land oder auf kurzfristige Arbeitseinsätze in verschiedenen Ländern wird meist als unzureichend - auch wegen hoher Zeitökonomie der Ausreisenden - und standardisiert beschrieben. Sie ist mit hoher Unsicherheit und geringen Antizipationsmöglichkeiten behaftet ist, aber auch von sehr unterschiedlichen Grundstimmungen von euphorischer Vorfreude bis massiver Abneigung gekennzeichnet. Ausreisende müssen in der Vorbereitungsphase
„- in ihrer aktuellen Stelle mehr leisten als normal;

[244] Expertentagung mit Vertreter/innen des BMBF, DIHK, DGB, Instituts der Deutschen Wirtschaft, der ZAV, Europa FH Fresenius, der BASF, FH Kempten, Carl Duisberg Gesellschaft und der Arbeitsgruppen „Strategische Internationalisierung der Berufsbildung“ sowie „Die Bedeutung von Auslandsaufenthalten in der beruflichen Bildung“; nach Nationale Agentur Bildung für Europa beim BIBB (Hrsg.) 2001, S. 8-63.
[245] Vgl. Nationale Agentur Bildung für Europa beim BIBB (Hrsg.) 2001, S. 27f.
[246] Vgl. Nationale Agentur Bildung für Europa beim BIBB (Hrsg.) 2001, S. 24.

- die Umzugsorganisation im weitesten Sinne abwickeln;
- eigene Nachentscheidungskonflikte bewältigen und ggf. mit Widerständen von mitausreisenden Partner/innen und Kindern umgehen;
- von Freunden und Verwandten Abschied nehmen und sich mit den Verlustreaktionen dieser Partner auseinandersetzen."[247]

Für die physische und psychische Bewältigung der Lebens- und Arbeitsbedingungen in einem anderen kulturellen Umfeld stehen verschiedene Verhaltensstrategien zur Verfügung:[248]

- Verzicht auf Verhaltensanpassung
- Dominanz
- Flucht
- substantielle Anpassung
- Integration
- Einsatz von Verhaltensweisen einer Drittkultur.

Der Kulturschock als Phänomen während des Auslandsaufenthalts kann mit vier Phasen beschrieben werden: Honeymoon, Crisis, Recovery, Adjustment, wobei das Wohlbefinden anfangs hoch ist, absinkt und für einige Zeit auf niedrigem Niveau bleibt, bevor es wieder ansteigt (U-Kurve). Nach der Rückkehr wird ein ähnlicher Verlauf durchlebt (daher W-Kurve). Dieser Verlauf ist nicht universell, sondern stark personen- und situationsabhängig. Es soll darauf aber in Trainings vorbereitet werden.[249] Es kann davon ausgegangen werden, dass eine Beziehung zwischen der Intensität des Kulturschocks und der (späteren rückblickenden) Einschätzung des Auslandsaufenthalts im Hinblick auf dessen Erfolg besteht.[250] Nach einem ähnlichen Modell können Anpassungsprozesse an eine andere Kultur in vier aufeinander folgende Phasen unterteilt werden. Das folgende Modell beinhaltet als Einflüsse auf die subjektive Anpassung die Konstrukte Orientierungsklarheit, Verhaltensangemessenheit und Mindestanspruchsniveau:[251]

[247] Andreas Bittner 1996, S. 324.
[248] Vgl. Frank Herbrand 2000, S. 35f.
[249] Vgl. Rüdiger M. Trimpop/Timo Meynhardt 2000, S. 198. Culture Shock - Kulturschock; Honeymoon - Flitterwochen; Crisis - Krise; Recovery - Erholung; Adjustment - Anpassung/Gewöhnung (Übersetzung MoR).
[250] Vgl. Frank Herbrand 2000, S. 41.
[251] Cornelius L. Grove/Ingemar Torbiörn (1985) nach Frank Herbrand 2000, S. 40.

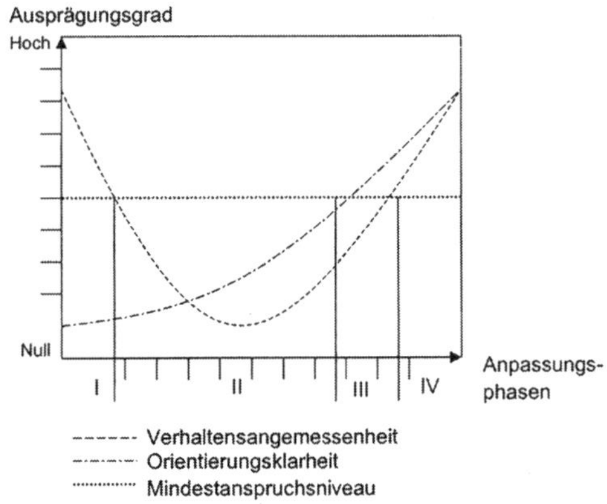

Abb. 24: Modell der interkulturellen Anpassung (Grove/Torbiörn 1985 nach Herbrand 2000)

Nach Lunstedt können diese vier Phasen auch in Beobachter-, Einmischungs-, Einigungs- und Abschiedsphase eingeteilt werden. Dabei ist in der Beobachterphase das Niveau der Befriedigung und Anpassung hoch und fällt während der Einmischungsphase auf einen niedrigen Stand („Kulturschock") ab, so dass entweder der Ausstieg oder die Vorbereitung der nächsten Phase stattfinden.[252] In der Einigungsphase steigt das niedrige Niveau bis zur Abschiedsphase allmählich wieder auf ein hohes Niveau an. Vorherrschende Kennzeichen der einzelnen Phasen sind Orientierung, Kulturschock, Latenz und selektive Adaption sowie Abschied.

Kulturanpassung kann als U- und S-förmige Phasen dargestellt werden und dysfunktionale Verläufe aufweisen:[253]

[252] Lunstedt (1963) nach Gisela Führing 1998, S. 47f. Führing benennt fünf Phasen, d.h. während des „Kulturschocks" die Phase des potenziellen Ausstiegs und die Phase, in der Neues entsteht, das zum Überwinden des Tiefpunkts und Erfolg des Auslandsaufenthalts führt. Der Grundansatz (von Lunstedt entdeckt bei ausländischen Studierenden in den USA) ist individuell und situativ zu betrachten, kann jedoch nicht nur auf Auslandsaufenthalte, sondern allgemein für neue Begegnungen mit hohem fremden Anteil herangezogen werden.

[253] Vgl. U. Krystek/E. Zur (1997) nach Jürgen Rothlauf 1999, S. 48.

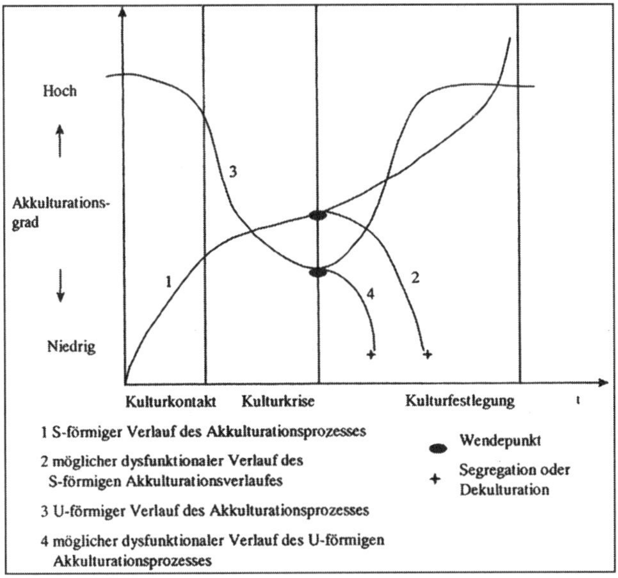

Abb. 25: Mögliche Verläufe des Akkulturationsprozesses (Krystek/Zur 1997 nach Rothlauf 1999)

Die Phasen der Kulturanpassung weisen darauf hin, dass in interkulturellen Trainings oder durch begleitende Betreuung dysfunktionalen Verläufen vorgebeugt werden sollte,[254] die meist eine vorzeitige Heimkehr zur Folge haben, um Zufriedenheit und Erfolg mit dem Auslandsaufenthalt zu erzielen. Bereits die antizipierende Beschäftigung mit dem Verlauf des Kulturschock-Phänomens trägt dazu bei, die Fähigkeit zur Reflexivität und Selbstdistanz zu entwickeln und für die Bewältigung der Kulturkrise konstruktiv nutzen zu können. Es gibt deutliche Hinweise „dass zumindest einige der später erfolgreichsten Personen einen sehr heftigen Akkulturationsstress erlebt haben".[255]

Allerdings zeigen sich auch andere Verläufe von Anpassungsprozessen. Im Gegensatz zu den U- und S-Phasen fand Kealey[256] nur bei 10% der untersuchten Fälle U- bzw. W-Verläufe. Vielmehr begannen nach seiner Studie „ca. 35% mit niedrigen Erwartungen, die sich im Verlauf zu hoher Zufriedenheit entwickelten, 30% blieben hoch, 10% mittelhoch und 15% blieben niedrig."[257] Dieses Ergebnis ist in der folgenden Grafik dargestellt:

---

[254] Vgl. hierzu Jürgen Böttcher (2002) am Beispiel von Austauschstudierenden der Europa-Universität Viadrina, Frankfurt/Oder und der Technischen Universität Helsinki.
[255] I. Torbiörn (1982) und D.J. Kealey (1988) nach Jürgen Deller 1996, S. 298.
[256] Daniel Kealey (1988) in einer Studie von 282 Feldmitarbeitern des kanadischen Entwicklungshilfedienstes; nach Rüdiger M. Trimpop/Timo Meynhardt 2000, S. 203f.
[257] Rüdiger M. Trimpop/Timo Meynhardt 2000, S. 204.

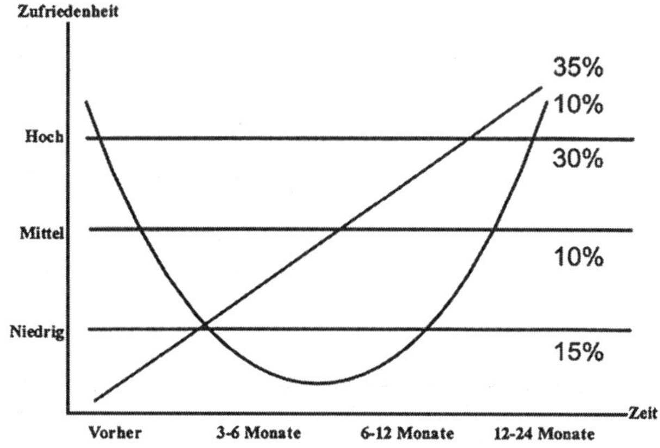

Abb. 26: Zufriedenheitsverlauf bei Auslandsaufenthalten (Kealey 1988 nach Trimpop/Meynhardt 2000)

Dabei ergab sich zwischen dem Erfolg und der selbsteingeschätzten Zufriedenheit ein deutlicher Zusammenhang.
Die Übertragbarkeit der vorstehenden verschiedenen Verläufe von Akkulturationsprozessen bei Auslandsaufenthalten auf andere Berufsgruppen ist insofern gegeben, als sie in der Vorbereitungsphase für die verschiedenen Phasen und Verlaufsmöglichkeiten sensibilisieren und individuell ggf. zu praktischen Konsequenzen für die Gestaltung des Auslandsaufenthaltes führen können.

Die folgende tabellarische Darstellung zeigt idealtypische Reaktionen in Akkulturationsprozessen hinsichtlich der Wertorientierung, die tatsächlich aber eher in Mischformen auftreten.[258]

kultureller Einbindungsgrad	**Reaktion**	**charakteristische Äußerungsformen**	**Grad des Commitment zur alten Firma**	**Grad des Commitment zur neuen Firma**
Passing	Assimilation	Aufgeben der eigenen Kultur, Übernahme des neuen Wertesystems	niedrig	hoch
Chauvism	Konfrontation	Ablehnen der neuen Kultur, Bumerang-Effekt („Überhöhung" der eigenen Kultur")	hoch	niedrig
Marginalism	Separation	Ablehnung der neuen *und* der alten Kultur, Rückzug ins Private	niedrig	niedrig
Mediation	Integration	individuelle Integration der neuen und alten Kultur	hoch	hoch

Tab. 33: Einbindung und Commitment in Akkulturationsprozessen (nach Trimpop/Meynhardt 2000)

[258] Rüdiger M. Trimpop/Timo Meynhardt 2000, S. 199 (Hervorhebung im Original); Commitment - Engagement/Verpflichtung; Passing - Verschwinden/Annahme; Chauvism - Chauvinismus; Marginalism - Randexistenz; Mediation - Vermittlung (Übersetzung MoR).

Die folgenden Faktoren beeinflussen den Akkulturationsprozess als ein komplexes Gefüge:[259]

Rahmenfaktoren	**Organisationsfaktoren**	**Personenfaktoren**
Dauer	Arbeitsaufgabe	Erfahrung
Freiwilligkeit	Einbindung	Alter
Zweck	Vorbereitung	Geschlecht
Distanz	Erfolgsaussichten	Familienstand
kultureller Unterschied	Karrierebedeutung	Familieneinbindung
	Funktion	Persönlichkeit

Tab. 34: Einflussfaktoren im Akkulturationsprozess (nach Trimpop/Meynhardt 2000)

Aus den beiden vorstehenden Tabellen wird ersichtlich, dass die Rahmenbedingungen eine bedeutende Rolle für den erfolgreichen Akkulturationsprozess spielen können. Einbindung und Commitment im Verhältnis zur Unternehmensumgebung zeigen verschiedene Ausprägungen, die nicht als Stufenfolge zu verstehen sind, sondern die Haltung zum Gastland bestimmen. Die interdependenten Einflussfaktoren im Akkulturationsprozess können unterschieden werden in beeinflussbare und unveränderliche. Besonders hervorgehoben werden soll hier die Vorbereitung, weil dieser Faktor beeinflussbar und dennoch oft in seiner Bedeutung für den Erfolg des Auslandsaufenthalts gering geschätzt wird. Eine umfassende Vorbereitung kann aus diesem prominenten Blickwinkel gesehen weitere Faktoren, wie das Verständnis und den Umgang mit kulturellen Unterschieden, Einbindung, Erfolgsaussichten, Karrierebedeutung sowie die familiäre Situation, positiv im Sinne des Erfolgs und der Zufriedenheit beeinflussen. Allerdings wird hier die Motivation für eine Auslandstätigkeit nicht explizit berücksichtigt. Es lassen sich „Inlandsflucht-" und „Auslandsattraktionsmotive" unterscheiden; bislang gibt es allerdings keine Erfolgsprognosen.[260] Die Motivation beeinflusst aber die Lernbereitschaft und stellt die Ausreiseentscheidung möglicherweise durch vertiefende und Fehlannahmen korrigierende Informationen in Frage.

Die folgende zusammenfassende Übersicht zeigt exemplarisch, wie eine evaluierende Bestandsaufnahme der bisherigen international orientierten Personalpraxis zu veränderten Zielvorstellungen in der Vorbereitung von Führungskräften und Mitarbeiter/innen auf Auslandseinsätze führen kann:[261]

[259] Vgl. Rüdiger M. Trimpop/Timo Meynhardt 2000, S. 200.
[260] Vgl. Andreas Bittner 1996, S. 320f.
[261] Am Beispiel von BMW nach Jürgen Rothlauf 1999, S. 81 (Auszug).

bisher: Fehler bei Auslandsentsendungen	zukünftig: bedarfsorientierte Entsendungen
- Auswahl, - keine Berücksichtigung interkultureller Vorbereitungsmaßnahmen, - Entsendungen von ‚Sozialfällen', - enttäuschte Hoffnungen der im Ausland eingesetzten „Expatriates", - fehlende Reintegrationschancen, - ungenutztes Erfahrungswissen nach der Rückkehr	- im Rahmen einer Personalentwicklungsmaßnahme, - im Rahmen von Know-How-Transfer, - Auswahl von fachlich, persönlich und interkulturell geeigneten Mitarbeitern, - Festlegen von individuellen Einsatz- und Entwicklungsszenarien für „Expatriates", - jährliche Transparenz über Vakanzen und Expatriates in der Personalplanung

Tab. 35: Fehler bei bisherigen Auslandsentsendungen und die Zukunft bedarfsorientierter Entsendungen (eigene Darstellung nach Rothlauf 1999)

Mit den hinsichtlich der Berufsbiografie und Unternehmensentwicklung orientierten Maßnahmen kann mit gezielten Maßnahmen interkulturelle Handlungskompetenz integrierend gefördert werden.

Ergebnissen einer Studie[262] zufolge lässt sich das Profil einer im Ausland sowohl von Kollegen als auch von Forschern als hoch effektiv eingeschätzten, erfolgreichen Person näher bestimmen. Diese „Gewinner" zeigen besorgtes Verhalten, soziale Gewandtheit, Handlungsorientierung, hohe Selbstdistanz und -kontrolle sowie ein niedriges Bedürfnis nach beruflichem Aufstieg und Sicherheit. Die nachstehende Abbildung zum „Erfolgsprofil Ausland" zeigt im Einzelnen folgende Ausprägungen der zuvor genannten allgemeineren Dimensionen:[263]

1. „*Besorgtes* Verhalten demonstrieren. Dies zeigt sich durch:
- Fähigkeit, freundschaftliche, kooperative, vertrauensvolle *Beziehungen* mit anderen aufzubauen und zu pflegen
- Fähigkeit, Interesse an sowie Aufmerksamkeit und *Respekt* gegenüber anderen zu zeigen
- *Sensitivität* gegenüber örtlichen Gegebenheiten (sozial, politisch, kulturell)
- *Empathie;* fähig, Leiden oder Unwohlsein vom Gesicht einer anderen Person abzulesen

2. *Handlungsorientierung* demonstrieren. Dies zeigt sich durch:
- *Initiative;* einer der ersten sein, die etwas tun, Vorschläge machen, einen Plan für das weitere Vorgehen vorschlagen
- *Selbstvertrauen;* Selbstvertrauen bezüglich persönlicher Ziele und dem eigenen Urteil ausdrücken und beweisen
- *Offenheit;* aufrichtig und offen im Umgang mit anderen

3. *Selbstdistanz- ("Out-of-self")* Orientierung demonstrieren. Dies zeigt sich durch:
- *Kontrolle;* ruhig und kontrolliert bei Konfrontation mit zwischenmenschlichem Konflikt oder Stress

[262] Unter kanadischen Entwicklungshelfern (technical advisors overseas) und deren nichtarbeitenden (Ehe)Partnern. Diese Zielgruppe dürfte sich von der Studie unter BMW-Managern u.a. in der Aufstiegsorientierung und der Kooperation mit „natives" unterscheiden.

[263] D.J. Kealey (1989) nach Jürgen Deller 1996, S. 295f. (Übersetzung J.D., Hervorhebungen im Original).

- *Flexibilität/Offenheit* gegenüber neuen Ideen, anderen Meinungen, Standpunkten anderer
- *Ausdauer;* wenn Aufgaben übermäßig frustrierend werden, darauf bestehen, für die Ziele zu arbeiten
- *Teamarbeit;* bevorzugt mit anderen zu arbeiten als alleine

4. *Geringes Bedürfnis nach beruflichem Aufstieg* demonstrieren. Dies zeigt sich durch geringes Bedürfnis:

- nach hohem Verdienst
- in einer guten Gegend zu wohnen
- nach Beförderung
- in einer angesehenen Firma zu arbeiten

5. *Geringes Sicherheitsbedürfnis* demonstrieren. Dies ist charakterisiert durch:

- keine Beunruhigung durch Spannungen und Arbeitsstress
- gute physische Arbeitsbedingungen werden nicht benötigt
- Sicherheit des Arbeitsplatzes nicht wichtig
- gute Arbeitsbeziehung mit Vorgesetztem nicht notwendig
- kein Benötigen gut definierter Arbeitssituationen

6. *Hohes Self-Monitoring* demonstrieren. Dies zeigt sich durch:

- Geschick, soziale Situationen zu verstehen
- Geschick, eigenes Verhalten zu steuern, um die Anforderungen der Situation zu erfüllen

7. *Soziale Gewandtheit* demonstrieren. Dies zeigt sich durch:

- Überzeugung anderer, bestimmte Ziele zu erreichen
- Diplomatie
- soziale Intelligenz“

Abb. 27: Erfolgsprofil für Auslandstätigkeiten (Kealey 1989 nach Deller 1996)

Das abgebildete Erfolgsprofil zeigt, dass hier der Schwerpunkt auf sozialen und personalen Kompetenzen liegt. Personale Kompetenz weist der individuellen Haltung und Einstellung einen besonderen Stellenwert zu. Mit der Einschränkung, dass eine Typologisierung nur eine begrenzte Nützlichkeit aufweist und zudem empirisch noch nicht überprüft ist, kann ein „Überseetypus“ wie folgt beschrieben werden: “Sensitivität gegenüber den Gefühlen und Gedanken anderer, Ausdruck von Respekt gegenüber anderen, kein Fällen schneller Urteile, Selbstvertrauen, Initiative, Ruhe in frustrierenden oder unklaren Situationen, keine Rigidität sowie fachliche Kompetenz“.[264]

Nach Böning „beeinflussen einige Faktoren überall auf der Welt gleichermaßen den Erfolg der ins Ausland entsandten Manager:

- der sichere Umgang mit der Landessprache;
- die Anpassungsfähigkeit;
- die Fähigkeit einer bestimmten Kultur entsprechend zu führen;
- die Kontrolle der Belastung für die eigene Familie;
- das Bewahren des eigenen Selbstbewusstseins in der ungewohnten Arbeitssituation;

[264] Jürgen Deller 1996, S. 297.

- die bewusste Bewertung des Auslandsaufenthalts vor dem Hintergrund der eigenen Karriereplanung."[265]

Diese allerdings nicht wissenschaftliche Studie zeigt als Trend, dass überfachliche Kompetenzen und persönliche sowie berufliche Rahmenbedingungen eine bedeutende Rolle spielen und aus der klassischen Priorität der Fachkompetenz eine zwar notwendige, aber nicht mehr ausreichende Voraussetzung machen. Wesentlich ist, dass der Manager oder das Projektteam bei der Arbeit in einem anderen Land mit der vorgefundenen Landes- und Unternehmenskultur umgehen kann.
Während Prädiktoren herangezogen werden, um eine Vorhersage hinsichtlich einer kriterienorientierten Leistung machen zu können, wird anhand von verschiedenen Kriterien Arbeitsleistung hinsichtlich ihres Erfolgs bewertet. Die Schwierigkeiten, Erfolgskriterien zu benennen, liegen in der oft unterschiedlichen Wichtigkeit der Bewertungsmaßstäbe von Heimat- und Gastland. In Untersuchungen werden Kriterien wie Leistung und Effektivität, Anpassungsfähigkeit und Zufriedenheit meist auf der Basis von Selbsteinschätzungen, also subjektiv erfasst. Die vorangestellten Überlegungen können wegen fehlender geprüfter Kriterien zur objektiven oder subjektiven Fremdbeurteilung von Auslandserfolg nur Anhaltspunkte liefern.
Wesentlich scheint zu sein, dass die individuellen Kriterien für Erfolg, z.B. das Erreichen beruflicher und privater Zielvorstellungen, und die Kriterien des Unternehmens, z.B. Erfüllen des Entsendungsauftrags, nur durch eine adäquate Vorbereitung in Übereinstimmung zu bringen sind.[266]

Aus Unternehmenssicht zeigt eine geschlechtsspezifisch orientierte Auswahl und Einschätzung der Zufriedenheit mit dem Auslandseinsatz folgende Ergebnisse: Zwar sind Frauen in Führungspositionen nach wie vor unterrepräsentiert, dennoch stieg sowohl ihr Anteil im mittleren Management als auch die Zahl der weiblichen „Expatriates", v.a. in den letzten 20 Jahren. Allerdings müssen Frauen trotz vorhandenem Interesse und Bereitschaft mehr Barrieren auf dem Weg zu einer internationalen Karriere überwinden als Männer.[267] In Ausschreibungen für internationale Positionen werden vorwiegend Männer gesucht, gleichzeitig werden die Anforderungen für Frauen anders gewichtet. Die Dauer der Auslandsentsendung liegt für Frauen bei 3,2 Jahren, bei Männern bei 3,6 Jahren durchschnittlich. Die befragten Unternehmen sind „mit den Leistungen der weiblichen Führungskräfte, die Ausland arbeiten, deutlich zufriedener als mit denen der männlichen."[268] Zu den Vorteilen der Entsendung von Frauen zählt neben der generellen Zufriedenheit der Unternehmen ihre Vorbildfunktion, nachrangig die Chancengleichheit und weniger

---

[265] Umfrage von Roland Berger & Partner unter 180 Führungskräften in 12 Ländern nach Uwe Böning 2000, S. 41.

[266] Vgl. Jürgen Rothlauf 1999, S. 123.

[267] Vgl. Michel E. Domsch/Uta B. Lieberum 2004, S. 232f. Die Befragung von 32 überwiegend Großunternehmen verschiedener Branchen (Chemische Industrie, Nahrungs- und Genussmittelindustrie, Metallindustrie, Dienstleistungssektor) mit mehr als 2000 Mitarbeitern wurde verglichen mit der Befragung von 13 internationalen Grossunternehmen zu Auslandseinsätzen weiblicher Führungskräfte von 1990.

[268] Michel E. Domsch/Uta B. Lieberum 2004, S. 240.

wichtig die höhere Sensibilität und das Kulturverständnis. Als wichtigster Nachteil werden geschlechtsspezifische Akzeptanzprobleme in manchen Ländern, als nachrangig der Konflikt zwischen Beruf und Familie bzw. die Partnerausreise gesehen.

Während interkulturelle Eignung in der Forschung der späten 1980er Jahre in Abhängigkeit von Person und Situation gesehen wird,[269] steht in den verschiedenen Phasenmodellen die Prozessorientierung sowohl hinsichtlich des Verlaufs eines Auslandsaufenthalts als auch der Entwicklung interkultureller Kompetenz im Vordergrund. Als Schlussfolgerungen aus dem eher hypothetischen Erfolgsprofil für die Vorbereitung auf einen Auslandsaufenthalt können für die Auswahl der Inhalte und die curriculare Gestaltung benannt werden:

- Vorbereitung auf antizipierbare Situationen;
- Entwicklung von persönlicher Haltung und Einstellung, Umgang mit kultureller Andersartigkeit in der EU;
- sprachliche und kulturelle Vorbereitung, spezifische wirtschaftliche Abläufe und Arbeitsweisen des aufnehmenden Landes;
- Vorbereitung auf die verschiedenen Phasen des Auslandsaufenthalts, Entwicklung von Lösungsstrategien und -möglichkeiten als Erweiterung des Handlungsrepertoires im Umgang mit Krisen und Konflikten.

Wenn Phasen der Ausbildung in verschiedenen nationalen Kontexten stattfinden sollen, sind eine curriculare Einbindung in das Weiterbildungsangebot sowie umfassende Betreuung beim Aufnahmepartner von Vorteil. Gleichzeitig ist der Auslandsaufenthalt durch Evaluation und Präsentation nachzubereiten. Interkulturelles Lernen und Kompetenzentwicklung finden nicht nur im Seminar, sondern v.a. auch im Alltag und in der Praktikums- oder Arbeitsumgebung der Weiterbildung oder des Projekts statt. Deshalb ist aktivem Lernen und hochentwickelter Selbstlernkompetenz[270] ein besonderer Stellenwert für die (dann meist unbetreute) Handlungsorientierung und -fähigkeit in einem anderen kulturellen Kontext zuzuweisen.

4.3.3 Anforderungen der interkulturellen Kompetenz

Die Modelle interkulturellen Lernens und die Phasen und Lernmöglichkeiten von Auslandsaufenthalten zeigen bereits einige allgemeine Anforderungen an die interkulturelle Kompetenz auf. In diesem Kapitel werden sie zunächst allgemein und danach speziell für Weiterbildung und Projektmanagement in den fachlichen, methodischen, sozialen und personalen Kompetenzdimensionen spezifiziert. Wesentliche Anwendungsfelder interkultureller Kompetenz sind meist Kommunikation und Kooperation in kulturell heterogen zusammengesetzten Seminargruppen oder Projektteams, deren Lern- bzw. Arbeitsort sowohl das eigene als auch fremde kulturelle Umfeld sein kann.

---

[269] Vgl. Jürgen Deller 1996, S. 298.
[270] Vgl. Monika Rummler 2001a, S. 51f.

4.3.3.1 Allgemeine Anforderungen

Nach einer auf Kooperation bezogenen Definition ist interkulturelle Kompetenz berufsunspezifisch gesehen
„a) das Wissen um die Hintergründe und Zusammenhänge mit
b) dem Kennenlernen von professionellen Arbeitsmethoden sowie
c) einer selbstreflexiven Arbeit an sich selbst auf der Basis von Wahrnehmung und Verhalten"
in der Einwanderungsgesellschaft.[271] Hier sind die der interkulturellen Kompetenz zugrundeliegenden fachlichen, methodischen und personalen Kompetenzen angesprochen.

Interkulturelle Kompetenz weist nach Herbrand die drei interdependenten kognitiven, affektiven und kommunikativ-verhaltensbezogenen Dimensionen auf. Die kognitive Dimension interkulturellen Wissens umfasst Gemeinsamkeiten und Unterschiede von Kulturen, so dass ein Verständnis für die Komplexität einer Kultur entwickelt werden kann. Die affektive Dimension interkultureller Sensibilität beinhaltet die Fähigkeit, auftretende Probleme während der eigenen Beteiligung an interkulturellen Kontaktsituationen als kulturbedingte zu erkennen. Die kommunikativ-verhaltensbezogene Dimension interkultureller Handlungskompetenz besteht aus Fähigkeiten und Fertigkeiten im Hinblick auf effektive Kommunikation und Verhalten, mit denen aus kulturellen Unterschieden entstehende Probleme und Konflikte bewältigt oder vermieden werden können.[272]

Trotz sehr unterschiedlicher inhaltlicher Detailbestimmungen wird die von Gertsen vorgeschlagene übergreifende Differenzierung in affektive, kognitive und verhaltensbezogene Dimensionen interkultureller Kompetenz weitgehend anerkannt. Stüdlein hat diesen drei Dimensionen detaillierte Teilkompetenzen zugeordnet, die ergänzt sind um Rollendistanz und die Fähigkeit zur fremdsprachlichen Metakommunikation:[273]

---

[271] U. Brunken (2000) nach Tatjana Botzat 2001, S. 50.
[272] Vgl. Frank Herbrand 2000, S. 43f. Vgl. Frank Herbrand 2002, S. 33f.
[273] M.C. Gertsen (1990) und Yvonne Stüdlein (1997) (mit Ergänzungen) nach Jürgen Bolten 2000, S. 67. Allerdings weist Stüdlein sehr ausdrücklich auf die Vagheit der Forschungsresultate hin.

affektive Dimension	**kognitive Dimension**	**verhaltensbezogene Dimension**
Ambiguitätstoleranz Frustrationstoleranz Fähigkeit zur Stressbewältigung und Komplexitätsreduktion Selbstvertrauen Flexibilität Empathie, Rollendistanz Vorurteilsfreiheit, Offenheit, Toleranz geringer Ethnozentrismus Akzeptanz/Respekt gegenüber anderen Kulturen interkulturelle Lernbereitschaft	Verständnis des Kulturphänomens in bezug auf Wahrnehmung, Denken, Einstellungen sowie Verhaltens- und Handlungsweisen Verständnis fremdkultureller Handlungszusammenhänge Verständnis eigenkultureller Handlungszusammenhänge Verständnis der Kulturunterschiede der Interaktionspartner Verständnis der Besonderheiten inter-kultureller Kommunikationsprozesse Metakommunikationsfähigkeit	Kommunikationswille und -bereitschaft i.S. der initiierenden Praxis der Teilmerkmale der affektiven Dimension Kommunikationsfähigkeit soziale Kompetenz (Beziehungen und Vertrauen zu fremdkulturellen Interaktionspartnern aufbauen zu können)

Tab. 36: Affektive, kognitive und verhaltensbezogene Dimensionen interkultureller Kompetenz (nach Stüdlein 1997)

Während die affektive Dimension und die interkulturelle Lernbereitschaft eher den personalen Kompetenzen und die kognitive Dimension den fachlichen Kompetenzen zugerechnet werden können, umfasst die verhaltensbezogene Dimension eher soziale Kompetenzen, die wie auch die Metakommunikationsfähigkeit methodische Kompetenzen erfordern. Dabei kann nur situativ bewertet werden, ob der Einsatz der genannten Merkmale erfolgreich war, da er meist abhängig von den spezifischen interkulturellen Kontexten ist. Gleichzeitig sind eine Reihe der affektiven Teilkompetenzen nicht explizit interkulturelle, sondern allgemeine Führungskompetenzen. Innerhalb der kognitiven Dimension ist ein gleichwertiges Verhältnis des Wissens um eigen-, fremd- und interkulturelle Prozesse relevant, das durch erklärende Ansätze (in bezug sowohl auf die eigene als auch die fremde Kultur) und weniger faktenorientiert-deskriptiv vermittelt werden sollte. Kulturvergleichende Betrachtungen des Wissens um kulturelle Unterschiede werden durch interaktionsorientierte Ansätze erweitert, damit konkrete Handlungsprozesse zwischen Angehörigen verschiedener Kulturen stattfinden und erfolgreich gestaltet werden können. Aus methodischen Gründen „sinnvoller wäre es wahrscheinlich, von einer übergreifenden internationalen Handlungskompetenz zu sprechen, die sich aus den interdependenten Bereichen der individuellen, sozialen, fachlichen und strategischen Kompetenz konstituiert und dabei jeweils auf Merkmale der beschriebenen interkulturellen Kompetenz rekurriert.“[274] Dies wird mit Komponenten internationaler Management-Kompetenz zu einem Modell integriert.[275]

„Interkulturellen Kompetenzmodellen wird immer wieder entgegenhalten, dass sie keine genuin interkulturellen Fähigkeiten bestimmen, lediglich Abwandlungen sozi-

274 Jürgen Bolten 2000, S. 69.

275 Vgl. Kapitel 4.3.3.2 Interkulturelles (Projekt)Management.

aler und kommunikativer Kompetenzen, die ebenso im heimatlichen Dorf hilfreich und relevant seien." Werden Führungs-, unternehmerische, methodische, soziale und kommunikative Kompetenzen „im Kontext internationaler Arbeitszusammenhänge (gesehen,) wird deutlich, dass der Bezugsrahmen die Anforderungen an Führungsqualitäten, soziale und kommunikative Fähigkeiten nicht aufhebt, aber verschiebt und verändert."[276] Hammerschmidt schlägt eine prozessorientierte Definition von Kultur vor, da diese im sozialen Austausch entsteht und erhalten wird. Der situative Rahmen gibt die zu bewältigenden Handlungsanforderungen vor. „Interkulturelle Kompetenz heißt, dass ich mich in einer mir fremden Welt orientieren kann, wie ich es in der mir vertrauten mehr oder weniger erfolgreich tagtäglich tue. Im Unterschied zu Wissen erweisen sich Kompetenzen in der Art, wie wir wahrnehmen, denken und handeln. ... Interkulturelle Kompetenz als Orientierungsfähigkeit verlangt, dass man die jeweilige Situation selbst dekodieren kann."[277] Kernelemente interkultureller Kompetenz sind nach dieser Sichtweise der Umgang mit Komplexität und Perspektivwechsel. Diese Kompetenzen können in den Teilschritten Wahrnehmung, Interpretation und Verhalten erworben werden. Bewusst angewendet fördert die „verdeckte Grammatik sozialen Verhaltens"[278] die Orientierung in komplexen Situationen. Dazu gehören die Reflexion des eigenen kulturellen Orientierungssystems und der Erwerb sowie die Integration und Anwendung neuer kultureller Wahrnehmungs-, Denk- und Handlungsmuster in neuen Kontexten.[279]

Die folgende Klärung der Begriffe multikulturell und interkulturell verweist einerseits auf die kulturell heterogene Zusammensetzung von Arbeitsumgebungen, andererseits auf den wechselseitigen Austausch und das Lernen zwischen Kulturen. Dabei sind beide interkulturelle Aspekte von Bildung und Lehren[280] ethischer Natur. „*Multicultural competence* is an expert's ability to operate in multicultural working environments and contribute to the collaboration in such working communities, while *intercultural competence* refers to expertise in acting in international and intercultural working environments and in promoting learning between different cultures, diverse groups and individuals."[281] Auch Lasonen stellt die Frage, ob interkulturelle Kompetenz ein eigenes Spezialgebiet darstellt oder eine wichtige Komponente jeglicher Kompetenz bzw. Spezialisierung ist und bejaht sie hinsichtlich der zunehmenden Internationalisierung als internes Element jedes Fachgebiets. Für professi-

---

[276] Annette Hammerschmidt 2000, S. 4 (Anm. MoR).

[277] Annette Hammerschmidt 2000, S. 4f.

[278] Annette Hammerschmidt 2000, S. 5. Ein ähnliches Vorgehen schlagen Jörg Longmuß/Monika Rummler 1999, S. 14f. vor: „Übung zur Trennung von Wahrnehmung, Interpretation und Gefühl".

[279] Vgl. Udo Konradt 2000, S. 83. Der Orientierungsbegriff ist noch nicht einheitlich und präzise definiert, zeigt hier aber wesentliche Strukturmerkmale auf.

[280] "Education and teaching". Die Übersetzung kann je nach Kontext (Schule oder Erwachsenenbildung) auch lauten: Erziehung und Unterrichten.

[281] Johanna Lasonen 2003, S. 12. Sie geht darüber hinaus auch auf die Konsequenzen multikultureller Erziehung für das Bildungssystem ein: "Multicultural education can be considered also as an educational reform movement and process where the aim is to change the structure of the educational system."

onelle (Aus)Bildung und verschiedene berufliche Aktivitäten liegt der Schwerpunkt interkultureller Kompetenzentwicklung auf Flexibilität, Selbstbewusstsein, Anpassungsfähigkeit und dem Umgang mit Komplexität sowie zusätzlichen methodischen und organisatorischen Fähigkeiten, kommunikativer und sozialer Kompetenz, der Fähigkeit zur Konflikt- und Problemlösung, Sprachkenntnissen und Wissen bzw. Verständnis von Kulturen.

Internationale Kompetenz baut auf kommunikative Kompetenz, Fachkompetenz und Mobilität auf.[282] Die kommunikative Kompetenz umfasst dabei kulturübergreifende (interkulturelle) und kulturspezifische (ein spezielles Land betreffende) Fähigkeiten und Kenntnisse:

	kommunikative Kompetenz
eine Kultur, ein spezielles Land betreffend	- Sprachkenntnisse - Kulturkenntnisse und Kulturerfahrung - erfolgreiches und sicheres Handeln in einem bestimmten Land
kulturübergreifend (interkulturelle Kompetenz)	- Umgang mit kultureller Unsicherheit und kulturellen Unterschieden - Reflexion der eigenen kulturellen Identität - internationale Teamfähigkeit

Tab. 37: Bestandteile kommunikativer Kompetenz (nach Wuppertaler Kreis e.V. und Deutsche Vereinigung zur Förderung der Weiterbildung von Führungskräften 2000)

Je nach Zielsetzung bzw. Arbeitsprofil kommt es darauf an, bestimmte Kulturen besser kennen zu lernen, in ihnen „heimisch“ zu werden oder mit Kolleg/innen aus verschiedenen Kulturkreisen zusammenzuarbeiten, d.h. kulturelle Unterschiede und Gemeinsamkeiten wahrzunehmen und auf der Basis der eigenen Kultur zu reflektieren und mit ihnen umgehen zu können, ohne ein „kulturelles Chamäleon“ zu werden.

Zu der so verstandenen interkulturellen Kompetenz gehören folgende Elemente:

- „Sachkompetenzen (Alltagskompetenz, länder- bzw. kulturspezifische Kenntnisse)
- Sozialkompetenzen (Empathie, kommunikative Kompetenz, Expressivität und interkulturelle Teamfähigkeit)
- Selbstkompetenzen (Selbstreflexion und Selbstregulierung in interkulturellen Kontexten)“.[283]

Die verschiedenen Ansätze zu interkultureller Kompetenz können den um interkulturelle Aspekte erweiterten Teilkompetenzen zu den Kompetenzdimensionen Fach-, Methoden-, Sozial-, personale Kompetenzen und den Definitionen interkul-

---

[282] Vgl. Wuppertaler Kreis e.V. und Deutsche Vereinigung zur Förderung der Weiterbildung von Führungskräften 2000, S. 2 (dort Kap. 3.1).

[283] Wuppertaler Kreis e.V. und Deutsche Vereinigung zur Förderung der Weiterbildung von Führungskräften 2000, S. 2 (dort Kap. 3.2).

tureller Kompetenz zugeordnet werden. Allerdings überschneiden sich die Zuordnungen der Ansätze teilweise, und einige der Autor/innen[284] nennen andere Ordnungskategorien bzw. nehmen nicht durchweg eine Einteilung in die hier verwendeten fünf Kompetenzdimensionen vor. Abgesehen vom Erwerb einer Fremdsprache[285] sind für die Multiplikator/innen-Weiterbildung die folgenden Teilkompetenzen der Kompetenzdimensionen für die Entwicklung interkultureller Kompetenz relevant, die vier Kompetenzen finden sich also innerhalb der interkulturellen Kompetenz wieder:

- Fachkompetenz, d.h. kulturspezifische Kenntnisse, Gemeinsamkeiten und Unterschiede von Kulturen, Verständnis des Kulturphänomens, Verständnis eigen- und fremdkultureller Zusammenhänge, Besonderheiten interkultureller Kommunikationsprozesse, auch hinsichtlich kulturspezifischen und -allgemeinen Wissens;
- Methodenkompetenz, d.h. kommunikativ-verhaltensbezogene Fähigkeiten und Fertigkeiten für effektive interkulturelle Kommunikation und konfliktbewältigendes bzw. -vermeidendes Verhalten, Fähigkeit zur Problemlösung, neue kulturelle Wahrnehmungs-, Denk- und Handlungsmuster;
- Sozialkompetenz, d.h. die Fähigkeit, kulturbedingte Probleme in interkulturellen Kontaktsituationen zu erkennen, vertrauensvolle Beziehungen zu fremdkulturellen Interaktionspartnern aufbauen können, kulturübergreifende Fähigkeiten und Kenntnisse, Umgang mit kultureller Unsicherheit und kulturellen Unterschieden, Fähigkeit zur Reflexion der eigenen kulturellen Identität;
- Personale Kompetenz, d.h. Ambiguitätstoleranz, Frustrationstoleranz, Fähigkeit zur Stressbewältigung und Komplexitätsreduktion, Selbstvertrauen bzw. -bewusstsein, Flexibilität, Anpassungsfähigkeit, Rollendistanz, Vorurteilsfreiheit, Offenheit, Toleranz, geringer Ethnozentrismus, Selbstkompetenzen der Selbstreflexion und Selbstregulierung, Akzeptanz bzw. Respekt gegenüber anderen Kulturen, interkulturelle Lernbereitschaft, Mobilität.

Eine Integration der verschiedenen Definitionen interkultureller Kompetenz kann wie folgt lauten: Interkulturelle Kompetenz erweitert diese vier Kompetenzdimensionen um kulturallgemeines und kulturspezifisches Wissen sowie entsprechende Fähigkeiten und Fertigkeiten. Der bisherige Bezugsnahmen der eigenkulturellen Kompetenzen verschiebt und verändert sich. Die fremdkulturspezifischen Konzepte, Kommunikation, Interaktion und Kontexte wahrzunehmen, zu (be)denken, zu fühlen und zu (be)handeln, wirken auf die eigene Handlungsweise im fremdkulturellen Interaktionsfeld ein und erweitern die Handlungskompetenz um die Arbeits- und Kulturtechniken der Zielkultur(en) zu einer Interkultur.
Besonders hervorzuheben sind aus den dargestellten Definitionen interkultureller Kompetenz

[284] Herbrand, Stüdlein nach Bolten, Hammerschmidt, Lasonen, Wuppertaler Kreis.

[285] Fremdsprachenkenntnisse wurden für die Teilnahme an der Multiplikator/innen-Weiterbildung vorausgesetzt und eigeninitiativ zu organisierende, begleitende Sprachkurse zu deren weiteren Ausbau empfohlen.

- die interkulturelle Lernbereitschaft an sich;
- der Umgang mit Komplexität und die Fähigkeit zur Komplexitätsreduktion;
- die Orientierungsfähigkeit und der Perspektivenwechsel sowie
- die Unterscheidung zwischen multikultureller und interkultureller Kompetenz.

Als handlungsleitende Orientierung können (gemeinsam entwickelte) Werte und gegenseitige Wertschätzung die Integration der Kompetenzdimensionen zu einer interkulturell und multikulturell hoch entwickelten Persönlichkeit fördern.
Als Schlussfolgerung ist aus dieser berufsunspezifischen, allgemeinen Definition interkultureller Kompetenz für die Gestaltung eines interkulturellen Trainings festzustellen, dass neben einer kognitiven Auseinandersetzung mit Werten die affektiv besetzte Wertschätzung und die handlungsorientierten Fähigkeiten hinsichtlich der Lernbereitschaft, des Umgangs mit Komplexität, der Orientierungsfähigkeit und des Perspektivenwechsels bearbeitet werden müssen.

4.3.3.2 Interkulturelles (Projekt)Management

Einleitend wird in diesem Kapitel zunächst der Frage nachgegangen, welche Aufgaben und Herausforderungen internationales Management kennzeichnen. Es werden allgemeine Anforderungen interkultureller Kompetenz an das Management dargestellt, da diese auch für das Projektmanagement relevant sind.[286] Danach werden Kriterien für interkulturelle Handlungskompetenz von Fach- und Führungskräften und Komponenten internationaler Management-Kompetenz sowie entsprechende Entwicklungsstrategien beleuchtet.
Grundlegend kann davon ausgegangen werden, „dass, während die Variablen auf der Makroebene, wie z.B. Organisationsstruktur und Technologie, zu einer stärkeren Kulturinkohärenz neigen, jene der Mikroebene eher dazu tendieren, ihre kulturelle Eigenart zu bewahren."[287] Damit wird einerseits die Entwicklung und der Einsatz internationaler, im Sinne kulturunspezifischer, Managementtechniken erforderlich, andererseits das Augenmerk auf den kulturellen Faktor als Einflussgröße im Managementhandeln gelenkt, das es zu fördern gilt. Allerdings lässt sich auch feststellen, dass in den meisten Studien Management kulturbezogen und weniger kulturunabhängig gesehen wird und damit die Protagonisten für kulturelle Phänomene besonders sensibilisiert sein müssen.[288] „Daraus lässt sich schlussfolgern, dass das Aufgabengebiet des interkulturellen Managements die konkrete Gestaltung von funktionalen, strukturalen und personalen Managementprozessen umfasst und sich

[286] Vgl. Kapitel 3.4 Anforderungen an Projektmanagement-Kompetenz.
[287] Nino Kumar 1988, S. 390; vgl. dort auch das Konzept der Rationalität im interkulturellen Management nach Habermas (1982), das die drei Ebenen zielgerichteten Managementhandelns in kognitiv-instrumentellem Handeln (kulturunabhängig), normenreguliertem Handeln (kulturgebunden) und expressivem Handeln (kulturgebunden) umfasst; ebda. S. 392ff.
[288] Vgl. Jürgen Rothlauf 1999, S. 7. Der „Culture-bound"-These der Kulturalisten bzw. Kulturrelativisten steht die „Culture-free"-These der Universalisten gegenüber. Es wird davon ausgegangen, dass der Einfluss von Ethnokulturen die voneinander abweichenden Unternehmenskulturen in verschiedenen Ländern bedingt.

das Ziel setzt, die erfolgreiche Bewältigung kulturbedingter Managementprobleme durch Bereitstellung entsprechender Lösungsvorschläge für effizientes interkulturelles Handeln zu ermöglichen."[289] Benötigt werden nicht nur juristische, fachliche und ökonomische sowie Fremdsprachenkenntnisse, sondern auch ein interkulturellen Standards entsprechendes Verhalten, um erfolgreich in anderen Kulturen agieren zu können. Zu den Aufgabengebieten im Einzelnen gehören u.a. Führung, Zusammenarbeit (im Team) und Entscheidungsfindung.[290]
Das als kulturbezogen verstandene Management in den verschiedenen Ländern zeigt neben pauschalisierenden und stereotypisierenden Fremdeinschätzungen eine Reihe von Unterschieden in Verhalten und Haltungen, die sich auch in den Selbstbildern zeigen. So zeigt eine Studie relative, also nicht absolut vergleichbare, aber deutliche kulturelle Unterschiede im Selbstbild der befragten Manager aus verschiedenen Ländern hinsichtlich der Kriterien

- Innovationskraft und unternehmerisches Denken
- Risikobereitschaft
- Delegationsfreudigkeit
- Fähigkeit zur Implementation
- langfristige Orientierung
- Beziehung zwischen Managern und Beschäftigten.[291]

Kulturelle Unterschiede in der Teamarbeit können sich an verschiedenen Einstellungen zu

- Erwartungen und Werten
- Arbeitsgrundlagen
- Prozessen
- Kommunikation
- Ablauf von Präsentationen und Besprechungen
- Haltung gegenüber andersdenkenden Partnern

zeigen, die im Arbeitsalltag zu erhöhtem Zeitbedarf, Verhandlungsschwierigkeiten, Missverständnissen oder gar Konflikten führen können.[292]
Führungskräfte müssen je nach Zielland z.T. über sehr unterschiedliche Handlungsstrategien verfügen, um Anerkennung, Akzeptanz und langfristigen Erfolg zu erreichen. Diese kulturell bedingten Handlungsstrategien umfassen die Bereiche

- strategische Planung
- Veränderungsbereitschaft
- Führungsstil
- selbständiges Arbeiten bzw. Entscheidungsspielraum der Mitarbeiter/innen
- Klarheit von Zielen und Zuständigkeiten
- Motivatoren

[289] M. Perlitz (1995) nach Jürgen Rothlauf 1999, S. 8.
[290] Vgl. hierzu auch Kapitel 3.4.1 Schlüsselqualifikationen für Führungskräfte.
[291] B. Behrens (1992) nach Uwe Böning 2000, S. 25. Dort sind Länderbeispiele zu Deutschland, Frankreich, Italien, Großbritannien, USA und Japan dargestellt. Die illustrierten Unterschiede im Teamverhalten können auch für andere Länder herangezogen werden. Ebda. S. 30.
[292] A. Moosmüller (1997) nach Uwe Böning 2000, S. 28. Dort die Länderbeispiele Japan, USA, Deutschland.

- Kommunikation
- Konfliktlösung
- Loyalität mit dem Unternehmen
- Verhandlungsstil.[293]

Es wird deutlich, dass „Fachwissen allein *kein* Garant mehr für erfolgreiches Arbeiten im Ausland ist: Weit wichtiger ist in der Zwischenzeit der Aufbau der interkulturellen Kompetenz der Individuen geworden".[294] Böning vergleicht soziale Kompetenz oder emotionale Intelligenz als notwendig für das eigene Land mit der für andere Länder entsprechend benötigten interkulturellen Kompetenz und vermutet, dass dort, wo zwischenmenschlichen Beziehungen der Vorrang vor Sachorientierung gegeben wird, interkultureller Kompetenz tatsächlich eine wesentlich höhere Bedeutung beigemessen werden muss. „Das Anforderungsprofil hat sich in letzter Zeit aber zu dem eines ‚transnationalen Grenzgängers' weiterentwickelt, der sich sicher zwischen den unterschiedlichen Kulturen bewegt (... und) über ein hohes Maß an Toleranz und Einfühlungsvermögen verfügen" kann.[295]

Allerdings klaffen Anforderungsprofil und Wirklichkeit der interkulturellen Vorbereitung noch weit auseinander. Die folgende Abbildung zeigt Ergebnisse einer Befragung zu Anforderungen an einen Auslandsmanager aus der Sicht deutscher Personalleiter:[296]

Fremdsprachenkenntnisse	92%
räumliche Mobilität	89%
Einfühlungsvermögen in andere Mentalitäten und Kulturen	87%
Denken in globalen Dimensionen	83%
Marktkenntnisse	82%
soziale Kompetenz	81%
Verhandlungsgeschick	75%
Organisations-/Improvisationsfähigkeiten	75%
ausländische Rechtskenntnisse	61%
kaufmännische und technische Ausbildung	55%

Tab. 38: Anforderungen an einen Auslandsmanager (Töpfer 1995 nach Rothlauf 1999)

Das Anspruchsprofil für Auslandsmanager weist interkulturelle Kompetenz verstanden als Einfühlungsvermögen in andere Mentalitäten und Kulturen mit 87% der Nennungen einen doch recht hohen Stellenwert zu, umso mehr, wenn das Denken in globalen Dimensionen mit 83% und soziale Kompetenzen mit 81% zur interkulturellen Handlungskompetenz hinzugerechnet werden.

[293] Untersuchung von Roland Berger & Partner nach Uwe Böning 2000, S. 32; beispielhaft an den Ländern Belgien, Frankreich, Indien und Japan.

[294] Uwe Böning 2000, S. 40 (Hervorhebung im Original).

[295] Uwe Böning 2000, S. 40 (Anm. MoR).

[296] Befragung von A. Töpfer (1995) nach Jürgen Rothlauf 1999, S. 73.

In einem Merkmalskatalog auf der Basis einer Fach- und Führungskräftebefragung von Kühlmann/Stahl[297] sind als Kriterien für interkulturelle Handlungskompetenz aufgelistet:

- Ambiguitätstoleranz, d.h. sich auch in unsicheren, mehrdeutigen und komplexen Situationen wohl bzw. zumindest nicht beeinträchtigt zu fühlen;
- Verhaltensflexibilität, d.h. sich schnell auf veränderte Situationen einstellen und darin auf ein breites Verhaltensrepertoire zurückgreifen zu können;
- Zielorientierung, d.h. auch unter erschwerten Bedingungen zielstrebig auf die Erreichung der gestellten Aufgaben hinarbeiten zu können;
- Kontaktfreudigkeit, d.h. soziale Kontakte aktiv erschließen und bestehende Beziehungen aufrechterhalten zu können;
- Einfühlungsvermögen, d.h. Bedürfnisse und Handlungsabsichten von Interaktionspartnern erkennen und situationsadäquat darauf reagieren zu können;
- Polyzentrismus, d.h. gegenüber anderen Meinungen, Einstellungen und Handlungsmustern, insbesondere fremdkultureller Prägung, vorurteilsfrei zu sein;
- metakommunikative Kompetenz, d.h. in schwierigen Gesprächssituationen steuernd eingreifen und Kommunikationsstörungen beheben zu können.

Die folgenden interaktiven Fertigkeiten, die in einem Kommunikationstraining erworben werden können und zur Fachkompetenz von Auslandsmanagern hinzukommen müssen, zeigen, dass Einstellungen und Fertigkeiten bei der Auswahl und Entsendung berücksichtigt werden müssen, die die veränderten kulturellen Bedingungen einbeziehen.[298] Sie wurden hier nach methodischen, sozialen und personalen Kompetenzdimensionen zugeordnet:

methodische Kompetenz	**soziale Kompetenz**	**personale Kompetenz**
Dialogfähigkeit (z.B. Kenntnis über das Führen hilfreicher Gespräche) Gesprächsführung in Gruppen Techniken der Moderation und Visualisierung (z.B. Metaplan) Fertigkeiten zur Anwendung von Feedback Fertigkeiten in der Metakommunikation Kenntnisse über die Probleme sozialer Beziehungen Fähigkeit zur Analyse von Kommunikationsprozessen	Fähigkeit, sich in die Rolle des anderen zu versetzen Fähigkeit, unterschiedliche Rollen einzunehmen Fähigkeit, Verhaltensweisen - in Anpassung an den Kontext - zu verändern Fähigkeiten zum konstruktiven Umgang mit Konflikten (Konfliktbereitschaft und Toleranz) Fähigkeiten zum konstruktiven Umgang mit Kritik Fähigkeit zum konstruktiven Umgang mit Problemen	Mut zur Selbstöffnung (Echtheit, Ausdruck von Gefühlen) Aufbau eines positiven Selbstbildes (Souveränität, Selbstsicherheit) persönliches Wollen (Aktivität, Kontaktbereitschaft) Meinungsvielfalt und Zivilcourage Direktheit im Verhalten

Tab. 39: Interaktive Fertigkeiten eines Auslandsmanagers (eigene Darstellung nach Rothlauf 1999)

[297] T.M. Kühlmann/G.K. Stahl (1998) nach Jürgen Rothlauf 1999, S. 76. Befragt wurden über 300 deutsche Fach- und Führungskräfte, die gerade im Ausland tätig oder soeben zurückgekehrt waren.

[298] H.-K. Wahren (1987) nach Jürgen Rothlauf 1999, S. 123.

Die zunächst allgemeine Definition von Kompetenz als Befugnis und Berechtigung zur effizienten und effektiven Interaktion mit der Umwelt und die drei Kompetenzdimensionen Fachkompetenz (zur Erledigung von Sachaufgaben), Methodenkompetenz (der Einsatz verschiedenster Verfahren und Instrumente zur Problemlösung) und Sozialkompetenz (zur Entfaltung der eigenen Persönlichkeit und als Voraussetzung zur Übernahme von Aufgaben im Team) werden von Rothlauf um interkulturelle Kompetenzen ergänzt und weiter differenziert: „Interkulturell erweitert wird diese Begriffsbestimmung, wenn bei der Zusammenarbeit mit Menschen aus fremden Kulturen deren spezifische Konzepte der Wahrnehmung, des Denkens, Fühlens und Handelns mit einbezogen werden und Niederschlag im eigenen fremdkulturellen Handlungsfeld finden.“[299] Dabei werden die Kompetenzdimensionen um die kulturspezifischen wirtschaftlichen und technischen Gesetzmäßigkeiten ausgebaut, d.h.

- Fachkompetenz (meist) um die englische oder Landessprache und landeskundliches Wissen, ggf. auch rechtliche und tarifliche Regelungen und Marktkenntnisse;
- Methodenkompetenz um die zugrunde liegenden Werte kulturspezifischer Managementtechniken wie z.B. Zeit-, Informations- und Konfliktmanagement, Entscheidungsfindung;
- Sozialkompetenz um kulturspezifische Führungsfragen und -stile für internationale Teams und ggf. zur eigenen kulturspezifischen Sozialisation als Führungskraft widersprüchliche Anforderungen bzw. Fähigkeiten.[300]

Die folgende Darstellung integriert interkulturelle Kompetenz in die fachlichen, sozialen, strategischen und individuellen Kompetenzdimensionen internationalen Management-Handelns als Komponenten internationaler Management-Kompetenz:[301]

[299] Jürgen Rothlauf 1999, S. 66.
[300] Vgl. Jürgen Rothlauf 1999, S. 67f.
[301] Modell von Jürgen Bolten 2000, S. 70. Vgl. hierzu auch Kapitel 4.3.3 Anforderungen an interkulturelle Kompetenz.

Abb. 28: Komponenten internationaler Management-Kompetenz (nach Bolten 2000)

Die vier äußeren Kompetenzfelder (nationale Management-Kompetenz) sind interdependent und stehen ebenso jeweils in Beziehung zum inneren Feld interkultureller Kompetenz (internationale Managementkompetenz). Einige der Teilkompetenzen in der komplexen Beschreibung interkultureller Kompetenz, insbesondere der affektiven Dimension, zählen eher zu grundlegenden Kompetenzen erfolgreichen Führungsverhaltens. Insofern ist interkulturelle Kompetenz weniger als ein eigenständiger Bereich einer allgemeinen Handlungskompetenz zu sehen, sondern ist vielmehr integriert in die interdependenten Bereiche der individuellen, sozialen, fachlichen und strategischen Kompetenzen als eine übergreifende internationale handlungsleitende Kompetenz, die auch „weiche" und „harte" Faktoren internationalen Handelns als komplementäre Kompetenzen beinhaltet. Weitere Faktoren, die eine Rolle spielen, sind hier beinhaltet, z.B. Reintegration nach dem Auslandsaufenthalt und Beziehungen zum Arbeitgeber oder dessen instrumentelle Hilfe und Organisationsmaßnahmen (z.B. Regelfestlegungen).[302]

Nachdem aus verschiedenen Blickwinkeln Anforderungskataloge dargestellt wurden, wird im Folgenden der Frage nachgegangen: Wie kann interkulturelle Management-Kompetenz entwickelt werden? Das folgende Modell zielt darauf ab, die als wesentlich für interkulturelle Kompetenz verstandene Fähigkeit, Synergieeffekte herzustellen, zu entwickeln: „Die Fähigkeit, Gemeinsamkeiten im interkulturellen Kontext herzustellen, ohne zugleich Unterschiede, die potentielle Synergieeffekte erst ermöglichen, außer acht zu lassen, ist notwendige Voraussetzung, kompetent im interkulturellen Kontext handeln zu können."[303]

---

[302] Vgl. Jürgen Bolten 2000, S. 69f.

[303] Christoph Müller 2000, S. 9. Vgl. hierzu auch Alexander Thomas/Katja Hagemann 1994, S. 194: Da „gerade die Heterogenität der Perspektiven in kulturell gemischten Gruppen große Chancen für kreative und innovative Problemlösungen" birgt, ist es sinnvoll, geeignete interkulturelle Trainingsmethoden einzusetzen, mit denen „die Effektivität multikultureller Teams gesteigert und das Potential für das Entstehen von Synergien optimal genutzt werden kann".

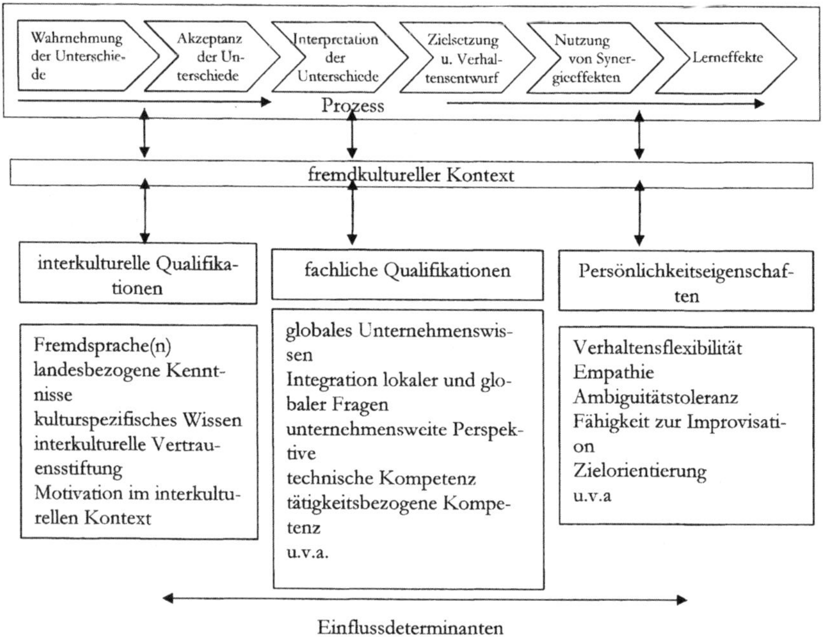

Abb. 29: Prozessmodell interkultureller Kompetenz von Managern (nach Müller 2000)

Entsprechend werden die zu entwickelnden interkulturellen und fachlichen Qualifikationen den verschiedenen Stufen der Wahrnehmung, Akzeptanz und Interpretation der Unterschiede zugeordnet. „Kennzeichen von Synergieeffekten ist nicht die Addition von einzelnen wünschenswerten Fähigkeiten und Eigenschaften, sondern ihre Synthese zu qualitativ neuartigen Lösungen, die Antworten auf bislang unbeantwortete Fragen liefern."[304] Synergieeffekte können nur genutzt werden, wenn unterschiedliches Verhalten, Denken, unterschiedliche Werte, Prämissen etc. in interkulturellen Teams erkannt und akzeptiert werden.[305] Dabei sind nicht nur die Kulturdimensionen nach Hofstede in ihren Ausprägungen wertneutral zu sehen, sondern es muss, damit „interkulturelle Missverständnisse leichter weggesteckt werden, ... eine gemeinsame, alle herausfordernde Aufgabe und ein klar formuliertes Ziel im Vordergrund stehen. ... Zum gemeinsamen Ziel (müssen) klare Spielregeln hinzu(kommen). Letztere müssen in interkulturellen Projekten erst noch ausgehandelt werden, da Managementstile und Arbeitsweisen in unterschiedlichen Kulturen unterschiedlich bewertet werden."[306] Die richtige Interpretation der Unterschiede auf der Grundlage von interkulturellem und fachlichem Wissen ist damit

[304] Christoph Müller 2000, S. 8.
[305] Vgl. Andreas Bittner (abi) 1998, S. 50f.
[306] Andreas Bittner 1998, S. 51 (Anm. MoR).

Ausgangspunkt für die Umsetzung in konkrete Handlungen zur Nutzung von Synergieeffekten und weiteren Lerneffekten auf der Grundlage entsprechend entwickelter Persönlichkeitseigenschaften. In diesem betont heterogen verstandenen Kontext synergieorientiert zu handeln heißt, „am konstruktiven Diskurs unterschiedlicher Meinungen, Ziele, Arbeitsstile, Denkgewohnheiten, Planungsaktivitäten, Lösungsansätze etc. teilnehmen zu können sowie diesen Diskurs - in einem nächsten Schritt - moderieren zu können.“[307] Interkulturelle Kompetenz weist als positiv genutzte Interkulturalität eine Handlungsbereitschaft und Handlungsfähigkeit in Situationen auf, die sich umso fremdkultureller darstellen, je größer die wahrgenommenen oder vorhandenen Unterschiede sind. Für die Vorbereitung heißt dies, Begegnungssituationen für die Teilnehmenden herzustellen, die einen hohen Grad an Fremdartigkeit aufweisen und gleichzeitig sowohl kulturungebundene als auch kulturspezifische Methoden des Arbeitens, Denkens, Planens etc. zu vermitteln. Parallel dazu sind geeignete Führungsstile für multikulturell zusammengesetzte Teams zu entwickeln. Es zeigt sich nach einer amerikanischen Studie, „dass multikulturelle Teams entweder sehr viel effektiver oder sehr viel ineffektiver arbeiten als kulturell homogene Teams. Wenn das Team sich selbst überlassen werde bzw. so geführt werde, als sei es kulturell homogen, verwirkliche sich das negative Potential. Wenn es aber gezielt gefördert und gesteuert werde, entwickele sich das positive. Kulturelle Synergie werde erzeugt.“[308] Gleichzeitig sind die Erfolgsfaktoren für internationales Projektmanagement zu berücksichtigen und die Mitarbeiter/innen entsprechend zielorientiert darauf vorzubereiten. Zu diesen Faktoren zählen:[309]

- Unternehmensstrategie
- Projektstaffing
- Projektorganisation
- Führungsstil
- Teambuilding
- Auftragsklärung
- Projektmonitoring
- Konflikt- und Risikomanagement
- Projektabschluss.

Um die multikulturelle Teamzusammenarbeit mit konkreten Maßnahmen zu optimieren, bieten sich an:[310]

- informelles Kennen lernen;
- Hintergründe, Besonderheiten und Gemeinsamkeiten der Teammitglieder zu berücksichtigen;
- eine flexible Arbeitssprache, um alle zu beteiligen;
- methodisch-arbeitsorganisatorisches und fachlich-inhaltliches Expertenwissen zu sammeln, zu überprüfen und Übernommenes zwischenzubilanzieren;

[307] Christoph Müller 2000, S. 8.
[308] Nancy Adler (1991) nach Andreas Bittner 1998, S. 52.
[309] Vgl. ausführlich Gemini Consulting, Bad Homburg 2000, S. 15.
[310] Vgl. Andreas Bittner 1998, S. 53.

- Arbeitseinteilung und -ablauf sachlogisch einzuführen und entweder durch einen Koordinator oder in Gruppengesprächen die Umsetzung und den Überblick zu gewährleisten;
- Kompetenzen und Motivationen der Teammitglieder regelmäßig und rechtzeitig zu bilanzieren, um Überforderungen vorzubeugen;
- bereichsübergreifende Daten für alle schriftlich zugänglich zu machen, um Abstimmungsprozesse zu erleichtern;
- Erfolge bewusst wahrzunehmen und auch zu feiern.

Im Rahmen eines offenen Trainingsprogramms „Interkulturelle Kernkompetenzen für Fach- und Führungskräfte"[311] mit unternehmensübergreifenden statt kultur- oder aufgabenübergreifenden Seminaren werden folgende, an den Aufgaben orientierte, interkulturelle Kernkompetenzen benannt und gefördert:

1. interkulturelle Verhandlungsfähigkeit, um Umsetzungsfragen sowohl auf der Ebene der Unternehmensleitung als auch des operativen Managements zu bearbeiten;
2. interkulturelle Kooperationsfähigkeit, um funktionierende Kooperationsformen für die Aufgaben in Teams, Arbeits- und Projektgruppen zu entwickeln;
3. interkulturelles Kundenmanagement, um Vertriebsstrukturen selbständig übernehmen und ausbauen zu können;
4. Wissensvermittlung über Kulturgrenzen hinweg, um Know-How und Technologie austauschen und transferieren zu können, insbesondere lokale Mitarbeiter/innen zu schulen, Projekte im Ausland zu begleiten oder Kunden technisch einzuarbeiten.

Interkulturelles Training ist nicht nur für Fach- und Führungskräfte relevant, die für eine kürzere oder längere Zeit in einem anderen Land tätig werden und leben. Für multinationale Arbeitsteams, die Produkte und Problemlösungen erarbeiten sollen sowie für Mitarbeiter/innen in Marketing oder Öffentlichkeitsarbeit sind interkulturelle Kompetenzen notwendig. So haben Untersuchungen gezeigt, „dass Entscheidungs- und Einigungsprozesse in Gruppen, deren Mitglieder drei oder mehr verschiedenen Kulturen angehören, wesentlich mehr Zeit beanspruchen und häufiger zu Konflikten führen als in vergleichbaren kulturell homogenen Gruppen"[312] und dass dies die Effektivität beeinträchtigen kann. Gründe können in den kulturell divergierenden impliziten Handlungsorientierungen und dem vergleichbar höheren Stress in multikulturellen Teams liegen. Zielsetzung eines Trainings für multikulturelle Teams kann sein, „das Verständnis für die Relativität eigenkulturell geprägter Werte und Handlungsorientierungen zu fördern und sie zu einer höheren Wertschätzung fremdkulturell geprägter Vorgehensweisen zu befähigen."[313] Da die Symbolbedeutung von Farben, Formen, Zeichen und Gesten u.a.m. zwischen den

[311] Vgl. IFIM - Institut für Interkulturelles Management 2000, S. 2f.
[312] Alexander Thomas/Katja Hagemann 1994, S. 194.
[313] Alexander Thomas/Katja Hagemann 1994, S. 195.

Kulturen beträchtlich variiert, ist für kulturadäquate Produktwerbung und Öffentlichkeitsarbeit interkulturelles Training mit dem Fokus auf Informationen über kulturelle Gemeinsamkeiten und Unterschiede sinnvoll. Daneben ist ein entsprechendes Training aller Mitarbeiter/innen von multikulturellen Unternehmen auch für die Integration ausländischer Mitarbeiter/innen sinnvoll.[314]

Die Fähigkeiten, die ein internationaler Manager benötigt, um interkulturell effektiv an seinen Aufgaben zu arbeiten, umfassen in der folgenden Darstellung auch die „lehrende" Funktion, für die hier die Form eines Dialogs empfohlen wird:[315]

The tools of the international manager's trade	
Two-way communication:	the ability to engage in meaningful dialogue rather than lecturing to individuals from the foreign culture.
Empathy:	the ability to see a situation from the other person's perspective.
Respect for host-country nationals:	the ability to communicate esteem for persons from other cultures.
Ability to be subjective:	personalizing one's knowledge and perception without being judgemental.
Openness:	willingness to share aspects of one's personal life with members of a foreign culture.
Integration of task and relationship dimensions of the job:	i.e. learning to be relation-oriented as well as task-oriented.
Tolerance for ambiguity:	the ability to live and work effectively in unclear cross-cultural situations.
Goal-directed persistence in the face of setbacks:	the ability to continue work toward a desired goal in the face of setbacks, also to approach goal attainment from an 'equifinality' perspective, i.e. there is more than one way to reach a goal.
Plus, of course, the appropriate professional competences!	

Tab. 40: The Tools of the International Manager's Trade (Rubin/Askling/Kealey nach Hill 1998)

Neben der lehrenden Funktion, die einzig in dieser Übersicht interkultureller Kompetenzen von Managern - wenn auch kritisch - überhaupt erwähnt wird, zählen die kanadischen Autoren auch Respekt gegenüber den Mitarbeiter/innen aus anderen Kulturen und zielgerichtetes Durchhaltevermögen selbst bei Rückschlägen zu den erforderlichen Kompetenzen. Hill richtet den Blick auf unterschiedliche Managertypen nach Persönlichkeitsprofil und europäischer Herkunftskultur und benennt sogar europäische Managementstile, denen verschiedene Ländergruppen zugeordnet werden können:[316]

---

314 Vgl. Alexander Thomas/Katja Hagemann 1994, S. 195f.

315 B.D. Rubin/L.R. Askling/D.J. Kealey: Cross-cultural Effectiveness: an Overview, nach Richard Hill 1998, S. 248.

316 Vgl. Richard Hill 1998, S. 204f.

Leading from the Front	**Towards a Common Goal**	**Managing from a Distance**	**Consensus**
Such a group is typified by executives from the United Kingdom, Spain and, to a lesser degree, Ireland. They can be described as 'autocratic' with 'strong drive'. They are also 'people oriented' in that they like to show strong leadership qualities and would work towards forming strategies that would be in the organisation's interest. However, the rest of the organisation has to fit with their approach and style.	This grouping consists of executives who are professional, who display strong drive with effective follow-through. They are likely to be disciplined and state that the systems, controls and procedures within the organisation are not a hindrance to job performance. The majority of German and Austrian executives fit into this classification. Efficiency and goal attainment are the prime motivators of executives in this group.	The majority of French executives in the sample tend to display autocracy and drive, but manage from a distance. They are identified as being strategic/conceptual thinkers and understand a need for procedures, but are likely to lack discipline in implementation. For example, they could generate resentment among subordinates because they may not be communicating messages or objectives effectively.	The members of this group are very much team-oriented. Senior executives from Sweden, Finland and, to a certain extent, Ireland are more likely to fall into this category. It goes someway to explaining why a vision is more likely to be shared by executives in the Scandinavian countries... Such executives place emphasis on people, effective communication and on attention to detail. The research shows that, if a senior executive in this grouping was not paying attention to people and was not communicating effectively, then team performance would be significantly impaired.

Tab. 41: European Management Style (eigene Darstellung nach Kakabadse in Hill 1998)

Obwohl hier die Gefahr von Vorurteilen und Stereotypisierungen besteht und diese Stile eher Trends benennen dürften, zeigen sie doch neben Selbstzuschreibungen auch, welche Erwartungen an den „European Management Style" geknüpft sind. So fanden Thomas und Ravlin[317] heraus, dass erwartetes Verhalten der Manager entweder zu fremd- oder eigenkulturspezifischem Verhalten führen muss, wenn nicht negative Attributionen und Stereotypen zugeschrieben und damit Erfolgswahrscheinlichkeiten verringert werden sollen. „Dennoch kann aus solchen Untersuchungen gelernt werden, dass ein ‚landestypisches' Verhalten nicht unbedingt zu dem gewünschten Ziel führt. Vielmehr muss auf Authentizität der eigenen Person im umfeldabhängigen Verhaltenskontext geachtet werden."[318]

Wesentlich ist die Zusammenstellung des multinationalen Teams, da die passende Mischung von Managementstilen vertreten sein sollte. Sowohl die Teamleiter als auch die Mitarbeiter/innen sollten sich dessen bewusst sein, dass es verschiedene individuelle und Teamarbeitsstile gibt, die auf europäischem Niveau zusammenarbeiten, um mögliche Konfliktfelder identifizieren, vorhersehen und damit umgehen

[317] Untersuchung bei 277 Mitarbeitern einer amerikanischen Niederlassung eines japanischen Konzerns 1995, nach Rüdiger M. Trimpop/Timo Meynhardt 2000, S. 201ff.

[318] Rüdiger M. Trimpop/Timo Meynhardt 2000, S. 202f.

zu können, wenn sie auftreten. Der Erfolg eines multinationalen Teams hängt von entsprechender Sensibilisierung und Einsicht ab.[319]
Teamarbeitsstile lassen sich in Polaritäten benennen, deren Grundverständnis trainierbar ist, und die Verhaltensweisen und Entscheidungsabläufe in einem internationalen Team erkennen, bearbeiten und ausgleichen hilft:

- „Konfrontation versus Harmonie
- Individualität versus Kollektivität
- autoritäre versus partnerschaftliche Entscheidungsfindung
- Aufgaben- versus Prozessorientierung
- Qualitäts- versus Quantitätsdenken
- direkte versus indirekte Kritik
- Produktivität versus Kreativität."[320]

Für den Erfolg effektiver Gruppenarbeit spielt neben der Nationalität bzw. internationalen Zusammensetzung (und Gruppengröße), der Dauer der Auslandserfahrung der Teammitarbeiter und der Beherrschung der Kommunikationssprache auch die Aufgabenstellung eine Rolle: so werden alltägliche Aufgaben am besten von homogenen, vorher nicht klar definierte Aufgaben ohne feststehende Lösungen am effektivsten von heterogenen Gruppen bearbeitet. Letztere sind auch bei kreativen Aufgabenstellungen bereichernd. Unterschiedliche Wertvorstellungen spielen bei der Lösung analytischer Aufgaben mit objektiven Messkriterien, Daten und Fakten kaum eine Rolle, behindern aber durch größeren Zeitbedarf infolge der Abstimmungsprozesse bei Aufgabenstellungen, die eine gut abgestimmte Interaktion oder gar Krisenmanagement erfordern.[321]

Zusammenfassend lassen sich Aufgaben, Einstellungen und Anforderungsprofile für interkulturelles (Projekt)Management wie folgt benennen:

1. Aufgaben
- kulturinkohärente Aufgaben auf der Makroebene (Organisation, Technologie) und kulturspezifische Aufgaben auf der Mikroebene (z.B. handlungsleitende Normen, Führungsstil);
- kulturell bedingte Handlungsstrategien (wie z.B. strategische Planung, Veränderungsbereitschaft, Führung und Führungsstil, Zusammenarbeit im Team, selbständiges Arbeiten bzw. Entscheidungsspielraum der Mitarbeiter/innen, Klarheit von Zielen und Zuständigkeiten, Entscheidungsfindung, Motivatoren, Kommunikation, Konfliktlösung, Loyalität mit dem Unternehmen, Verhandlungsstil);
2. Einstellungen zu
   Innovationskraft und unternehmerischem Denken, Risikobereitschaft, Delegationsfreudigkeit, Fähigkeit zur Implementation, langfristige Orientierung, Beziehung zwischen Managern und Beschäftigten, Erwartungen und Werte, Arbeits-

---

[319] Andrew Kakabadse: The Cranfield Executive Competencies Survey, nach Richard Hill 1998, S. 204f.
[320] Jürgen Rothlauf 1999, S. 136.
[321] Vgl. Jürgen Rothlauf 1999, S. 142f.

grundlage, Prozesse, Kommunikation, Ablauf von Präsentationen und Besprechungen, Haltung gegenüber andersdenkenden Partnern;

3. Anforderungsprofil
   „Transnationaler Grenzgänger" mit hohem Maß an Toleranz und Einfühlungsvermögen, Zielorientierung und Kontaktfreudigkeit; dazu gehören die folgenden Kompetenzdimensionen:

- fachliche (z.B. juristische, fachliche, ökonomische und Fremdsprachenkenntnisse);
- methodische (z.B. Informations-, Wissens- und Konfliktmanagement, Organisations-, Problemlöse- und Entscheidungsfähigkeit, Synergiedenken, Moderation);
- soziale (z.B. Führungsfragen und -stile, Team- und Kommunikationsfähigkeit) und
- personale Kompetenzen (z.B. Eigenmotivation, Selbstorganisation und -kritik, Belastbarkeit, Verhaltensflexibilität und Ambiguitätstoleranz, Empathie) sowie
- deren Verhältnis zur interkulturellen Kompetenz (z.B. Einbeziehung des fremdkulturellen Kontexts, Beschreibung und Erklärungsfähigkeit, Rollendistanz, Motivation und Lernbereitschaft, Vertrauensstiftung, Ethnorelativität, Metakommunikation); wesentliches Merkmal interkultureller Kompetenz ist die Zielsetzung, Synergieeffekte herstellen zu können.

Interkulturelle Kompetenz wird also aus den eigenen kulturspezifischen Haltungen und (methodischen und sozialen) Handlungsweisen entwickelt, die um andere kulturspezifische Haltungen und Kulturtechniken im Sinne von Arbeitsmethodik und Kommunikationsformen ergänzt und in die eigene zu einem erweiterten Tätigkeits- und Fähigkeitenprofil zusammengefasst werden. Wesentlich ist es, die Zielgruppe und klare Ziele des interkulturellen Trainings zu bestimmen, da die „außerordentliche Komplexität einer Materie nicht unterschätzt werden (darf), die durch das Zusammenwirken von personenbezogenen, betrieblichen, eigen- und fremdkulturellen Variablen gekennzeichnet ist".[322]

4.3.3.3 Interkulturelle Weiterbildungstätigkeit

Das Tätigkeitsfeld von Multiplikator/innen umfasst - wie bereits erwähnt -auch die Weiterbildungstätigkeit in Europa sowie Weiterbildung in multikulturell zusammengesetzten Seminargruppen. Deshalb ist hier eingangs die Frage zu stellen, über welche übergeordneten, handlungsleitenden Prinzipien Weiterbildner/innen verfügen sollen, die interkulturelle Trainings durchführen. Was soll interkulturelle Weiterbildung leisten? Aus diesem Leistungskatalog leiten sich Kompetenzanforderungen für interkulturelle Trainer/innen ab.

Kultur kann als stabilisierendes, das Überleben einer Gruppe von Menschen sicherndes, Fundament verstanden werden, wenn es gelingt, sie „den folgenden Generationen durch ihre Sprache und Institutionen, durch ihre Handlungsweisen,

[322] Alexander Thomas/Katja Hagemann 1994, S. 190.

Einstellungen und durch ihre allgemeine Praxis"[323] adäquat weiterzugeben. Kultur ist damit eine Identitätsfrage, die auch zur Würde einer Gruppe von Menschen beitragen kann: „Es ist wahrscheinlich Teil des Verdienstes aktueller Diskussionen zu Kultur, dass Kategorien wie ‚minderwertige' Kulturen und ‚überlegene' Kulturen oder ‚primitive' und ‚zivilisierte' Kulturen nicht mehr anwendbar sind, ohne hinterfragt zu werden."[324] Der Globalisierungsprozess sowie die modernen Verkehrsmittel und Informationstechnologien machen schnelle und ubiquitäre Kulturkontakte möglich. Aber „es gibt nicht nur den Prozess der Harmonisierung und des sympathischen Vergleichs von Ähnlichkeiten mit der eigenen Kultur und Tradition, es finden auch offene wie versteckte Diskriminierungen, Wertung und die Abgrenzung des ‚Eigenen' von dem des ‚Anderen' mit der üblichen Schlussfolgerung: unseres ist anders und besser wenn nicht sogar überlegen" statt.[325] Der verstärkte Handels- und Wirtschaftsprozess führt dazu, dass immer mehr hochqualifiziertes Personal von einem Land zum anderen transferiert wird. Gleichzeitig stellt sich die Frage, wie dieses Personal in multinationalen Unternehmen im Verhältnis zu einheimischem Personal behandelt und wie mit ihm umgegangen wird.[326] Interkulturell zu lernen bedeutet nach diesen Aspekten nicht nur, gegenseitig Verständnis und Respekt zu entwickeln, sondern auch „'interkulturell' zu leben, wenn Friede, Gerechtigkeit und die Erhaltung des Ökosystems auf dem Spiel stehen."[327]

Zu den „Orientierungsdaten für eine interkulturelle Didaktik der Weiterbildung" zählen innerhalb von globalen Kontexten die „Aufgabenpolarität von Informationstransport und Verhaltensorientierung", denen die Erwachsenenbildung als „integraler Bestandteil von Bildungskulturen" gerecht werden sollte.[328] „Interkulturelle Weiterbildung als Lerntätigkeit breiter Kreise und als Training interessierter Eliten trägt entscheidend dazu bei, grundlegende Qualifikationen für das Leben heute und in Zukunft zu gewährleisten."[329] Um dies zu erreichen, sollen Erwachsene die vielfältigen und kontrastreichen Lebenswelten und Entfaltungsperspektiven in verschiedenen Weltregionen wechselseitig kennen lernen, um ihre Lebenshorizonte auszuweiten. Als Handlungsgrundlage benötigen sie Informationen der jeweiligen kulturellen Zusammenhänge: „Eine entscheidende Lernkonstellation interkultureller Weiterbildung ist insofern die Erfahrung von intensiver Arbeit unter Partnern in exemplarischen lebensbezogenen Situationen."[330] Um den verschiedenen Lerngewohnheiten gerecht und mit zunächst als fremdartig empfundenen Lebenssituationen anderer Kulturen vertraut zu werden, ist es Aufgabe von Trainer/innen,

---

[323] Domingo Diel 2000, S. 222f.
[324] Domingo Diel 2000, S. 223.
[325] Domingo Diel 2000, S. 225.
[326] Vgl. Domingo Diel 2000, S. 226.
[327] Vgl. Domingo Diel 2000, S. 234.
[328] Vgl. Ernst Prokop 2000, S. 255.
[329] Ernst Prokop 2000, S. 259.
[330] Ernst Prokop 2000, S. 261.

Coaches oder Moderator/innen, Lernimpulse zu initiieren. „Eine intensive Form interkulturellen Lernens stellen Partnerschaftsprojekte dar.“[331]

Drei Herausforderungen interkultureller Trainingsprogramme kennzeichnen nach Paige die Arbeit von interkulturellen Trainer/innen:[332]

1. den Lernenden dabei zu helfen, wenn sie sich mit der Frage der Anpassung auseinandersetzen;
2. die Lernenden dabei zu unterstützen, die Erfahrung zu einer multikulturellen Persönlichkeit zu werden in Begriffe zu fassen und damit umzugehen, d.h. die Fähigkeit zu entwickeln, alternative kulturelle Referenzrahmen in das eigene Leben zu integrieren und effektiv in zwei oder mehreren Kulturen zu funktionieren;
3. mit Widerstand, Abwehr und Frustration der Lernenden umzugehen.

Als übergeordnete handlungsleitende Prinzipien globaler oder interkultureller Weiterbildung spielen nach Paige neben der Verarbeitung und dem adäquaten Einsatz größerer Informationsmengen, den zentralen Zielsetzungen des Programms, der Lerninhalte und des Lernprozesses sowie der zwischenmenschlichen Dynamik in der Beziehung zwischen Lernenden und Lehrenden auch ethische Fragen interkultureller Kompetenzentwicklung eine große Rolle für die Arbeit von interkulturellen „ethischen“ Trainer/innen.

Dazu zählen folgende Komplexe:[333]

1. geeignete Ziele und angemessene Beispiele für interkulturelles Training, z.B. ob und inwiefern es ethisch vertretbar ist, das Verhalten, die Haltung oder die Werte eines Menschen zu verändern und Multikulturalität zu fördern;
2. Bestandteile einer ethischen Lernumgebung, z.B. ob ein interkulturelles Training in einem extrem wettbewerbsorientierten Zusammenhang durchgeführt oder wie eine Entsprechung zwischen Lernumgebung und persönlichen Eigenschaften des Lernenden hergestellt werden sollte;
3. Charakteristika einer ethisch verstandenen Pädagogik, z.B. ob und inwiefern bestimmte Formen von Lernaktivitäten unter gewissen Umständen ungeeignet sein können (etwa kulturorientierte Simulationen);
4. Charakteristika eines „ethischen“ Teilnehmers oder Umstände, die zur Ablehnung eines Lernvertrags führen können, z.B. ethische Standards, die den langfristigen Absichten der interkulturell Lernenden widersprechen;
5. Bestandteile ethischen Marketings von Trainern und in ihren interkulturellen Lernangeboten, z.B. die Umstände, unter denen Behauptungen über die eigenen Fähigkeiten und die Lernergebnisse aus den Lernangeboten aufgestellt werden sollten;
6. Charakteristika einer ethischen Trainer-Lerner-Beziehung, z.B. inwieweit ein Expertenstatus für einen Trainer angemessen ist;

---

331 Ernst Prokop 2000, S. 268.

332 Vgl. R. Michael Paige 1993, S. 173f.

333 Vgl. R. Michael Paige 1993, S. 175f.

7. mit dem Training für den Lernenden verbundene Risiken und Antwortmöglichkeiten für ethische Trainer, z.B. welche Fähigkeiten für einen effektiven und sensiblen Einsatz von Lernaktivitäten erforderlich sind, die den Lernenden auffordern, Scheitern und Selbstenthüllung zu riskieren bzw. seine Selbstachtung und persönliche Identität bedrohen könnten;
8. charakteristische Qualitäten des ethischen Trainers, z.B. an welchen Verhaltensmustern, Werten und Verstehensniveaus ethische Trainer erkennbar sind;
9. professionsentwickelnde Schritte, die eine Ethik interkultureller Trainings fördern, z.B. praxisbezogene Hinweise für die Berufsvereinigungen, um ethische Richtlinien und Standards weiterzuentwickeln.

Diese ethischen Grundsätze sind in der wohl ersten und gleichzeitig sehr umfassenden Übersicht erforderlicher Kompetenzdimensionen für interkulturelle Trainer/innen von Paige integriert.[334] Paige differenziert nach den Wissensbereichen interkulturelle Phänomene, interkulturelles Training, Trainer-Lerner-Themen, ethische Themen, kulturspezifische Inhalte, Trainer-Themen, internationale sowie multikulturelle Themen und ordnet ihnen im kognitiven und Verhaltensbereich weitreichende Wissensbestände und umfassende Verhaltensfähigkeiten zu. Grundlegende Kompetenzen für erwachsenengerechte Lernformen und ein Rollenverständnis als Trainer werden um kulturallgemeines und -spezifisches Wissen und abgeleitete Fähigkeiten hin zu internationalen und multikulturellen Themenbereichen und den übergreifenden ethischen Prinzipien erweitert. Sie sind als operationalisierbare Kompetenzen benannt. Besonders hervorzuheben sind dynamische Aspekte der individuellen und sozialen interkulturellen Erfahrung und der Trainer-Lerner-Beziehung sowie Hindernisse und Widerstände sowohl im individuellen Lernen als auch gesellschaftlicher Akzeptanz interkultureller Themen. Paige integriert die Veränderung der vielfältigen sozialen Beziehungen und die Entwicklung durch Phasen wie Kulturschock zur kulturellen Marginalität in den Lernprozess.

Die in dieser Tabelle genannten „Trainer Issues" verweisen auch auf die personalen Kompetenzen interkultureller Trainer/innen. Dazu zählen nach Paige:[335]

- Ambiguitätstoleranz, auch gegenüber nie wirklich vorhersagbarem Trainingsverlauf;
- Flexibilität kognitiv und im Verhalten;
- individuelles Selbstbewusstsein, starke persönliche Identität;
- kulturelles Selbstbewusstsein;
- Geduld gegenüber den Lernenden, aber auch die Fähigkeit, diese bei den Lernenden für ihren eigenen Fortschritt fördern zu können;
- Enthusiasmus und Engagement;
- zwischenmenschliche Sensibilität;
- Toleranz von Unterschieden als ein wesentliches Kennzeichen effektiver Trainer;

[334] Vgl. R. Michael Paige 1993, S. 179-190. Paige konstatiert ein entsprechendes Defizit der Trainingsliteratur. Ebda. S. 170.

[335] Vgl. R. Michael Paige 1993, S. 190f.

- Offenheit für neue Erfahrungen und Menschen, die anders sind;
- Einfühlungsvermögen;
- Bescheidenheit im Sinne von ehrlichem Respekt für die Komplexität, Herausforderung und Unsicherheiten interkulturellen Lernens;
- Humor.

Brislin nimmt an, dass es umfassende Gemeinsamkeiten in der Interaktion mit anderen Kulturen gibt, die unabhängig von Unterschieden im ausgeübten Beruf oder dem Ort interkulturellen Zusammentreffens sind: „The basic assumption behind the development of a generally applicable set of training materials is that there are extensive commonalities in the experiences of people who interact with culturally different others. These commonalities occur despite differences in the exact jobs people have or despite differences in the exact place where the intercultural interaction takes place."[336] Um neues Wissen für interkulturelle Begegnungen jenseits von reiner Wissensvermittlung umfangreicher Fakten zu verankern, sollte ein Trainingsprogramm einen Referenzrahmen aufweisen, der die Gefühle, Gedanken und Erfahrungen der Teilnehmenden einbezieht. Dazu schlägt Brislin die folgenden acht Kategorien bzw. 18 Themen für die Methode kulturallgemeiner „critical incidents" vor, die zentral für das Verständnis interkultureller Erfahrungen sind und die die tatsächlichen Erfahrungen, Gefühle und Gedanken von Auslandstätigen umfassen sollen.

Die folgenden Kategorien können in einem länger dauernden Trainingsprogramm zugrundegelegt werden:[337]

- host customs
- interactions with hosts
- settling in
- tourist experiences
- the workplace
- the family
- schooling
- returning home.

Die verschiedenen Lösungsalternativen von „critical incidents" beinhalten typische Probleme jeder ausgiebigen interkulturellen Handlungssituation, die im Training diskursorisch bearbeitet werden können. Zu diesen typischen Problemen gehören

„(1) overreacting to colorful incidents
(2) the trait-situation distinction
(3) the fundamental attribution error
(4) avoiding stereotypes
(5) acceptable outlets for aggressive feelings, and
(6) feeling personally attacked."[338]

---

[336] Richard W. Brislin 1993, S. 281f.
[337] Vgl. Richard W. Brislin 1993, S. 284f.
[338] Richard W. Brislin 1993, S. 289.

Das Verständnis der folgenden 18 Themen liefert auch nach dem Training einen effektiven Referenzrahmen für die eigenständige, ausgewogene Analyse interkultureller Erfahrungen.

emotional experiences	**knowledge areas**	**bases of cultural differences**
anxiety, whether behaviour is appropriate to unfamiliar demands	work, different attitudes toward creative effort and proper relationship between on-task time and social interaction	categorization, culturally determined different placing of individual elements into different categories is confusing when accustomed to another set of categories
disconfirmed expectancies, when situations differ from those which they expected	time and space, varying attitudes regarding the importance of being on time to meetings or the proper space when interacting with other people	differentiation, information is differentiated according to cultural-specific increased interest or importance of a certain knowledge area, outsiders may not differentiate in the same manner and be treated as naïve or ignorant
belonging, not often feeling accepted and at home, but having the status of outsiders	language, attitudes toward language use and difficulties of learning language as it is actually spoken rather than from a book	in-group/out-group distinction, entering another culture often leads to out-group membership, never participating in in-groups because of some associated behaviour
ambiguity, due to unclear messages and little guidance for decisions about acceptable behaviour in host culture	roles, large differences with respect to occupants of roles like family provider, boss, volunteer, leader, and how they are enacted in other cultures	
confrontation with one's prejudices, previous attitudes of socialisation in own cultures are not useful in another culture	importance of the group and of the individual, varying relative emphasis on individual and group allegiances	
	rituals and superstitions, rituals to cope with life's everyday demands, engagement in behaviours that outsiders could call superstitious	
	values, understanding of internalized views as religion, economics, politics, aesthetics, and interpersonal relationships is critical	

Tab. 42: Emotional Experiences, Knowledge Areas, and the Bases of Cultural Differences (eigene Darstellung nach Brislin 1993)

Wie die vorstehenden 18 Themen zeigen, sind schon interkulturelle Trainings für Teilnehmer/innen von hoher Komplexität und großen Herausforderungen gekennzeichnet. Dies gilt umso mehr für das Training interkultureller Trainer/innen, u.a. deshalb, weil es bisher kaum professionalisierte Bildungswege gibt. Allerdings gibt es eine Reihe von Trainingsangeboten, die interkulturelle Kompetenz für Sprachtrainer/innen fördern,[339] Lerninhalte der Trainerausbildung auf internationale Lerngruppen übertragen,[340] für ein neues Berufsbild „interkultureller Trainer" ausbilden,[341] ein Trainerzertifikat zum interkulturellen Trainer/Coach anbieten[342] oder ein Weiterbildungsprogramm „interkulturelle Mediation" entwickeln.[343] Entstanden ist auch ein offenes und dynamisches „Netzwerk Interkulturelles Lernen in Europa (NILE)" für Multiplikator/innen für die Erwachsenenbildung[344] zum Erfahrungsaustausch und um zwischen den beteiligten 14 Partnerländern gemeinsame Begriffe und Ansätze interkulturellen Lernens zu identifizieren. Für die berufliche Weiterbildung erforscht derzeit das Projekt „Anforderungen an Trainerinnen/Trainer in der beruflichen Weiterbildung von Lerngruppen mit Teilnehmenden deutscher und ausländischer Herkunft"[345] die Grundlagen einer Zusatzqualifikation mit dem Ziel, eine geeignete Qualifizierung zu entwickeln, damit durch Trainer/innen Migrant/innen zukünftig besser in die Regelangebote beruflicher Weiterbildung einbezogen werden können.

Einige Anforderungen an interkulturelle Trainings für Trainer/innen sind:

- geeignete Kombinationen kulturorientierter Übungen und wissensbasierter Inhalte hinsichtlich der kritischen Trainingsvariablen und -dynamiken;
- Lernübungen mit Blick auf das gesamte Trainingsdesign und die Konstruktion spezifischer Lernaktivitäten;
- organisatorische Planung und Programmziele;
- Möglichkeiten der Programmevaluation und Assessment-Methoden;
- sorgfältige Reflektion der Trainer/innen-Lernende-Beziehung und ihrer (Gruppen)Dynamik.[346]

---

[339] Vgl. z.B. IIK Düsseldorf „Train-the-trainer: Die Entwicklung interkultureller Kompetenz im Sprachtraining" (eintägiges Seminar 2002), Quelle: http://www.iik.duesseldorf.de/archiv/2002/kurse/06fk/programm.php vom 11.04.2003 oder das Socrates-Projekt ILTIS des Goethe-Instituts: Intercultural Learning for Teachers in Secondary Schools mit Schwerpunktsetzung auf interkultureller Methodik und Didaktik (10 Module zum Download, auch als Buch und Video, Laufzeit 1999-2002), Quelle: http://www.goethe.de/dll/pro/iltis/deindex.htm vom 02.08.2004.

[340] Barbara Jäger, WBS Training AG, Stuttgart (dreitägiges Seminar 2004), Quelle: http://seminar.manager-magazin.de/seminar.html?sindex=68034&... vom 27.07.2004.

[341] Vgl. cinco – centre for intercultural communication ggmbh (modular aufgebaut, 9 dreitägige workshops 2003, 2004), Quelle: http://www.cinco.de/be.html vom 11.04.2003 und 02.08.2004.

[342] Vgl. Jürgen Bolten: erste Blended-Learning-Weiterbildung zum interkulturellen Coach mit Hochschulprüfung (213 Unterrichtsstunden = ca. 400 Stunden Workload in einem Jahr), Quelle: http://www.interculture.de/isatrainerzertifikat.htm vom 02.08.2004.

[343] Karl-Heinz Flechsig: Ein Trainingsprogramm zur Aus- und Weiterbildung im Bereich Interkulturelle Mediation (Projekt IME, insgesamt ca. 300 Stunden aktiver Lernzeit für 7 ca. 45stündige Kurse), Quelle: http://mailbox... /Interkulturelle%20Mediation.htm vom 21.03.2003.

[344] Vgl. http://Grundtvig.eu-projekt.net/NILE vom 02.08.2004.

[345] Vgl. Monika Bethscheider/Christine Schwerin: Zwischenbericht, Laufzeit 2003-2005; Quellen: http://www2.bibb.de/tools/fodb/pdf/zw_24101.pdf oder http://www.kibb.de/cps/rde/xchg/SID-2BAB107B-F5BEA4F5/kib... vom 02.08.2004.

[346] Vgl. R. Michael Paige 1993, S. 194f.

Von Queis benennt als Kompetenzen für Lehrende im Umgang mit Kolleg/innen und Lernenden aus anderen Forschungs-, Lehr- und Lern-Kulturen eine spezifische Geisteshaltung und mentale Einstellung und zählt dazu „Offenheit, Toleranz, Lernwille, Sensibilität und Flexibilität genauso wie Selbstbewusstsein, Bewahrung der eigenen Identität, Kenntnis fremder Kulturen und Echtheit".[347]
Nach von Queis[348] gehören zur interkulturellen Kompetenz Lehrender

- interkulturelles Wissen (Unterschiede zwischen Kulturen kennen);
- interkulturelles Verstehen (Perspektivenwechsel einnehmen);
- interkulturelle Wertschätzung (andere kulturell bedingte Verhaltensweisen würdigen);
- interkulturelle Handlungskompetenz (konstruktive gemeinsame Problemlösung suchen).

Für die komplexen Situationen und verschiedenen kulturellen Kontexte mit individuell unterschiedlich ausgeprägten Handlungsweisen kann es „keine Patentrezepte oder allgemeingültige Regeln" geben, aber eine kulturallgemeine Checkliste, um Stereotype zu vermeiden. Diese „Checkliste zur interkulturellen Kompetenz für Lehrende" kann mit internationaler Erfahrung bzw. regionalem oder kulturellem Wissen auf den angemessenen Umgang mit Lernenden aus anderen Kulturen vorbereiten. Sie umfasst die folgenden Aspekte, die je nach Kultur unterschiedliche Ausprägungen erfahren und entsprechend unterschiedliche Erwartungen und Verhaltensweisen der Lernenden[349] implizieren:

1. Regeln, Zeitvorgaben und Verabredungen
2. äußere Erscheinung des Dozenten
3. Dozent/in als persönliches Vorbild/Mentor
4. partnerschaftliche Gesprächsatmosphäre
5. persönliche Beziehung zum Dozenten
6. regelmäßige Kontrolle/Supervision
7. (in)direkte Ausdrucksweise
8. (non)verbaler Ausdruck
9. (in)direkter Blickkontakt
10. wörtliche Wiedergabe von Texten
11. wissenschaftliche Meinung eines Professors
12. selbstbewusste und kritische Äußerungen
13. (in)direktes Ansprechen
14. Aktivierung von Lernenden aus anderen Kulturen
15. Vermittlung in Konfliktsituationen
16. Erfolg und Scheitern im Studium
17. Wert von Abschlussprüfungen
18. Aufgabenarten bei Prüfungen.

---

[347] Dietrich von Queis 2004, S. 16. Es stellt sich die Frage, inwieweit diese Eigenschaften kulturspezifisch sind.
[348] Dietrich von Queis 2004, S. 4.
[349] Bei Dietrich von Queis: Studierende.

Aden beschreibt in Anlehnung an die fünf Kompetenzbereiche nach Döring ein erweitertes Kompetenzspektrum für Seminarleiter/innen in interkulturellen Weiterbildungsveranstaltungen.[350] Dabei wird Selbstkompetenz erweitert um das „Wissen, Modell für in Deutschland kulturadäquates Handeln zu sein" und den konstruktiven Umgang mit eigenen und fremden Projektionen. „Man muss damit leben können, in Interaktionen eher selten Bestätigung für das eigene Weltbild zu bekommen und stattdessen häufig mit Ungewohntem, Fremdem konfrontiert zu sein."[351] Sozialkompetenz bedeutet zusätzlich, fest in der eigenen Kultur verwurzelt zu sein als ein Halt für die interkulturelle Flexibilität. Benötigt wird ein umfangreiches Repertoire für die Kommunikation, auch in der Sprache der Weiterbildung bzw. der Muttersprache der Lernenden. „Hinzu kommt Wissen um die Werte, Normen und Kommunikationspräferenzen der beteiligten Kulturen sowie ein Methodenrepertoire für den Umgang mit sozialen Prozessen."[352] Fachkompetenz bedeutet in diesem Zusammenhang, international differierende Berufsfelder und relevante Rahmenbedingungen zu kennen, ggf. Arbeitserfahrung in den Zielländern zu haben und den Erfahrungshintergrund der Lernenden einzubeziehen. „Im Idealfall hat der/die Leiter(in) selbst für längere Zeit in den beteiligten Kulturräumen gearbeitet und sich zumindest teilweise assimiliert. ... Zumindest sollte der/die Leiter(in) einmal das Erlebnis des Kulturschocks gehabt und den Prozess der mehr oder weniger erfolgreichen Eingliederung in eine fremde Kultur über längere Zeit hinweg erlebt haben."[353] Didaktische Kompetenz erfordert für die kulturell vielfältigen Wahrnehmungs- und Verhaltensgewohnheiten der Lernenden den Einsatz eines besonders großen Repertoires an Lehr- und Sozialformen einschließlich geeigneter visueller Medien. Dabei spielen Vor- und Nachbereitung eine große Rolle, auch für die Bearbeitung von Basisfragen der Lernenden. „Es lässt sich kaum vorhersagen, welche Inhalte oder Arbeitsmethoden schnell verstanden werden, an welchen Stellen sich Diskussionen entzünden und wie sie sich entwickeln."[354] Um die Zielsetzung interkultureller Trainings zu erreichen, die eigene Handlungsfähigkeit im Umgang mit Unterschieden zu erweitern und für ein gemeinsames, produktives Miteinander neue Möglichkeiten zu erarbeiten, werden je nach Lernprozess der unterschiedlichen Gruppen „allgemein bekannte Prinzipien der Erwachsenenbildung angewandt, die in den Stichworten emanzipatorisch, Erfahrungslernen, handlungs- und teilnehmerorientiert zusammengefasst werden können."[355] Ergänzend zählt zu den organisatorischen Kompetenzen, dass darüber hinaus die Teilnahme des Dozenten an Aktivitäten des Rahmenprogramms und der zusätzliche Einsatz von Trainer/innen speziell für interkulturellen Kompetenzerwerb sinnvoll sein können.

---

[350] Vgl. Sven Aden 1998, S. 53ff. Vgl. Sven Aden 1999, S. 398ff. Aden legt den Schwerpunkt auf Weiterbildung für Lernende aus anderen Kulturen.

[351] Sven Aden 1997, S. 34.

[352] Sven Aden 1997, S. 33.

[353] Sven Aden 1997, S. 33.

[354] Sven Aden 1997, S. 33.

[355] Steffen Kanis 1997, S. 36.

Interkulturelle Trainings können sich also an verschiedenen Zielsetzungen und Zielgruppen orientieren, für die die Multiplikator/innen-Weiterbildung Grundlagen legen kann:

- für eigene kurz- oder längerfristige Arbeitsaufenthalte in einem anderen europäischen Land;
- für die Zusammenarbeit in einem multikulturellen Projektteam;
- für Weiterbildungstätigkeit in einer multikulturell zusammengesetzten Teilnehmer/innen-Gruppe;
- für eine öffentlichkeitswirksame Verbreitung interkultureller Aspekte in monokulturellen Gruppen der eigenen (deutschen) Kultur.

Für die eigene Weiterbildungstätigkeit in einer multikulturell zusammengesetzten Gruppe kann Weiterbildner/innen der Leitfaden „Wie organisiere ich ein Kursangebot für ein internationales Publikum?“[356] Hinweise auf Anforderungen geben. Diese Handreichungen umfassen Kursdefinition und -planung, Marketing, organisatorische Aspekte (Anmeldung, Vor- und Nachbereitung, Durchführung) sowie umfangreiche administrative Hilfestellungen durch Formulare. Es können aus diesem Leitfaden auch Kompetenzen der interkulturellen Dimension abgeleitet werden. Sie umfassen neben umfangreichen allgemein-didaktischen, kulturallgemeinen und -spezifischen Literaturhinweisen unter dem Stichwort „interkulturelle Dimension“ Hinweise auf kulturell unterschiedliche Essens- und Pausenzeiten bzw. Zeitgefühl und Essensgewohnheiten, Freizeitgestaltung, Verhaltensweisen, Kommunikationsformen (Anrede, Beteiligung, Kritik, Steuerung durch einen Moderator[357]), Kleidung, aber auch Begriffsdefinitionen.

Ein Konzept einer Weiterbildung für Weiterbildner/innen aus verschiedenen Ländern Europas wurde im bereits vorgestellten IMITATE-Projekt beschrieben und die Erfahrungen wurden evaluiert. So wurde festgestellt, dass

- es aufgrund der Vielzahl von Traditionen und Praktiken in der europäischen Erwachsenenbildung nur schwer möglich ist, den beabsichtigten Leitfaden auf europäischem Niveau zu verfassen;
- die Übertragbarkeit von „good practice“-Beispielen innovativer Methoden an Akzeptanzgrenzen stieß, wo traditionelle Herangehensweisen möglicherweise besser eingeschätzt wurden oder wo ihre Beschreibung zu theoretisch wurde, als dass sie Implikationen für die tatsächliche Anwendung beim praktischen Lehren und Lernen sichtbar werden ließ;
- Lernen aus den regionalen Unterschieden mit Bezug zu den interkulturellen Aspekten als hilfreich angesehen wurde;
- regionale Unterschiede hinsichtlich Theoriebezug und -akzeptanz sichtbar wurden;

[356] Vgl. InWent Internationale Weiterbildung und Entwicklung 2003.

[357] Beispielsweise wurde unter dem Titel „Fit für Europa. Arbeits- und Moderationstechniken für transnationale Seminare“ von Arbeit und Leben Rheinland-Pfalz, Katja Friedrich/Ernst Gerhards 1999 ein Seminar durchgeführt.

- gruppendynamische Phasenmodelle zur Erklärung entstandener Konflikte hilfreich waren und zu interkulturellem Lernen beitrugen;
- positivere interkulturelle Lernerfahrungen durch den Austausch von Ideen sowohl innerhalb als auch außerhalb der organisierten Lernsituation entstehen konnten;
- die Teilnehmer/innen durch Diskussionen und Erfahrungsaustausch viel voneinander lernten, möglicherweise am meisten während der informellen Treffen;
- es wichtiger sein kann, Fragen zu formulieren, auch wenn die Antworten erst später gegeben bzw. gefunden werden und dies die Rolle der Leitenden als Expert/innen grundsätzlich in Frage stellen kann;
- das Fehlen einer transnational arbeitenden Institution vorerst ein akkreditiertes europäisches Training für Weiterbildner/innen verhindert, das entwickelte Trainingsprogramm aber ein Schritt in Richtung eines Zertifikats in Europäischer Erwachsenenbildung sein kann.[358]

Die sehr weitgreifenden und umfassenden Kompetenzanforderungen theoretischer Modelle finden allerdings im Arbeitsalltag eine Grenze des Bewältigbaren. Eine Reflektion interkultureller Trainings in monokulturellen Gruppen der eigenen (dänischen) Kultur[359] und eine kritische Einschätzung der vorhandenen Kompetenzen der akademischen Lehrenden zeigt folgende Stärken und Schwächen auf: breit gefächerte Forschungsinteressen und -erfahrungen als Grundlage für Kurse in Kulturanalyse und interkultureller Kommunikation, interkulturellem Management, interkulturellem Marketing und internationalen Entwicklungsstudien, aber meist keine pädagogische Grundausbildung und wenig Möglichkeiten zu pädagogischer Weiterbildung. Inwieweit die Lehrenden über eigene Auslandserfahrungen verfügen, ist nicht erwähnt. Schwerpunkt des Studiengangs ist es, die Problemlösefähigkeit der Studierenden zu trainieren, dabei ist Interdisziplinarität ein Schlüsselwort. Die Lehrmethoden umfassen Fallstudien und Projekte, wobei es das Ziel ist, ein Zusammenspiel zwischen Projektarbeit und breit gefächerten Unterrichtsthemen mit kulturvergleichenden und kulturallgemeinen Schwerpunkten zu erreichen: „Teaching the courses in intercultural communication ist very demanding in so far as they require a theoretical insight in and a general view of a large interdisciplinary field. On the other hand it is also a challenge to keep up to date with research findings and debates within the fields of anthropology, sociology of culture, psychology of culture, intercultural management and intercultural marketing."[360] Dementsprechend sind die meisten Unterrichtseinheiten durch Wissensvermittlung gekennzeichnet. Verschiedene Lehraktivitäten sind bei der Planung zu berücksichtigen, die den kognitiven, affektiven und kommunikativen Aspekten der interkulturellen Kompetenzentwicklung der Studierenden Rechnung tragen. Dabei müssen sich die Lehrenden bewusst sein, dass ein Kurs in interkultureller Kommunikation nur einen geringen Teil des gesamten Studienprogramms umfasst. Sie müssen ihre Kom-

[358] Vgl. Jan Sørlie/Mark Dale 2000, S. 1-6; vgl. Kapitel 4.1.1 Erwachsenenbildung in Europa.
[359] Vgl. Anne-Marie Søderberg 1995, S. 292f.; an der Copenhagen Business School für Studierende des Studiengangs International Business Administration and Modern Languages.
[360] Anne-Marie Søderberg 1995, S. 293.

petenz hinsichtlich der Lehraktivitäten einschätzen können, die möglicherweise starke emotionale Reaktionen hervorrufen oder Sensibilisierung als Lernziel haben. Gleichzeitig erweckt die Betonung der kognitiv vermittelten Inhalte bei den Studierenden den Eindruck zweifelhafter Relevanz der eher experimentellen Lehraktivitäten, wie interkultureller Kommunikationsübungen, bei denen sie persönlich einbezogen werden. „Teaching intercultural competence in its utmost consequence requires both comprehensive pedagogical qualifications and real therapeutic skills."[361]

Ein trinationales Europa-Programm für Lehramtsstudierende[362] zeigt folgende Schwierigkeiten und Faktoren des themenzentrierten Begegnungsprogramms, die auf die Gestaltung von Weiterbildungsprojekten übertragbar sein können: trotz eines schwerfälligen Einstiegs mit einer Fülle von Informationen, referierendem Konferenzstil, Missverständnissen bei den Interpretationen der Gruppenvorträge, unterschiedlicher Sprachfertigkeit und einem fehlenden integrierenden Faktor wirkte die Langzeitperspektive des Begegnungsprogramms positiv auf die beabsichtigte Zusammenarbeit und den intensiven Kontakt der Studierenden und beteiligten Schulen. Dazu gehörte auch informeller kultureller Austausch in der Freizeit. Komponenten der einwöchigen Treffen, die abwechselnd bei jeder beteiligten Partnerhochschule stattfanden, waren

- Zusammenleben, um das Alltagsleben kennen zu lernen und Verständnis und Verantwortung zu entwickeln (landeskundlicher Bereich);
- themenzentrierte Projektarbeit, um selbstgewählte Themen inhaltlich aufzubereiten und ein visuelles Produkt für die Partner zu gestalten (themenzentrierte bzw. projektorientierte Interaktion);
- Grundschulbezug, um im allgemeinen und didaktischen Bereich interkulturelle Diskurse zu initiieren und Fachbegriffe kritisch zu erläutern und zu reflektieren (berufsbezogener Bereich).

Diese Komponenten sind auch auf andere interkulturelle Intensivprogramme übertragbar. „Realistisch formuliert, bestand die interkulturelle Arbeit im fortlaufenden Verhandeln von Missverständnissen und Meinungsverschiedenheiten, die mit Anstrengung überwunden bzw. auf eine gemeinsame Grundlage gebracht werden mussten".[363] Dazu zählen die Themenfindung, Feste im Jahresablauf, Umwelt, Methodenfragen des Unterrichts (unterschiedliche Vorstellungen zu Handhabung und psychologisch-didaktischer Begründbarkeit), Einhalten von Vereinbarungen (auch Fragen des Selbstverständnisses und der Sachzwänge, die dem Verhalten zugrunde liegen) und Evaluation der visuellen Dokumente.

---

[361] Anne-Marie Søderberg 1995, S. 303. Sie fügt hinzu: „Such qualifications and skills do not normally have either a high priority or a high reputation among university teachers and scholars. So if you fulfill the ambitious objectives of teaching intercultural competence you also run the risk of not being accepted in the community of scholars of repute."

[362] Vgl. Ingelore Oomen-Welke 1993, S. 222ff. Die beteiligten Hochschulen waren in Frankreich, Spanien und Deutschland.

[363] Ingelore Oomen-Welke 1993, S. 227.

Zusammenfassend sind aus den allgemein gültigen Anforderungen an die Gestaltung von Weiterbildungsmaßnahmen und Trainer/innenkompetenz für interkulturelle Trainings fünf zentrale Aspekte hervorzuheben:

- Eine transparente Philosophie und Zielsetzung interkultureller Trainings ist nötig.
- Der besondere Umfang und die Vielschichtigkeit des kulturellen Wissens und der interkulturellen Handlungsmöglichkeiten allgemein sind zu berücksichtigen.
- Die durch einbezogene Zielkulturen entstehende Mehrdimensionalität bzw. Komplexität ist zu verarbeiten.
- Wie mit Stress umgegangen und wie er konstruktiv verarbeitet wird ist zu reflektieren, insbesondere hinsichtlich der die Persönlichkeit verändernden bzw. erweiternden mehrdimensionalen Perspektiven, sowohl auf Seiten der Lernenden als auch der Lehrenden.
- Internationale und multikulturelle sowie ethische Themen sind einzubeziehen.

Abschließend soll hier der Ansatz von Bennett für die Weiterbildung von Weiterbildner/innen wieder aufgegriffen werden.[364] Danach sollen interkulturelle Trainer/innen mindestens eine Entwicklungsstufe weiter als die Lernenden sein; ihre Rolle ist nicht die der Vermittler einer endgültigen Wahrheit, vielmehr leiten sie die Fortentwicklung der Lernenden innerhalb der verschiedenen Entwicklungsstufen an.

4.3.4 Interkulturelle Trainingsansätze

In diesem Kapitel wird den folgenden Fragen nachgegangen: Was ist interkulturelles Training? Welche besonderen Merkmale kennzeichnen interkulturelle Trainingsmaßnahmen?
Zunächst wird exemplarisch für interkulturelles Training eine Definition vorangestellt, die eine klare Zielsetzung beinhaltet: „Allgemein umfasst interkulturelles Training alle Maßnahmen, die darauf abzielen, einen Menschen zur konstruktiven Anpassung, zum sachgerechten Entscheiden und zum effektiven Handeln unter fremdkulturellen Bedingungen und in kulturellen Überschneidungssituationen zu befähigen. Das Ziel dieses Trainings besteht in der Qualifizierung der Führungskräfte zum Erkennen und zur konstruktiven und effektiven Bewältigung der spezifischen Managementaufgaben, die sich ihnen gerade unter den für sie fremden Kulturbedingungen und in der Interaktion mit fremdkulturell geprägten Partnern stellen."[365]
Interkulturelle Trainings können die verschiedenen Phasen eines Auslandseinsatzes begleiten und fördern:

1. in der Vorbereitung kurz vor der Ausreise und zu Beginn der Tätigkeit im Ausland;

---

[364] Vgl. Kapitel 4.3.2.1 Phasen interkultureller Kompetenzentwicklung.
[365] Alexander Thomas/Katja Hagemann 1994, S. 174.

2. den Verlauf des Arbeitsaufenthalts im Ausland durch begleitende Trainings;
3. als zusätzliche Nachbereitung, um die interkulturellen Erfahrungen mit Peers und Experten zu diskutieren und zu reflektieren.[366]

Die folgenden Ansätze bisheriger interkultureller Managementforschung finden sich je nach Philosophie und Zielsetzung im Trainingsalltag wieder, wenngleich der Zeitgeist einige Ansätze befürwortet bzw. negiert. Es lassen sich hinsichtlich möglicher Trainingsinhalte und
-ziele unterscheiden:[367]

1. der parochiale bzw. akulturelle Ansatz, der sich allgemein mit betriebswirtschaftlichen[368] Problemen ohne interkulturelle Bezüge befasst;
2. der ethnozentrische Ansatz, der von der Überlegenheit bzw. Universalität der eigenen[369] Managementmethoden ausgeht und nach möglichen Anwendungsformen auch in anderen Kulturen sucht, um die eigenen Managementtheorien interkulturell zu validieren sowie die eigenen Methoden in anderen Kulturen zu reproduzieren, ohne nach Ursachen erkennbarer Ähnlichkeiten und Unterschiede zu fragen;
3. der polyzentrische Ansatz, der kulturelle Relativität und viele verschiedene kulturell-distinktive Methoden zum Erreichen von Managementzielen annimmt, so dass Management nur im Kontext des jeweiligen kulturellen Umfelds zu verstehen ist und kaum handlungsnormative Aussagen getroffen werden können;
4. der komparative Ansatz, der kulturinvariante und universelle, aber auch kulturspezifische Aspekte des Managements unterscheidet und nach Möglichkeiten sucht, „moderne“ Managementtechniken in andere Kulturen[370] zu transferieren;
5. der geozentrische Ansatz, der für das Management multinationaler Unternehmen nach interkulturellen Ähnlichkeiten im Management sucht und Unterschiede als Nebenbedingungen vernachlässigt;
6. der synergistische Ansatz, der konfliktfreie Muster interkultureller Kooperationen identifizieren will, und von gegenseitigen Lern- und Sozialisationsprozessen in multikulturellen Organisationen ausgeht.

4.3.4.1 Kultur-, informations- und interaktionsorientierte Ansätze

Die im Folgenden dargestellten interkulturellen Trainingsansätze lassen sich nach kulturallgemeinen und kulturspezifischen bzw. kontrastiven[371] Ansätzen sowie in-

---

[366] Vgl. Alexander Thomas/Katja Hagemann 1994, S. 174.
[367] Vgl. Nino Kumar 1988, S. 390f.
[368] Verallgemeinerbar: fachspezifisch.
[369] Gemeint sind amerikanische.
[370] Aus westlichen Industrienationen überwiegend in Entwicklungsländer.
[371] Jürgen Rothlauf 1999, S. 8f. spricht von „cross-culture“ oder kulturvergleichenden, komparativen Aussagen; nach Karlfried Knapp/Annelie Knapp-Potthoff 1990, S. 69ff. werden kulturspezifische Unterschiede der para-, non- und verbalen Kommunikation kontrastiven Ansätzen zugerechnet.

formativen und interaktionistischen Ansätzen unterscheiden. Letztere bezeichnen den unterschiedlich niedrigen bzw. hohen Aktivierungsgrad der Teilnehmer/innen. Die Strukturierung eines Trainings sollte ziel- oder interkulturelle Einzelkompetenzen isoliert fördern. Zugleich wird aus Sicht der interkulturellen Trainingsforschung und -praxis ein Methodenmix gefordert, mit dem kognitive und verhaltensorientierte Fähigkeiten entwickelt werden.

Je nach Zielsetzung lassen sich informations-, kultur- und interaktionsorientierte Trainingsformen unterscheiden.[372] Die dazu gehörigen Trainingsmethoden sind in der folgenden tabellarischen Übersicht dargestellt:[373]

informationsorientiert	**kulturorientiert**	**interaktionsorientiert**
Bücher, Hand-outs, Filme Vorträge, Grafiken	Kultursimulationsspiele	strukturierte Interaktionen mit Menschen des Gastlandes, Field Trips
Erfahrungsberichte auslandserfahrener Landsleute	Selbsterfahrungsübungen	Kommunikationsübungen
Fallbeispiele	Rollenspiele, Bearbeitung und Diskussion von Fallbeispielen	Rollenspiele

Tab. 43: Formen interkulturellen Trainings (nach Thomas/Hagemann 1994)

Schwächen und Stärken der jeweiligen Trainingsformen sind in der singulären bzw. kombinierten Durchführung zu sehen. Ein rein informationsorientiertes Training[374] wird der „Komplexität und Vielschichtigkeit interkultureller Lern- und Anpassungsprozesse" nicht gerecht, da „hauptsächlich kognitive Lehr- und Lernmethoden", wie z.B. Vorträge, Filme, schriftliches Material, Fallbeispiele eingesetzt werden. Mit dem kulturorientierten Trainingsansatz[375] werden Teilnehmer/innen wesentlich umfassender aktiviert und die allgemeine interkulturelle Handlungskompetenz gefördert, z.B. durch Kultursimulations- oder Rollenspiele. Erfahrungen wie Missverständnisse und Kommunikationsschwierigkeiten, die zu Frustrationen und Unsicherheiten führen können, müssen hier allerdings adäquat verarbeitet werden. „Dies setzt psychologische Schulung, soziale Kompetenz und interkulturelle Erfahrung seitens des Trainers voraus."[376] Im interaktionsorientierten Training sollen Teilnehmer/innen Vertreter/innen der Zielkultur kennen lernen, bei längerer Vorbereitungszeit kurzzeitig das Land selbst besuchen bzw. einen „Katalog von Arbeitsaufträgen" für den späteren Auslandsaufenthalt aufstellen, der z.B. beinhaltet, beobachtete Kulturstandards zu sammeln oder aktiv Kontakte in kollegialen Ge-

[372] Vgl. Alexander Thomas/Katja Hagemann 1994, S. 184ff.
[373] Alexander Thomas/Katja Hagemann 1994, S. 189.
[374] Vgl. Alexander Thomas/Katja Hagemann 1994, S. 184f.
[375] Vgl. Alexander Thomas/Katja Hagemann 1994, S. 185f. Diese werden in der amerikanischen Literatur „cultural-(self-)awareness trainings" oder „experiential learning" genannt.
[376] Alexander Thomas/Katja Hagemann 1994, S. 186. Dies ist eine der wenigen direkten Aussagen zu Anforderungen an interkulturelle Trainer/innen.

sprächskreisen zu suchen. Weitere Lernformen stellen Rollenspiele, interaktionsorientierter Sprachunterricht und eine moderierte Begleitung während des Auslandsaufenthalts dar. Die Teilnehmer/innen üben damit situatives, den komplexen interkulturellen Anforderungen adäquates, Handeln in der Zielkultur.[377]
Einschränkend ist festzustellen, dass das in der Zielsetzung genannte Lernziel „Anpassung an die Zielkultur" verglichen mit dem weitergehenden Ansatz von Bennett der „Integration zu neuen Referenzrahmen" eine frühere Sensibilisierungsstufe darstellt.[378]

Es lassen sich vier Typen von kombinierten kulturübergreifenden bzw. kulturspezifischen Trainingsansätzen mit kognitiven und verhaltensorientierten Schwerpunkten unterscheiden, die in der nachfolgenden tabellarischen Übersicht dargestellt sind:[379]

kulturübergreifend-informatorische Trainings	**kulturspezifisch-informatorische Trainings**
culture-general Assimilator Seminare zur interkulturellen Kommunikationstheorie, Kulturanthropologie und kulturvergleichenden Psychologie Trainingsvideos diskursanalytisch fundierte Trainings Fallstudienbearbeitung **positiv:** *hoher kognitiver Lerneffekt in Bezug auf das Verständnis interkultureller Kommunikationsprozesse.* **negativ:** *zumeist eher akademischer Ansatz, der von Führungskräften als zu abstrakt bewertet wird.*	culture-specific Assimilator Fremdsprachenunterricht kulturspezifische Seminare zu Geschichte, Alltagsgeschichte und Wertewandel eines Kulturraums Fallstudienbearbeitung **positiv:** *tiefgehendes Verständnis in Bezug auf die Entwicklung eines spezifischen kulturellen Systems ist möglich, sofern nicht nur deskriptiv, sondern auch erklärend verfahren wird.* **negativ:** *bei deskriptivem oder faktenhistorischem Vorgehen Reduktion auf Do's and Taboos; damit Gefahr der Stereotypenverstärkung.*
kulturübergreifend-interaktionsorientierte Trainings	**kulturspezifisch-interaktionsorientierte Trainings**
interkulturelle Workshops (multikulturelle Gruppen) Simulationen, Rollenspiele zur interkulturellen Sensibilisierung Self-Assessment-Fragebögen **positiv:** *interkulturalität wird in kulturell gemischten Gruppen erfahrbar.* **negativ:** *Simulationen etc. sind oft fiktiv und werden von den Teilnehmern nicht ernst genommen.*	bikulturelle Communication Workshops kulturspezifische Simulationen Verhandlungs-Rollenspiele Sensitivity-Trainings **positiv:** *semiauthentische Erfahrung von wirtschaftsbezogenem interkulturellen Handeln, sofern das Training bikulturell besetzt ist.* **negativ:** *kulturspezifische Kenntnisse werden in der Regel nicht vermittelt.*

Tab. 44: Typen interkultureller Trainings (nach Bolten 2000)

Während eher deskriptive informatorische Trainings mit hohem Anteil an kognitiv orientierter Wissensvermittlung den komplexen kulturellen Zusammenhängen weniger gerecht werden, ist ein Ansatz besser geeignet, der Kultur als Kommunikati-

[377] Vgl. Alexander Thomas/Katja Hagemann 1994, S. 186f.
[378] Vgl. Kapitel 4.3.2.1 Phasen interkultureller Kompetenzentwicklung.
[379] Vgl. Jürgen Bolten 2000, S. 72.

onsprodukt versteht und mit kulturvergleichenden Analysen schriftlicher und verbaler Kommunikation arbeitet. Interaktionsorientierte kulturübergreifende Trainings fördern affektive und verhaltensorientierte Lernziele, die allerdings oft unter mangelndem Realitätsbezug zur Berufspraxis leiden. In kulturspezifischen interaktionsorientierten Trainings können sich vorzugsweise kulturell gemischte Teilnehmergruppen aus Ausgangs- und Zielkultur wechselseitig mit ihren Vorurteilen, Stereotypen und Verhaltenskonventionen auseinandersetzen. Diese Trainingstypen können nur dann der Komplexität interkultureller Kompetenz entsprechen, wenn sie integrativ kognitive und verhaltensbezogene Anteile, d.h. Wissen über kulturelles Handeln mit erfahrener Interkulturalität kombinieren.[380]

Integrierte Trainings benötigen allerdings einen hohen Entwicklungsaufwand und ein entsprechendes Zeitbudget für die Durchführung. Sie können beispielsweise als Planspiele auf die realen fachlichen und strategischen Anforderungen ausgerichtet sein, in denen mittels eingeschobener Metakommunikationsphasen Besonderheiten und Schwierigkeiten interkulturellen Handelns reflektiert sowie durch Informationsphasen kulturspezifisches Wissen erweitert werden. „Selbst unter der Voraussetzung, dass interkulturelle Trainings *off-the-job* ... integrativ, prozessorientiert und arbeitsplatznah konzipiert sind, können sie die Komplexität der Entsendungsrealität nur bedingt antizipieren."[381] Vielmehr sind weitere Maßnahmen internationaler Personalentwicklung zu ergreifen, wie die Betreuung internationaler Teambildung vor Ort, interkulturelle Coachings (Prozessberatung) oder Mediation (Problemlösung/Konfliktklärung).

Eine andere Strukturierung interkultureller Trainings unterscheidet
- kulturspezifische Trainings versus universelle Sensibilisierung
  „In Anbetracht der Zunahme multikultureller Teams scheint der Schwerpunkt gegenwärtig mehr in Richtung kulturallgemeiner Trainings zu gehen. ... Die Teilnehmer/innen sollen das Grundprinzip ‚Kultur' erleben und begreifen, um sich so in jeder Kultur zurecht finden zu können. ... Der Teilnehmer wird mit einem kulturallgemeinen Training angeleitet, diese Fähigkeit zu entwickeln und sie sich selbst zu erschließen."[382]
- Contrast Culture
  „Die Grundidee hinter Contrast Culture ist, dass man die eigenen Selbstverständlichkeiten dann am schnellsten erfährt und kennen lernt, wenn man mit denen der anderen konfrontiert wird." Ein Trainerduo mit einem Trainer aus dem Gastland dient „als Modell für wertschätzende interkulturelle Zusammenarbeit. ... Hierbei wird auch deutlich, wie wichtig es ist, die eigenen Trainingsmethoden auf ihre kulturelle Prägung hin zu prüfen und damit auf deren Eignung, bei Angehörigen bestimmter Kulturen eingesetzt zu werden."[383]

---

[380] Vgl. Jürgen Bolten 2000, S. 73f.
[381] Jürgen Bolten 2000, S. 75 (Hervorhebung im Original).
[382] Vgl. Stefan Schmid 2000, S. 129.
[383] Stefan Schmid 2000, S. 130.

- Critical Incidents[384]
  „Der Grundbaustein für jedes Training sind Missgeschicke und Fettnäpfchen, über die andere im Kontakt mit fremden Kulturen bereits gestolpert sind."[385] Diese werden mittels Culture Assimilator oder interaktiven Medien als Fallstudien, Videofilme oder Rollenspiele, computerbased oder webbased Trainings bearbeitet.
- Selbsterfahrung
  „Gerade kulturuniverselle Trainings waren und sind darauf ausgerichtet, Teilnehmer erleben zu lassen, wie Unterschiede und Anderssein zu Spannungen, Missverständnissen und Konflikten führen können. ... Durch Simulation solcher Konfliktkonstellationen (... werden) ‚virtuell' interkulturelle Probleme geschaffen, anhand derer die Teilnehmer lernen können." Dies sollte an kulturspezifische Inhalte gekoppelt werden, damit die interkulturellen Schwierigkeiten möglichst „echt" werden.[386]
- Spracherwerb und interkulturelle Kompetenz
  „Spracherwerb stellt einen wichtigen Schritt in Richtung ‚Verstehen' der anderen Kultur im doppelten Wortsinn dar." Allerdings werden „hauptsächlich Sprachkurse mit integriertem interkulturellem Knigge angeboten, aber keine wirklichen interkulturellen Trainings. ... Man darf sich nur nicht der Illusion hingeben, dass ein einwöchiger Sprachkurs unter Berücksichtigung von diversen ‚Do's' und ‚Taboos' dasselbe Verständnis für eine Kultur wecken kann, wie ein mehrtägiges Training, das sich rein auf interkulturelle Kommunikation und Kooperation konzentriert."[387]

Die folgende tabellarische Übersicht zeigt zu den verschiedenen Ansätzen für interkulturelles Training die Ziele, Methoden, Themen sowie Stärken und Schwächen:[388]

Ansatz	**Kulturinformationsseminar**	**Cultural Awareness (Sensibilisierung)**	**Cultural Assimilator**	**Training von Weltmodellen (z.B.Hofstede)**	**Contrast Culture Training**
Ziele	Faktenwissen über fremde Kulturen vermitteln, Ergänzungen durch Verhaltenstipps	Bewusstsein für eigene kulturelle Prägung schaffen; Vorurteile aufarbeiten, Umgang mit fremden Situationen üben	Wissensvermittlung über fremde Kulturen und Kulturstandards; Verhaltenshinweise	lernen, anhand von Kenndaten, Unterschiede im Management abzuleiten	eigene Kulturstandards und die der Zielkultur aufzeigen; Fehlwahrnehmungen und Konflikte im Kontakt verdeutlichen

[384] Vgl. auch Kapitel 4.3.3.3 Interkulturelle Weiterbildungstätigkeit.
[385] Stefan Schmid 2000, S. 130.
[386] Stefan Schmidt 2000, S. 132 (Anm. MoR).
[387] Stefan Schmidt 2000, S. 133.
[388] Tabelle von IFIM Institut für interkulturelles Management nach Sylvia Clemens 1998, S. 39.

Methoden	Referate, Diavorträge, Filme, Lehrgespräche, Anekdoten	gruppendynamische und Sensitivity-Methoden, Übungen mit „Kunstkulturen", exotische Beispiele aus aller Welt	„programmiertes Selbstlernen": im Multiple-choice-Verfahren versuchen, Antworten auf unerwartete Verhaltensweisen zu finden	deduktive Darstellung des Modells und seiner Grundlagen sowie deren Interpretation, Fallstudienarbeit (Prognose/Diagnose)	Rollenspiele mit Trainern aus der Zielregion, Einsatz von Fallstudienarbeit
Themen	Religion, Geschichte, Kunst, Tabus, persönliche Erfahrungen der Referenten	Ängste und Hoffnungen bzgl. Fremdheit, Stereotype, Vorurteile, Humanität	arbeits- und aufenthaltsrelevante Kulturstandards und Konfliktfelder	Unterschiede im Managementverhalten, Organisationskriterien	arbeits- und aufenthaltsrelevante Kulturstandards und ihr Background
Stärken	geringer Zeitbedarf, hohe Teilnehmerzahlen möglich	intensive Selbsterfahrung, weltweite Gültigkeit, geringer Aufwand, geringe Kosten	Einzelarbeit mit schriftlichen Unterlagen oder CD-Rom	wird das deduktive System beherrscht, sind Daten zu 60 Ländern abrufbar	landes- und regionenspezifisch, praxisnah, alltagsrelevant, zielgruppenspezifisch, problemorientiert
Schwächen	Informationen entweder allgemein zugänglich oder sehr subjektiv; kaum verhaltensrelevant	kein oder geringer Bezug zu konkreten Situationen in einer bestimmten Kultur	nur für wenig Länder verfügbar, Monotonie der Methodik, oft beliebige Addition von Einzelsituationen, kein Verhaltenstraining	komplizierte Einarbeitung in das Modell; hohe Abstraktion; kein Verhaltenstraining, situative Aspekte bleiben unberücksichtigt	kaum geeignet, wenn Zielkultur unbekannt ist oder bei mehreren Zielkulturen

Tab. 45: Ansätze für interkulturelles Training (IFIM nach Clemens 1998)

Die Teilnehmer/innen der Multiplikator/innen-Weiterbildung sollen auf die Zusammenarbeit in multikulturell zusammengesetzten Projektteams und Seminargruppen sowie auf eine kurz- oder längerfristige Tätigkeit in einem anderen Land, z.B. auf das Praktikum oder eine Arbeitstätigkeit, vorbereitet werden. Zugleich ist die Vielzahl der europäischen Partnerländer und sind unterschiedliche Kombinationsmöglichkeiten verschiedener Ländervertreter/innen in Projekten und Seminaren zu berücksichtigen. Daher empfiehlt sich ein kulturallgemeines Training mit einer Auswahl von verschiedenen Trainingselementen, das die Selbstlernkompetenz zur individuellen Vorbereitung auf die jeweils gewählten Länder und die spätere Interpretation und Verarbeitung der interkulturellen Erfahrungen fördert.[389]

Während sich die interkulturelle Zusammenarbeit in Projektteams aufgrund der Mindestzahl von drei Partnerländern noch scheinbar überschaubar darstellt, kann in den geförderten europäischen Netzwerken und Seminargruppen - auch für Migrant/innen aus außereuropäischen Ländern - ein sehr heterogenes kulturelles Spektrum zusammentreffen. Diese kulturelle Vielfalt, die auch in Weiterbildungseinrichtungen aufgrund der biografisch erworbenen, verschiedenen Ausbildungs-, Berufs- und Migrationserfahrungen und arbeitsbedingter Reisetätigkeit sowie u.a. geschlechtsspezifischer Verschiedenheit der Mitarbeiter/innen zunehmend vorhanden ist, führt dazu, dass das Konzept „Diversity Management" einen enormen Bedeutungszuwachs für alle Beteiligten erfährt. Bei interkultureller Kommunikation und Kooperation in multikulturellen Arbeitsteams existieren oft keine einheitlichen „Normalitätserwartungen" bzw. keine für alle gleichbedeutsame Referenzkultur mehr, vielmehr müssen diese in jeder Situation eines Projekts, einer Weiterbildungsmaßnahme oder alltäglicher Zusammenarbeit neu ausgehandelt werden.[390]

4.3.4.2 Managing Diversity

„Die entstehende kulturelle Vielfalt in multinationalen Unternehmen kann einen großen Zuwachs an Perspektiven, Wissen und Kreativität bewirken. Wobei nicht übersehen werden darf, welchen Zündstoff diese anderen mentalen Haltungen für die Zusammenarbeit und die Führung von Menschen darstellen können."[391]

Diversity bedeutet Vielfalt und sollte als Dialektik von Unterschieden und Gemeinsamkeiten verstanden werden, um die Gefahr von Stereotypisierungen zu vermindern. Bei dem aus den USA stammenden Konzept Managing Diversity oder Diversity Management „geht es um die Vielfalt der Mitglieder einer Organisation, und zwar bezogen auf Merkmale wie Geschlecht, Alter, Nationalität, Ethnizität, Religion, Behinderung, sexuelle Orientierung, familiäre bzw. Lebenssituation, Ausbildung, Werte, Einstellungen usw."[392] Gemeint ist die Vielfalt der Beschäftigten hinsichtlich der Mitglieder einer Organisation, wie z.B. der Mitarbeiter/innen und Studierenden einer Universität bzw. Teilnehmer/innen einer Weiterbildungseinrichtung und der spezielle Umgang damit. „Ungemanagt oder falsch gemanagt kann diese Mischung von Merkmalen zu Spannungen, Konflikten sowie Diskriminierungen und damit zu Produktivitätseinbußen führen."[393] Vielfalt wird wegen der zu erzielenden Synergieeffekte immer bedeutsamer, so dass Bedingungen erzeugt werden sollen, unter denen sich die Beschäftigten frei entfalten und - auch zum öko-

---

[389] Vgl. hierzu Jörg Longmuß/Monika Rummler 1999. Vgl. auch Kapitel 4.3.2 Interkulturelles Lernen.
[390] Vgl. Jörg Longmuß/Monika Rummler 1999, S. 7.
[391] Uwe Böning 2000, S. 40f.
[392] Gertraude Krell 2004, S. 42.
[393] Astrid Gieselmann/Gertraude Krell 2004, S. 394.

nomischen Nutzen der Organisation[394] - weiterentwickeln können. Eine solche multikulturelle Organisation weist die folgenden Charakteristika auf:
„1. eine Kultur, die Vielfalt fördert und wertschätzt;
2. Pluralismus;
3. vollständige strukturelle Integration aller Mitarbeiter/innen;
4. vollständige Integration aller Mitarbeiter/innen in informelle Netzwerke;
5. vorurteils- und diskriminierungsfreie personalpolitische Kriterien, Verfahren und Praktiken;
6. minimale Intergruppenkonflikte durch ein pro-aktives Diversity Management."[395]
Managing Diversity als Konzept für den Wandel der Organisationskultur schafft ein „Diskriminierungs- und Fairness-Paradigma" sowie ein „Lern- und Effektivitäts-Paradigma", da es „als ein Konzept angesehen werden (kann), das Wettbewerbsvorteile verspricht *und* rechtlich geboten ist."[396]

Um Mitarbeiter/innen in einem multinationalen Unternehmen führen zu können, spielt Kommunikation eine zentrale Rolle. Thesenartig kann dies in den folgenden Anforderungen zusammengefasst werden:

1. die Komplexität interkultureller Unterschiede bewusst wahrzunehmen;
2. ein konstruktives Diskussionsklima aufzubauen;
3. die Problemlösungskompetenz durch wechselseitiges Lernen zu fördern;
4. Schlüsselelemente der Beständigkeit zu identifizieren;
5. die wichtigsten Dimensionen der interkulturellen Vielfalt im jeweiligen Arbeitsumfeld zu bestimmen;
6. bewusst die Vielfalt bei der Auswahl von Führungskräften zu berücksichtigen;
7. den Nutzen der Vielfalt durch die Vorbildwirkung des Managements zu vermitteln.[397]

Als Ergebnis dieser Anforderungen können mit den Mitarbeiter/innen, die unterschiedliche Bildungssysteme durchlaufen haben bzw. in ihnen agieren, durch echtes wechselseitiges Lernen neue multikulturelle Arbeitsformen entwickelt und u.U. sogar verschiedene Werte in ein neues Wertesystem integriert werden. Notwendig ist es dafür u.a., eine gemeinsame Arbeitssprache sowie verbale und schriftliche Kommunikationsnormen festzulegen und bestimmte interkulturell verträgliche Entscheidungsfindungsprozesse einzuführen.

Neben anderen, eher organisationsspezifischen Argumenten zählen auch Kreativität und Problemlösung sowie Internationalisierung zu den Vorteilen von Diversity Management, u.a. soll so in 57% von 200 befragten Unternehmen in vier EU-Mitgliedstaaten mehr Innovationen ermöglicht worden sein. „Auch Befragungen von Führungskräften bestätigten, dass Managing Diversity nicht nur die Lohnkos-

---

394 Gertraude Krell 2004, S. 47ff. weist auch auf die Verankerung im europäischen Recht, dem deutschen Grundgesetz und dem Betriebsverfassungsgesetz hin.
395 Gertraude Krell 2004, S. 44.
396 Gertraude Krell 2004, S. 49 (Anm. MoR).
397 Philip M. Rosenzweig (1999) nach Uwe Böning 2000, S. 42ff.

ten gesenkt und die Beziehungen zu den Mitarbeitern und Mitarbeiterinnen verbessert, sondern auch geholfen hat, die Bedürfnisse der Kund/innen besser zu verstehen und entsprechende neue Produkte zu entwickeln sowie schließlich das Image zu verbessern."[398] Es ist auch ein Ergebnis effektiver interkultureller Teamleistung, wenn als Strategie zur Teamstärkung das Potenzial interkultureller Differenzen genutzt wird: „Homogene Gruppen können Probleme zwar schneller lösen, aber gemischt zusammengesetzte Gruppen sind kreativer und kommen zu tragfähigeren Problemlösungen. Dies gilt jedoch nur unter der Voraussetzung, dass diese vielfältig zusammengesetzten Arbeitsgruppen richtig gemanagt - und das heißt in diesem Zusammenhang: entsprechend trainiert - werden."[399] Internationalisierung erfordert ein internationales Management, das die fremde bzw. andere Umwelt angemessen berücksichtigt: „Wenn nun schon im Innern der Organisation Multikulturalität gelebt wird, d.h. wenn die Beschäftigten lernen, kulturelle Vielfalt positiv zu würdigen und auch mit Menschen, die anders sind als sie selbst, vorurteils- und konfliktfrei zusammenzuarbeiten, dann erleichtert das auch das Agieren in anderen Ländern."[400]

Um den Wandel zur multikulturellen Organisation zu vollziehen, werden auf der sichtbaren Ebene Strategien und Leitbilder des Unternehmens und auf der unsichtbaren Ebene die Grundüberzeugungen der Mitarbeiter/innen berührt. Kultureller Wandel kann nicht verordnet werden, dies würde nur Reaktanzen hervorrufen, sondern wird vielmehr durch „Education" im Sinne von Aufklärungs- und Überzeugungsarbeit im Rahmen von sog. Diversity Trainings bearbeitet.[401] Im Folgenden wird der Fokus auf die Inhalte und Methoden der Diversity Trainings gelegt und untersucht, inwiefern Besonderheiten und übertragbare Elemente für das Multiplikator/innen-Curriculum gegeben sind.

Zu Diversity Trainings gehören neben geschlechtsspezifischen und alters- oder behinderungsbezogenen Inhalten auch Kultur bzw. Ethnizität. Krell zählt auch interkulturelle Trainings zur Vorbereitung auf einen Auslandsaufenthalt und Trainings gegen Rassismus und Fremdenfeindlichkeit, trotz anderer Bezeichnungen oder unabhängig davon, zu den Diversity Trainings.[402]

Zu den Trainingsformen gehören Awareness- und Skill-Building-Trainings, die meist kombiniert werden, wobei der Schwerpunkt auf bewusstseinsbildende Maßnahmen hinsichtlich der Merkmale von Vielfalt und der Benachteiligung derer, die nicht zur dominanten Gruppe gehören, gelegt wird. „Deshalb sollen die Teilnehmenden in Awareness-Trainings

- Kenntnisse über die derzeitige und zukünftige Zusammensetzung der Beschäftigten erwerben;
- für das Vorhandensein von Vielfalt - auch jenseits der ‚klassischen' Merkmale wie ethnische Zugehörigkeit oder Geschlecht - sensibilisiert werden;

---

[398] Vgl. Gertraude Krell 2004, S. 47.
[399] Gertraude Krell 2004, S. 45f.
[400] Gertraude Krell 2004, S. 47.
[401] Vgl. Gertraude Krell 2004, S. 51, S. 53.
[402] Vgl. Astrid Gieselmann/Gertraude Krell 2004, S. 394.

- sich darüber bewusst werden, welche Werte und Einstellungen gegenüber Menschen sie haben, die anders sind als sie selbst, und wie diese jeweils ihr Verhalten beeinflussen;
- dafür sensibilisiert werden, welche Rolle ‚Anderssein' in ihrem Arbeitsumfeld spielt und zu welchen Benachteiligungen es führt, und
- erkennen, welche Bedeutung Diversity Management für den Erfolg der Organisation haben kann."[403]

In Skill-Building-Trainings sollen konkrete Fähigkeiten für die Kooperation und Führung vielfältiger Mitarbeiter/innen oder den Kontakt mit anderen Kulturen erworben werden: „Die Teilnehmenden sollen dabei z.B. lernen:
- ihre Kommunikation mit Menschen anderer kultureller Zugehörigkeit zu verbessern,
- effektiver mit auftretenden Konflikten umzugehen und
- flexibel zu agieren, um angesichts sich ständig verändernder Bedingungen anpassungsfähig zu bleiben."[404]

Weiterhin können durch Trainings Diskriminierungen bei der Beurteilung von Mitarbeiter/innen vermieden werden oder individuelle Veränderungsprozesse, z.B. realistische Ziele und effektive Maßnahmen, beim Wandel zur multikulturellen Organisation unterstützt werden.[405]

Zu den merkmalsspezifischen Trainings gehören auch interkulturelle Trainings, während mit allgemeinen Trainingsansätzen Phänomene bearbeitet werden können, wie z.B.
- „Auswirkungen des Minoritätenstatus (=Status als Minderheit und/oder als minderwertig kategorisiert);
- Kategorisierungen, Stereotypisierungen, Vorurteile und deren Effekte;
- ökonomische und rechtliche Aspekte des Diversity Managements;
- Orientierungshilfen zur Implementierung von Managing Diversity."[406]

Neben der Bedarfsermittlung der Trainingsziele und -inhalte (sachliche Komponente) und der Bestimmung der Zielgruppen unter den Mitarbeiter/innen (personelle Komponente)[407] werden auch Trainingsmethoden festgelegt. In den überwiegend halb- bis eintägigen Seminaren werden passive Methoden (Vorträge, Lehrvideos) und aktive Methoden (u.a. Rollenspiele, Übungen zur Selbstreflexion) in geeigneter Kombination für kognitives und emotionales Lernen eingesetzt, da „sowohl ‚Erleuchtung' als auch ‚Erhitzung' hervorgebracht werden müssen".[408] Für die Erfolgskontrolle sowie die Verbesserung von Qualität und Wirksamkeit kann eine

[403] Astrid Gieselmann/Gertraude Krell 2004, S. 395.
[404] Astrid Gieselmann/Gertraude Krell 2004, S. 395.
[405] Vgl. Astrid Gieselmann/Gertraude Krell 2004, S. 395f.
[406] Astrid Gieselmann/Gertraude Krell 2004, S. 396.
[407] Vgl. ausführlich dazu Astrid Gieselmann/Gertraude Krell 2004, S. 397ff. Dies wird hier wegen des dort starken Organisationsbezugs und der Schwerpunktsetzung auf den Gender-Aspekt nicht näher ausgeführt.
[408] Marilyn Loden/Judy B. Rosener (1991) nach Astrid Gieselmann/Gertraude Krell 2004, S. 405.

prozessbegleitende Evaluierung vor (Input), während (Throughput) und nach (Output) dem Training durchgeführt werden.[409]

Kompetenzanforderungen an die Trainer/innen in Diversity Trainings sind

- Fachkenntnisse;
- Fähigkeit zum Vermitteln der Lerninhalte;
- Kompetenz im Umgang mit individuellen Widerständen und gruppendynamischen Prozessen;
- hohe Sensibilität für das Thema und v.a. die Betroffenheit der Teilnehmer/innen;
- Fähigkeit zur Beobachtung der Reaktionen einzelner Teilnehmer/innen und der gesamten Gruppe;
- Techniken der Konfliktbearbeitung und -lösung, um bei ‚Überhitzung' gegensteuern zu können.

Die Durchführung der Trainings durch ein vielfältiges Team interner und externer Berater/innen und Trainer/innen scheint ideal; Mann-Frau-Teams bzw. -Tandems werden trotz problematischer Effekte i.d.R. bevorzugt.[410]

Wird ein „Multicultural Educator"[411] als eine potenzielle Zielvorgabe für die Teilnehmer/innen der Multiplikator/innen-Weiterbildung gesetzt, so kann dies nach Powell als ein kontinuierlicher, langfristiger und persönlicher Transformationsprozess verstanden werden, der ein anderes Bild der Gesellschaft impliziert: „An education that is multicultural is not just a way of teaching; it is also a way of believing and of seeing the world. ... I explore the *ideology* of multicultural education, and not just the 'idea' of multiculturalism. ... For to become a true advocate of multicultural education, it is necessary to develop an understanding of what this means for you personally, and to adopt its ideology - one that embraces the democratic goals of equity, justice, and fairness, and that believes that teachers can make a difference."[412]

Eine so verstandene interkulturelle Lehr- und Lernkompetenz bedeutet

- Klarheit über die Ziele von Lehrenden und Lernenden herzustellen;[413]
- sich der Erwartungen von Lehrenden an den „idealen Lernenden" bewusst zu sein;[414]
- Wissen um die Reaktionen und „self-fulfilling prophecies" der Lernenden;[415]
- Wissen um Konformitätserwartungen monokultureller Curricula;[416]
- Wissen um unterschiedliche kulturelle Lernstile;[417]

[409] Vgl. Astrid Gieselmann/Gertraude Krell 2004, S. 406f.
[410] Vgl. Astrid Gieselmann/Gertraude Krell 2004, S. 405f.
[411] Vgl. Rebecca Powell 2001.
[412] Rebecca Powell 2001, S. 7 (Hervorhebung im Original).
[413] Vgl. Rebecca Powell 2001, S. 47ff.
[414] Vgl. Rebecca Powell 2001, S. 117ff.
[415] Vgl. Rebecca Powell 2001, S. 106ff.
[416] Vgl. Rebecca Powell 2001, S. 88f.
[417] Vgl. Rebecca Powell 2001, S. 130.

- das kulturelle Wissen, die Muttersprache und Lebensweisen einzubeziehen, um der Marginalisierung von Minderheiten, dem Peer Pressure und der Trennung von In- und Outsidern aus kulturellen Gründen gegenzusteuern;[418]
- eine Bewertung entlang der Normen der dominanten Kultur bzw. enthaltener Vorurteile zu relativieren;[419]
- Lerneffekte aus Sicht der Lernenden hinsichtlich akademischer und verhaltensorientierter Ziele einzuordnen und zu steuern.[420]

Wesentlich für ein multikulturelles Curriculum ist es, die Lernenden in ihrem Lernprozess zu unterstützen, z.B. hinsichtlich der Lernergebnisse oder Sicherheitsnetze wie in zusätzlichen Lernumgebungen, sowie zu fördern, dass sie unabhängig Lernende werden. Dazu gehört auch, Feedback zu Verhaltens- und Qualitätsstandards zu geben und durch aktives Lernen und Wahlmöglichkeiten eine größere Bandbreite von Lernstilen zu entwickeln.[421]
Für Lehrende und Lernende gleichermaßen bieten kulturelle Unterschiede weitreichende Lernmöglichkeiten, die über bislang begrenzte Erfahrungen hinausführen, unterschiedliche Perspektiven ermöglichen und das Denken erweitern. Multikulturelles Lehren und Lernen bietet Synergieeffekte, wenn gegenseitig Defizite durch kulturspezifische Stärken kompensiert werden. Es führt zu neuer Kreativität, größeren Potenzialen und erhöht die Handlungsalternativen. Die Ergebnisse von (Lern)Teams weisen eine höhere Qualität auf.[422]

Für die Multiplikator/innen-Weiterbildung ist Managing Diversity insofern relevant, als EU-Projekte in Weiterbildungsinstitutionen eingebettet sein müssen und gleichzeitig die Anforderung besteht, Weiterbildungseinrichtungen für Migrant/innen stärker zu öffnen. Übertragbar auf das Curriculum sind folgende Aspekte:

- Kreativität und Innovativität
- Synergie und Netzwerke
- Kommunikation und Konflikte.

Diese werden nicht zuletzt dadurch entstehen bzw. gefördert, dass über die kulturelle Herkunft der Mitarbeiter/innen und Teilnehmer/innen aus unterschiedlichen Kulturen auch andere Aspekte eine Rolle spielen und zu berücksichtigen sind, wie z.B. Geschlecht und Alter.

4.3.5 Didaktische Ansätze

In diesem Kapitel werden zwei interkulturelle didaktische Ansätze vorgestellt, von denen der eine sich explizit als interkulturelle Didaktik versteht und interkulturelles

[418] Vgl. Rebecca Powell 2001, S. 87ff.
[419] Vgl. Rebecca Powell 2001, S. 23, S. 111, S. 124.
[420] Vgl. Rebecca Powell 2001, S. 129.
[421] Vgl. Rebecca Powell 2001, S. 114-132.
[422] Vgl. Rebecca Powell 2001, S. 10ff., S. 88.

Lernen als Erweiterung kognitiver Schemata begreift (Flechsig). Der zweite Ansatz stellt interkulturelle Kompetenz in den Zusammenhang der Weiterbildung für Migrant/innen als eine individuelle und gruppen- und sachbezogene Tätigkeit sowie als ein organisatorisches und globales System (Fischer). Danach werden die Anforderungen didaktischer Ansätze aus dem linguistischen und neurophysiologischen Blickwinkel ergänzt. Abschließend werden exemplarisch einige Beispiele für interkulturelle Trainings sowohl für Trainer/innen als auch für Teilnehmer/innen vorgestellt und Möglichkeiten diskutiert, interkulturelle Kompetenz online oder virtuell zu erwerben.

4.3.5.1 Schemata und Handlungsebenen

Zu den Besonderheiten interkulturellen didaktischen Handelns gehört, dass es auf Wissensvermittlung zwischen den Kulturen bezogen ist und typischerweise außerhalb von organisierten, schulähnlichen Formen des Lernens stattfindet, z.B. durch Experten, Berater, Gutachter oder Organisatoren, die eher mittelbar Lehrende sind, aber auch durch Wissensvermittlung über Medien oder alltägliche Kontakte mit Migrant/innen. Gleichzeitig spielt nicht-formelles bzw. selbstorganisiertes Lernen eine größere Rolle. „Gegenstand interkultureller Didaktik im weiteren Sinn ist somit didaktisches Handeln in interkulturellen Kontexten oder die Vorbereitung auf solches Handeln. Handlungsfelder interkulturellen Lernens und damit interkulturell-didaktischen Handelns sind:[423]

- globales Lernen/eine Welt
- Übergangsgesellschaft/Dritte Welt
- multikulturelle Gesellschaft
- Kulturaustausch
- internationale Organisationen
- Privatwirtschaft
- interkulturelle Unterrichts- und Bildungsforschung.

Entsprechend breit gestreut sind die Zielgruppen interkulturellen Trainings, neben der direkten Zielgruppe der Multiplikator/innen in Weiterbildung und Projektmanagement können zu deren indirekter Zielgruppe gezählt werden:[424]

- „Personen, die im Rahmen ihrer beruflichen Tätigkeit im Ausland arbeiten;
- Personen, die aus privaten Gründen längere Zeit im Ausland verbringen;
- Personen, die an Kulturaustauschprojekten mitarbeiten;
- Personen, die an Partnerschaftsprojekten mitwirken;
- Personen, die Ausländer im Inland betreuen und beraten sowie
- Personen, die in international operierenden Organisationen mit Mitarbeitern tätig sind."

Wissenschaftlich gesichertes, handlungsrelevantes Wissen für interkulturelle Kontexte kann u.a. aus folgenden Fachdisziplinen herangezogen werden und ist somit interdisziplinär, aber auch kulturell relativ zu sehen:[425]

---

[423] Karl-Heinz Flechsig 1999, S. 1.

[424] Vgl. dazu ausführlich Karl-Heinz Flechsig 2003, S. 1.

- allgemeine und Fremdsprachendidaktik (auch Deutsch als Fremdsprache)
- interkulturelle Psychologie
- Erziehungsethnologie
- Kulturphilosophie
- vergleichende Erziehungswissenschaft
- interkulturelle Kommunikationswissenschaft und Kultursoziologie.

Ergänzt werden kann diese Zusammenstellung um die vergleichende Managementforschung.[426]

Der in Kapitel 2 unter Professionalisierungsstrategien dargestellte Ansatz von Flechsig/Haller weist zeitlich überdauernde didaktische Prinzipien und allgemein gültige Aspekte institutioneller Handlungszusammenhänge in der Erwachsenenbildung auf.[427] Vor diesem Hintergrund ist sein Ansatz interkultureller Didaktik relevant, da davon auszugehen ist, dass auch hier grundlegende Bausteine benannt werden.

Nach Flechsig sind besonders Kontextualität und Komplexität in ihrer Bedeutung hervorzuheben. „Der Zusammenhang der Kontextualität erfordert, dass in interkulturellen Bildungsmaßnahmen Bewusstsein über die Rolle der kulturellen Kontexte entwickelt werden soll und dass diese einer differenzierten Analyse bedürfen, um Stereotypenbildung entgegenzuwirken.“[428] Zu diesem Kontext zählt auch die Weiterbildungsmaßnahme an sich, insbesondere auch ihre Motive. Ausführlicher bedeuten die drei relevanten Sachverhalte,

1. „dass bei solchen Bildungsmaßnahmen überhaupt das Bewusstsein entwickelt werden soll, welche Rolle kulturelle Kontexte für eigenes und fremdes menschliches Verhalten, für menschliche Kommunikation und damit für Handeln in interkulturellen Kontexten spielen;
2. dass die kulturellen Kontexte der an interkulturellen Begegnungen Beteiligten einer differenzierten Analyse bedürfen, um Stereotypenbildung entgegenzuwirken;
3. (... dass) auch der Kontext der Trainingsmaßnahme selbst reflektiert werden (sollte).“[429]

Um der Komplexität gerecht zu werden, sind langfristige Trainings und Methodenvielfalt geeignet, die einen inneren Bezug aufweisen und einen Zugang zur Fülle in-

---

[425] Vgl. Karl-Heinz Flechsig 1999, S. 4. Die kulturelle Relativität bezieht sich außer auf das wissenschaftliche Wissen auch auf das Grundverständnis von Wissenschaft, die methodologischen Grundentscheidungen sowie Verfahren und Instrumente der Datenerhebung: „Forschung auf dem Gebiet interkultureller Didaktik muss sich nicht nur dieses Problems der kulturellen Voreingenommenheit des Forschers bewusst sein. Sie muss auch in der Entwicklung der Methoden und in der Ausbildung ihres Nachwuchses besonderen Wert auf ‚interkulturelle Sensibilität' legen.“ Ebda., S. 8.

[426] Vgl. Kapitel 4.3.3.2 Interkulturelles (Projekt)Management.

[427] Vgl. Kapitel 2.4.1 Modell der didaktischen Handlungsebenen (Flechsig/Haller).

[428] Karl-Heinz Flechsig (2001, S. 75) nach Outi Arajärvi 2003, S. 15. Vgl. hierzu auch das kontextorientierte Schalenmodell von Klaus W. Döring in Kapitel 4.3.2 Interkulturelles Lernen.

[429] Vgl. hierzu auch Karl-Heinz Flechsig 1998, S. 14 (Anm. MoR).

terkulturell relevanten Wissens, d.h. allgemeinen und spezifischen Themen, sowie realen Kulturkontakten ermöglichen sollen.

Flechsig formuliert dazu zwei Thesen:
„1. Länder-allgemeine und länder-spezifische interkulturelle Trainings sollten ergänzt werden
- durch *thematisierende* Bildungsmaßnahmen länderallgemeiner und länderspezifischer Art
- sowie durch flankierende Maßnahmen, die reale *Begegnungen* mit Menschen aus anderen Ländern und Kulturgemeinschaften ermöglichen.

2. Komplexere Bildungsmaßnahmen sollten
- langfristige Perspektiven haben,
- jeweils mehrere Methoden einbeziehen,
- im Sinne von Handlungsforschung entwickelt,
- in differenzierter Weise evaluiert[430] und
- nur von gut ausgebildetem Personal durchgeführt werden."[431]

Im Prozess des interkulturellen Lernens werden vorhandene eigenkulturelle kognitive Schemata weiter differenziert. Sie müssen als Voraussetzung bewusst reflektiert werden. Erst dann können neue Schemata angeeignet, mit vorhandenen verglichen und abgestimmt („tuning") sowie ggf. weitere neue Schemata entwickelt werden, ohne dass der eigene kulturelle Kontext unhinterfragt auf neue interkulturelle Situationen und Begegnungen („Beziehungen") übertragen wird. Ein länderunspezifisches Training kann diese Wahrnehmungs- und Handlungs-Schemata erweitern; dabei ist die Übertragung vom Verstehen zu adäquatem Verhalten zu sichern.[432] Zum Kontext gehört auch, dass Lern- und Lehrstile kulturell bedingt sind und für eine erfolgreiche Wissensvermittlung berücksichtigt werden müssen.[433] Die dafür relevanten Wissensformen umfassen allgemeines und auf interkulturell-didaktisches Handeln bezogenes Wissen:[434]

handlungsrelevantes Wissen	**Handlungs- und Problemlösungswissen (Know-How)**	**Deutungs- und Bewertungswissen (Know-Why)**
allgemein	Techniken, Fertigkeiten, Verfahren und Strategien	Wissen um Positionen, Wertvorstellungen, Motive, Begründungen, Deutungs- und Erklärungsmuster
bezogen auf interkulturell-didaktisches Handeln	gründliche Kenntnisse auf dem Gebiet der Allgemeinen Didaktik im besonderen Sensibilität für kulturelle Kontexte, landeskundliche Kenntnisse sowie Wissen um spezifische Lernbedingungen und Lernvoraussetzungen der Zielgrup-	einen aufgeklärten Umgang mit den eigenen Wertvorstellungen, aus denen die handlungsleitenden Motive erwachsen, so etwa die Klärung der eigenen Position zwischen universalistischen und kulturrelativistischen Optionen,

[430] Vgl. hierzu Kapitel 4.3.6 Eignungsdiagnostik und Evaluation.
[431] Karl-Heinz Flechsig 1998, S. 14 (Hervorhebung im Original).
[432] Vgl. Outi Arajärvi 2003, S. 7.
[433] Vgl. Karl-Heinz Flechsig 1999, S. 5.
[434] Vgl. Karl-Heinz Flechsig 1999, S. 4f.

	pen, außer Sprachkenntnissen auch Wissen um kulturspezifische Lern- und Kommunikationsformen sowie über zentrale Wertvorstellungen, Zeit- und Raumvorstellungen sowie Autoritätsstrukturen der jeweiligen Partnerkulturen	zwischen Anpassung und Wahrung kultureller Identität sowie zwischen interkultureller und transkultureller Orientierung

Tab. 46: Wissensformen für interkulturell-didaktisches Handeln (eigene Darstellung nach Flechsig 1999)

Hinsichtlich der Zielsetzungen des Lehrens und Lernens für kulturelle Minderheiten lässt sich die im Folgenden grob skizzierte historische Entwicklung in verschiedene Phasen einteilen:[435]

- Assimilieren: ohne besondere Betreuung oder Berücksichtigung kultureller Unterschiede (ab dem 19. Jahrhundert);
- Abbau von Bildungsbarrieren: Aspekte sozialschicht-bedingter und teilweise kultureller Unterschiede sind Gegenstand (1960er Jahre);
- neues Erziehungskonzept „kulturelle Demokratie“: kulturelle Wertvorstellungen, Sprache und „bikognitive Entwicklung“ werden einbezogen, es erscheinen verstärkt Veröffentlichungen zu den Themen Ausländerpädagogik und interkulturelles Lernen (seit Mitte der 1970er Jahre);
- Perspektivenwechsel zu multikultureller Erziehung von Minderheiten *und* der Mehrheit: Transkulturalität (ab Mitte der 1980er Jahre).

Flechsig unterscheidet acht Grundkonzepte für didaktisches Handeln in multikulturellen Gesellschaften, die hier relevant sind, weil sie je nach individueller Schwerpunktsetzung auch Gegenstand interkultureller Weiterbildungsprojekte bzw. Seminarangebote der Teilnehmer/innen der Multiplikator/innen-Weiterbildung sein können:

- „Die um den Themenkomplex ‚Ausländer in Deutschland' erweiterte Allgemeinbildung;
- eine um Ausländer- und Rassismusprobleme erweiterte politische Bildung;
- verhaltensorientierte Ansätze sozialpsychologischer Konfliktbearbeitung;
- sozialpädagogische Förderung kulturell Benachteiligter im Sinne von Anpassung;
- Förderung kultureller Identitätsbildung (besonders von Minderheitenkindern);
- bikulturell-bikognitive Erziehung (besonders von Minderheitenkindern);
- Entwicklung kulturdemokratisch-kulturpluralistischer Schulorganisation sowie
- Konzepte einer kulturtranszendierend-kulturrevolutionären Pädagogik, die sich sowohl an Kinder und Jugendliche aus Mehrheits- und Minderheitskulturen wenden und auf die Entstehung neuer demokratischer Formen des Zusammenlebens gerichtet sind.“[436]

[435] Vgl. Karl-Heinz Flechsig 1999, S. 5f.
[436] Karl-Heinz Flechsig 1999, S. 6.

Noch nicht in diesen Grundkonzepten enthalten sind Formen interkultureller Didaktik, die sich an Berufstätige (nicht nur) der Mehrheitskultur richten, wie z.B. Weiterbildner/innen selbst oder (Projekt)Manager/innen, aber auch im sozialen Bereich Beschäftigte.[437]

Zum besseren Verständnis der interkulturellen Didaktik ist davon auszugehen, „dass interkulturelles Lernen stets mit kulturellem Lernen einhergeht und dass Kulturkontrasterfahrungen stets in zwei Richtungen wirken: sie entwickeln zugleich besseres Verständnis für das Fremde und besseres Verständnis für das Eigene; sie vermitteln zugleich Kompetenzen für den Umgang mit anderen Kulturen und Kompetenzen für den Umgang mit der eigenen Kultur."[438]
Ausgangspunkt interkultureller Lernprozesse sind Kulturkontrasterfahrungen, bei denen gelernt wird

- was Kultur überhaupt ist;[439]
- was fremde und eigene Kultur ist;
- was gemeinsame Kultur ist.

Entsprechend sollen die folgenden Aspekte besondere Aufmerksamkeit in Bildungseinrichtungen erfahren, wenn (inter)kulturelles Lernen stattfinden soll:

- „sie sollten Kulturbegriffe und Kulturtheorien vermitteln und zu Inhalten allgemeiner Bildung machen;
- sie sollten durch die Mitwirkung an der Gestaltung ihrer eigenen ‚Organisationskultur' Bewusstsein und Kompetenzen für Sachverhalte von Kultur entwickeln;
- sie sollten Kulturkontrasterfahrungen und Erfahrungen interkultureller Praxis auf vielen Ebenen vermitteln;
- und sie sollten der kulturellen Bedingtheit des von ihnen vermittelten Wissens größere Aufmerksamkeit schenken."[440]

Das entwicklungstheoretische Konzept umfasst als Stufen

- ethnozentrische Personalisierung
- kulturalistische Überinterpretation
- kulturbewusste Re-Personalisierung
- (inter)kulturelle Kreativität (Synergie) bzw. Trans-Kulturalität.[441]

Es werden dabei von den beteiligten Partnern neue Schemata entwickelt und in den (Arbeits)Alltag zunächst als individuell verfügbare, möglicherweise auch kollektiv akzeptierte Schemata, übernommen. „Bei solchen kleinen kulturellen Erfindungen

437 Vgl. hierzu Kapitel 4.3.3.2 Interkulturelles (Projekt)Management und Kapitel 4.3.3.3 Interkulturelle Weiterbildungstätigkeit.
438 Karl-Heinz Flechsig 1997a, S. 1f.
439 Karl-Heinz Flechsig 1997a, S. 7 zählt dazu: anthropologische, kulturanthropologische, geographische und ethnologische, historische, soziologische Kenntnisse, Erkenntnisse zu Ethik und Moral sowie zur Klassifikation und Typisierung zur Beschreibung und zum Vergleich von Kulturen.
440 Karl-Heinz Flechsig 1997a, S. 7.
441 Vgl. Karl-Heinz Flechsig 2000, S. 5.

oder Innovationen kann es sich um neue Begriffe, Rituale oder Praktiken handeln, um neue Formen der Gestaltung sozialer Beziehungen, um Institutionengründungen oder neue ästhetische, wissenschaftliche oder moralische Konzepte."[442]
Transkulturelles Lernen ist nach Flechsig die letzte oder komplementäre Stufe interkultureller Kompetenzentwicklung[443] und führt in dieser Form zu einer „komplexen kulturellen Identität" des modernen Menschen. „Die kulturelle Orientierung jedes einzelnen spiegelt eine Vielfalt kultureller Bezugssysteme wider: Sie können zugleich Weltbürger, Europäer, Bürger der Bundesrepublik Deutschland oder Bayer sein. Sie können sich gleichzeitig auch einer Generationskultur, einer Organisationskultur, einer Weltanschauung, einer Religionsgemeinschaft oder einer Profession zugehörig fühlen. Sie können einen bestimmten Lebensstil verkörpern. Und sie entscheiden letztlich darüber, welche dieser Bezugssysteme überhaupt und in einer gegebenen Situation für sie welche Bedeutung haben."[444]
Es können fünf transkulturelle Kategorien unterschieden werden:[445]

1. die Natur des Menschen
2. die Beziehung von Mensch und Natur
3. das Zeitgefühl
4. die Aktivität
5. die sozialen Beziehungen.

Transkulturelles Lernen verändert und entwickelt die kulturellen Orientierungen von Individuen und kann gesellschaftlichen oder kulturellen Wandel bewirken. Transkulturelle Erziehung richtet sich an Mehrheiten und Minderheiten und integriert diese jenseits eines Gegensatzes von Eigen- und Fremdkultur, im Gegensatz zu multikultureller Erziehung, die mit Förderprogrammen die Chancen von Minderheiten in der von einer Mehrheit dominierten Gesellschaft verbessern will. „Diese Weiterentwicklung ... schließt für *beide* kulturtranszendierende Momente ein."[446] Voraussetzung ist die Vielfalt kultureller Bezugssysteme, benötigt werden übergeordnete Regulative und Vereinbarungen, wie z.B. die Menschenrechtskonventionen, um kulturelle Vielfalt abzusichern. Dafür reicht Toleranz nicht aus, vielmehr sind „wechselseitige Akzeptanz und intensive Kommunikation ebenso wie die Kooperation an Aufgaben von gemeinsamer Bedeutung und die Erzeugung neuer kultureller Entwürfe" erforderlich.[447] Transkulturelles Lernen ist damit kreativ und innovativ: „Hier eignen sich Menschen, die in unterschiedlichen kulturellen Kontexten bewusst leben, diese verstehen und bewerten können, eine neue Kompetenz an. Es geht um die Kompetenz, über vorhandene kulturelle Bezugssysteme hinauszugehen, innovative Kulturentwicklungen anzuregen und dabei ausgewählte Elemente von Traditionen verschiedener kultureller Bezugssysteme einzubringen,

---

[442] Karl-Heinz Flechsig 2000, S. 6. Vgl. hierzu auch den Begriff Interkultur in Kapitel 4.3.1 Definitionen.
[443] Vgl. Karl-Heinz Flechsig 2000, S. 5.
[444] Vgl. Karl-Heinz Flechsig 2000, S. 1.
[445] Vgl. Karl-Heinz Flechsig 1997b, S. 7.
[446] Karl-Heinz Flechsig 2000, S. 2 (Hervorhebung im Original).
[447] Vgl. Karl-Heinz Flechsig 2000, S. 3.

ohne den Kulturmix oder neuen Einheits-Kulturimperialismus zu erzeugen."[448] Transkulturalität ist damit dem Konzept der ethnorelativen Phase einer „constructive marginality" (Bennett) sehr ähnlich.[449] In Anlehnung an das Konzept von Trompenaars, der davon ausgeht, dass bei interkulturellen Begegnungen kulturelle Dilemmata bzw. Unterschiede „versöhnt" werden (müssen), identifiziert Flechsig fünf „Versöhnungsstrategien" zur Entwicklung transkultureller Kompetenz:[450]

- das Kontinuum bipolarer Strukturen erkennen, auf dem kulturelle Orientierungen lokalisierbar werden;
- Gegensätze und Widersprüche als kulturbedingt verstehen, z.B. durch das gestaltpsychologische „Figur-Grund-Verhältnis";
- Gegensätze als aufeinanderfolgende Sequenzen prüfen;
- statische Sachverhalte in den Prozesscharakter überführen, z.B. durch Partizipien statt kulturelle Orientierungen substantivierend sprachlich zu beschreiben;
- mit metasprachlichen Formulierungen gegensätzliche Orientierungen aufheben, z.B. durch Begriffe auf höheren abstrakten Ebenen;
- Einstellungen und Urteile zu anderen kulturellen Gruppen als Beziehungsaussagen verstehen.

Guter Wille und klare didaktische Konzepte reichen für erfolgreiches transkulturelles Lernen allein nicht aus, vielmehr müssen auch die Kontexte (Lern- und Arbeitsumgebungen) transkultureller Kompetenzen thematisiert, bewusst gemacht und geklärt werden.[451]

Mögliche Widerstände gegen transkulturelles Lernen, z.B. in multikulturell zusammengesetzten Projekten, können entstehen durch:

- Dominanzverhältnisse (Mittelgeber, Ort der Begegnung, Kommunikationsstile, unterschiedliche Wertehierarchien, Sinngebungen, Bedeutungen, Werte und Normen etc.);
- Sprachprobleme (Verwendung einer Arbeits- statt Muttersprache, aber auch Dominanz von Muttersprachlern, Besonderheiten beim Einsatz von Dolmetschern);
- Beziehungsprobleme (konfliktreiche historische oder persönliche Beziehungen).[452]

Ziel transkulturellen Lernens ist „die Entwicklung von Kompetenz, die Menschen mit unterschiedlichem kulturellen Hintergrund befähigt, auf lokaler wie auf globaler Ebene Aufgaben zu bearbeiten und Lösungen zu finden, die sowohl auf die Erhaltung und Weiterentwicklung eigener kultureller Identität als auch der Ermöglichung gemeinsamer Lebens- und Überlebensleistungen gerichtet sind."[453]

[448] Karl-Heinz Flechsig (2001) nach Outi Arajärvi 2003, S. 17.

[449] Vgl. hierzu Kapitel 4.3.2.1 Phasen interkultureller Kompetenzentwicklung. Ähnlich auch bei Outi Arajärvi 2003, S. 17.

[450] Vgl. Karl-Heinz Flechsig 2000, S. 6f.

[451] Vgl. Karl-Heinz Flechsig 2000, S. 8.

[452] Vgl. Karl-Heinz Flechsig 2000, S. 8.

[453] Karl-Heinz Flechsig 2000, S. 9.

Als Methodenkanon interkultureller Didaktik benennt Flechsig:[454]

Methode (Grundform)	**Varianten**
Fallmethode	Analyse kritischer Ereignisse Einzelfall-Analysen „Kulturassimilator“ mehrperspektivische Fallanalysen
Simulationen	Rollenspiele Interaktionsspiele komplexe Situationen Internet-Simulationen
Erkundung	lokale Erkundungen vor Ort Medien-Erkundungen Selbst-Erkundungen mit Kulturfragebogen
Lernprojekt	interkulturelle Lernprojekte vor Ort transkulturelle Lernprojekte vor Ort interkulturelle & transkulturelle Lernprojekte im Internet
„Übungen“	Wahrnehmungsübungen Ausdrucksübungen Interaktionsübungen Selbsterfahrungs-Übungen Bewertungs-Übungen Aufgaben-Bearbeitungen exotische Rituale Verfremdungs-Übungen Antipoden-Übungen

Tab. 47: Methoden interkulturellen Trainings (nach Flechsig 1998)

Besonders hervorzuheben sind aus diesem Methodenrepertoire die Lernprojekte als Lernform an sich und als Möglichkeit, den Schritt vom interkulturellen zum transkulturellen Lernen zu vollziehen. Dabei handelt es sich um interkulturelle Projekte, „wenn an ihnen Menschen in unterschiedlichen kulturellen Kontexten teilnehmen, um Aufgaben in ihrer jeweiligen lokalen Situation zu bearbeiten, deren Ergebnisse mit anderen Menschen ausgetauscht und diskutiert werden, die entsprechende Projekte in ihrem eigenen kulturellen und lokalen Kontext durchgeführt haben.“[455] Im Gegensatz dazu ermöglichen Projekte transkulturelles Lernen, „wenn die Lernprojekte darauf gerichtet sind, aus den bisherigen kulturellen Kontexten herauszutreten, um gemeinsam neue kulturelle Horizonte zu erschließen.“[456] Diese Lernprojekte orientieren sich an den üblichen Phasen und methodischen Schritten von Projekten.[457]
Für die kulturelle Identität und kulturelle Kreativität transkulturellen Lernens müssen diese Methoden wegen der etwas anderen didaktischen Akzentuierung geprüft und ggf. um Techniken der Konfliktbearbeitung oder Mediation sowie um Per-

[454] Vgl. Karl-Heinz Flechsig 1998, S. 5f.
[455] Karl-Heinz Flechsig 1998, S. 12.
[456] Karl-Heinz Flechsig 1998, S. 12.
[457] Vgl. hierzu auch Kapitel 3.2.1 Projekte als Lernfeld.

spektiven des Managing Diversity und interkulturellen Managements ergänzt werden.[458]
Schon bei Flechsig wird individuelles interkulturelles Lernen in den Rahmen von institutionellen und Umweltbedingungen gestellt. Fischer unterscheidet für das interkulturelle Lernen in der Weiterbildung die „ich - wir - Sach- und Organisationsebene" und bezieht damit Gruppenzusammenhänge explizit in ihre theoretische Darstellung interkulturellen Lernens für die Erwachsenenbildung mit ein. Mit diesem qualitativen Sprung werden die Tätigkeitsfelder im Bereich der Weiterbildung, die unmittelbaren Arbeitszusammenhänge, das Qualifikationsprofil, das professionelle Handeln und die institutionellen Strukturen der Weiterbildungseinrichtungen und ihrer Mitarbeiter/innen zu interkulturellen Handlungsfeldern.[459] Die folgende Definition interkultureller Kompetenz richtet sich speziell auf die entsprechenden Anforderungen: „Interkulturelle Kompetenz ist eine soziale Kompetenz oder Beziehungskompetenz, die sich in der Interaktion und Kommunikation zwischen dem hauptberuflichen Personal einer Einrichtung und Personen mit Migrationshintergrund sowie in multikulturellen Gruppen und Teams und in der Zusammenarbeit mit Freiwilligen realisiert. Sie umfasst eine Reihe von Teilkompetenzen, die sich auf einer Ich-, Wir-, Sach- und Organisationsebene weiter aufschlüsseln lassen. Sie weist kognitive, emotionale und handlungsbezogene Aspekte auf. Sie bezieht sich darüber hinaus auf einen Referenzrahmen in der jeweiligen Organisation in einer gegebenen historisch gesellschaftlichen Situation, die zugleich von globalen Prozessen bestimmt wird. Sie basiert auf einem Werteverständnis, in dem sich die Ziele für das Miteinander in der Gesellschaft widerspiegeln."[460]

Interkulturelle Kompetenz als Schlüsselqualifikation bezieht sich damit

- „auf die Bewältigung eines epochaltypischen Schlüsselproblems der Gegenwart, nämlich auf Migration und Multikulturalität von Gesellschaften;
- nicht nur auf den Umgang mit Fremdheit, die aus dem Kontext mit anderen Herkunftsfamilien resultiert, sondern auch auf den Umgang mit innergesellschaftlich erfahrbarer, biografischer, milieuspezifischer und (sub-)kultureller Fremdheit und stellt somit eine universelle Fremdheitskompetenz dar;
- auf allgemeine personenzentrierte Konfliktfähigkeit, die den Zugang zu Menschen anderer Herkunftskulturen erschließen helfen;
- auf alle Bereiche in einer Organisation und bewährt sich daher in der Erfüllung von Querschnittsaufgaben.
- (... Sie) umfasst Kenntnisse, Fähigkeiten, Fertigkeiten und Haltungen, die auf kognitiver, emotionaler und psychomotorischer Ebene den Umgang mit kultureller Vielfalt ermöglichen."[461]

Hervorzuheben ist hier die Fremdheitskompetenz, die ähnlich der Transferkompetenz von Migrant/innen das Problem beschreibt, eine kulturelle „Lücke" zwischen

---

[458] Vgl. Karl-Heinz Flechsig 2000, S. 7.
[459] Vgl. Veronika Fischer 2004, S. 1.
[460] Veronika Fischer 2004, S. 3.
[461] Veronika Fischer 2004, S. 3f. (Anm. MoR).

dem individuellen oder kulturellen Selbst und dem Anderen zu überwinden. Dies wird in Kapitel 4.3.6.2 Evaluation und Qualitätssicherung wieder aufgegriffen und dort wird ein Erklärungs- und Handlungsansatz aus linguistischer Sicht anhand der Beschreibung des Lakunen-Modells dargestellt werden. Eine weitere Teildimension interkultureller Schlüsselkompetenz ist globales Denken pädagogisch Handelnder, die sich damit

- „der Eingebundenheit aller in die ‚Weltgesellschaft' bewusst sind;
- den Ursachen und Auswirkungen internationaler Migrationsströme und
- der Wanderungsgeschichte der Teilnehmenden widmen;
- sich kritisch und zukunftsweisend mit Globalisierung auseinandersetzen;
- über unverzichtbare, international anerkannte Werte und Normen verständigen;
- transnational vernetzen und entsprechende Bündnispartner auf internationaler Ebene suchen."[462]

Das Kompetenzmodell umfasst die Teildimensionen

- Ich: selbstreflexive Kompetenzen
- Wir: soziale Kompetenzen
- Sache/Aufgabe: Fachwissen/Methodenkompetenz.[463]

Den verschiedenen Ebenen sind kognitive, emotionale und verhaltensorientierte Anforderungen zugeordnet, die sich auf institutionelle und globale Handlungsebenen beziehen.[464] Neu sind an diesem Modell nicht die Methoden der Aufgabenebene, mit denen interkulturelle Ziele umgesetzt werden können, sondern dass damit die interkulturelle Öffnung von Weiterbildungsinstitutionen für Migrant/innen als Teilnehmer/innen und Mitarbeiter/innen einher gehen sollte. Nicht mehr Kompensation, sondern Prävention ist die Funktion so verstandener Weiterbildung. Dafür ist ein neues Leitbild für Organisationen zu entwickeln, das für den Umgang mit kultureller Vielfalt sensibilisiert und neue Formen dominanzkritischen, professionellen Handelns impliziert. Eine alleinige Weiterbildung der Mitarbeiter/innen, um das notwendige interkulturelle Kompetenzprofil zu entwickeln, greift zu kurz, wenn dies nicht auch institutionell umgesetzt wird.[465]

Zusammenfassend lassen sich aus dem Blickwinkel von Schemata und Handlungsebenen vier zusätzliche interkulturelle Kompetenzdimensionen benennen:

- Transferkompetenz
- Fremdheitskompetenz
- globale Kompetenz und
- transkulturelle Kompetenz als übergreifende komplementäre höchste Stufe.

Kontextualisierung und Komplexität haben im Zusammenhang mit interkultureller Kompetenzentwicklung eine besondere Bedeutung. Individuelle Kompetenz reicht nicht aus, vielmehr muss durch entsprechende Leitbilder und Öffnung von Weiterbildungseinrichtungen transkulturell verstandene Kompetenz auch institutionell verankert und aus globalem Blickwinkel reflektiert und bearbeitet werden.

---

462 Veronika Fischer 2004, S. 8.
463 Vgl. Veronika Fischer 2004, S. 8.
464 Vgl. Veronika Fischer 2004, S. 8ff.
465 Vgl. Veronika Fischer 2004, S. 4 und 13.

4.3.5.2 Linguistischer und neurobiologisch-konstruktivistischer Blickwinkel

In diesem Kapitel werden die bisher vorgestellten Ansätze interkultureller Trainings und interkultureller Didaktik um den linguistischen und neurophysiologischen Blickwinkel ergänzt, die bisher noch nicht berücksichtigt sind.
Der linguistische Ansatz weist auf Besonderheiten interkultureller Kommunikation hin, nämlich des Textverstehens und seiner Implikationen für interkulturelle Begegnungen, und gibt Hinweise für die didaktische Anwendung des Modells zur Vorbereitung von Auslandsaufenthalten.
Die Didaktik interkulturellen Lernens erweitert aus neurobiologisch-konstruktivistischer und sozialpsychologischer Sicht die bisher sozial-kulturelle Betrachtungsweise um die mentalen Prozesse, mit denen eine andere Kultur wahrgenommen wird.

Kulturelle Besonderheiten werden in wissenschaftlichen Ansätzen mit unterschiedlichen Begriffen bezeichnet: Kulturstandards (Thomas), Kulturtypen (Hofstede), Diskurskonventionen (Günthner/Kotthoff) oder Kultureme (Els Oksaar), ältere Strukturalisten oder Semantiker arbeiten mit „gaps", also „Lücken" bzw. „Lakunen" in der Bedeutung und Bildung von Begriffen. Das Lakunen-Modell von Ertelt-Vieth[466] umfasst als Oberbegriffe mentale, Aktivitäts- und Objektlakunen sowie als Sonderform axiologische Lakunen. Lakunen beschreiben im wissenschaftlichen Bereich der Übersetzung und Literatur „die Textlücke". Mentale Lakunen werden definiert als Unterschiede in allen kognitiven oder affektiven Zuständen oder Modellen, als Unterschiede des Wissensstandes im weitesten Sinn, wie z.B. als bewusst und unbewusst, sogenannter gesunder Menschenverstand und als reflektiertes Wissen, aus Erfahrung oder Ethik abgeleitete Regeln, als Erwartungen oder Befürchtungen.
Das Ziel der Lakunenanalyse ist es,

- Feinheiten, z.B. als Unterschied oder im Humor
- Überlappungen
- Widersprüche
- individuelle Charakteristika
- Entwicklungen

zu beobachten.
„Grundlegende Merkmale von Lakunen sind: Sie erscheinen dem Rezipienten als etwas Unverständliches, Ungewöhnliches (Exotisches), Fremdes (Unbekanntes), Fehlerhaftes oder Ungenaues im Text. Als ergänzende Merkmale kommen hinzu: sie erscheinen dem Rezipienten als etwas Entbehrliches, Erstaunliches (Merkwürdiges), Unerwartetes, d.h. nicht Voraussagbares."[467]

---

[466] Vgl. Astrid Ertelt-Vieth 2003, S. 7.
[467] Hartmut Schröder 2004, S. 5. Vgl. dort eine ausführliche Herleitung des von Astrid Ertelt-Vieth weiterentwickelten Lakunen-Modells der Ethnopsycholinguistik im Hinblick auf internationale Produktvermarktung.

Das folgende Modell illustriert die Übergänge zwischen den verschiedenen Lakunen:[468]

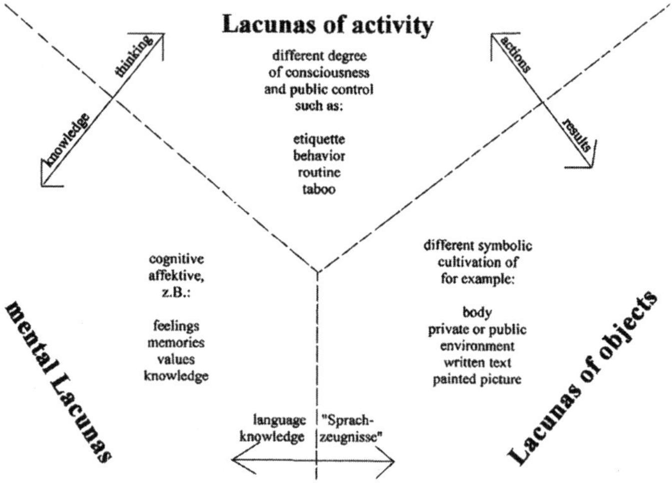

Abb. 30: Das Lakunen-Modell (nach Ertelt-Vieth 2003)

Aktivität wird hier im Sinn gelernter Prozesse verstanden, die weitgehend der Reflektion und Kontrolle zugänglich sind. Aktivität ist ohne mentale und physische Prozesse nicht möglich. Unterschiedliche Denkprozesse können Aktivitätslakunen genannt werden, während hingegen ihre Ergebnisse, als Bildung von Wissen, mentale Lakunen sein können. Zwischen diesen mentalen Lakunen sind Lakunen der Sprachkenntnisse, während der gegenständliche Sprachnachweis - in Form von „Sprachzeugnissen" wie Bücher oder Briefe - Objektlakunen sein können. Ihre Herstellung, wenn sie auf besondere Art erfolgt, können Aktivitätslakunen sein.[469]

Jede der genannten Lakunen enthält Untergruppen von Lakunen, die in der folgenden tabellarischen Übersicht dargestellt sind:[470]

[468] Nach Astrid Ertelt-Vieth 2003, S. 11.
[469] Vgl. Astrid Ertelt-Vieth 2003, S. 11.
[470] Vgl. Astrid Ertelt-Vieth 2003, S. 7f., 12f.

mental lacunas	**lacunas of activity**	**lacunas of objects**
culture emotive lacunas lacunas of fond or of knowledge: - conceptual lacunas - role related lacunas - spatial lacunas - time related lacunas - mnestic lacunas lacunas related to language knowledge: - partial and complete lexical lacunas - grammatical lacunas	lacunas of use of language lacunas of paralanguage and body language lacunas of etiquete, behavior, routine and taboo lacunas of thinking, perception and orientation in space and time: - syllogistic lacunas - perceptive lacunas	lacunas of written or otherwise recorded texts and images lacunas of public environment lacunas of geographic infrastructure lacunas of private environment lacunas of human body attributive lacunas lacunas of food

Tab. 48: Untergruppen von Lakunen (eigene Darstellung nach Ertelt-Vieth 2003)

Die Sonderform der axiologischen Lakunen erweitert das Lakunen-Modell um eine besondere Dimension: Sie bezeichnen kulturspezifische Assoziationen und Evaluationen unterschiedlicher Phänomene. Sie sind oft der Kern von Missverständnissen und Konflikten.[471]

Lakunen können als Elemente oder Aspekte eines Textes definiert werden, die nicht den Erfahrungen von Individuen einer anderen Kultur entsprechen. Sie können das Verstehen dieses Textes erschweren oder verhindern, aber sie können ebenso zu interkultureller Kommunikation motivieren. Lakunen entstehen zwischen Kulturen und kulturellen Ebenen.

Das Verstehen von Texten im weitesten Sinne, einschließlich der Kulturen, ist ein aktiver, kreativer und perspektivisch orientierter Prozess. Dieser Aufbau von Sinn entfaltet sich auf der Basis der potenziellen Bedeutung des Textes und der vorhandenen Erfahrungen des Lesers.

Lakunen beschreiben nicht stabile Bedeutungen, hängen vielmehr von jeweiligen Bedingungen des tatsächlichen Zusammentreffens von Vertreter/innen mindestens zweier Kulturen oder kultureller Ebenen zu einem gegebenen Zeitpunkt ab. Sie können von lange überlieferten relativ stabilen Bedeutungen zu ad-hoc-Bedeutungen variieren und komplex verknüpft sein. Sie sind individueller und subkultureller Differenzierung ebenso unterworfen wie historischer Veränderung. So können sie nicht als starre Klassen gedacht werden, sondern als Bestandteile in einem dynamischen Modell, das es uns ermöglicht, veränderliche Ebenen und Aspekte (wie verbale, psychologische oder geografische) jeder Situation oder Handlung zu differenzieren.

Ihrem Gehalt entsprechend können mentale Lakunen, Aktivitätslakunen und Objektlakunen unterschieden werden.

Kulturspezifische Bedeutungen und Evaluationen werden axiologische Lakunen genannt. Für jede Begegnung zwischen verschiedenen Kulturen kann jede Aktivität

[471] Vgl. Astrid Ertelt-Vieth 2003, S. 14.

eine neue Bedeutung erhalten, unabhängig davon, welche Bedeutung ihr im eigenen kulturellen Kontext zugeschrieben wird. Im Modell würden axiologische Lakunen dreidimensional als Spiegel oder zweite Ebene zu den anderen Lakunen zu zeigen sein.[472]

Das Lakunen-Modell kann zur Vorbereitung interkultureller Begegnungen herangezogen werden, um Critical Incidents" in „Face to Face"-Situationen oder in medial vermittelten interkulturellen Begegnungen zu entdecken und zu analysieren und um problematische Zusammentreffen selbst langdauernder Austauschbeziehungen zu rekonstruieren, wie den Studierendenaustausch oder bis hin zu Problemen zwischen Ost- und Westeuropa.
Ertelt-Vieth schlägt zur Vorbereitung folgende Checkliste mit den vereinfachten Prinzipien der Lakunen-Analyse vor:[473]

> A structural aid towards cultural knowledge:
> From existing knowledge to new experience in six steps.
> Remember: In (for example) Russia and elsewhere
> 1. many things are like they are here
> 2. many things are like they are in many countries – only in Germany they are different
> 3. many things are different indeed
> 4. many things might have different relations and different meanings
> 5. no two persons are alike (and yet many may be similar in many respects)
> 6. hardly anything will remain the same.

Abb. 31: Checkliste für vereinfachte Prinzipien der Lakunen-Analyse (nach Ertelt-Vieth 2003)

Zunächst werden vorhandenes Wissen und offene Fragen gesammelt und farbig den sechs Punkten der Checkliste zugeordnet, um so den Blick erst auf die Ähnlichkeiten und dann auf die Entdeckung und das Verständnis von Unterschieden zu lenken. Es gibt zwei Möglichkeiten, mit der Checkliste zu arbeiten, je nach Alter, Interessen und Zielen der Lerngruppe und der verfügbaren Zeit solcher Vorbereitungstreffen. Entweder verwendet der Moderator die Ergebnisse der Lakunen-Forschung oder stellt das Lakunen-Modell vor. Als Prinzipien der interkulturellen Begegnung zu jedem der sechs Schritte der Checkliste benennt Ertelt-Vieth:[474]

1. Viele Erfahrungen in gemeinsamen, unterschiedlichen und in unüblichen Situationen und auch in Missverständnissen üben und erwerben.
2. Sich selbst oft in die Lage anderer Personen versetzen und versuchen, sie zu verstehen.
3. Eigene Gewohnheiten und Perspektiven anderen erklären.
4. In jeder ungewohnten Situation nach den gemeinsamen Dingen suchen, Kompromisse schließen und Kritik nur falls nötig und niemals beleidigend

[472] Vgl. Astrid Ertelt-Vieth 2003, S. 14.
[473] Astrid Ertelt-Vieth 2003, S. 16.
[474] Vgl. Astrid Ertelt-Vieth 2003, S. 18.

üben. Den eigenen Standpunkt deutlich machen, aber immer für weitere Kommunikation offen bleiben.
5. Nachdenken, was man für sich selbst ändern oder was man für sich selbst beibehalten will - nur für die Zeit im Ausland oder bleibend für zu Hause.
6. Sich erinnern, dass Verstehen spiralförmig anwächst: Man gelangt häufig an ähnliche Punkte, fühlt sich wie am Anfang und macht doch Fortschritte.

Das Lakunen-Modell bzw. die daraus abgeleitete Checkliste und ihre Prinzipien der interkulturellen Begegnung erweisen sich in verschiedener Hinsicht als hilfreich für die Vorbereitung auf einen Auslandsaufenthalt:
„Any way work with these six points may promote
- expression, exchange and differentiation of an existing inventory of knowledge;
- larger 'cultural attentiveness';
- better targeted questioning;
- better action and more adequate reaction".[475]

Keller stellt auf der Basis eines realitätsbezogenen Konstruktivismus Ergebnisse neurobiologischer Forschung mit Denk- und Verhaltensmustern aus der Sozialpsychologie zur Erklärung interkulturellen Lernens in einen Interpretationszusammenhang.[476] Konkrete Verhaltensweisen beim interkulturellen Lernen lassen sich danach folgendermaßen interpretieren: Es liegen sieben unterschiedliche, aufeinander bezogene Aktivitäten des Gehirns vor, die aus dieser Perspektive den Lernprozess im jugendlichen Alter erhellen:[477]

Neurobiologische Module	**Sozialpsychologisches Verhalten**
1. Amygdala affektive Steuerung der Wahrnehmung	emotionale Bewertung (Freund-Feind-Denken)
2. Thalamus („gating")	Prototypen (Bildung von Stereotypen)
3. Synapsen a. starre b. plastische	 unflexible Stereotype (Wissensspeicher) Urteilsdifferenzierung in Subkategorien
4. "Assemblies" (in verschiedenen Nervenbündeln)	kausale, zeitliche, funktionale Ordnungsschemata
5. Metarepräsentationen (aus „Assemblies" durch das eigene Wahrnehmungssystem)	„Beliefs": Kritikfähigkeit und Perspektivismus Verhaltensnormen
6. Hypothalamus	Steuerung des Sozialverhaltens

Tab. 49: Interkulturelle Wahrnehmungsprozesse aus neurobiologischer und sozialpsychologischer Sicht (nach Keller 2003 mit eigenen Ergänzungen)

Keller leitet daraus „ein neues Paradigma für den kulturkundlichen Unterricht" von Schüler/innen ab: „Das interkulturelle Lernen ist letztlich nicht unserer freien Ent-

[475] Astrid Ertelt-Vieth 2003, S. 16.
[476] Vgl. Gottfried Keller 2003, S. 1.
[477] Vgl. Gottfried Keller 2003, S. 11 mit eigenen Ergänzungen.

scheidung unterworfen, sondern es muss sich nach den *genetischen Rahmenbedingungen* unseres Gehirns richten. Zur Erreichung der Lernziele Verstehen, Kommunikations- und Kooperationsbereitschaft, Toleranz und Kritikfähigkeit ergibt sich hieraus die konkrete Forderung, die interkulturellen Lernstrategien in die wechselseitige Vernetzung der verschiedenen Gehirnaktivitäten einzubinden."[478]

Werden Lernprozesse geplant, sind eingespeiste Schemata als Resultat des neurobiologischen Konstruktionsprozesses zu modifizieren, zu ergänzen und zu erweitern. Der Stoff muss den gebündelten neuronalen Modulen zu ihrer Funktion autonom gesteuerter Orientierung (in Fremdkulturen) entsprechend verteilt werden. Dabei sollen die folgenden Aspekte berücksichtigt werden:

- „eine Differenzierung des Auslandsbildes durch zusätzliche Informationen (plastische Synapsen);
- Vermittlung von zeitlichen, kausalen und funktionalen Ordnungsschemata (sozio-kulturelle, geografische, historische Informationen) („assemblies");
- Angebote von Wertperspektiven und Normen (Metarepräsentationen);
- Weckung positiver Emotionen für fremde Völker (Amygdala);
- Thematisierung gruppendynamischer Auswirkungen auf Einstellungen, Denken und Handeln (Hypothalamus);
- öftere Wiederholungen (von) feststehenden Fakten und kulturellen Zusammenhängen zur Gedächtnisstützung."[479]

Zwar kann diese Organisation der inhaltlichen Sachbezüge aus der Arbeitsweise des Gehirns abgeleitet werden, nicht jedoch die Unterrichtsmethoden. Nicht nur deshalb sind der Unterrichtssituation, dem Stoff, der Lerngruppe und der Lehrerpersönlichkeit angemessene Methoden einzusetzen. Daneben sollen die Lernenden für die Inhalte motiviert und Lern- und Problemlösungsstrategien entwickelt werden.
Diese für das interkulturelle Lernen bei Jugendlichen genannten inhaltlichen und methodischen Prämissen treffen annähernd auch auf die ersten Grundlagen interkultureller Kompetenzentwicklung bei Erwachsenen zu.

4.3.5.3 Beispiele für interkulturelle Trainingsmaßnahmen/Weiterbildung

Der Anspruch, hier eine repräsentative Übersicht über interkulturelle Trainings geben zu wollen, würde angesichts der Vielzahl von Ansätzen und Konzepten zu weit führen.[480]

---

[478] Gottfried Keller 2003, S. 14 (Hervorhebung im Original).
[479] Gottfried Keller 2003, S. 15.
[480] Outi Arajärvi 2003, S. 1 weist z.B. bei 80 niederländischen Anbietern interkultureller Trainings auf kaum einheitliche Konzepte und große Unterschiede in Ausgangspunkten, Methoden und Zielen hin, die es erschweren, ein geeignetes Training auszumachen. Die Situation in Deutschland scheint - trotz weniger deutschsprachiger Veröffentlichungen zu interkulturellem Lernen und interkultureller Kompetenz - (inzwischen) ähnlich zu sein. Vgl. hierzu auch die „Checkliste für interkulturelle Trainings", die auf diesen Bedarf hin ausgerichtet ist. Vgl. auch Kapitel 4.3.6.2 Evaluation und Qualitätssicherung.

Wie interkulturelle Handlungskompetenz erreicht werden soll, wird beispielsweise in folgenden unabdingbaren (Mindest)Voraussetzungen für ein wirksames interkulturelles Training gefordert:[481] als erste Stufe soll Sensibilisierung in mononationalen Gruppen erfolgen durch Information zu verschiedenen kulturellen Hintergründen und Abbau von Vorurteilen auf der Basis einer wertfreien „Auseinandersetzung mit der eigenkulturellen und fremdkulturellen Thematik".[482] In einer zweiten Stufe soll eine dem Arbeitsalltag nahe Begegnung simuliert und mit Feedbackprozessen begleitet werden. Der Trainer unterstützt, moderiert und klärt potenzielle Konflikte vor dem Hintergrund seiner Auslandserfahrung.

Für interkulturelle Trainings steht nach Auernheimer ein breites Repertoire an Techniken zur Verfügung:[483]

- explorative Verfahren (z.B. Befragung, Sozialstudie)
- aufsuchende Verfahren (z.B. Exkursion, Erkundung, Feldstudie)
- analytische Verfahren (z.B. Arbeit mit Fällen, Filmen, Fotos, Belletristik)
- rezeptive Verfahren (z.B. Referat etc.)
- kreative Verfahren (z.B. Szenario-Technik, Brainstorming)
- produktionsorientierte Verfahren (z.B. Collagen, Theaterarbeit, Fotoserien, Videoproduktion)
- selbstreflexive Verfahren (z.B. Biografiearbeit, Selbsteinschätzungsübungen)
- Simulationsverfahren (z.B. Rollen- und Planspiele)
- interaktive Verfahren (z.B. Konfliktlösungsübungen)
- meditative Verfahren (z.B. Entspannungsübungen).

Je nach theoretischem Hintergrund als Erklärungsmodell für kulturelle Phänomene und Zielsetzung des Trainings werden aus diesem Methodenkanon verschiedene Techniken präferiert und unterschiedlich kombiniert.

Beispiele, wie interkulturelle Trainer/innen-Kompetenz entwickelt werden kann, wurden bereits dargestellt.[484] Ergänzend soll die von Flechsig für die Ausbildung von interkulturellen Trainer/innen vorgeschlagene Vorgehensweise nach den drei Schritten psychologischer Kompetenzentwicklung hinzugefügt werden:[485]

1. Absolvieren der betreffenden Bildungsmaßnahme als Teilnehmer/in;
2. Übernahme der Rolle als Assistent/in oder Tutor/in;
3. Durchführung in eigener Verantwortung mit Supervision.

Danach kann ein professioneller Standard erwartet werden.
Aden bezieht Wertedimensionen nach Hofstede als Erklärungsmodell in die Praxis der Weiterbildung von Weiterbildner/innen ein.[486] Demorgon et al. skizzieren

[481] Vgl. Axel Gloger 2000, S. 99.
[482] Axel Gloger 2000, S. 99.
[483] Georg Auernheimer (2003) nach Claudia Drong 2004, S. 5.
[484] Vgl. Kapitel 4.3.3.3 Interkulturelle Weiterbildungstätigkeit.
[485] Vgl. Karl-Heinz Flechsig 1998, S. 15.
[486] Vgl. z.B. Sven Aden 1997. Vgl. hierzu auch Kapitel 4.3.2 Interkulturelles Lernen.

Ausbildungsprogramme für Europa und reflektieren die Frage eines „Diplomeuropäers".[487]

Beispiele für interkulturelle Trainings in Wirtschaftsunternehmen, z.B. bei internationalen Fusionen bieten am Beispiel eines Chemiekonzerns[488] oder eines Automobilkonzerns[489] Einblicke in die Personalentwicklungsmöglichkeiten großer Unternehmen sowie die Probleme und Chancen der damit einhergehenden Neustrukturierung und kulturellen Neuorientierung.
Interkulturelles Training wird auch im Rahmen des universitären Studiums wichtiger, sowohl für Studierende von Lehramtsstudiengängen als auch im Hinblick auf die zunehmend multikultureller werdende Zusammensetzung von Lehrenden und Studierenden an Universitäten. Dies betrifft insbesondere internationale Studiengänge und Programme mit internationalen Lerngruppen.[490]

Inzwischen gibt es auch einige online-Angebote zum Training interkultureller Kompetenzen. Es wird immer wichtiger, interkulturelle Kompetenzen auch online zu trainieren, da viele multikulturelle Teams gleichzeitig über weite Strecken virtuelle Teams sind, weil sie an verschiedenen Orten arbeiten und über die modernen Informationstechnologien kommunizieren und kooperieren.[491] Online-Angebote wie „Der Europe-Trainer" sollen auf einen Arbeitseinsatz im Ausland vorbereiten.[492] Virtuelle Kommunikation und Kooperation zeichnen sich durch besondere, technisch vermittelte Möglichkeiten und Grenzen aus. So können virtuelle Projektteams orts- und zeitunabhängig arbeiten und lernen und über eine praktisch unbegrenzte Wissensbasis verfügen. Allerdings sind durch Befristung eines Projekts Zeiten vorgegeben. Der technisch vermittelte Austausch von Informationen, Abstimmungsprozessen und Arbeitsergebnissen ist im Vergleich zur „Face to Face"-Kommunikation stark gefiltert, da non- und parasprachliche Informationen entfallen, von „Emoticons" abgesehen. Die kompetente Nutzung der technischen Möglichkeiten erfordert zusätzlich zu den bisher genannten Kompetenzen Technikkompetenz und Kommunikations- und Moderationskompetenz für virtuelle Ko-

---

[487] Vgl. Jacques Demorgon/Edmond-Marc Lipiansky/Burkhard K. Müller/Hans Nicklas 2001, S. 127 und S. 141.

[488] Vgl. z.B. Alexander Thomas/Eva-Ulrike Kinast/Sylvia Schroll-Machl 2000, S. 103ff.

[489] Vgl. z.B. Jürgen Rothlauf 1999, S. 82 am Beispiel eines modular aufgebauten Stufenmodells beim BMW.

[490] Vgl. z.B. die Darstellung des Modells von Dietrich von Queis in Kapitel 4.3.2.1 Phasen interkultureller Kompetenzentwicklung. Vgl. auch Elke Möller 2003 oder Dagmar Schulte 2003.

[491] Vgl. dazu z.B. Diversophy.com – intercultural expertise online, Quelle: http://www.diversophy.com/news_info/downloads.htm vom 02.08.2004; das BMBF-Projekt „Entwicklung multimedialer korpusbasierter Lehrmodule für Sprachausbildung und interkulturelle Kommunikation", Quelle: www.modulang.uni-saarland.de (Faltblatt); das E-Learning und E-Service-Projekt „Cultural Studies and Intercultural Communication", Quelle: http://www.interculture.de vom 03.05.2002, dazu die homepage „interkulturelle Kompetenz online" unter http://www.ikkompetenz.thueringen.de/hilfe/index.htm vom 02.08.2004.

[492] Vgl. zum interaktiven Lernprogramm http://volkswagen-coaching.de/996.0.html vom 02.08.2004.

operation sowie Wissensmanagement für Lern- und Arbeitsprozesse.[493] Daneben ist das Internet selbst als multikulturelles Medium zu betrachten.[494] Eine weitergehende detaillierte Darstellung und Analyse würde den Rahmen der vorliegenden Arbeit überschreiten. Der Prototyp eines „ICQ - InterCulturalQuest" als kulturallgemein und -spezifisch (am Beispiel Finnlands) angelegtes online-Modul zum Selbststudium interkultureller Kompetenz wurde erstmalig von den Teilnehmer/innen im 4. Kurs 2002 der Multiplikator/innen-Weiterbildung getestet.

4.3.6 Eignungsdiagnostik und Evaluation

In diesem Kapitel werden zwei Aspekte behandelt: zum einen, wie die Eignung für interkulturelle bzw. Auslandstätigkeiten festgestellt werden kann und zum anderen, wie interkulturelle Trainings auf ihre Qualität und Lernergebnisse hin untersucht werden können. Aufgrund der Komplexität interkultureller Phänomene und ihrer Evaluation sind sowohl quantitative als auch qualitative Aspekte zu berücksichtigen, die angemessen und nicht ohne weiteres aus anderen Bereichen, wie etwa Lernprogrammen oder Managementtechniken, übertragbar sind. Wie in den vorangegangenen Kapiteln aufgezeigt wurde, sind die Kompetenzbegriffe nicht einheitlich definiert, die Ausbildungsmethoden heterogen und von der jeweiligen Zielsetzung des interkulturellen Trainings abhängig, das Verständnis interkulturellen Lernens ist unterschiedlich.[495]

Flechsig fordert professionelle Evaluierung interkultureller Bildungsmaßnahmen, damit die verwendeten Lernmaterialien entsprechend revidiert und überarbeitet sowie die Qualität und die Wichtigkeit einzelner Elemente eingeschätzt werden können. „Sie sollte auch eine Einschätzung des Lerngewinns und der Lernmotivation durch die Teilnehmer enthalten aber auch deren selbstkritische Beurteilung eigener Beiträge nicht ausklammern."[496] Allerdings kann nur fallspezifisch entschieden werden, welche der klassischen Verfahren angewandt werden können, um den Lerngewinn festzustellen.

Zu den verschiedenen Aspekten von Evaluation, hier am Beispiel internationaler Begegnungsprogramme, können als Ansatzpunkte für wirksame Veränderungen gezählt werden:

- Bedingungen für (nicht) funktionierende Zusammenarbeit;
- Rolle der Finanziers und Trägers bei (Miss)Erfolg;

---

[493] Vgl. z.B. George F. Simons: Online! The Challenge for Interculturalists and Diversity Specialists oder Meeting the intercultural challenges of virtual work. Quelle: http://www.diversophy.com/news_info/downloads.htm vom 02.08.2004.

[494] Vgl. z.B. Paul Gorski: Multicultural Pavilion. Multicultural Education and the Internet: Tools, Resources, and Commentary. Quelle: http://curry.edschool.virginia.edu/go/multicultural.

[495] Vgl. hierzu auch Jacques Demorgon/Edmond-Marc Lipiansky/Burkhard K. Müller/Hans Nicklas 2001, S. 14f.

[496] Karl-Heinz Flechsig 1998, S. 15.

- „pädagogische“ Qualität der Angebote des jeweiligen Programms;
- Lernerfolge bei den Teilnehmenden, die aber auch von individuellen Interessen, Aktivitäten und Beteiligungsformen abhängig sind.[497]

„Voraussetzung hierfür wäre vielmehr, dass Bedingungen geschaffen werden, unter denen diese unterschiedlichen Ebenen der Evaluation gleichzeitig verfolgt und in einem facettenreichen Qualitätsprofil zusammengefügt werden können.“[498] Allerdings erfordert ein so umfassendes Evaluationsvorhaben eine hoch motivierte Lerngruppe und eine längerfristige Zusammenarbeit. Bei pädagogischen Experimentalprogrammen stellt sich gleichzeitig die Frage der Übertragbarkeit auf andere Maßnahmen. Selbst eine kriteriengestützte Berichterstattung oder teilnehmende Beobachtung von Forschern wird den Qualitätsfaktoren nicht annähernd gerecht, u.a. weil Evaluation das zu evaluierende Feld beeinflussen oder verändern kann.

Ähnliche Probleme stellen sich bei der Evaluierung der Qualifikationen von Organisatoren, Moderatoren und Animateuren in Begegnungsprogrammen. Ein schulisch orientiertes Prüfverfahren, wie z.B. ein Examen, überprüft lernbare Fähigkeiten wie didaktisches Können und interkulturelles Wissen, wird aber persönlichen Erfahrungen und Reflektionen sowie ihrer institutionellen Einbettung und Vernetzung nicht gerecht. „Denn in der Pädagogik internationaler Begegnungen lassen sich die pädagogische Qualität, die Qualität der ‚existentiellen' Erfahrung interkultureller Phänomene und die Qualität der organisatorischen Gestaltung (die weit mehr ist, als die Sicherstellung eines reibungslosen Programmablaufes) nicht voneinander trennen.“[499]

Eine tiefer gehende Evaluation, z.B. für internationale Begegnungsprogramme, muss neben formalen Qualitätsmerkmalen und Marktforschung auch interkulturelle Kompetenzen inhaltlich bestimmen. Die dafür erforderlichen Kompetenzen sind noch weitgehend ungeklärt, ebenso (mehr oder weniger) geeignete Lernformen, da „ein tieferes Verständnis der interkulturellen Phänomene selbst, die tief in der Geschichte und im Alltagsleben der Nationalkulturen wie der Individuen verankert sind“,[500] noch am Anfang steht.

4.3.6.1 Feststellen der individuellen Eignung

Die Auswahlmethoden in der interkulturellen Eignungsdiagnostik beziehen sich meist auf die Auswahlentscheidungen von größeren internationalen Unternehmen, die i.d.R. Mitarbeiter/innen hinsichtlich ihrer Erfolgswahrscheinlichkeit und Anpassungsfähigkeit beurteilen. Dazu werden meist Empfehlungen oder Listen potenzieller Kandidaten durch Mitarbeiter von Personalabteilungen, Spezialisten für Auslandspersonal, Linienmanager oder eine Auswahlkommission aufgestellt. Auf-

[497] Vgl. Jacques Demorgon/Edmond-Marc Lipiansky/Burkhard K. Müller/Hans Nicklas 2001, S. 54.
[498] Jacques Demorgon/Edmond-Marc Lipiansky/Burkhard K. Müller/Hans Nicklas 2001, S. 54.
[499] Jacques Demorgon/Edmond-Marc Lipiansky/Burkhard K. Müller/Hans Nicklas 2001, S. 55.
[500] Jacques Demorgon/Edmond-Marc Lipiansky/Burkhard K. Müller/Hans Nicklas 2001, S. 271.

grund der Auswahl aus dem Mitarbeiterstamm fließen weitere Informationen über persönliche Kontakte in den Beurteilungsprozess ein.

Die eingesetzten Auswahlverfahren sind abhängig von den Rahmenbedingungen, so dass „keine allgemein geeignete Standardmethode der Personalauswahl empfohlen werden (kann). Vielmehr ist darauf zu achten, dass interkulturelle Eignungsdiagnostik die folgenden Aspekte beinhalten muss: Identifizierung der notwendigen Kenntnisse, Eigenschaften und Randbedingungen, die Definition von Erfolg (Anpassung und/oder Effektivität), ein Arbeitsplatz- und Kulturprofil (zum Beispiel bei kurzfristiger versus langfristiger Entsendung) und die Auswahl angemessener Datensammlungs- und Beurteilungstechniken."[501]
Folgende Verfahren können u.a.[502] eingesetzt werden:

1. das Auswahlinterview
2. der biografische Fragebogen
3. das multimodale Interview
4. psychologische Testverfahren
5. die Selbsteinschätzung
6. das interkulturelle Assessment Center.

Zusammenfassend kann zu den o.a. Verfahren festgestellt werden, dass

- ein hochstrukturiertes Interview eher zu validen Ergebnissen führt und den (Ehe)Partner i.d.R. mit einbeziehen sollte;
- biografische Fragebögen bisher nur als Forschungsinstrumente verwendet wurden und für die Praxis interkultureller Eignungsdiagnostik nicht einsetzbar scheinen;
- das multimodale Interview länderspezifische Eignung mit den Bestandteilen Selbstvorstellung, biografische und situative Fragen sowie Rollenspielen erfasst und Auswahllösungen für die wichtigsten Zielländer ermöglicht; es scheint sich durch Ökonomie, Praktikabilität und Akzeptanz auszuzeichnen;
- psychologische Testverfahren eher ungebräuchlich sind und eher geringe Validität zur Vorhersage späterer Leistung und Anpassungsfähigkeit aufweisen, aber zur Einschätzung von Ethnozentrismus, Stereotypen, Vorurteilen und Sensitivität beitragen können;
- Selbsteinschätzungen mittels strukturierter Interview-Checklisten erhoben werden können, um kulturelle Anpassungsfähigkeit zu erfragen; es liegen allerdings keine konkreten Erfahrungen dazu vor;
- internationale Assessment-Center sich als effektives Auswahlinstrument durch hohe Augenscheinvalidität erwiesen haben; zu den Vorteilen zählen Anforderungsbezogenheit, Beobachtung und Beurteilung von Verhalten in

[501] Jürgen Deller 1996, S. 302f.
[502] Zu weiteren, allerdings nicht explizit interkulturell orientierten, Auswahlverfahren wie der Messung personaler Eignungsindikatoren, personprognostischer Informationen oder prognostischer Beurteilung der Kandidateneignung vgl. Werner Sarges (Hrsg.) 1995, S. 463-809. Zur Messung von sozialen Kompetenzen und eignungsdiagnostischen Instrumentarien am Beispiel einer österreichischen Fachhochschule vgl. Frederic Fredersdorf/Brigitte Mayer 2003, S. 22-43.

Simulationen, zu den Nachteilen mangelnder Realitätsgehalt der Übungen und die Gefahr der Innovationsfeindlichkeit. Es lassen sich arbeitsplatzspezifische und arbeitsplatzübergreifende Formen unterscheiden, interkultureller Kompetenz wird dabei unterschiedlich hohe Relevanz zugestanden.[503]

Im Folgenden werden Beispiele für ein Bewerberinterview und interkulturelle Assessment Center ausführlicher dargestellt, da sie die höchste Validität und Praktikabilität aufweisen.

Mit der nachstehenden Checkliste können einige Gesichtspunkte internationaler Kompetenz in Bewerberinterviews erfragt und vom Bewerber berichtet werden. Diese umfassen
„Sachkompetenz
- Zeugnisse, Arbeitsproben, Berufserfahrung, Weiterbildung etc.

Kommunikative Kompetenz
- Wie gut sind seine/ihre Sprachkenntnisse?[504]
- Wie geht der Bewerber/die Bewerberin mit Unsicherheit um?

Interkulturelle Kompetenz
- Verfügt er/sie über Lebenserfahrung in einem fremden Kulturkreis?
- Wie ausgeprägt bzw. reflektiert ist sein kulturelles Selbstbewusstsein?
- Äußert er/sie ablehnende oder negative Vorurteile über bestimmte Nationen?

Mobilität
- Wie ist die Einstellung, Bereitschaft zu einem Auslandsaufenthalt?
- Kann er/sie Mobilität durch aktive Auslandserfahrung belegen?
- Erlaubt die familiäre Situation einen Auslandsaufenthalt?“[505]

Mit der Beurteilungsmethode Assessment-Center (AC) sollen die Eignung für eine Auslandsentsendung festgestellt und die notwendigen Anforderungsbereiche und charakteristischen Kompetenzen für eine Zielposition sichtbar und beurteilbar werden. „Bei diesen ACs geht es daher um die Frage, ob sich ein Mitarbeiter grundsätzlich für eine international ausgerichtete Tätigkeit eignet, aber noch nicht darum, ob er auch für eine ganz bestimmte Zielkultur der passende Kandidat ist.“[506] Folgende Anforderungsbereiche sind Gegenstand der Beurteilung:
- Problemlöse- und Sozialkompetenz, z.B. analytische Kompetenz, Kreativität und Kooperationsverhalten;
- Einfühlungsvermögen;
- Verhaltensbandbreite und -kompetenz;

[503] Vgl. Jürgen Deller 1996, S. 303ff.
[504] „Lassen Sie den Bewerber seinen Lebenslauf in einer seiner Fremdsprachen referieren.“ Wuppertaler Kreis e.V. und Deutsche Vereinigung zur Förderung der Weiterbildung von Führungskräften 2000, S. 2 (dort Kap. 3.4).
[505] Wuppertaler Kreis e.V. und Deutsche Vereinigung zur Förderung der Weiterbildung von Führungskräften 2000, S. 2 (dort Kap. 3.4).
[506] Michael Paschen 2001, S. 96.

- Toleranz gegenüber Andersartigkeit;
- persönliche Autonomie und „wahre" Mobilität.[507]

Dabei ist möglicherweise die persönliche Autonomie die Kernherausforderung, da „eine hohe emotionale Unabhängigkeit und Stabilität im eigenen Lebensentwurf" erforderlich ist, und damit einem möglichen Scheitern vorgebeugt wird, weil die „Fähigkeit zum Ertragen eines gewissen inneren ‚Allein-Seins' überschätzt" wurde. Gleichzeitig sind die Motivation zur Mobilität und ihre Bedingungen zu klären: „Es sieht sogar so aus, dass es immer schwieriger wird, international mobile Nachwuchskräfte zu finden."[508]

Zu den klassischen AC-Übungen müssen für die Kompetenzbereiche eines internationalen Einsatzes weitere Übungstypen ergänzend hinzugenommen werden.[509] Dies sind neben

- konzeptionellen und analytischen Fallstudien
- Gruppensituationen und
- Einzelgesprächen insbesondere
- Rollenspiele mit Perspektivenwechsel
- Interpretation von Videosequenzen
- Rollenspiele mit vorbereiteten Verhaltensempfehlungen
- Gespräche über kulturelle Stereotype
- fiktive Kollegengespräche mit anderen „Expatriates"
- gemeinsame Auswertungsgespräche.

Beurteilungsprobleme entstehen, wenn das AC nicht in der Muttersprache des Bewerbers oder mit Teilnehmenden aus unterschiedlichen Kulturen durchgeführt wird: „So ist nur schwer entscheidbar, ob einzelne Verhaltensunterschiede eher der Persönlichkeit zugerechnet werden müssen oder einem bestimmten kulturellen Hintergrund. Dieses Dilemma ist kaum lösbar, weil sich Persönlichkeit und kultureller Background nicht trennen lassen."[510] Die Beobachter sollen aus den Herkunftsländern der Teilnehmenden und den Zielkulturen stammen und über ein tiefgehendes Verständnis der durchgeführten Übungen und gestellten Anforderungen verfügen. Die Auswahlmethode des AC kann „auch in einem kulturellen Umfeld hilfreich und wertvoll sein, in dem sie weniger stark verankert ist als bei uns."[511]

Die bisherige Forschung zu interkultureller Eignungsdiagnostik wies eine ethnozentrische Perspektive auf, die nicht nur im Hinblick auf die zunehmend wechselseitigen Entsendungsrichtungen aufgegeben werden sollte. Vielmehr sollten neben kulturallgemeinen auch kulturspezifische Anforderungen und Erwartungen des Ziellandes aufgenommen werden. Interkulturelle Eignungsdiagnostik allein reicht nicht aus, und ergänzt durch vorbereitende und begleitende interkulturelle Trai-

---

[507] Vgl. Michael Paschen 2001, S. 96ff.

[508] Michael Paschen 2001, S. 98. Vgl. hierzu auch Kapitel 4.3.2.2 Auslandserfahrungen.

[509] Vgl. Michael Paschen 2001, S. 98ff.

[510] Michael Paschen 2001, S. 102.

[511] Michael Paschen 2001, S. 102.

nings und Beratung sollten nach der Personalauswahl Probleme im Ausland bearbeitet werden können.[512]

4.3.6.2 Evaluation und Qualitätssicherung

In diesem Kapitel wird ein Überblick über die Dimensionen der Evaluation interkultureller Phänomene gegeben. Danach werden verschiedene Ansätze und Möglichkeiten der Evaluation und Qualitätssicherung dargestellt: als erstes Evaluation am Beispiel von interkulturellen Begegnungen mit kommunikationsorientierter Schwerpunktsetzung, als zweites eine Checkliste zur Auswahl von interkulturellen Trainingsangeboten und zuletzt ein Modell prozessorientierter Evaluation von Diversity Trainings.

Evaluation ist ebenso wie Interkulturalität ein weiter, vielschichtiger Begriff, der verschiedene Dimensionen umfasst. Sie kann „als ‚Marktforschung', als Untersuchung von Lernbedingungen und -fortschritten, als Qualifikationsüberprüfung oder als organisatorische Selbstevaluation gedacht"[513] werden. Demorgon et al. schlagen vor, Unterschiede und Zusammenhänge möglicher Zugänge zur Evaluation internationaler Begegnungen als topologische Schemata darzustellen. Evaluationsstrategien können sich dabei an zwei Dimensionspaaren orientieren:

- Produkte eines Tätigkeitsfeldes oder Prozesse, die zum Erfolg einer Tätigkeit führen;
- Organisationen und Einrichtungen bzw. deren Personal oder Adressaten bzw. Kunden.

Werden diese Dimensionen zugeordnet, ergibt sich hinsichtlich der Unterschiede das folgende Schema:

Produkte	Prozesse	
(Selbst)evaluation von „Angeboten"/ Begegnungs-programmen	Organisationsent-wicklung, „lernende Organisation"	Organisationen
„Kunden" -befragungen, Marktforschung/ Sondages	pädagogische Evaluation, z.B. (Selbst)evaluation von Begegnungs-erfahrungen	Adressaten

Abb. 32: Unterscheidung der einzelnen Dimensionen der Evaluation (nach Demorgon/Lipiansky/Müller/Nicklas 2001)

[512] Vgl. Jürgen Deller 1996, S. 309f.

[513] Jacques Demorgon/Edmond-Marc Lipiansky/Burkhard K. Müller/Hans Nicklas 2001, S. 56.

Zwischen diesen Dimensionen bestehen wechselseitige Beziehungen und „Mischungsverhältnisse", sie können auf verschiedene Möglichkeiten von Evaluation, z.B. internationaler Begegnungen, bezogen werden.
Um die Zusammenhänge bzw. die relative Nähe oder Distanz zur jeweiligen Evaluationspraxis zu verdeutlichen und konkrete Evaluationsaktivitäten zuordnen zu können, kann das folgende Koordinatenkreuz hilfreich sein. Dabei werden die o.a. Gegensatzpaare den jeweiligen Polen der vertikalen bzw. horizontalen Achse zugeordnet, so dass die verschiedenen Blickwinkel von Evaluationen unterschieden werden können. Gleichzeitig geht es um ein vertieftes Verständnis verschiedener Schwerpunkte von Evaluation. „Je mehr eine bestimmte Art der Evaluation in Richtung der Mitte des Koordinatensystems rückt, desto komplexer wird sie."[514] Es geht dann nicht mehr darum, ob eine Dimension „richtig" gestaltet oder ausgeführt wird, sondern um ihre Querverbindungen. „Evaluationen können auch an beiden Polen gleichzeitig orientiert sein und die Wechselwirkung zwischen beiden erforschen."[515] Beispielsweise zeigt sich dann im Ergebnis,

- dass die Organisationsform von den Adressaten her gestaltet werden sollte;
- auf Marktforschung organisatorisch umsetzbare Konsequenzen folgen sollten;
- dass die jeweilige Organisationsform eine große inhaltliche Bedeutung für interkulturelles Lernen haben kann;
- Bildungsangebote nicht durch Produktorientierung verdinglicht, sondern in ihrem zieloffenen und koproduktiven Prozesscharakter deutlich werden sollten;
- für Begegnungsprozesse Zielrichtungen und Kriterien hinsichtlich der Entwicklungen und Lernfortschritte benannt werden müssen.[516]

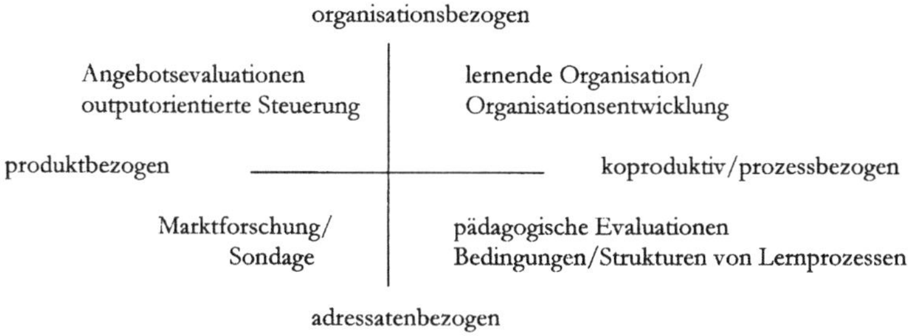

Abb. 33: Verknüpfung von Dimensionen der Evaluation (nach Demogon/Lipiansky/Müller/Nicklas 2001 mit eigenen Ergänzungen)

Je näher Fragen der Evaluation bzw. Forschung im Zentrum des Koordinatenkreuzes angesiedelt sind, sich z.B. Fragen nach der Verallgemeinerung einzelner gelun-

[514] Jacques Demorgon/Edmond-Marc Lipiansky/Burkhard K. Müller/Hans Nicklas 2001, S. 58.
[515] Jacques Demorgon/Edmond-Marc Lipiansky/Burkhard K. Müller/Hans Nicklas 2001, S. 59.
[516] Vgl. Jacques Demorgon/Edmond-Marc Lipiansky/Burkhard K. Müller/Hans Nicklas 2001, S. 61.

gener Formen interkulturellen Lernens und ihrer Konsequenzen für andere Programme stellen, desto vielfältiger muss die Verbindung der einzelnen Elemente von Evaluation sein.[517]

Demorgon et al. schlagen für eine Evaluation der komplexen Phänomene interkultureller Treffen hinsichtlich ihrer Einsatzmöglichkeiten und Grenzen als exemplarische Vorgehensweisen vor:

- teilnehmende Beobachtung
- Gruppendiskussion
- ein Modell zur Erforschung der Kommunikation.[518]

Darüber hinaus gehen sie davon aus, dass für die „Pädagogik des *interkulturellen Austauschs* eher ein Modell nahe(liegt), das Evaluation ‚kommunikativen Handelns' genannt werden kann, dessen Ziel ... die Erweiterung der Chancen intersubjektiver Verständigung ist".[519] Die folgende Tabelle zeigt entsprechende Evaluationsfragen, die sich auf die Bereitstellung von interkulturellen Lernmöglichkeiten außerschulischer Bildungsangebote beziehen:[520]

entschultes Lernen	**Evaluationsfragen interkultureller Begegnungen**
Die Teilnahme ist prinzipiell freiwillig.	Überprüfen, ob Bedingungen dafür gegeben sind, dass sich persönliche Motivationen und subjektives Eigeninteresse (wie z.B. Erfahrung fremder Kultur, Infragestellung eigener Normen und Sichtweisen) entfalten können, nicht aber darauf, ob jeder Teilnehmer die „richtige" Art interkultureller Erfahrung gemacht hat.
Jede/r arbeitet in der Gruppe, in der er/sie sich wohl fühlt.	Evaluation kann sich hier nicht darauf richten, wie die Gruppen besser nach dem jeweiligen Entwicklungsstand ihrer „interkulturellen Kompetenz" (falls diese überhaupt messbar wäre) zusammenzusetzen und in Stufen einzuteilen sind, sondern nur darauf, wie Gruppen so zusammengesetzt werden können, dass die Chancen besser werden, sich interkultureller Erfahrung zu öffnen, und dass jeder die Partner des Austausches findet, mit denen er „kann".
Die Gruppe bestimmt, was sie lernen will.	Evaluation kann sich hier nicht darauf beziehen, ob eine Gruppe „das Richtige" gelernt hat, sondern nur darauf, welche Chancen zu interkulturellen Erfahrungen sie hatte und welche Unterstützungen sie bekam, diese Chancen zu nutzen.
„Unterricht" geschieht nur auf Anfrage; ansonsten kann jeder von jedem lernen.	Qualitätsmaßstab einer Ausbildung der Animateure ist sehr viel weniger ein bestimmtes überprüfbares Wissensquantum (und die Fähigkeit dies an andere zu vermitteln); Animateure brauchen eher Fähigkeiten wie: neugierig machen können, auf latente Fragen und Beunruhigungen sensibel reagieren können, Lerngelegenheiten arrangieren können, Bedingungen fördern können, unter denen „jeder von jedem lernen" kann etc.

[517] Vgl. Jacques Demorgon/Edmond-Marc Lipiansky/Burkhard K. Müller/Hans Nicklas 2001, S. 62.

[518] Am Beispiel deutsch-französischer Begegnungen. Vgl. ausführlich zu den genannten Evaluationsmethoden Jacques Demorgon/Edmond-Marc Lipiansky/Burkhard K. Müller/Hans Nicklas 2001, S. 197ff.

[519] Jacques Demorgon/Edmond-Marc Lipiansky/Burkhard K. Müller/Hans Nicklas 2001, S. 119 (Hervorhebung im Original, Anm. MoR).

[520] Vgl. Jacques Demorgon/Edmond-Marc Lipiansky/Burkhard K. Müller/Hans Nicklas 2001, S. 115ff.

Bewertung geschieht, wenn überhaupt, nur durch den Lernenden selbst.	Es ist sinnlos, den (Miss)Erfolg interkulturellen Lernens auf irgendwelchen Leistungsskalen messen zu wollen. Sehr wohl ist es aber möglich, den Lernenden selbst Reflexionsmöglichkeiten, Spiegelungen und Gelegenheiten zum Erfahrungsaustausch bezüglich ihrer interkulturellen Erfahrungen an die Hand zu geben, damit sie überhaupt die Chance haben, für sich selbst zu bewerten, was sie erfahren haben. Ob solche Chancen bestehen oder nicht kann mit einer ggf. eingeschränkten Objektivität[521] ausgewertet werden.
Wie gelernt wird, bestimmt jeder in Absprache mit der Gruppe.	Im Mittelpunkt der Evaluation didaktischer Methoden steht nicht die Frage, ob die Methode geeignet ist, ein bestimmtes Wissen zu vermitteln (dies kann aber nicht ganz vernachlässigt werden). Die Frage ist vielmehr, welche Chancen diese Didaktik außerschulischer Bildung so eröffnet, dass tatsächlich die Einzelnen bestimmen können, wie sie lernen wollen, dass Absprachen und Verständigungen gelingen, dass Konflikte ausgetragen werden können und nicht nur entweder Ritualismus des Austausches oder ängstlicher Rückzug auf die jeweils eigene Gruppe die Begegnung bestimmt.

Tab. 50: Evaluationsfragen zu interkulturellen Lernmöglichkeiten bei außerschulischen Bildungsangeboten (eigene Darstellung nach Demorgon et al. 2001)

Damit soll der ästhetischen Praxis interkultureller Pädagogik und interkulturellen Lernens als „der Entwicklung von Eigenständigkeit sowie der Unterstützung von Versuchen zu erfinderischer Neuordnung des Erlebens von Realität“[522] entsprochen werden. Durch die prozessuale Selbstevaluation von Erfahrungen geschieht interkulturelles Lernen und Teilhabe („implication“). Evaluation ist damit in die reflektierende Praxis von internationalen Begegnungen integriert, auch weil „es bei der Evaluation interkultureller Arbeit keinen festen, quasi objektiven Außenstandpunkt geben kann, von dem aus man evaluieren könnte.“[523]

Als Arbeitsprinzipien für eine mit diesem Perspektivenwechsel verstandene Evaluation können gelten:[524]

- Metakommunikation praktizieren, um einen (misslungenen) Kommunikationsvorgang zu evaluieren und zu korrigieren, allerdings mit der Einschränkung, dass sie nur mit gemeinsamen kulturellen Codes funktionieren kann;
- Theater besuchen und mitspielen, um durch die Vorstellung des interkulturellen Treffens als film- oder theaterähnliches Geschehen die Beteiligung an Prozessen interkulturellen Lernens mit etwas innerer Distanz betrachten zu

[521] „Evaluation pädagogischer bzw. professioneller Praxis ist primär Selbstevaluation, während von außen v.a. beurteilbar ist, ob dies mit angemessenen und transparenten Verfahren und Standards geschieht.“ Vgl. Jacques Demorgon/Edmond-Marc Lipiansky/Burkhard K. Müller/Hans Nicklas 2001, S. 118.
[522] Jacques Demorgon/Edmond-Marc Lipiansky/Burkhard K. Müller/Hans Nicklas 2001, S. 121.
[523] Vgl. Jacques Demorgon/Edmond-Marc Lipiansky/Burkhard K. Müller/Hans Nicklas 2001, S. 246.
[524] Jacques Demorgon/Edmond-Marc Lipiansky/Burkhard K. Müller/Hans Nicklas 2001, S. 247ff.

können und abschließend eine kriterienorientierte Theaterkritik zu schreiben;[525]
- Visualisieren, in einem zu seinem Gebrauch als didaktisches Instrument erweiterten Verständnis, nämlich als informelles und permanentes Potenzial der Selbststeuerung, mit dem durch kreativen Einsatz von Wandzeitungen oder Videorekordern u.ä. die Teilnehmenden während des Treffens besser beobachten können, was gleichzeitig geschieht;
- Dokumentieren, um (z.B. mit bebilderten Berichten oder Produkten der Gruppenarbeit) das kollektive Gedächtnis zu unterstützen und zu entwickeln, die Selbststeuerung und Selbstbewusstheit kulturell heterogener Gruppe zu erweitern und mit diesem Instrument und Anregungspotenzial eigene Erfahrungen zu verarbeiten.

Der vorstehende Ansatz integriert Evaluation in den Lernprozess und ermöglicht es festzustellen, inwieweit Möglichkeiten für erweiterte interkulturelle Erfahrungen bereitgestellt und genutzt werden konnten.

Der Außenblick auf die Vielfalt interkultureller Trainingsangebote kann mit der folgenden Checkliste für Organisator/innen interkultureller Trainings[526] strukturiert werden. Mit einem detaillierten offenen Fragenkatalog wird eine Auswahl- und Entscheidungshilfe zur Evaluation von Trainingsangeboten gegeben. Damit kann eingeschätzt werden,
- ob ein interkulturelles Training theoretisch, methodisch, didaktisch gut ist;
- ob die Anbieter/innen von Trainings geeignet sind;
- wie sich verschiedene Ansätze unterscheiden und welcher Ansatz geeignet ist;
- welche Mindeststandards von Trainings zu formulieren sind;
- welche Methode je nach Zielgruppe und Zielsetzung einzusetzen ist.

Als Vorgehensweise wird dabei empfohlen, Ziele und Zielgruppe zu bestimmen, Angebote und Informationen zu beschaffen und als Entscheidungshilfen entlang eines Katalogs Fragen zu Programm und Konzept, Zielen, Methoden/Übungen, Didaktik, theoretischen Grundlagen, Teilnehmerorientierung, Evaluation, Rahmenbedingungen sowie zur Rolle und Kompetenz des Trainers zu bearbeiten.

Bezogen auf Einstellungs- und Verhaltensänderungen, erweiterten Kenntnisstand und verbesserte Fähigkeiten schlägt Krell eine prozessorientierte Evaluierung von

[525] Jacques Demorgon/Edmond-Marc Lipiansky/Burkhard K. Müller/Hans Nicklas 2001, S. 250: „Als Mitspielende in einem Theaterstück haben Pädagogen viele Möglichkeiten, einzuwirken, ohne leugnen zu müssen, dass sie selbst parteilicher Teil des Spiels sind. Sie können wählen: Will ich Regie führen oder nur den Vorhang auf- und zuziehen? Will ich große oder kleine Rollen spielen? Will ich eigene Stücke spielen oder an denen anderer mitwirken? Will ich Kulissen arrangieren oder auch mal im Zuschauerraum Platz nehmen? All dies ist als pädagogische Aktivität möglich, ohne dabei eine beobachtende, evaluative Haltung aufgeben zu müssen." Zu den Kriterien vgl. ebda. S. 122ff.

[526] Vgl. Ulla Siebert/Sabine Jungk/Andreas Zick 2001, S. 1.

Diversity-Trainings als Vorgehensweise für die Bestimmung von Qualität und Transfererfolg vor.[527] Dabei werden in allen Phasen eines Trainings Bedarfsanalysen, Zwischenfeedbacks und Erfolgskontrollen durchgeführt:[528]

Kontrollphasen	**Kontrollobjekte**
Input	Entscheidungstatbestände bei der Konzeption von Diversity-Trainings: z.B. Teilnehmende, Inhalte, Methoden, Trainer/innen
Throughput	Befindlichkeit der Teilnehmenden Prozess der Einstellungsänderung Prozess des Wissens- und Fähigkeitserwerbs
Output	unmittelbar: veränderte Einstellungen verbesserte Kenntnisse und Fähigkeiten
	in Folge: Verhaltensänderungen: z.B. Beförderungen und Neueinstellungen von Minderheiten, Produktivitätserhöhung

Tab. 51: Prozessbegleitende Kontrolle von Diversity-Trainings (nach Gieselmann/Krell 2004)

Einbezogen werden in diese prozessorientierte Evaluierung die Sichtweisen der Trainer/innen, der Teilnehmenden und der Vorgesetzten bzw. des Unternehmens.

Die gewählten Beispiele zur Innen- und Außensicht sowie zum Prozess der Evaluation zeigen, abhängig von der Zielsetzung und Zielgruppe, unterschiedliche Möglichkeiten, die in den verschiedenen Phasen interkultureller Lernprozesse als Evaluationsmethoden eingesetzt werden können.

Demorgon et al. gehen allerdings eher davon aus,[529] dass

- interkulturelle Kompetenz noch relativ unerforscht ist, was die Dimensionen wirtschaftlicher Globalisierung und ethnischer Konflikte, die Integration von Minderheiten und die Probleme des europäischen Integrationsprozesses, die gegenseitige weltweite, kulturelle Bereicherung und die Unterdrückung bzw. Verharmlosung kultureller Unterschiede, die individuelle Irritation und die politische Gestaltungsaufgabe betrifft, die in ihren Zusammenhängen und den Folgen ihrer Dynamik kaum einschätzbar oder zu steuern sind;
- zwar europaweit (in Schulen, Universitäten, Verbänden, Begegnungsprogrammen, Netzwerken, Firmen usw.) für eine interkulturelle Zukunft des zu gestaltenden Europas Menschen ausgebildet werden, allerdings die Qualität der beabsichtigten und erzeugten Qualifikationen kaum näher bestimmbar ist;
- die Evaluation der Qualität der Programme und Maßnahmen - aufgrund der ungeklärten Bestimmung interkulturellen Kompetenz und geeigneter Me-

[527] Vgl. hierzu auch Kapitel 4.3.4.2 Managing Diversity.
[528] Nach Astrid Gieselmann/Gertraude Krell 2004, S. 407.
[529] Vgl. Jacques Demorgon/Edmond-Marc Lipiansky/Burkhard K. Müller/Hans Nicklas 2001, S. 269f.

thoden ihrer Entwickelbarkeit - hinsichtlich der Effizienz nur schwer Aussagen machen kann, die über quantitative Daten (Teilnehmerzahlen, geförderte Maßnahmen etc.) hinausgehen.

4.4 Zusammenfassung und Schlussfolgerungen für das Modell der Multiplikator/innen-Weiterbildung

Eine Integration der verschiedenen Definitionen interkultureller Kompetenz kann wie folgt lauten: Interkulturelle Kompetenz erweitert die vier fachlichen, methodischen, sozialen und personalen Kompetenzdimensionen um kulturallgemeines und kulturspezifisches Wissen sowie entsprechende Kenntnisse und Fähigkeiten (Know-How und Know-How-to-Do). Der bisherige Bezugsrahmen und die handlungsleitenden Orientierungs- und Referenzrahmen der eigenkulturellen Kompetenzen verschieben und verändern sich. Die fremdkulturspezifischen Konzepte, Kommunikations- und Interaktionsformen sowie Kontexte wahrzunehmen, zu (be)denken, zu fühlen und zu (be)handeln, wirken auf die eigene Handlungsweise im fremdkulturellen Interaktionsfeld ein und erweitern die eigenkulturelle Handlungskompetenz um die Werte sowie Arbeits- und Kulturtechniken der Zielkultur(en) zur Interkultur.

Eine Interkultur entsteht und definiert sich als Ergebnis eines innovativen Verständigungsprozesses, der abhängig von der kulturellen Zusammensetzung des „Teams" ist, dessen Mitglieder sich nicht an eine andere (dominante) Kultur anpassen, sondern eine „dritte" (neue, hier: europäische) entwickeln, die allerdings allgemeine, sowohl kulturspezifische als auch transkulturelle, Elemente enthalten kann. Der so verstandene und in dieser Arbeit verwendete Begriff interkulturellen Lernens ist die analytische Vorstufe, mit der Interkultur geschaffen wird und der die Handlungsweisen der Protagonisten beeinflusst. Für multikulturelle Projektteams bzw. Seminargruppen gibt es meist keine „maßgebende" Kultur, die einen feststehenden Satz an Spielregeln bereitstellt, den „Auswärtige" lernen könnten; vielmehr müssen im Sinne von Interkultur soziale und arbeitsmethodische Normen und Konventionen bei jedem Kontakt neu ausgehandelt und entwickelt werden.[530]

Aus den europäischen Bildungsstrategien und entsprechenden Förderprogrammen sind erforderliche Kompetenzen von Multiplikator/innen ableitbar: diese erweitern die zur Professionalisierung für Weiterbildung und Projektmanagement identifizierten Anforderungen um übergreifende normative und konstruktive, also innovative, Elemente.

In Kapitel 2.2 Metakompetenzen von Multiplikator/innen wurden hypothetisch Kompetenzdimensionen für das antizipatorisch angenommene Arbeitshandeln von

---

[530] Vgl. Jörg Longmuß/Monika Rummler 1999, S. 5. Vgl. hierzu auch den Begriff Interkultur in Kapitel 4.3.1 Definitionen.

Multiplikator/innen genannt.[531] Diese sind in den vorangegangenen Kapiteln inhaltlich gefüllt und beschrieben worden und können nun wie folgt dargestellt werden:

- fachliche Kompetenzen:
  Recherche, Bedarfsanalyse (Marktforschung);
  Antragstellung, Durchführung, Evaluation (Administration);
  kulturspezifisches und -allgemeines Wissen, Werte und Arbeitstechniken;
  Sprachkenntnisse;
- methodische Kompetenzen:
  Kreativität, Innovation;
  Dissemination von Projektergebnissen, Transfersicherung von Weiterbildungsinhalten;
  Leitung, Moderation, Begleitung (von Projekt-Teams, Weiterbildungs-Teilnehmer/innen);
- soziale Kompetenz:
  interkulturelle Kommunikation für Weiterbildungsteilnehmer/innen und Projektteams;
- personale Kompetenz:
  Einstellung zum Arbeitshandeln als Multiplikator/in, Mobilität.

Das in Abbildung 34 aufgestellte Modell zeigt jetzt inhaltliche Dimensionen der Innovation durch interkulturelles Projektmanagement für die Weiterbildung:

[531] Vgl. hierzu: Tabelle 11 Kompetenzdimensionen antizipatorisch angenommenen Arbeitshandelns von Multiplikator/innen und Tabelle 12 Makro-, Meso- und Mikroebene einer Projektmanagement- bzw. Dozent/innentätigkeit.

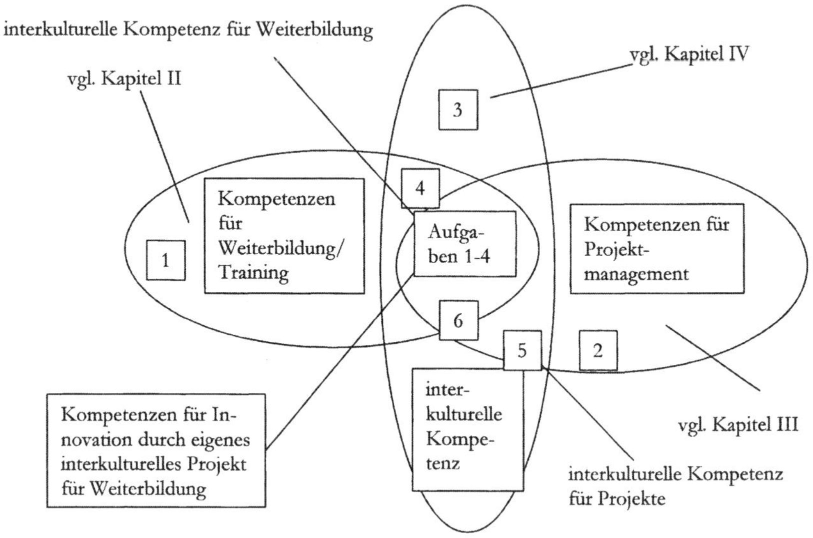

Abb. 34: Erweitertes Kompetenzmodell „Multiplikator/in" (eigene Darstellung)

Im Folgenden werden additiv und einander ergänzend die Aufgaben und Kompetenzanforderungen zu den einzelnen Tätigkeitsfeldern erläutert, ausgehend von den singulären hin zu den überlappenden als den für die Multiplikator/innen-Weiterbildung zentralen Bereichen.

1. Kompetenzen für Weiterbildung/Training

Die Aufgabenfelder von Weiterbildner/innen erfordern Kompetenzen für die Ermittlung des Bildungsbedarfs, Konzeption von Weiterbildungsmaßnahmen und Durchführung von Trainings, Workshops, Moderationen, Personalauswahl, Erstellung von Potenzialanalysen, Durchführung von Assessment-, Development- und Potential-Centers, Coaching bzw. persönliche Führungskräftebetreuung, Erstellen von Lernmedien sowie Evaluation und Bildungscontrolling.[532]

Hinzu kommen folgende Aufgaben und daraus resultierende Kompetenzanforderungen, die explizit bereits Managementkompetenzen einbeziehen; davon übertragbar sind:[533]

- Kommunikation (erweitert auch für multikulturell zusammengesetzte Projektteams oder Seminargruppen);
- Organisation und Management (von Weiterbildung und Projekten);
- Kontrolle und Evaluation (der Lernergebnisse bzw. Seminare, der Projektarbeit).

[532] Vgl. Kapitel 2.6 Zwischenbilanz.
[533] Vgl. Klaus W. Döring in Kapitel 2.4.2 Konzept systemisch-didaktischer Professionalisierung.

Dazu gehören die Teilkompetenzen:

- Innovationskraft und Schlüsselqualifikationen zur Zukunftsbewältigung, also ständig neu zu lernen und sich Veränderungen proaktiv anpassen zu können, eigene Lernwege zu verfolgen, eigene Lerninteressen zu formulieren, Lernprozesse zu reflektieren;
- Kommunikation, Gruppenlernprozesse, Netzwerkbildung;
- zielgruppengerechte, ansprechende, überzeugende Präsentationen von Projekten, Produkten, Organisationen oder sich selbst, auch in schwierigen Marktsituationen (Medienkompetenzen);
- Fähigkeit, aktiv das eigene berufliche Umfeld selbst zu entwickeln und zu gestalten, Auseinandersetzung mit den aktuellen Möglichkeiten des Berufsfelds, der (Re-) Integration in den Arbeitsmarkt und der Arbeitsaufnahme.

2. Kompetenzen für (Projekt)Management

Die Aufgabenfelder und die daraus resultierenden Kompetenzanforderungen sowie Managementtechniken sind operationalisiert für Projekte benannt.[534] Sie umfassen aufgabenorientierte methodische Kompetenzen (u.a. Kreativitätstechniken, Wissensmanagement, Berichtswesen, Kommunikation/Organisation) und Arbeitstechniken (u.a. Planung, Koordination, Ziel- und Ergebnisorientierung, Krisenmanagement, Prozesslenkung, Kontrolle) sowie teamorientierte soziale Kompetenzen (u.a. Problemlösung, Verhandlungsführung, Durchsetzungsstrategien) und Sozialtechniken (u.a. Motivierung, Führungstechniken, Mitarbeiterentwickung, Konfliktmanagement). Die personale Entwicklung beinhaltet methodische und soziale Kompetenzen sowie Selbstmanagement (u.a. Prioritätensetzung, Zeit- und Stressmanagement, Führungsstil).

3. Interkulturelle Kompetenz

Interkulturelle Kompetenz umfasst die Konzepte Interkultur und Diversity Management,[535] die die vier Kompetenzdimensionen der Handlungskompetenz um weitere Kulturtechniken erweitern. Eine Übersicht über die Zuordnung von Anforderungen an die interkulturelle Kompetenz für das (Projekt)Management und die Weiterbildung in der Multiplikator/innen-Weiterbildung ist in Kapitel 4.2.3 Anforderungskataloge zu EU-Weiterbildungsprojekten[536] dargestellt.

4. Kompetenzen für interkulturelle Weiterbildungstätigkeit

Die Aufgabenfelder für interkulturelle Weiterbildungstätigkeit werden um vier zusätzliche interkulturelle Kompetenzdimensionen erweitert:

- Transferkompetenz
- Fremdheitskompetenz

---

[534] Vgl. Kapitel 3.2 Zur Management-Weiterbildung, dort Abb. 11 Kompetenzanforderung und Managementtechniken für Projekte.

[535] Vgl. Kapitel 4.3.1 Definitionen und Kapitel 4.3.4.2 Managing Diversity.

[536] Vgl. auch Tabelle 28 Zuordnung von Kompetenzdimensionen, EU-spezifischen Anforderungen und Modulen der Multiplikator/innen-Weiterbildung sowie Tabelle 29 Kompetenzanforderungen zum Leistungskatalog von EU-Projekten.

- globale Kompetenz und
- transkulturelle Kompetenz (bzw. „constructive marginality“)[537] als übergreifende komplementäre höchste Stufe.

Kontextualisierung (z.B. die unterschiedlichen Bildungssysteme) und Komplexität (z.B. multikulturell zusammengesetzte Gruppen) haben im Zusammenhang mit interkultureller Kompetenzentwicklung eine besondere Bedeutung.

5. Kompetenzen für interkulturelles (Projekt)Management

Die Kriterien für ein interkulturelles Projektmanagement ergeben die erforderlichen fachlichen Kompetenzen aus dem Anforderungskatalog an EU-Projekte: europäischer Mehrwert, Innovation, Netzwerke, interkulturelle Zusammenarbeit, Verbreitung, Übertragbarkeit, Nachhaltigkeit, Projektverwaltung.[538]

Dabei werden die Kompetenzdimensionen um die kulturspezifischen wirtschaftlichen und technischen Gesetzmäßigkeiten erweitert, d.h.

- Fachkompetenz (meist) als Kenntnis der englischen oder Landessprache und landeskundliches Wissen, ggf. auch rechtliche und tarifliche Regelungen und Marktkenntnisse;
- Methodenkompetenz als Wissen um die zugrunde liegenden Werte kulturspezifischer Managementtechniken wie z.B. Zeit-, Informations- und Konfliktmanagement, Entscheidungsfindung;
- Sozialkompetenz als Wissen um kulturspezifische Führungsfragen und -stile für internationale Teams und ggf. zur eigenen kulturspezifischen Sozialisation als Führungskraft widersprüchliche Anforderungen bzw. Fähigkeiten.[539]

Zusammenfassend lassen sich Aufgaben und Einstellungen für interkulturelles (Projekt)Management wie folgt benennen:

- kulturinkohärente Aufgaben auf der Makroebene und kulturspezifische Aufgaben auf der Mikroebene sowie kulturell bedingte Handlungsstrategien;
- kulturspezifische Einstellungen zu Innovationskraft und unternehmerischem Denken, Risikobereitschaft, Delegationsfreudigkeit, Fähigkeit zur Implementation, langfristige Orientierung, Beziehung zwischen (Projekt)Managern und Beschäftigten, Erwartungen und Werte, Arbeitsgrundlage, Prozesse, Kommunikation, Ablauf von Präsentationen und Besprechungen, Haltung gegenüber andersdenkenden Partnern.

6. Multiplikator/in

Im Zentrum der sich überschneidenden Kompetenzbereiche für Weiterbildung, Projektmanagement und interkulturelle Kommunikation stehen vier zentrale Aufgabenfelder für Multiplikator/innen:[540]

---

[537] Vgl. Kapitel 4.3.2.1 Phasen interkultureller Kompetenzentwicklung (zu Milton Bennett) und Kapitel 4.3.5.1 Schemata und Handlungsebenen (zu Karl-Heinz Flechsig).

[538] Vgl. Ekkehard Nuissl (Hrsg.) 1999, S. 35-62.

[539] Vgl. Jürgen Rothlauf 1999, S. 67f. Vgl. auch Tab. 53 Interaktive Fertigkeiten eines Auslandsmanagers.

[540] Vgl. ausführliche Darstellung in den Kapiteln 3.4.2.1 bis 3.4.2.4.

Die klassischen Aufgaben
1. „Personalentwicklung als Führungs- und Weiterbildungsaufgabe“ und
2. „Führen - Leiten - Moderieren in Projekten und Weiterbildungsmaßnahmen“,
die methodische und zukunftsorientierte Aufgabe
3. „Projektmanagement als Lern- und Arbeitsform“
und die die Aufgaben 1 bis 3 um übergreifende interkulturelle und innovative Komponenten erweiternde Aufgabe
4. „Managing Diversity und Innovationsmanagement“.

Als methodische Kompetenzen stehen dabei für Projektmanagement und Weiterbildung im Mittelpunkt:
- die übergreifenden Management-Kompetenzen
- die Kompetenzen zum Informationsmanagement
- die Selbstlern- und Innovationskompetenzen sowie
- die interkulturellen Kompetenzen (kulturspezifische Lern- und Arbeitstechniken).

Die folgenden, jeweils Projektmanagement oder Weiterbildung zuzuordnenden unverzichtbaren Teilkompetenzen können ergänzende, aber auch einander widersprechende Anforderungen beinhalten:
- die sachlich-organisatorischen, strategischen Kompetenzen (für Projektmanagement);
- die methodisch-didaktischen und organisatorischen Kompetenzen (für Weiterbildung).

Sowohl für Tätigkeiten im Projektmanagement als auch in der Weiterbildung treffen die folgenden Kompetenzdimensionen als im Modell überlappende Bereiche für Multiplikator/innen zusammen:
- fachliche Kompetenzen (EU-spezifisches Wissen, Fremdsprachen, Marketing);
- methodische Kompetenzen (didaktische Kompetenzen, Projektmanagement);
- soziale Kompetenzen (interkulturelle Kommunikation, Verhandlungsgeschick) und
- personale Kompetenzen (Einstellung zu Mobilität und Flexibilität des Arbeitshandelns als Multiplikator/in).

Die interkulturellen Kompetenzen umfassen dabei eher fachliche und soziale Teildimensionen, die Innovationskompetenz ist auch eine methodische und personale Kompetenz (Kreativität, Veränderung).

Als Kriterien für die **Auswahl der Inhalte und die curriculare Gestaltung** der Multiplikator/innen-Weiterbildung können herangezogen werden:
- antizipatorische Vorbereitung zur Lösung/Bearbeitung zukünftiger Arbeitsanforderungen;
- Entwicklung der persönlichen Haltung und Einstellung im Umgang mit kultureller Andersartigkeit in der EU;
- sprachliche und kulturelle Vorbereitung, spezifische Arbeitsweisen des Ziel- bzw. Partnerlandes (hinsichtlich des Bildungswesens und Managements);

- Vorbereitung auf die verschiedenen Phasen des Auslandsaufenthalts, Entwicklung von Lösungsstrategien und -möglichkeiten als Erweiterung des Handlungsrepertoires im Umgang mit Krisen und Konflikten.

Als wesentliche Faktoren für die Qualität und Effektivität eines Auslandspraktikums gelten:

- die curriculare Einbindung in das Weiterbildungsangebot;
- die sprachliche und kulturelle Vorbereitung;
- die Nachbereitung durch Evaluation sowie Aufgaben-, Berichts- und Projektpräsentation.

Die Einbettung des Intensivtrainings „Interkulturelle Kommunikation" in den Gesamtrahmen des Curriculums ist durch entsprechende fachlich-interkulturelle Aspekte („europäisches" Wissen und Mehrwert, kulturallgemeine und kulturspezifische Kommunikations- und Kooperationsstrategien sowie Arbeitstechniken) in den vorangehenden und nachfolgenden Modulen vorzubereiten bzw. sicherzustellen. Der Rahmen der Weiterbildung sollte auch interkulturelle Kontakte und Mobilität ermöglichen; dies geschieht durch die Exkursion, das Praktikum in einem anderen europäischen Land bzw. die Anbahnung von multikulturell zusammengesetzten Projektpartnerschaften.

Interkulturelle Projekte und Teammanagement sind als Arbeitsform relevant und auch für den Erwerb interkultureller Kompetenz eine geeignete Lernform.

Im Sinne ihrer ganzheitlichen Förderung werden für die fachlichen, methodischen, sozialen und personalen Kompetenzdimensionen arbeitsplatznahe Lehr- und Sozialformen bzw. aktivierende Unterrichtsmethoden eingesetzt. Innovation und Transfer werden durch eine eigene Projektidee in der Multiplikator/innen-Weiterbildung schrittweise entwickelt. Die Übertragbarkeit der neu erworbenen bzw. weiterentwickelten Kompetenzen kann durch das Praktikum und den berufsbegleitenden Aufbau sowie Leistungsnachweise erfolgen.

Die Definition der Weiterbildung als Multiplikator/innen-Training umfasst als Ziel, diejenigen aus- bzw. weiterzubilden, die selbst wiederum andere - ob Mitarbeiter/innen oder Teilnehmer/innen - anleiten oder aus- bzw. weiterbilden. Dementsprechend empfiehlt sich in der Weiterbildung ein „pädagogischer Doppeldecker",[541] d.h. die Teilnehmer/innen werden exemplarisch und stoffreduziert in geeignete Wissensgebiete und didaktische Methoden theoretisch und praktisch (dies beinhaltet auch eine Meta-Reflektion) eingeführt. Sie können diese Inhalte und Methoden den Lernenden in ihren Kursen bzw. Projekten anbieten.

Entsprechend komplex und vielschichtig ist das fachlich-inhaltliche und didaktische Konzept der Multiplikator/innen-Weiterbildung. Das Ziel, die Weiterentwicklung überfachlicher Kompetenzen zu fördern, beinhaltet aber auch einander widersprechende Ziele in den Aufgabenstellungen und resultierenden Kompetenzanforderungen, z.B. folgt interkulturelle Weiterbildung teilweise anderen Prämissen als das (Projekt)Management.

---

[541] Vgl. Diethelm Wahl 1995, S. 79.

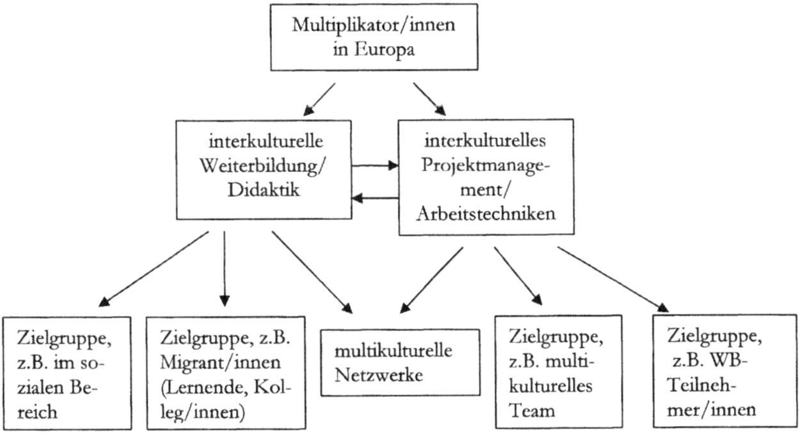

Abb. 35: Direkte und indirekte Zielgruppen der interkulturellen Multiplikator/innen-Weiterbildung (eigene Darstellung)

Die Abbildung zeigt als direkte Zielgruppe die Teilnehmer/innen der Multiplikator/innen-Weiterbildung. Je nach individueller Schwerpunktsetzung für interkulturelle Weiterbildung oder interkulturelles Projektmanagement lassen sich deren indirekte Zielgruppen bestimmen.

Nachdem das Modell theoretisch entwickelt und hergeleitet ist, folgt in Kapitel 5 die exemplarische Evaluation von Kompetenzen für Multiplikator/innen.

5 Beispiel zur Evaluation von Kompetenzen

Das folgende Modell verdeutlicht den Aufbau dieser Arbeit und den Zusammenhang der fünf Kapitel. Der grau schraffierte Bereich zeigt die Zusammenhänge dieses Kapitels im Kompetenzmodell „Multiplikator/in".

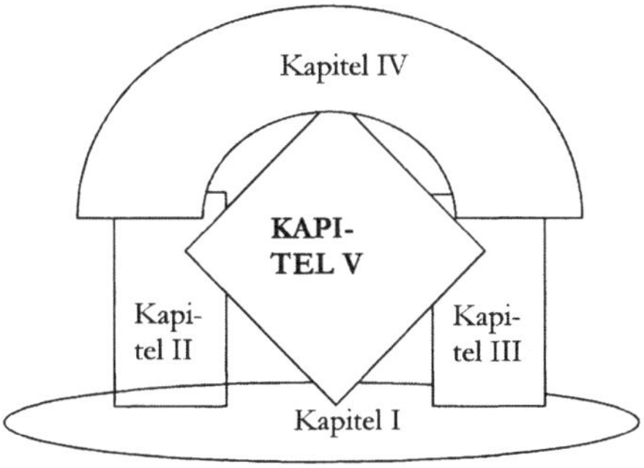

Abb. 1: Architektur dieser Arbeit (eigene Darstellung)

Das fünfte Kapitel stellt die Methoden, Ergebnisse und theoretischen Folgerungen aus einer Studie zur Kompetenzentwicklung für Multiplikator/innen dar. Die folgende Studie basiert auf dem vorne entwickelten Modell zur Weiterbildung von Multiplikator/innen. Gegenstand der Untersuchung ist es, die Entwicklung von Schlüsselkompetenzen in der Selbsteinschätzung der Teilnehmer/innen vor Beginn der Weiterbildung (Zeitpunkt T1) und nach Intervention durch die Weiterbildungsmaßnahme (Zeitpunkt T2) zu evaluieren. Analysiert werden soll, inwieweit sich eine Veränderung, d.h. Erhöhung der Schlüsselkompetenzen zeigen lässt.
Indem die Untersuchung in ihrer Modellbildung auf Kompetenzen für Weiterbildung, Projektmanagement und interkultureller Kommunikation und Kooperation (für Weiterbildung und EU-geförderte Weiterbildungsprojekte) fußt, verortet sie sich im Zwischenfeld von Pädagogik, Ökonomie und Psychologie. Die Untersuchung ist als Selbstevaluation mit quantitativ ausgerichteten Fragebögen angelegt. Zielgruppe sind zukünftige Multiplikator/innen mit den fachlichen Schwerpunkten interkulturelle Weiterbildung und interkulturelles Projektmanagement.
Die Untersuchung leistet einen Beitrag zur Kompetenzforschung. Sie zeigt eine Möglichkeit, wie Kompetenzentwicklung in der Weiterbildung gemessen werden kann. Die methodologische Bedeutung der Untersuchung liegt darin, ein Instrument bereitzustellen und zu überprüfen, das allgemeine Kompetenzen operationalisiert und damit zertifizierbare Lernergebnisse überprüft.
Das Instrument ist so formuliert, dass es auch für die Gestaltung und Evaluation von interkulturellem Projektmanagement und interkulturellen Weiterbildungsmaßnahmen verwendbar ist. Es könnte ebenfalls für die Optimierung von Maßnahmen zur Kompetenzerhöhung sowie für die Planung und Förderung von Projekten und Weiterbildungen eingesetzt werden.

5.1 Zur Evaluation von Weiterbildung (Theorie)

In diesem Abschnitt werden zunächst das Problem der Qualitätssicherung und einschlägige Arbeiten zur Evaluation von Weiterbildung dargestellt. Evaluation ist heute selbstverständlicher Bestandteil jeder qualitätsbewussten Weiterbildung. Qualitätssicherung und -management sind dabei Ausdruck von Professionalisierung in der Quartären Bildung. Um die vorangegangenen Kapitel inhaltlich zu ergänzen und zu vervollständigen, soll deshalb im Folgenden dieses Thema im Exkurs dargestellt werden, denn es bildet die allgemeine Grundlage für Erhebungen zum Zweck des Kompetenz-Profilings.

Qualitätsmängel in der Weiterbildung führten bereits in den 1970er Jahren zu fachlichen und öffentlichen Diskussionen; staatliche Maßnahmen konnten grundlegende Qualitätsunsicherheiten und -risiken nicht vollständig beheben. Zu Beginn der 1990er Jahre führten die Ausweitung der beruflichen Weiterbildung in die neuen Bundesländer und ihre steigende, auch wirtschaftliche Bedeutung in Unternehmen erneut zu einer intensiven Qualitätsdiskussion hinsichtlich offensichtlicher Mängel und der Kostenfrage.[1] „Ein zentrales bildungspolitisches Thema der 1990er Jahre sind Qualitätsstandards und Qualitätssicherungen der Bildungsarbeit. Dabei sind nicht nur organisatorische, sondern auch didaktisch-methodische Kriterien zu berücksichtigen. Eine Evaluations- und Wirkungsforschung hat nicht nur in der beruflichen Qualifizierung, sondern auch in der allgemeinen Erwachsenenbildung persönlichkeitsbildende Effekte und gesellschaftliche Wirkungen - z.B. auf dem Arbeitsmarkt, aber auch in der politischen Partizipation - zu überprüfen."[2] Nach Siebert setzt sich die Verberuflichung der Erwachsenenbildung fort. Allerdings ist in der Quartären Bildung kein unverwechselbares Berufsbild mit einem spezifischen Qualifikationsprofil und einer gesellschaftlich anerkannten beruflichen Identität entstanden, der Prozess der Professionalisierung stagniert. „Qualitätssicherung ist in erster Linie darauf ausgerichtet, im Interesse der Teilnehmer/innen Mindeststandards im Sinne des Teilnehmer- und Verbraucherschutzes zu gewährleisten."[3] Es handelt sich hier um ein inhaltsbezogenes Konzept, das sich z.B. auf klassische Qualitätsstandards bezieht, wie anerkannte Aus- und Weiterbildungsabschlüsse, für die ein eigenes Anforderungsniveau auf der Basis von Qualifikationsbündeln erreicht werden soll. Qualifikationserwerb und ihre Verwertung fallen auseinander, es handelt sich um angebotsorientierte Aus- und Weiterbildungsformen.[4]

„Qualitätsmanagementansätze zielen demgegenüber vor allem darauf ab, den Leistungserstellungsprozess für das Produkt - in diesem Fall Bildung - nach Maßstäben einer mitarbeiterorientierten Personal- und Organisationsentwicklung zu optimieren."[5] Eines der prozessorientierten Konzepte ist z.B. das aus 20 Qualitätselemen-

[1] Vgl. Gerhard Stark 2000, S. 9.
[2] Horst Siebert 1994, S. 75 (Hervorhebung im Original).
[3] Martin Baethge/Christiane Schiersmann 1998, S. 45.
[4] Vgl. Gerhard Stark 2000, S. 12.
[5] Martin Baethge/Christiane Schiersmann 1998, S. 45.

ten bestehende Verfahren DIN EN ISO 9000ff., das jedoch nicht die Qualität des Produkts, sondern nur Input-Qualitätsstandards definiert. Ein weiterer eher betriebswirtschaftlich orientierter Ansatz ist „Bildungscontrolling (als) ein zyklisches Ineinandergreifen von Planung, Messung, Bewertung und Korrektur des Bildungsgeschehens".[6] Hier geht es darum zu bewerten, wie effizient und effektiv eine Maßnahme hinsichtlich der zu erzielenden Auswirkungen auf das Arbeitshandeln ist. Qualitätsmanagement richtet sich eher auf nachfrageorientierte Weiterbildungsformen, bei denen Qualifikationserwerb und -verwertung zusammenfallen. Die von den Kunden bestimmte Qualität der Weiterbildung als teilnehmerorientierte Dienstleistung ist zu optimieren.[7] Lehner/Fredersdorf[8] schlagen z.B. ein achtstufiges Verfahren des Bildungscontrollings vor, mit dem vor Beginn des Trainings eine individuelle und unternehmensbezogene Bedarfsermittlung durchgeführt werden kann. Weitere Schritte während und nach der Weiterbildung schließen sich an, die alle wesentlichen Aspekte der Qualitätssicherung[9] umfassen.

Für eine Weiterentwicklung der Qualitätsdiskussion fordern Baethge/Schliersmann eine integrierte Zielperspektive, in der Ansätze der Evaluation, des Qualitätsmanagements und des Bildungscontrollings verknüpft werden, um so die inhaltliche Begründung des Qualitätsanspruchs mit Elementen der prozessorientierten Verfahren zu ergänzen. Neben den zeitlichen, finanziellen und personellen Aufwendungen für Qualitätssicherung sind methodische Probleme der Messung von Qualität im Bildungsbereich weiterzuentwickeln, z.B. die Definition der Ziele und Bildungsbedarfsermittlung sowie eine Bewertung hinsichtlich des Erfolgs von Bildungsmaßnahmen. Die Ermittlung des Bildungsbedarfs darf nicht statisch zum Erhebungszeitpunkt sein, sondern muss angesichts der schnellen Veränderungen prospektiv und antizipatorisch erfolgen. Auch Lernziele können nur bedingt aus Arbeitsanforderungen abgeleitet werden. Die „Konstruktionsproblematik"[10] resultiert aus einer variablen Gestaltung von Technik und Arbeitsorganisation und verschiedenen möglichen bildungstheoretischen Konzepten.

Hinsichtlich der Frage, wie das Qualitätsmerkmal „Erfolg" definiert und bewertet werden kann, zeigt das Ergebnis betrieblicher Fallstudien[11] als unterschiedliche Strategien für Erfolgskontrollen:

- seminarorientierte („Zufriedenheit")
- legitimationsorientierte („Rechenschaft")
- transferorientierte („Mitarbeitergespräch") und
- entwicklungsorientierte („Prozessbegleitung").

[6] Martin Baethge/Christiane Schiersmann 1998, S. 49 (Anm. MoR).
[7] Vgl. Gerhard Stark 2000, S. 12.
[8] Vgl. Martin Lehner/Frederic Fredersdorf 2003, S. 93ff.
[9] Die Begriffe Qualitätsmanagement, -sicherung und Evaluation, Bildungscontrolling werden vielseitig verwendet und überschneiden sich teilweise. Vgl. Wolfgang Beywl/Christiane Geiter 1997, S. 12.
[10] Vgl. Peter Faulstich (1991) nach Gerhard Stark 2000, S. 13.
[11] Rolf Arnold/Antje Krämer-Stürzl 1997, S. 135.

Bedarf, Ziele und Erfolg können nur im Zusammenhang definiert und diskutiert werden. Ungelöst bleibt die Frage, welche anderen Faktoren zusätzlich zur Bildungsveranstaltung auf Lehren und Lernen als Prozess und auf den Erfolg als Ergebnis einwirken.
Ähnliches gilt für die Messung des Transfers als einem weiteren Qualitätskriterium: Schon die Messbarkeit von Transferkategorien ist fraglich. Der unmittelbare Transfer im Arbeitsalltag muss durch die vorhandenen Strukturen unterstützt werden, stellt jedoch ebenfalls kein unumstrittenes Qualitätskriterium dar: „Gerade für reflexives Lernen stellt manchmal gerade die Distanz zum Handlungsvollzug ein hilfreiches Arrangement für den Lernprozess dar.“[12]

Eine Umfrage des Wuppertaler Kreises zu Trends in der Weiterbildung von Führungskräften[13] zeigt synoptisch aus Sicht von Weiterbildungsinstitutionen, Unternehmen und Teilnehmer/innen deren unterschiedliches Qualitätsverständnis bzw. welche Vielfalt an Faktoren zur Qualität einer Weiterbildungseinrichtung oder einer speziellen Maßnahme beitragen. Dabei sind die Nennungen in der Reihenfolge der Häufigkeit dargestellt:

	... Sicht als Weiterbildungsinstitution	**... Sicht der Unternehmen**	**... Sicht der Teilnehmer**
1.	Themen und Inhalte, die genau die aktuellen Bedarfe treffen	Inhalte auf neuestem fachlichen und wissenschaftlichen Stand	methodisch-didaktische Kompetenz der Dozenten/Trainer
2.	methodisch-didaktische Kompetenz der Dozenten/Trainer	Möglichkeiten zum Erfahrungsaustausch mit Teilnehmern anderer Unternehmen, Netzwerkbildung	Themen und Inhalte, die genau die aktuellen Bedarfe treffen
3.	Inhalte auf neuestem fachlichen und wissenschaftlichen Stand	Vertrauen in die Seriosität und das Renommee der Weiterbildungseinrichtung	Inhalte auf neuestem fachlichen und wissenschaftlichen Stand
4.	Beratung bei der Auswahl passender Weiterbildungsangebote	Begleitung bei der Umsetzung, Möglichkeiten der Nachbetreuung	moderne Lehrmethoden und Kommunikationsformen (Moderation, Kleingruppen, Workshops etc.)
5.	moderne Lehrmethoden und Kommunikationsformen (Moderation, Kleingruppen, Workshops etc.)	Integration neuer Medien (z.B. zur Vor- und Nachbereitung)	Möglichkeiten zum Erfahrungsaustausch mit Teilnehmern anderer Unternehmen, Netzwerkbildung

Tab. 52: Die wichtigsten Faktoren für Qualität in der Weiterbildung (nach Wuppertaler Kreis 2001)

Bemerkenswert an dieser Übersicht ist, dass Teilnehmer/innen Beratungsangebote nicht als Qualitätsfaktor angeben und Unternehmen sich lediglich indirekt über das Renommee der Weiterbildungseinrichtung auf die didaktische Qualität der Dozent/innen beziehen, dafür aber Transferleistungen hervorheben. Kompetenzent-

[12] Martin Baethge/Christiane Schiersmann 1998, S. 55.
[13] Wuppertaler Kreis e.V. 2001, S. 7.

wicklung bzw. der Erwerb bestimmter fachlicher, methodischer, sozialer und personaler Kompetenzen werden hier gar nicht genannt, implizit könnte aber die „Begleitung bei der Umsetzung“ so verstanden werden.

5.1.1 Qualitätsmanagement

„Qualität durch Professionalität“ zeigt sich auch im gewandelten Qualitätsbegriff. Eine „Vorsorge-Perspektive“ im Sinne eines vorausschauenden Erfolgsbewusstseins löst die „Rückspiegel-Perspektive“ oder „Erfolg-End-Kontrolle“ der bisherigen reaktiven nachträglichen Beseitigung von Qualitätsmängeln ab, die statt dessen proaktiv mittels Selbstverantwortung und Selbststeuerung vermieden werden (sollen). „Nicht Zufriedenheitskontrolle oder Bildungscontrolling, sondern Professionalität gewährleisten und sichern somit die Qualität dieser Weiterbildnerinnen und Weiterbildner.“[14] Deren Rolle ändert sich zu ganzheitlichen Prozessberatern und -begleitern und Problemlösungshelfern in betrieblichen Arbeits- und Kooperationszusammenhängen. „Diese Weiterbildnerinnen und Weiterbildner müssen die Gelegenheit erhalten, ein wissenschaftlich begründetes Verständnis ihrer Arbeit zu entwickeln, das um die Komplexität der erwachsenenpädagogischen Situationen und um die eigenen nur indirekten professionellen Wirkungsmöglichkeiten weiß.“[15] Angesprochen ist damit eine „vertiefte Professionalität“ der für die Planung, Entwicklung und Durchführung der Erwachsenenbildung Zuständigen.

Der Wandel in der Qualitätsdebatte um Weiterbildungsmaßnahmen und damit ein verändertes Verständnis von Professionalität der Weiterbildner/innen, aber auch der Weiterbildungsinstitutionen, zeigt folgende Merkmale auf:[16]

„alter“ Qualitätsbegriff: - „Rückspiegel“ - Perspektive	**„neuer“ Qualitätsbegriff: - „Vorsorge“ – Perspektive**
abschließende Erfolgskontrolle nachträgliche Beseitigung von Qualitätsmängeln penible Zufriedenheitskontrollen isolierte Seminare	Selbstverantwortung, Selbststeuerung Vermeidung von Qualitätsmängeln im Voraus ganzheitliches Erfolgsbewusstsein Problemlösungen vor Ort Weiterbildung als ganzheitlicher Prozess

Tab. 53: „Alter“ und „neuer“ Qualitätsbegriff (nach Arnold/Krämer-Stürzl 1995)

Wesentlich beim neuen, an Total Quality Management (TQM) angelehnten, Qualitätsbegriff ist eine Erfolgssensibilisierung aller Beteiligten, die auch Grundlage der Weiterbildungsevaluierung ist und sich an dialogisch ermittelten Zielen von Weiterbildung orientiert. Dabei wird in allen drei Phasen einer Weiterbildungsmaßnahme evaluiert. Wesentlich ist, dass über die Zufriedenheit der Teilnehmer/innen hinaus auch deren Beteiligung bzw. Lernanstrengungen durch Selbsttätigkeit Quali-

[14] Rolf Arnold/Antje Krämer-Stürzl 1995, S. 135.
[15] Rolf Arnold/Antje Krämer-Stürzl 1995, S. 139.
[16] Rolf Arnold/Antje Krämer-Stürzl 1995, S. 135.

tät bedeuten und diese mitproduzieren. Weiterhin ist zwar die Durchführungsphase erfolgsentscheidend, aber bereits in der Vorbereitung entwickelt sich das Qualitätsniveau. Mit Qualitätssicherung können beim Abschluss die Zielüberprüfung und korrigierende Maßnahmen dargestellt werden.

Die Bearbeitung des folgenden Fragenkatalogs kann in allen Phasen einer Weiterbildungsmaßnahme das Qualitätsniveau, die Erfolgs- und Qualitätssicherung erleichtern:[17]

vor der Weiterbildungsmaßnahme	**während der Weiterbildungsmaßnahme**	**nach der Weiterbildungsmaßnahme**
Welche Anforderungen bzw. Aufgaben bleiben in Zukunft bestehen? Welche werden sich verändern? Wie werden sie sich verändern? Welche Ziele streben wir an, um zur Erfüllung der Gesamtstrategie des Unternehmens beizutragen? Wie müssen die Mitarbeiter (individuell und abteilungsspezifisch) qualifiziert werden, um der Aufgabe gewachsen zu sein? Was sollen die Teilnehmer nach dem Training wissen oder können? Welche inhaltlichen, didaktischen und medienspezifischen Aspekte müssen berücksichtigt werden? Welche sachlichen, zeitlichen, personellen und finanziellen Ressourcen stehen uns zur Verfügung?	Wie verläuft die Durchführung der Weiterbildungsmaßnahme nach der Planung? Sind Korrekturen notwendig? Wie ist das Training hinsichtlich des Umfangs, der Detailliertheit und fachlichen Richtigkeit zu bewerten? Wie werden die Teilnehmer während des gesamten Lernprozesses eingebunden? Welche didaktische Grundorientierung herrscht vor und welche konkreten Methoden und Medien werden eingesetzt?	Welchen Beitrag konnte die Maßnahme zur Zielerreichung leisten? Können die erworbenen Kenntnisse und Fähigkeiten in die Praxis umgesetzt werden? Wo muss ggf. „nachgerüstet" werden? Entspricht der Nutzen den Kosten der Weiterbildungsmaßnahme?

Tab. 54: Orientierungsfragen zur Qualitätssicherung in der Weiterbildung (nach Arnold/Krämer-Stürzl 1995)

In diesem Fragenkatalog werden zu erwerbende Kompetenzen im Vorfeld der Weiterbildungsmaßnahme identifiziert und wird im Anschluss der Transfer in die Praxis überprüft.

„Qualität und Professionalität sind dabei wechselseitig aufeinander bezogen: Qualität ist ohne Professionalität nicht denkbar, und Professionalität kann ohne Quali-

[17] Rolf Arnold/Antje Krämer-Stürzl 1995, S. 138.

tätssicherung auf Dauer nicht glaubwürdig bleiben.“[18] Nicht nur die Rolle der Weiterbildner/innen ändert sich mit dieser neuen Sichtweise, auch für die Weiterbildungsinstitutionen bedeutet das Qualitätsmanagement eine Professionalisierungsnotwendigkeit, nicht zuletzt vor dem Hintergrund von Kosten Nutzen-Erwägungen.[19]

Neben qualitätssichernden Instrumenten ist auch die Kontrolle der Qualität immer wichtiger geworden. Die Frage nach der Qualität der Weiterbildung für die Investition von Lebenszeit, Lernanstrengungen, Laufbahnerwartungen und ggf. finanziellen Mitteln, also individuellen Kosten-Nutzen-Kalkulationen, stellt sich auch den Teilnehmer/innen von Weiterbildungsveranstaltungen. Außer Beratungsgesprächen bei Weiterbildungseinrichtungen stehen dafür Checklisten zur Verfügung, mit denen die Entscheidung zu einer fachlich geeigneten und qualitativ guten beruflichen Weiterbildungsmaßnahme unterstützt werden kann.[20] Diese Checklisten sind wiederum für Bildungsträger normativ zu werten, da sie auf dem Markt der bildungswilligen Teilnehmer/innen bestehen müssen. Ein Gütesiegel für die Qualitätsprüfung eines qualifizierten Ausbildungsprogramms für Trainerlehrgänge, aber auch als Hilfestellung für die Suche von Unternehmen nach qualifizierten Trainer/innen entsprechend den neuen Anforderungen hat der Berufsverband Deutscher Verkaufsförderer und Trainer (BDVT) geschaffen.[21] Anwendungsorientierung und Partizipation nennt Stark in seinem Beitrag zur Qualitätsdiskussion als wesentliche Kriterien für die Qualität in der beruflichen Weiterbildung.[22] Neben den in Kapitel 2.5 Preiswürdige Trainingsmaßnahmen als Ausdruck von Lernkultur und Innovation genannten Beispielen werden auch noch weitere Preise für Qualität der Weiterbildung vergeben.[23]

Die Frage der Qualitätssicherung hat sich inzwischen als Dauerthema in der beruflichen und allgemeinen Weiterbildung etabliert. Die Aussagen der Kultusministerkonferenz zur Weiterbildung gelten bei den beteiligten Weiterbildungseinrichtungen, Verbänden, Förderern, Kammern, Arbeitsverwaltungen und in der Bildungspolitik als weitgehend akzeptiert: „Die Qualität der Weiterbildung ist Voraussetzung für die Akzeptanz und den Erfolg des Bildungsangebots. Dies gilt in gleicher Weise für die öffentliche, die öffentlich-geförderte und die kommerzielle Weiterbildung. Qualitätssicherung bedarf der Kontrolle, die auch Selbstkontrolle sein kann,

---

[18] Rolf Arnold/Antje Krämer-Stürzl 1995, S. 139.

[19] Ein Beispiel eines Qualitätsmodells für Weiterbildungsinstitutionen zur lernerorientierten Professionalisierung, das kein Prüfverfahren, sondern ein Organisationsentwicklungsmodell darstellt, wird von Ehses et al. beschrieben. Vgl. Christiane Ehses/Jürgen Heinen-Tenrich/Rainer Zech 2001.

[20] Vgl. z.B. Bundesinstitut für Berufsbildung 2001.

[21] Vgl. Svenja Gloger 2000.

[22] Vgl. Gerhard Stark 2000, S. 9-28.

[23] Vgl. Gerhard Stark 2000, S. 24f.

und ist als Schutz für die Teilnehmerinnen und Teilnehmer sowie als Gütenachweis für die Einrichtungen der Weiterbildung unverzichtbar."[24]

Aktuelle Fragestellungen der Qualitätsdiskussion drehen sich inzwischen weniger um konzeptionelle Aspekte, als vielmehr um die praktische Umsetzung und um erfolgversprechende Arbeitsschritte und Abläufe. Bezogen auf konkrete Weiterbildungsmaßnahmen orientiert sich die BSW[25]-Erhebung an den Phasen des Bildungsprozesses und erhebt aus der Teilnehmersicht die Zufriedenheit nach den Kriterien

- Qualität im Vorfeld von Weiterbildung (Information, Zugang)
- Durchführungsqualität und
- Transferqualität (Nutzen).

Im Folgenden werden in knapper Form die Ergebnisse der BSW-Erhebung hinsichtlich der Qualitätsaspekte dargestellt. Sie können für die Qualitätssicherung in allen Phasen der Weiterbildung Hinweise auf die Erwartungshaltungen und Zufriedenheitskriterien aus Sicht der Teilnehmenden geben, die damit handlungsleitende Maxime für Weiterbildungsträger darstellen.
Als Entscheidungsgrundlage der Teilnehmer/innen für oder gegen eine Weiterbildung wird neben allgemeinen Informationen, wie z.B. dem Zeitaufwand, erfragt, ob das Qualitätsmanagementsystem des Weiterbildungsveranstalters im Vorfeld eine Rolle spielt: „Bei der Auswahl von Weiterbildungsangeboten achtet bislang erst eine Minderheit der privaten Nachfrager auf ein Gütesiegel oder die ISO-Zertifizierung des Veranstalters. In der allgemeinen Weiterbildung liegt dieser Anteil noch etwas niedriger als in der beruflichen Weiterbildung."[26] ISO-zertifizierte Anbieter schneiden allerdings in der Befragung etwas besser ab als die übrigen. Weitere Studien wie der ESF[27]-Bildungstest in Sachsen[28] oder die Anfang der 1990er Jahre durch die Stiftung Warentest durchgeführten Bildungstests zur Informationspolitik der von den befragten Teilnehmenden besuchten Einrichtungen zeigen hinsichtlich Beratungsaktivitäten ein eher positives Ergebnis (ESF-Bildungstest), hinsichtlich detaillierter Angaben ein eher kritisch-negatives Bild (Stiftung Warentest zu Sprachreisen).

Neun Dimensionen beschreiben die Durchführungsqualität beruflicher und allgemeiner Weiterbildung:

---

[24] Sekretariat der Ständigen Konferenz der Kultusminister der Länder in der Bundesrepublik Deutschland 1994, S. 11; nach Bundesministerium für Bildung und Forschung (Hrsg.) 2000, S. 319.

[25] BSW = Berichtssystem Weiterbildung.

[26] Bundesministerium für Bildung und Forschung (Hrsg.) 2000, S. 338.

[27] ESF = Europäischer Sozialfonds.

[28] Vgl. Katrin Merx/Christina Bötel 1997. Vgl. auch Gerhard Stark 2000, S. 22: „Die Elemente des Qualitätskonzepts reichen von der Überprüfung von Werbe- und Informationsmaterial über die Befragung von Leitung und Teilnehmern, Hospitationen bis hin zur Berichterstellung und Auswertung gemeinsam mit Vertretern der Einrichtung."

- „Fachwissen des Dozenten
- eigener persönlicher Lernerfolg
- Aktualität der Kursinhalte
- Atmosphäre unter den Teilnehmern
- Organisation der Veranstaltung
- Umgang des Dozenten mit den Teilnehmern
- Fähigkeit des Dozenten, etwas zu erklären
- Qualität der Arbeitsmittel
- Ausstattung“.[29]

Im zusammengefassten Ergebnis zeigt sich, dass die Qualität der Veranstaltungen der beruflichen wie auch allgemeinen Weiterbildung nach nahezu allen der genannten Qualitätsaspekte von der überwiegenden Mehrheit der Teilnehmenden gut beurteilt wird, mit Ausnahme etwas häufigerer Kritik an der Ausstattung. Bemerkenswert für die berufliche Weiterbildung ist, dass sich die nichterwerbstätigen Teilnehmer/innen insgesamt etwas kritischer äußern als die erwerbstätigen. Maßnahmen mit einer Dauer von mehr als einem Monat werden hinsichtlich Ausstattung, Arbeits-/Lehrmitteln und Organisation schlechter bewertet als Kurse, die kürzer als eine Woche sind. Dabei unterscheiden sich die Einschätzungen in den alten und neuen Ländern kaum, sie sind in den neuen Ländern geringfügig besser.

Teilnehmerbefragungen zielen auf die Einstellung zu der besuchten Weiterbildungsmaßnahme. Es werden zu folgenden Aspekten allgemeine Selbsteinschätzungen erhoben:

- Vorkenntnisse der Teilnehmer/innen;
- Hilfe im Alltag;
- Kontakte nach Kursende;
- beruflicher Nutzen des Kurses;
- Berücksichtigung der Teilnehmer-Interessen durch die Kursleitung;
- Anzahl der Teilnehmer/innen im Kurs.[30]

Ein globaler Überblick zeigt, dass in der allgemeinen Weiterbildung fast zwei von drei Teilnehmer/innen glauben, durch die Maßnahme im Alltag besser zu Recht zu kommen.

Damit zeigen sich aus den mit repräsentativen, strukturierten Befragungen untersuchten Aspekten keine generalisierbaren Muster hinsichtlich allgemeiner Qualitätsprobleme. Dazu wären detaillierte Analysen zur Qualität von Weiterbildung bezogen auf bestimmte Sektoren oder konkrete Angebote nötig. Darin kommt auch zum Ausdruck, dass Rückschlüsse auf die Qualität von Weiterbildung hinsichtlich der durchführenden Einrichtung oder der durchgeführten Maßnahme nicht durch die Vorgabe einfacher Kriterien(raster) gezogen werden können. Der ESF-Bildungstest in Sachsen zeigt, wie ähnliche Untersuchungen, positive Bewertungen der Durchführungsqualität von Veranstaltungen aus Teilnehmersicht: Die Lernan-

---

[29] Bundesministerium für Bildung und Forschung (Hrsg.) 2000, S. 327.

[30] Vgl. Bundesministerium für Bildung und Forschung (Hrsg.) 2000, S. 331.

gebote werden hier überwiegend als zielgruppengerecht und beruflich verwertbar eingeschätzt. Die Teilnehmenden beurteilen die fachliche Kompetenz der Lehrkräfte weitgehend positiv, die pädagogische Kompetenz hingegen weitaus kritischer. Letztere liegt damit sogar geringfügig niedriger als die ebenfalls erfragte soziale Kompetenz. Auch zeigt sich, dass eher traditionelle Unterrichtsformen angewendet werden.

Der einer beruflichen Weiterbildungsmaßnahme zuzurechnende Nutzen kann nur sehr schwer gemessen werden, da auch andere Einflüsse, z.B. des Arbeitsplatzes oder des Berufs, eine Rolle spielen, die i.d.R. nicht davon getrennt werden können. Insofern stellen die Ergebnisse der BSW-Erhebungen die subjektiven summarischen Einschätzungen von Teilnehmenden dar. Die untersuchten Nutzenaspekte lassen sich in „weiche“ und „härtere“ Indikatoren für berufliche Veränderung unterscheiden:
Als „weiche“ Indikatoren gelten:

- kann Arbeit besser als vorher erledigen (82%);
- verbessert die beruflichen Chancen (65%);
- kann im Alltag besser zurechtzukommen (45%);
- mehr über Zusammenhänge im Betrieb erfahren (42%);
- Kollegen im Unternehmen besser kennen gelernt (40%);

als „härtere“ Indikatoren gelten:

- in höhere Gehaltsgruppe eingestuft (18%);
- beruflich aufgestiegen (17%);
- hätte ansonsten Stelle verloren (13%);
- neue Stelle bekommen (11%).

Erwartungsgemäß werden weitaus häufiger „weiche“ und deutlich seltener „härtere“ Nutzenaspekte genannt. Gruppenspezifisch ausgewertet schätzen bildungsfernere Teilnehmer den Erfolg, auch hinsichtlich der „härteren“ Nutzenaspekte“, höher ein als weiterbildungsaktivere Teilnehmer/innen. „Dieses Grundmuster dürfte zum Teil auf den aus anderen Zusammenhängen bekannten Effekt zurückzuführen sein, dass mit steigendem Bildungsniveau im Allgemeinen auch die Kritikbereitschaft zunimmt.“[31] Da die subjektive Gewichtung der Nutzenaspekte individuell verschieden gewichtet werden kann, wurde auch nach einer wesentlichen Veränderung der beruflichen Situation durch die Teilnahme an der Weiterbildung gefragt. Dem stimmt mehr als die Hälfte der Erwerbstätigen zu.

Die in der BSW-Erhebung festgestellte positive subjektive Beurteilung des Nutzens von Weiterbildung bestätigt sich auch in anderen Datenquellen, allerdings lassen sich darüber hinaus keine klaren Zusammenhänge mit beruflichen Veränderungen erkennen. Aus Teilnehmersicht wird auch das Verhältnis von Nutzen und Aufwand erhoben. Allgemein kann festgestellt werden, dass die verwendeten Indikatoren die Einschätzungen der Teilnehmenden hinsichtlich des Nutzens stark beeinflussen. Möglicherweise sind nicht erfasste Kriterien (z.B. das Interesse, neue Leute kennen

[31] Bundesministerium für Bildung und Forschung (Hrsg.) 2000, S. 280.

zu lernen, dem betrieblichen Alltag zu entfliehen, einfach Bildung zu konsumieren etc.) wichtiger für die Einschätzung des Nutzens.

Seit Beginn der 1990er Jahre intensivieren Weiterbildungsinstitutionen ihre Bemühungen, den Erfolg der Maßnahmen bzw. den Nutzen der Weiterbildung zu messen. Als Faktoren für erfolgreiche betriebliche Bildungsarbeit werden angesehen:

- Erfolgsmessung
- Transfersicherung
- Nutzen-Kosten-Analyse.[32]

Darin deutet sich an, dass unabhängig von Zertifizierungssystemen (z.B. neben ISO 9000ff.) ebenso andere Verfahren wie Selbstevaluation, Gütesiegel oder das EFQM-Verfahren von Weiterbildungsakteuren als geeignete Instrumente für das Qualitätsmanagement angesehen werden. Auch diese werden in den oben beschriebenen drei Phasen des Weiterbildungsprozesses eingesetzt.[33]

Als Controllingelemente für die Zielbestimmung und Planung der betrieblichen Weiterbildung werden regelmäßig eingesetzt:

- Ermittlung des Weiterbildungsbedarfs;
- Aufstellung einer jährlichen Weiterbildungsplanung;
- Zielabsprache mit den Maßnahmeträgern/Dozenten;
- systematische Auswahl externer Weiterbildungsanbieter;
- Zielausrichtung an den strategischen Unternehmenszielen;
- Zielabsprache mit den Teilnehmenden.

Dabei spielen die Bedarfsermittlung, die jährliche Planung und Zielabsprachen mit den Maßnahmeträgern die größte Rolle. Auf eine Zielabsprache mit den Teilnehmenden legen Kleinbetriebe einen deutlicheren Schwerpunkt.

Controllingelemente bei der Bewertung von Weiterbildungsmaßnahmen sind:

- abschließende schriftliche Bewertung durch Teilnehmende;
- Bewertung während der Durchführung durch Teilnehmende;
- abschließende mündliche Bewertung durch Teilnehmende;
- Messung der Zielerreichung (z.B. Prüfungen, Arbeitsproben).

Letztere spielt mit Abstand die geringste Rolle. Großbetriebe setzen deutlich eher eine abschließende schriftliche Bewertung ein, Kleinbetriebe führen häufiger abschließende mündliche Bewertungen durch Teilnehmende durch.[34]

Für die Weiterbildung gibt es verschiedene Ansätze, die Kosten in Richtung größerer Effizienz zu steuern, jedoch keine wirklich schlüssigen und verlässlich funktionierenden Steuerungsmechanismen und Effizienzanalysen. Während die Erfassung der Kosten noch relativ einfach ist, beginnt die große Schwierigkeit erst bei der Erfolgsmessung. Da hier ja im Regelfall eine Vergleichsbasis fehlt, lässt sich über das Kosten-Nutzen-Verhältnis von Weiterbildung nicht so ohne weiteres eine Aussage

[32] Bundesministerium für Bildung und Forschung (Hrsg.) 2000, S. 285.

[33] Vgl. hierzu auch Gerhard Stark 2000, S. 24f.

[34] Vgl. Bundesministerium für Bildung und Forschung (Hrsg.) 2000, S. 335-338.

treffen.[35] Betriebswirtschaftliche Kosten-Nutzen-Berechnungen, wie z.B. die von Gülpen[36] entwickelte, sind zudem in der Regel so aufwendig, dass sie in der betrieblichen Praxis kaum umsetzbar erscheinen. Bereits die Kosten-Nutzen-Evaluation eines einzigen Seminars erfordert nach diesem exemplarischen Ansatz Kontrollgruppendesigns und Langzeitmessungen diverser Parameter, wenn alle relevanten Größen berücksichtigt werden sollen. Hier stellt sich die Kostenfrage für die Evaluation selbst. Eine entsprechende kostenintensive und aufwendige Kosten-Nutzen-Analyse wurde in der hier beschriebenen Weiterbildung explizit nicht geplant.

Zusammenfassend können als die wichtigsten Faktoren für Qualität in der Weiterbildung aus Sicht von Weiterbildungsinstitutionen, Unternehmen und Teilnehmer/innen[37] benannt werden:

- Themen und Inhalte sollen genau den aktuellen Bedarf erfüllen;
- Dozenten/Trainer sollen methodisch-didaktische Kompetenz aufweisen;
- Inhalte sollen auf neuestem fachlichen und wissenschaftlichen Stand sein;
- es soll Erfahrungsaustausch mit Teilnehmer/innen anderer Unternehmen/Netzwerkbildung ermöglicht werden;
- die Weiterbildungseinrichtung soll Vertrauen hinsichtlich der Seriosität und des Renommees bilden.

Orientierungsfragen[38] ermöglichen für alle Phasen des Weiterbildungsprozesses Erfolgs- und Qualitätssicherung. Die Diskussion um Kriterien für die Qualitätssicherung als Anforderung an die Professionalität in der Weiterbildung mündet damit in Fragen, inwieweit mehr als nur die Zufriedenheit der Teilnehmer/innen messbar ist.[39] Gegenstand der Evaluation können auch die Lernprozesse anhand vereinbarter Zielsetzungen sowie hinsichtlich des Transfers bzw. der Nachhaltigkeit der geförderten Kompetenzen sein.

Die bisherigen Ausführungen zeigen u.a., dass „weiche" Faktoren, wie „die Arbeit besser erledigen können", persönlicher Lernerfolg und das Messen, inwieweit ein (Lern)Ziel erreicht wurde, für die Qualitätssicherung relevant sind. Evaluiert werden sollen also auch die Lernprozesse anhand vereinbarter Zielsetzungen sowie hinsichtlich des Transfers bzw. der Nachhaltigkeit der geförderten Kompetenzen. Dies ist auch für die Multiplikator/innen-Weiterbildung in zweifacher Hinsicht relevant: Zum einen sollen die Teilnehmer/innen Kenntnisse der Evaluation bzw. Qualitätssicherung für Weiterbildung und Projektmanagement erwerben, zum anderen ist ein Evaluationsdesign für das Curriculum zu entwickeln, das die drei Weiterbildungsphasen, die Zufriedenheit und die Lernergebnisse berücksichtigt. In diesem Kapitel wird es vorrangig darum gehen, Lernzuwachs an Schlüsselkompeten-

---

[35] Vgl. Herwig Kressler 1993, S. 93.

[36] Vgl. Barbara Gülpen 1996.

[37] Vgl. Wuppertaler Kreis 2001 in Tabelle 52.

[38] Vgl. Rolf Arnold/Antje Krämer Stürzl 1995 in Tabelle 54.

[39] Vgl. Martin Lehner/Frederic Fredersdorf 2003, S. 96.

zen aus der Selbsteinschätzung der Teilnehmer/innen zu spezifizieren und zu überprüfen.

Aus dem umfassenderen Konzept der Begleitevaluation der Multiplikator/innen-Weiterbildung wird hier der Schwerpunkt darauf gelegt, die Veränderung von Kompetenzen in der Selbsteinschätzung der Teilnehmer/innen zu messen.[40] Für die Gesamtkonzeption der Evaluation der Multiplikator/innen-Weiterbildung waren verschiedene Fragen vorab zu klären:
- Wer sind die an der Befragung Beteiligten? Für wen sind die Informationen nützlich?
- Welche Werte, Interessen, Erwartungen, Befürchtungen haben die Beteiligten?
- Welches sind die zentralen Fragestellungen, welche Informationen werden benötigt, nach welchen Maßstäben sollen die Daten beurteilt werden?
- Welche Datenerhebungsinstrumente werden eingesetzt?[41]

Für diese Arbeit wird der Fokus auf eine Messung operationalisierter Variablen zu den allgemeinen Kompetenzdefinitionen aus der Selbsteinschätzung der Teilnehmer/innen gelegt. Neu ist die sog. Output-Orientierung, d.h. das Lernergebnis in Formen von Wissenszuwachs oder die Erweiterung des Verhaltensrepertoires werden evaluiert. Ein Beispiel dafür soll in diesem Kapitel angeführt werden.

5.1.2 Wissenschaftstheoretische Basis/Methoden

Um die Untersuchung theoretisch nachvollziehbar und ggf. replizierbar zu machen, wird in diesem Teilkapitel das methodische Vorgehen, d.h. der Untersuchungsplan dargelegt.

Dabei stellen sich eingangs zwei Fragen:
Wie lässt sich Kompetenzentwicklung erfassen? Wie misst man Kompetenzen?
Zunächst sind detailliertere Bestimmungen notwendig, um Kompetenzkonstrukte praktisch erfassbar zu machen und zur Messung vorzubereiten.[42] Neben qualitativen Verfahren, auf die hier nicht näher eingegangen werden soll, können quantitativ „die mit Hilfe einer Kompetenz erzielten Grade der Handlungsbewältigung (einfach-schwierig), Grade der bewältigten Handlungsintegration (singulär-komplex), Grade der Nähe zur bewältigten Handlung (naheliegend-fernliegend)

---

[40] Eine ausführliche Darstellung der Komponenten einer Konstruktion der Begleitevaluation zur Weiterbildung und des umfassenderen Forschungsdesigns des Beispiels einer Multiplikator/innen-Weiterbildung sind dargestellt in Monika Rummler (Hrsg.) 2001a, S. 69ff. Ergebnisse der prozessbegleitenden Evaluation der Module wurden für die Projektberichte aufbereitet.

[41] Eine ähnliche Herangehensweise findet sich in „Sechs Schritte zur effektiven Evaluation" betrieblicher Bildungsarbeit bei Wolfgang Beywl 2000, S. 112.

[42] Vgl. John Erpenbeck/Volker Heyse 1999, S. 156.

und Grade der Flexibilität bei der Handlungsbewältigung (starr-flexibel) gemessen werden."[43]

Kompetenz kann mit objektiven Messverfahren und subjektiven Einschätzungsverfahren beobachtet werden. In der quantitativen Kompetenzforschung werden primär Messmethoden, z.B. Tests, aus den Bereichen Psychologie, Sozialwissenschaften, Pädagogik u.a. herangezogen. Sie sind auch qualitativ auswertbar.[44]

Um die Kompetenzentwicklung erfassbar zu machen, wurde in dieser Studie ein Schlüsselkompetenz-Fragebogen entwickelt. Er differenziert jede der vier Kompetenzdimensionen[45] in beobachtbare, sog. operationalisierte Teilkompetenzen, die mit einer Selbsteinschätzung abfragbar sind.

Um die Entwicklung des Instruments zu begründen, werden zunächst zwei Ansätze vorgestellt, die sich mit Kompetenzentwicklung und Kompetenzmessung befassen:[46] Der Ansatz von Heyse/Erpenbeck, bei dem der selbstorganisierte Charakter der Kompetenzen im Mittelpunkt steht und neben quantitativen Verfahren eine qualitative, biografisch orientierte Herangehensweise gewählt wurde[47] sowie das auf Gruppendiskussionsverfahren basierende Kasseler Kompetenzraster (KKR).[48]

Nach Heyse/Erpenbeck geschieht „Kompetenzentwicklung ... immer als gleichzeitige Entwicklung affektiver, kognitiver und dispositiver Handlungen antizipierender Komponenten."[49] Für die Kompetenzmessung können Kompetenzen Indikatoren sein, mit denen Strategien und Programme von Bildungskonzepten auf ihren Erfolg hin untersucht werden können. Ausgangspunkt dabei ist es, Kompetenzen zu beschreiben, zu erfassen und zu kategorisieren.[50] Drei Strategien der Kompetenzmessung können benannt werden:

1. Traditionell prüfbare positionale Qualifikationen ersetzen Kompetenzen, für die sie die Voraussetzung darstellen.
2. Kompetenzen als Selbstorganisationsdispositionen manifestieren sich in Handeln und regulieren es. Damit sind sie Persönlichkeitsmerkmale und können mit dem analytischen Instrumentarium der Persönlichkeitspsychologie erfasst werden.
3. Werden Kompetenzen als Selbstorganisationsdispositionen im Zusammenhang der ganzheitlichen Persönlichkeitsentwicklung mit sozialhistorischen Prozessen und psychosozialen Beziehungen gesehen, können Methoden der qualitativen Sozialforschung, insbes. biografische Methoden eingesetzt werden.[51]

---

43 John Erpenbeck/Volker Heyse 1999, S. 163.

44 Vgl. John Erpenbeck/Lutz von Rosenstiel 2003, S. XXf.

45 Vgl. Kapitel 2.3.2.6 Schlüsselkompetenzen von Multiplikator/innen.

46 Daneben gibt es noch weitere Ansätze zur Kompetenzmessung, denen teils unterschiedliche Kompetenzdefinitionen zugrunde liegen. Vgl. John Erpenbeck/Lutz von Rosenstiel (Hrsg.) 2003.

47 Vgl. John Erpenbeck/Volker Heyse 1999, S. 155-171. Vgl. Kapitel 2.3.2.6 Schlüsselkompetenzen von Multiplikator/innen.

48 Vgl. Kasseler Kompetenzraster (KKR) in Kapitel 2.3.2.3 Messbarkeit und Vermittlung

49 John Erpenbeck/Volker Heyse 1999, S. 165.

50 Vgl. John Erpenbeck/Volker Heyse 1999, S. 171, die sich auf Peter Faulstich (1997) beziehen.

51 Vgl. John Erpenbeck/Volker Heyse 1999, S. 171f.

In der vorliegenden Studie wird die zweite Strategie verfolgt, weil die aus den vier Kompetenzdimensionen für das Multiplikator/innen-Profil operationalisierten, exemplarischen Teilkompetenzen beobachtbare, d.h. als Handlung vorstellbare und erkennbare, Tätigkeiten und Einstellungen beschreiben. Diese können durch Selbsteinschätzung der Teilnehmer/innen erhoben werden.

Mit Selbstbildskalen, die Persönlichkeitsmerkmale wie Fähigkeiten und Verhaltensweisen analysieren, können Kompetenzen ermittelt werden. Um Kompetenzentwicklungen zu messen, ist es Voraussetzung, dass solche Persönlichkeitsmerkmale als Selbstorganisationsdispositionen interpretierbar sind.[52] Allerdings handelt es sich immer nur um eine Messung „relativer Objektivität“: Subjektive Bewertungsgesichtspunkte bestimmen die einzuordnenden Merkmale in den verwendeten Rating-Skalen. Während Fach- und Methodenkompetenz sich eher wie objektive Sachverhalte messen lassen, verlangt insbesondere die Erfassung und Beurteilung von sozialer und personaler Kompetenz als psychosoziale Verhaltensdispositionen nach Verfahren der Persönlichkeitsanalyse, speziell bei intuitiven Beurteilungen der Kompetenzentwicklung.[53] Einen anderen bildungstheoretischen Gesichtspunkt als intuitive Kompetenzentwicklungsbeurteilungen stellen Kriterienkonzeptionen in den Mittelpunkt: Hier werden u.a. Kriterienkataloge aufgestellt, „d.h. Kataloge von Leistungsbereichen und Leistungskriterien für gefordertes Handeln“.[54] Untersuchungen zeigen zum einen, dass zwar affektive und motivationale Lernziele wegen ihres Prozesscharakters nur schwer operationalisierbar und erfassbar sind, eine standardisierte schriftliche Befragung unter Einbeziehung einer Kriterienkonzeption aber erfolgreich und für die berufliche Bildung brauchbar sein kann. Zum anderen können auch operationalisierte Wertorientierungen, also personale Kompetenzen und -entwicklungen, mit Rating-Verfahren erfasst werden, wenngleich biografische Elemente eine wichtige Rolle spielen. [55]

Erpenbeck/Heyse weisen darauf hin, dass „im Vorfeld jedes Kompetenztrainings persönlichkeitsanalytische Meßmethoden eingesetzt werden müssen, um Trainingsverlauf und Trainingserfolge charakterisieren zu können“.[56]

Nach den Ergebnissen des Kasseler Kompetenzrasters kann nicht davon ausgegangen werden, dass sich berufliche Kompetenzen und Persönlichkeit in gleicher Art und Weise entwickeln: Kompetenzen können nicht auf einzelne ausgeprägte Persönlichkeitsfaktoren zurückgeführt werden. „Persönlichkeitseigenschaften sind weitgehend stabil, die berufliche Handlungskompetenz ist es aber nicht und lässt sich - die richtigen Maßnahmen vorausgesetzt - damit sehr wohl entwickeln.“ Auch kann nach diesem Ansatz Kompetenz „nicht abstrakt definiert werden und gemessen werden. Sie lässt sich lediglich bei der Bewältigung einer konkreten Handlungs-

[52] Vgl. John Erpenbeck/Volker Heyse 1999, S. 175.

[53] Vgl. John Erpenbeck/Volker Heyse 1999, S. 176f.

[54] John Erpenbeck/Volker Heyse 1999, S. 177.

[55] Vgl. John Erpenbeck/Volker Heyse 1999, S. 181f. Dort sind diese Untersuchungen ausführlicher sowie weitere Untersuchungen beschrieben.

[56] John Erpenbeck/Volker Heyse 1999, S. 186.

situation beobachten und vergleichend analysieren."[57] „Was im Einzelnen unter ... Kompetenzfacetten verstanden wird, variiert in Abhängigkeit von theoretischen Prämissen und praktischen Erfordernissen."[58] Ergebnisse der Studie zeigen, dass

- rein fachliche Schulungen nicht zu mehr fachlichen Beiträgen führen und Teilaspekte der Methoden- und Sozialkompetenz konterkarieren;[59]
- die gängige Annahme, Sozialkompetenz sei wichtiger als Fachkompetenz, nicht haltbar ist;[60]
- Methodenkompetenz für innovative Lösungen notwendig ist, damit organisationales Wissen strukturiert und passfähig gemacht werden kann;
- zwar fachübergreifende Schulungen „besser als ihr Ruf" sind, Persönlichkeitstrainings u.a. sich aber weitgehend ineffektiv zeigen.[61]

Als Fazit wird die Schlussfolgerung aufgestellt: „Methodenschulung muss konsequent mit der Bewältigung fachlicher Problemstellungen kombiniert werden."[62]

Weitere exemplarische Ansätze zur Kompetenzmessung sind die DACUM-Methode und der „Beurteilungsbogen zu sozialen und methodischen Kompetenzen - smk99"[63].
Nach der DACUM-Methode[64] können Kompetenzen analog zu den Erfordernissen der Berufswelt definiert werden. „Die Erfahrung zeigt, dass sich die meisten Berufe in 6 bis 12 Verantwortungsbereiche (duties) einteilen lassen, die sich wiederum in 6 bis 20 Tätigkeiten (tasks) strukturieren."[65] Die so transparent gemachten Ziele und Anforderungen erleichtern das Lernen, wenn auch das individuelle Lerntempo, Vorkenntnisse und die Nähe der Inhalte zur Arbeitswelt berücksichtigt werden. Allerdings müssen über Fähigkeiten und Fertigkeiten hinausgehende soziale Kompetenzen mit geeigneten Lehr- und Lernformen trainiert werden, für die z.B. computerbasierte Trainings allein nicht ausreichen.

Beim „Beurteilungsbogen zu sozialen und methodischen Kompetenzen - smk99" handelt es sich um einen einfachen Diagnosebogen für Lehrkräfte, Ausbilder, Dozenten u.a. zur Selbstbeurteilung von Personen mit sechsstufigen Likert-Skalen, bei dem die einzelnen Aussagen beschriebenen Verhaltens in spezifischen Situationen im Fokus liegen. Die Autoren zählen zur den Vorteilen dieser Herangehensweise, dass „sie binnen kürzester Zeit von vielen Personen ausgefüllt und ausgewertet

---

[57] Beide Zitate: Jürgen Graf 2002, S. 111.
[58] Simone Kauffeld/Sven Grote/Ekkehard Frieling 2003, S. 262.
[59] Vgl. Jürgen Graf 2002, S. 113f.
[60] Vgl. Jürgen Graf 2002, S. 112.
[61] Vgl. Jürgen Graf 2002, S. 114.
[62] Jürgen Graf 2002, S. 114.
[63] Vgl. Andreas Frey/Lars Balzer 2003, S. 323-335.
[64] DACUM bedeutet „Developing a Curriculum" und wurde von Robert E. Norton (2000) entwickelt. „Expert workers" arbeiten in Gruppen in zweitägigen Workshops die „duties" und „tasks" unter Einbeziehung von Entwicklungsperspektiven und Zukunftstrends heraus. Vgl. Doris Edelmann/Rudolf Tippelt 2004, S. 10; vgl. auch Rudolf Tippelt/Doris Edelmann 2003, S. 563-584.
[65] Doris Edelmann/Rudolf Tippelt 2004, S. 10.

werden können" und dass „bezüglich einzuschätzender beruflicher Kompetenzen oder beruflicher Verhaltendispositionen die betreffende Person selbst am besten Auskunft über sich geben kann".[66] Allerdings sollten sich die Personen gut kennen, retrospektiv realistisch beobachten können, sich nicht bewusst besser oder schlechter beurteilen wollen oder nicht unbewusst sozial erwünscht antworten. Gleichzeitig dürfen keine negativen Konsequenzen erwartbar sein, vielmehr ist ein Einsatz für die pädagogische Diagnostik sinnvoll, um damit Kompetenzdefizite erkennen und Fördermaßnahmen einsetzen zu können.

5.1.3 Beschreibung der Multiplikator/innen-Weiterbildung

Die hier analysierte Multiplikator/innen-Weiterbildung ist interdisziplinär angelegt. Das macht sie interessant für Teilnehmer/innen verschiedener fachlicher Richtungen. So ist Erfahrungsaustausch in allen Phasen als wesentlicher Bestandteil der Weiterbildung eingeplant, um der Heterogenität der Zielgruppe zukünftiger Multiplikator/innen gerecht zu werden.
Ziel der Multiplikator/innen-Weiterbildung ist es, fachliche, methodische, soziale und personale Kompetenzen für ein europäisches Projektmanagement in der Weiterbildung und für die Leitung von multikulturell zusammengesetzten Seminaren zu fördern sowie auf europaweite Weiterbildungstätigkeiten vorzubereiten. Zielbeschreibungen sind in den vorangegangenen Kapiteln dieser Arbeit diskursiv entwickelt.[67] Die Trainingsmethoden leiten sich aus der didaktischen Diskussion ab.[68]
Die 10monatige Weiterbildung setzt sich aus 12 Modulen an verlängerten Wochenenden in ca. 3wöchigem Abstand, einer dreitägigen Exkursion und einem mindes-

---

[66] Andreas Frey/Lars Balzer 2003, S. 326.

[67] Vgl. Anforderungskatalog für das Tätigkeitsprofil von Multiplikator/innen in Kapitel 2.1 Allgemeine Vorbemerkungen; Tab. 11 Kompetenzdimensionen antizipatorisch angenommenen Arbeitshandelns von Multiplikator/innen; Abb. 7 Tätigkeitsfelder von Multiplikator/innen; Kapitel 2.2.2 Internationales Rollenspektrum; Tab. 12 Makro-, Meso- und Mikroebene einer Projektmanagement- bzw. Dozent/innentätigkeit; Tab. 14 Kompetenzdimensionen von Multiplikator/innen mit Einzelkomponenten; Abb. 11 Kompetenzanforderungen und Managementtechniken für Projekte; Kapitel 3.4.2 Aufgabenprofil von (Projekt)Manager/innen für die Weiterbildung: Aufgabe 1: Personalentwicklung als Führungs- und Weiterbildungsaufgabe, Aufgabe 2: Führen - leiten - moderieren in Projekten und Weiterbildungsmaßnahmen, Aufgabe 3: Projektmanagement als Lern- und Arbeitsform, Aufgabe 4: Managing Diversity und Innovationsmanagement; Kapitel 4.4 Zusammenfassung und Schlussfolgerungen für das Modell der Multiplikator/innen-Weiterbildung; Abb. 34 Erweitertes Kompetenzmodell „Multiplikator/in" sowie Monika Rummler 2001, S. 38-44: Kapitel 3 Anforderungen an die Weiterbildung.

[68] Tab. 13 Trainingsmethoden für Handlungs-, Fach-, Methoden- und Sozialkompetenzen; Schlussfolgerungen für das Multiplikator/innen-Modell in Kapitel 2.6 Zwischenbilanz; Tab. 22 Arbeitsplatznähe und Intentionalität von Maßnahmen zur Unterstützung arbeitsimmanenten Lernens; Kapitel 3.5 Management-Lernen: Gestaltungsansätze zum effizienten Lernen für die Multiplikator/innen-Weiterbildung; Kapitel 3.6. Schlussfolgerungen für die Multiplikator/innen-Weiterbildung; Tab. 44 Typen interkultureller Trainings; Tab. 45 Ansätze für interkulturelles Training; Tab. 47 Methoden interkulturellen Trainings sowie Monika Rummler 2001, S. 50-55: Kapitel 3.3 Das teilnehmerzentrierte Lernkonzept.

tens 3wöchigen Praktikum nach Möglichkeit in einem anderen europäischen Land zusammen.[69] Sie ist in Grundlagen- und Aufbaumodule strukturiert und umfasst die Schwerpunkte:

1. Europäische Grundlagen und Existenzgründung (Module 1, 2, 3, 11, Exkursion)
2. Interkulturelles Projektmanagement (Module 4, 5, 6)
3. Evaluation (Modul 7)
4. Didaktisches Multiplikator/innen-Training (Module 8, 9, 10)
5. Erfahrungsaustausch/Integration (Praktikum, Modul 12).

Die Teilnehmer/innen entwickeln während der Weiterbildung eine eigene Projektidee, schreiben sie fort und bereiten sie im Lauf der Weiterbildung zur Antragstellung vor. Antizipatorisch für die spätere Bewilligung werden die Inhalte und alle Schritte des Projektmanagements bearbeitet. Ein weiterer Schwerpunkt liegt auf der Qualifizierung für ein interkulturelles Weiterbildungsprojekt oder eine interkulturelle Weiterbildungstätigkeit und beinhaltet didaktische Themen und Methoden. Daneben soll die Arbeitsaufnahme bzw. die Projektdurchführung durch eine Vorbereitung auf den europäischen Arbeitsmarkt für Weiterbildner/innen gefördert werden. Den Abschluss der Weiterbildung bildet eine öffentlichkeitswirksame Veranstaltung, bei der die Teilnehmer/innen ihre Projekte und Ergebnisse präsentieren.

Die nachfolgende Abbildung verdeutlicht den thematischen Zusammenhang und curricularen Aufbau der Module, der Exkursion und des Praktikums der Multiplikator/innen-Weiterbildung:

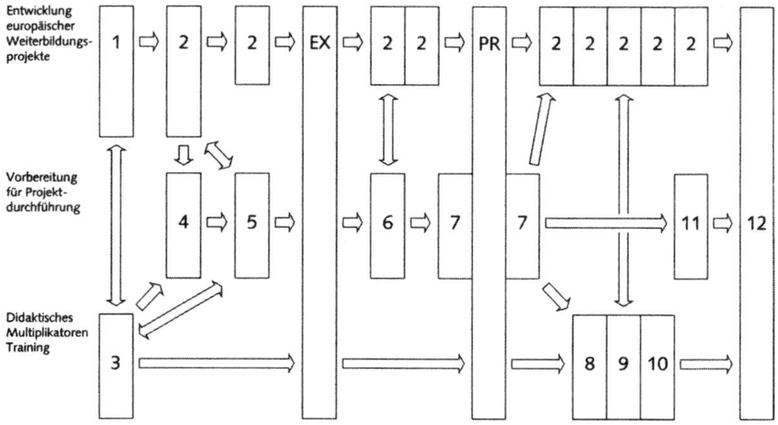

Abb. 36: Übersicht über den modularen Aufbau der Weiterbildung[70]

[69] Kapitel 4.2.3 Anforderungskataloge zu EU-Weiterbildungsprojekten: thematische Schwerpunkte, Kompetenzen und Module, in denen sie bearbeitet werden; Tab. 28 Zuordnung von Kompetenzdimensionen, EU-spezifischen Anforderungen und Modulen der Multiplikator/innen-Weiterbildung; Tab. 29 Kompetenzanforderungen zum Leistungskatalog von EU-Projekten sowie Monika Rummler 2001a, S. 56-62: Kapitel 4 Das Konzept der Weiterbildung.

Der innere Zusammenhang der Module wird einerseits durch die Fortsetzung des Moduls 2 „Antragstellung und EU-Förderprogramme für die Weiterbildung" in Sprechstunden und andererseits die Bearbeitung interkultureller Fragestellungen zu den Themen aller Module gewährleistet.

Um die Qualität der Weiterbildung sicherzustellen, wird in allen Phasen der Weiterbildung mündlich und schriftlich evaluiert. Die Evaluationsergebnisse dienen der fortlaufenden Verbesserung der Module und der Anpassung der Inhalte an den Bedarf der Teilnehmer/innen. Sie werden den verschiedenen Dozent/innen der Weiterbildung zur Vor- und Nachbereitung ihrer Lehrtätigkeit zur Verfügung gestellt.[71]

5.2 Ziele der Untersuchung

In dieser Studie werden aus der allgemeinen Kompetenzdefinition für Multiplikator/innen operationalisierte Teilkompetenzen entwickelt; es wird evaluiert, inwieweit während der Multiplikator/innen-Weiterbildung eine Veränderung messbar ist. Hierfür wird das dieser Arbeit zugrundegelegte Kompetenzmodell[72] für das Aufgabenprofil von Multiplikator/innen adaptiert und anhand operationalisierter Schlüsselkompetenzen einem quantitativen Falsifizierungsversuch unterzogen. Anhand der empirischen Ergebnisse der Multiplikator/innen-Schulung wird dargestellt, inwieweit das in dieser Arbeit entwickelte Modell tragfähig ist.

Folgende Fragen sind vorab zu klären: Wer ist die Zielgruppe (Teilnehmer/innen-Profile)? Wie groß ist der Zuwachs an Kompetenzen von Multiplikator/innen vor und am Ende der Weiterbildung?
Ein zweites Erkenntnisinteresse liegt darin, inwiefern die Weiterbildung dazu führt, Kompetenzen der Teilnehmer/innen - gemessen an ihrer Eigeneinschätzung - zu entwickeln. Ein methodologisches Erkenntnisinteresse liegt drittens darin, inwiefern der hier entwickelte Fragebogen zur Selbstevaluation von Schlüsselkompetenzen geeignet ist und ggf. auf ähnliche Modelle übertragen werden kann.

Die Befragung wird zu Beginn und beim Abschluss der Weiterbildung durchgeführt. Um die Wirkung der Weiterbildung festzustellen, soll der Kompetenzerwerb der Teilnehmer/innen anhand beobachtbarer Verhaltensmerkmale erfasst werden. Ausgegangen wird hier von der Hypothese, dass sich die tatsächliche Kompetenz der Teilnehmer/innen während der Weiterbildung erhöht und ein subjektiv emp-

---

[70] Legende: Die Ziffern bezeichnen die fortlaufenden Nummern der Module, EX=Exkursion, PR=Praktikum.
Bereits veröffentlicht in Monika Rummler 2001a, S. 60.

[71] Eine ausführliche Darstellung der Evaluationsergebnisse findet sich in der Berichterstattung des Weiterbildungsprojekts. Das Design der Evaluation der gesamten Weiterbildung ist veröffentlicht in: Monika Rummler 2001a, S. 64-68.

[72] vgl. Kapitel 2.2 Metakompetenzen von Multiplikator/innen (Thesen) und Abbildung 34 Erweitertes Kompetenzmodell „Multiplikator/in".

fundener Zugewinn an Kompetenzen auch messbar ist. Da die Teilnehmer/innen selbst Protagonisten von Weiterbildung sind, lässt ihr Expertenwissen eine hochwertige Selbstevaluation erwarten.[73] Aus Gründen der Handhabbarkeit und des Datenschutzes wurde ein pragmatisches Vorgehen gewählt. Der Fragebogen ist mit 40 Fragen zu operationalisierten Schlüsselkompetenzen vergleichsweise knapp gefasst. An Sozialdaten wurde lediglich ein einfaches Profil erhoben (Geschlecht, Alter, Beschäftigungsdauer in der Weiterbildung).

Im Ergebnis würde dies zusammengefasst heißen:
1. das Modell kann verifiziert werden;
2. die Kompetenzen der Teilnehmer/innen können entwickelt werden;
3. aus methodologischer Sicht ist der Kompetenz-Fragebogen geeignet.

Wenn sich Kompetenzen zu den zwei Messzeitpunkten tatsächlich erhöhen, sollte dies an signifikanten Mittelwertdifferenzen der Items ablesbar sein. Dabei kann interkulturelle Kompetenz als roter Faden der Weiterbildung betrachtet werden. Sie spielt in praktisch allen Fragen des Schlüsselkompetenz-Fragebogens eine implizite bzw. explizite Rolle. Die nachfolgende Tabelle zeigt die Fragen, die den jeweiligen Kompetenzbereich abbilden:[74]

Kompetenzdimensionen im Projektzusammenhang	**korrespondierende Fragen aus dem Fragebogen zu Schlüsselkompetenzen**
Fachkompetenz: EU-spezifisches Wissen, (Fremdsprachen), Marketing	*1-10:* 1, 2, 3, 4, 8, 9, 10 5, 6, 7
Methodenkompetenz: didaktische Kompetenzen, Projektmanagement	*11-20:* 15, 16, 17, 18 11, 12, 13, 14, 19, 20
Sozialkompetenz: interkulturelle Kommunikation, Verhandlungsgeschick	*21-30:* 21, 24, 27, 29, 30 22, 23, 25, 26, 28
personale Kompetenz: Einstellung zur Mobilität und Flexibilität des Arbeitshandelns	*31-40:* 31, 34, 35, 37, 39 32, 33, 36, 38, 40

Tab. 55: Aufschlüsselung der operationalisierten Fragen zu Schlüsselkompetenzen nach Kompetenzdimensionen (eigene Darstellung)

Die 1. Ebene der Zielbeschreibung „Was soll evaluiert werden?“[75] zeigt sich in den Kompetenzdefinitionen im Schlüsselkompetenz-Fragebogen. Als Schwerpunkt stehen bei den operationalisierten Teilkompetenzen methodische Kompetenzen bzw. Tätigkeiten im Vordergrund der Analyse. An der Oberfläche sind als Konstrukte fachliche, methodische, soziale und personale Kompetenzdimensionen identifizierbar. Auf der Verhaltensebene zeigen die operationalisierten Schlüsselkompetenzen

[73] Vgl. Kapitel 4.3.6.1 Feststellen der individuellen Eignung.

[74] Der Fragebogen findet sich im Anhang.

[75] Vgl. Jost Reischmann 2003, S. 40f. Vgl. auch Kapitel 5.4.1 Forschungsdesign.

handlungsrelevante Kompetenzdimensionen, die per subjektiver Selbsteinschätzung[76] erfasst sind. Das Modell ist potentiell falsifizierbar.

5.3 Zielgruppe und Auswahlverfahren

In diesem Abschnitt wird die Zielgruppe des exemplarischen Modells einer Multiplikator/innen-Weiterbildung beschrieben.
Das Projekt richtet sich in erster Linie an Weiterbildner/innen, die sich für zukünftige internationale Aufgaben[77] qualifizieren wollen. Gerade im Bereich der Selbständigen ist der Druck zur Qualifikation besonders hoch. Es lässt sich hier in hohem Maß verdeckte Arbeitslosigkeit finden, die unter dem Stichwort „Scheinselbständigkeit" diskutiert wird. Mit der hier vorgestellten Weiterbildung werden schwerpunktmäßig fünf Zielgruppen angesprochen, denen damit eine berufliche Weiterbildung bzw. Neuorientierung geboten werden soll:

1. von Arbeitslosigkeit bedrohte oder betroffene Arbeitskräfte im Bereich der Weiterbildung, i.d.R. freiberuflich arbeitende Dozent/innen auf einem enger werdenden Weiterbildungsmarkt;
2. arbeitslose Lehrer/innen;
3. Akademiker/innen natur-, sozial-, und geisteswissenschaftlicher Disziplinen;
4. Ausbilder/innen mit mehrjähriger Berufserfahrung;
5. Mitarbeiter/innen aus Wirtschafts- und Weiterbildungsunternehmen, die den Weiterbildungsbedarf des Unternehmens für Europa erfassen und geeignete Maßnahmen entwickeln und durchführen sollen bzw. bereits Schulungen für zukünftige Mitarbeiter/innen in EU-Institutionen anbieten.

Die Teilnehmer/innen der Multiplikator/innen-Weiterbildung sind bereits bei der Bewerbung um die Teilnahme motiviert, kürzer oder längerfristig in anderen europäischen Ländern zu arbeiten oder mit Partnern aus anderen europäischen Ländern im Rahmen eines EU-Projektes zu kooperieren - wenn auch die Mobilitätsbereitschaft in unterschiedlichem, von persönlichen und familiären Voraussetzungen abhängigem, Maß ausgeprägt ist. Einige haben bereits Erfahrungen mit Auslandseinsätzen gemacht. Einzelne Teilnehmer/innen kommen aus anderen europäischen Ländern.

Im Folgenden werden die Untersuchungsobjekte und die Stichprobe beschrieben. Wie wurde die Personenstichprobe (Befragung von Teilnehmer/innen) gezogen (methodisches Problem)? Welche Aussagen können über die Merkmalsverteilung und statistische Repräsentativität getroffen werden? Es ist zu klären, ob es Grenzen gibt, wie z.B. bei der Frage der Übertragbarkeit der Ergebnisse auf die Grundgesamtheit. Die Normalverteilung ist hier kein wesentliches Kriterium und muss nicht

[76] Es wurde allerdings als Fremdeinschätzung keine Beobachtung durchgeführt. Auch wurden keine Arbeitsproben untersucht.
[77] Vgl. Kapitel 2.2 Metakompetenzen von Multiplikator/innen (Thesen).

geprüft werden. Die Mittelwerte aus Zufallsstichproben bei einer Mindestgröße von 30 Personen verteilen sich nach dem zentralen Grenzwerttheorem normal.[78]

Es gibt verschiedene Haupttypen von Stichproben: die Zufallstichprobe mit vielen Unterarten, das Quotensample und die „willkürliche" Stichprobe. „Bei einer ‚willkürlichen Auswahl' wird der Vorgang der Stichprobenziehung nicht kontrolliert."[79] Diekmann stellt fest, „dass der weitverbreitete Glaube, sozialwissenschaftliche Untersuchungen sollten nach Möglichkeit auf ‚repräsentativen' Stichproben basieren, schlicht ein Mythos ist." Abhängig vom Forschungsziel, der Fragestellung und der zu erzielenden Genauigkeit der Schätzung können für hypothesenprüfende Untersuchungen auch willkürliche, relativ kleine Stichproben sinnvoll sein.[80] Dies gilt nur für interne Validität und experimentelles Design. Allerdings sollte bei einer kleinen Stichprobe die Ausschöpfungsquote hoch sein, sonst „gilt bei einer idealen (!) Zufallsstichprobe: je größer, desto genauer die Schätzung."[81] Um einfache Wenn-dann-Hypothesen zu prüfen oder experimentelle Untersuchungen durchzuführen, können die Fallzahlen durchaus geringer als 100 sein.[82] Wenn Zusammenhangshypothesen getestet werden sollen, werden nicht zwingend repräsentative Stichproben benötigt. Parameter aus der Population der Grundgesamtheit schätzen zu wollen, ist dann nicht möglich, da dies repräsentative Stichproben voraussetzt. Es geht vielmehr darum, geeignete Tests durchzuführen, mit denen Hypothesen potentiell falsifiziert werden können.[83]

Vorgehensweisen bzw. Kriterien, die das Ziehen einer einfachen Stichprobe leiten können, sind: „Bei einer einfachen Zufallsstichprobe ist a) die Auswahlwahrscheinlichkeit für alle Elemente der Grundgesamtheit identisch größer als null und b) erfolgt die Auswahl direkt in einem einstufigen Auswahlverfahren."[84] Eine mehrstufige Zufallsauswahl kann sich auch über mehrere Ebenen erstrecken.[85] „Zufallsstichproben mögen zwar in der Theorie gut klingen, in der Praxis ist das Ideal aber kaum zu realisieren."[86] Fehlerquellen bei der Stichprobenziehung können Zufallsfehler der Stichprobe, systematische Verfahrensfehler bei der Stichprobemauswahl oder andere Verzerrungen sein.[87] Ein weiteres Problem ist die Ausfallquote durch Verweigerung, oder positiv formuliert: die Ausschöpfungsquote.[88] So steigt etwa die Kooperationsbereitschaft mit dem Bildungsgrad.[89] Außer der vollständigen Verweigerung („Unit-Non-Response") werden teilweise auch einzelne Fragen nicht

[78] Vgl. Andreas Diekmann 1998, S. 349.

[79] Andreas Diekmann 1998, S. 328.

[80] Vgl. Andreas Diekmann 1998, S. 169.

[81] Andreas Diekmann 1998, S. 189.

[82] Vgl. Andreas Diekmann 1998, S. 190.

[83] Vgl. Andreas Diekmann 1998, S. 329.

[84] Andreas Diekmann 1998, S. 330.

[85] Vgl. Andreas Diekmann 1998, S. 334.

[86] Andreas Diekmann 1998, S. 355.

[87] Vgl. Andreas Diekmann 1998, S. 357ff.

[88] Vgl. Andreas Diekmann 1998, S. 359f.

[89] Vgl. Andreas Diekmann 1998, S. 361.

beantwortet („Item-Non-Response"). In der Kombination kann dies die Ausschöpfungsquote einzelner Fragen deutlich absenken.[90]
Merkmale zur inhaltlichen Beschreibung der Qualität einer Stichprobe beschreiben folgende Aspekte:
- Art der Stichprobentechnik (hier: Zufallsstichprobe);
- Ausschöpfungsquote;
- Zahl der realisierten Interviews;
- Erhebungsmethode (hier: vor-experimentell, keine Kontrollgruppe);
- Gewichtungsverfahren (hier: keines);
- genauer Fragetext mit Antwortkategorien.[91]

Die Stichprobe weist nur eine geringe Zahl von 45 (T1) bzw. 44 (T2) Fällen zu den beiden Erhebungszeitpunkten auf. Die Zahl der realisierten Fragebögen ist bei einer tatsächlichen Anzahl von 56 Absolvent/innen mit 80,36% (T1) bzw. 78,57% (T2) Rücklaufquote etwas geringer. Die Ausschöpfungsquote ist aufgrund von missing values v.a. bei den Mittelwerten bis ca. 10% niedriger. Die nachfolgende Tabelle zeigt die Aufteilung der Fallzahlen nach Weiterbildungsgruppe und Erhebungszeitpunkt:

	T1	**T2**
1. Gruppe	14	15
2. Gruppe	15	15
3. Gruppe	16	14
Summe	**45**	**44**

Tab. 56: Übersicht zur Anzahl der Fragebögen nach Kursen und Zeitpunkten (eigene Darstellung)

Im Folgenden wird die Art der Rekrutierung von Teilnehmer/innen für die Multiplikator/innen-Weiterbildung dargestellt. Als Teil des Qualitätsmanagements werden die erwarteten Leistungsnachweise für den erfolgreichen Abschluss der Weiterbildung kurz beschrieben. Desweiteren wird erläutert, wie Verweigerer ihre Nicht-Teilnahme an der Befragung begründen.
Zum Qualitätsmanagement der Weiterbildung gehören das Auswahlverfahren der Teilnehmer/innen und die geforderten Leistungsnachweise für die Erlangung des Zertifikats. Die Teilnehmer/innen für die Weiterbildung wurden unter Zusicherung des Datenschutzes gebeten, an der Begleitevaluation aktiv teilzunehmen.
Als Bewerbungsunterlagen wurden erwartet und für die Durchführung der Weiterbildung ausgewertet:
- Lebenslauf
- Motivation für die Weiterbildung
- Nachweis des höchsten Bildungsabschlusses
- Projektidee

[90] Vgl. Andreas Diekmann 1998, S. 364.
[91] Vgl. Andreas Diekmann 1998, S. 368.

- ausgefüllter Fragebogen zu Erwartungen an die Weiterbildung.

In dieser Erwartungsabfrage wurden die Bewerber/innen gebeten, Aussagen zu ihrer Motivation, einer Selbsteinschätzung ihrer Eingangsqualifikationen und ihren Fragestellungen an das Curriculum zu machen. Diese Antworten lieferten für alle drei Kurse Selbstaussagen über den zur erwartenden Kenntnisstand der zukünftigen Teilnehmer/innen. Die Erfassung ihrer Motivation für die Weiterbildung sollte einerseits der Selbstreflexion und Entscheidungsfindung dienen, andererseits erhielten wir daraus Hinweise auf die individuelle Schwerpunktsetzung. Daneben flossen die Fragestellungen an das Curriculum in die Vorbereitung der Dozent/innen ein. Das Ergebnis der Erwartungsabfrage zeigt ein sehr hohes Interesse an europaspezifischen Themen und Fragestellungen sowie vor allem an Fragen des europäischen Projektmanagements, aber eher geringe Kenntnisse und Erfahrungen mit EU-Förderprogrammen.

Die Teilnehmer/innen der drei Kurse waren zum Zeitpunkt der Weiterbildung zwischen 28 und 57 Jahre alt, der Altersdurchschnitt betrug in der 1. Gruppe 38,5 Jahre, in der 2. und 3. Gruppe lag er bei 41 bzw. 43 Jahren. Es nahmen, bezogen auf alle Kurse, doppelt so viele Frauen wie Männer teil. Elf Teilnehmer/innen waren neu im Weiterbildungsbereich (bis 1 Jahr Berufserfahrung), 12 arbeiteten bereits zwischen 2 und 5 Jahren, 18 hatten 6 bis 9 Jahre und 10 Teilnehmer/innen hatten 10 bis 22 Jahre Berufserfahrung in der Weiterbildung. Die Mehrzahl hat als Hochschulausbildung ein geistes- oder sozialwissenschaftliches Studium absolviert oder eine Befähigung zum Lehramt erlangt. Etwa ein Drittel hat ein wirtschafts-, natur- oder ingenieurwissenschaftliches Studium oder eine andere Ausbildung absolviert.

Die Absolvent/innen erhielten ein Zertifikat, wenn folgende Leistungsnachweise erbracht wurden:

- mindestens 80% Anwesenheit;
- aktive Mitarbeit während der Module, Arbeit am eigenen Projektantrag, vertiefendes Studium zwischen den Modulen;
- ein dreiwöchiges Praktikum nach Möglichkeit in einem anderen europäischen Land;
- eine Präsentation im Rahmen der Train-the-Trainer-Module;
- eine Dokumentation bestehend aus drei Teilen (über den Stand des Projektantrags, das Praktikum, die neuen beruflichen Perspektiven);
- ein Protokoll über ein Modul, Sprechstunden oder die Exkursion (Ergebnisse bzw. wichtige Ereignisse).[92]

Die Teilnehmer/innen[93] sollten als Teil des Leistungsnachweises der Weiterbildung eine Dokumentation verfassen. Die Auswertung dieser Dokumentationen zum

[92] Noch nicht in der 1. Gruppe.

[93] Die Teilnehmer/innen absolvierten die ESF-geförderte Weiterbildung freiwillig gegen eine Gebühr.

Stand ihrer Projekte, mit einem Erfahrungsbericht aus dem Praktikum sowie den auf der Grundlage ihres berufsbiografischen Hintergrunds durch die Weiterbildung entwickelten neuen beruflichen Perspektiven gab Aufschluss über die Zukunftsperspektiven der Teilnehmer/innen.

Fragen des Datenschutzes und eine gewisse Evaluationsmüdigkeit waren im Ablauf der Weiterbildung immer wieder Gegenstand der Diskussion. Da die Teilnahme an der Begleitevaluation ausdrücklich erwünscht, aber nicht verpflichtend gestaltet war, und außerdem ein späterer Einstieg in die Weiterbildung bzw. vorzeitiger Abbruch in einigen Fällen stattfand, ist der Rücklauf der Fragebögen nicht mit der Zahl der tatsächlichen Kursteilnehmer/innen identisch. Aus Gründen der Anonymisierung ist auch eine Zuordnung der Fragebögen von Zeitpunkt T1 zu T2 nicht möglich.

5.4 Instrumente der Evaluation

In diesem Kapitel wird beschrieben, wie die Untersuchung durchgeführt wurde. Dazu werden der Ablauf der Untersuchung, die räumlichen und zeitlichen Bedingungen sowie Besonderheiten benannt. Ziel des Kapitels ist es weiterhin zu klären, ob das nachfolgend beschriebene Instrument zur Messung von Kompetenzen sinnvoll ist. Es wurden in den Phasen der Vorbereitung und des Abschlusses der Weiterbildung vorab und abschließend Daten in schriftlicher Form erhoben. Die Selbstevaluation der Teilnehmer/innen wurde als Erwartungs- und Bilanzierungsabfrage auf der Grundlage des Schlüsselkompetenz-Fragebogens vor Beginn und am Ende der Weiterbildung durchgeführt.[94]

5.4.1 Forschungsdesign

Um die Messung von Kompetenzentwicklung zu beschreiben, wird im Folgenden kurz das Design der Studie dargestellt. Bei der hier vorliegenden Studie wurde eine empirische Überprüfung mit quasi-experimentellem Design (ohne Kontrollgruppe aus dem Projekt) durchgeführt, weil ein Kontrollgruppen-Design den Rahmen dieser Qualifikationsarbeit gesprengt hätte. Für die Befragung wurde die Strategie der Selbsteinschätzung gewählt.

Zunächst wird allgemein der forschungsmethodische Ansatz dargestellt und das quantitative Vorgehen einer Erhebung mittels Fragebogen mit Likert-Skalen beschrieben. Desweiteren wird auf den Zusammenhang und die Theorie der Kompe-

[94] Zur Aussagekraft von Selbstbeurteilungen vgl. Kapitel 3.4.3 Management-Eignungsdiagnostik.

tenzkonstrukte rekurriert. Damit basiert die Studie auf dem theoretisch fundierten Modell der Kompetenzdimensionen für Multiplikator/innen.[95]
Um die Effektivität der Weiterbildung zu überprüfen, soll festgestellt werden, inwieweit ein Zuwachs zu den vier Kompetenzdimensionen der Teilnehmer/innen anhand veränderter Selbsteinschätzung vorliegt.

Dazu werden die folgenden Analyseschritte durchgeführt:

- Aus Elementen des Fragebogens wurden Likert-Skalen gebildet.
- Das Signifikanzniveau wurde gemäß Konvention auf 5%=.05 festgelegt.[96]
- Eine Itemanalyse zu Trennschärfe und Schwierigkeitsindizes wurde berechnet.
- Die Reliabilität wurde im Rahmen einer Itemkonsistenzanalyse und mittels Cronbachs Alpha getestet.
- Für die Korrelationsanalyse wurden die Produkt-Moment-Koeffizienten (nach Pearson) berechnet.
- Für die Hypothesenprüfung wurde ein unabhängiger T-Test von T1 zu T2 durchgeführt. Damit werden Veränderungen (erwartete Verbesserungen) der Kompetenzen von T1 nach T2 auf ihre Signifikanz hin überprüft. Es wird ein unabhängiger T-Test durchgeführt, da eine Paarung der Fragebögen von T1 zu T2 aus Datenschutzgründen nicht möglich ist.
- Um Hinweise zur Validität zu erhalten, wurde eine Faktorenanalyse durchgeführt: messtechnisch wird Eindimensionalität der Kompetenzkonstrukte herausgearbeitet.

Welche Daten wurden zu welchem Zeitpunkt erhoben? Die Erhebung von Selbsteinschätzungen[97] zu den operationalisierten Kompetenzdimensionen fand zu zwei Zeitpunkten statt: T1 bei Modul 1[98] und T2 bei Modul 12 der Weiterbildungsmaßnahme.
Das quantitative Vorgehen ist einerseits chronologisch, d.h. mit dem Schlüsselkompetenz-Fragebogen wird die Selbsteinschätzung zu den Zeitpunkten T1 und T2 erfasst. Andererseits wird leitfragenorientiert auf der Ebene der Fach-, Methoden-, Sozial- und personalen Kompetenzen vorgegangen. Die Multiplikator/innen-Weiterbildung entspricht in ihrem Aufbau dem in dieser Arbeit entwickelten theoretischen Konstrukt.[99] Aufgrund dieser andragogischen Strategie darf vermutet

[95] vgl. Kapitel 2.2 Metakompetenzen von Multiplikator/innen (Thesen) und Abbildung 34 Erweitertes Kompetenzmodell „Multiplikator/in".

[96] Vgl. Achim Bühl/Peter Zöfel 2000, S. 100.

[97] Eine Fremdeinschätzung war wegen des aufzubauenden vertrauensvollen Lernklimas für die dazwischen liegende Bildungsmaßnahme nicht vorgesehen und aus Kapazitätsgründen im Rahmen des Projekts nicht möglich.

[98] In der 1. Gruppe wurde der Kompetenz-Fragebogen T1 vor Beginn des Praktikums erstmalig eingesetzt.

[99] Vgl. Kapitel 4.2.3 Anforderungskataloge zu EU-Weiterbildungsprojekten, speziell Tabelle 28 Zuordnung von Kompetenzdimensionen, EU-spezifischen Anforderungen und Modulen der

werden, dass sich Kompetenzen der Teilnehmer/innen tatsächlich im genannten Zeitraum entwickeln. Die Fragen zu den Teilkompetenzen der vorliegenden Evaluation wurden aus den darin aufgestellten Führungsanforderungen entwickelt.

Für die Untersuchungsmethode wurde vor der Datenerhebung eine Zielbeschreibung angefertigt. Die einzelnen Teil-Kompetenzen sind in allgemeine fachliche, methodische, soziale und personale Kompetenzen unterteilt. Ein Wachstum von T1 zu T2 soll als Gesamtwachstum ebenso darstellbar sein wie als Einzelkomponenten, die Rückschlüsse auf die Effektivität erlauben, mit denen einzelne Lernziele umgesetzt werden konnten. Eine Beschreibung der allgemeinen fachlichen, methodischen, sozialen und personalen Kompetenzdimensionen als Anforderungskatalog für das Tätigkeitsprofil von Multiplikator/innen findet sich in Kapitel 2.1 Allgemeine Vorbemerkungen. Für das Tätigkeitsprofil sind als Grobziele EU-geförderte Bildungsprojekte und international besetzte Projekte zu entwickeln und zu realisieren sowie das didaktische Repertoire auch für multikulturelle Seminargruppen zu erweitern.

Nach Reischmann[100] lassen sich drei Ebenen der als Erfolg akzeptierten Wirkungen unterscheiden:
1. Ebene „Zielbeschreibung“: Was soll evaluiert werden?
2. Ebene „erwartete Ergebnisse, Wirkungen“: Mit welchen Wirkungen oder Ergebnissen kann die 1. Ebene durch geeignete Methoden überprüft werden?
3. Ebene „Indikatoren“: An welchen Indikatoren ist die Wirkung ablesbar?

Im Folgenden sind zunächst für die Zielbeschreibung die operationalisierten Teilkompetenzen aus dem Schüsselkompetenz-Fragebogen zu den allgemeinen Kompetenzdimensionen tabellarisch dargestellt. „Eine operationale Zielbeschreibung beschreibt Verhalten, an dem jeder ablesen kann, ob das Ziel erfolgreich erreicht ist. Bei Lernzielen wird die zentrale Frage beantwortet: Was tut („operates“) der Lernende, wenn er nachweist, dass er das Ziel erreicht hat?“[101] Diese Definition ist aus der Diskussion zur Professionalisierung in Weiterbildung, Projektmanagement und interkultureller Kommunikation und Kooperation ableitbar.[102] Dabei entsprechen die Teilkompetenzen den in den Kapiteln 2 (Fragen 15-20), 3 (Fragen 11-14) und 4 (Fragen 1-10, 21-40) vorgestellten theoretischen Ausführungen:

Multiplikator/innen-Weiterbildung und Tabelle 29 Kompetenzanforderungen zum Leistungskatalog von EU-Projekten..

[100] Vgl. Jost Reischmann 2003, S. 40f.

[101] Jost Reischmann 2003, S. 185.

[102] Die Akzeptanz der vorgelegten allgemeinen Kompetenz-Definitionen wurde durch eine Befragung von Teilnehmenden und Weiterbildungs-Institutionen bestätigt. Vgl. Monika Rummler (Hrsg.) 2001a, S. 37.

Kompetenzdimensionen	**operationalisierte Teilkompetenzen**
Fachkompetenz meint spezifische berufliche Kenntnisse und Fertigkeiten. Dazu gehören auch das wirtschaftliche und umweltbewusste Denken. *Im Projektzusammenhang auch: EU-spezifisches Wissen, Fremdsprachen, Marketing.*	1. Mir fällt es leicht, Projektmittel einzuwerben. 2. Ich finde mich im EU-Förderdschungel gut zurecht. 3. Ich kann Projektziele eindeutig formulieren. 4. Mir fällt es leicht, anhand der Evaluationskriterien meine Projektidee zu entwickeln. 5. Ich kann meine Projektprodukte gut vermarkten. 6. Ich kann gut Vermarktungsstrategien für meine Zielgruppe auswählen. 7. Ich kann Vermarktungsmedien öffentlichwirksam einsetzen. 8. Mir fällt es leicht, Projektberichte zu schreiben. 9. Mir fällt es leicht, für eine Projektidee ein geeignetes Programm zu suchen. 10. Mir fällt es leicht, mein Projekt zu evaluieren.
Zur Methodenkompetenz gehören selbstständiges Planen, Durchführen und Kontrollieren, Verarbeiten umfangreicher Informationen, Beherrschen von Lerntechniken, logisches Denken, Denken in komplexeren Systemen, Anwenden von Gelerntem in anderen Zusammenhängen (Transferfähigkeit) sowie Fähigkeiten zur Problemstrukturierung und -lösung und Entscheidungsfindung. *Im Projektzusammenhang auch: Didaktische Kompetenzen, Projektmanagement.*	11. Mir fällt es leicht, im Projekt liegende Risiken einzuschätzen. 12. Ich kann Werkzeuge des Projektmanagements gut anwenden. 13. Ich verfüge über ein umfangreiches Repertoire an Arbeitstechniken beim Projektmanagement. 14. Mir fällt es leicht, ein Team zu führen. 15. Ich verfüge über ein umfangreiches Repertoire an Sozialformen bei der Seminargestaltung. 16. Mit fällt es leicht, ein Seminar vorzubereiten. 17. Ich kann gut mit Neuen Medien umgehen. 18. Ich verfüge über ein umfangreiches Repertoire an Präsentationstechniken. 19. Mir fällt es leicht, eine Teamsitzung zu moderieren. 20. Ich kann meine Arbeitszeit gut einteilen und nutzen.
Sozialkompetenz zeigt sich in kommunikativen und kooperativen Verhaltensweisen. Notwendige Voraussetzungen dazu sind Fähigkeiten, Fertigkeiten (social skills) und Werte zur Optimierung von Interaktions-/Gruppenprozessen zur erfolgreichen Realisierung von Plänen und Zielen. *Im Projektzusammenhang auch: interkulturelle Kommunikation, Verhandlungsgeschick.*	21. Ich bin kompetent, die Position eines/einer Projektleiters/in in einer gemischtsprachigen Gruppe auszufüllen. 22. Es fällt mir leicht, mit Partnern aus anderen europäischen Ländern zu kommunizieren/verhandeln. 23. Ich kann gut mit Partnern aus anderen europäischen Ländern Ziele abstimmen. 24. Ich kann verschiedene Reaktionen von Partnern aus anderen europäischen Ländern besser verstehen und damit umgehen als vorher. 25. Ich kann meine Rolle in einer gemischtsprachigen Gruppe gut klären. 26. Ich bin kompetent, die Position eines/einer Koordinators/in in einem europäischen Projekt auszufüllen. 27. Mir fällt es leicht, Partner für ein europäisches Projekt zu finden und zu kontaktieren. 28. Mir fällt es leicht, mit europäischen Partnern ergebnisorientiert zu arbeiten. 29. Ich kann die verschiedenen Interaktionsstile zwischen europäischen Partnern gut integrieren. 30. Ich kann gut mit verschiedenen kulturell bedingten Vorlieben umgehen.

Personale oder Selbstkompetenz umfasst solche persönlichkeitsbezogenen Dispositionen wie Einstellungen, Werthaltungen und Motive, die das Arbeitshandeln von einer übergeordneten Ebene aus beeinflussen. Neben dem Ziel der Veränderung personaler Kompetenzen in jeweils gewünschter Richtung unterstützt Weiterbildung hier vor allem die Fähigkeiten zur Selbstwahrnehmung, zur Entfaltung eines realistischen Selbstkonzepts und zum Selbstlernen. *Im Projektzusammenhang auch: Einstellung zu Mobilität und Flexibilität des Arbeitshandelns als Multiplikator/in.*	31. Ich gehe ins nicht-deutschsprachige Ausland, wenn ich ein entsprechendes Angebot finde. 32. Ich kann mich gut auf dem europäischen Weiterbildungsmarkt einordnen. 33. Mir fällt es leicht, mich auf dem europäischen Arbeitsmarkt für Dozent/innen zurechtzufinden. 34. Ich führe bei entsprechenden Angeboten kurzfristige Arbeitsaufenthalte im europäischen Ausland durch. 35. Ich arbeite bei entsprechendem Angebot längerfristig in einem anderen europäischen Land. 36. Ich kann mich gut in der Weiterbildungsstruktur eines anderen europäischen Landes zurechtfinden. 37. Mir fällt es leicht, im europäischen Ausland in der Weiterbildung tätig zu sein. 38. Ich kann mein Weiterbildungsangebot für das europäische Ausland gut aufbereiten. 39. Ich kann mich als freiberufliche EU-Dozent/in auch in anderen europäischen Ländern gut bewerben. 40. Ich habe Seminarthemen in meinem Angebot, mit denen ich gut Seminare leiten kann, die mit Teilnehmer/innen aus anderen europäischen Ländern zusammengesetzt sind.

Tab. 57: Operationalisierte Kompetenzdimensionen (eigene Darstellung)

Der Aufbau des Instruments begründet sich in Lernzielen, die beobachtbare Teilkompetenzen aus den allgemeinen Kompetenzdimensionen darstellen. Diese wurden als positives qualitatives Statement im Sinne von „ich kann ... gut ...“ formuliert, um einen Bewertungsmaßstab für die Selbsteinschätzung vorzugeben. Qualitätsmerkmale wurden in der Weiterbildung vermittelt.

Die Fragen wurden aus der Theoriebildung zum Kompetenz-Konstrukt abgeleitet, sie sind so formuliert, dass die Aussagen die Qualität der jeweiligen Teilkompetenz zum Ausdruck bringen.

5.4.2 Empirische Analyse

In diesem Kapitel werden die statistischen Auswertungsverfahren und relevanten statistischen Signifikanztests für die hypothesenprüfende Untersuchung kurz beschrieben. Deren Ausgang ist die Entscheidungsgrundlage dafür, ob die forschungsleitende Hypothese als bestätigt gelten darf oder abgelehnt werden muss. Signifikante Ergebnisse bestätigen (vorläufig) die Theorie und nicht-signifikante Ergebnisse schränken gewöhnlich ihren Geltungsbereich ein.

Danach werden die Daten präsentiert und die Ergebnisse dargestellt. Die erhobenen Daten sind dafür in statistischen Kennwerten, Tabellen oder Grafiken zusammengefasst, die ggf. als Beleg für eine neu zu formulierende Hypothese herangezogen werden können.

Um die Effektivität der Weiterbildung zu überprüfen, soll festgestellt werden, inwieweit ein Kompetenzzuwachs der Teilnehmer/innen anhand veränderter Selbsteinschätzung nachgewiesen werden kann. Dies wird für die vier Kompetenzbereiche Fachkompetenz, Methodenkompetenz, Sozialkompetenz und personale Kompetenz durchgeführt.

Folgende **Hypothesen** werden geprüft:
Die H0-Hypothese lautet: T1=T2 (Die Kompetenzen haben sich in der Selbsteinschätzung vom Zeitpunkt T1 zu T2 nicht verändert.)
Die H1-Hypothese lautet: T1<T2 (Die Kompetenzen zum Zeitpunkt T2 haben sich im Vergleich zu T1 verbessert.)
Als ausführliche Hypothese H1 kann formuliert werden: Die Weiterbildung führt zu einer Kompetenzerweiterung der für das Multiplikator/innen-Profil definierten und operationalisierten Schlüsselkompetenzen. Ihre Zunahme lässt sich aus der Selbsteinschätzung nachweisen. Es wird davon ausgegangen, dass sich in der Selbsteinschätzung der allgemein definierten und der operationalisierten Schlüsselkompetenzen vom Zeitpunkt T1 (zu Beginn der Multiplikator/innen-Weiterbildung) und zum Zeitpunkt T2 (bei Abschluss der Weiterbildung) eine Verbesserung zeigt. Wenn dies so ist, kann mit den begrenzten Mitteln des hier gewählten Forschungsdesigns weiterhin davon ausgegangen werden, dass diese Schlüsselkompetenzen durch die Multiplikator/innen- Weiterbildung entwickelt und gefördert werden können.

Die zuvor genannte Hypothese ist wie folgt operationalisiert:
- In den Fragebögen zu den Schlüsselkompetenzen lassen sich vier Variablen extrahieren: Fachkompetenz, Methodenkompetenz, Sozialkompetenz und personale Kompetenz.
- Die Kompetenzen, die mit dem Bewertungskontinuum zwischen 1=sehr gut und 6=sehr schlecht zu zwei Zeitpunkten T1 und T2 erhoben wurden, sind durch Lernerfolg in der zweiten Befragung verbessert (subjektiver Kompetenzgewinn). Dies wird durch Vergleich der Mittelwerte der Items getestet.

Es wurde ein **Fragebogen mit Likert-Skalen** entwickelt und eingesetzt. Bei der Messung der Kompetenzdimensionen handelt es sich um komplexe Sachverhalte. Da die Selbsteinschätzung der Teilnehmenden zu ihrer Kompetenzentwicklung erhoben werden soll, eignet sich ein Verfahren aus dem Bereich der Einstellungsmessung. Um verschiedene Aspekte der komplexen Dimensionen und Konstrukte anzusprechen, ist es sinnvoll, mehrere Fragen zu stellen. „Auf dieser Grundüberlegung basiert das ‚Verfahren der summierten Einschätzungen', das von Likert vorgeschlagen wurde und zu den verbreitetsten Skalierungsverfahren gehört."[103] Eine Anzahl verschiedener Aussagen (Items) zu Einzelaspekten der vier Kompetenzdimensionen bildet das Messinstrument. Eine mehrstufige Ratingskala zu jedem Item ermöglicht es den Befragten anzukreuzen, in welchem Grad sie den Aussagen zustimmen. Die Skalen können Ordinal-, sollten aber besser Intervallniveau aufwei-

[103] Wenzel Matiaske 1990, S. 55.

sen.[104] „Erfasst wird jeweils der Grad der Übereinstimmung mit einer Aussage.“[105] Eine generelle Zustimmungstendenz sollte durch teilweise umgekehrt gepolte Items identifiziert werden. Um Messfehler einzelner Indikatoren auszuschalten, besteht jede Zieldimension aus mehreren Items, die einen Indikator darstellen. „Die Grundidee ist, dass der Durchschnittswert einer ‚Itembatterie' (oder ein anderer, aus den Antworten errechneter Index) eine zuverlässigere Messung der Zieldimension liefert als die Reaktion auf eine Einzelfrage.“[106] Werden die Einzelwerte der Ratings zu einem Gesamtwert für jede befragte Person addiert, kann direkt die Einstellungsdimension gemessen werden. „Der Konsistenztest in Form der Berechnung von Trennschärfekorrelationen unterstellt quasi, dass man sich in der Summe weniger irrt als bei der Formulierung von Einzelitems.“[107] Damit ist eine Likert-Skala ein personenbezogenes Skalierungsverfahren. Eine Gesamtsumme aller einzelnen Einschätzungen (Ratings) ist allerdings nur dann sinnvoll, wenn die Skala eindimensional ist, d.h. alle Indikatoren auf der gesamten Skala tendenziell die gleiche Einstellung messen.[108] „Ziel der Likert-Technik ist,

(1) geeignete von weniger geeigneten Items zu trennen und
(2) auf der Basis der letztlich für gut befundenen Items jeder Person einen Skalenwert ... (der Kompetenzentwicklung) zuzuweisen.“[109]

Nach Likert kann das folgende Verfahren herangezogen werden, um geeignete Items zu identifizieren: Mit einer **Item-Analyse** werden die Item-Schwierigkeit und der Trennschärfe-Koeffizient berechnet. Eine mittlere Item-Schwierigkeit unterscheidet die zu messende Eigenschaft der befragten Personen am besten. „Bei dichotomen Items lässt sich die Schwierigkeit als Anteil derjenigen Personen bestimmen, die ein Item positiv beantwortet bzw. gelöst haben. ... Ziel der Fragen ist, die befragten Personen bezüglich der zu messenden Eigenschaft zu differenzieren, weshalb sie eine mittlere Schwierigkeit aufweisen sollen. In der Regel werden Items ausgewählt, deren Schwierigkeit zwischen 0.3 und 0.7 liegt, bei Einstellungsmessungen werden verschiedentlich auch weitere Grenzen akzeptiert.“[110] Für die Item-Schwierigkeit kann der Mittelwert herangezogen werden, wenn Ratingskalen eingesetzt wurden, um die Zustimmung zu Items zu erheben. „Der Mittelwert sollte nicht zu stark von der mittleren Kategorie des Ratings ... abweichen.“[111]

Der Trennschärfe-Koeffizient der Items ist die Korrelation zwischen den Gesamtsummen und den einzelnen Items. Je höher der Trennschärfe-Koeffizient, desto

---

[104] Vgl. Wenzel Matiaske 1990, S. 57.

[105] Andreas Diekmann 1998, S. 183.

[106] Andreas Diekmann 1998, S. 184.

[107] Andreas Diekmann 1998, S. 212. Der Konsistenztest ist eine Minimalvoraussetzung für Validitätsuntersuchungen.

[108] Vgl. Wenzel Matiaske 1990, S. 56.

[109] Andreas Diekmann 1998, S. 210. Diekmann verwendet dort das Beispiel Umweltbewusstsein. Dies wurde für die hier vorgestellte Untersuchung durch den Begriff der Kompetenzentwicklung ersetzt.

[110] Wenzel Matiaske 1990, S. 99.

[111] Wenzel Matiaske 1990, S. 99.

geeigneter ist das jeweilige Item für die Skala. Für die Skalenbildung wurde die Interkorrelation der Skalen untersucht.
Die **Korrelationsanalyse** wurde mit Hilfe von **Produkt-Moment-Korrelationskoeffizienten** (nach **Pearson)** durchgeführt.[112]

Güte- oder Qualitätskriterien der Messung sind Objektivität, Reliabilität (Zuverlässigkeit) und Validität (Gültigkeit).
„Der Grad der **Objektivität** eines Messinstruments bringt zum Ausdruck, in welchem Ausmaß die Ergebnisse unabhängig sind von der jeweiligen Person, die das Messinstrument anwendet."[113] Quantitative Erhebungsmethoden weisen eine sehr hohe Auswertungsobjektivität auf, allerdings kann es Probleme bei der Durchführungsobjektivität (Erhebung) geben.[114]

„Die **Reliabilität** eines Messinstruments ist ein Maß für die Reproduzierbarkeit von Messergebnissen. Der Grad der Reproduzierbarkeit kann durch einen Korrelationskoeffizienten ausgedrückt werden."[115] Dies bedeutet, dass die Messungen reproduzierbar sein sollen, d.h. dass „bei einer Wiederholung unter gleichen Bedingungen das gleiche Ergebnis erzielt wird"[116] und das Ergebnis nicht durch die Messung systematisch verzerrt sein darf. Objektivität wird bei der Prüfung von Reliabilität und Validität vorausgesetzt. Die Messgenauigkeit des Instruments (Reliabilität) kann mit den Methoden Paralleltest, Test-Retest oder Testhalbierung („Split-Half-Reliabilität") bestimmt werden.[117] Allerdings sind die beiden ersten Methoden für die Vorgehensweise weniger geeignet, die Kompetenzentwicklung zu zwei Zeitpunkten T1 und T2 mit mehreren Monaten Zeitabstand und damit explizit mögliche Veränderungen zu erfragen. Bei der Testhalbierung entsteht ein Mangel dadurch, dass die Items willkürlich aufgeteilt werden. Dies kann „mit der Methode der Itemkonsistenzanalyse auf der Basis sämtlicher Interkorrelationen der Items ausgeglichen werden".[118] Für die Reliabilitätsschätzung ist Cronbachs Alpha als Maßzahl für die „interne Konsistenz" eine oft verwendete Methode, „der sich als Verallgemeinerung der möglichen Split-Half-Maße auffassen lässt. Dabei wird jedes Item der Fragebatterie als eigenständige Messung aufgefasst, die das gleiche messen soll wie der Gesamttest. Rechnerisch wird die Varianz der einzelnen Items mit der Varianz der gesamten Fragebatterie, also der Summe aller Einzelwerte, in Beziehung gesetzt."[119] Mit Cronbachs Alpha kann gezeigt werden, dass „bei gleicher durchschnittlicher Interkorrelation der Items ... die Reliabilität mit der Testlänge,

---

[112] Zur Interpretation der Werte des Korrelationskoeffizienten vgl. Achim Bühl/Peter Zöfel 2000, S. 228.

[113] Andreas Diekmann 1998, S. 216.

[114] Vgl. Andreas Diekmann 1998, S. 217.

[115] Andreas Diekmann 1998, S. 217.

[116] Peter Atteslander 1975, S. 125.

[117] Vgl. Andreas Diekmann 1998, S. 217; vgl. Jürgen Friedrichs 1982, S. 102.

[118] Andreas Diekmann 1998, S. 221.

[119] Wenzel Matiaske 1990, S. 59.

d.h. der Zahl der Items"[120] wächst. Neben den Interkorrelationen der Items hängt die Reliabilität somit auch von den Trennschärfekorrelationen ab.

Innerhalb der Stichprobe ist also die Split-Half-Methode zwar klassisch für die Querschnittsuntersuchung, es wird aber Cronbachs Alpha als Generalisierung der Split-Half-Methode gewählt. Für den Reliabilitätstest wurde eine **Itemanalyse** durchgeführt, da sie klarere Aussagen als eine Faktorenanalyse macht. Der maximale Wert 1 von Cronbachs Alpha steht für perfekte Reliabilität. Ein Wert von .5 ist nach Lienert für Gruppenvergleiche ausreichend. Gefragt wird also: Auf welchem Niveau bestätigen die Koeffizienten die Reliabilität?
Zwischen T1 und T2 erfolgte eine Intervention durch die Bildungsmaßnahme. Die Itemanalyse wird auf der Ebene einzelner Konstrukte durchgeführt. Aus dem Fragebogen werden Skalen für die Konstrukte Fachkompetenz, Methodenkompetenz, Sozialkompetenz und personale Kompetenz gebildet.

Eine allgemeine Definition der **Validität** lautet: „Die Validität eines Testes gibt den Grad der Genauigkeit an, mit dem dieser Test dasjenige Persönlichkeitsmerkmal oder diejenige Verhaltensweise, das (die) er messen soll oder zu messen vorgibt, tatsächlich misst."[121] „Gültigkeit meint also die materielle Genauigkeit."[122] Es können verschiedene Arten der Validität unterschieden werden:[123]

1. Inhaltsvalidität durch Experten des jeweiligen Fachgebiets (Experten-Validierung);
2. Kriteriumsvalidität durch innere bzw. äußere Validierung (Übereinstimmungs- oder Vorhersagevalidität);
3. Konstruktvalidität, indem die „Testergebnisse durch Formulierung neuer oder Heranziehen vorhandener Hypothesen einer Theorie" erklärt und die „Hypothese mit Hilfe einer weiteren Untersuchung" mit einer maximal differierenden Methode[124] überprüft werden. „Konstruktvalidität ist methodologisch eine Prüfung für die Angemessenheit der operationalen Definition eines Begriffs."[125]
   Die faktorielle Validität kann durch konfirmatorische (oder explorative) Faktorenanalysen getestet werden, bei denen „hohe Korrelationen innerhalb einer Itemgruppe und niedrige Korrelationen des durch sie gebildeten Tests mit unabhängigen Items als Beleg für Validität gewertet werden".[126]

„Die drei Gütekriterien Objektivität, Reliabilität und Validität stehen in einem hierarchischen Verhältnis. Objektivität ist eine notwendige, aber nicht hinreichende Bedingung der Reliabilität. Die Reliabilität ist wiederum eine notwendige, aber nicht

[120] Andreas Diekmann 1998, S. 221.
[121] G. Lienert (1969) nach Andreas Diekmann 1998, S. 224.
[122] Erwin K. Scheuch (1973) nach Peter Atteslander 1975, S. 125.
[123] Vgl. Andreas Diekmann 1998, S. 224f. Vgl. Wenzel Matiaske 1990, S. 59f.
[124] Vgl. Andreas Diekmann 1998, S. 226.
[125] Jürgen Friedrichs 1982, S. 102.
[126] Wenzel Matiaske 1990, S. 60.

hinreichende Bedingung der Validität. Ziel ist die Konstruktion valider Messinstrumente. Ein Messinstrument sollte mindestens eines der erwähnten Validitätskriterien erfüllen. Das Ausmaß der Validität wird aber begrenzt durch das Ausmaß der Reliabilität. In diesem Sinn sind Reliabilität und damit zugleich Objektivität Minimalvoraussetzungen zur Konstruktion valider Messinstrumente."[127]

Die **Faktorenanalyse** kann herangezogen werden, um die **faktorielle Validität** zu bestimmen. Im optimalen Fall zeigt sich, dass alle Items des kompletten Fragebogens die beabsichtigten Faktoren Fachkompetenz, Methodenkompetenz, Sozialkompetenz und personale Kompetenz repräsentieren. Frage ist also, ob sich die vier Dimensionen durch einen vierfaktoriellen Raum faktorenrein darstellen lassen. Die Faktorenanalyse „setzt intervall-skalierte Items voraus, wird jedoch häufig auch auf ordinal-skalierte Daten (z.B. Likert-Skalen) angewendet. Die Faktorenanalyse hat den Vorteil, gleichzeitig über die Dimensionalität der Items als Stichprobe des zu messenden Attributs Auskunft zu geben (Faktoren) wie die Gewichte der Items in einer Dimension (=Ladungszahlen auf einem Faktor) als Skalenwerte benutzen zu können."[128]
„Die konkrete Anwendung (der Faktorenanalyse) setzt allerdings voraus, dass eine Variable (meist eine Einstellungsdimension) im Fragebogen mit einer Fragebatterie, d.h. mit mehreren Items operationalisiert wurde. Die Antwortreaktionen auf die einzelnen Fragen (Items) der Fragebatterie sind nun nicht mehr nur von der eigentlich interessierenden *Zieldimension* abhängig. Die Antwortreaktionen können verzerrt werden zum einen durch eine oder mehrere *Fremddimensionen*, zum anderen durch den Faktor *soziale Erwünschtheit*. Mit sozialer Erwünschtheit ... wird die Tendenz umschrieben, das tatsächliche Verhalten oder die eigene Meinung in Richtung auf das sozial erwartete Verhalten oder die sozial erwünschte Meinung zu verzerren. Dies muss nicht unbedingt bewusst geschehen."[129]
Mit der Faktorenanalyse können Daten reduziert werden. „Aus der Matrix der Korrelation aller Variablen werden Dimensionen (Faktoren) extrahiert, die einen engen Zusammenhang zwischen mehreren Variablen beschreiben."[130] „Die Faktorenanalyse ist ein Verfahren, das eine größere Anzahl von Variablen anhand der gegebenen Fälle auf eine kleinere Anzahl unabhängiger Einflussgrößen, Faktoren genannt, zurückführt. Dabei werden diejenigen Variablen, die untereinander stark korrelieren, zu einem Faktor zusammengefasst. Variablen aus verschiedenen Faktoren korrelieren untereinander gering. Ziel der Faktorenanalyse ist es also, solche Faktoren zu ermitteln, welche die beobachteten Zusammenhänge zwischen den gegebenen Variablen möglichst vollständig erklären."[131]

Einzelschritte der Faktorenanalyse sind:
- die Korrelationsmatrix;

---
[127] Andreas Diekmann 1998, S. 227.
[128] Jürgen Friedrichs 1982, S. 184.
[129] Andreas Diekmann 1998, S. 378f. (Hervorhebung im Original).
[130] Jürgen Friedrichs 1980, S. 392.
[131] Achim Bühl/Peter Zöfel 2000, S. 414.

- die Eigenwerte und dazugehörige Eigenvektoren (sie bilden die Faktoren), wobei Schätzwerte für die Diagonalelemente der Matrix („Kommunalitäten“) eingesetzt werden müssen;
- das „Extrahieren“ von so vielen Faktoren, wie Eigenwerte mit einem Wert größer 1 vorliegen;
- die Elemente der Eigenvektoren (Faktorladungen), die als Korrelationskoeffizienten zwischen den betreffenden Variablen und den Faktoren verstanden werden können;
- die Lösung des „Faktorenproblems“ durch „Hauptkomponentenanalyse“ als gebräuchlichste Methode;
- die Lösung des „Rotationsproblems“ durch orthogonale Rotation nach der gängigen „Varimax-Methode“: „Bei der üblicherweise benutzten Varimax-Rotation sollen hohe Faktorladungen eines Faktors größer werden, während kleine Faktorladungen tendenziell gegen 0 streben sollen. ... Die Varimax-Rotation sucht also die Spalten der Faktor-Matrix zu vereinfachen.“[132] Gleichzeitig soll die Interpretation der Faktoren erleichtert werden.
- die Interpretation: Die Faktorladungen der rotierten Faktormatrix können als das eigentliche Ergebnis der Faktorenanalyse angesehen werden, mit denen die einzelnen Faktoren zu deuten versucht werden.
- die „Faktorwerte“: Den einzelnen Fällen werden Werte für diese Faktoren zugeordnet und damit für jeden Fall die Werte von vielen Variablen in die Werte von weniger Faktoren überführt.[133]

Inhaltliche Gesichtspunkte sollten die Anzahl der Faktoren mitbestimmen.[134] „Systematische Messfehler resultieren häufig daraus, dass die Items ‚mehrdimensional' sind. Diesem Gesichtspunkt kann mit den Modellen der Faktorenanalyse Rechnung getragen werden. ... Ähnlich wie die Trennschärfekoeffizienten ein Kriterium zur Auswahl von Items liefern, geben die Faktorladungen der Items häufig noch genauere Auskünfte, um die ‚Spreu vom Weizen' zu trennen.“[135] Die von Kaiser ‚Little Jiffy' genannte Vorgehensweise, „die eine Hauptkomponentenanalyse, Auswahl von Faktoren mit Eigenwerten größer 1 und anschließender Varimax-Rotation umfasst“,[136] wird hier eingesetzt.

Es wird ein **Mittelwertvergleich mit T-Test für unabhängige Stichproben** durchgeführt. Dabei wird der Frage nachgegangen, inwieweit die **Mittelwerte** zu den Erhebungszeitpunkten T1 und T2 bezogen auf diese Skalen verändert sind und mit einem T-Test für unabhängige Stichproben verglichen. Da die Paarung der Fragebögen nach Teilnehmer/innen aus Anonymisierungsgründen nicht identifizierbar ist, kann kein T-Test für abhängige Stichproben durchgeführt werden. Auch zu den Kompetenzbereichen werden Mittelwerte gebildet, die einer Signifikanzprü-

[132] Wenzel Matiaske 1990, S. 140.

[133] Vgl. Achim Bühl/Peter Zöfel 2000, S. 414. Zur Interpretation von Faktorwerten vgl. ebda. S. 419. Für die Fragestellung dieser Arbeit führte eine Interpretation der Faktorwerte zu weit.

[134] Vgl. Wenzel Matiaske 1990, S. 138.

[135] Andreas Diekmann 1998, S. 232f.

[136] Wenzel Matiaske 1990, S. 143.

fung auf die Veränderung von T1 zu T2 unterzogen werden. Bei dieser gängigen statistischen Analyse geht es darum zu klären, ob Unterschiede zwischen Mittelwerten signifikant oder zufällig sind.[137] „Der T-Test prüft, ob die Differenz zweier Mittelwerte als zufällig oder überzufällig anzusehen ist."[138] Es soll also herausgefunden werden, ob sich die Werte der Konstrukte von T1 nach T2 signifikant unterscheiden. Gibt es signifikante Unterschiede, so lautet das Ergebnis, dass die H0-Hypothese abgelehnt werden muss und die alternative H1-Hypothese akzeptiert wird. Die H1-Hypothese ist hier eine einseitige Fragestellung bzw. gerichtete Hypothese. „Gerichtete Hypothesen sind selbstverständlich falsifiziert, wenn der Mittelwertunterschied nicht in der erwarteten Richtung auftritt."[139] Es handelt sich um gerichtete Hypothesen, weil ein Effekt der Maßnahme vermutet wird, der sich in höheren Fach-, Methoden-, Sozial- und personalen Kompetenzen (= kleinere Messwerte) zum Zeitpunkt T2 ausdrückt.

Für eine Darstellung der Veränderung der Kompetenzen von T1 zu T2 ist ein **Streudiagramm** denkbar. Allerdings ist diese Berechnung und Visualisierung nicht realisierbar, da die Fragebogen von T1 und T2 aus Datenschutzgründen nicht nach Personen zuordenbar sind.

5.4.2 Deskriptive und korrelative Analyse

In diesem Teilkapitel werden die Ergebnisse der deskriptiven Erkundungsstudie dargestellt und danach erfolgt die weiterführende Ergebnisinterpretation und Diskussion. Dazu werden die Befunde in Form von zusammenfassenden Statistiken, Tabellen und grafischen Darstellungen vollständig berichtet und objektiv interpretiert. Weitere für die Interpretation wichtige Teilergebnisse, wie Mittelwerte, Streuungen, Korrelationen, Häufigkeiten etc. ergänzen dies.

Um das statistische Qualitätskriterium „Schwierigkeit" zu bestimmen, wird der Mittelwert jedes Items betrachtet. Er sollte sich in der mittleren Kategorie des Ratings bewegen. Hier wäre dies der Bereich um den Wert 3,5. Die sechsstufige Ratingskala des Fragebogens kann in zwei Bereiche, 1=sehr gut bis 3 für Zustimmung (Wert: ca. 0.7) und 4 bis 6=sehr schlecht für Ablehnung (Wert bis 0.3), der Antwortmöglichkeiten differenziert werden. Entsprechend können die Prozent-Werte der Personen, die das Item positiv beantwortet haben, festgelegt werden.

---

[137] Vgl. Achim Bühl/Peter Zöfel 2000, S. 259.

[138] Wenzel Matiaske 1990, S. 72.

[139] Wenzel Matiaske 1990, S. 72.

	T1			T2		
Item Nr.	**Mittelwert**[140]	**Zustimmung %**	**Trennschärfe**	**Mittelwert**	**Zustimmung %**	**Trennschärfe**
Fachkompetenz						
1 leicht Projektmittel einwerben	3,63	45	.475	3,4	82	.697
2 im EU-Förderdschungel zurechtfinden	4,39	26	.321	2,9	74	.540
3 Projektziele eindeutig formulieren	2,82	75	.754	2,1	98	.648
4 Projektidee anhand Evaluationskriterien entwickeln	3,53	48	.580	2,8	73	.712
5 Projektprodukte gut vermarkten	3,74	48	.598	2,9	69	.634
6 Vermarktungsstrategien für Zielgruppe auswählen	3,39	58	.582	2,7	82	.674
7 Vermarktungsmedien öffentlichkeitswirksam einsetzen	3,37	56	.492	2,6	78	.696
8 Projektberichte schreiben	2,84	73	.629	2,2	93	.531
9 geeignetes Programm suchen	3,47	50	.554	2,6	83	.540
10 leicht Projekt evaluieren	3,42	50	.645	2,8	83	.458
Methodenkompetenz						
11 Projektrisiken einschätzen	3,50	54	.481	2,7	81	.516
12 Projektmanagement-Werkzeuge gut anwenden	3,16	57	.629	2,3	93	.688
13 Repertoire an Arbeitstechniken	3,50	43	.754	2,3	83	.744
14 Team führen	2,74	80	.631	2,2	98	.466
15 Repertoire an Sozialformen bei Seminargestaltung	2,92	68	.609	2,1	98	.373
16 Seminarvorbereitung	2,55	80	.633	1,9	100	.559
17 Umgang mit Neuen Medien	3,24	57	.521	2,5	83	.670
18 Repertoire an Präsentationstechniken	3,39	53	.487	2,2	98	.702
19 Teamsitzung moderieren	2,68	82	.598	2,1	93	.471
20 Arbeitszeit einteilen	2,79	73	.455	2,4	88	.503
Sozialkompetenz						
21 Projektleiter multilinguale Gruppe	3,00	71	.728	2,5	81	.861
22 Kommunikation mit EU-Partnern	3,07	67	.800	2,4	90	.803
23 Ziele mit EU-Partnern abstimmen	3,43	65	.800	2,8	76	.876
24 Partnerreaktionen besser verstehen	3,37	80	.581	2,6	85	.779
25 Rollen in multilingualer Gruppe klären	3,00	88	.834	2,6	87	.873
26 EU-Koordinatorenposition ausfüllen	3,17	60	.794	2,7	79	.811

[140] Die Werte dieses Mittelwerts unterscheiden sich geringfügig von den Mittelwerten des T-Tests in Tab. 63 Veränderungen in den Mittelwerten der Einzelitems, da aufgrund des Ausschlusses von fehlenden Werten andere N-Zahlen zugrunde liegen.

27 EU-Partner finden	3,33	61	.596	2,7	79	.748
28 mit EU-Partner ergebnisorientiert arbeiten	3,33	85	.813	2,9	79	.850
29 EU-Interaktionsstile integrieren	3,57	67	.805	3,1	75	.878
30 mit kulturellen Vorlieben umgehen	3,00	77	.424	2,6	87	.752
Personale Kompetenz						
31 ins nicht-deutschsprachige Ausland gehen	2,91	73	.617	2,9	72	.714
32 auf dem EU-Weiterbildungssektor einordnen	3,69	43	.620	3,2	69	.531
33 auf EU-Arbeitsmarkt für Dozent/innen zurechtfinden	4,20	55	.567	3,5	81	.723
34 kurzfristige Arbeitsaufenthalte ein EU-Ausland	2,71	55	.659	2,6	79	.788
35 längerfristiger Arbeitsaufenthalt in EU-Ausland	3,31	78	.634	3,0	61	.745
36 in EU-Weiterbildungsstruktur zurechtfinden	3,89	57	.678	3,5	51	.793
37 im EU-Ausland in WB tätig sein	3,94	44	.885	3,6	52	.843
38 Weiterbildungsangebot für EU-Ausland aufbereiten	3,57	71	.719	3,3	82	.772
39 als EU-Dozent/in in EU-Ländern bewerben	3,97	56	.569	3,3	54	.807
40 Seminarangebot für EU-Teilnehmer/innen	3,69	45	.608	2,9	71	.546

Tab. 58: Itemschwierigkeit und Trennschärfen als korrigierte Item-Skala-Korrelationen

Die in Tabelle 58 dargestellten Werte kennzeichnen ideale Werte für die „Schwierigkeit" des Mittelwerts und der Prozent-Werte der Antworten für Zustimmung und Ablehnung. Die mittlere Schwierigkeit ist am besten für die Differenzierung der Personen geeignet, d.h. Prozent-Sätze um 50 sind optimal.
Die Item-Skala-Korrelation zeigt die Beziehung zwischen Itemwert und Gesamtwert. Für die Trennschärfe ist .5 ein sehr guter Wert, je höher der Wert, desto größer die Trennschärfe. Die Trennschärfen sind alle hoch, insgesamt zufriedenstellend, und legitimieren somit voll und ganz die Skalenbildung. Als einzige Ausnahme wird die niedrige Trennschärfe bei Item Nr. 2 in Kauf genommen, da dieses Item eine extreme „Schwierigkeit" aufweist.

Im Folgenden werden die Ergebnisse des Reliabilitätstests mit Cronbachs Alpha dargestellt. Die Zuverlässigkeitsstatistik ergibt für die Konstrukte Fachkompetenz, Methodenkompetenz, Sozialkompetenz und personale Kompetenz zu den Erhebungszeitpunkten T1 und T2 durchweg hohe Konsistenzwerte:

Cronbachs Alpha	**T1**	**T2**
Fachkompetenz	.853	.879
Methodenkompetenz	.865	.856
Sozialkompetenz	.925	.960
personale Kompetenz	.897	.926

Tab. 59: Reliabilitätstest mit Cronbachs Alpha

Faktorenanalyse

Es wird eine Faktorenanalyse für die Kompetenz-Konstrukte zu den Erhebungszeitpunkten T1 und T2 durchgeführt und das unrotierte und Varimax-rotierte Ergebnis dargestellt.

Der erste Faktor der unrotierten Faktorenlösung erklärt zum Zeitpunkt T1 38,4% der Gesamtvarianz der Items (Eigenwert 15,357); 85,1% der Gesamtvarianz wurden durch die ersten 9 Hauptkomponenten erklärt.
Der erste Faktor der unrotierten Faktorenlösung erklärt zum Zeitpunkt T2 41,6% der Gesamtvarianz der Items (Eigenwert 16,643); 84,8% der Gesamtvarianz wurden durch die ersten 9 Hauptkomponenten erklärt.

Die folgende Tabelle zeigt die Ladungsmatrix der unrotierten Faktorenlösungen:

unrotierte Faktorenanalyse	**T1**				**T2**			
	1	**2**	**3**	**4**	**1**	**2**	**3**	**4**
leicht Projektmittel einwerben	.450	-.109	.383	.469	.483	-.184	**.615**	.339
im EU-Förderdschungel gut zurecht finden	.469	-.238	.420	.241	.508	-.363	.565	.357
Projektziele eindeutig formulieren	**.687**	.065	-.241	.526	.428	-.005	**.632**	-.297
Projektidee anhand Evaluationskriterien entwickeln	**.577**	.203	-.343	.178	**.544**	.362	.456	-.073
Projektprodukte gut vermarkten	**.632**	.144	-.054	.081	.474	.445	.249	-.315
Vermarktungsstrategien für Zielgruppe auswählen	**.604**	.221	-.397	.106	.567	.436	.122	-.252
Vermarktungsmedien öffentlichkeitswirksam einsetzen	**.542**	-.040	-.515	.232	.535	.526	.404	-.189
Projektberichte schreiben	**.648**	-.289	-.222	.545	.248	.240	**.700**	-.071
geeignetes Programm suchen	**.513**	.234	.425	.412	.273	-.309	.439	**.557**
leicht Projekt evaluieren	**.811**	-.069	-.102	.296	**.533**	.411	.134	.124
Projektrisiken einschätzen	**.840**	-.087	-.121	-.003	**.714**	.206	-.100	.075
Projektmanagement-Werkzeuge gut anwenden	**.761**	-.182	-.335	.226	**.712**	.462	-.065	-.085
Repertoire an Arbeitstechniken	**.794**	-.313	-.350	.111	**.685**	.485	-.126	.175
Team führen	**.538**	.129	-.549	-.203	.394	.258	-.079	.446
Repertoire an Sozialformen bei Seminargestaltung	**.783**	-.209	-.095	-.134	**.458**	.314	-.169	.159
Seminarvorbereitung	**.714**	.074	-.427	-.117	**.569**	.261	-.473	.038
Umgang mit Neuen Medien	**.502**	-.053	-.394	-.122	**.496**	.239	-.299	.397

Repertoire an Präsentations-techniken	**.449**	-.024	-.068	-.689	**.559**	.175	-.522	.357
Teamsitzung moderieren	**.596**	-.097	-.506	-.333	.332	-.220	-.013	**.705**
Arbeitszeit einteilen	**.590**	-.402	-.265	-.187	**.560**	.441	-.208	-065
Projektleiter multilinguale Gruppe	**.641**	-.456	.073	-.255	**.820**	.162	-.066	.175
Kommunikation mit EU-Partnern	**.671**	-.363	.205	-.203	**.772**	.149	-.120	0.35
Ziele mit EU-Partnern abstimmen	**.746**	-.178	.260	-.108	**.859**	.009	-.072	.197
Partnerreaktionen besser verstehen	.595	.333	.501	-.147	**.832**	-.047	-.097	-.026
Rolle in multilingualer Gruppe klären	**.725**	-.322	.332	-.177	**.832**	-.108	-.075	-.098
EU-Koordinatorenposition ausfüllen	**.723**	-,406	.206	-.101	**.785**	-.013	.344	-.059
EU-Partner finden	**.679**	.136	.091	-.217	**.776**	-.241	.186	.044
mit EU-Partner ergebnisorientiert arbeiten	**.735**	-.129	.455	-.203	**.822**	-.229	.134	.180
EU-Interaktionsstile integrieren	**.698**	-.284	.524	-.175	**.822**	-.159	-.100	-.123
mit kulturellen Vorlieben umgehen	.203	-.552	**.547**	.259	**.700**	-.336	-.231	-.277
ins nicht-deutschsprachige Ausland gehen	.341	**.568**	.264	.168	**.736**	-.202	-.218	-.108
auf dem EU-Weiterbildungssektor einordnen	.402	**.667**	-.064	.161	**.665**	.115	-.054	-.216
am EU-Arbeitsmarkt für Dozent/innen zurechtfinden	.348	**.561**	-.033	-.169	**.684**	-.172	-.002	-.245
kurzfristige Arbeitsaufenthalte in EU-Ausland	.543	**.563**	.033	-.232	**.746**	-.385	-.076	-.148
längerfristiger Arbeitsaufenthalt in EU-Ausland	**.590**	.473	.235	-.051	**.683**	-.344	-.228	-.033
in EU-Weiterbildungsstruktur zurechtfinden	.374	**.588**	.303	.011	**.622**	-.521	-.056	-.210
im EU-Ausland in Weiterbildung tätig sein	**.691**	.563	.115	-.040	**.760**	-.347	.013	-.091
Weiterbildungsangebot für EU-Ausland aufbereiten	**.637**	.387	.097	-.056	**.671**	-.435	-.101	-.246
als EU-Dozent/in in EU-Ländern bewerben	**.543**	.072	.391	-.112	**.772**	-.348	-.125	-.058
Seminarangebot für EU-Teilnehmer/innen	**.731**	.152	-.088	.123	**.572**	-.061	-.228	-.396

Tab. 60: Unrotierte Faktorenanalyse für das Kompetenz-Konstrukt zu T1 und T2

Die unrotierte Faktorenanalyse zum Zeitpunkt T1 zeigt für die Kompetenz-Konstrukte, dass die überwiegende Zahl der Items auf dem ersten Faktor hoch laden, was als Indiz für Eindimensionalität des Kompetenzbereichs gewertet werden kann. Zum Zeitpunkt T2 ist das Bild ähnlich: die überwiegende Zahl der Items hat ein hohes Gewicht auf dem ersten Faktor.

Fachkompetenz: 9 Items haben ihre Hauptladung auf dem ersten Faktor, ein Item hat auf Faktor 1 und 4 in etwa gleich hohe Ladungen. 6 der 9 Items haben bedeutsame Nebenladungen ($\geq .3$) auf Faktor 3, 3 der 9 Items haben Nebenladungen auf Faktor 4.
Methodenkompetenz: 7 Items haben ihre Hauptladung auf dem ersten Faktor, zwei Items laden in etwa gleich hoch auf dem 1. und 3. Faktor. Ein Item hat auf Faktor 4 die höchste Ladung, aber auch auf Faktor 1 eine Nebenladung. Von den 7 Items mit Hauptladung auf Faktor 1 haben 2 Items Nebenladungen auf Faktor 2, 6 Items auf Faktor 3 und ein Item auf Faktor 4.
Sozialkompetenz: 9 Items haben die Hauptladung auf dem ersten Faktor. Von diesen haben 5 Items Nebenladungen auf Faktor 2 und 4 Items Nebenladungen auf Faktor 3. Das Item „mit kulturellen Vorlieben umgehen" hat seine Hauptladungen auf den Faktoren 2 und 3. Dieses Item hat von allen 40 Items am wenigsten mit dem ersten Faktor zu tun.
Personale Kompetenz: 5 Items haben die Hauptladung auf dem ersten Faktor, von diesen haben 3 Items hohe Nebenladungen auf Faktor 2 und ein Item auf Faktor 3. 5 Items haben die Hauptladung auf dem 2. Faktor, alle haben hohe Nebenladungen auf dem 1. Faktor.

Der erste Faktor der rotierten Faktorenlösung erklärt zum Zeitpunkt T1 22,1% der Gesamtvarianz der Items (Eigenwert 8,828); 65,8% der Gesamtvarianz wurden durch die ersten 4 Hauptkomponenten erklärt.
Der erste Faktor der rotierten Faktorenlösung erklärt zum Zeitpunkt T2 26,1% der Gesamtvarianz der Items (Eigenwert 10,437); 65,7% der Gesamtvarianz wurden durch die ersten 4 Hauptkomponenten erklärt.

Nach der Varimax-Rotation können Items, die auf dem gleichen Faktor hoch laden, zu einer neuen Skala zusammengefasst werden:

Varimax-rotierte Faktorenanalyse	T1				T2			
	1	2	3	4	1	2	3	4
leicht Projektmittel einwerben	.132	.386	.185	**.617**	.221	.027	.373	**.756**
im EU-Förderdschungel gut zurechtfinden	.082	**.553**	.106	.433	.343	-.027	.250	**.810**
Projektziele eindeutig formulieren	**.730**	-.95	.270	.442	.297	-.206	**.697**	.233
Projektidee anhand Evaluationskriterien entwickeln	**.641**	.013	.329	.062	.132	.241	**.727**	.192
Projektprodukte gut vermarkten	.484	.403	.138	.116	.158	.232	**.696**	-.142
Vermarktungsstrategien für Zielgruppe auswählen	**.680**	.014	.345	-.023	.233	.363	**.619**	-.143
Vermarktungsmedien öffentlichkeitswirksam einsetzen	**.779**	.005	.057	.071	.084	.297	**.817**	.020
Projektberichte schreiben	**.731**	.253	-.046	.499	-.062	-.092	**.712**	.308
geeignetes Programm suchen	.096	.203	.521	.549	.097	.031	.027	.813

leicht Projekt evaluieren	**.675**	.383	.259	.303	.090	.501	.457	.135
Projektrisiken einschätzen	**.643**	.493	.266	.024	.398	**.567**	.285	.081
Projektmanagement-Werkzeuge gut anwenden	**.805**	.307	.081	.161	.302	**.616**	.499	-.106
Repertoire an Arbeitstechniken	**.826**	.421	-.014	.065	.192	**.764**	.361	.034
Team führen	**.688**	.035	.212	-.360	.005	**.591**	.060	.272
Repertoire an Sozialformen bei Seminargestaltung	.571	.573	.149	-.080	.135	**.563**	.163	.009
Seminarvorbereitung	**.739**	.208	.272	-.218	.345	**.675**	.023	-.204
Umgang mit Neuen Medien	**.589**	.162	.078	-.214	.148	**.712**	-.038	.143
Repertoire an Präsentationstechniken	.194	.464	.194	-.625	.286	**.793**	-.179	.026
Teamsitzung moderieren	**.689**	.247	.062	-.438	.125	.385	-.263	**.650**
Arbeitszeit einteilen	.576	.479	-.143	-.185	.178	**.660**	.277	-.102
Projektleiter multilinguale Gruppe	.357	**.737**	-.073	-.117	.459	**.629**	.287	.210
Kommunikation mit EU-Partnern	.283	**.763**	.053	-.028	.490	.557	.281	.074
Ziele mit EU-Partnern abstimmen	.295	**.715**	.253	.067	.567	.577	.213	.285
Partnerreaktionen besser verstehen	-.037	.508	.689	.058	.660	.441	.242	.123
Rolle in multilingualer Gruppe klären	.242	**.816**	.142	.098	**.715**	.364	.253	.105
EU-Koordinatorenposition ausfüllen	.343	**.785**	.033	.076	.535	.218	.549	.323
EU-Partner finden	.316	.462	.452	-.130	.651	.208	.283	.387
mit EU-Partner ergebnisorientiert arbeiten	.122	**.817**	.347	.045	**.640**	.326	.220	.463
EU-Interaktionsstile integrieren	.070	**.899**	.215	.108	**.750**	.330	.216	.089
mit kulturellen Vorlieben umgehen	-.147	.609	-.248	.507	**.838**	.158	.050	-.059
ins nicht-deutschsprachige Ausland gehen	.012	.011	**.698**	.220	**.728**	.323	.076	.030
auf dem EU-Weiterbildungssektor einordnen	.276	-.173	**.723**	.089	.484	.286	.434	-.022
am EU-Arbeitsmarkt für Dozent/innen zurechtfinden	.157	-.033	**.633**	-.198	.680	.150	.268	.031
kurzfristige Arbeitsaufenthalte in EU-Ausland	.222	.139	**.741**	-.218	**.825**	.144	.097	.147
längerfristiger Arbeitsaufenthalt in EU-Ausland	.158	.264	**.731**	.035	**.723**	.287	-.077	.165
in EU-Weiterbildungsstruktur zurechtfinden	-.031	.091	**.748**	.090	**.828**	-.034	.017	.135
im EU-Ausland in Weiterbildung tätig sein	.303	.213	**.821**	.001	**.778**	.158	.159	.228
Weiterbildungsangebot für EU-Ausland aufbereiten	.295	.263	**.641**	-.008	**.837**	.042	.063	.064
als EU-Dozent/in in EU-Ländern bewerben	.042	.538	.413	.071	**.801**	.242	.059	.178
Seminarangebot für EU-Teilnehmer/innen	.552	.285	.424	.120	**.563**	.253	.252	-.310

Tab. 61: Varimax-rotierte Faktorenanalyse für das Kompetenz-Konstrukt zu T1 und T2

Um die neuen Faktoren auch inhaltlich zu bestimmen, wäre die Frage zu bearbeiten: Was haben Items, die auf dem jeweiligen Faktor hoch laden, gemeinsam? Gibt es eine Systematik bzw. interpretierbare Struktur? Aus hermeneutischer Betrachtungsweise ist die inhaltliche Besonderheit als systematischer Unterschied in den Items zu klären. Die Faktorenanalyse zeigt für T2 vier neue Faktoren, die „Projektmanagement", „interkulturelle Kompetenz", „Mobilität" und „Mittelakquise" genannt werden können. Allerdings fällt ein Item „Teamsitzung moderieren" beim 4. Faktor aus dem thematischen Rahmen. Die Ergebnisse sind bei T1 ähnlich, wenn auch teilweise durch andere Items zusammengesetzt.
Ihre höchste Korrelation auf dem 1. und 2. Faktor, aber insgesamt niedrige Ladungen zeigen die folgenden Items:

- Projektprodukte gut vermarkten
- Repertoire an Sozialformen bei Seminargestaltung
- Arbeitszeit einteilen.

Keine reine Ladung, sondern hohe Korrelationen auf dem 2. und 3. Faktor weisen folgende Items auf:

- EU-Partner finden
- als EU-Dozent/in in EU-Ländern bewerben.

Eine Komponente auf dem 1. und 3. Faktor bildet folgendes Item, d.h. das Item hängt mit beiden Faktoren zusammen:

- Seminarangebot für EU-Teilnehmer/innen.

Hohe Korrelationen auf dem 2. und 4. Faktor zeigt das Item

- mit kulturellen Vorlieben umgehen.

Bei der unrotierten Faktorenanalyse zum Zeitpunkt T2 haben folgende Items keine reine Ladung, sondern hohe Korrelationen auf dem 1. und 2. Faktor:

- Vermarktungsstrategien für Zielgruppe auswählen
- Projektprodukte gut vermarkten
- Vermarktungsmedien öffentlichkeitswirksam einsetzen.

Hohe Korrelationen auf dem 1. und 3. Faktor zeigen die Items

- im EU-Förderdschungel gut zurechtfinden
- Repertoire an Präsentationstechniken.

Eine Komponente auf dem 1. und 4. Faktor bilden folgende Items, d.h. das Item hängt mit beiden Faktoren zusammen:

- Team führen
- Umgang mit Neuen Medien.

Zum Zeitpunkt T2 zeigt die rotierte Faktorenanalyse der Kompetenz-Konstrukte für folgende Items keine reine Ladung, sondern hohe Korrelationen auf dem 1. und 2. Faktor:

- Kommunikation mit EU-Partnern
- Ziele mit EU-Partnern abstimmen.

Hohe Korrelationen auf dem 2. und 3. Faktor zeigt das Item

- leicht Projekt evaluieren.

Hohe Korrelationen auf dem 1. und 3. Faktor zeigen die Items

- EU-Koordinatorenposition ausfüllen
- auf dem EU-Weiterbildungssektor einordnen.

Die Ergebnisse bei T1 und T2 geben insofern kein einheitliches Bild, als bei T2 neue Faktoren vorliegen. Beide Analysen lassen sich nach Faktoren aufteilen, aber nicht konsistent über die Messzeitpunkte. Dies weist darauf hin, das neue, elaboriertere Kompetenz-Konstrukt bei T2 zu überprüfen und die Frage zu klären, inwieweit es übertragbar ist. Nach 10 Monaten Weiterbildung könnten die Teilnehmer/innen, auf die Kompetenzfelder für die EU und allgemein Weiterbildung bezogen, eine völlig andere Wahrnehmung und Selbsteinschätzung entwickelt haben.
Es zeigt sich außerdem, dass eine einfaktorielle eindimensionale Interpretation, d.h. ein Generalfaktormodell mit einer einzelnen Hauptkomponente, ausreichend ist, da starke wechselseitige Bezüge/Interkorrelationen vorliegen. Die Items bilden einen eindimensionalen Raum und haben eine innere Beziehung. Dies zeigt, dass die Konstrukte nicht unabhängig sind. Die unkorrelierten Faktoren haben hohe Nebenladungen. Die vier Konstrukte lassen sich - über beide Messzeitpunkte gesehen - nicht in vier unabhängige Dimensionen aufspalten, sondern haben hohe Beziehungen miteinander. Für die Theoriebildung ist dies ein Hinweis dafür, dass die Kompetenzkonstrukte Fach-, Methoden-, Sozial- und personale Kompetenz zwar analytisch gesondert diskutiert und begründet werden können. In der Realität scheint aber eher eine systemisch-mehrdimensionale Meta-Kompetenz vorzuliegen, deren Teilaspekte enge wechselseitige Bezüge vorweisen. Diese Meta-Kompetenz soll hier als allgemeine Handlungskompetenz aufgefasst werden.
Die faktorielle Validität würde für jedes Konstrukt mit je 10 Items auch die jeweils höchsten Ladungen auf den Faktoren 1, 2, 3 bzw. 4 erfordern. Ein solches Ergebnis ist nicht erzielt worden.

Häufigkeiten

Für die Darstellung der Häufigkeiten der zu den vier Konstrukten gebildeten Mittelwerte wurden Histogramme gewählt. Kriterien für die Beschreibung von Histogrammen sind: Hat das Histogramm eine unimodale Verteilung? Ist es symmetrisch?
Nicht alle errechneten Histogramme zeigen unimodale Verteilungen, aber keines ist bimodal. Niedrigere Balken zwischendurch zeigen teilweise niedrigere N-Zahlen, da viele Teilnehmer/innen Werte zwischen 2 und 3 angekreuzt haben.

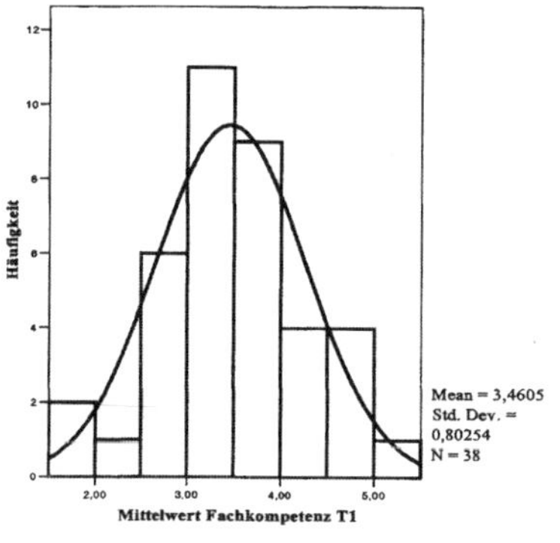

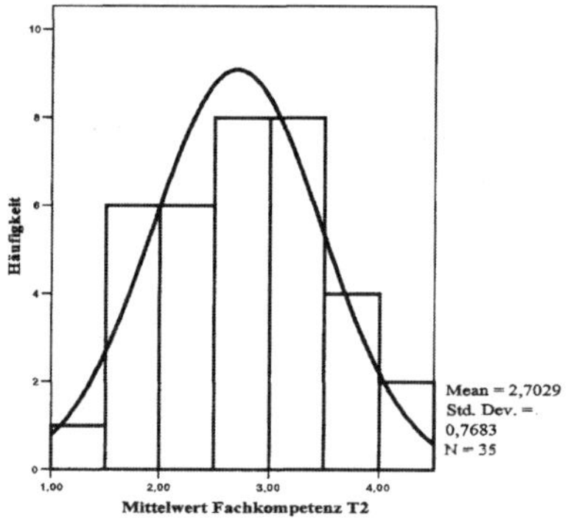

Abb. 37: Histogramm mit Normalverteilung Fachkompetenz T1 und T2

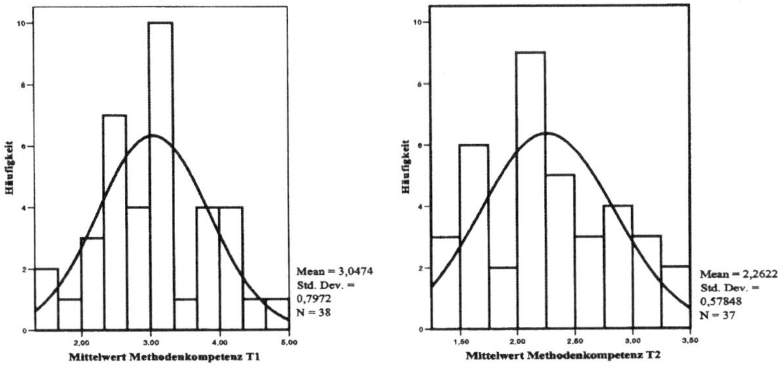

Abb. 38: Histogramm mit Normalverteilung Methodenkompetenz T1 und T2

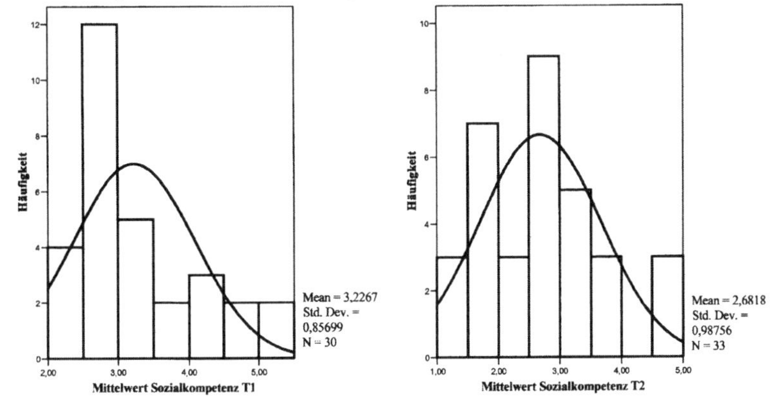

Abb. 39: Histogramm mit Normalverteilung Sozialkompetenz T1 und T2

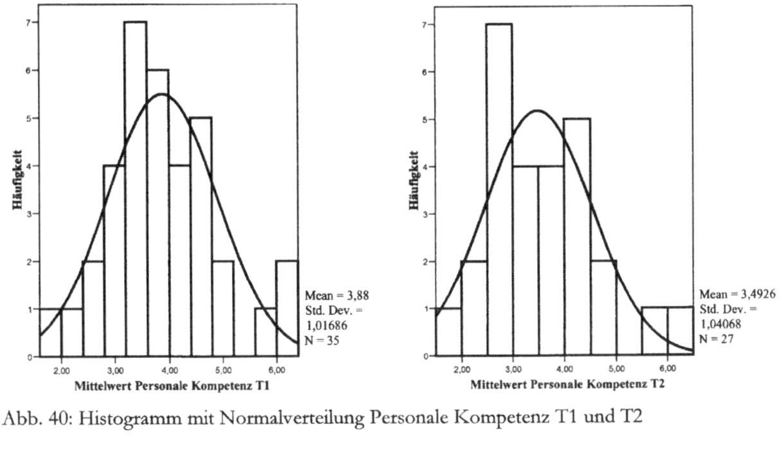

Abb. 40: Histogramm mit Normalverteilung Personale Kompetenz T1 und T2

Für die Schiefe der Normalverteilung (Wahrscheinlichkeitsverteilung in einer Zufallsstichprobe) gilt: 0 bei perfekter Normalverteilung; für die Kurtosis ist 0 der perfekte Excess, d.h. die Wölbung der Verteilung ist konform mit der Normalverteilung. Der tatsächliche Wert zeigt die Abweichung von den erwarteten Werten. Ein hoher Wert zeigt eine breitgipflige, ein niedriger Wert eine schmalgipflige Verteilung an. „Diese Aussage kann ebenfalls (wie die Schiefe) zum Testen auf Normalverteilung benutzt werden: Ist die Kurtosis signifikant von Null verschieden, ist die Hypothese, dass die Daten aus einer normalverteilten Grundgesamtheit stammen, zu verwerfen.“[141]

Der Median schätzt die zentrale Tendenz bei kleinen Stichproben und möglichen einzelnen Extremwerten *robuster* als der Mittelwert.[142] „Der Median ist derjenige Punkt der Messwertskala unterhalb und oberhalb dessen jeweils die Hälfte der Messwerte liegen.“[143] Die nachfolgende Tabelle zeigt den Median, die Schiefe, die Kurtosis und den Mittelwert:

	Fach-kompetenz		**Methoden-kompetenz**		**Sozial-kompetenz**		**personale Kompetenz**	
	T1	**T2**	**T1**	**T2**	**T1**	**T2**	**T1**	**T2**
Mittelwert	3,46	2,70	3,05	2,26	3,23	2,68	3,88	3,49
Median	3,35	2,60	3,00	2,20	2,90	2,60	3,70	3,20
Schiefe	.020	.046	.243	.191	.954	.829	.501	.736
Kurtosis	.265	-.825	-.270	-.776	-.181	.472	.118	.872

Tab. 62: Deskriptive Kennwerte zu den Häufigkeitsverteilungen für die Kompetenz-Konstrukte

Die Schiefe entspricht nur beim Konstrukt Fachkompetenz zum Zeitpunkt T1 und T2 annähernd einer Normalverteilung. Die Daten sind also im Großen und Ganzen nicht normalverteilt.

Mittelwerte

Die Mittelwerte der Einzelitems liegen mit Werten zwischen 2,7 und 4,4 bei T1 (Differenz 1,7) sowie 1,9 und 3,5 bei T2 (Differenz 1,6) im mittleren Bereich der 6stufigen Skala. Hier soll überprüft werden, welche Items am besten und am schlechtesten eingeschätzt wurden, um daraus ggf. Aussagen treffen zu können. Anschließend wird dargestellt, wie die Kompetenzdimensionen gereiht sind.

Am besten von allen Mittelwerten eingeschätzt wurden bei T1 die Items

- Teamsitzung moderieren (2,70)
- Seminarvorbereitung (2,71)
- kurzfristige Arbeitsaufenthalte im EU-Ausland (2,76)
- Team führen (2,77)
- ins nicht-deutschsprachige Ausland gehen (2,78).

---

[141] Achim Bühl/Peter Zöfel 2000, S. 109 (Anm. MoR).

[142] Vgl. Andreas Diekmann 1998, S. 562 (Hervorhebung im Original).

[143] Achim Bühl/Peter Zöfel 2000, S. 108.

Am schlechtesten wurden bewertet
- im EU-Förderdschungel zurechtfinden (4,44)
- am EU-Arbeitsmarkt für Dozent/innen zurechtfinden (4,32)
- im EU-Ausland im Weiterbildung tätig sein (3,92)
- als EU-Dozent/in in EU-Ländern bewerben (3,90)
- Projektprodukte gut vermarkten (3,71).

Dies zeigt, welche ihrer Teilkompetenzen die Teilnehmer/innen zu Beginn der Weiterbildung am besten bzw. schlechtesten einschätzen.

Nach Abschluss der Weiterbildung zum Zeitpunkt T2 wurden am besten eingeschätzt
- Seminarvorbereitung (1,90)
- Repertoire an Sozialformen bei Seminargestaltung (2,02)
- Projektziele eindeutig formulieren (2,05)
- Teamsitzung moderieren (2,10)
- Repertoire an Präsentationsformen (2,17).

Am schlechtesten bewertet wurden
- am EU-Arbeitsmarkt für Dozent/innen zurechtfinden (3,50)
- im EU-Ausland in Weiterbildung tätig sein (3,48)
- leicht Projektmittel einwerben (3,47)
- als EU-Dozent/in in EU-Ländern bewerben (3,43)
- in EU-Weiterbildungsstruktur zurechtfinden (3,37).

Insgesamt haben sich alle Mittelwerte in der Selbsteinschätzung verbessert. Auffällig von T1 zu T2 ist, dass die Mobilitäts-Items zu den am schlechtesten bewerteten zählen.

Inferenzstatistische Ergebnisse: T-Test für unabhängige Stichproben zu T1 und T2

Die Richtung des Effekts beim T-Test für unabhängige Stichproben ist für alle Einzelitems positiv. Die Signifikanzgrenze ist .05= 5%.

Die Effektstärken bezeichnen mit dem deskriptiven Eta-Quadrat das Maß für die Stärke des ermittelten Zusammenhangs bzw. für die Einschätzung der praktischen Bedeutsamkeit des Effekts (erzielte Vorhersagegenauigkeit). Wieviel Prozent der Varianz lassen sich aufgrund der Messzeitpunkte erklären? Wieviel Varianz bleibt unerklärt? Die erklärte Varianz reflektiert die Streuung der Mittelwerte zu den Messzeitpunkten T1 und T2 um den Gesamtmittelwert und die nicht erklärte Varianz die Streuung der Messwerte innerhalb der Messzeitpunkte um den jeweiligen Mittelwert von T1 bzw. T2. Eta-Quadrat ist damit das Maß für die Varianzaufklärung durch den Faktor der Messzeitpunkte T1 und T2, also „ein Maß für die Stärke des Zusammenhangs (Korrelation) zwischen dem betreffenden Faktor und der abhängigen Variable.“[144] Dabei unterstellt Eta-Quadrat „im Gegensatz zur Produkt-Moment-Korrelation keinen linearen Zusammenhang zwischen den Variablen.“[145] Z.B. werden 3,9% der Varianz der Variable Methodenkompetenz in dieser Stichprobe durch die Messzeitpunkte erklärt. Der Wertebereich von Eta-Quadrat bewegt

[144] Achim Bühl/Peter Zöfel 2000, S. 382.
[145] Wenzel Matiaske 1990, S.92.

sich zwischen 0 und 1; mit 100 multipliziert ergibt dies den Prozentsatz erklärter Varianz. Je höher Eta-Quadrat, desto stärker der Effekt. Nach Cohen[146] werden 14% als starker Effekt, 6% als mittlerer Effekt und 1% als schwacher Effekt gewertet.

Kompetenzkonstrukt	Eta-Quadrat (%)
Fachkompetenz	0,6
Methodenkompetenz	3,9
Sozialkompetenz	0,7
personale Kompetenz	3,6

Die größten Veränderungen in den Mittelwerten und die Signifikanz[147] können, wie in der folgenden Tabelle insgesamt belegt, entlang der Mittelwert-Differenzen dargestellt werden. Daneben ist die Varianzaufklärung Eta-Quadrat dokumentiert:

Item Nr.	Mittelwert T1	Mittelwert T2	Differenz und Signifikanz	Eta-Quadrat (%)
2 im EU-Förderdschungel zurechtfinden	4,44	2,9	1,54+++	28,1
18 Repertoire an Präsentationstechniken	3,4	2,17	1,23+++	31,3
13 Repertoire an Arbeitstechniken	3,5	2,33	1,17+++	19,6
12 Projektmanagement-Werkzeug gut anwenden	3,21	2,3	0,91+++	15,8
15 Repertoire an Sozialformen bei Seminargestaltung	2,93	2,02	0,91+++	17,6
9 geeignetes Programm suchen	3,48	2,6	0,88++	12,5
5 Projektprodukte gut vermarkten	3,71	2,87	0,84++	10,3
24 Partnerreaktionen besser verstehen	3,4	2,56	0,84++	13,0
33 am EU-Arbeitsmarkt für Dozent/innen zurechtfinden	4,32	3,5	0,82++	12,1
16 Seminarvorbereitung	2,71	1,9	0,81+++	14,2
22 Kommunikation mit EU-Partnern	3,2	2,42	0,78++	9,4
27 EU-Partner finden	3,41	2,63	0,78++	9,7
17 Umgang mit neuen Medien	3,27	2,49	0,78++	12,3
40 Seminarangebote für EU-Teilnehmer/innen	3,57	2,8	0,77+	6,9
3 Projektziele eindeutig formulieren	2,8	2,05	0,75+++	15,4
11 Projektrisiken einschätzen	3,51	2,76	0,75++	10,3
26 EU-Koordinatorenposition ausfüllen	3,31	2,63	0,68+	6,8
4 Projektidee anhand Evaluationskriterien entwickeln	3,5	2,83	0,67+	7,7
6 Vermarktungsstrategien für Zielgruppe auswählen	3,37	2,74	0,63+	7,0
7 Vermarktungsmedien öffentlichkeitswirksam einsetzen	3,33	2,7	0,63+	7,1
21 Projektleiter multilinguale Gruppe	3,25	2,63	0,62+	5,8
19 Teamsitzung moderieren	2,7	2,1	0,6++	8,1

[146] Zu Cohen (1977) vgl. Jürgen Bortz 1984, S. 492 und S. 511 (Rückrechnung).

[147] Legende für die Signifikanz: +++ p<.001 (hochsignifikant), ++ p<.01, + p<0.5.

35 längerfristiger Arbeitsaufenthalt in EU-Ausland	3,34	2,74	0,6	3,3
32 auf dem EU-Weiterbildungssektor einordnen	3,7	3,13	0,57	5,1
29 EU-Interaktionsstile integrieren	3,56	3	0,56+	6,1
20 Arbeitszeit einteilen	2,89	2,34	0,55+	5,6
8 Projektberichte schreiben	2,8	2,25	0,55+	6,1
10 leicht Projekt evaluieren	3,4	2,85	0,55+	6,0
14 Team führen	2,77	2,23	0,54++	8,9
25 Rolle in multilingualer Gruppe klären	3,08	2,54	0,54+	5,5
23 Ziele mit EU-Partnern abstimmen	3,38	2,86	0,52	4,9
28 mit EU-Partner ergebnisorientiert arbeiten	3,33	2,81	0,52+	6,2
36 in EU-Weiterbildungsstruktur zurechtfinden	3,86	3,37	0,49	3,6
39 als EU-Dozent/in in EU-Ländern bewerben	3,9	3,43	0,47	3,5
30 mit kulturellen Vorlieben umgehen	3	2,54	0,46	4,1
37 im EU-Ausland in Weiterbildung tätig sein	3,92	3,48	0,44	3,3
34 kurzfristige Arbeitsaufenthalte in EU-Ausland	2,76	2,37	0,39	1,8
1 leicht Projektmittel einwerben	3,69	3,47	0,22	0,7
38 Weiterbildungsangebot für EU-Ausland aufbereiten	3,49	3,35	0,14	0,3
31 ins nicht-deutschsprachige Ausland gehen	2,78	2,69	0,09	0,1

Tab. 63: Veränderungen in den Mittelwerten der Einzelitems

Die stärksten Effekte finden sich zu den Messzeitpunkten bei den Variablen
Repertoire an Präsentationstechniken
im EU-Förderdschungel zurechtfinden
Repertoire an Arbeitstechniken
Repertoire an Sozialformen bei Seminargestaltung
Projektmanagement-Werkzeuge gut anwenden
Projektziele eindeutig formulieren
Seminarvorbereitung
Partnerreaktionen besser verstehen
geeignetes Programm suchen
Umgang mit Neuen Medien.

Diese Items weisen darauf hin, dass fachliche und methodische Kompetenzen für Projektmanagement und Weiterbildung sowie soziale Kompetenzen für einen interkulturellen Aspekt am stärksten entwickelt wurden.

Das folgende Netz-Diagramm zeigt anschaulich, dass sich die 40 Items in der Selbsteinschätzung verbessert haben. Sie streben auf den Kompetenzkern hin, d.h. eine stärkere Ausprägung wird dadurch symbolisiert, dass die jeweilige Teilkompetenz umso höher entwickelt ist, je enger die Reihen-Punkte am Mittelpunkt „1“angesiedelt sind:

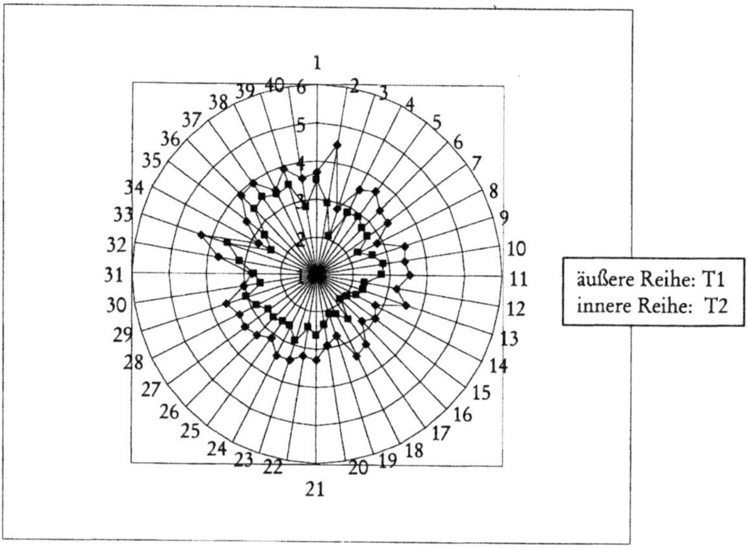

Abb. 41: Netzdiagramm zur Verbesserung der Teilkompetenzen (Items)[148]

Tabelle 63 zeigt die größten Veränderungen in den Mittelwerten bei folgenden Items:

2. im EU-Förderdschungel gut zurechtfinden
18. Repertoire an Präsentationstechniken
13. Repertoire an Arbeitstechniken
12. Projektmanagement-Werkzeuge gut anwenden
15. Repertoire an Sozialformen bei der Seminargestaltung.

Bei diesen Items war die Verbesserung von T1 zu T2 in der Selbsteinschätzung deskriptiv am deutlichsten. Sie ist gleichzeitig hochsignifikant.

Die genannten Items wurden durch die Weiterbildung gefördert. In einem folgenden Schritt kann identifiziert werden, welche Einzelitems für die gemessenen Veränderungen in den 4 Kompetenzdimensionen besondere Bedeutung haben:

Fachkompetenz

2. im EU-Förderdschungel zurechtfinden +++
3. Projektziele eindeutig formulieren +++
4. Projektidee anhand Evaluationskriterien entwickeln +
5. Projektprodukte gut vermarkten ++
6. Vermarktungsstrategien für Zielgruppe auswählen +
7. Vermarktungsmedien öffentlichkeitswirksam einsetzen +
8. Projektberichte schreiben +
9. geeignetes Programm suchen ++
10. leicht Projekt evaluieren +

[148] Die Rubrikenachse zeigt die 40 Items, die Größenachse die Rating-Skala-Werte von 1-6.

Methodenkompetenz
11. Projektrisiken einschätzen ++
12. Projektmanagement-Werkzeuge gut anwenden +++
13. Repertoire an Arbeitstechniken +++
14. Team führen ++
15. Repertoire an Sozialformen bei Seminargestaltung +++
16. Seminarvorbereitung +++
17. Umgang mit neuen Medien ++
18. Repertoire an Präsentationstechniken +++
19. Teamsitzung moderieren ++
20. Arbeitszeit einteilen +

Sozialkompetenz
21. Projektleiter multilinguale Gruppe +
22. Kommunikation mit EU-Partnern ++
24. Partnerreaktionen besser verstehen ++
25. Rolle in multilingualer Gruppe klären +
26. EU-Koordinatorenposition ausfüllen +
27. EU-Partner finden ++
28. mit EU-Partner ergebnisorientiert arbeiten +
29. EU-Interaktionsstile integrieren +

Personale Kompetenz
33. am EU-Arbeitsmarkt für Dozent/innen zurechtfinden ++
40. Seminarangebot für EU-Teilnehmer/innen +

Obige Darstellungen zeigen ein allgemeines, übergreifendes Ergebnis, das die Veränderungshypothese bestätigt: Alle vier Kompetenzen haben sich - gemessen an der Selbsteinschätzung der Teilnehmer/innen - im Zeitraum der Weiterbildung erhöht. Es darf weiterhin begründet vermutet werden, dass die Weiterbildung für Multiplikator/innen hieran einen erheblichen Anteil hat.

Die Mittelwerte der vier Kompetenz-Konstrukte zu den Erhebungszeitpunkten T1 und T2 sind nachfolgend in einem Balkendiagramm dargestellt:

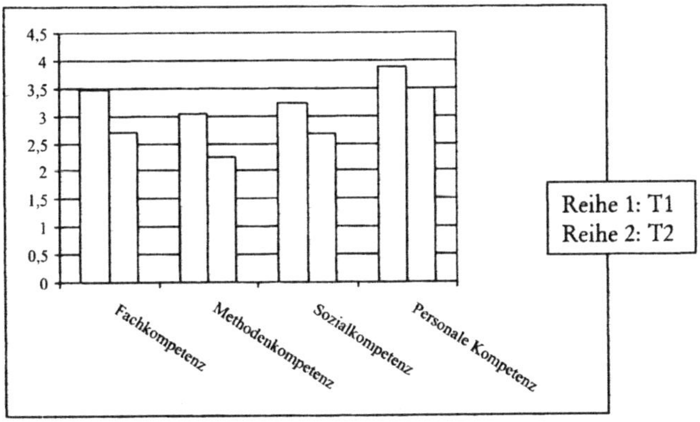

Abb. 42: Mittelwerte von Fachkompetenz, Methodenkompetenz, Sozialkompetenz und personaler Kompetenz zu den Erhebungszeitpunkten T1 und T2

Das Balkendiagramm zeigt auf der deskriptiven Ebene eine Verbesserung der Werte von T1 nach T2.

Die Kompetenzdimensionen können nach den Mittelwert[149]-Differenzen gereiht werden und weisen folgende Signifikanzen auf:

bei T1		bei T2		Differenzen	Signifikanz
Methodenkompetenz	3,05	Methodenkompetenz	2,26	0,79	,000+++
Fachkompetenz	3,46	Fachkompetenz	2,70	0,76	,000+++
Sozialkompetenz	3,23	Sozialkompetenz	2,68	0,55	,023/0,22+
personale Kompetenz	3,88	personale Kompetenz	3,49	0,39	nicht signifikant

Die Rangreihe der Differenzen der Mittelwerte zeigt auf der deskriptiven Ebene deutlich, dass sich in der Selbsteinschätzung die Methodenkompetenz knapp gefolgt von der Fachkompetenz am stärksten verbessert hat.[150] Mit deutlichem Unterschied folgt die Sozialkompetenz, die Personalkompetenz hat sich am schwächsten verbessert.[151]
Der T-Test auf Konstruktebene zeigt hinsichtlich der Signifikanz, dass sich Fach- und Methodenkompetenz hoch signifikant und Sozialkompetenz signifikant verbessert haben, die Personalkompetenz dagegen nicht. Insofern sind die bisherigen Ergebnisse leicht zu revidieren.

Korrelationsanalyse zu den Konstrukten
Zur Prüfung der Frage, ob die Konstrukte signifikante Zusammenhänge aufweisen, wurden Produkt-Moment-Koeffizienten nach Pearson berechnet. „Zwei Variablen sind positiv korreliert, wenn eine gleichläufige bzw. gleichsinnige Beziehung vorliegt. ... Zwei Variablen sind negativ korreliert, wenn eine gegenläufige bzw. gegensinnige Beziehung vorliegt. ... Korrelationsmaße nehmen stets Werte zwischen –1 und +1 an."[152] Damit können Aussagen „über die Stärke bzw. Schwäche eines Zusammenhangs sowie über die Art und die Richtung einer Beziehung"[153] getroffen werden.

---

149 Bei der Berechnung der Mittelwerte wurden die missing values nicht berücksichtigt.

150 Das Ergebnis des (allerdings anders gelagerten) Kompetenzfragebogens von John Erpenbeck/Volker Heyse bei der Zielgruppe von Unternehmern zeigt eine andere Reihenfolge: 1. sozial-kommunikative Kompetenzen, 2. personale Kompetenz, 3. fachliche Kompetenzen, 4. methodische Kompetenzen. Erpenbeck/Heyse interpretieren dies so, „dass die hoch kreativen tatkräftigen, risikogewohnten Unternehmer sich selbst als relativ unmethodisch einschätzen". Ebda. 1999, S. 279.

151 Zu einem ähnlichen Ergebnis kommen John Erpenbeck/Volker Heyse bei einem Vergleichszeitraum von 3 Jahren: „Die geringste Verschiebung ist in der Entwicklung der personalen Stärken zu finden. Dies zumindest im Vergleich zu den anderen Stärken, welche offensichtlich stärker in einem solchen Zeitraum entwickelbar sind." Ebda. 1999, S. 361.

152 Achim Bühl/Peter Zöfel 2000, S. 226f.

153 Achim Bühl/Peter Zöfel 2000, S. 226. Zur Interpretation der Werte des Korrelationskoeffizienten vgl. ebda. S. 228.

	T1			T2		
Mittelwerte	**Methodenkompetenz**	**Sozialkompetenz**	**Personale Kompetenz**	**Methodenkompetenz**	**Sozialkompetenz**	**personale Kompetenz**
Fachkompetenz T1	.563*	.599*	.571*			
Fachkompetenz T2				.621*	.644*	.437
Methodenkompetenz T1		.581*	.392			
Methodenkompetenz T2					.637*	.530*
Sozialkompetenz T1			.606*			
Sozialkompetenz T2						.822**

Tab. 64: Produkt-Moment-Koeffizienten nach Pearson für die 4 Kompetenzdimensionen

Dieses Ergebnis bestätigt die durch die Faktorenanalyse gewonnene Erkenntnis: Alle Variablen sind positiv korreliert. Die Annahme einer systemischen „Meta-Kompetenz" wird hierdurch verstärkt. Außer der Korrelation von Methodenkompetenz und Personaler Kompetenz zu T1 sowie von Fachkompetenz und personaler Kompetenz zu T2 mit geringer Korrelation sind die meisten Beziehungen mittelhoch (*). Die Korrelation von Sozialkompetenz und personaler Kompetenz zu T2 ist sogar hoch (**).
Anhand der Korrelationen ist ersichtlich, dass die Konstrukte nicht unabhängig variieren, sondern eine interdependente Beziehung haben.

5.4.3 Interpretation

Die Ergebnisse bestätigen vorläufig die H1-Hypothese T1<T2, d.h. drei der vier Kompetenzen haben sich zum Zeitpunkt T2 verbessert.
Allerdings lassen sich die vier Konstrukte Fachkompetenz, Methodenkompetenz, Sozialkompetenz und personale Kompetenz nicht mittels Faktorenanalyse extrahieren. Vielmehr verweisen die Ergebnisse auf Eindimensionalität, d.h. die vier Dimensionen hängen eng zusammen. Dies kann ein Hinweis auf eine übergreifende Handlungskompetenz sein, die sich aus den vier Konstrukten und Items systemisch zusammensetzt.
Insgesamt gesehen haben sich Fach- und Methodenkompetenz hoch signifikant sowie Sozialkompetenz signifikant in der Selbsteinschätzung verbessert. Dieser subjektive Kompetenzgewinn umfasst allerdings nicht die personale Kompetenz.

Die Ergebnisse im Einzelnen:
In elf Thesen werden nachstehend die zentralen Ergebnisse der empirischen Arbeit präsentiert und interpretiert:

1. Das Forschungsdesign ist angemessen, die Skalenbildung (Trennschärfen und Schwierigkeit aus Itemanalyse) ist erfolgreich, die Items können für weiterführende Studien verwendet werden.

2. Die hohen Konsistenzkoeffizienten deuten auf einen hohen Grad an Reproduzierbarkeit und Reliabilität hin. Die Reliabilität zeigt, dass zum Zeitpunkt T1 die Urteile der Teilnehmenden (noch) nicht so homogen sind wie zum Zeitpunkt T2. Die Selbsteinschätzungen sind annähernd normalverteilt.
Die Validität des Fragebogens konnte zwar nicht in einem vierfaktoriellen Raum über beide Messzeitpunkte hinweg nachgewiesen werden. Mit den vier Faktoren zum Zeitpunkt T2 (Projektmanagement, interkulturelle Kompetenz, Mobilität, Mittelakquise) liegt jedoch ein Kompetenz-Konstrukt vor, dessen Validität in weiterführenden Studien tiefergehend erforscht werden kann.

3. Das Vorgehen ist methodologisch begründbar, das Forschungsdesign angemessen, wissenschaftlich überprüfbar und legitimiert. Letztendlich zeigt die Untersuchung, dass der Kompetenzzuwachs für das theoretisch abgeleitete Modell empirisch nachgewiesen werden kann.

4. Die Faktorenanalyse zeigt als Ergebnis, dass ein Generalfaktormodell mit einer einzelnen Hauptkomponente zur Strukturierung des Itempools geeigneter ist als ein vierfaktorielles Modell, da starke wechselseitige Bezüge/Interkorrelationen zueinander vorliegen. Die Items bilden einen eindimensionalen Raum und weisen eine innere Beziehung vor. Dies zeigt, dass die Konstrukte nicht unabhängig sind, sondern auf eine integrierende Handlungskompetenz verweisen. Die vier Konstrukte lassen sich nicht in vier unabhängige Dimensionen aufspalten, sondern haben hohe Beziehungen. Für die Weiterbildung heißt das, dass ein ganzheitlicher, aktivierender Ansatz verfolgt wird und die Teilkompetenzen auch inhaltlich in den Gesamtzusammenhang integriert werden. Die Kompetenzkonstrukte werden eher nicht singulär, sondern vielmehr inhaltlich und methodisch vernetzt v.a. im Hinblick auf den Transfer und die Umsetzung in berufliches Handeln trainiert.

5. Der Mittelwert-Vergleich durch T-Test zeigt keine durchgehende Signifikanz, da nur eine geringe N-Zahl vorliegt, aber insgesamt hohe Unterschiede auf der deskriptiven Ebene.
Der T-Test zeigt, dass 7 Einzelitems hoch signifikant sind und 22 Einzelitems nur geringe Zufallswahrscheinlichkeiten aufweisen. Insgesamt 29 von 40 Items liegen innerhalb der Signifikanzgrenze bei hohem Effekt. Die stärksten Effekte finden sich zu den Messzeitpunkten bei fachlichen und methodischen Kompetenzen für Projektmanagement (5) und Weiterbildung (4) sowie sozialer Kompetenz für einen interkulturellen Aspekt. Dies zeigt, dass sich diese Teilkompetenzen in der Selbsteinschätzung verbessert haben.
Diese Teilkompetenzen wurden durch die entsprechenden Module der Weiterbildung gefördert.

6. Was bedeutet der Zuwachs an interkultureller Kompetenz und Mobilität bei den Teilnehmer/innen?
Die Einzelitems des Konstrukts Sozialkompetenz erfassen in ihrer Ausgestaltung in erster Linie interkulturelle Inhalte. Die Verbesserung ist signifikant, aber nicht hochsignifikant.
Auffällig von T1 zu T2 ist, dass die Mobilitäts-Items zu den am schlechtesten bewerteten zählen. Dies kann neben persönlichen Dispositionen darauf hindeuten, dass durch die Weiterbildung die Schwierigkeiten eines kürzer- oder längerfristigen Arbeitsaufenthalts in einem anderen Land erst richtig bewusst werden.

Bei den folgenden Teilkompetenzen war die Verbesserung von T1 zu T2 in der Selbsteinschätzung am deutlichsten:
- im EU-Förderdschungel zurechtfinden (2)
- Repertoire an Präsentationstechniken (18)
- Repertoire an Arbeitstechniken (13)
- Projektmanagement-Werkzeuge gut anwenden (12)
- Repertoire an Sozialformen bei der Seminargestaltung (15).

7. Eine generelle Betrachtung der Ergebnisse zeigt, dass sich hauptsächlich Fach- und Methodenkompetenz als Schulungsziele verbessert haben. Besonders erfreulich ist die Verbesserung der Sozialkompetenz, da sie interkulturelle Aspekte umfasst, welche tatsächlich in allen Modulen bearbeitet wurde. Etwas aus der Reihe fällt hier die Selbsteinschätzung zur Mobilität. Insgesamt haben sich auf der deskriptiven Ebene die Teilkompetenzen bei allen vier Kompetenzdimensionen und bei allen Einzelitems erhöht.

8. Die Produkt-Moment-Koeffizienten (nach Pearson) für die Signifikanzüberprüfung zeigen, dass alle Konstrukte positiv korreliert sind und nicht unabhängig variieren, sondern eine interdependente Beziehung haben. Personen mit hoher Fachkompetenz in T1 zeigen auch in Methodenkompetenz T1 einen hohen Wert usw. Tendenziell ist eine Person von ihrer Selbsteinschätzung bei hoher Korrelation in allen 4 Kompetenzbereichen kompetenter. Dies gilt entsprechend auch für eine niedrigere Einstellung.

9. Folgende Module der Multiplikator/innen-Weiterbildung fördern die entsprechenden Teilkompetenzen am stärksten, da der Inhalt der Module mit den Iteminhalten korrespondiert: in den Modulen 2, 4, 6 sowie 8 bis 10 wurde der Lernerfolg am größten eingeschätzt. Die Module 3 „Arbeiten in Europa“ und Modul 5 mit dem Schwerpunkt „Interkulturelle Kommunikation“ können hier nur indirekt zugeordnet werden, da die Items nur signifikante Ergebnisse zeigen und interkulturelle Aspekte (Sozialkompetenz) sowie Mobilität (personale Kompetenz) darüber hinaus in allen Modulen sowie der Exkursion und dem Praktikum behandelt werden. Dieses etwas überraschende Ergebnis bestätigt aber den erforderlichen Zusammenhang von fachlicher und methodischer Schulung und die relative Persistenz von Persönlichkeitseigenschaften (personale Kompetenz). Das hochsignifikante

Ergebnis im Bereich Methodenkompetenz verweist auch darauf, dass die erforderliche Innovativität gefördert wurde, wenngleich eher implizite Fragen zu Kreativität und Ideenentwicklung im Fragebogen enthalten waren. Hier wäre zukünftig verstärkt der Frage nachzugehen, inwieweit Methodenkompetenz und Innovativität sich ergänzen (vgl. KKR-Ansatz) oder gegenseitig ausschließen, wie dies scheinbar die Untersuchung von Heyse/Erpenbeck nahe legt.

10. Die nichtsignifikanten Ergebnisse dieser Studie für personale Kompetenz legen eine andere Erhebungsmethode und ein längeres Untersuchungs-Intervall nahe.

11. Der Fragebogen zur Selbsteinschätzung von Schlüsselkompetenzen ist - allerdings nicht anonymisiert - einsetzbar beim Abschluss von Lernzielvereinbarungen für die Weiterbildungsplanung, z.B. die Führungs(nachwuchs)kräftefortbildung für europäisches Projektmanagement und interkulturelle Weiterbildungstätigkeiten. Die Lernziele in Form von (Teil)Kompetenzen sollten daher auf die beruflichen Tätigkeiten bezogen und am Ergebnis des Lernprozesses orientiert sein. Er kann als Vorbereitung für Feedback-Gespräche dienen und die Lernerfolgskontrollen begleiten (kontrolliertes Self-Assessment). Er kann einen Mosaikstein im individuellen Kompetenzprofil darstellen. Voraussetzung dazu ist eine authentische Beantwortung der Fragen, da nur bei hohem Eigeninteresse der Teilnehmer/innen das individuelle Kompetenzprofil valide erhoben werden kann.

5.5 Zusammenfassung und Ausblick

Im Folgenden werden Schlussfolgerungen und abschließende Empfehlungen dargestellt. Die vorliegende Arbeit entwarf ein Kompetenzmodell für das Berufsfeld „interkulturelles Projektmanagement und interkulturelle Weiterbildung". Das Weiterbildungs-Curriculum einer Multiplikator/innen-Schulung war eng an diesem Modell ausgerichtet und zielte darauf ab, diese Kompetenzen zu vermitteln. Es hat sich als tragfähig erwiesen und muss selbstverständlich fortlaufend nach den neuesten wissenschaftlichen Erkenntnissen aktualisiert werden. Das Konzept für die Entwicklung von Kompetenzen für ein neues innovatives Berufsfeld wurde theoretisch fundiert und anhand eines Weiterbildungsmodells für Multiplikator/innen beschrieben, wie wichtige fachliche, methodische und soziale Kompetenzen an der Schnittstelle zwischen interkultureller Weiterbildung und interkulturellem Projektmanagement ausgebaut werden können. Es konnte aus der Literatur hergeleitet werden, welche fachlichen Inhalte und didaktischen Methoden eine Weiterbildung für Multiplikator/innen umfassen muss. Dieses Konzept hat sich durch die Ergebnisse der Evaluation als richtig erwiesen, da ein Zuwachs an Kompetenzen festgestellt werden konnte. Die Weiterbildung leistet es, fachliche, methodische, soziale (interkulturelle) und personale Kompetenzen auszubauen. Allerdings ist die Verbesserung der personalen Kompetenzen nur auf der deskriptiven Ebene sichtbar und nicht signifikant bestätigt. Dies weist darauf hin, dass die hier erfragten personalen Werte und Einstellungen längerfristig ausgebildet werden und relativ stabil in der Weiterbildung bleiben, möglicherweise erst durch andere biografisch-relevante Ereignisse veränderbar sind. Dazu trug auch die Schwerpunktsetzung der Weiterbildung auf die fachlichen, methodischen und sozialen Kompetenzen bei. Personale Kompetenzen können möglicherweise mit anderen Instrumentarien besser beobachtet bzw. erfragt werden.

Dennoch darf das hier entwickelte Kompetenzmodell am Beispiel der Multiplikator/innen-Weiterbildung als vorläufig bestätigt gelten. Dieses Ergebnis wurde im Rahmen eines Pretest-Posttest-Forschungsdesigns erzielt. Der theoretische Ansatz erweist sich demnach als richtig, da er sich in der Praxis bewährt. Das Evaluations-Instrument zeigt ansatzweise auf, dass eine Selbsteinschätzung von Kompetenzentwicklung und ein didaktisches Entwickeln von Kernkompetenzen möglich sind. Das Instrument sollte jedoch in zukünftiger Forschung auf breiterer Basis empirisch fundiert werden. Die vier Kompetenzdimensionen könnten beispielsweise auf andere Berufsgruppen und Weiterbildungen übertragen werden. Die Selbsteinschätzung kann, wo es sich anbietet, durch Fremdeinschätzungen ergänzt werden. Dazu könnten die Methodiken der „Gruppendiskussionen" oder „Arbeitsproben" herangezogen werden.

Es konnte gezeigt werden, dass sich Kompetenzen sinnvoll darstellen lassen und angemessen begründet sind. Sie entsprechen modernen Erfordernissen, speziell im Hinblick auf die EU und den interkulturellen Arbeitsraum. Dies lässt sich auch für die Weiterbildung didaktisch darstellen und umsetzen. Letztlich wurde eine Kompetenzsteigerung methodisch und didaktisch erzielt.

Interessant wäre es, als eigene Studie die Hypothese zu prüfen, welchen Zusammenhang Innovativität und Methodenkompetenz aufweisen: erhöht eine hohe Methodenkompetenz auch den Grad an Innovativität, oder ist im Gegenteil Innovativität begleitet von geringer Methodenkompetenz? In diesem Aspekt widerspricht die vorliegende Studie bisherigen Ergebnissen der Kompetenzforschung.

Der Erfolg der hier beschriebenen Weiterbildungsmaßnahme - und damit des Kompetenz-Modells - könnte mit einer Follow-Up-Studie zumindest an vier Dimensionen gemessen werden:

1. anhand der beantragten und bewilligten Projekte;
2. anhand der beruflichen Einstiege von arbeitsuchenden Teilnehmer/innen (auch in anderen Ländern);
3. anhand der Teilnehmer/innen, die ihren (gefährdeten) Arbeitsplatz gehalten haben;
4. anhand der beruflichen Umstiege auf Stellen mit internationalem Anforderungsprofil.

Schon zum Zeitpunkt des Abschlusses der Weiterbildung konnten eine Reihe von Teilnehmer/innen bereits beantragte und bewilligte Projekte vorweisen, andere ihren Arbeitsplatz sichern und eine dritte Gruppe auf einer verbesserten Qualifikationsbasis neuen beruflichen Perspektiven nachgehen.

Sowohl die Anzahl der Projektanträge als auch die Qualität der mit der neuen Berufsperspektive verbundenen gesicherten Arbeitsplätze und neu geschlossenen Arbeitsverträge können allerdings nur langfristig erhoben und ausgewertet werden. Der innovative und beschäftigungswirksame Charakter der Weiterbildung ließe sich durch Erhebung dieser vier zentralen Kriterien verifizieren bzw. falsifizieren. Diese Arbeit war jedoch aus Aufwandsgründen hier nicht zu leisten. Insgesamt hat die vorliegende Arbeit einen Beitrag zur kompetenzorientierten Professionalisierung im Bereich Weiterbildungsmanagement geleistet. Anhand des aktuellen Diskussionsstandes konnte sie schlüssig darlegen, welchen erweiterten Anforderungen Weiterbildungsmanager/innen entsprechen müssen, um die europäische Dimension von Weiterbildung in die Berufsrolle zu integrieren. Ein derart abgestimmtes Modell weiterbildungsadäquater Managementkompetenz integriert - neben eher „traditionellen" Kompetenzbereichen - die zunehmend bedeutsamer werdende Kompetenz interkulturellen Lernens und Arbeitens. Am Beispiel der Multiplikator/innen-Weiterbildung zu „EU-Dozent/innen" konnte gezeigt werden, auf welche Art elaborierte Fach-, Methoden- und Sozialkompetenz mit interkulturellem Anspruch im Quartären Sektor vermittelt werden können. Die empirischen Ergebnisse dieser Arbeit bestätigen nicht nur die Relevanz des eingangs entwickelten Kompetenzmodells. Sie deuten auch vorsichtig an, dass sich interkulturelle Kompetenz durch entsprechende Weiterbildung didaktisch vermitteln lässt. Für die Zukunft des Quartären Bildungssektors lässt sich daraus eine zentrale Forderung ableiten: interkulturelle Kompetenzentwicklung sollte nachhaltig in das Portfolio beruflicher Bildung aufgenommen werden. Nur so werden Unternehmen und Mitarbeiter/innen sowie Personal- und Bildungsverantwortliche fit für Europa und die damit verbundenen transdisziplinären und interkulturellen Aufgabenstellungen.

Fragebogen Schlüsselkompetenzen

Bitte schätzen Sie selbst Ihre Fähigkeiten/Kompetenzen nach Abschluss der Weiterbildung ein.
Auf einer 6-stufigen Skala von sehr gut (1) bis sehr schlecht (6) bitte die entsprechende Selbsteinschätzung ankreuzen.

Fragen:	1	2	3	4	5	6
1. Mir fällt es leicht, Projektmittel einzuwerben.	☐	☐	☐	☐	☐	☐
2. Ich finde mich im EU-Förderdschungel gut zurecht.	☐	☐	☐	☐	☐	☐
3. Ich kann Projektziele eindeutig formulieren.	☐	☐	☐	☐	☐	☐
4. Mir fällt es leicht, anhand der Evaluationskriterien meine Projektidee zu entwickeln.	☐	☐	☐	☐	☐	☐
5. Ich kann meine Projektprodukte gut vermarkten.	☐	☐	☐	☐	☐	☐
6. Ich kann gut Vermarktungsstrategien für meine Zielgruppe auswählen.	☐	☐	☐	☐	☐	☐
7. Ich kann Vermarktungsmedien öffentlichkeitswirksam einsetzen.	☐	☐	☐	☐	☐	☐
8. Mir fällt es leicht, Projektberichte zu schreiben.	☐	☐	☐	☐	☐	☐
9. Mir fällt es leicht, für eine Projektidee ein geeignetes Programm zu suchen.	☐	☐	☐	☐	☐	☐
10. Mir fällt es leicht, mein Projekt zu evaluieren.	☐	☐	☐	☐	☐	☐
11. Mir fällt es leicht, im Projekt liegende Risiken einzuschätzen.	☐	☐	☐	☐	☐	☐
12. Ich kann Werkzeuge des Projektmanagements gut anwenden.	☐	☐	☐	☐	☐	☐
13. Ich verfüge über ein umfangreiches Repertoire an Arbeitstechniken beim Projektmanagement.	☐	☐	☐	☐	☐	☐
14. Mir fällt es leicht, ein Team zu führen.	☐	☐	☐	☐	☐	☐
15. Ich verfüge über ein umfangreiches Repertoire an Sozialformen bei der Seminargestaltung.	☐	☐	☐	☐	☐	☐
16. Mir fällt es leicht, ein Seminar vorzubereiten.	☐	☐	☐	☐	☐	☐
17. Ich kann gut mit Neuen Medien umgehen.	☐	☐	☐	☐	☐	☐
18. Ich verfüge über ein umfangreiches Repertoire an Präsentationstechniken.	☐	☐	☐	☐	☐	☐
19. Mir fällt es leicht, eine Teamsitzung zu moderieren.	☐	☐	☐	☐	☐	☐
20. Ich kann meine Arbeitszeit gut einteilen und nutzen.	☐	☐	☐	☐	☐	☐
21. Ich bin kompetent, die Position eines/einer Projektleiters/in in einer gemischtsprachigen Gruppe auszufüllen.	☐	☐	☐	☐	☐	☐
22. Es fällt mir leicht, mit Partnern aus anderen europäischen Ländern zu kommunizieren/verhandeln.	☐	☐	☐	☐	☐	☐
23. Ich kann gut mit Partnern aus anderen europäischen Ländern Ziele abstimmen.	☐	☐	☐	☐	☐	☐

Fragen:	1 2 3 4 5 6
24. Ich kann verschiedene Reaktionen von Partnern aus anderen europäischen Ländern besser verstehen und damit umgehen als vorher.	□ □ □ □ □ □
25. Ich kann meine Rolle in einer gemischtsprachigen Gruppe gut klären.	□ □ □ □ □ □
26. Ich bin kompetent, die Position eines/einer Koordinators/in in einem europäischen Projekt auszufüllen.	□ □ □ □ □ □
27. Mir fällt es leicht, Partner für ein europäisches Projekt zu finden und zu kontaktieren.	□ □ □ □ □ □
28. Mir fällt es leicht, mit europäischen Partnern ergebnisorientiert zu arbeiten.	□ □ □ □ □ □
29. Ich kann die verschiedenen Interaktionsstile zwischen europäischen Partnern gut integrieren.	□ □ □ □ □ □
30. Ich kann gut mit verschiedenen kulturell bedingten Vorlieben umgehen.	□ □ □ □ □ □
31. Ich gehe ins nicht-deutschsprachige Ausland, wenn ich ein entsprechendes Angebot finde.	□ □ □ □ □ □
32. Ich kann mich gut auf dem europäischen Weiterbildungssektor einordnen.	□ □ □ □ □ □
33. Mir fällt es leicht, mich auf dem europäischen Arbeitsmarkt für Dozent/innen zurechtzufinden.	□ □ □ □ □ □
34. Ich führe bei entsprechenden Angeboten kurzfristige Arbeitsaufenthalte im europäischen Ausland durch.	□ □ □ □ □ □
35. Ich arbeite bei entsprechendem Angebot längerfristig in einem anderen europäischen Land.	□ □ □ □ □ □
36. Ich kann mich gut in der Weiterbildungsstruktur eines anderen europäischen Landes zurechtfinden.	□ □ □ □ □ □
37. Mir fällt es leicht, im europäischen Ausland in der Weiterbildung tätig zu sein.	□ □ □ □ □ □
38. Ich kann mein Weiterbildungsangebot für das europäische Ausland gut aufbereiten.	□ □ □ □ □ □
39. Ich kann mich als freiberufliche EU-Dozent/in auch in anderen europäischen Ländern gut bewerben.	□ □ □ □ □ □
40. Ich habe Seminarthemen in meinem Angebot, mit denen ich gut Seminare leiten kann, die mit Teilnehmer/innen aus anderen europäischen Ländern zusammengesetzt sind.	□ □ □ □ □ □

Persönliche Einschätzung:

Die bisherige Weiterbildung hat dazu beigetragen, meine Fähigkeiten/Kompetenzen im Vergleich zur vorherigen Selbsteinschätzung bei Beginn der Weiterbildung „Fit für Europa“ bis jetzt zu erhöhen (Zutreffendes bitte kennzeichnen):

- fachliche Kompetenzen

  zutreffend – eher zutreffend – eher nicht zutreffend – gar nicht zutreffend

  Das bezieht sich im Besonderen auf:

  ____

  ____

- methodische Kompetenzen

  zutreffend – eher zutreffend – eher nicht zutreffend – gar nicht zutreffend

  Das bezieht sich im Besonderen auf:

  ____

  ____

- soziale Kompetenzen

  zutreffend – eher zutreffend – eher nicht zutreffend – gar nicht zutreffend

  Das bezieht sich im Besonderen auf:

  ____

  ____

- personale Kompetenzen

  zutreffend – eher zutreffend – eher nicht zutreffend – gar nicht zutreffend

  Das bezieht sich im Besonderen auf:

  ____

  ____

Es wäre für uns hilfreich, wenn Sie auch die folgenden Fragen beantworten würden:

Ich bin überwiegend in der Weiterbildung beschäftigt: Ja 0 Nein 0

- Geschlecht: weiblich 0 männlich 0
- Ich bin . . Jahre alt.
- Ich habe . . Jahre Berufspraxis in der Weiterbildung

Vielen Dank!

Literaturverzeichnis

Sven Aden:
Interkulturelle Weiterbildung - Aufgaben und Chancen.
In: Klaus W. Döring/Bettina Ritter-Mamczek:
Weiterbildung im lernenden System.
Weinheim: Deutscher Studienverlag 1999, S. 371-401.

Sven Aden:
Grundlagen und Umsetzung interkultureller Weiterbildungsveranstaltungen.
In: Neue perspekt!ven. Zeitschrift für berufliche Bildung und Weiterbildung.
Berlin: Nr. 2, 3. Jg., Herbst 1998, S. 15-62.

Sven Aden:
Kommunikation in interkulturellen Weiterbildungsveranstaltungen.
In: Neue Perspektiven. Zeitschrift für berufliche Bildung und Weiterbildung.
Berlin: Nr. 1, 2. Jg., Sommer 1997, S. 21-34.

Klaus Ahlheim/Bardo Heger:
Beruf: Dipl-Päd - Arbeitsfeld Erwachsenenbildung. Eine empirische Studie zu Berufsalltag, Qualifikation und Studium.
In: Der pädagogische Blick. Zeitschrift für Wissenschaft und Praxis in pädagogischen Berufen, Heft 3/1997.
Quelle: http://www.uni-essen.de/ssbs/Berufsbild/Material/Ahlheim_Heger/hauptteil_ahlheim_heger.htm vom 30.12.2001.

Outi Arajärvi:
Bausteine interkultureller Persönlichkeitsentwicklung. Interkulturelles Training als Ansatzpunkt zur Erfassung eines interkulturellen Kompetenzprofils bei MigrantInnen. (25.11.2003).
Quelle: http://www.migranetz.de:8080/migranetz/context/e413/index_ger.html vom 02.08.2004.

Arbeitsgemeinschaft Betriebliche Weiterbildungsforschung e.V. Berlin (Hrsg.):
Lernen im Wandel - Wandel durch Lernen. „Lernkultur Kompetenzentwicklung".
In: QUEM-Bulletin Berufliche Kompetenzentwicklung.
Berlin: Jg. 2000, Heft 6.

Chris Argyris:
Wenn Experten wieder lernen müssen.
In: Hermann Simon/Karlheinz Schwuchow (Hrsg.):
Management-Lernen und Strategie.
Stuttgart: Schäffer-Poeschel 1994, S. 199-214.

Rolf Arnold:
Betriebliche Weiterbildung. Selbstorganisation - Unternehmenskultur - Schlüsselqualifikationen.
(Rolf Arnold (Hrsg.):
Grundlagen der Berufs- und Erwachsenenbildung. Band 3).
Hohengehren: Schneider-Verlag 1995.

Rolf Arnold/Antje Krämer-Stürzl:
Qualität durch Professionalität. Neuere Tendenzen in der Weiterbildung, illustriert am Beispiel der betrieblichen Weiterbildung.
In: Grundlagen der Weiterbildung. Zeitschrift für Weiterbildung und Bildungspolitik im In- und Ausland. Neuwied: Luchterhand 6. Jg. Juni 1995, S. 134-139.

Rolf Arnold/Ingeborg Schüßler:
Wandel der Lernkulturen. Ideen und Bausteine für ein lebendiges Lernen.
Darmstadt: Wissenschaftliche Buchgesellschaft 1998.
Peter Atteslander:
Methoden der empirischen Sozialforschung.
Berlin/New York: Walter de Gruyter 1975.

Gudrun Aulerich/Ingeborg Bootz:
Weiterbildung der Weiterbildner. Unterstützung für eine sich wandelnde Profession.
In: Arbeitsgemeinschaft Betriebliche Weiterbildungsforschung e.V. Berlin (Hrsg.):
Quem-Bulletin. Berufliche Kompetenzentwicklung.
Berlin: Oktober 1999, S. 1-4.

Christian Badura/Dirk Lengemann:
Aufbruch zu einem neuen Selbstverständnis.
In: management & training. Magazin für Human Resources Development Nr. 11: Professionalisierung gefordert. Personalentwicklung auf dem Prüfstand.
Neuwied/Kriftel: Luchterhand 2001, S. 16-18.

Olaf Bärenfänger:
Weiterbildungsmanagement. Projektfahrplan fürs Lehren und Lernen.
In: managerSeminare Heft 80, Oktober 2004, S. 22-28.

Martin Baethge/Christiane Schiersmann:
Prozessorientierte Weiterbildung - Perspektiven und Probleme eines neuen Paradigmas der Kompetenzentwicklung für die Arbeitswelt der Zukunft.
In: Arbeitsgemeinschaft Qualifikations-Entwicklungs-Management Berlin (Hrsg.):
Kompetenzentwicklung `98: Forschungsstand und Forschungsperspektiven.
Münster/New York/München/Berlin: Waxmann 1998, S. 15-87.

Christof Baitsch:
Lernen im Prozeß der Arbeit - zum Stand der internationalen Forschung.
In: Arbeitsgemeinschaft Qualifikations-Entwicklungs-Management Berlin (Hrsg.):
Kompetenzentwicklung `98: Forschungsstand und Forschungsperspektiven.
Münster/New York/München/Berlin: Waxmann 1998, S. 269-337.

Gabriele Behler:
Situation und Perspektiven der Weiterbildung an Hochschulen in Nordrhein-Westfalen.
In: Helmut Vogt/Bernhard Christmann (Hrsg.):
Wissenschaftliche Weiterbildung in neuer Umgebung. Internationalisierung - gestufte Abschlüsse - moderne Strukturen.
(Dokumentation der 28. Jahrestagung der AUE September 1999).
Regensburg: Verlag AUE e.V. - Hochschule und Weiterbildung 2000, S. 15-24.

Eckhard Behrendt/Christiane Fröchtling/Annegret Meyer-Kock/Frank Mindt/Ute Rynarzewski:
EU-Förderung erfolgreich managen! Antragstellung - Vertrag - Projektabschluss. Ein Leitfaden.
Bonn: Economica Verlag 1997.

Horst Belz/Marco Siegrist:
Kursbuch Schlüsselqualifikationen. Ein Trainingsprogramm.
Freiburg im Breisgau: Lambertus-Verlag 2000 (2. erw. Aufl.).

Milton J. Bennett:
Towards Ethnorelativism: A Developmental Model of Intercultural Sensitivity.
In: R. Michael Paige (Hrsg.):
Education for the Intercultural Experience.
Yarmouth/Maine, USA: Intercultural Press Inc. 1993 (2. Aufl.), S. 21-70.

Rolf Berger:
Auswirkungen neuer Informations- und Kommunikationstechniken auf Personalentwicklung und insbesondere Weiterbildung.
In: Karl-Klaus Pullig/Uwe Schäkel (Hrsg.):
Weiterbildung im Wandel. Konzeptionelle und methodische Innovationen.
Hamburg: Windmühle Verlag und Vertrieb von Medien 1987, S. 87-100.

Jürgen Berthel:
Führungskräfte-Qualifikationen (Teil I).
Zeitschrift Führung und Organisation Nr. 4, 1992, S. 206-211.
Führungskräfte-Qualifikationen (Teil II).
Zeitschrift Führung und Organisation Nr. 5, 1992, S. 279-286.

Axel Beyer/Andreas Wass von Czege (Hrsg.):
Fähig für die Zukunft. Schlüsselqualifikationen für eine nachhaltige Entwicklung.
Hamburg: Krämer 1998.

Wolfgang Beywl:
Rechnen Sie mit dem Erfolg.
In: managerSeminare Heft 44, September 2000, S. 106-113.

Wolfgang Beywl/Christane Geiter:
Evaluation - Controlling - Qualitätsmanagement in der betrieblichen Weiterbildung.
Kommentierte Auswahlbibliographie.
Bundesinstitut für Berufsbildung. Der Generalsekretär (Hrsg.).
Bielefeld: W. Bertelsmann Verlag 1997 (2. Aufl.).

BIBB – Bundesinstitut für Berufsbildung (Hrsg.):
BIBB International. Strategiepapier zur Internationalisierung beruflicher Bildung.
Beilage zur BWP: W. Bertelsmann Verlag, Juli/August 2002.

BIBB - Bundesinstitut für Berufsbildung, der Generalsekretär (Hrsg.):
Checkliste „Qualität beruflicher Weiterbildung".
Bonn 2001 (5. überarbeitete Aufl.).
Quelle: http://www.bibb.de/forum/checkliste/checkliste.htm vom 27.06.2002.

BIBB - Bundesinstitut für Berufsbildung:
Interkulturelle Kompetenz - Schlüsselqualifikation von Immigrantinnen.
(Dokumentation der internationalen Fachtagung vom 20. April 1999 in Berlin. Integra-Projekt „Neue Berufschancen für Immigrantinnen").
Berlin, Juli 1999

Holger Bienzle:
A Survival Kit for European Project Management. Advice for Coordinators of Centralised Socrates Projects.
Wien: Büro für Europäische Bildungskooperation/Sokrates-Büro 2001.
Online-Broschüre: www.sokrates.at/survivalkit.

Michael Birkenbihl:
Train the trainer: Arbeitshandbuch für Ausbilder und Dozenten.
Landsberg/Lech: Verlag Moderne Industrie 1995.

Karin Birkner/Friederike Kern:
Impression Management in East and West German Job Interviews.
In: Helen Spencer-Oatey (Hrsg.):
Culturally Speaking. Managing Rapport through Talk across Cultures.
London/New York: Continuum 2000, S. 255-271.
Andreas Bittner (abi):
Internationale Projektteams. Aufbruch in unbekannte Dimensionen.
In: ManagerSeminare Nr. 31, April 1998, S. 46-53.

Andreas Bittner:
Psychologische Aspekte der Vorbereitung und des Trainings von Fach- und Führungskräften auf einen Auslandseinsatz.
In: Alexander Thomas (Hrsg.):
Psychologie interkulturellen Handelns.
Göttingen/Bern/Toronto/Seattle: Hogrefe Verlag für Psychologie 1996, S. 317-340.

Simon Blackley:
ADAPT – Guide to Project Self-Evaluation for Employment Projects.
EUROPS March 1997.
Quelle: http://www.na-bibb.de/sokrates, Gemeinschaftsinitiativen vom 20.06.2001.

BMBF – Bundesministerium für Bildung und Forschung (Hrsg.):
Arthur Andersen - Studie zum europäischen und internationalen Weiterbildungsmarkt.
Studienergebnisse und Handlungsempfehlungen zur „Internationalisierung der beruflichen Weiterbildung" für deutsche Akteure. Teil I.
o.O. April 2001.

BMBF - Bundesministerium für Bildung und Forschung (Hrsg.):
Berichtssystem Weiterbildung VII.
Integrierter Gesamtbericht zur Weiterbildungssituation in Deutschland.
Bonn 2000.

Uwe Böning:
Führung und Zusammenarbeit in interkultureller Perspektive.
In: Uwe Böning (Hrsg.):
Interkulturelle Business-Kompetenz. Geheime Regeln beachten und unsichtbare Barrieren überwinden.
Frankfurt/Main: Frankfurter Allgemeine Zeitung. Verl.Bereich Buch 2000, S. 23-44.

Jürgen Bolten:
Interkultureller Trainingsbedarf aus der Perspektive der Problemerfahrung entsandter Führungskräfte.
In: Klaus Götz (Hrsg.):
Interkulturelles Lernen/Interkulturelles Training.
München und Merian: Rainer Hampp Verlag 2000 (2. verb. Aufl.), S. 61-80.

Jürgen Bolten:
Können internationale mergers eine eigene Identität ausbilden? Unternehmensfusionen aus der Perspektive der interkulturellen Wirtschaftskommunikationsforschung.
In: Schriftenreihe des IIK Bayreuth 2000.
Quelle: http://www2.uni-jena.de/philosophie/iwk/forschung/Publikationen/Ident%E4t.pdf vom 03.08.2004.

Jürgen Bortz:
Lehrbuch der empirischen Forschung für Sozialwissenschaftler.
Berlin/Heidelberg/New York/Tokyo: Springer 1984

Jürgen Böttcher:
Die Unterstützung von Austauschstudenten bei der Bewältigung ihres Kulturschocks durch interkulturelle Trainings und Betreuung.
Quelle: http://www.sw2.euv-frankfurt-o.de/...Learn/kult/Interkult.Training.htm vom 18.04.2002.

Tatjana Botzat:
Explorative Sichtung von Fortbildungsprogrammen. Ergebnisse einer kritischen Durchsicht.
In: Ulrike Heuer/Tatjana Botzat/Klaus Meisel (Hrsg.):
Neue Lehr- und Lernkulturen in der Weiterbildung.
Bielefeld: W. Bertelsmann Verlag 2001, S. 36-69.

Pierre Bourdieu:
Die feinen Unterschiede. Kritik der gesellschaftlichen Urteilskraft.
Frankfurt am Main: Suhrkamp Verlag 1984 (3. durchgesehene Aufl.).

Jittie Brandsma/Frank Kessler/Joachim Münch:
Berufliche Weiterbildung in Europa. Stand und Perspektiven.
Bielefeld: W. Bertelsmann Verlag 1995.

Werner à Brassard/Klaus Helling/Werner Jerofsky/Walter Kornmann/Rudolf Röder/Burkhard Sachs/Manfred Schmidt/Gerhard Steinle:
Schlüsselqualifikationen in der beruflichen Ausbildung. Didaktische Materialien zur integrierten Vermittlung und Förderung von fachlichen Inhalten und Schlüsselqualifikationen.
In: Jürgen Pieper/Wolfgang Schwark (Hrsg.):
Neue Formen des Lernens im Betrieb.
(Band 6. Wege zur beruflichen Mündigkeit. Teil 2: Didaktische Materialien).
Weinheim: Deutscher Studienverlag 1994.

Richard W. Brislin:
A Culture-General Assimilator: Preparation for Various Types of Sojourns.
In: R. Michael Paige (Hrsg.):
Education for the Intercultural Experience.
Yarmouth/Maine, USA: Intercultural Press Inc. 1993 (2. Aufl.), S. 281-299.

Rainer Brödel:
Institutionelle Entgrenzung und Pluralisierung des Lernens. Trends der Weiterbildungsforschung.
In: GdW - Grundlagen der Weiterbildung. Praxis - Forschung - Trends.
14. Jg. Nr. 3, Aktuelle Theoriestränge, Juni 2003, S. 137-139.

Christiane Brokmann-Noren/Ina Grieb/Hans-Dietrich Raapke (Hrsg.):
Handreichungen für nebenberufliche Qualifizierung (NQ) in der Erwachsenenbildung.
Bonn: Bundeszentrale für politische Bildung 1994.

Rolf Bronner:
Zukunftsanforderungen an das Management-Lernen.
In: Hermann Simon/Karlheinz Schwuchow (Hrsg.):
Management-Lernen und Strategie.
Stuttgart: Schäffer-Poeschel 1994, S. 99-108.

Achim Bühl/Peter Zöfel:
SPSS Version 9. Einführung in die moderne Datenanalyse unter Windows.
München: Addison Wesley 2000 (6. überarb. u. erw. Aufl.).

Bundesvereinigung der Deutschen Arbeitgeberverbände (BDA), Abt. Bildungspolitik, Gesellschaftspolitik und Grundsatzfragen:
Weiterbildung durch Hochschulen. Gemeinsame Empfehlungen.
Berlin, Mai 2003.

Bund-Länder-Kommission für Bildungsplanung und Forschungsförderung (BLK) - Geschäftsstelle:
Vergleichende internationale Bildungsstatistik. Sachstand und Vorschläge zur Verbesserung.
Materialien zur Bildungsplanung und zur Forschungsförderung Heft 103.
Bonn: BLK-Geschäftsstelle 2002.

Bernhard Butzin:
Grußwort.
In: Helmut Vogt/Bernhard Christmann (Hrsg.):
Wissenschaftliche Weiterbildung in neuer Umgebung. Internationalisierung - gestufte Abschlüsse - moderne Strukturen.
(Dokumentation der 28. Jahrestagung der AUE September 1999).
Regensburg: Verlag AUE e.V. - Hochschule und Weiterbildung 2000, S. 11-13.

Cedefop's electronic training village:
www.trainingvillage.gr.

Bernhard Christmann:
Integrierte Vermittlung von Fach-, Methoden- und Sozialkompetenzen. Das Projekt B.I.S. - Berufsfähigkeit im Ingenieurstudium an der Ruhr-Universität Bochum.
In: Technische Universität Berlin Zentraleinrichtung Kooperation (Hrsg.):
Netzwerk Report Nr. 2, Soziale Kompetenz im Ingenieurberuf. Umsetzung von Schlüsselqualifikationen in Curricula technischer Studiengänge in der Ingenieurausbildung.
(Dokumentation der Fachtagung am 26./27.06.2000 an der Hochschule Bremen).
Berlin: 2001, S. 58-65.

Sylvia Clemens:
Special: Interkulturelles Training.
In: Wirtschaft & Weiterbildung 05/1998, S. 38-41.

Walter Conradi:
Personalentwicklung
Stuttgart: Enke 1983.

Mario von Cranach:
Die Unterscheidung von Handlungstypen - Ein Vorschlag zur Weiterentwicklung der Handlungspsychologie.
In: Bärbel Bergmann/Peter Richter (Hrsg.):
Die Handlungsregulationstheorie. Von der Praxis einer Theorie.
Göttingen: Hogrefe-Verlag 1994, S. 69-88.

Sigrid Damm-Rüger/Barbara Stiegler:
Soziale Qualifikation im Beruf. Eine Studie zu typischen Anforderungen in unterschiedlichen Tätigkeitsfeldern.
(Bundesinstitut für Berufsbildung, Der Generalsekretär (Hrsg.):
Berichte zur beruflichen Bildung Heft 192).
Bielefeld: W. Bertelsmann Verlag 1996.

Das Forschungs- und Entwicklungsprogramm "Lernkultur Kompetenzentwicklung". Theoretisch-strategische Überlegungen und Inhalte.
In: Arbeitsgemeinschaft Betriebliche Weiterbildung (Hrsg.):
QUEM-Bulletin Berufliche Kompetenzentwicklung Nr. 5`2000,
Berlin: September 2000, S. 9-16.

Christine Demmer:
Projektmanagement: Fallgrube Komplexität.
In: managerSeminare Heft 48, Mai 2001, S. 46-59.

Jacques Demorgon/Edmond-Marc Lipiansky/Burkhard K. Müller/Hans Nicklas:
Europa-Kompetenz lernen. Interkulturelle Ausbildung und Evaluation.
Frankfurt/Main: Campus Verlag 2001.

Jürgen Deller:
Interkulturelle Eignungsdiagnostik.
In: Alexander Thomas (Hrsg.):
Psychologie interkulturellen Handelns.
Göttingen/Bern/Toronto/Seattle: Hogrefe Verlag für Psychologie 1996, S. 283-316.

Andreas Diekmann:
Empirische Sozialforschung. Grundlagen, Methoden, Anwendungen.
Reinbek bei Hamburg: rowohlts Enzyklopädie 1998 (4. durchgesehene Aufl.).

Karin Derichs-Kunstmann:
Gewerkschaftliche Bildungsarbeit.
In: Rudolf Tippelt (Hrsg):
Handbuch Erwachsenenbildung/Weiterbildung.
Opladen: Leske + Budrich 1994, S. 421-426.

Domingo Diel:
Interkulturelles Lernen: Auf dem Weg zum gegenseitigen Verständnis und Respekt.
In: Klaus Götz (Hrsg.):
Interkulturelles Lernen/Interkulturelles Training.
München und Merian: Rainer Hampp Verlag 2000 (2. verb. Aufl.), S. 221-234.

Stephan Dietrich/Elisabeth Fuchs-Brüninghoff u.a.:
Selbstgesteuertes Lernen - auf dem Weg zu einer neuen Lernkultur.
Frankfurt/Main: Deutsches Institut für Erwachsenenbildung 1999.

Agnes Dietzen/Christiane Eberhardt/Peter Wordelmann/Heinrich Tillmann:
Einführung.
In: BIBB - Bundesinstitut für Berufsbildung (Hrsg.):
Transnationale Zusammenarbeit und Qualifizierung für Europa. Ergebnisse, Veröffentlichungen und Materialien aus dem BIBB.
Berlin und Bonn 1996, S. 5-8.

Klaus W. Döring:
Innovatives Management und Führung in der Praxis der Weiterbildung.
In: Frederic Fredersdorf (Hrsg.):
Unternehmenserfolg und Innovation. Das sozial kompetente Management.
Weinheim: Deutscher Studienverlag 2000, S. 61-93.

Klaus W. Döring:
Führen und Qualifizieren. Der Beitrag von Führung und Lehrbefähigung zur Corporate Identity Entwicklung - dargestellt am Beispiel des Deutschen Roten Kreuzes,
In: neue perspektiven, 1. Jg. Nr. I, Sommer 1996, S. 7-51.

Klaus W. Döring:
Praxis der Weiterbildung. Analysen - Reflexionen - Konzepte.
Weinheim: Deutscher Studienverlag 1991.

Klaus W. Döring:
Weiterbildung im System. Zur Professionalisierung des quartären Bildungssektors.
Weinheim: Deutscher Studienverlag 1988.

Klaus W. Döring/Bettina Ritter-Mamczek:
Lern- und Arbeitstechniken in der Weiterbildung. Erfolgreiches Selbstmanagement für Erwachsene.
Weinheim: Deutscher Studienverlag 2001.

Klaus W. Döring/Bettina Ritter-Mamzcek:
Weiterbildung im lernenden System.
Weinheim: Deutscher Studienverlag 1999 (2. völlig überarb. Aufl.).

Klaus W. Döring/Bettina Ritter-Mamczek:
Die Praxis der Weiterbildung.
Weinheim: Deutscher Studienverlag 1998 (2. völlig überarb. Ausg.).

Michel E. Domsch/Uta B. Lieberum:
Auslandseinsatz weiblicher Führungskräfte.
In: Gertraude Krell (Hrsg.):
Chancengleichheit durch Personalpolitik. Gleichstellung von Frauen und Männern in Unternehmen und Verwaltungen. Rechtliche Regelungen - Problemanalysen - Lösungen.
Wiesbaden: Betriebswirtschaftlicher Verlag Dr. Th. Gabler/GWV Fachverlage 2004, S. 231-242.

Rudolf Donnert:
Soziale Kompetenz. Der Praxisratgeber für ein kooperatives Arbeitsklima.
Würzburg: Lexika-Verlag Krick Fachmedien 1999 (2. überarb. Aufl.).

Claudia Drong:
Spezifisch methodische Techniken in der interkulturellen Arbeit.
In: Ingeborg Becker-Textor/Martin R. Textor:
SGB VIII - Online-Handbuch.
Quelle: http://www.sgbviii.de/S149.html vom 02.08.2004.

Hans-Jürgen Drumm:
Personalwirtschaftslehre.
Berlin/Heidelberg: Springer Verlag 1989.

Gisela Dybowski/Helmut Pütz/Edgar Sauter/Hermann Schmidt:
Ein Weg aus der Sackgasse - Plädoyer für ein eigenständiges und gleichwertiges Berufsbildungssystem.
In: Bundesinstitut für Berufsbildung (BIBB):
Entwicklungschancen durch Weiterbildung: Fortbildung und Alternativen.
(Ergebnisse, Veröffentlichungen und Materialien aus dem BIBB).
Berlin und Bonn: Oktober 1996, S. 13-28.

Doris Edelmann/Rudolf Tippelt:
Kompetenz - Kompetenzmessung: ein (kritischer) Überblick.
In: hiba - Durchblick 3/2004, S. 7-10.
Quelle: http://www.hiba.de/fachbeitrag/durchblick3_2004/Seiten aus DB_3-04 S.7.10.pdf vom 08.04.2005.

Kerim Edinsel:
Soziale Kompetenz und Berufserfolg (Soziologische Studien).
Aachen: Shaker Verlag 1998 (Diss TU 1993).

Efp - Europabüro für Projektbegleitung GmbH:
Sicherung und Transfer von Projektergebnissen, Stand: Oktober 1999.
Quelle: http://www.na-bibb.de/sokrates, Gemeinschaftsinitiativen vom 20.06.2001.

Efp - Europabüro für Projektbegleitung GmbH, Nationale Koordinierungsstelle für die Gemeinschaftsinitiative Beschäftigung (Hrsg.):
Efp-Leitfaden „Projektevaluation" - Die Bedeutung für ihr Projekt.
Bonn, September1999.

Christiane Ehses/Jürgen Heinen-Tenrich/Rainer Zech:
Das lernerorientierte Qualitätsmodell für Weiterbildungsorganisationen.
BLK-Modellversuch: Lernerorientierte Qualitätstestierung in Weiterbildungsnetzwerken.
Hannover: ArtSet Institut Mai 2001.

Arne Michael Eickhoff:
Was verdienen Trainer und Personalentwickler?
In: Jürgen Graf (Hrsg.):
Seminare 2001. Das Jahrbuch der Management-Weiterbildung 2001.
Bonn: ManagerSeminare Gerhard May VerlagsGmbH 2000 (12. völl. überarb. Ausg.), S. 57-63.

Astrid Emmerich/Gertraude Krell:
Managing Diversity-Trainings.
In: Gertraude Krell (Hrsg.):
Chancengleichheit durch Personalpolitik.
Wiesbaden 1997, S. 369-386 (3. Aufl. 2001).

Employment Community Initative:
Guide to Public Relations Activities for Project Promoters.
Brüssel o.J.
Quelle: http://www.na-bibb.de/sokrates, Gemeinschaftsinitiativen vom 20.06.2001.

Employment Community Initiative:
Guide to Achieving Impact for Project Promoters or: How to bring about the wider use of the outcomes of your project?
Quelle: http://www.na-bibb.de/sokrates, Gemeinschaftsinitiativen vom 20.06.2001.

Alfred Engelhardt:
Führung im Wandel - Herausforderung an das Management-Training.
In: Karl-Klaus Pullig/Uwe Schäkel:Institut für Management-Entwicklung (Hrsg.):
Weiterbildung im Wandel. Konzeptionelle und methodische Innovationen.
Hamburg: Windmühle 1987, S. 101-119.

Rudolf Epping:
Pädagogische Aspekte der Professionalisierung in der beruflichen Weiterbildung.
In: Rosemarie Klein/Gerhard Reutter (Hrsg.):
Lehren ohne Zukunft? Wandel der Anforderungen an das pädagogische Personal in der Erwachsenenbildung.
Baltmannsweiler: Schneider-Verlag Hohengehren, 1998, S. 46-53.

John Erpenbeck/Volker Heyse:
Die Kompetenzbiographie. Strategien der Kompetenzentwicklung durch selbstorganisiertes Lernen und multimediale Kommunikation.
Münster/New York/München/Berlin: Waxmann 1999.

John Erpenbeck/Lutz von Rosenstiel (Hrsg.):
Handbuch Kompetenzmessung. Erkennen, verstehen und bewerten von Kompetenzen in der betrieblichen, pädagogischen und psychologischen Praxis.
Stuttgart: Schäffer-Poeschel 2003.

John Erpenbeck/Lutz von Rosenstiel:
Einführung.
In: John Erpenbeck/Lutz von Rosenstiel (Hrsg.):
Handbuch Kompetenzmessung. Erkennen, verstehen und bewerten von Kompetenzen in der betrieblichen, pädagogischen und psychologischen Praxis.
Stuttgart: Schäffer-Poeschel 2003, S. IX-XL.

Astrid Ertelt-Vieth:
How to Analyze and Handle Cultural Gaps in German Everyday Life (from the Perspective of Exchange Students).
In: Interculture-Online 4/2003.
Quelle: http://www.interculture-online.de/info_dlz/ertelt_vieth_04_03.pdf vom 13.04.2004.

Martin Esser:
Ratings: Selbsturteile.
In: Werner Sarges (Hrsg.):
Management-Diagnostik.
Göttingen/Bern/Toronto/Seattle: Hogrefe 1995 (2. vollst. überarb. und erw. Aufl.), S. 649-655.

Dieter Euler:
Manche lernen es - aber warum? Lerntheoretische Fundierungen zur Entwicklung von sozialkommunikativen Handlungskompetenzen.
Quelle: www.iwp.unisg.ch/org/iwp/web.nsf/syswebRessources/ImDruck:ZBW-Euler/$FILE/Euler-ZBW.pdf vom 26.01.2004.

Europabüro für Projektbegleitung GmbH (Hrsg.):
Efp-Leitfaden „Transnationalität"- die Bedeutung für Ihr Projekt, für Teilnehmerinnen und Teilnehmer, für den Arbeitsmarkt.
Bonn, August 1997 (3. Sonderausgabe).

Europa-Handbuch Weiterbildung - EuHWB -
Redaktion Rainer Winkler/Elke Röder
Neuwied/Kriftel/Berlin: Hermann Luchterhand 1994 (Loseblatt-Sammlung).

Europäische Union, Ausschuss der Regionen:
Stellungnahme zur Interkulturellen Bildung. (CdR 194/96 find (EN) BD/KK/C/K/ue).
Brüssel 12./13. März 1997.

European Office for Programme Support (EUROPS):
A Guide to Transnationality for Adapt and Employment Projects 1996.
Quelle: http://www.na-bibb.de/sokrates vom 20.06.2001.

Barbara Fabian:
Umsetzung der Lissabonner Bildungsbeschlüsse. Die neue Rolle der EU in der Bildungspolitik und der neue Stellenwert der Bildung in der EU.
In: Grundlagen der Weiterbildung 2/2002, S. 124-129.

Barbara Fabian:
Neue Herausforderungen für die EU-Bildungspolitik.
In: Grundlagen der Weiterbildung 4/2000,
Weiterbildung in der „Wissensgesellschaft". S. 188-191.

Peter Faulstich:
Weiterbildung und Technik.
In: Rudolf Tippelt (Hrsg.):
Handbuch Erwachsenenbildung/Weiterbildung.
Opladen: Leske + Budrich 1994, S. 237-257.

Peter Faulstich/Christine Zeuner:
Erwachsenenbildung. Eine handlungsorientierte Einführung in Theorie, Didaktik und Adressaten.
Weinheim/München: Juventa 1999.

Uwe Faust/Claus Hefner:
Lernen und Management-Entwicklung.
In: Hermann Simon/Karlheinz Schwuchow (Hrsg.):
Management-Lernen und Strategie.
Stuttgart: Schäffer-Poeschel 1994, S. 119-130.

Hildegard Feidel-Mertz:
Erwachsenenbildung im Nationalsozialismus.
In: Rudolf Tippelt (Hrsg.):
Handbuch Erwachsenenbildung/Weiterbildung.
Opladen: Leske + Budrich 1994, S. 40-51.

Jörg Felfe:
TPK-Training pädagogischer Kompetenzen zur Vermittlung fachübergreifender Qualifikationen in der Berufsausbildung. Entwicklung und Erprobung eines Trainingsverfahrens.
Frankfurt am Main: Verlag Peter Lang 1992 (Diss. 1991).

Gerald R. Ferris/Dharm P.S. Bhawuk/Dwight D. Frink/John D. Keiser/David C. Gilmore/Rosana C. Canton:
The Paradox of Diversity in Organizations.
In: Alfred Gutschelhofer/Josef Scheff (Hrsg.):
Paradoxes Management. Widersprüche im Management - Management der Widersprüche.
Wien: Linde Verlag 1996, S. 203-229.

Veronika Fischer:
„Interkulturelle Kompetenz" in der fachwissenschaftlichen Diskussion.
Quelle: http://www.iiz-dvv.de/deutsch/aktuelles/erfurtliteratur/Fischer.htm vom 02.08.2004.

Karl-Heinz Flechsig (2003):
Interkulturelles Training.
Quelle: http://www.gwdg.de/%7ekflechs/iikdtraining.htm vom 07.03.2003.

Karl-Heinz Flechsig (2000):
Transkulturelles Lernen.
Quelle: http://www.gwdg.de/~kflechs/iikdiaps2-00.htm vom 10.02.2003.

Karl-Heinz Flechsig (1999):
Interkulturelle Didaktik.
Quelle: http://wwwuser.gwdg.de/~kflechs/iikdiaps1-99.htm vom 02.08.2004.

Karl-Heinz Flechsig (1998):
Methoden interkultureller Trainings.
Quelle: http://www.user.gwdg.de/~kflechs/iikdiaps1-98.htm vom 05.12.2003.

Karl-Heinz Flechsig (1997a):
Interkulturelles und kulturelles Lernen.
Quelle: http://www.gwdg.de/~kflechs/iikdiaps1-97.htm vom 10.02.2003.

Karl-Heinz Flechsig (1997b):
Die Entwicklung interkultureller Kommunikationskompetenz aus der Sicht der Interkulturellen Didaktik. Vortrag für die „Siebte Göttinger Fachtagung Fremdsprachenausbildung an der Universität" mit dem Thema „Sprach- und Kulturkontraste im Fremdsprachenunterricht".
Quelle: http://www.gwdg.de/~kflechs/iikdiaps2-97.htm vom 10.02.2003.

Karl-Heinz Flechsig (1996):
Didaktische Prinzipien.
Manuskript 1996, Quelle: http://www.gwdg.de/~kflexchs/iikdiaps7-96.htm vom 10.02.2003.

Frederic Fredersdorf (2001a):
Kernkompetenzen von EU-Dozentinnen und EU-Dozenten.
In: Monika Rummler (Hrsg.):
Fit für Europa. Weiterbildung zu EU-Dozentinnen und EU-Dozenten. Management europäischer Projekte für die Weiterbildung.
Frankfurt am Main: Peter Lang Europäischer Verlag der Wissenschaften 2001, S. 251-262.

Frederic Fredersdorf (2001b):
Kennzahlen im Personalwesen - Sind menschliche Qualitäten messbar?
In: M. Bernhard/S. Hoffschröer:
Report Balanced Scorecard.
Düsseldorf 2001, S. 189-206.

Frederic Fredersdorf:
Soziale Innovation und Unternehmenserfolg.
In: Frederic Fredersdorf (Hrsg.):
Unternehmenserfolg und Innovation. Das sozial kompetente Management.
Weinheim: Deutscher Studienverlag 2000, S. 25-41.

Frederic Fredersdorf/Brigitte Mayer:
Wie misst man Kompetenzen? - Möglichkeiten und Grenzen von Aufnahmeverfahren.
In: neue perspektiven. Zeitschrift für berufliche Bildung und Weiterbildung:
Zum Thema Soft Skills.
Nr. 1, 8. Jg., Sommer 2003, S. 22-43.

Andreas Frey/Lars Balzer:
Beurteilungsbogen zu sozialen und methodischen Kompetenzen - smk99.
In: John Erpenbeck/Lutz von Rosenstiel (Hrsg.):
Handbuch Kompetenzmessung. Erkennen, verstehen und bewerten von Kompetenzen in der betrieblichen, pädagogischen und psychologischen Praxis.
Stuttgart: Schäffer-Poeschel 2003, S. 323-335.

Karl Frey:
Die Projektmethode. Der Weg zum bildenden Tun.
Weinheim und Basel: Beltz Verlag 1998 (8. überarb. Aufl.).

Jürgen Friedrichs:
Methoden empirischer Sozialforschung.
Opladen: Westdeutscher Verlag 1982 (10. Aufl.).

Gisela Führing:
„Irritation als notwendiger Bestandteil von Begegnung". Eröffnungsreferat.
In: Bundeszentrale für politische Bildung (Hrsg.):
Dialog zwischen den Kulturen. Gemeinsam leben in Deutschland - Miteinander reden. Zueinander finden. (Eine Dokumentation von Claudia Lutze).
Bonn 1998, S. 46-51.

Manfred Garhammer:
Wie Europäer ihre Zeit nutzen. Zeitstrukturen und Zeitkulturen im Zeichen der Globalisierung.
Berlin: Edition Sigma 1999.

Eduard Gaugler/Peter Kadel:
Weiterbildung von Führungskräften.
In: Rudolf Tippelt (Hrsg.):
Handbuch Erwachsenenbildung/Weiterbildung.
Opladen: Leske + Budrich 1994, S. 598-605.

Gemini Consulting GmbH, Bad Homburg:
Erfolgsfaktoren für multinationale Teams.
In: management & training 12/2000, S. 15.

Generaldirektion Bildung und Kultur:
Bildung und Kultur. Leitfaden der Programme und Aktionen.
Quelle: www.Eu-Kommission.de/pdf/bildungundkultur/bildkultleitfaden.pdf vom 11.01.2001.

Wiltrud Gieseke:
Professionalisierung in der Erwachsenenbildung/Weiterbildung.
In: Rudolf Tippelt (Hrsg.):
Handbuch Erwachsenenbildung/Weiterbildung.
Opladen: Leske + Budrich 1994, S. 372-383.

Astrid Gieselmann/Gertraude Krell:
Diversity Trainings: Verbesserung der Zusammenarbeit und Führung einer vielfältigen Belegschaft.
In: Gertraude Krell (Hrsg.):
Chancengleichheit durch Personalpolitik. Gleichstellung von Frauen und Männern in Unternehmen und Verwaltungen. Rechtliche Regelungen - Problemanalysen - Lösungen.
Wiesbaden: Betriebswirtschaftlicher Verlag Dr. Th. Gabler/GWV Fachverlage 2004 (4. vollst. überarb. und erw. Aufl.), S. 393-412.

Axel Gloger:
Interkulturelle Trainings.
In: managerSeminare Heft 44, September 2000, S. 97-105.

Axel Gloger/Constantin Gillies:
Neun Megatrends für den Bildungsmarkt.
In: Jürgen Graf (Hrsg.):
Seminare 2001. Das Jahrbuch der Management-Weiterbildung 2001.
Bonn: ManagerSeminare Gerhard May VerlagsGmbH 2000 (12. völl.überarb.Ausg.), S. 75-86.

Svenja Gloger:
Auf der Suche nach Qualität. Trainerausbildungen.
In: managerSeminare Heft 45, November 2000, S. 78-86.

Klaus Götz (Hrsg.):
Interkulturelles Lernen/Interkulturelles Training.
München und Mering: Rainer Hampp Verlag 2000 (2. verb. Aufl.).

Jürgen Graf:
Kompetenzentwicklung. Kompetenz geht vor Persönlichkeit.
In: manager Seminare Heft 52, Januar 2002, S. 109-114.

Jürgen Graf (2000a):
Trendanalyse 2000: Quo vadis, Weiterbildung?
In: Jürgen Graf (Hrsg.):
Seminare 2001. Das Jahrbuch der Management-Weiterbildung 2001.
Bonn: ManagerSeminare Gerhard May VerlagsGmbH 2000 (12. völl.überarb.Ausg.), S. 17-36.

Jürgen Graf (2000b):
Stellenmarktanalyse: Vom Trainer zum Bildungsmanager.
In: Jürgen Graf (Hrsg.):
Seminare 2001. Das Jahrbuch der Management-Weiterbildung 2001.
Bonn: ManagerSeminare Gerhard May VerlagsGmbH 2000 (12. völl.überarb.Ausg.), S. 65-72.

Hans Fritz Gross:
Lehren und Leiten in Unterricht und Arbeitswelt. Grundlagen und Praxis.
Neuwied: Luchterhand 1991.

Wolfgang Grunwald:
Von den Anforderungen zur Eignung: Aufgaben und Schlüsselqualifikationen von Managern.
In: Werner Sarges (Hrsg.):
Management-Diagnostik.
Göttingen/Bern/Toronto/Seattle: Hogrefe Verlag für Psychologie 1995 (2. vollst. überarb.u. erw. Aufl.), S. 194-205.

Barbara Gülpen:
Evaluation betrieblicher Verhaltenstrainings unter Berücksichtigung des Nutzens.
München: Rainer Hampp 1996.

Anette Hammerschmidt:
Interkulturelle Kompetenz - Theorie und Praxis. Gibt es spezifisch interkulturelle Kompetenzen?
In: SIETAR Deutschland Newsletter, Heft 3/2000, 6. Jg., S. 4-6.

Frank Hartmann:
Erfolgreiche Weiterbildung - mehr als die Summe ihrer Teile.
In: Jürgen Graf (Hrsg.):
Seminare 2001. Das Jahrbuch der Management-Weiterbildung 2001.
Bonn: ManagerSeminare Gerhard May VerlagsGmbH 2000 (12.völl.überarb.Ausg.), S. 99-106.

Martin Hartmann/Michael Rieger/Brigitte Pajonk:
Zielgerichtet moderieren. Ein Handbuch für Führungskräfte, Berater und Trainer.
Weinheim/Basel: Beltz Verlag 1997.

Christoph V. Haug:
Erfolgreich im Team. Praxisnahe Anregungen und Hilfestellungen für effiziente Zusammenarbeit.
München: C.H. Beck 1998.

Jürgen Hauschildt:
Innovationsmanagement.
München: Verlag Franz Vahlen 1993.

Renate Hauser:
Soziale Kompetenz trainieren. Zielorientiert kommunizieren.
Regensburg/Düsseldorf: Fit for Business 1999.

Günter Heitmann:
Zertifizierung wissenschaftlicher Weiterbildung.
In: Monika Rummler (Hrsg.):
Fit für Europa - Weiterbildung zu EU-Dozentinnen und EU-Dozenten. Management europäischer Projekte für die Weiterbildung.
Frankfurt am Main: Peter Lang GmbH Europäischer Verlag der Wissenschaften 2001, S. 271-283.

Frank Herbrand:
Interkulturelle Kompetenz. Wettbewerbsvorteil in einer globalisierenden Wirtschaft.
Bern u.a.: Verlag Paul Haupt 2000.

Frank Herbrand:
Fit für fremde Kulturen. Interkulturelles Training für Führungskräfte.
Bern u.a.: Verlag Paul Haupt 2002.

Martin Hertkorn:
Berufsbiographien von Weiterbildnern.
Berlin: Inqua-Institut Berlin i.A. des BMBF, 2002.

Friso den Hertog/Guido Philips/Jan Cobbenhagen:
Paradox Management: The Fourth Phase of Innovation Management.
In: Alfred Gutschelhofer/Josef Scheff (Hrsg.):
Management-Perspektiven Band 3:
Paradoxes Management. Widersprüche im Management - Management der Widersprüche.
Wien: Linde 1996, S. 43-76.

Hermann-Günter Hesse/Kerstin Göbel:
Evaluation and quantitative methods in global learning: A contribution from the field of intercultural sensitivity. (Paper presented at the Global Education Network Europe (GENE) expert meeting: Sharing practice and theory in global education: Improving quality and raising standards through evaluation, held at the Friedrich-Alexander-University Erlangen-Nürnberg, March 29, 2003).
Quelle: http://www.coe.int/T/E/North-South_Centre/Programmes/3_Glob... vom 15.07.2003.

Ulrike Heuer:
Lehren und Lernen im Wandel.
In: Ulrike Heuer/Tatjana Botzat/Klaus Meisel (Hrsg.):
Neue Lehr- und Lernkulturen in der Weiterbildung.
Bielefeld: W. Bertelsmann Verlag 2001, S. 13-35.

Volker Heyse/John Erpenbeck:
Der Sprung über die Kompetenzbarriere. Kommunikation, selbstorganisiertes Lernen und Kompetenzentwicklung von und in Unternehmen.
Bielefeld: W. Bertelsmann Verlag 1997.

Richard Hill:
EuroManagers & Martians. The Business Cultures of Europe's Trading Nations.
Brussels: Europublic SA/NV 1998 (2. Aufl.).

Hans Hörschgen:
Grundbegriffe der Betriebswirtschaftslehre.
Stuttgart: C.E. Poeschel 1987 (2. durchgesehene Aufl.).

Christiane Hof:
Geschichte der Erwachsenen- und Weiterbildung in Deutschland.
In: Arnim Kaiser/Jörg E. Feuchthofen/Rainer Güttler (Hrsg.):
Europa-Handbuch Weiterbildung (Loseblattsammlung).
Neuwied/Kriftel: Luchterhand Verlag, 2. März 1995, S. 1-10.

Geert Hofstede:
Globales Denken, lokales Handeln. Kulturen, Zusammenarbeit und Management.
München: C.H. Beck 1997.

Jörg Hogen (Hrsg. Birger P. Priddat):
Entwicklung interkultureller Kompetenz.
Marburg: Metropolis-Verlag 1998.

Herbert Hollmann/Gerd Reitzig:
Evaluation und Messung personaler Eignungsindikatoren: Referenzen und Dokumentenanalyse.
In: Werner Sarges (Hrsg.):
Management-Diagnostik.
Göttingen/Bern/Toronto/Seattle: Hogrefe Verlag für Psychologie 1995 (2. vollst. überarb. u. erw. Aufl.), S. 463-470.
Cheryl W. Van Hook:
Preparing Teachers for the Diverse Classroom: A Developmental Model of Intercultural Sensitivity.
Quelle: http://ecap.crc.uiuc.edu/pubs/katzsym/vanhook.html vom 15.07.2003.

IFIM Institut für Interkulturelles Management:
Interkulturelle Kernkompetenzen. Was bringt die neue Programmreihe?
Presse-Service 1/2000, S. 1-3.
Quelle: http://www.ifim.de/aktuell/pr-service/PR-SERVICE%201-00.pdf vom 12.07.2004.

InWent Internationale Weiterbildung und Entwicklung gGmbH:
Sokrates II-Grundtvig 3. Wie organisiere ich ein Kursangebot für ein internationales Publikum? Ein Handbuch zum Projektmanagement.
Köln, August 2003.

Rainer Janz:
Soziales Know-how als Unternehmenserfolg.
In: Frederic Fredersdorf (Hrsg.):
Unternehmenserfolg und Innovation. Das sozial kompetente Management.
Weinheim: Deutscher Studienverlag 2000, S. 42-60.

Walter Jochmann:
Bildungscontrolling wird immer wichtiger. Interview.
In: management & training. Magazin für Human Resources Development Nr. 11: Professionalisierung gefordert. Personalentwicklung auf dem Prüfstand.
Neuwied/Kriftel: Luchterhand 2001, S. 20-21.

Petra Jordan:
Die Rolle des Dozenten/der Dozentin im Wandel.
In: Zentraleinrichtung Kooperation/Bereich Weiterbildung (Hrsg.):
Info-Brief Weiterbildung Nr. 1, Juli 2000, S. 1-2.

Gerd Jüttemann
Eignungsdiagnostik im Managementbereich: Eignung als Prozess.
In: Werner Sarges (Hrsg.):
Management-Diagnostik.
Göttingen/Bern/Toronto/Seattle: Hogrefe Verlag für Psychologie 1995 (2. vollst. überarb.u. erw. Aufl.), S. 62-71.

Dietmar Kanatschnig/Petra Schmutz:
Leitfaden zur Selbstevaluation - 20 Arbeitsschritte zur Optimierung der Projektarbeit.
Wien: Österreichisches Institut für nachhaltige Entwicklung April 2000.

Steffen Kanis:
Trainings zur interkulturellen Kommunikation.
In: Neue Perspektiven. Zeitschrift für berufliche Bildung und Weiterbildung.
Berlin: Nr. 1, 2. Jg., Sommer 1997, S. 35-38.

Werner Kannheiser:
Erfassung situativer Anforderung von Managementfunktionen: Erfassung der Anforderungen einer konkreten Position.
In: Werner Sarges (Hrsg.):
Management-Diagnostik.
Göttingen/Bern/Toronto/Seattle: Hogrefe Verlag für Psychologie 1995 (2. vollst. überarb.u. erw. Aufl.), S. 141-150.

Simone Kauffeld/Sven Grote:
Sozialkompetenz wird überschätzt.
In: Management & Training Nr. 9/2001, S. 12-17.

Simone Kauffeld/Sven Grote/Ekkehard Frieling:
Das Kasseler Kompetenz-Raster (KKR).
In: John Erpenbeck/Lutz von Rosenstiel (Hrsg.):
Handbuch Kompetenzmessung. Erkennen, verstehen und bewerten von Kompetenzen in der betrieblichen, pädagogischen und psychologischen Praxis.
Stuttgart: Schäffer-Poeschel 2003, S. 261-282.

Gottfried Keller:
Didaktik des interkulturellen Lernens aus neurobiologisch-konstruktivistischer und sozialpsychologischer Sicht.
Quelle: http://ourworld.compuserve.com/homepages/michaelwendt/Seiten/Keller3.htm vom 10.01.2003.

Hedwig Kellner:
Ganz nach oben durch Projektmanagement.
München/Wien: Carl Hanser Verlag 2000.

Dieter Kirchhöfer:
Neue Formen des Lehrens und Lernens in der außerbetrieblichen Weiterbildung.
In: Arbeitsgemeinschaft QUEM, Öffentlichkeitsarbeit (Hrsg.):
QUEM-Report Heft 37, Berlin 1995.

Jens Klusemann:
Typologie der Innovationsbereitschaft.
Bern: Verlag Hans Huber 2003.
Nach: Neues Verfahren identifiziert innovative Typen im Unternehmen.
In: Training aktuell, Nr. 10/2003, 6. Oktober 2003, S. 20-21.

Karlfried Knapp/Annelie Knapp-Potthoff:
Interkulturelle Kommunikation.
In: Zeitschrift für Fremdsprachenforschung 1, 1990, S. 62-93.

Joachim H. Knoll:
Internationale Weiterbildung und Erwachsenenbildung. Konzepte, Institutionen, Methoden.
Darmstadt: Wissenschaftliche Buchgesellschaft 1996.

Jörg Knoll:
Qualitätsentwicklung in der Hochschulweiterbildung.
In: Helmut Vogt/Bernhard Christmann (Hrsg.):
Wissenschaftliche Weiterbildung in neuer Umgebung. Internationalisierung - gestufte Abschlüsse - moderne Strukturen.
(Dokumentation der 28. Jahrestagung der AUE September 1999).
Regensburg: Verlag AUE e.V. - Hochschule und Weiterbildung 2000, S. 115-124.

Karl Köhl:
Seminar für Trainer: Das situative Lehrtraining. Trainer lernen lehren.
Hamburg: Windmühle 1987.

Dirk Koentopp:
Gruppenarbeit im interkulturellen Kontext: Deutschland - Niederlande.
Osnabrück: Verlag Dirk Koentopp 2000.
Quelle: http://www.dirk-koentopp.de/kap5/kap521.htm vom 03.08.2004.

Kommission der europäischen Gemeinschaften:
Bericht der Kommission. Die konkreten künftigen Ziele der Bildungssysteme.
Brüssel: KOM(2001) 59final vom 31.01.2001.
Quelle: www.EU-Kommission.de/pdf/bildungundkultur/bildungssysteme.pdf vom 11.07.2001.

Kommission der Europäischen Gemeinschaft, Evaluierungsreferat der Generaldirektion „Entwicklung":
Handbuch Methoden und Instrumente für das Management des Projektzyklus. Integrierter Ansatz und Projektplanungsübersicht, Nr. 1.
Luxemburg im Februar 1993.

Udo Konradt:
Hypermediale Lernsysteme zum Training interkulturellen Managements.
In: Klaus Götz (Hrsg.):
Interkulturelles Lernen/Interkulturelles Training.
München und Merian: Rainer Hampp Verlag 2000 (2. verb. Aufl.), S. 81-95.

Wolfgang H. Koschnick:
Management. Enzyklopädisches Lexikon.
Berlin/New York: de Gruyter 1995.

Gertraude Krell:
Managing Diversity: Chancengleichheit als Wettbewerbsfaktor.
In: Gertraude Krell (Hrsg.):
Chancengleichheit durch Personalpolitik. Gleichstellung von Frauen und Männern in Unternehmen und Verwaltungen. Rechtliche Regelungen - Problemanalysen - Lösungen.
Wiesbaden: Betriebswirtschaftlicher Verlag Dr. Th. Gabler/GWV Fachverlage 2004 (4. vollst. überarb. und erw. Aufl.), S. 41-56.

Gertraude Krell:
Mono- oder multikulturelle Organisation? Managing Diversity auf dem Prüfstand.
In: Industrielle Beziehungen. Heft 4/1994, S. 334-350.

Herwig Kressler:
Personal-Management im neuen Europa. Szenarien zur Jahrtausendwende. Strategien und Instrumente.
Wien: Überreuter 1993.

Ben Krischausky:
„Mehr als (eine) Technik". Praxishilfen Schlüsselqualifikationen.
(Stiftung Berufliche Bildung (Hrsg.):
Ausbildung, Technik, Didaktik. Konzepte für die Praxis).
Hamburg 1991.

Gerhard Kroll:
Modelle für das Management. Gestern - heute - übermorgen. Handbuch Band 1.
Chemnitz: Oberbaum Verlag 1998.

Nino Kumar:
Interkulturelle Managementforschung. Ein Überblick über Ansätze und Probleme.
In: WiSt - Wirtschaftswissenschaftliches Studium.
München/Frankfurt: Verlage Franz Vahlen und C.H. Beck, 1988, 17. Jg., S. 389-394; 426-427.

Frank Lammers:
Personalentwicklung "off the job".
In: Martin Kleinmann/Bernd Strauß (Hrsg.):
Potentialfeststellung und Personalentwicklung.
Göttingen/Bern/Toronto/Seattle: Verlag für Angewandte Psychologie 2000 (2. überarb. u. erw. Aufl.), S. 204-225.

Landesinstitut für Schule und Weiterbildung (Hrsg.):
Im Netz der Organisation. Ein Handbuch für Menschen in Kultur- und Weiterbildungseinrichtungen.
Soest: 1992 (2. Aufl.).

Johanna Lasonen:
Interculturalisation though Music Teaching.
In: KVS Foundation in Cooperation with the Finnish Adult Education Research Socienty. LLinE - Lifelong Learning in Europe.
Helsinki: Vol. VIII, Issue 2, 2003, S. 10-16.

Hanna Lauterbach:
„Internationalisation" or „globalisation" of higher education? Conceptual changes in recent discussions and documents.
In: Bayerisches Staatsinstitut für Hochschulforschung und Hochschulplanung (Hrsg.): Beiträge zur Hochschulforschung, Heft 1, München 2001, S. 21-46.

Martin Lehner:
Pädagogik der Mitarbeiterführung. Differenzorientierte Bildung und subjektive Führungsstandards.
(Rolf Arnold (Hrsg.):
Grundlagen der Berufs- und Erwachsenenbildung, Band 26).
Hohengehren: Schneider Verlag 2001.

Martin Lehner/Frederic Fredersdorf:
Fachtrainings erfolgreich gestalten. Praxishandbuch für Trainer, Führungskräfte und Experten.
Bern/Stuttgart/Wien: Haupt Verlag 2003.

Dieter Lellmann:
Europäische Perspektiven der beruflichen Weiterbildung aus der Sicht der Bundesregierung.
In: Bernt Paulsen/Franz Worschech (Hrsg.):
Arbeitsorientierte Weiterbildung für KMU. Strategien - Konzepte - Methoden.
Brüssel: Eurotecnet 1993, S. 69-75.

Andreas Lenzen:
Erfolgsfaktor Schlüsselqualifikationen. Mitarbeiter optimal fördern.
Heidelberg: I.H. Sauer-Verlag 1998.

Richard D. Lewis:
When cultures collide. Managing successfully across cultures.
London: Nicholas Brealey 1996.

Jörg Longmuß:
Projektarbeit in der Konstruktionsausbildung - Organisation und Bewertung.
(Forschungsberichte VDI Reihe 1: Konstruktionstechnik/Maschinenelemente Nr. 302).
Düsseldorf: VDI Verlag 1998.

Jörg Longmuß/Monika Rummler:
Interkulturelles Projektmanagement - Probleme und Lösungsansätze am Beispiel von EU-Projekten.
In: Neue perspekt!ven. Zeitschrift für berufliche Bildung und Weiterbildung.
Zum Thema: Weiterbildung - Fit für die Zukunft? Milleniumsausgabe.
Berlin: Nr. 2, 4. Jg., Winter 1999, S. 5-18.
Gerhard Maletzke:
Interkulturelle Kommunikation. Zur Interaktion zwischen Menschen verschiedener Kulturen.
Opladen: Westdeutscher Verlag 1996.

management & training. Magazin für Human Resources Development.
Heft 1, 2000, S. 46-55.

managerSeminare. Das Weiterbildungsmagazin.
Heft 58, Juli/August 2002, S. 16.
Heft 20, 1995, S. 60-70.

Wenzel Matiaske:
Statistische Datenanalyse mit Mikrocomputern. Einführung in P-STAT und SPSS/PC.
München/Wien: Oldenbourg 1990.

Elisabeth Mehrmann/Thomas Wirtz:
Effizientes Projektmanagement. Erfolgreich Konzepte entwickeln und realisieren.
Düsseldorf: Econ Verlag 1999 (3. aktual. u. erw. Neuaufl.).

Katrin Merx/Christina Bötel:
Qualität in der beruflichen Bildung - ein sächsisches Markenzeichen.
Hannover/Leipzig: Institut für Entwicklungsplanung und Strukturforschung 1997.

Peter Meyer-Dohm:
Geistige Grundlagen der Weiterbildung heute.
In: Peter von Blomberg (Mitverf.):
Weiterbildung im Wandel. Konzeptionelle und methodische Innovationen.
(Karl-Klaus Pullig/Uwe Schäkel, Institut für Managemententwicklung (Hrsg.):
Reihe Betriebliche Weiterbildung, Bd. 9).
Hamburg: Windmühle 1987 (1. Aufl.), S. 41-67.

Valerie Mitchell:
Universitäre Weiterbildung in Europa. Ein Handbuch für Führungskräfte.
Liège: EUCEN 2000.

Elke Möller:
Interkulturelles Kompetenztraining im universitären Lehr-/Lernbetrieb.
In: Johannes Wildt/Birgit Encke/Kaen Blümcke (Hrsg.):
Professionalisierung der Hochschuldidaktik.
Bielefeld: W. Bertelsmann 2003, S. 164-175.

John Mole:
Der Euro-Knigge für Manager. Gemeinsamer Markt - verschiedene Sitten.
München: Wilhelm Heyne 1995.

Christoph Müller:
Interkulturelle Kompetenz aus der Sicht deutscher Führungskräfte.
In: SIETAR Deutschland Newsletter, Heft 3/2000, 6. Jg., S. 7-10.

Ralf Mytzek:
Mobilität von Deutschen in Europa. Der Einfluss von Alter und Bildung auf Migration.
In: Wissenschaftszentrum Berlin für Sozialforschung. Presse- und Informationsreferat:
WZB-Mitteilungen Heft 103, März 2004, S. 37-41.

Nationale Agentur Bildung für Europa beim Bundesinstitut für Berufsbildung (BIBB) (Hrsg.):
Die Bedeutung von Auslandserfahrungen. (Ergebnisse der LEONARDO-DA-VINCI-Jahrestagung Mobilität. 24./25. September 2001 Bonn).
impuls 02, 2001.

Reiner Neumann/Karsten Bredemeier:
Projektmanagement von A-Z. Das Handbuch für Praktiker. Schnelle Antworten in alphabetischer Übersicht.
Frankfurt/New York: Campus 1996.

Dieter Nittel:
Von der Mission zur Profession.
Bielefeld: Bertelsmann 2000.

Ekkehard Nuissl:
Vorbemerkungen.
In: Erhard Schlutz (Hrsg.):
Lernkulturen. Innovationen, Preise, Perspektiven.
Frankfurt/Main: Deutsches Institut für Erwachsenenbildung 1999, S. 5-7.

Ekkehard Nuissl:
Innovation statt Bildungsreform?
In: Erhard Schlutz (Hrsg.):
Lernkulturen. Innovationen, Preise, Perspektiven.
Frankfurt/Main: Deutsches Institut für Erwachsenenbildung 1999, S. 28-38.

Ekkehard Nuissl (Hrsg.):
Adult Education and Learning in Europe. Evaluation of the Adult Education Action within the Socrates Programme.
Frankfurt/Main: Deutsches Institut für Erwachsenenbildung 1999.

Ekkehard Nuissl:
Ordnungsgrundsätze der Erwachsenenbildung in Deutschland.
In: Rudolf Tippelt (Hrsg.):
Handbuch Erwachsenenbildung/Weiterbildung.
Opladen: Leske + Budrich 1994, S. 346-350.

Ekkehard Nuissl von Rein:
Evaluation of the Adult Education Action withing the SOCRATES Programme:
In: Anneli Kajanto/Antti Kauppi (Hrsg.):
LlinE - Lifelong Learning in Europe.
Vol. IV, Issue 2/1999, S. 159-164.

Ingelore Oomen-Welke:
Europabegegnung intensiv. Interkulturelle Praxis mit künftigen Lehrpersonen.
In: Norbert Boteram (Hrsg.):
Interkulturelles Verstehen und Handeln. Beiträge aus Erziehungs-, Sozial- und Sprachwissenschaften.
Pfaffenweiler: Centaurus-Verl.-Ges., 1993, S. 222-240.

R. Michael Paige:
Trainer Competencies for International and Intercultural Programs.
In: R. Michael Paige (Hrsg.):
Education for the Intercultural Experience.
Yarmouth/Maine, USA: Intercultural Press Inc. 1993 (2. Aufl.), S. 169-199.

Skevos Papioannou:
Challenges and Perspektives in Education in Modern Societies.
In: Anneli Kajanto/Antti Kauppi (Hrsg.):
LlinE - Lifelong Learning in Europe.
Vol. V, Issue 4/2000, S. 233-240.

Michael Paschen:
Fit für die Fremde? Internationale Assessment-Center.
In: managerSeminare Heft 50, September 2001, S. 94-102.

Heinrich von Pierer:
Erfinden, entwickeln, unternehmerisch umsetzen - Von der Idee zum Markterfolg.
In: Heinrich von Pierer/Bolko von Oetinger:
Wie kommt das Neue in die Welt?
Berlin: Sonderausgabe Buchhandlung Kiepert, April 2000, S. 20-37.

Hans-Eberhard Plath:
Kompetenzen für die Zukunft - Prognosen und Probleme.
Mannheim im Oktober 2000.
Quelle: http://arbeitsamt.hdm-stuttgart.de/media/pdf/download/vortraege/workshop_plath.pdf. vom 11.12.2001.

Franz Pöggeler:
Erwachsenenbildung als Faktor der europäischen Integration.
In: Rudolf Tippelt (Hrsg.):
Handbuch Erwachsenenbildung/Weiterbildung.
Opladen: Leske + Budrich 1994, S. 470-481.

Rebecca Powell:
Straight Talk. Growing as Multicultural Educators.
New York: Peter Lang Publishing Inc. 2001.

Ernst Prokop:
Weiterbildung in globalen Kontexten - Prinzipien, Probleme, Praxis.
In: Klaus Götz (Hrsg.): Interkulturelles Lernen/Interkulturelles Training.
München und Merian: Rainer Hampp Verlag 2000 (2. verb. Aufl.), S. 255-274.

Ernst Prokop/Irmgard Schroll-Decker:
Das Gefüge der Weiterbildung in Deutschland.
In: Arnim Kaiser/Jörg E. Feuchthofen/Rainer Güttler (Hrsg.):
Europa-Handbuch Weiterbildung (Loseblattsammlung).
Neuwied/Kriftel: Luchterhand Verlag 1996, S. 1-44.

Dietrich von Queis:
Vom „richtigen" Umgang mit fremden Kulturen: Interkulturelle Begegnungen in Forschung, Lehre und Studium.
In: Brigitte Berendt/Hans-Peter Voss/Johannes Wildt (Hrsg.):
Neues Handbuch Hochschullehre.
Berlin: Dr. Josef Raabe Verlags-GmbH, Ausgabe 12/2004, G 5.1 (Loseblatt-Sammlung).

Viviane Reding:
„Die Rolle der Europäischen Gemeinschaft auf dem Weg zur Wissens- und Informationsgesellschaft (SPEECH/01/108).
Zentrum für Europäische Integrationsforschung, Universität Bonn am 7. März 2001.

Jost Reischmann:
Weiterbildungsevaluation. Lernerfolge messbar machen.
Neuwied/Kriftel: Luchterhand 2003.

Gerhard Reutter:
Begründungsrahmen: Gesellschaftliche Entwicklungstrends. Berufliche Weiterbildung im Umbruch - Was begründet die neuen Anforderungen an das Lehrpersonal?
In: Rosemarie Klein/Gerhard Reutter (Hrsg.):
Lehren ohne Zukunft? Wandel der Anforderungen an das pädagogische Personal in der Erwachsenenbildung.
Baltmannsweiler: Schneider Verlag Hohengehren1998, S. 17-38.

Falko Rheinberg/Rainer Bromme/Beate Minsel/Adi Winteler/Bernd Weidenmann:
Die Erziehenden und die Lehrenden.
In: Andreas Krapp/Bernd Weidenmann (Hrsg.):
Pädagogische Psychologie. Ein Lehrbuch.
Weinheim: Beltz Psychologie VerlagsUnion 2001 (4. vollst. überarb. Aufl.), S. 332-355.

Wolfgang Rihm:
Im Gespräch mit Margarete Zander: Vertraue auf die Schwerkräfte!
In: Heinrich von Pierer/Bolko von Oetinger:
Wie kommt das Neue in die Welt?
Berlin: Sonderausgabe Buchhandlung Kiepert, April 2000, S. 13-19.

Rudi Rohlmann:
Weiterbildungsgesetze der Länder.
In: Rudolf Tippelt (Hrsg.):
Handbuch Erwachsenenbildung/Weiterbildung.
Opladen: Leske + Budrich 1994, S. 356-371.

Jürgen Rothlauf:
Interkulturelles Management: mit Beispielen aus Vietnam, China, Japan, Russland und Saudi-Arabien.
München/Wien: Oldenbourg 1999.

Hans-Michael Rummler:
Die Bedeutung der Schlüsselqualifikationen für die Weiterbildung von Führungskräften. Frankfurt/Main: Peter Lang 1991.

Monika Rummler:
Interkulturelle Kompetenz für die Lehre trainieren und Lehre interkulturell gestalten.
In: TU Berlin, Zentraleinrichtung Kooperation/Wissenschaftliche und interne Weiterbildung (Hrsg.):
Info-Brief Weiterbildung Nr. 10, Juli 2003, S. 1-2.

Monika Rummler (2001a):
Der Rahmen: Realisierung einer Idee.
In: Monika Rummler (Hrsg.):
Fit für Europa - Weiterbildung zu EU-Dozentinnen und EU-Dozenten. Management europäischer Projekte für die Weiterbildung.
Frankfurt am Main: Peter Lang GmbH Europäischer Verlag der Wissenschaften 2001, S. 23-75.

Monika Rummler (2001b):
Modul 12: Integration der Erkenntnisse und Erfahrungen zum Lernort Europa.
In: Monika Rummler (Hrsg.):
Fit für Europa - Weiterbildung zu EU-Dozentinnen und EU-Dozenten. Management europäischer Projekte für die Weiterbildung.
Frankfurt am Main: Peter Lang GmbH Europäischer Verlag der Wissenschaften 2001, S. 225-243.

Monika Rummler (2001c):
Rezension zu Ulla Bünde/Ingrid Janzen (Hrsg.):
Vocational Training Glossary - English Working Terminology in France, Germany, Greece, Italy, Portugal.
In: Neue perspektiven. Zeitschrift für berufliche Bildung und Weiterbildung.
Zum Thema: Lehren und Lernen in der Weiterbildung - Personalentwicklung, Quo Vadis?
Nr. 1, 6. Jg. Frühjahr/Sommer 2001c, S. 103-104.

Monika Rummler (Hrsg.):
Fit für Europa - Weiterbildung zu EU-Dozentinnen und EU-Dozenten. Management europäischer Projekte für die Weiterbildung.
Frankfurt am Main: Peter Lang GmbH Europäischer Verlag der Wissenschaften 2001.

Monika Rummler:
Zwischen individueller Biographie und gesellschaftlicher Struktur. Untersuchung zum Berufsfindungsprozess von Soziologinnen im Studium unter den Vorzeichen einer ungünstigen Arbeitsmarktsituation.
Berlin (unv. Diplomarbeit) 1986.

Monika Rummler/Michael Lutz:
Weiterbildung: Fit für Europa? Kompetenzen für einen EU-Dozenten in einem denkbaren Studiengang „EU-Weiterbildungsmanagement".
In: neue Perspektiven. Zeitschrift für berufliche Bildung und Weiterbildung. Nr. 2, 2. Jg., Berlin: Sommer 1997, S. 5-20.

Werner Sarges (Hrsg.):
Management-Diagnostik.
Göttingen/Bern/Toronto/Seattle: Hogrefe Verlag für Psychologie 1995.

Johannes Sauer:
Genese des Forschungs- und Entwicklungsprogramms „Lernkultur Kompetenzentwicklung".
Arbeitsgemeinschaft Betriebliche Weiterbildungsforschung e.V. Berlin (Hrsg.):
Quem-Bulletin Heft 5, Jg. 2000, S. 4-8.

SCADPlus:
Die Rolle der Universitäten im Europa des Wissens.
(Mitteilung der Kommission vom 5. Februar 2003, KOM(2003)58 endg.).
Quelle: http://europa.eu.int/scadplus/leg/de/cha/c11067.htm vom 09.06.2004.

Josef Scheff:
Teams - Hierarchiefreie Spielwiesen der Macht: Über Macht und Ohnmacht in Gruppen.
In: Alfred Gutschelhofer/Josef Scheff (Hrsg.):
Management-Perspektiven Band 3:
Paradoxes Management. Widersprüche im Management - Management der Widersprüche.
Wien: Linde 1996, S. 297-320.

Winfried Schlaffke:
Qualifizierter Nachwuchs für Europa.
Beiträge zur Gesellschafts- und Bildungspolitik. Institut der deutschen Wirtschaft Köln.
Köln: Deutscher Instituts-Verlag 1992.

Erhard Schlutz (Hrsg.):
Lernkulturen. Innovationen, Preise, Perspektiven.
Frankfurt/Main: Deutsches Institut für Erwachsenenbildung 1999.

Stefan Schmid:
Interkulturelle Kompetenz trainieren - aber wie?
In: Jürgen Graf (Hrsg.):
Seminare 2001. Das Jahrbuch der Management-Weiterbildung 2001.
Bonn: ManagerSeminare Gerhard May VerlagsGmbH 2000 (12. völlig überarb. Aufl.), S. 125-134.

Hartmut Schröder:
„Lakunen" und die latenten Probleme des fremdkulturellen Textverstehens - Anwendungsmöglichkeiten eines Modells der Ethnopsycholinguistik bei der Erforschung textueller Aspekte der internationalen Produktvermarktung.
Quelle: www.viadrina.euv-frankfurt-o.de/~sw2/Artikel/art.docs/lakunen.bungarten.doc vom 13.04.2004.

Heinz Schuler/Dorothea Barthelme:
Soziale Kompetenz als berufliche Anforderung.
In: Brigitte Seyfried (Hrsg.):
„Stolperstein" Sozialkompetenz. Was macht es so schwierig, sie zu erfassen, zu fördern und zu beurteilen?
Bundesinstitut für Berufsbildung Der Generalsekretär (Hrsg.):
Berichte zur beruflichen Bildung Heft 179.
Bielefeld: W. Bertelsmann Verlag 1995, S. 77-116.

Heinz Schuler/Klaus Moser:
Eignungsdiagnostik im Managementbereich: Geschichte der Managementdiagnostik.
In: Werner Sarges (Hrsg.):
Management-Diagnostik.
Göttingen/Bern/Toronto/Seattle: Hogrefe Verlag für Psychologie 1995 (2. vollst. überarb. u. erw. Aufl.), S. 32-42.

Dagmar Schulte:
Experimentelle Lehre: Das Seminar „Interkulturelle Erziehung".
In: Johannes Wildt/Birgit Encke/Kaen Blümcke (Hrsg.):
Professionalisierung der Hochschuldidaktik.
Bielefeld: W. Bertelsmann 2003, S. 154-163.

Bärbel Schwertfeger:
Sparen Unternehmen am falschen Ende?
In: management & training. Magazin für Human Resources Development Nr. 11: Professionalisierung gefordert. Personalentwicklung auf dem Prüfstand.
Neuwied/Kriftel: Luchterhand 2001, S. 14-15.

Karlheinz Schwuchow:
Globale Trends im Management-Lernen.
In: Hermann Simon/Karlheinz Schwuchow (Hrsg.):
Management-Lernen und Strategie.
Stuttgart: Schäffer-Poeschel 1994, S. 259-270.

Karl-Heinz Sebastian/Georg Tacke:
Stellenwert des Lernens für den Führungsnachwuchs.
In: Hermann Simon/Karlheinz Schwuchow (Hrsg.):
Management-Lernen und Strategie.
Stuttgart: Schäffer-Poeschel 1994, S. 111-118.

Karl H. Seifert:
Psychologische Konstrukte für Eignungsprädiktoren: Berufsbezogene Entwicklung und Sozialisation.
In: Werner Sarges (Hrsg.):
Management-Diagnostik.
Göttingen/Bern/Toronto/Seattle: Hogrefe Verlag für Psychologie 1995 (2. vollst. überarb. u. erw. Aufl.), S. 446-456.

Sekretariat der Ständigen Konferenz der Kultusminister der Länder in der Bundesrepublik Deutschland (Hrsg.):
Sachstands- und Problembericht zur "Wahrnehmung wissenschaftlicher Weiterbildung an Hochschulen".
Bonn, 28.06.2001.

Sekretariat der Ständigen Konferenz der Kultusminister der Länder in der Bundesrepublik Deutschland (Hrsg.):
Vierte Empfehlung der Kultusministerkonferenz zur Weiterbildung. Beschluss der Kultusministerkonferenz vom 01.02.2001.

Ekkehard Severing/Gabriele Fietz:
„weiterbildung worldwide" - deutsche Weiterbildungsanbieter auf internationalen Märkten.
Nürnberg: Forschungsinstitut Betriebliche Bildung, erschienen in BWP 6/2002.
Quelle: http://www.f-bb.de/f-bb/download/weiterbildung_worldwide.pdf vom 29.07.2003.

Eckart Severing/Thomas Stahl:
Qualitätssicherung in der betrieblichen Weiterbildung. Fallstudien aus Europa.
In: Grundlagen der Weiterbildung. Zeitschrift für Weiterbildung und Bildungspolitik im In- und Ausland. 6. Jg.
Neuwied: Luchterhand Juni 1995.

Brigitte Seyfried (1995a):
Einleitung: Problemfeld Sozialkompetenz.
In: Brigitte Seyfried (Hrsg.):
„Stolperstein" Sozialkompetenz. Was macht es so schwierig, sie zu erfassen, zu fördern und zu beurteilen?
(Bundesinstitut für Berufsbildung Der Generalsekretär (Hrsg.):
Berichte zur beruflichen Bildung Heft 179).
Bielefeld: W. Bertelsmann Verlag 1995, S. 7-13.

Brigitte Seyfried (1995b):
Team und Teamfähigkeit.
In: Brigitte Seyfried (Hrsg.):
„Stolperstein" Sozialkompetenz. Was macht es so schwierig, sie zu erfassen, zu fördern und zu beurteilen?
(Bundesinstitut für Berufsbildung Der Generalsekretär (Hrsg.):
Berichte zur beruflichen Bildung Heft 179).
Bielefeld: W. Bertelsmann Verlag 1995, S. 15-31.

Brigitte Seyfried (Hrsg.):
„Stolperstein" Sozialkompetenz. Was macht es so schwierig, sie zu erfassen, zu fördern und zu beurteilen?
(Bundesinstitut für Berufsbildung Der Generalsekretär (Hrsg.):
Berichte zur beruflichen Bildung Heft 179).
Bielefeld: W. Bertelsmann Verlag 1995.

Horst Siebert:
Erwachsenenbildung in der Bundesrepublik Deutschland - Alte Bundesländer und neue Bundesländer.
In: Rudolf Tippelt (Hrsg.):
Handbuch Erwachsenenbildung/Weiterbildung.
Opladen: Leske + Budrich 1994, S. 52-80.

Ulla Siebert/Sabine Jungk/Andreas Zick:
„Durch den Dschungel von Trainings". Eine Checkliste für Organisator/innen von antirassistischen und interkulturellen Trainings.
Düsseldorf: Informations- und Dokumentationszentrum für Antirassismusarbeit 2001.
Quelle: www.sw.fh-koeln.de/ikk/pdf/ckeckliste_ida.pdf vom 11.04.2003.

Hermann Simon:
Management-Lernen als strategische Herausforderung.
In: Hermann Simon/Karlheinz Schwuchow (Hrsg.):
Management-Lernen und Strategie.
Stuttgart: Schäffer-Poeschel 1994, S. 3-18.

Anne-Marie Søderberg :
Teaching (Inter)Cultural Awareness.
In: Annie Aarup Jensen/Kirsten Jaeger/Annette Lorentsen (Hrsg.):
Intercultural Competence. A New Challenge for Language Teachers and Trainers in Europe.
Language and Cultural Contact Nr. 12.
Aalborg: Centre for Languages and Intercultural Studies 1995, p. 285-304.

Jan Sørlie/Mark Dale:
Innovation, Transfer and Intercultural Learning for Adult Educators.
In: Mark Dale (Hrsg.):
Towards the End of Teaching? Innovation in European Adult Learning.
Göteborg: Nordic Folk Academy 2000.

Karlheinz Sonntag:
Personalentwicklung „on the job".
In: Martin Kleinmann/Bernd Strauß (Hrsg.):
Potentialfeststellung und Personalentwicklung.
Göttingen/Bern/Toronto/Seattle: Verlag für Angewandte Psychologie 2000, S. 181-203.

Bernhard H. Sowarka/Werner Sarges:
Psychologische Konstrukte für Eignungsprädiktoren.
In: Werner Sarges (Hrsg.):
Management-Diagnostik.
Göttingen/Bern/Toronto/Seattle: Hogrefe 1995 (2. vollst. überarb. und erw. Aufl.), S. 207-218.

Sozialpolitische Rundschau Nr. 109/1997.
Sozialpolitische Rundschau Nr. 516/1997.

Ulrich Spie:
Personalwesen als Organisationsaufgabe. Ein Leitfaden zur organisatorischen Gestaltung betrieblicher Personalarbeit.
Heidelberg: Sauer-Verlag 1988.

Wolfgang H. Staehle:
Management. Eine verhaltenswissenschaftliche Perspektive.
München: Verlag Franz Vahlen 1991 (6. überarb. Aufl.).

Albert Stähli:
Management-Weiterbildung. Ziele, Inhalte, Methoden, Lernorte.
Neuwied/Kriftel/Berlin: Hermann Luchterhand Verlag 1993.

Gerhard Stark:
Qualitätssicherung in der beruflichen Weiterbildung durch Anwendungsorientierung und Partizipation: Ergebnisse aus einem Modellversuch.
Bielefeld: Bertelsmann 2000.

Erich Staudt/Norbert Kailer/Bernd Kriegesmann/Andreas J. Meier/Heidi Stephan/Arne Ziegler:
Kompetenz und Innovation. Eine Bestandsaufnahme jenseits von Personalentwicklung und Wissensmanagement.
(Erich Staudt (Hrsg.):
Innovation: Forschung und Management, Band 10).
Bochum: Institut für angewandte Innovationsforschung 1997.

Erich Staudt/Bernd Kriegesmann:
Kompetenzentwicklung und Innovation.
In: Arbeitsgemeinschaft Betriebliche Weiterbildungsforschung e.V. Berlin (Hrsg.):
QUEM Bulletin Berufliche Kompetenzentwicklung Nr. 6, Dez. 2001, S. 1-5.

Heinz Streicher:
Der Wachstumsmarkt Weiterbildung.
In: Jürgen Graf (Hrsg.):
Seminare 2001. Das Jahrbuch der Management-Weiterbildung 2001.
Bonn: ManagerSeminare Gerhard May VerlagsGmbH 2000 (12. völl. .überarb. Ausg.), S. 49-56.

Gerhard Strunk:
Institutionenforschung in der Erwachsenenbildung/Weiterbildung.
In: Rudolf Tippelt (Hrsg.):
Handbuch Erwachsenenbildung/Weiterbildung.
Opladen: Leske + Budrich 1994, S,. 395-406.

Süddeutsche Zeitung vom 15./16.02.1997, S. 53.

Riitta Suurla/Markku Markkula and Finnish Leonardo Centre:
Methods and Tools for Effective Dissemination. A Guide to the Dissemination of the Results of International Educational Projects.
Espoo: IACEE - International Association for Continuing Engineering Education, Report No. 11/1999.

R. Sybren Tijmstra/Kenneth Casler:
Management-Lernen für Europa.
In: Hermann Simon/Karlheinz Schwuchow (Hrsg.):
Management-Lernen und Strategie.
Stuttgart: Schäffer-Poeschel 1994, S. 271-288.

Alexander Thomas/Katja Hagemann:
Training interkultureller Kompetenz.
In: Andreas Bittner/Bernhard Reisch (Hrsg.):
Interkulturelles Personalmanagement. Internationale Personentwicklung, Auslandsentsendungen, interkulturelles Training.
Wiesbaden: Gabler 1994, S. 173-199.

Alexander Thomas/Eva-Ulrike Kinast/Sylvia Schroll-Machl:
Entwicklung interkultureller Handlungskompetenz von international tätigen Fach- und Führungskräften durch interkulturelle Trainings.
In: Klaus Götz (Hrsg.):
Interkulturelles Lernen/Interkulturelles Training.
München und Merian: Rainer Hampp Verlag 2000 (2. verb. Aufl.), S. 97-122.

Edward Thomas:
Current Issues in University Continuing Education.
In: Anneli Kajanto/Antti Kauppi (Hrsg.):
LlinE - Lifelong Learning in Europe.
Vol. IV, Issue 4/1999, S. 223-229.

Bernd Thunemeyer:
Hochschulen im Spannungsfeld von regionalen Anforderungen und globalem Selbstverständnis.
In: Helmut Vogt/Bernhard Christmann (Hrsg.):
Wissenschaftliche Weiterbildung in neuer Umgebung. Internationalisierung - gestufte Abschlüsse - moderne Strukturen.
(Dokumentation der 28. Jahrestagung der AUE September 1999).
Regensburg: Verlag AUE e.V. - Hochschule und Weiterbildung 2000, S. 107-113.

Hans Tietgens:
Erwachsenenbildung.
In: H.H. Krüger/T. Rauschenbach (Hrsg.):
Einführung in die Arbeitsfelder der Erziehungswissenschaft.
Opladen: Leske + Budrich 1995, S. 125-130.
Quelle: www.bildung.hessen.de/anbie...fstein/falkst/erwachs/tietgens.htm vom 02.10.2001.

Hans Tietgens:
Geschichte der Erwachsenenbildung.
In: Rudolf Tippelt (Hrsg.):
Handbuch Erwachsenenbildung/Weiterbildung.
Opladen: Leske + Budrich 1994, S. 23-39.

Heinrich Tillmann:
Einführung: Berufliche Entwicklung durch Weiterbildung - Fortbildungsberufe und Alternativen.
In: BIBB - Bundesinstitut für Berufsbildung, Der Generalsekretär (Hrsg.):
Entwicklungschancen durch Weiterbildung: Fortbildung und Alternativen. Weiterbildung: 4. Säule des Bildungssystems.
Berlin und Bonn: Oktober 1996, S. 5-10.

Rudolf Tippelt:
Einleitung des Herausgebers.
In: Rudolf Tippelt (Hrsg.):
Handbuch Erwachsenenbildung/Weiterbildung.
Opladen: Leske + Budrich 1994, S. 9-16.

Rudolf Tippelt/Doris Edelmann:
DACUM Developing a Curriculum.
In: John Erpenbeck/Lutz von Rosenstiel (Hrsg.):
Handbuch Kompetenzmessung. Erkennen, verstehen und bewerten von Kompetenzen in der betrieblichen, pädagogischen und psychologischen Praxis.
Stuttgart: Schäffer-Poeschel 2003, S. 563-584.

Ahmed Rafik Trad:
Tabuthemen in der interkulturellen Kommunikation: ein Beitrag zur Landeskundedidaktik im DaF-Studium.
Frankfurt: Peter Lang GmbH Europäischer Verlag der Wissenschaften 2001.

Training aktuell, Nr. 07, 30. Juni 2003, S. 6.
Training aktuell, Nr. 10, 2. Oktober 2000, S. 16

Training mit Gewinn: Gewinnerkonzepte des Deutschen Trainings-Preises.
In Kooperation mit dem BDVT - Berufsverband Deutscher Verkaufsförderer und Trainer e.V.
Offenbach: Gabal Verlag 2001.

Matthias Trier:
Erhalt und Entwicklung von Kompetenz in einer sich wandelnden Gesellschaft durch Tätigkeit und Lernen im sozialen Umfeld.
In: Arbeitsgemeinschaft Qualifikations-Entwicklungs-Management Berlin.
Kompetenzentwicklung `98: Forschungsstand und Forschungsperspektiven.
Münster/New York/München/Berlin: Waxmann 1998, S. 209-268.

Rüdiger Trimpop/Timo Meynhardt:
Interkulturelle Trainings und Einsätze: Psychische Kompetenzen und Wirkungsmessungen.
In: Klaus Götz (Hrsg.):
Interkulturelles Lernen/Interkulturelles Training.
München und Merian: Rainer Hampp Verlag 2000 (2. verb. Aufl.), S. 187-217.

Luitgart Trommer:
Weiterbildnerinnen und Weiterbildner - keine Größe in der amtlichen Statistik.
In: Monika Rummler (Hrsg.):
Fit für Europa - Weiterbildung zu EU-Dozentinnen und EU-Dozenten. Management europäischer Projekte für die Weiterbildung.
Frankfurt am Main: Peter Lang GmbH Europäischer Verlag der Wissenschaften 2001, S. 263-270.

Klaus D. Tumuscheit:
Überleben im Projekt: 10 Projektfallen und wie man sie umschifft.
Zürich: Orell Füssli 1998.

Sven Ullrich:
Transfer in Management-Trainings. Eine summative Evaluationsstudie zur Überprüfung eines transferunterstützenden Instruments.
Wiesbaden: Deutscher Universitätsverlag 1995.

Helka Urponen:
Management der universitären Weiterbildung: Ein Überblick.
In: Valerie Mitchell (Hrsg.):
Universitäre Weiterbildung in Europa. Ein Handbuch für Führungskräfte.
Liège: Eucen 2000, S. 1-21 (Ausgabe DE.01).

Reiner Vinzens:
Für Einsteiger und Umsteiger. Bewerben mit Erfolg. Einführung, Übung, Anwendung.
Korschenbroisch: Ede Vau Verlag 1990.

Helmut Vogt/Bernhard Christmann (Hrsg.):
Wissenschaftliche Weiterbildung in neuer Umgebung. Internationalisierung - gestufte Abschlüsse- moderne Strukturen.
(Dokumentation der 28. Jahrestagung der AUE September 1999).
Regensburg: Verlag AUE e.V. - Hochschule und Weiterbildung 2000.

Dieter Wagner:
Konzeptionelle Aspekte von Managementbildung.
In: Dieter Wagner/Heike Nolte (Hrsg.):
Managementbildung. Grundlagen und Perspektiven.
München/Mering: Rainer Hampp Verlag 1996, S. 3-27.

Diethelm Wahl:
Grundkonzeption.
In: Diethelm Wahl/Willi Wölfing/Gerhard Rapp/Dietmar Heger (Hrsg.):
Erwachsenenbildung konkret. Mehrphasiges Dozententraining. Eine neue Form erwachsenendidaktischer Ausbildung von Referenten und Dozenten.
Weinheim: Deutscher Studienverlag 1995 (4. Aufl.), S. 58-103.

Diethelm Wahl/Willi Wölfing/Gerhard Rapp/Dietmar Heger (Hrsg.):
Erwachsenenbildung konkret. Mehrphasiges Dozententraining. Eine neue Form erwachsenen-didaktischer Ausbildung von Referenten und Dozenten.
Weinheim: Deutscher Studienverlag 1995 (4. Aufl.).

Gerhard Wahrig (Hrsg.):
Fremdwörter-Lexikon.
Gütersloh: Bertelsmann Lexikon-Verlag 1976.

Gerhard Wazel (Hrsg.):
Interkulturelle Kommunikation in Wirtschaft und Fremdsprachenunterricht.
Frankfurt/Main u.a.: Peter Lang GmbH Europäischer Verlag der Wissenschaften 2001.

Frank Webster:
From Mass Production to Customised Services. A Challenge for Universities.
In: Anneli Kajanto/Antti Kauppi (Hrsg.):
LlinE - Lifelong Learning in Europe.
Vol. IV, Issue 4/1999, S. 230-234.

Johannes Weinberg:
Einführung in das Studium der Erwachsenenbildung.
Bad Heilbrunn/Obb. 1990, 2. Aufl., S. 21.

Reinhold Weiß/Harald Geißler/Michael Kerres/Elke Gorhan:
Kompetenzentwicklung als strategische Herausforderung der Unternehmen - Konsequenzen für die Organisation betrieblicher Lernprozesse.
In: Arbeitsgemeinschaft Qualifikations-Entwicklungs-Management Berlin (Hrsg.):
Kompetenzentwicklung `98: Forschungsstand und Forschungsperspektiven.
Münster/New York/München/Berlin: Waxmann 1998, S. 89-128.

Weißbuch zur allgemeinen und beruflichen Bildung 1996:
Lehren und Lernen. Auf dem Weg zur kognitiven Gesellschaft.
Quelle: www.EU-Kommission.de/pdf/bildungundkultur/weissbildung.pdf vom 11.07.2001.

Claus Weyrich:
Was ist eine Innovation?
In: Heinrich von Pierer/Bolko von Oetinger:
Wie kommt das Neue in die Welt?
Berlin: Sonderausgabe Buchhandlung Kiepert, April 2000, S. 11-12.

Weiterbildung muss Europa erlebbar machen.
In: Wirtschaft und Weiterbildung Nr. 1/95.

Oliver Chr. Will:
Rahmenbedingungen interkulturellen Lernens. Zwischen Innovation und Bildungstradition.
In: Klaus Götz (Hrsg.):
Interkulturelles Lernen/Interkulturelles Training.
München und Merian: Rainer Hampp Verlag 2000 (2. verb. Aufl.), S. 125-137.

Peter Wismann:
Weiterbildung zwischen Bachelor und Master.
In: Helmut Vogt/Bernhard Christmann (Hrsg.):
Wissenschaftliche Weiterbildung in neuer Umgebung. Internationalisierung – gestufte Abschlüsse – moderne Strukturen.
(Dokumentation der 28. Jahrestagung der AUE September 1999).
Regensburg: Verlag AUE e.V. – Hochschule und Weiterbildung 2000, S. 57-60.

Wissenschaftsrat:
Empfehlungen zur berufsbezogenen wissenschaftlichen Weiterbildung.
Berlin, 14. November 1997 (Drs. 3253/97).

Heinrich Wottawa:
Von den Anforderungen zur Eignung: Umsetzung von situationsdiagnostischen Erkenntnissen in persondiagnostische Überlegungen.
In: Werner Sarges (Hrsg.):
Management-Diagnostik.
Göttingen/Bern/Toronto/Seattle: Hogrefe 1995 (2. vollst. überarb. u. erw. Aufl.), S. 175-194.

Wuppertaler Kreis e.V.:
Trends in der Weiterbildung von Führungskräften. Umfrage des Wuppertaler Kreises bei seinen Mitgliedsinstituten Sommer 2001.
Quelle: http://www.wkr-ev.de/trends01/tr_01_0.htm vom 09.01.2002.

Wuppertaler Kreis e.V. und Deutsche Vereinigung zur Förderung der Weiterbildung von Führungskräften:
Kompetent für den internationalen Wettbewerb.
Online-Broschüre: http://www.wkr-ev.de/9_intern.htm vom August 2000.

Klaus-Dieter Ziep:
Der Dozent in der Weiterbildung. Professionalisierung und Handlungskompetenzen.
Weinheim: Deutscher Studienverlag 1990.

Klaus-Dieter Ziep:
Professionalisierung und Medien in der Weiterbildung.
In: Klaus W. Döring/Klaus-Dieter Ziep:
Mediendidaktik in der Weiterbildung.
Weinheim: Deutscher Studienverlag 1989, S. 41-70.

Reinhard Zuba:
Fit für die Globalisierung? Die Rolle der Schule bei der Förderung von Schlüsselqualifikationen.
Wien: WUV-Universitätsverlag 1998.